威不两错，政不二门。以法治国，则举错而已。

（春秋）管仲

《管子·明法》

中國法制通史

【第二卷】战国 秦汉

总主编 张晋藩

本卷主编 徐世虹

中国法制出版社
CHINA LEGAL PUBLISHING HOUSE

撰稿人（以撰写章节为序）

徐世虹　绪言、第十章至第十四章

南玉泉　第一章至第九章

张　积　第十五章至第十九章

CONTENTS
目录

绪　言

在中国古代法制的形成发展过程中，战国秦汉是重要的奠基阶段。战国各国的法制建设，为秦汉统一帝国的法制提供了充分的选择模式与参考依据；秦汉帝国的法制建设，又为唐乃至明清的法制注入了相当饱满的内容。因此探讨、爬梳战国秦汉时期的法制内容，对于了解把握整个集权制国家社会的法制源流及其特点，具有相当重要的意义。

总览战国秦汉的法制建设，有三个特点令人注目。

一

地域文化特征深度影响着法律制度的形成。

战国时期，法律制度赖以孕育、滋养的地域文化主要有齐鲁文化、楚文化、三晋文化。齐鲁文化由齐文化与鲁文化构成。齐国“通工商之业，便鱼盐之利”[①]，商业繁荣，经济发达；君臣思想活跃，心态开放，稷下学宫对诸子学派的兼容并包，为百家争鸣局面的形成提供了殊为罕见的自由空间。发达的经济养成了崇尚功利的价值取向，开放的心态培育了政治改革的内部环境。公元前357年，齐威王即位，不久即任用邹忌为相。邹忌听从稷下先生淳于髡的建议，实施政治改革，修订法律制度，提出了“请谨毋离前”“请谨事左右”“请谨自附于万民”“请谨择君子”“请谨修法律而

① 《史记·齐太公世家》。

督奸吏”[①]等五条措施。政治改革是集团利益的集中体现，而制定法的产生又是政治改革的重要标志之一。银雀山汉墓所出《守法守令十三篇》，内容涉及刑事、经济、军事诸法，[②]是齐国法制建设的有力佐证。与齐文化的宽缓阔达、“好议论”而备法制的特征相比，鲁文化则以儒学为宗，体现出好儒备礼、缜密一统的区域特征。这一文化特征也为鲁国的法制刻上了很深的印记。在司法实践中，对于有损德义礼教的犯罪行为，法律的执行甚至会趋同于法家的重刑主义。江陵张家山汉简《奏谳书》记东周鲁国时案例：身着儒服、头戴钵冠且以君子自居的佐丁盗粟一斗，值三钱。鲁国法律规定，盗一钱至二十，罚金一两；过二十到百，罚金二两；过百到二百，为白徒；过二百到千，完为倡。又规定：“诸以县官事诧上者，以白徒罪论之。”“有白徒罪二者，驾（加）其罪一等。”司法官柳下季认为丁“有宵（小）人心，盗君子节，有（又）盗君子学，以上功再诧其上，有白徒罪二”，重判丁完为倡。对此判决，鲁君也表示赞同。[③]可见在儒学醇厚的鲁文化区域，法律非但未与儒学呈水火之势，反而还承载起了维护儒学宗义的功能。

楚国地处长江中游，“有江汉川泽山林之饶，……果蓏蠃蛤，……食物常足。故呰窳媮生，而亡积聚，饮食还给，不忧冻饿，亦亡千金之家”[④]。滋生繁衍于楚地的道家学说绵延不绝，民俗“信巫鬼，重淫祀”[⑤]。此一地域文化特征，亦鲜明地反映于楚国的司法制度之中。1987 年于湖北荆门包山二号墓发现的楚简，是有关楚国司法程序规定的前所未见的珍贵史料。其中的《受期》篇，为受理各种诉讼案件与记录审理期限的文书。[⑥]据相

① 《史记 · 田敬仲完世家》。
② 吴九龙：《银雀山汉简齐国法制考释》，载《史学集刊》1984 年第 3 期。
③ 江陵张家山汉简整理小组：《江陵张家山汉简〈奏谳书〉释文（二）》，载《文物》1995 年第 3 期。
④ 《汉书 · 地理志下》。
⑤ 《汉书 · 地理志下》。
⑥ 陈振裕：《湖北楚简概述》，载《简帛研究》第 1 辑，法律出版社 1991 年版，第 4 页。

关简文记载，盟誓是司法机关调查取证的重要程序，[①]无论证人、犯人，在作证、陈述前均需盟誓，并由司法官员记录在案，以此体现当事人应当履行的法律义务。卜筮盟诅是盛行于楚国的风俗民情，渗透于国家政治、军事大事的决策活动之中。包山二号墓墓主名昭佗，官居左尹，主管过楚怀王时期的司法工作，所以陪葬物中包含了与其司法活动相关的文书简。与此同时，另有54枚卜筮祭祷简与之同葬一墓。[②]当然这并不能说明司法审判需要依赖占卜定夺，但以向神明宣誓的形式表达“不食言之辞”，[③]至少可以见出卜筮占问之风对楚国司法官员的深刻影响。此外从包山楚简所反映的司法程序看，楚国的程序法制定已处于较发达的水准。由此可以推知，受程序法保障的楚国实体法的制定与执行，也应处于与程序法相应的水平线上。公元前390年，楚国令尹吴起实行变法，整顿吏治，革除陋习，唯变法期间的法制建设不甚明了。包山二号墓墓主昭佗活动于楚怀王时期，葬于公元前316年，与吴起变法相隔70余年。这时楚国的实体法与程序法均树已久，而且楚怀王时又令屈原制定《宪令》，[④]可知楚国的立法活动由来已久。虽然吴起最终惨遭车裂之刑，但变法给楚国未来的政治法律带来了持久的动态影响，法制建设并未因遭受阻力而停止运作。

三晋文化是战国法制得以孕育滋生的最丰腴的母体。三晋地处中原，农耕基础雄厚，商业经济发达，务实功利的社会群体心理，为法家思想的繁衍及制定法的产生提供了广阔的文化背景。春秋末期，这里便产生了颇具影响力与代表性的成文法典。晋文公六年（前631年），赵盾“始为国政”，于法制多所建树：“制事典，正法罪，辟刑狱，董逋逃，由质要，治旧洿，本秩礼，续常职，出滞淹。既成，以授太傅阳子与大师贾佗，使行诸晋国，

① 相关考释见刘信芳：《包山楚简司法术语考释》，载《简帛研究》第2辑第21页。

② 湖北省荆沙铁路考古队：《包山二号楚墓简牍概述》，载《包山楚简》，文物出版社1991年版，第3页。

③ 《说文解字注》言部段注。

④ 《史记·屈原列传》。

以为常法。”[①] 此次立法，内容与确立典章，制定刑律，清理积案，追捕逃犯，订立契约，廓清政治，端正次秩，任贤使能，举荐人材相关，行政、刑事、民事、诉讼诸法均有涉及。昭公二十九年（前 513 年），晋国正式公布成文法，执政大臣赵鞅、荀寅“遂赋晋国一铁鼓，以铸刑鼎，著范宣子所为刑书焉”[②]。将成文法铸于身份与权力的象征鼎器之上，示之于民，反映了新兴政治力量对法律的迫切需求，体现了依法治国、顺乎潮流的法律意识，从而使晋国被历史地定位于法制发达的先进地区。战国时期，三晋地区发达的法律文化，更为一批法家人物构筑起施展抱负与理想的政治舞台。公元前 403 年，赵国公仲连实行改革，确立国之常法，是为国律。国律对赵国国力的强盛起到了决定性的作用。公元前 355 年，韩国著名法家申不害亦启动改革进程，提出以“术”为核心的指导思想，强调因能授官，集中君权，并制定《刑符》以佐治国。“韩用申不害，行其三符，兵不侵境，盖十五年”[③]，“终韩子之身，国治兵强，无侵韩者”[④]。出身韩国的大思想家韩非，更是法家理论的集大成者。他强化君主独裁的理论，指出救弱富强的关键之途在于奉法去私，使法家的改革变法活动获得了有力的理论支持。

三晋文化区域内，魏国的法制建设也取得了令人瞩目的成果。魏文侯、武侯时期，有《宪令》行世。魏国“从宪令行之时，有功者必赏，有罪者必诛，强匡天下，威行四邻”[⑤]。魏惠王时又有《大府之宪》，分篇名编纂，收藏于大府之中。云梦睡虎地秦墓出土的魏户律、魏奔命律，制定于魏安釐王二十五年（前 252 年），立法形式为王者之命直接入律。最能代表魏国立法成就的，当然首推李悝的《法经》。《法经》是李悝在魏国实施变革的重要成果之一，是诸国法制建设的集大成者，也是封建刑法典正式确立

① 《左传 · 文公四年》。
② 《左传 · 昭公二十九年》。
③ 《论衡 · 效力》。
④ 《史记 · 老庄申韩列传》。
⑤ 《韩非子 · 饰邪》。

的重要标志。尽管长期以来，有些著名的外国学者对《法经》的真实提出了质疑，[1]但至少在目前我们还找不到可以否定其存在的理由。《法经》在汉代亡佚，很有可能是秦汉律对其吸收消化的结果。这正如魏晋律采摭汉《九章律》后，其律逐渐湮灭一样，后世法典在改造前世法典的基础上完成修订后，旧律遂无存在的价值。

《法经》公布后，深得“少好刑名之学”的卫鞅的推崇。公元前 361 年秦献公去世，秦孝公即位，下令求贤。卫鞅即携带《法经》入秦，先后两次变法，并将《法经》移植于秦律之中，由此使《法经》成为秦律乃至汉律的胚胎。

以上述各国的立法活动可见，战国时期特征各异的地域文化，深刻影响着本地域的法制建设。脱胎于崇礼重义价值体系的齐鲁之律，可能含有十分鲜明的伦理色彩；颇受楚国巫风熏染的楚律，以向神明盟誓显示了法意的多元；产生于无传统约束的三晋诸国法典，则更充分体现了刑法的功能与价值。各国颇具特色的法制建设及运用实践，共同解释了一个重要的现实，这就是法治兴废与国力强弱密切相关：“当魏之方明立辟，从宪令行之时，有功者必赏，有罪者必诛，强匡天下，威行四邻；及法慢，妄予，而国日削矣。当赵之方明国律，从大军之时，人众兵强，辟地齐、燕；及国律慢，用者弱，而国日削矣。当燕之方明奉法，审官断之时，东县齐国，南尽中山之地；及奉法已亡，官断不用，左右交争，论从其下，则兵弱而地削，国制于邻敌矣。故曰：明法者强，慢法者弱。”[2]韩非的总结，正是从宏观上概括了战国法制建设与法治实践的实况，揭示了法治的巨大功用。

---

① 如日本学者仁井田陞认为《法经》是“后世思想的产物”。详见《中国法制史》，岩波书店 1952 年版，第 48 页。贝塚茂树也认为《晋书·刑法志》有关《法经》的记载，所依据的是三国魏时兴起的律起源说。说见《李悝法经考》，载《贝塚茂树著作集》第 3 卷，中央公论社 1977 年版，第 309 页。

② 《韩非子·饰邪》。

二

儒法融合并非陡然肇始于汉律，秦律已初露端倪。

秦统一六国后，区域文化趋同于一统文化，秦律成为调整广泛社会关系的规范法式。汉承秦制，《九章律》又以秦律为蓝本修订。但由于秦律脱胎于《法经》，《法经》又取诸各国之法，因此在秦汉律中，依旧可以发现战国法制的影响。例如在立法权的行使上，秦汉以令补律是常规形式，而此种形式在魏律中已经显现，前述魏户律与奔命律佚文即为明证。又如在程序法上，汉律规定“先以证财物故不以实臧（赃）五百以上，辞已定，满三日而不更言请（情）者，以辞所出入罪反罪之律辨告”[①]。这种于诉讼伊始“先以……之律辨告”的程序，在形式上与楚律的盟誓不无相似。特别应当引起注意的是，由于以维护家族伦理为特征的儒家宗法思想与礼义规范的深度浸泗，战国法制已经带有明显的伦理纲常印记。魏《大府之宪》上篇规定：“子弑父，臣弑君，有常刑。”[②]这一律条表明，对于子、臣侵害父、君的极端行为，魏律将以严刑处罚，不在宽赦之限。君臣父子概念的直接入律，既显示了君权父权的连体运行，也可透视出法律对君主专制与宗族血缘地位的坚决维护。由此看来，儒法两家在维护伦常这点上具有共同的价值观念，非但互不排斥，而且互相融合，礼法成为维护伦常的共同手段。

此种儒法趋同的走向，发展到秦律体现得更为清楚。这至少可以通过以下两个方面得到印证。

其一，在罪名认定上重视伦理犯罪，保护亲权，重惩不孝。在中国古代的政治、伦理思想中，孝是最重要的观念形态之一，它辐射祖宗、父母、夫妇、兄弟、姻亲、朋友、师长、上下诸种社会关系，范围无比广大，成为构成社会网络最重要的一个结，因此古代法律对不孝罪的认

---

① 《居延新简》EPT2 2 · 1。

② 《战国策 · 魏策四》。

定与严惩，由来已久。《孝经·五刑章》云："五刑之属三千，而罪莫大于不孝。要君者无上，非圣人无法，非孝者无亲，此大乱之道也。"《周礼·地官·大司徒》："以乡八刑纠万民，一曰不孝之刑，二曰不睦之刑，三曰不姻（姻）之刑，四曰不弟之刑，五曰不任之刑，六曰不恤之刑，七曰造言之刑，八曰乱民之刑。"其中首要之刑就是"不孝之刑"。魏律中的"子弑父，臣弑君"为不孝之极，故"有常刑"。魏户律规定赘婿不准立户，不分给田地房屋，即使三代以后允许为官，仍需注明其先辈的赘婿身份。在奔命律中，赘婿的身份与地位被进一步贬低。[①] 这种对赘婿法律地位的剥夺，所依据的价值观念就是对夫权的维护。展读秦简，也可以清楚地发现秦律对不孝罪的重惩原则。当免老之人起诉某人不孝，要求官府判处死刑时，官府则应不受"三宥"之限，立即逮捕不孝者，勿使逃逸。[②] 此规定的实际执行在《封诊式·告子》爰书中得到了印证：某里士伍甲控告亲生子不孝，请求处以死刑。官府当即捉拿不孝子归案，认定其不孝之罪。[③] 应当指出，免老之人与父亲指控某人或其子犯有不孝之罪，请求处以死刑的诉讼行为，并不是没有法律依据。江陵张家山汉简《奏谳书》案例，载有秦律对不孝罪的明文规定："教人不孝，次不孝之律。不孝者弃市。弃市之次，黥为城旦。"[④] 可见弃市是对不孝罪的最重惩罚，其次是黥为城旦，"殴大父母，黥为城旦舂"[⑤]。汉律也规定不孝者弃市，[⑥] 显系与秦律一脉相承。

对于侵犯伦常关系的通奸、和奸罪，秦律同样严惩不贷。如规定同母

① 律文规定见睡虎地秦墓竹简整理小组编：《睡虎地秦墓竹简》，文物出版社1978年版，第293、294页。

② 睡虎地秦墓竹简整理小组编：《睡虎地秦墓竹简·法律答问》，第195页。

③ 睡虎地秦墓竹简整理小组编：《睡虎地秦墓竹简·法律答问》，第263页。

④ 张家山汉简释文小组：《江陵张家山汉简〈奏谳书〉释文二》，载《文物》1995年第3期。

⑤ 睡虎地秦墓竹简整理小组编：《睡虎地秦墓竹简·法律答问》，第184页。

⑥《汉书·衡山王传》："太子爽，坐告王父，不孝弃市。"

异父者通奸，处以弃市。[①]汉律称此罪为“禽兽行”，同处死刑。居丧期间的和奸罪，也是秦律的惩罚对象。汉初，杜县女子甲在为其夫守丧期间，与人在棺后房中和奸。此案上谳，议罪时被廷尉议以“不孝”与“敖悍”之罪。[②]案例引律时冠以“故律”，显然是秦律规定。武帝元鼎元年（前116年），堂邑侯陈季须“坐母公主卒未除服奸，兄弟争财，当死，自杀”[③]。可见汉律中的“未除服奸”罪，也脱胎于秦律。

对于在家族伦常中占有重要地位的夫权，秦律同样体现了明显的维护功能。例如丈夫殴伤悍妻，应处以耐刑。[④]在对丈夫殴伤悍妻实施法律惩罚的另一面，也可以看出至少法律赋丈夫以殴妻权，只是不允许殴伤。张家山汉简所见秦律对凶悍罪的规定更为明确，女子“敖悍，完为城旦舂，铁颡其足，输巴县盐（盐官）”[⑤]。意即女子犯凶悍罪，判处完城旦舂刑，戴上铁镣，输往巴县盐官处服役。凶悍入罪的反面，当然就是要求女子温顺贤良，言行符合儒家的道德规范。

其二，在刑罚原则上，贯穿等级观念，同罪异罚，刑有等差。“壹刑”是商鞅提出的著名的刑法思想，包含了两个重要的基本原则。一是“刑无等级”：“自卿相将军以至大夫庶人，有不从王令、犯国禁、乱上制者，罪死不赦”。[⑥]二是功不抵罪：“有功于前，有败于后，不为损刑，有善于前，有过于后，不为亏法。忠臣孝子有过，必以其数断。”[⑦]然而在秦律中，这两个原则已经被同罪异罚、刑有等差所取代。秦律诉讼程序规定，诉讼双方于诉讼伊始，需要申明自己的姓名、身份、籍贯以及是否有前科，是否

① 睡虎地秦墓竹简整理小组编:《睡虎地秦墓竹简·法律答问》，第325页。
② 张家山汉简释文小组:《江陵张家山汉简〈奏谳书〉释文二》，载《文物》1995年第3期。
③《汉书·高惠高后文功臣表》。
④ 睡虎地秦墓竹简整理小组编:《睡虎地秦墓竹简·法律答问》，第185页。
⑤ 张家山汉简释文小组:《江陵张家山汉简〈奏谳书〉释文二》，载《文物》1995年第3期。
⑥《商君书·赏刑》。
⑦《商君书·赏刑》。

经过赦免，此称“定名事里”。[①] 汉律中的“状辞皆曰名、爵、县、里、年、姓、官禄”[②]，显然是此规定的具体化。在诉讼时申明自己的爵位与官禄非同寻常，因为这意味着在判决与执行上，有爵者与官吏将享受到等级制保护下的法律特权。例如上造、公士同犯“为故秦人出、削籍”罪，上造处以鬼薪，公士处以城旦，[③] 爵高一级的上造明显受到优待。又如官吏与非吏者同犯擅领军粮罪，官吏罚以二甲，撤职永不叙用，非官吏则罚戍边二年。[④]在判决执行上，有爵者不仅可以享受赎刑特权，甚至还可以以爵抵罪。事实上在商鞅自己的思想中已经出现了对功不抵罪原则的背离：“爵自二级以上，有刑罪则贬；爵自一级以下，有刑罪则已。”[⑤] 表明秦律的刑罚原则已由最初的刑无等级而演变至刑有等差。汉初，在此原则的影响下，有爵者与官吏的法律地位与特权得到进一步确认：“爵五大夫、吏六百石以上，及宦皇帝而知名者，有罪当盗械者，皆颂系。上造以上及内外公孙、耳孙有罪当刑及当为城旦舂者，皆耐为鬼薪、白粲。”[⑥]

确立尊卑贵贱长幼之序，维护等级制度，这是儒家法律思想的一个重要特征。后世法典中对卑犯尊、贱犯贵、幼犯长、妻犯夫行为的不平等规定，正是儒家刑有等差思想作用于法律的结果。值得注意的是，在秦律中除前述不孝罪外，我们还可以发现一些与上述行为对应的罪名。如卑犯尊有“臣妾牧（谋）杀主”[⑦]，幼犯长有“殴大父母，殴高大父母”[⑧]，妻犯夫有“妻悍”[⑨]，在诉讼上也有“‘子告父母，臣妾告主，非公室告，勿听。’可（何）

① 睡虎地秦墓竹简整理小组编：《睡虎地秦墓竹简·封诊式·有鞫》，第247页。
② 《居延新简》EPT68·34。
③ 睡虎地秦墓竹简整理小组编：《睡虎地秦墓竹简·秦律杂抄·游士律》，第135页。
④ 睡虎地秦墓竹简整理小组编：《睡虎地秦墓竹简·秦律杂抄·中劳律》，第135页。
⑤ 《商君书·境内》。
⑥ 《汉书·惠帝纪》。
⑦ 睡虎地秦墓竹简整理小组编：《睡虎地秦墓竹简·法律答问》，第184页。
⑧ 睡虎地秦墓竹简整理小组编：《睡虎地秦墓竹简·法律答问》，第184页。
⑨ 睡虎地秦墓竹简整理小组编：《睡虎地秦墓竹简·法律答问》，第185页。

谓‘非公室告’？主擅杀、刑、髡其子、臣妾，是谓‘非公室告’，勿听”[①]之限定。这些罪名的出现，完全可视为儒法相融的结果。

从以上秦律对亲权、等级特权的维护，对不孝等伦理犯罪的惩治可以发现，儒家重视伦理纲常的思想在秦律中已有明显印记，秦律并不仅仅是法家思想绝对指导下的产物，它对儒家刑法思想的吸纳，有力地证明了功利是秦律的基本价值体系之一。换言之，当社会处于巨大的转型期时，法律规范的指导思想不可能是一成不变的。当原有的刑无等级、法不阿贵的原则已难以适应君主专制下的等级制度，而儒家贵贱不愆、刑有等差的刑法原则恰好又适应了维护等级特权的需求时，新旧法律规范之间的扬弃、吸纳、融合乃是必然选择。唯有如此，法律规范才能适应现实社会的需要，承载起调整、规范各种社会关系的功能。因此我们认为，儒家思想对法律的渗透与改造，至少在战国法制已露其端倪，而在秦律中已进一步渗透。汉代的援礼入律，以律释经，正是在此基础上的延续与扩大。把握了这一点，不仅将有助于我们更深刻、更真实地认识战国秦汉法制的渊源关系，也将有助于我们以史为鉴，更有效地为当今法制建设服务。

三

秦汉法制是中国法制史上重要的奠基阶段，部门法充实，体系完整。

长期以来，在秦汉法制的研究历程中，或许是苦于史料的短缺，或许是囿于认识的局限，在对秦汉法制的体系把握，尤其是对部门法的探讨上，发展很不平衡。例如对《九章律》的认识，往往会因注重其刑法典的性质而忽略其体系的复杂性；对行政组织的认识，往往更多地将其归属于政治制度而忽略其法律属性；对诉讼法的探求，往往无力做深度开拓；对民法的认识更是存在一定的误区，以为秦汉的法律制度只包括刑法，没有民法。

---

① 睡虎地秦墓竹简整理小组编:《睡虎地秦墓竹简 · 法律答问》，第 196 页。

这些认识的存在，妨碍了人们对秦汉法制原貌的探求，在一定程度上影响了秦汉法律体系的研究进程。

我们认为，研究一个历史阶段的法律制度，首先应当从法律制度所规范调整对象的现实形态切入，然后再去探求它的法律表现。如果一味追求其法律表现的有无，忽略其现实形态的存在，势必会在认识上产生偏差。换言之，我们不能因为某一部门法典的缺佚，就认为这一范围的诸种关系缺乏相应的法律规范，从而得出法律体系欠缺的结论，这是不符合历史事实的。更何况在地下出土文物史料不断丰富的今天，断言某种法典的缺佚，也未免有失慎之嫌。基于以上考虑，我们认为秦汉时期的法律体系已经具备了部门法的现实形态，存在着调整相应关系的法律规范。

以行政法为例。秦汉是中央集权制度与官僚制度的加强发展时期，与之相适应的行政实体法也多有建树。在行政组织方面，中央与地方二级行政机关职权分明，权力链清楚，有效地行使着国家行政权力，组织管理国家行政事务。关于行政组织的吏员配备，已有汉律佚文证明当时确有相关的法律规范行世。《史记·萧相国世家》索隐如淳按：“律，郡卒吏、书佐各十人。”《汲黯传》集解引如淳曰：“律，太守、都尉、诸侯内史，史各一人，卒史、书佐各十人。”毫无疑问，这就是与行政组织法相关的法律条文。在此法规指导下配备地方行政组织吏员的实例，又非常难得地在出土简牍中得到了印证。1993年于江苏省连云港市东海县尹湾村汉墓中发现的简牍，记有东海郡的吏员配置情况：“吏员二千二百三人，大（太）守一人，丞一人，卒史九人，属五人，书佐十人，啬夫一人，凡廿七人。”① 由此可以推知，秦汉时有关行政组织的立法，不仅不可能阙如，而且还相当繁细。

对于行政组织的管理活动实施者——各级官吏，秦汉律的调整规范作用更为明显。有关官吏的任免、考核、奖惩、迁调以及行为准则、权利义务，均有明确的规定，显示了法律对官吏强有力的控制。秦汉官吏管理法

① 连云港市博物馆等编：《尹湾汉墓简牍·集簿》，中华书局1997年版。

的发达，与战国时期王权的加强与官僚政权的建立密切相关，当时形成的符玺制度、秩禄制度、上计制度，已经显现了官吏管理法的主要内容。秦律中有关官吏管理的法规条文，更是数量多，范围广，强化官吏管理的立法意识非常明显。如《睡虎地秦墓竹简 · 秦律十八种》中，任用官吏的法规有《置吏律》《除吏律》，关于官吏的职务规定有《司空》《尉杂》《内史杂》，对国家行政事务各部门官吏的失职违纪行为的惩罚，则分见于其余诸律之中。此外，还出现了专门考核官吏的法律形式“课”。至于官吏的总体行为准则、职责义务的规定，更有纲领性的法规《为吏之道》发挥其约束作用。汉初，除继续沿用秦律中的相关法律外，涉及官吏管理的行政立法的规模进一步扩大。张家山 M247 号墓汉律竹简所出律名，与秦律律名相同者，有《置吏律》《传食律》《行书律》，此外还有《赐律》《置后律》《爵律》《秩律》《史律》，明显都是行政法规。武帝时期，伴随中央集权政治的强化，行政立法也加快步伐。维护皇帝人身安全的《越宫律》，规范朝见礼仪的《朝律》，禁止官吏仕于诸侯的《左官律》，限制诸侯势力扩张的《附益之法》，均产生于这一时期。

行政组织与各级官吏是国家权力意志的体现者与实施者，是行政立法最重要的涉及对象。根据上述繁多的律名可以想见，秦汉行政立法的数量绝不会在少数。再加上频繁产生的诏令、科品、判例等诸种法规的组合，秦汉行政法规的种类与数量足以形成完整反映其立法状况的规模。

再以民法为例。现代法学意义上的民法，是指“一定社会调整特定的财产关系和人身关系的法律规范的总和”，“是民法规范所调整的财产关系和人身关系在法律上的表现，如所有权关系、合同关系……继承关系等”。①在以重农抑商为基本国策的秦汉，自然不可能产生出“民法”这样的概念，但是在现实社会生活中，财产关系和人身关系的客观存在，显现出当时并非缺乏调整上述关系的法律规范。

① 《中国大百科全书 · 法学》，中国大百科全书出版社 1984 年版，第 412、417 页。

在所有权关系上，土地是最主要的生产资料，因而在一切财产之中，最重要的就是土地所有权。汉代的土地所有权分国有与私有两种，国家法律对土地所有权实行保护。对国有土地，国家虽然通过授田、赋公田、假田等方式将其交给农民使用，但法律上的所有权关系并不发生逆转，国家往往通过征收租税体现所有权的归属。《汉书·沟洫志》所见的“租挈”，为“收田租之约令”，正是体现了所有权拥有者的主体地位。私有土地的所有权也是法律的保护对象，人们往往通过土地凭证确认所有权的获得。像著名的《汉长里乐奴卖田券》《扬量买山刻石》《昆弟六人买山地摩崖刻石》，就是买卖双方对土地所有权转让、拥有的具有法律效力的凭证。以目前存留的《田律》《田令》《田租税律》等律令篇名见之，秦汉律对土地立法已经处于自觉主动的阶段。尽管仅以这些篇名还难以判断其中是否含有涉及所有权的内容，但通过一些珍稀的汉律佚文，仍然可以看出所有权的现实形态与法律规范之间，并非呈游离状态。

在契约关系上，汉代契约的普遍运用，更说明了法律调整功用的所在。从目前所见史料来看，汉代契约大致可分为买卖契约与借贷契约两种。买卖契约依其内容，又分土地买卖契约与日常用品交易的贳卖契约。土地买卖契约包括了标的、买卖双方姓名及其籍贯、土地所在、土地范围、土地价格、订约时间、地款交付情况等项条件。整个订约过程由买卖双方及“旁人”“知者”共同完成，买卖双方是当事人，“旁人”“知者”是见证人。交易完毕，三方共同饮酒，显示出交易、订约活动的郑重。贳卖契约中则增加了违约惩罚的内容，并以“任者”为担保人，同时还记明赊贷方的详细地址，以促使其如约履行义务。借贷契约的典型者为“债券”，汉简所出甚夥，反映了丰富的债权债务关系。契约是当事人之间设立、变更、终止民事关系的协议。汉代契约关系的普遍发达，印证了民事法律事实的客观存在，说明汉代的民事关系并不是在习惯的状态下依惯性发展，而是在法律的约束与规范中有序运作，体现了调整关系中的法律控制倾向。居延汉简所出《贷钱它物律》，更加有力地证明了法律对民事关系的主动介入。

在继承关系上，新出土的汉简史料也可证明当时确有相应的法律规范行世。张家山汉简所出吕后《二年律令》中有户律篇名，其中“关于田宅、奴婢、财物如何制定遗嘱，即所谓先令券书，也有明文”[①]。先令券书的实物，又见近年出自江苏扬州仪征胥浦 101 号汉墓的平帝元始五年（5 年）析产《先令券书》，[②] 正好可以印证户律律文。通过这份《先令券书》可以发现，汉代以遗嘱分配财产的现象已经较为普遍；订立遗嘱时，县乡三老及乡吏里吏共同参与，表明遗嘱执行将由乡里官吏及亲属族人监督进行；家长在析产过程中具有决定权，儿女虽然均有继承权，但继承顺序儿子居先；当时遗嘱文书的制作已经具有相当高的水准，券书包含了订立遗嘱时间、遗嘱者姓名、遗嘱内容、具有公证效力的行政组织官吏、遗嘱见证人及担保人，基本具备了现代遗嘱的条件。券书末尾记“先令券书明白，可以从事”，是官吏与证人、担保人对遗嘱法律效力的认定，证明遗嘱执行具有法律效力。关于财产继承的汉律佚文，又见居延汉简：“□同产子皆得以为嗣继统□。”[③] 至于爵位继承，则有《置后律》加以规范。

在战国秦汉法制中，户律一直是重要的基本内容，由魏户律、秦户律、汉户律迄至后周，律名一直未作更改。根据上述内容可见，户律中应当包含有较多的民事法律内容。唐律将侵占田宅、立嫡违法归入户婚律中，从承袭关系看，不能不承认战国秦汉户律对后世法典的持续影响。

以上以法制史研究中相对呈薄弱之状的行政法与民法为例，叙述了认识秦汉部门法现实状态的可能。诚然，若想对秦汉部门法的认识臻于饱满充实，仅以目前的探讨还是远远不够的。但是我们有理由相信，在法制建

① 李学勤：《论江陵张家山 247 号墓汉律竹简》，载《汉简研究的现状与展望》，第 177 页，日本关西大学出版部 1992 年版。

② 扬州博物馆：《江苏仪征胥浦 101 号西汉墓》，载《文物》1987 年第 1 期。

③ 《居延新简》EPT5 · 33。

设步入正轨的战国秦汉，无论是实体法还是程序法，它们所调整的关系与对象都不可能是单一的。部门法的不断完善，法律体系的多元化，是法制建设的必然趋势，这点将得到不断的证实。

如前所述，战国秦汉是中国法制史中重要的奠基阶段。它的法典编纂结构、刑罚思想、刑罚原则、行政组织法、官吏管理法以及民事、经济、诉讼法律，深度影响着后世的法制建设。因此把握了这个源头，中国法制史的主脉将清晰可辨。战国秦汉法制史，由于年代久远，史料有限，时时会因史料的匮乏而使研究显得力不从心，遗留下诸多难解之谜或似是而非的问题。因此，对即将进入世纪之交的我们而言，既感到使命的迫切，又不能不感慨于我们的庆幸。这是因为自20世纪初第一批汉简出土以来，经过百年积累，数量繁多的出土简牍不断丰富着我们对战国秦汉法制的认识，为我们开拓了更为自由的空间，展示了广阔的研究前景。20世纪70年代出土的睡虎地秦墓竹简对秦汉律研究所产生的巨大效应，使这一领域里的研究陡然形成一个高潮，成果迭见，就是明显的例证。又如银雀山汉简之于齐国法制的探寻，[①]包山楚简之于楚国司法制度的研究，[②]云梦龙岗秦简之于秦始皇时期禁苑、驰道以及刑罚消灭的探讨，[③]居延汉简、敦煌汉简之于各部门法、司法文书的研究，[④]青海大通上孙家寨汉简之于军法研究，[⑤]江陵张家山汉简《奏谳书》之于秦汉刑法、诉讼制度的探究，[⑥]尹湾汉墓简

---

① 吴九龙:《银雀山汉简释文》，文物出版社1985年版。

② 湖北省荆沙铁路考古队:《包山楚简》，文物出版社1991年版。

③ 梁柱、刘信芳:《云梦龙岗秦代简牍述略》，载《简帛研究》第1辑，法律出版社1993年版。

④ 谢桂华等:《居延汉简释文合校》(上下)，文物出版社1987年版。甘肃省文物考古所等:《居延新简》(上下)，中华书局1995年版。吴礽骧等:《敦煌汉简释文》，甘肃人民出版社1991年版。

⑤ 李均明、何双全:《散见简牍合辑》，文物出版社1990年版。

⑥ 江陵张家山汉简整理小组:《江陵张家山汉简〈奏谳书〉释文》一、二，载《文物》1993年第8期、1995年第3期。

牍之于地方行政制度、上计制度的研究等，[1] 都提供了极其珍贵的第一手原始史料。相信在不久之后，伴随着张家山律令简的面世，秦汉法制史的研究定能再度形成热点。在文物史料出土正未有穷尽的今天，我们应当如前辈学者那样，提倡对史料的亲自钻研与把握，提倡以传统的考据方法悉心辨伪、考证、分类归纳史料，在占有翔实史料的基础上，做出具体而非空泛、创新而非循旧的论证，从而使战国秦汉法制史的研究跃上一个新台阶。

① 连云港市博物馆等编:《尹湾汉墓简牍》，中华书局 1997 年版。

第一章 战国时期的法律文化背景与变法概况

第一节 法律文化背景

历史进入东周时代以后，西周时创立的分封制开始瓦解，周天子的地位一天天下降。周天子的地位下降了，诸侯的地位上升了；诸侯的地位下降了，卿大夫起来了。历史发展的曲线式上升是永恒的，地域发展的不平衡性是绝对的，春秋时代的这种特征表现得更为剧烈，更为突出。在春秋五霸的角逐中，夹演着一出“弥兵”的短剧，在频繁的战争背后，各国的政治制度、经济基础也发生着变化。周公制定的政治制度、礼仪文化也在各国发生动摇，被新形势下的思想文化所冲击。各国统治者为了在战争中处于不败之地，都竞相采取措施，加强并保持自身的统治。但是，由于各地区的政治制度和传统文化有着一定的差异，因此，各国所采取的政治措施和法律措施就呈现了很大的差别。

三晋两周地区原来是传统的宗周文化的势力范围，[1] 随着周天子地位的

---

① 在历史学和考古学上，把分布在山西、河南等地的韩、赵、魏三国称为三晋；分布在河洛一带的东周、西周称为两周。三晋两周地区泛指今天的山西中南部和河南的西北大部。分布在这一地区的国家有韩、赵、魏、郑、卫、虢、东周、西周等国。

下降，周文化在这个地区也日益衰败，致使这一地区成为各种文化的冲击地带。周、秦、楚各种文化的碰撞，齐、楚、晋、秦等大国势力的角逐，又使这个地区长期处于军事、政治上的动荡和文化上的洗涤之中。郑国正处在这种动荡的旋涡之中，因此，法家思想文化的萌芽产生在这个地区就绝非偶然了。子产在晋楚齐等大国的争逐中，竭力使郑国保持着暂时的安定以便喘息。为了使郑国的统治进一步得到稳定，子产于周景王九年（前536年）最先公布了成文法，即将国家的常法刑典铸在铜鼎上，使国人皆知，人人守法。周敬王十九年（前501年）郑国的邓析又编竹刑，虽然邓析因私修刑书被执政驷歂所杀，但竹刑被国家所沿用。这期间，晋国的赵鞅亦曾于周敬王七年（前513年）铸刑鼎公布于国中。成文法的公布者，皆欲意明法度，使事事皆决于法，然而，三晋两周地区的国家毕竟是西周王朝所分封，故周文化的礼仪制度在这里依然占据着重要的位置，法家思想虽然源渊于此，却没能在这里发展起来。这从魏国李悝的变法和吴起、商鞅等人在这一地区的活动情况就可以看出来。

李悝是法家思想文化的创始人，最早而且系统地制定了以法治国的纲领，他的政治措施曾使魏国一度强大起来，但他的改革未能被彻底地继承下来。吴起曾"事鲁君。齐人攻鲁，鲁欲将吴。吴起取齐女为妻，而鲁疑之。吴起于是欲就名，遂杀其妻，以明不与齐也。鲁卒以为将。将而攻齐，大破之"①。但鲁人以为吴起"猜忍"。吴起曾做过曾子的学生，后吴起母死，而吴起却未赴丧。曾子是儒家的代表人物，他对吴起的所作所为当然是不能容忍，遂"与起绝"。吴起后去魏，事魏不长，"既之楚"。吴起去留的具体事件，反映了一个大的文化背景，即法家思想很难在传统的周文化领域内扎根。同样，商鞅在魏国的去留也反映了这样一个问题。"商鞅少好刑名之学，事魏相公叔痤，为中庶子"，公叔痤临终将商鞅举荐给魏惠王，

① 《史记·吴起列传》。

然而魏惠王不用。商鞅闻秦孝公求贤，“乃西入秦”。[①] 商鞅的法学思想所以能在秦国发展起来，是有其深刻的历史文化原因的。

秦部族是颛顼帝的后代，祖先大费受赐为嬴氏。西周末年，周幽王无道，被犬戎杀于骊山之下，周平王继位，为了避犬戎之难，东迁雒邑。秦襄公带兵护送周平王有功，被封为诸侯，并赐予岐山以西之地。由于秦僻在雍州，周边多戎狄少数民族，经济文化落后，并多受戎狄文化影响，传统的周文化对秦的影响很少，关中各国视秦为夷狄，故秦“不与中国诸侯之会盟”。为了早日加入中国逐鹿中原的行列，只有在军事上先强大起来，这样，商鞅的刑名之学就有了发展的土壤。在这种特定的历史环境和文化培植下，遂使秦成为一个重功利而轻伦理的民族，这正如齐人鲁仲连所说：“彼秦者，弃礼义而上首功之国也，权使其士，虏使其民。”[②] 韩非子也说：“夫慕仁义而弱乱者，三晋也；不慕而治强者，秦也。”[③] 这也就是法家文化在秦国发展起来的原因。秦国的统治者以法家理论作为治国的指导思想，并由此统一了全国，从而把法家的思想理论推向了高峰。

在春秋时代的政治、经济、文化的大变革中，周的礼仪制度等传统的礼乐文化并非完全丧失，而是被鲁国比较完整地继承下来。鲁国是周公的后代伯禽的封国，自然铸就了鲁国根深蒂固的礼乐传统，成为典型的宗周礼乐的保存者和实施者，鲁国也常以周礼的维护人自居。在司法活动中，鲁国的官吏们也处处维护礼学名节，对于损害礼学名节的犯罪给以重判。江陵张家山汉简《奏谳书》二〇载：

●异时鲁法：盗一钱到廿，罚金一两；过廿到百，罚金二两；过百到二百，为白徒；过二百到千，完为倡。有（又）曰：诸以县官事訑其上者，

① 《史记·商君列传》。
② 《史记·鲁仲连邹阳列传》。
③ 《韩非子·外储说左上》。

以白徒罪论之。有白徒罪二者，驾（加）其罪一等。白徒者，当今隶臣妾；倡，当城旦。今佐丁盗粟一斗，直（值）三钱，柳下季为鲁君治之，论完丁为倡，奏鲁君。君曰：盗一钱到廿钱，罚金一两，今佐丁盗一斗粟，直（值）三钱，完为倡，不已重虖（乎）？柳下季曰：吏初捕丁来，冠钵冠，臣案其上功牒，署能治礼，濡（儒）服。夫濡（儒）者，君子之节也；礼者，君子之学也；盗者，小人之心也。今丁有宵（小）人心，盗君子节，有（又）盗君子学，以上功，再訑其上，有白徒罪二，此以完为倡。君曰：当弌（哉）！[①]

有的同志认为，简文中的柳下季即春秋中晚期的柳下惠。柳下惠，又叫展禽，任鲁国主掌刑狱的士师，他以讲究贵族礼节著称。[②]这段简文反映了鲁国崇尚礼仪，维护礼学名节的传统和司法原则。当时人称“周礼尽在鲁矣”，[③]虽然由于社会的发展和动荡，鲁国也出现了“礼崩乐坏”的现象，但是作为一种礼仪制度，一种文化传统，周礼在鲁国仍然被保留着。春秋末年，吴公子季札观鲁乐舞，叹为“观止”，[④]所以孔子及其儒学产生在鲁国也就是很正常的事了。《淮南子 · 要略》载：

周公继文王之业，持天子之政，以股肱周室，辅翼成王。……成王既壮，能从政事，周公受封于鲁，以此移风易俗。孔子修成康之道，述周公之训，

① 《江陵张家山汉简〈奏谳书〉释文（二）》，载《文物》1995 年第 3 期。

② 李学勤：《〈奏谳书〉解说（下）》，载《文物》1995 年第 3 期。

③ 《左传 · 昭公二年》。

④ 礼乐制度是周文化的重要组成部分，当时各诸侯国早已废弃而不能演示，唯独鲁国仍然保留着。《左传 · 襄公二十九年》（前 544 年）记载，吴公子札到鲁国聘问，请求观看周乐，鲁国派乐工为他演唱了《周南》《召南》，他听了后说：“美好啊！……”后观看跳舞，当看到《韶箾》舞后，说：“功德到达顶点了，伟大啊！像上天的无不覆盖。像大地的无不装载。盛德到顶点，就不能再比这有所增加了，聆听观看就到这里了。如果再有其他的音乐，我不敢再请求了。”反映了传统的宗周礼仪文化在鲁国有着深厚的基础。

以教七十子，使服其冠，修其篇籍，故儒者之学生焉。

所以杨向奎先生说，鲁国承袭了宗周的礼乐，孔子发展了周公的学说。[①] 鲁国虽然于公元前594年初税亩，然而只是在土田方面承认了私田的合法性而已，政治制度上没能有所改变。鲁国在传统的儒学思想的影响下，固守礼仪，不尚耕战。孟子认为：

争地以战，杀人盈野；争城以战，杀人盈城，此所谓率土地而食人肉，罪不容于死。故善战者服上刑，连诸侯者次之，辟草莱、任土地者次之。[②]

由此鲁国国势日衰，最后被秦灭亡。但是孔子的学说并没有在中国断绝，西汉武帝以后，儒家学说经过董仲舒的加工改造，被统治者正式纳入法律体系。

楚族，芈姓，发源于江汉流域，原是商的与国，商亡后由北向南发展，被周人斥之为南蛮，时常加以翦伐，始终局促在汉水之南。楚的物质文化和精神文化与中原各国有较大的差别。[③] 随着与中原各国的交流，吸收了许多中原文化的因素，但在楚国的发展过程中，世袭贵族一直把持着政权，他们观念落后，腐朽无为，严重阻碍着楚国的发展。吴起变法的失败，屈原"楚宪"的流产，都是楚国顽固落后势力阻碍的结果。老子、庄子是楚文化在法律思想方面的典型代表。老子认为：

---

① 杨向奎:《鲁国史・序》，人民出版社1994年版。

② 《孟子・离娄上》。

③ 楚文化是我国东周时期重要的一支古代文化，它不但在物质文化上与周、秦文化有较大的差别，如漆器、彩绘、青铜礼器等都有自己独特的面貌，在文学艺术上也表现了自己的特色，屈原的《离骚》就表现了一种浪漫主义的文化色彩。在法律思想方面，以老子、庄子为代表的思想家表现了一种法律虚无主义的倾向。

法令滋彰，盗贼多有。故圣人云："我无为而民自化，我好静而民自正，我无事而民自富，我无欲而民自朴。"①

庄子认为：

故绝圣弃知，大盗乃止；擿玉毁珠，小盗不起；焚符破玺，而民朴鄙；掊斗折衡，而民不争；殚残天下之圣法，而民始可与论议。②

这种趋向于法律虚无主义的思想实质，是精神超越现实的一种表现。

总之，战国的法律思想文化在不同的地区有着不同的表现，它们对各国的法律制度有着一定的影响，而法家的思想适合当时历史发展的趋势，秦国统治者以其作为统治思想最后统一中国。

第二节　各国变法概况

战国时，各国内部新旧势力之间的斗争日益激烈。在外部环境上，周天子名存实亡，没有能力控制天下，因此社会更加动荡，各国的争战也更加激烈。这种局面促使了各国统治者寻求出路，以摆脱积贫积弱的局面，从而在激烈的动荡和争战中站稳脚步。中原的三晋诸国继承了春秋公布成文法以来的法律文化，相继制定了具有国家大法性质的法律法规。如赵国公仲连于公元前 403 年实行改革，以选廉举贤，任官使能，改革法制为指导思想和主要内容，由此产生了成文法《国律》。韩非曾经论证了《国律》的兴废对赵国的盛衰强弱具有密切的关系。他说：

① 《老子》五十七章。

② 《庄子·胠箧》。

当赵之方明《国律》，从大军之时，人众兵强，辟地齐、燕；及《国律》慢，用者弱，而国日削矣。[①]

齐国于公元前357年任用邹忌为相，进行改革，邹忌提倡“谨脩法律而督奸吏”等措施，他的改革使齐国有了较大的进步。

韩昭侯用郑国京人申不害为相，于公元前355年进行改革，申不害教昭侯以驭臣下之“术”，使国君操其权柄。他的思想后来成为法家思想理论的重要内容。其后，韩国产生了《刑符》，这是史籍中记载的唯一的一部韩国法典。

魏国较早就产生了一部法典，名为《太府之宪》，又称《魏宪》。《战国策·魏策》载：

安陵君曰：“吾先君成侯，受诏襄王以守此地也，手受太府之宪。《宪》之上篇曰：‘子弑父，臣弑君，有常不赦。国虽大赦，降城亡子不得与焉。’……”

但是，这些国家所制定的法律，在法律调节的范围上不够全面，在调节的力度上又不够强大，没能制定出一套激励社会向上奋发，打击因循守旧势力的法律规定，致使这些国家在后来的争战中愈来愈处于被动的地位。在各国的变法活动中，魏国的李悝变法、秦国的商鞅变法和楚国的吴起变法在当时有较大的影响，尤其是李悝制定的《法经》和商鞅变法，在我国古代的法学理论和法制实践中都占有重要地位。[②]

---

① 《韩非子·饰邪》。

② 李悝制定的法律是否名为《法经》，学术界尚有争议，但其法律的基本内容，当与史记相迩。参见李力：《从几条未引起人们注意的史料辨析〈法经〉》，载《中国法学》1990年第2期。

一、魏国变法概况与李悝的《法经》

春秋末年，晋国的新旧势力之间展开了激烈的斗争，经过长期反复的争夺，原来的卿大夫中，只剩下了韩、赵、魏、智四家。周贞定王十六年（前453年），韩、赵、魏三家共同灭掉了智氏，最后又瓜分了晋国的土地。周威烈王二十三年（前403年），韩、赵、魏三家被周天子和各国承认为诸侯。这三个国家的新兴地主阶级在取得政权之后，都运用国家政权的力量，实行过不同程度的社会改革，破除奴隶制的旧制度，发展新的经济制度和政治制度。

周贞定王二十四年（前445年），魏文侯即位。他任用李悝为相，并用吴起、西门豹、乐羊等一批封建政治家、军事家和思想家，实行社会改革，使魏国成为战国初年一个头等强盛的封建国家。李悝（前455年—前395年）是战国时代法家的始祖，曾受业于子夏，《汉书 · 艺文志》列有《李子》三十二篇，但已失传。李悝任魏相后，对于加强魏国新兴的封建制度做出了重要的贡献。魏文侯在他的建议下在政治经济上大举改革，其主要措施是：

1. 废除世袭禄位制度，剥夺那些腐朽无能的奴隶主贵族的政治经济特权，按照“食有劳而禄有功，使有能而赏必行”[①]的原则赐给对于封建国家有功劳的人。他制定并严格执行对犯罪者“罚必当”的措施，打破“刑不上大夫，礼不下庶人”的旧传统。李悝所实行的一系列改革，对旧贵族起到了打击和限制的作用，为新兴地主阶级登上政治舞台创造了有利的条件。

2. 在经济上实施“尽地力之教”。[②]以一家一户为生产单位的个体小农生产，是封建统治的经济基础。魏国在实行按封建等级分配土地制度，发展封建土地所有制的基础上，加强对农业的管理和地力的开发，派农官督

① 《说苑 · 政理》。
② 《汉书 · 食货志上》。

责农民加紧发展生产，增产者赏，减产者罚，以保证国家增加农业收入。为了把农民固着在土地上，防止农民在荒年饥岁四处离散或起来造反，李悝还创“平籴”法，好年成由国家以平价购进粮食，坏年成则以平价出售。由于实行了上述措施，魏国很快富强起来。

3. 在政治、经济改革的同时，李悝也很重视军事改革和军备训练。魏国的军队主要由武士组成，武士要经过严格的训练，按规定标准进行考核，“中试则复其户，利其田宅”[①]，给予优厚的待遇。训练合格的武士，身穿甲胄，背负重弩，手执利兵，疾行而前，颇有战斗力。

4. 为了保证变法的实施，同时也是为了巩固变法取得的成果，维护新生的经济关系和政治制度，李悝撰写了《法经》，用法的形式把它巩固下来。可以说，《法经》的出台适应了日益发展的新生的经济关系，也是政治变法的迫切要求，因此李悝的《法经》既是变法的重要内容，也是变法顺利进行的重要保证。

李悝撰写的《法经》早已湮没失传，其详细内容已不得而知，但《晋书·刑法志》《唐律疏议》和明代董说《七国考》转引的西汉桓谭《新论》等文献中，可了解其主要篇目和部分内容。《法经》共有六篇，即《盗》《贼》《囚》《捕》《杂》《具》六篇。从其内容上分析，《法经》包括正律、杂律、减律三个组成部分。

1. 正律包括《盗》《贼》《囚》《捕》四篇。《七国考》引《新论》曰：“魏文侯师李悝著《法经》，以王者之政莫急于盗贼，故其律始于《盗》《贼》。”“正律略曰：杀人者诛，籍其家，及其妻氏；杀二人，及其母氏。大盗成为守卒，重则诛。窥宫者膑，拾遗者刖，曰为盗心焉。”说明惩治盗贼犯罪，保护地主阶级官私财产与人身安全，维护新兴的封建统治是封建法制的首要任务。

2. 杂律即《杂法》一篇。主要内容是惩治盗贼以外的其他犯罪，“其

---

① 《荀子·议兵》。

杂律略曰：夫有一妻二妾，其刑馘，夫有二妻则诛；妻有外夫则宫，曰淫禁。盗符者诛，籍其家；盗玺者诛；议国法令者诛，籍其家及其妻氏，曰狡禁。越城，一人则诛，自十人以上夷其乡及族，曰城禁。博戏罚金三市，太子博戏则笞，不止则特笞，不止则更立，曰嬉禁。群相居一日以上则问，三日、四日、五日则诛，曰徒禁。丞相受金，左右伏诛；犀首以下受金则诛；金自镒以下罚，不诛也，曰金禁。大夫之家有侯物，自一以上者族"。

3. 减律即第六篇《具法》，相当于现代刑法中的总则部分。"其减律略曰：罪人年十五以下，罪高三减，罪卑一减；年六十以上，小罪情减，大罪理减。"

从以上所引内容可以看出，《法经》在我国早期封建历史的法制建设中具有明显的特色，这对以后的法律思想文化和法律制度建设都产生了重要的影响。

第一，《法经》的目的是维护和巩固封建政权，保护地主阶级经济利益，是新兴地主阶级意志的体现。它以惩罚盗贼作为根本的指导思想，所谓"王者之政莫急于盗贼"[①]。根据《荀子・修身》："害良曰贼，窃货曰盗"，显然盗贼是指侵犯他人财产、人身以及破坏社会秩序的行为。凡属严重危害封建统治与君主的行为，如：窥宫、盗符（兵符）、盗玺、越城、群相居等，不仅本人处重刑，甚至夷族夷乡。同时还以严刑惩治议论国家法令者，以确保政策法令的贯彻和思想的统一。在封建刑法中，以思想言词论罪，可以说始于《法经》。

第二，《法经》体现了早期法家所主张的"不别亲疏，不殊贵贱，一断于法"[②]的法治原则，反对奴隶主贵族的等级特权制度，主张打破礼和刑不可逾越的界限，规定太子犯法要受笞刑，丞相受贿左右伏诛，将军受贿本人处死。当然，《法经》在反对旧有的奴隶制等级制度的同时，又正式

① 《晋书・刑法志》。
② 《史记・太史公自序》。

确认了新的封建等级制度，明确规定大夫之家如有诸侯享用的器物，便属逾制之罪，判处最严重的族刑。

第三，《法经》也体现了法家重刑主义的思想原则，对于轻微的反抗或违犯封建秩序的行为，都要予以严刑镇压。如：窥视宫殿者要去膝骨，路上拾遗者要断趾。这种重刑主义的思想对于以后的商鞅、韩非都产生了极大的影响，以致成为法家理论的重要组成部分。如商鞅就将这种思想发展成“以刑去刑”的理论。韩非曾经解释说：“且夫重刑者，非为罪人也，明主之法，揆也。”[①]“刑重则不敢以贵易贱，法审则上尊而不侵”[②]，“重一奸之罪，而止境内之邪，此所以为治也。重罚者，盗贼也；而悼惧者，良民也。欲治者奚疑于重刑！”[③]见于《法经》的刑罚手段有笞、诛、膑、刖、夷族、夷乡等。商鞅的重刑思想亦是源自《法经》，所谓“卫鞅受之，入相于秦。是以秦魏二国，深文峻法相近”[④]。商鞅实行的“连坐法”就是《法经》中“徒禁”的进一步发展。

《法经》在我国法制史上具有重要意义，是我国历史上第一部初具体系的封建法典，是集春秋后期新兴地主阶级主持下的各国立法之大成。《晋书·刑法志》说：“悝撰次诸国法，著《法经》。”它改刑为法，先列罪名，后定刑制，对于封建法典体例的创制具有重要的作用。战国时期改刑为法，不是简单的字词上的改变，而是由奴隶制过渡到封建制在法律制度上的反映。刑，注重刑罚，强调的是处置；法，颁布的是一种标准，要求人人皆知，事事守法。因此，新的成文法与保持秘密状态、以习惯法为主要形式的奴隶制法相比，封建制法具有成文、公开和相对同等适用的特点。正如韩非所说：“法者，编著之图籍，设之于官府，而布之于百姓者也。”[⑤]因此，

① 《韩非子·六反》。
② 《韩非子·六反》。
③ 《韩非子·六反》。
④ 董说《七国考》引桓谭《新论》。
⑤ 《韩非子·难三》。

“君臣上下贵贱皆从法”[1]。这种新型的法典对以后的法制建设产生了很大的影响。《唐律疏议》还具体阐述了《法经》对封建法律发展的影响：“周衰刑重，战国异制。魏文侯师于李悝，集诸国刑典，造《法经》六篇……商鞅传授，改法为律。汉相萧何更加悝所造户、兴、厩三篇，谓九章之律。”可见，秦律及汉《九章律》都是沿着这个脉络发展下来的，它对我国秦汉时期的封建法律制度产生了直接的影响。

二、楚国的政治背景与吴起变法

楚国在西周中期以后，迅速强大起来，纵横于江汉一带。分布在江汉流域的小国，如随、息、申、邓等屈服于楚的统治。在史籍记载中，楚国亦曾在不同时期实施过不同的法典，但其是否公开以及具体内容如何都不得而知，如《左传·昭公七年》载：“吾先君文王作仆区之法曰，盗所隐器，与盗同罪。”此为春秋中期时事。《韩非子·外储说右上》记载：“荆庄王有茅门之法。”但内容不详。《战国策·楚策》载：

莫敖子华对曰：“吴与楚战于柏举，三战入郢。君王身出，大夫悉属，百姓离散。蒙穀给斗于宫唐之上，舍斗奔郢曰：‘若有孤，楚国社稷其庶几乎？’遂入大宫，负鸡次之典以浮于江，逃于云梦之中。昭王反郢，五官失法，百姓昏乱；蒙穀献典，五官得法，而百姓大治。”

此春秋末叶之事。从行文分析，鸡次之法是治国大典，内有治官治民之条，所以昭王施行后，楚国大治。不过这当中必有子华夸大之处。实际上，当时的楚国一天天在走下坡路。因为在楚国的发展过程中，世袭的贵族一直掌握着大权，并严重地阻碍着楚国的发展。楚国的旧传统

①《管子·任法》。

是“大臣太重，封君太众”[1]，奴隶主贵族垄断了政治经济大权。公元前402年，楚声王被盗杀，楚悼王继位后，楚国又屡次被以魏国为首的三晋联合力量打败，丧失了大片国土。在这种情况下，楚悼王决定任用吴起实行变法。

吴起在魏文侯死后，由于受到大臣王错的陷害，逃亡到楚国。楚悼王先命他为宛守（今河南南阳），防御三晋，收到良好成效，于是又任他为令尹，实行变法。吴起变法的主要内容是：

1. 废除世卿世禄制度。“昔吴起教楚悼王以楚国之俗曰：‘大臣太重，封君太众。若此，则上逼主而下虐民，此负国弱兵之道也；不如使封君之子孙，三世而收爵禄，……’”[2] 楚悼王采纳了吴起的建议，即凡封君子孙已传三代以上的，收回爵禄；又规定，疏远的公族，一律削除公族籍。无关紧要的官职和无能之官，一概裁免。削减官吏的俸禄，节约开支，用以抚养将士。楚国地广人稀，吴起强令旧贵族去充实那些人口稀少的地区，变相地收回他们原有的土地。这是在政治上和经济上对奴隶主贵族的沉重打击。

2. 为了防范奴隶主贵族作乱，吴起禁止他们相互勾结，干预国家政令；同时禁止有碍富国强兵的议论，“明法审令”，大力推行新措施。

吴起变法使楚国的力量迅速加强。楚国曾一度打败了魏国，并出兵攻秦，引起各国的震惊。但是不到两年，楚悼王死去，反对改革的宗室贵戚乘机发动武装叛乱，围攻吴起。吴起跑去伏在悼王的尸体上，旧贵族们用乱箭将他射杀，并把他车裂肢解。但他们的箭同时射中王尸。楚国有一条法律：加兵于王尸者，一律严加惩办，罪及三族。因此，有七十多家参与这次叛乱的贵族都被处以死刑，有的贵族畏罪逃亡国外。吴起以自己的鲜血和生命使楚国的旧势力受到了一次沉重的打击。但是，由于楚国奴隶主

---

① 《韩非子·和氏》。

② 《韩非子·和氏》。

贵族的势力比较强大，使历时不久的社会改革因吴起被害而遇到挫折。此后，楚国社会矛盾日益加深。战国后期，屈原主持编修“楚宪”，后遭人诬陷，也没能实施。所以，楚国的变法最终没能成功。

三、秦国所处的历史环境与商鞅变法

秦国的政治、经济、文化等各个方面一直比较落后，进入战国以后，秦国还保留着若干原始习俗，“父子无别，同室而居”[①]，关中各国视秦为夷狄，故秦“不与中国诸侯之会盟”。魏国不断出兵攻秦，把它逼在渭水流域的一个角落里，使秦很难向东发展。公元前387年，秦惠公死，子出子继位。出子的母亲是个守旧派，重用顽固势力，引起人民的强烈不满，“百姓郁怨非上”[②]。出奔在魏国的公子连利用这个机会回国。出子的母亲派兵去堵截，但军队在半道倒戈，反而把公子连迎入国都雍（今陕西凤翔东南）。出子的母亲自杀，公子连即位，就是秦献公。秦献公在魏国多年，对于魏国因实行社会改革而强盛有深刻的印象。他用武力夺取政权后，为了摆脱秦国内外交困的局面，在国内新兴势力的支持下，采取了几项改革的措施：“止从死”[③]，废除了落后的人殉制度；“初行为市”[④]，便利商品的交换；“为户籍相伍”[⑤]，制定户籍制度，把农民编成什伍。公元前361年，秦孝公继位，他决心继续推行由秦献公开始的社会改革，振兴秦国，收复被三晋夺去的河西之地，于是下令征求能使秦国富强的人才。秦孝公说：“宾客群臣有能出奇计强秦者，吾且尊官，与之分土。”商鞅听到了这个命令后来到了秦国，依靠宦官景监，求见到孝公。

---

① 《史记 · 商君列传》。
② 《吕氏春秋 · 当赏》。
③ 《史记 · 秦本纪》。
④ 《史记 · 秦始皇本纪》。
⑤ 《史记 · 秦始皇本纪》。

商鞅（前390年—前338年）是卫国的同族，因而又称为卫鞅或公孙鞅。他从小喜好刑名之学，后到魏国求仕，在魏相公叔痤门下做小官，深得公叔痤的赏识。公叔痤临死时，把他推荐给魏惠王。惠王嫌他年纪轻，不肯用。于是商鞅带着李悝的《法经》到秦国见秦孝公，建议孝公顺应当时形势，变法图强。商鞅的法律思想和立法活动直接源于李悝，并有所发展和创新，对以后的法家有很大的影响。受影响最深的韩非，在许多方面对商鞅的法律思想进行了理论性的总结和阐述。概括起来，商鞅的法律思想主要表现为：

1. 法律平等思想。商鞅主张“刑无等级，自卿相将军以至大夫庶人，有不从王令、犯国禁、乱上制者，罪死不赦。有功于前，有败于后，不为损刑。有善于前，有过于后，不为亏法。忠臣孝子有过，必以其数断”①。司马谈曾评介说：“法家不别亲疏，不殊贵贱，一断于法。”但是，这种法律平等的原则并不是绝对的，它不是对任何人都有统一的法律适用准则，而仅仅是在适用法律上任何人不得例外，因而所适用的法律是不平等的。这从秦简中是可以看出来的。

2. 强化吏治，一切皆决于法。法家认为：“民一于君，事断于法，是国之大道也。”“故有明主忠臣产于今世，而欲领其国者，不可以须臾忘于法。破胜党任，节去言误，任法而治矣。使吏非法无以守，则虽巧不得为奸。”②凡“守法守职之吏，有不行王法者，罪死不赦，刑及三族”③。所以秦国的法律无论是从数量，还是种类上来说，与东方各国相比，都要丰富得多，这与商鞅的法治思想有直接的关系。

3. 重刑思想。法家是重刑主义者，其主导思想是只有重刑，才能杜绝

① 《商君书·赏刑》。

② 《商君书·慎法》。“而欲领其国者”句，原本作“而散领其国者”，此从蒋礼鸿说。见蒋礼鸿:《商君书锥指》，中华书局1986年版，第137页。

③ 《商君书·慎法》。

犯罪。商鞅的重刑思想直接源于李悝。桓谭《新论》说，李悝著《法经》六篇，“商鞅受之，入相于秦，是以秦、魏二国深文峻法近”。商鞅对实施重刑从理论上进行了阐述，他说“行刑重其轻者，轻者不生，则重者无从至矣，此谓治之于其治也”[①]，从而“籍刑以去刑”[②]。商鞅推行的连坐制、告奸制以及不轻于赦、“刑用于将过”等，都是重刑主义的衍生物。司马谈称之为“严而少恩”。[③]

商鞅见到秦孝公后，向他全面阐述了变革法律的原理和意义，孝公对商鞅的意见很欣赏，任命他为左庶长，开始推行变法。商鞅变法分为两次，第一次始于公元前359年，第二次于公元前350年，综合两次变法，其主要内容如下。

1. 废井田，开阡陌，从法律上废除旧的奴隶主土地所有制，正式承认土地的私有和买卖。秦简公承认了私田的合法性而征收租税，但原先的井田仍然不能买卖。商鞅“为田开阡陌封疆，而赋税平”[④]，即在秦国范围内废除了井田制，进一步承认所有的土地都可以私有和买卖，由国家统一收税。这是一项划时代的变革，它标志着秦国封建土地所有制的确立。

2. 废除旧的世卿世禄制度。新法规定：“宗室非有军功论，不得为属籍”，“有军功者，各以率受上爵”。[⑤] 即实行依军功授田宅的办法，宗室贵戚凡是没有立军功的，不得列入宗室属籍。根据军功重新制定尊卑爵秩的等级。有军功的可以显示尊荣，没有军功的人虽然富有也不能逾制芬华，奴隶主贵族的特权因此受到了沉重的打击。秦国的军功爵共分为二十级，各级都规定有相应的政治经济特权，如做官、占有田宅和奴婢、享用特定的衣服车骑等。凡斩得敌国一个甲士首级的，就赐爵一级，田一顷，宅九

---

① 《商君书 · 说民》。
② 《商君书 · 开塞》。
③ 《史记 · 太史公自序》。
④ 《史记 · 商君列传》。
⑤ 《史记 · 商君列传》。

亩；要做官的可以授五十石俸禄的官。军功爵比较高的，除授田宅外，还赐予封邑。立大功的可以享受数百家直到数万家以上的食邑，衣食其租税。这种措施彻底瓦解了旧的奴隶制等级制度，大大加强了新兴的军功地主阶级的社会地位。

3. 为了巩固封建统治的经济基础，保证封建国家的财源和兵源，实行重农抑商、发展农业生产的政策。商鞅还颁布了《分户令》，其中规定："民有二男以上不分异者倍其赋。"① 即禁止父子兄弟同室共财，一户有两个以上成年男子不分家的，加倍课赋。又把百步为亩的旧制改为二百四十步一亩，奖励开垦荒地。耕织收入多的，免其徭役："大小僇力本业；耕织致粟帛多者，复其身；事末利及怠而贫者，举以为收孥。"② 禁止游手好闲，弃农从商。凡从事末业和因不事生产而贫困破产的人，罚作奴隶。为了增加秦国的兵员，解决秦国兵员与务农的矛盾，秦国一反三晋的做法，采用优惠政策诱使三晋的奴隶和无地少地的农民逃到秦国，给他们田宅，免其三世的徭役，改变这些奴隶的身份。土著秦民可以专门当兵，而让新来的移民供应粮草。③ 这样既解决了秦民当兵和务农的矛盾，又达到了削弱三晋的目的。

4. 取消分封制，普遍推行县制。"并诸小乡聚，集为大县；县一令，四十一县。"④ 即把全国的乡里邑聚统一规划为四十一县。县设令、丞，由国王任免。县以下有乡、里，里之下便是什伍组织。五家为伍，十家为什。

---

① 《史记·商君列传》。

② 《史记·商君列传》。

③ 《通典·食货门》载："鞅以三晋地狭人贫，秦地广人寡，故草不尽垦，地利不尽出；于是，诱三晋之人，利其田宅，复三代，无知兵事，务本于内，而使秦人应敌于外。"这项措施对于强秦弱晋具有深远的意义；相反，魏国的法律则规定外来之民不予立户，不给田宅。如云梦秦简所见《魏律》载："叚门逆吕，赘婿后父，勿令为户，勿鼠田宇。""叚门逆旅，赘婿后父，或率民不作，不治室屋……"

④ 《史记·秦本纪》。《史记·商君列传》及《六国年表》作"三十一县"。

奖励告密，实行连坐法。告“奸”的按斩敌首同等给赏，不告“奸”的腰斩，匿“奸”的以降敌论处。人民不能自由迁徙。旅店不得留宿没有官府凭证的旅客，违者店主连坐。禁止私门请托和私通列国。

5. 反对儒学，烧毁《诗》《书》。禁止儒生游学游仕和散布反动舆论。凡是想做官的就要学习律令，拜官吏为师。

商鞅变法从政治上和经济上给奴隶主贵族以沉重的打击，剥夺了他们的特权，同时又为大批军功地主开辟了仕途之路。以太子师傅公子虔、公孙贾为首的旧贵族，故意唆使太子犯法，商鞅对他们进行了严厉的惩处。商鞅变法顺应了当时历史的新形势，促进了新的封建生产关系的成长，受到秦国人民的欢迎和拥护。变法“行之十年，秦民大说［悦］”，“民勇于公战，怯于私斗。乡邑大治”[①]。当变法取得了初步成果时，商鞅连续出兵攻魏，夺回大片土地。秦孝公于是封商鞅为彻侯，食商、於（今陕西商州区）十五邑。

秦孝公在位二十四年死去，子惠文王继位。这时商鞅威望极高，家家户户都知道商鞅之法。惠文王对他有所猜忌，公子虔等人就乘机诬告商鞅谋反。商鞅被迫出走，想到魏国去，但魏国不让他入境。他回到自己的封邑，举兵抵抗，结果失败，被车裂而死。商鞅虽死，但秦国的统治者仍然沿用改革后的新法。由于实行了社会改革，秦国上下形成了崇尚耕战的风气，政府法令统一，官吏办事效率提高。新的生产关系促进了社会生产力的发展，“夫商君极身无二虑，尽公不顾私，使民内急耕织之业以富国，外重战伐之赏以劝戎士，法令必行，内不阿贵宠，外不偏疏远，是以令行而禁止，法出而奸息”[②]，从而为秦完成统一六国的大业奠定了基础。此正如《新序》所论：

---

① 《史记·秦本记》。

② 《史记·商君列传》集解注引《新序》。

秦孝公保崤函之固，以广雍州之地，东并河西，北收上郡，国富兵强，长雄诸侯，周室归籍，四方来贺，为战国霸君，秦遂以强，六世而并诸侯，亦皆商君之谋也。

东汉的王充也说：“商鞅相孝公，为秦开帝业。”[①] 所以说，秦统一大业的完成与商鞅变法以及他的法律思想有着直接的关系。

① 《论衡·书解》。

第二章　战国时期各国政权的确立与封建官僚制度的形成

西周时期的政权统治形式是“授民授疆土”的分封制，其职官的承继方式必然为世卿世禄制。对于这种相对独立的各处“王国”，靠的是宗法制度和礼仪文化来维持其表面上的“一统”。历史进入东周以后，随着分封制的瓦解，宗法礼仪的破坏，职官的世卿世禄制也受到了冲击。战国时期，各诸侯国都相继建立了县和郡这种新兴的行政统治机制，与此相适应的统治手段也发生了变化。各诸侯国为了维护其政治、经济利益，强化国家机器，都相继以封建官僚制取代了“世卿世禄制”，建立了由国王直接掌握的封建官僚政府，初步形成了封建专制主义中央集权的国家制度。

第一节　国王权力的加强与各国官僚政权的建立

西周、春秋时期，受封的各诸侯国根据受封的爵位分别称为公、侯、伯、子、男，各爵位都有严格的等级限制。当时，只有楚国的国君称王，被公认为非礼、僭越，受到五霸之一的齐国的讨伐。到了战国，较强大的诸侯国的国君纷纷自封为王。公元前288年，秦齐两国的国王又相约称帝，秦昭王称西帝，齐湣王称东帝。后齐国为了孤立秦国，同年又放弃了帝号。

国君称号的改变，不但反映了各诸侯国不再居处从属周王室的附庸地位，而且也反映了各诸侯国内部国君权力的加强。当时，在诸国的统治制度上，有两大变化致使国王的权力得到大大加强，并由此促成了官僚政治的形成。一是改变了官吏的世袭制为任命制；二是逐步取消或削弱了分封制，变为直接受命于中央的郡县制。其结果是国王拥有了至高无上的统治地位，独揽一切军政大权，而且在立法、司法上也有最后决定权。各级官吏和带兵将帅都由国王选任和调动，他们必须按国王的命令行事。所谓“尚贤使能”①“量能而授官”②，就是当时国王任用官吏的原则；所谓“事在四方，要在中央，圣人执要，四方来效”③，就是要求从中央到地方的各级官吏都必须执行国王所制定的统一的政令，必须为国王尽忠效力。在国王所任用的官吏中有为数不少的士，这些士是地主阶级参加政治活动的代表。他们大都能言善辩，并能针对当时社会的新情况提出一套新学说和新办法。为了达到富国强兵的目的，各诸侯国的国王纷纷招徕贤士作为助手。一个很平凡的士，经人推荐或通过游说而受到国王赏识，便可提拔为执政大臣。当时，魏国曾礼贤下士，选拔和重用了很多贤士，其他诸侯国也是一样。例如商鞅本是魏相国公叔痤的家臣，入秦后说动了秦孝公，便被任命为大良造。此后的范雎、蔡泽、李斯等人，也都是通过游说而受到秦昭王或秦王政的赏识而入仕于秦的。

各国的官僚政治制度的形成有一个发展过程，是随着各国的政治、经济形势的变化而产生的。而各国的官僚政治制度发展到占统治地位，当以各国的变法为标志。由于官僚制取代了世卿世禄制，所以官吏任选制的形成就成为各国官僚政治形成的标志。有的同志认为任用官吏的玺符制度、酬劳官吏的秩禄制度和考核官吏的上计制度是战国官僚政治的基本内容，

① 《荀子·王制》。
② 《荀子·君道》。
③ 《韩非子·扬权》。

这三种制度的产生，标志着官僚政治发展到比较完备的程度。[①]

一、玺符制度

玺、符是国王在任命官吏和将帅时颁发的一种凭证，以表示国王授予的一定权力，所以玺、符是官职的凭证，权力的象征。

明人董说在《七国考·秦器服》中认为，秦国“有司之赐印，自秦孝公变法始耳”。从秦简以及有关的出土资料来看，战国时各国确实普遍实行了玺印制度。玺作为官印，在秦简中得到证明，秦统一后，天子独以印称玺。陈直先生在《汉书新证》中指出：“汉代官吏，所用印章，有公用者，有专用者。”所谓专用者，即属有官职名称之印，如“汾阳马丞印”“巩县徒丞印”等；所谓公用者，即公章，不系官名，如“蓝田之印”。此制当袭自秦，秦简中有“公玺”，即不带官名的“丞印”“令印”。从秦汉的官制推测，战国时不同级别的官吏，其玺印在大小、形状、质地上也应有差别。丞相的玺往往是黄金制的，一般官吏的玺印则是铜制的。

官吏的玺印是国家颁发的，是代表国家行使权力的凭证，因此，对于丢失官印、私刻、盗用等行为都要受到法律制裁。秦简《法律答问》中记载，对于丢失“公玺”的要治罪，就是以后寻到，也不能免除。《法律答问》对伪造官印和盗用官印的解释为：“侨（矫）丞令可（何）殹（也）？为有秩伪写其印为大啬夫。”“盗封啬夫可（何）论？廷行事以伪写印。”这说明了国家对于官印的管理是很严的。

符即兵符，其状一般为虎形，所以又称虎符。符上刻有文字，分为两半，右半由国王掌握，左半由将帅掌握。国王对于官吏的任用是以玺为凭的，对于将帅的调遣和发兵是以符为凭的。官吏、将帅当权在职，玺符带

① 肖永清：《中国法制史简编》，山西人民出版社 1981 年版，第 113—114 页。

在身边，免职或辞退时则把玺符缴还国王，如《战国策·秦策三》载："应侯因谢病，请归相印。"当时，国王颁发命令或官府之间来往公文，都必须用玺或印加盖于简束的封泥之上，作为凭信，否则便不能生效。所以，公元前 238 年秦国的嫪毐作乱，行文征集县卒和卫卒时，便不得不假造秦王的御玺。至于军队的调动，则必须有存在国王处的右半个虎符来勘合，作为凭信，否则便不能调动。公元前 258 年，秦国攻赵之邯郸，赵向魏国求救，秦国恫吓魏国，魏安釐王惧怕，不敢发兵，让魏将晋鄙留邺不进。后魏公子信陵君窃得兵符，使力士朱亥杀死晋鄙，才夺其军。《秦新郪虎符铭文》比较详细地记载了符的使用情况：

甲兵之符，右才（在）王，左才（在）新郪。凡兴士被甲，用兵五十人以上，必会王符，乃敢行之。燔燧事，虽毋会符，行殹（也）。

说明兵符分两半，一半在国王那里，另一半归地方保管，用兵五十人以上的，必须由国王发给兵符，到指定地方去合符。没有国王的那半个兵符，任何人都不能调动军队。但如遇有外敌侵入，边塞点起烽火的紧急情况，没有国王的右半个虎符来勘合也可以行动。玺符制度的普遍建立，反映了中央集权的君主专制制度的确立和加强。

二、秩禄制度

秩禄制度，就是封建国家根据官吏职位的高低付给其一定数量的粮食作为报酬的制度，其作用就是使封建君主能以俸禄驾驭各级官吏，使受禄之臣为君主尽职效力。秩禄制度是封建等级制和雇佣制在官僚制度上的表现。由于当时各诸侯国度量衡不统一，所以秩禄的单位也不相同。楚国以"担"为单位，齐、魏等国以"钟"为单位，秦、燕等国则以"石"为单位。最高的秩禄有万担、万钟、万石，最低的有斗食小吏。从目前材料看，在各诸侯国中，秦国的秩禄制度比较完备，它的官品秩禄与二十级爵紧密挂钩，是建立在二十级爵制基础上的秩禄制度（详见本章第四节与第五章第二节）。此外，除了固定的秩禄，国王也时常对官吏进行额外赏赐，以表彰官吏的治绩。对于违反法规的官吏，就要“赀”罪，除按刑事处罚外，往往也使用减除俸禄的办法来处罚，以此来体现“爵禄者，人主之所以使吏治官”的思想。封建国家酬劳官吏的秩禄和赏赐官吏的钱、物，主要靠从劳动人民那里收取的各种赋税以及国家掌握的一批官府奴婢生产的财物。封建国家依靠法律手段强迫农民缴纳赋税和服徭役用以养活统治集团的封建官吏。

三、上计制度

上计制度是封建国家考核官吏政绩的制度。计，指计簿。所谓上计，就是中央要求地方行政长官每年年终将施政情况编为簿籍，呈送朝廷。朝廷根据汇报情况决定对地方官吏的奖惩、任免。战国时，各诸侯国大多已实行上计制度。《史记 · 范雎蔡泽列传》载：

昭王拜王稽为河东守，三岁，不上计。

《秦会要订补 · 职官上》：

上计之制，六国亦有之。魏文侯时，东阳上计，钱布十倍。见《新序 · 杂事篇》。又西门豹为邺令，期年上计。见《韩非子 · 外储说左篇》。又赵襄子之时，以任登为中牟令，上计，言于襄子云云。见《吕氏春秋 · 知度篇》。

上计制度可从以下两个方面获知：

1. 上计内容

户口、垦田、赋税以及地方支出等都是上计的重要内容。《韩非子·难二》：

李克治中山，苦陉令上计而入多。

《淮南子·人间训》载：

（魏文侯时，）解扁为东封，上计而入三倍，有司请赏之。

这些说明了国家对税收的重视，地方官吏已把它作为职内的一项重要政绩。秦简中也有关于上计内容的记载，如“……计偕”。“计偕”一词见于《汉书·武帝纪》：

征吏民有明当时之务，习先圣之术者，县次续食，令与计偕。

颜师古注曰：

计者，上计簿使也，郡国每岁遣诣京师上之。偕者，俱也。令所征之人与计者俱来，而县次给之食。后世讹误，因承此语，遂总谓上计为计偕。阚骃不详，妄为解说，云秦汉谓诸侯朝使曰计偕。偕，次也。晋代有计偕簿。又改偕为阶，失之弥远，致误后学。

秦简《仓律》载：“县上食者籍及它费大（太）仓，与计偕。”即县在上计时，应将“食者”名册以及其他费用和计簿上报太仓。同律载：“入禾稼、刍稾，辄为廥籍，上内史。”按此规定，县应将每年收纳的田税，登记造册，上报中央的内史。对于所要登记上报的粮食，不是只上报一个总数，而要分别记账上报。《仓律》规定：

稻后禾孰（熟），计稻后年。已获上数，别粲、穤（糯）秙（黏）稻。别粲、穤（糯）之襄（酿）……到十月牒书数，上内【史】。

这段话的意思是，由于稻比禾晚熟，因此计算粮食收入时，来不及计算稻的数额，故把稻的收入记在下一年的账上。登记时要区别不同的粮食种类和用于酿造的粮食，到十月把详细的数目记载在牒书中，上报到中央的内史。

各国的最高统治者之所以把赋税和粮食收入的多少作为考核官吏政绩的主要标准，一方面是用以考核官吏统治和搜刮人民的能力，更主要的是从财政上加强中央对地方的控制，以此作为维护封建专制主义中央集权制度的手段。而在此前"授民授疆土"的统治制度下，王室的收入主要是靠各封国的贡赋。

地方治狱情况也是上计的一项重要内容。《汉书 · 魏相丙吉传》："案今年计，子弟杀父兄、妻杀夫者，凡二百二十二人。"汉承秦制，秦当有此制。秦简《金布律》载："……已禀衣，有余褐十以上，输大内，与计偕。"褐，粗麻制成的短衣，这里指囚衣。即地方在发放囚衣之后，如有剩余褐衣十件以上，就应于上计时，上缴大内。上述材料说明，秦国在监狱的行政管理方面还是相当严密的。

2. 上计方式

据《续汉书 · 百官志》载，汉制，县邑道"上计于所属郡国"，再由郡上计于朝廷。同志记述道：

凡郡国皆掌治民，进贤劝功，决讼检奸。常以春行所主县，劝民农桑，振救乏绝。秋冬遣无害吏案讯诸囚，平其罪法，论课殿最。岁尽遣吏上计。

但从秦简的资料看，秦实行的上计制度，并非由县上计于郡，再由郡上计于朝廷，而是由县直接上计于朝廷。如《仓律》中“县上食者籍及它费大（太）仓，与计偕……”就是县直接对朝廷的太仓，太仓是中央内史的属官。这种上计方式可能是秦未普遍设郡之前的制度，统一后，郡县作为两级固定的行政机构，应当是逐级上计。国王对各级官吏进行考核时，如果成绩不佳，往往当场收玺免职；成绩优异则能升迁。高级官吏对于下级官吏的考核也采取同样办法。

综上所述，玺符制度、秩禄制度和上计制度是战国时期封建官僚制度的基本内容。这些制度贯穿着专制主义中央集权的精神，对于废除世卿世禄制度，巩固封建制的经济基础都具有重要的作用。

第二节　中央官僚制度

战国时期，随着世卿世禄制度的彻底崩溃，各诸侯国的国体也发生了重大变化，分封制体系下的卿大夫士们已不复存在，取而代之的是国王直接任命的各级各部门的官吏，国王和他们一起形成了一整套君主专制的中央政体。在各诸侯国中，国王是最高统治者，掌握国家的军政大权。国王下面建立了一套以丞相和将军为文武首脑的官僚机构。

丞相（或称相、相邦、相国），是“百官之长”，协助国王处理全国行政事务，职位最高，职权极大。《荀子·王霸》说：

相者，论列百官之长，要百事之听，以饰朝廷臣下百吏之分，度其功劳，论其庆赏，岁终奉其成功，以效于君，当则可，不当则废。

但即使是丞相，它的职位也非世袭，而是由国王随意任免，充分体现了专制君主的至高无上。有的诸侯国有时也设左、右相，而以右相为正。

七国之中，楚国比较特殊，它的最高行政官吏叫令尹。吴起在楚国变法就是以令尹身份主持的。秦国设相较晚，商鞅在秦国主持变法时曾由左庶长升为大良造，当时大良造便相当于相，秦国正式设相是在公元前309年，即秦武王“二年，初置丞相，樗里疾、甘茂为左右丞相”[①]。

将军（或称将）是武官之长，地位略次于“相”。同样，七国之中仅楚国未设“将”，相当于“将”职务的为柱国（或上柱国）；秦国设“将”也较晚，《史记·穰侯列传》载，秦昭王即位，以魏冉为将军。见于秦纪的将还有芈戎、张唐等；秦始皇时有王贲、蒙骜、冯劫等。

在我国古代职官的发展史上，文武比较明显的分职是从战国开始的。两周时期各诸侯国的公卿因为是受土封田，既管民又参与国政，他们既是土田的管理者，又是所有者，土田辖区的军政等一切大事都由受封者处理，因此也就不易产生分工明确的官职。到了春秋末期及战国，一方一伯的卿大夫不存在了，国王手下的封建官僚机构日益庞大，官吏的分工也就成为必然的事了，加之随着兼并战争的频繁，军队数量的激增和军事技术的发展，设立专职的武职和专门的军事管理机构也就成为客观的需要，故由将相分掌文武二柄。以秦国为例，商鞅在任大良造时，还是文武不分，设相以后，大良造就成为专门的武职。在这种客观条件下，从春秋晚期开始，就产生了很多中国历史上有名的军事家和军事理论家，如孙武、孙膑、司马穰苴、白起、尉缭等。

在中央机关中，除将相以外，其他重要职官有：

尉，春秋时期晋国在将军下面就设有尉，是次于将军的武官。到战国时期，各诸侯国都设有尉，但称呼不一，有中尉、国尉、都尉等，负责军事行政和人事。《资治通鉴·周纪四》赧王二十二年胡注：“战国之时，有国尉，有郡尉。应劭曰：自上安下曰尉，武官悉以为称。”《史记·白起王翦列传》：“起迁为国尉。”张守节之《正义》认为即太尉。又《史记·秦始

① 《史记·秦本纪》。

皇本纪》："秦王……见尉缭亢礼，衣服食饮与缭同。……固止，以为秦国尉。"张守节《正义》曰："若汉太尉、大将军之比也。"

御史，由以前的史官发展而来，赵、韩、魏、秦、齐等国均设御史，掌管外国使臣的"献书"。公元前279年，秦赵渑池之会，两国的御史都曾随国王记事，充当国王的秘书。史书记载，国王宴会群臣时，往往"执法在傍，御史在后"[①]。一次，齐威王在宴会上，召淳于髡赐酒，因御史在侧，不敢放肆饮酒，可见，这时的御史已带有监察的性质。

尚书，或称"主书"，是在国王左右掌管文书、章奏的官吏。又称"掌书"。《吕氏春秋·骄恣篇》载："春居问于宣王曰……（王）遽召掌书曰：'书之。'"刘向《新序·刺奢》作召尚书曰："书之"。干宝之《周礼注》曰："言司者总其柄，言师者训其徒，言职者主其业，言衡者平其政，言掌者主其事，言氏者世其官，言人者终其身。"

郎中，国王的侍从武官，统率保卫国王的禁军，是宫廷中的重要职官。

卫尉，秦官，负责宫廷警卫。《史记·秦始皇本纪》："（秦王政）九年，……卫尉竭、内史肆、佐弋竭、中大夫令齐等二十人皆枭首。"

廷尉，最高司法官。楚国的司法官称为廷理。如《韩诗外传》："楚昭王有士曰石奢，其为人也公而好直，王使之（廷）理。"又《说苑·致公》："楚令尹子文之族有干法者，廷理拘之。闻其令尹之族也，而释之。子文召廷理而责之曰：'凡立廷理者，将以司犯王命而察触国法也。'"

主爵中尉，秦官，掌列侯。

仆，掌管国王的舆马和全国的马政。

主客，负责接待宾客。

少府，秦官，三晋与周、楚亦设有少府，主管手工业和军需生产。

上述战国时期的这些职官，后来基本上都为秦汉甚至秦汉以后的封建王朝所沿袭，如秦汉的三公九卿就是战国官制的继承和发展。

---

① 《史记·滑稽列传》。

第三节　郡县两级地方制度的确立

西周时期，在土地的归属与管辖制度上，实行的是分封制与采邑制，所谓“天子之地曰畿，诸侯之地曰国，大夫之地曰采”[①]。这种制度一方面反映了土地的归属问题，另一方面也是周人等级制度的体现。春秋以后，郡与县的设置开始出现，而县比郡的设置还要早些。如楚国在公元前680年前后，楚文王“实县申息”。[②]秦武公十年（前688年）“伐邽、冀戎，初县之”，“初县杜、郑”等。[③]晋国设县亦较早，《左传·成公十三年》（前578年）载，晋责秦桓公，说：“及君之嗣也，……君亦不惠称盟，……入我河县，焚我箕、郜……”说明晋在沿河地区已普遍设立县这种机构。晋国在“内地”亦曾较大规模地设置县，《左传·昭公二十八年》（前514年）载：“夏六月，晋杀祁盈及杨食我”，“秋，……魏献子为政，分祁氏之田以为七县，分羊舌氏之田以为三县。”则此次晋置十县。县的设立，并非名称的改变，而是基层政权机构的性质的改变，由原来的私邑改变为直接由国家统领的地方组织机构。进入战国以后，县的设置越来越普遍。秦国在商鞅变法时，曾“并诸小乡聚，集大为县，县一令，四十一县”[④]。东方的齐、魏、韩诸国，县的设置也很普遍，苏秦曾说：“不待发远县而临淄之卒固已二十一万”[⑤]，《史记·穰侯列传》记梁大夫须贾之言，云：“魏氏悉其百县胜甲以上戍大梁”，这些都说明了县这种行政机构在各国的普遍性。春秋时，县的长官叫大夫，战国时期，大都改称县令，令下有丞。秦、魏、韩等国

---

① 参见王国维《观堂集林》卷十《殷周制度论》。

② 《左传·哀公十七年》。

③ 《史记·秦本纪》。

④ 《史记·秦本纪》。

⑤ 《战国策·齐策》。

县令以下还设有御史。楚国不设县令而设县尹为县的最高长官。凡县皆建立了一整套从属于中央政府的官僚组织和征收赋税、征发兵丁的制度。县令对县内的重大事项必须报请国王决定，无权擅自处理。

郡的设置，从史籍看是战国时的事，而且是从东方诸国开始的。《史记·秦本纪》载："张仪相秦，魏纳上郡十五县。"《战国策·秦策》甘茂说韩之"宜阳，大县也。……名为县，其实郡也"。燕国的大将乐毅"攻齐，下七十余城，尽郡县之以属燕"[①]。又，同书《赵策》载，韩上党守冯亭以"十七"城邑降赵，赵"以三万户之都封太守，千户封县令"。由此可见，在东方诸国，郡的设置较早，而且郡的级别要比县为大。秦国在商鞅变法时，虽然普遍设县，但并未设郡，而且在秦原有土地上也一直未设郡。秦的郡都是从邻国夺来的，一般都在边界，以军事为主，并且大都由武官充当，所以一郡之长叫作"守"。如秦惠文王后元十三年（前312年）"攻楚汉中，取地六百里，置汉中郡"[②]。秦昭王二十九年（前278年），"白起击楚，拔郢，更东至竟陵，以为南郡"。秦庄襄王元年（前249年），"蒙骜取成皋、荥阳，初置三川郡"。二年以后，秦将"王齮击上党，初置太原郡"。秦王政五年（前242年）"蒙骜取魏酸枣二十城，初置东郡"。十七年（前230年），"内史腾击得韩王安，尽取其地，置颍川郡"。[③]秦始皇灭六国，统一全国后，"以诸侯为郡县"，"分天下以为三十六郡，郡置守、尉、监"，[④]郡下设县，以为定制，并被后代所承袭。郡守在国王的授权下，有权征发郡内壮丁出征，并负责征收全郡的军赋。从秦简看，秦的郡守不但负责军事，也负责司法工作。如《法律答问》："今郡守为廷不为？为也。"因此，郡守实际上成为一级行政机构。七国之中，只有齐国始终没有设郡，但有与郡

---

① 《战国策·燕策》。

② 《史记·秦本纪》。

③ 《史记·六国年表》。

④ 《史记·秦始皇本纪》。

相类似的都，都的长官称大夫。

县以下的基层组织还有乡、里、聚（村落）等组织。乡中的官吏有三老、廷掾等，里有里正。在县城和乡、里中都有什伍的编制，五家为伍，十家为什。在什伍编制下，居民（主要是农民）不许随便迁徙，一家有罪相互株连，形成了严密的专制统治网络。

由此可以看出，战国时期，各诸侯国地方机关的最大变化，就是在春秋以来郡县（邑）的基础上较为普遍地确立了郡县制，将郡县作为中央直接管辖的地方机构。郡县长官不能世袭，只能由国王任命，其行政权和军权亦由国王直接授予。郡县地方制度的确立与普及，有利于封建经济的发展，有利于加强国王的集权统治。

第四节　封建等级制度的确立

新的封建等级制度是随着旧的奴隶等级制度的瓦解而产生的。西周时期，分封的诸侯分为公、侯、伯、子、男五个等级，如《礼记 · 王制》载："王者之制禄爵，公侯伯子男凡五等。""公侯田方百里，伯七十里，子男五十里。"《孟子 · 万章下》也有类似记载。这种等级制的特点，是诸侯实行"授民授疆土"的分封制，卿大夫士实行食其租禄的采邑制，不过他们共同的特点都是世袭。春秋以后，随着各地生产力发展的不平衡，土地私有制的兼并与发展，导致了各国政治经济结构的变动。掌握着大量土地的新兴地主阶级要求在政治上取得相应的地位，有着强烈的变革的要求。各国统治者为了各自的利益经常发生战争，各诸侯国内有实力基础的卿大夫之间也相互争斗。在这种情况下，统治者为了保持自己的地位，出现了奖励军功，授土赐爵的新制度。如早在春秋时期，齐国的"庄公为勇爵"[①]，其目的是

① 《左传 · 襄公二十一年》。

“设爵位以命勇士”，可以说这是最早的军功爵。晋定公时，赵鞅掌权，他在一篇誓师词中说：“克敌者，上大夫受县，下大夫授郡，士田十万，庶人工商遂，人臣隶圉免。”[①] 这也是军功爵，可见军功爵位的授予是打破旧的等级制的突破口。战国时期，各国都不同程度上实行了新的赐爵制。如魏国的吴起曾发布命令说：“明日且攻亭，有能先登者，仕之国大夫，赐之上田上宅。”[②] 燕国曾建立“无功不当封”的制度。尤其是各国的变法运动，都曾废除世卿世禄制度，这对旧的奴隶等级制度产生了根本动摇。但是，各国制定的新的等级制度的具体情况又有所不同，齐、燕、韩、赵、魏等国的爵位大体上分卿和大夫两大级。卿这一级之中又分上卿（正卿）与亚卿。如赵国的蔺相如便曾“拜为上卿”[③]，乐毅曾为燕国的亚卿[④]。大夫之中又分长大夫或国大夫、上大夫、中大夫等。楚国和秦国的爵位比较特殊，楚国的最高爵位叫执珪。赐爵制最为完备，并对以后产生重要影响的是秦国的商鞅制定的二十级爵制。秦国的爵位，在商鞅变法时定为二十级。《汉书·百官公卿表》记述秦的二十级爵是：

第一级	公士	第二级	上造
第三级	簪袅	第四级	不更
第五级	大夫	第六级	官大夫
第七级	公大夫	第八级	公乘
第九级	五大夫	第十级	左庶长
第十一级	右庶长	第十二级	左更
第十三级	中更	第十四级	右更
第十五级	少上造	第十六级	大上造

① 《左传·哀公二年》。

② 《韩非子·内储说上》。

③ 《史记·廉颇蔺相如列传》。

④ 《史记·乐毅列传》。

第十七级　　驷车庶长　　第十八级　　大庶长

第十九级　　关内侯　　第二十级　　彻侯

但是,《商君书》《汉旧仪》等书所记各级爵名往往不同,为了便于研究,我们引下表以供参考:[①]

秦赐爵制及有关注释列表

二十级爵名	《商君书·境内篇》	《汉旧仪》	刘劭《爵制》	《汉书》颜师古注
公　士	军爵,自一级以下至小夫,命曰校徒操士	公士,一爵。赐一级,为公士,谓为国君列士也	一爵曰公士者,步卒之有爵为公士者	言有爵命,异于士卒,故称公士也
上　造	故爵公士也,就为上造也	上造,二爵。赐爵二级,为上造。上造,乘兵车也	二爵曰上造。造,成也,古者成士升于司徒曰造士。虽依此名,皆步卒也	造,成也,言有成命于上也
簪　袅	故爵上造,就为簪袅	簪裹,三爵。赐爵三级,为簪裹	三爵曰簪袅,御驷马者。要袅,古之名马也。驾驷马者,其形似簪,故曰簪袅也	以组带马曰袅。簪袅者,言饰此马也
不　更	公爵,自二级以上至不更,命曰卒。故爵簪袅,就为不更	不更,四爵。赐爵四级,为不更。不更主一车四马	四爵曰不更。不更者为车右,不复与凡更卒同也	言不豫更卒之事也
大　夫	故爵不更,就为大夫	大夫,五爵。赐爵五级,为大夫。大夫主一车,属三十六人	五爵曰大夫。大夫者,在车左者也	列位从大夫
官大夫	爵大夫而为国治,就为官大夫	官大夫,六爵。赐爵六级,为官大夫。官大夫领车马	六爵为官大夫	加官、公者,示稍尊也

① 本表引自柳春藩:《秦汉封国食邑赐爵制》,辽宁人民出版社 1984 年版,第 19—21 页。

续表

二十级爵名	《商君书·境内篇》	《汉旧仪》	刘劭《爵制》	《汉书》颜师古注
公大夫	故爵官大夫，就为公大夫	公大夫，七爵。赐爵七级，为公大夫。公大夫领行伍兵	七爵为公大夫	
公　乘	故爵公大夫，就为公乘	公乘，八爵。赐爵八级，为公乘。与国君同车	八爵为公乘。然则公乘者，军吏之爵最高者也。虽非临战，得公卒车，故曰公乘也	言其得乘公家之车也
五大夫	故爵公乘，就为五大夫，则税邑三百家	五大夫，九爵。赐爵九级，为五大夫。以上次年德者为官长，将率。秦制，爵等，生以为禄位，死以为号谥	九爵为五大夫。六爵为官大夫，（以上到）九爵为五大夫皆军吏也	大夫之尊也
左庶长	故爵五大夫，就为大庶长	左庶长，十爵	十爵为左庶长	庶长，言为众列之长也
右庶长		右庶长，十一爵	十一爵为右庶长	
左　更	故大庶长，就为左更	左更，十二爵	十二爵为左更	更言主领更卒，部其役使也
中　更		中更，十三爵	十三爵为中更	
右　更		右更，十四爵	十四爵为右更	
少上造		少上造，十五爵	十五爵为少上造	
大上造	故四更也，就为大良造。皆有赐邑三百家，有赐税三百家	大上造，十六爵	十六爵为大上造	言皆主上造之士也
驷车庶长		驷车庶长，十七爵	十七爵为驷车庶长	言乘驷马之车而为众长也

续表

二十级爵名	《商君书·境内篇》	《汉旧仪》	刘劭《爵制》	《汉书》颜师古注
大庶长		大庶长，十八爵	十八爵为大庶长。自左庶长以上至大庶长，皆卿大夫，皆军将也，所将皆庶人、更卒也，故以庶更为名。大庶长即大将军也，左右庶长即左右偏裨将军也	又更尊也
关内侯		（关内）侯，十九爵	十九爵为关内侯	言有侯号而居京畿，无国邑
彻　侯（列侯）		列侯，二十爵	二十爵为列侯	言其爵位上通于天子

从以上可以看出，第一级至第四级相当于旧制的士；第五级至第九级相当于大夫；第十级至第十八级相当于卿；第十九级和第二十级相当于侯。从名称可以明显看出，秦爵是从卿大夫士这个旧有等级名称中脱胎出来的。同时，秦的官职和爵位往往不分，也是新的级爵制在初期的表现。但两者的根本差别在于他们所获爵位的渠道和权利功用的不同。

秦国法律规定，秦民根据不同的等级爵位分别享有不同的特权，如商鞅的变法令中就规定："明尊卑爵秩等级，各以差次名田宅，臣妾衣服以家次"①，即等级不同占有田宅和奴隶的数量也不同。在司法方面，有爵位的人犯罪可以减刑，《商君书·境内篇》："爵自二级以上，有刑则贬；爵自一级以下，有刑罪则已。"《汉旧仪》也载："男子赐爵一级以上，有罪以减。"爵位的高低在刑罚的惩处上差别很大，这从秦简中可以明显地看出。如秦

① 《史记·商君列传》。

简《司空律》："公士以下居赎刑罪、死罪者，居于城旦舂，毋赤其衣，勿枸椟欙杕。"无爵位者则"有罪各尽其刑"。秦国的等级制是根据当时的需要制定出来的，它一方面要维护君王的统治，另一方面又要有效地选拔那些忠于国王，勇于作战的勇士，从而扩大统治基础，有效地保卫国家。这就决定了最高统治者和新兴的地主阶级不可能废除等级制，而是需要建立新的封建等级制。秦国的这种等级制度，对于统一全国起到了相当重要的作用，秦朝和汉朝的等级制度就是在这个基础上经过改造而建立的。

第三章　战国时期的法律制度

第一节　刑罚制度

战国时期，由于处在战争纷乱状态，当时各国都很少有精力专心在法制上进行系统的建设，再加上目前限于资料较少，还很难详细地了解各国的刑罚制度。不过，据明代的董说《七国考》和其他史籍以及出土的云梦睡虎地秦简、江陵张家山汉简等材料，可以对各国的刑罚有一个大致的了解。当时的刑名并不规范，有些名称虽异，但实质却相近，或为同一种刑罚。由于战国时各国的刑罚与春秋时不会有太大差别，故而这里将春秋时的刑名一并列入。我们将见于史籍和出土文献中的各种刑名按类分列如下：

一、死刑

1. 秦国　车裂、弃市、戮、戮尸、解体、磔、剖腹、腰斩、枭首、大辟、定杀、生埋、凿颠、抽肋、镬烹、囊扑、赐死、灭族、灭宗、夷三族、十族

2. 楚国　肢解、轘、烹、弃市、灭家、夷宗、三族、磔

3. 齐国　烹、杀、斮、车裂、醢

4. 魏国　诛、左右伏诛、族、夷乡、烹、暴尸

5. 赵国　夷、沈

6. 韩国 杀、醢、暴尸
7. 燕国 截、刳腹、斩

二、肉刑

1. 秦国 黥、刖、斩左趾、宫、劓、笞、髡、耐
2. 楚国 贯耳、鞭、笞、墨、劓、刖、宫
3. 齐国 刖
4. 魏国 黥、膑、刖、馘、宫、笞、重笞
5. 赵国 刖
6. 燕国 劓

三、徒刑、流刑

1. 秦国 城旦、城旦舂、鬼薪、白粲、隶臣妾、司寇、候、迁
2. 楚国 流
3. 鲁国 白徒、倡
4. 魏国 戍、流东荒
5. 赵国 徒

四、监禁刑

1. 秦国 囚
2. 楚国 梏、囚、冥室椟棺
3. 魏国 囚捕、梏
4. 赵国 下狱
5. 韩国 囚

6. 燕国　系狱

五、财产刑

1. 秦国　罚赋、罚甲、赀、赎
2. 齐国　金刀
3. 魏国　罚金
4. 楚国　入宅
5. 鲁国　罚金

此外，魏国有属耻辱刑性质的丹金漆领刑罚，韩国有从坐之法，赵有随坐，楚国有锢，秦国有连坐收孥之法等。

从以上可以看出，战国时各国的死刑制度的执行手段依然很残酷，充分表现了奴隶制时代的浓厚残迹，再加上君主专制的任意性，更容易使法外刑泛滥。肉刑在这时依然是主要的刑罚，其主要刑种都是从夏商周三代继承而来。徒刑在战国时代得到了很大的发展，鲁、齐、秦、赵等国都有不同等级的徒刑处罚，赵国在太原三角城专门监管徒人，故该城又称徒人城，说明了徒刑的增加。值得注意的是，关东各国及楚把刑徒称为胥靡。司马彪、杨倞说胥靡是“刑徒人也”。[①] 从史籍可知，胥靡参加各种劳役，并且是被惩处的对象。如《庄子 · 则阳》载：

城者既十（七）仞矣，则又坏之，此胥靡之所苦也。成玄英曰：“城就成矣，无事坏之，此乃徒役之人滥遭辛苦。”

又《韩非子 · 六反》载：

① 参见《吕氏春秋 · 求人》注、《庄子 · 庚桑楚》释文、《荀子 · 儒效》注。

刑盗，非治所刑也，治所刑也者，是治胥靡也。

由上述文献资料分析，胥靡确是指刑徒，但不是司法规定的刑徒名，而应是当时人们对具有刑徒这种身份者的一种泛称。《六韬·练士》中的一段话最能证明这点：

有赘婿、人虏，欲掩迹扬名者，聚为一卒，名曰励钝之士。有贫穷愤怒，欲快其心者，聚为一卒，名曰必死之士。有胥靡、免罪之人，欲逃其耻者，聚为一卒，名曰幸用之士。

这里赘婿、人虏、贫穷愤怒、胥靡、免罪之人，都标明的是某些人的身份或地位，而不是法律规定的刑徒名。因此，关东各国的胥靡是否只被施以劳役刑，或附加肉刑，从目前资料看，还不清楚。秦国的徒刑种类最为繁多，在法家重刑思想的影响下，徒刑很少单独使用，往往附加肉刑；鲁国徒刑一般情况下可能单独使用，但从其有“完为倡”来分析，似应有肉刑附加徒刑者。这可能反映了西秦与鲁国在法律文化上的差异。徒刑种类的增加和广泛施行，为以后徒刑代替肉刑，并改徒刑的不定期为有期奠定了基础。此外，这个时期的财产刑也被广泛应用，一方面说明了统治者不但对罪犯的肢体进行迫害，还以财产的形式进行盘剥；但另一方面，通过财产或劳役赎刑，可以使一部分犯人免于肢体的残害或长期劳役。这些都是刑罚措施进步的表现，反映了历史发展的必然趋势。

第二节　云梦秦简与秦国法律的主要内容

1975 年 12 月，在湖北云梦睡虎地发掘了十二座战国末至秦统一时期的墓葬，其中十一号墓出土了竹简 1155 支（另有无法缀合的残简 80 片），其中大部分内容是法律，不仅有秦律的条文，还有解释律文的答问和有关治狱的文书程式。十一号墓葬的死者喜，生于战国后期秦昭王四十五年（前262年），死于秦王朝建立后的第五年，即秦始皇三十年（前217年）。喜生前曾历任安陆御史、安陆令史、鄢令史及鄢的狱吏等与司法有关的职务。以大批法律文书殉葬说明了死者生前与司法活动有着密切的关系，因此这批竹简当是秦国法律制度的真实反映，对我们研究秦国和秦王朝的法律制度无疑具有极高的学术价值。虽然秦简所记录的法律并非秦律的全部，但仍保留了很多内容，如有秦律十八种、效律、秦律杂抄、法律答问、封诊式等。尤其是《编年记》，准确地记载了墓主人喜一生的主要活动和职务变化，这些都是我们研究秦律的第一手资料。这批资料包括了律、令、程、式、课等主要法律形式，说明了当时秦的立法已较为完备，统治者注意到运用法律手段调节各个方面各个层次的社会活动和秦民的行为。秦简所反映的年代，正是中国从封建割据称雄到统一专制国家建立的大变动时期。秦简所记载的法律、法规不但在秦国实施，而且随着秦国的统一，秦统治者把它推向了全国。因此我们在研究这批资料时，应当把秦国、秦朝视为一个整体，而不以秦国统一，建立秦王朝而分割它，否则就会削弱这批资料的价值。秦国作为战国时期社会平面结构的一部分，作为诸国的一个成员，我们从时代的整体面貌出发，在这一节中，只介绍秦国法律的主要内容，而在下面几章中将利用这批资料进行重点研究。在利用这批材料时，对于明显属于战国时代的律文，我们再加以说明，以此避免内容上的重复，也避免因秦国的统一而分割秦史的做法。

一、刑事法律

秦简中反映有关刑事方面的法律内容主要有《法律答问》《盗律》《贼律》《捕亡律》《捕盗律》等。

二、关于职官管理方面的法律

秦简中有大量涉及行政法方面的内容，尤其是对于职官的管理，更是细密严格，它涉及官吏的任选、调用、考察等各个方面，主要有：

关于官吏的任用铨选，见于《置吏律》《除吏律》《除弟子律》。

关于官吏的调任考察，见于《效律》。

关于内史职事，见于《内史杂律》。

关于驿差食用，见于《传食律》。

关于文书传递，见于《行书律》。

关于少数民族事务管理，见于《属邦律》。

关于游说之士的限制与管理，见于《游士律》。

关于司空的职事，见于《司空律》。

此外，秦简中的《语书》是秦王政二十年（前 227 年）南郡守腾向所属县、道发布的一篇文告，其中追述了以往法令的执行情况，指出当时南郡地区的种种犯罪现象，要各县、各道官员严格执法惩办罪犯，并规定以执法和违法作为区分“良吏”与“恶吏”的标准。可以说，这是涉及行政法规的一篇重要的文告。

三、关于经济方面的法律

关于农业和土地的管理，见于《垦草令》《田律》。

关于畜牧业与牛马的管理，见于《厩苑律》《牛羊课》。

关于粮草与府藏，见于《仓律》《藏律》。

关于户籍，见于《傅律》。

关于货币、交易，见于《金布律》。

关于关市、贸易，见于《关市律》。

关于徭役，见于《徭律》。

关于射猎事宜，见于《公车司马猎律》。

四、关于军事方面的法律

关于军功与封爵，见于《军爵律》《中劳律》。

关于边防事宜，见于《戍律》《敦表律》。

五、关于司法行政与刑狱方面的法律

这方面的法律见于《尉杂》律、《捕盗律》、《封诊式》。其中《封诊式》共有98支简，内容包括了司法机构对司法官吏“治狱”“讯狱”的一般要求，对各类案件调查、检验后报告的文书程式和检验时应注意的具体事项。秦在治理狱案时一般不提倡刑讯，而是注意搜集证据，重视现场勘验，并实行“爰书”制度，对案情要求有详细的记录。

六、对手工业的行政管理

关于手工业经营与工程，见于《工律》。

关于生产定额，见于《工人程》。

关于手工业劳动者的调度，见于《均工律》。

关于手工业刑徒的管理，见于《司空律》。

以上可见，秦简律文涉及经济、政治、军事、司法等各个方面，充分反映了法律对调整社会生活与国家活动的重要作用。秦时行政法律与《周官》的体系不同，虽然它调整的范围十分广泛，但大多采取单行律的形式，有些行政法规也具有经济法规的性质。总之，秦简反映了秦国各方面的法律内容，是了解秦国司法制度很好的材料。

第三节　包山楚简与楚国的法律制度

包山楚简是湖北省荆沙铁路考古队于1987年1月在楚国故都纪南城北16公里处的荆门十里铺镇王场村包山岗地的包山二号墓中发现的。包山二号墓墓主名昭佗，官居左尹，死时年龄35—40岁，下葬于公元前316年楚历六月二十五日。左尹昭佗在楚怀王时期主管过楚国的司法工作，从文书简中可知其助手的配置、左尹的工作和职权范围、下属机构及其主管官员、楚国的司法程序等。包山简牍总字数12626个，单字1605个，合文31个。大部分竹简都有纪年，因此，包山楚简所记载的事件、法律制度准确可靠，对于我们研究楚国的法律制度具有极高的学术价值。[①] 从简文看，有关法律制度方面的内容主要有以下几点。

一、司法程序

1. 受期

《受期》是楚简的篇题，从简文内容可知，是告知受理各种诉讼的时间及初步审理结论的记录。也可以说，受期简所反映的是司法程序的第一步，凡在审讯未结案之前，都属受期这一阶段。此类简各条都采用了大体相同的行文程式，即某月某日，某地官员某受期，某月某日将弊断（或成平）某人之狱讼。如：

八月壬申之日，郙易大正登生鈜受期，八月癸巳之日不逕郙易宦夫＝（大夫）以廷，阩门又败。正罗寿识之。（简二六）

---

① 湖北省荆沙铁路考古队编:《包山楚简》，文物出版社1991年版。

八月辛巳之日，郙甖之鬨戠公周童耳受期，巳丑之日不📍郙甖之鬨人周敚、周琜以廷，阩门又败。沤忻识之。（简 34）

八月己丑之日，付甖之鬨戠公周童耳受期，九月戊申之日不𨌫周敚、周琜以廷，阩门又败。正𤴓忻识之。（简 39）

九月辛亥之日，喜君司败𢻱善受期，丙辰之日不讙长陵邑之死。阩门有败。（简 54）

上引简文 34 的大意是：八月辛巳这一天，郙甖关之关戠公周童耳接受告诉之期；己丑这一天，由县廷对人犯郙甖之关人周敚、周琜进行审问，其有危害他人的行为，审讯人沤忻。从简文 39 看，九月戊申又审理一次，结果与前一样。由简文可知，楚国的诉讼案当先由司士规定日期，然后按期审理，如审理未完，再规定日期审理。归纳受期简文，同一案件，两审相隔时间，少的为三日，多的百日，但以三至二十日者为多。接受讼期的官员有司败、司马、莫嚣、大正、大夫、右司马，等等。审理的机构为县廷。从简文看，有些为同一案件的多次审理，但为同一审级，还看不出有上诉的迹象。

2. 传、拘

传，指捉捕犯人。简一二〇载：

或杀下鄰人畲睪，小人命为𥄂以传之，易城公羕睪命倞邦解句，传邦俸得之。

汉代典籍多称拘捕为“传”，《汉书 · 公孙刘田王杨蔡陈郑传》：“以奸传朱安世。”师古注：“传，逮捕也。”《后汉书 · 顺帝纪》：“亡徒当传，勿传。”章怀太子注：“徒因逃已当传捕者，放之勿捕。”楚简此意甚明，对于犯罪的人，首先施行捕获。

拘，即拘禁。对于已捕获但还未判决者，先拘禁之。拘，楚简写作

“句”，或作“宿”“宿”。简一二〇载：

易城公羕睪命倞郏解句。

简一二三载：

郏倴未至剸，有疾，死於宿。

此简意义很明了，即郏倴没有到判决时，就有病死在拘禁中。从楚简可知，对于拘禁的犯人，往往施加刑械，有时还施加墨刑，这是为了防止犯人逃跑而采取的措施。但如此一来，被拘禁的犯人，不管是否有罪，或被施刑，在审判原则上，完全是本着有罪推定的原则来处理的。

3. 盟证

盟，楚简写作“累”，当为“盟”的异体字。盟即盟誓，是楚国在法庭调查取证时的重要程序。如简二三：

八月己巳之日，邻少司败臧未受期，九月癸丑之日，不逞邻大司败以盟邻之械里之敀无又（有）李克（景）思，阩门又败。

此段简文大意是：至期约之日，没有进行法庭调查，即没有让邻大司败通过盟誓以证明邻之械里为旦者之中是否有景思其人。简一二三、一三七记载凡涉案人员在提供证词之前均要经过盟誓。如简一三七：

頣（夏）之月癸亥之日执事人为之盟，□凡二百人十一人。既盟，皆言曰……

同简反：

既为之盟证。

盟誓是古代神判的遗风，远古人认为獬豸知人间曲折，往往用神来判断是非曲直。[①]用所谓的神来评判是非在文献中也有记载，如《墨子·明鬼（下）》载：

昔者齐庄公之臣有所谓王里国、中里徼者，此二子者，讼三年而狱不断。齐君由谦杀之恐不辜，犹谦释之恐失有罪，乃使之人共一羊，盟齐之神社，二子许诺。於是泏洫摆羊而漉其血。读王里国之辞既已终矣，读中里徼之辞未半也，羊起而触之，折其脚，祧神之而槀之，殪之盟所。当是时，齐人从者莫不见，远者莫不闻，著在齐之《春秋》。[②]

这是发生在齐国的典型的神判案例。审案取证时要盟誓，并将其作为司法程序的一部分，同样也有久远的历史，这在史籍中也有记载。《周礼·秋官·司盟》：

有狱讼者，则使之盟诅。凡盟诅，各以其地域之众庶，共其牲而致焉。既盟，则为司盟共其酒脯。

贾公彦疏曰：

---

① 獬豸为古代传说的一种神兽。东汉杨孚《异物志》：“北荒之中，有兽名獬豸，一角，性别曲直。见人斗，触不直者。见人争，咋不正者。”《续汉书·舆服志》：“獬豸，神羊，能别曲直。”《晋书·舆服志》也有类似记载。

② 《墨子间诂》孙诒让注引卢文弨云：“《玉篇》有‘摆’字，云磊摇也。”王引之云：“‘摆’，即‘刭’字也。《广雅》曰：‘刭，刑刻到也。’”漉，毕沅注：“《太平御览》、《事类赋》，引以上八字作‘以羊血洒社’，则‘漉’当为‘洒’字之误。”

谓将来讼者，先使之盟诅，盟诅不信，自然不敢狱讼，所以省事也。

实际上，这是因为当时生产力不发达，人们的科学文化水平不高，都惧畏天神。盟誓者承受不了这种心理压力，不敢不讲实话。审判者便利用这点，达到获取真实情况的目的。从楚简可以看出，不仅案犯招供前要盟誓，证人作证也要盟誓，盟誓的全部过程要作记录，简一三九反载："为阴人舝𢰅盟，其所命於此箸之中，以为证。"说明了盟誓记录是断案的重要依据。如果未经盟誓，将被认为是不合当时程序的。[1] 从云梦秦简看，秦律还不见有神判盟誓的记载，而齐、楚两国都有远古神判的遗风，这反映了秦、楚两国不同的法律文化的差别。

4. 成

成即双方达成协议，从而终止诉讼。如简九一载：

九月戊申之日，佶大戱六令周霰之人周雁讼付举之关人周瑈、周敚，胃葬於其土。瑈、敚与雁成，唯周鼷之妻葬焉。

此简文意很清楚，最后周雁与瑈、敚达成协议，没有经过法官最后判决。《左传·昭公十四年》："晋邢侯与雍子争鄐田，久而无成。"《周礼·秋官·方士》："司寇听其成于朝。"郑玄注："成，平也。"又《乡士》："狱讼成，士师受中。"贾公彦疏："成谓罪成定。"当然，这种协议的达成是否经过法官调解，以及成的具体过程现在还无法知道。

5. 读告

包山楚简一六二至一九六是有关七个案件审理程序以及所牵涉人员的档案材料。这三十五枚简无篇题，简策整理小组将其编为第三组。这七个

① 刘信芳：《包山楚简司法术语考释》，载《简帛研究》第二辑，法律出版社 1996 年版，第 12—34 页。

案件的简文均以“所逗子官员某”起。逗，报告作者释为“读”，其意甚确。“逗”字在其他简文中也有，如：“逗之正”、“子陵尹逗之”（简一五六）、“嘉事令逗之正”（简一六一）等。至于所读之内容，从简文分析，则应是对本案有直接关系的判决等。读，即读告，应理解为宣读法律文告。这类简文在“所读于某”之后，记读告日期，然后又记接受读告的某地之某人。同一案件多次读告的，则以各次读告日期的先后为序，依次记下每次读告的日期及接受读告者的名氏。读告人则一个案件只有一人，即“所读于官员某”之“某人”列于各案简文之首。从简文内容看，读告有两个过程，一是地方官员将初步审理结果读告于上级中央司法官员，如简一三一：

东周之客鲁嵣逿（归）隻（作）於栽郢之戠（岁），顕栾之月癸丑之日，阴司败某旗告汤公竞军言曰：执事人逗阴人佢梢、苛冒……之狱於阴之正。

二是中央司法官员反过来将审理情况读告于群臣与庶民，以征询意见。如简一三七反：

以至命於子左尹。仆军造言之：见日以阴人佘慶之諚告仆，命遳为之剀。……

《周礼·秋官·小司寇》载：

以五刑听万民之狱讼，附于刑，用情讯之。至于旬，乃弊之，读书则用法。

注引郑司农云：“读书则用法，如今时读鞫已乃论之。”《周礼正义》云：“《说文·卒部》云：‘簕，穷治罪人也。’……《史记·张汤传》：‘讯鞫论报’，《集解》引张晏云：‘鞫，一吏为读状论其报行也。’《文王世子》注云：‘读书用法曰鞫。'《汉书·刑法志》'遣廷史与郡鞫狱'，颜注引李奇云：'鞫，穷也，狱事穷竟也。'……盖汉时决狱，事既穷竟，先使吏读所讯囚之罪状，而致论以法，与周时读书用法相类，故先郑举以为况。"又云："此读书用法，……谓其狱讼既定，则录先后讯辞及其所当之罪为书，使刑吏对众宣读，囚不反覆，听者亦无辩论，则是情罪允当，乃用法署其牍，明定刑也。"故可知，所谓读告，即读鞫。楚言"读"，秦曰"读鞫"。

6. 疋狱

《疋狱》是楚简的又一篇题，是司法机关审狱的记录，也可说是楚简所反映的司法程序的第二阶段。《包山楚简》注"疋"为"记"，是正确的。《说文》："疋，记也。"又，"记，疋也"。则疋狱即记狱。狱，《周礼·秋官·大司寇》注："谓相告以罪名者。"《地官·大司徒》注又云："争财曰讼，争罪曰狱。"《周礼正义》引黄度云："小曰讼，大曰狱。"孙诒让以黄说为是，谓"狱者，讼之大者也，不必告以罪名"。但从楚简《疋狱》篇看，所记内容有民讼，如征田、不分田、葬于其土等，也有所谓的狱讼，如伤人、杀人、夺子、霸妻妾等，还有经济类的讼诉，如金钱贷借逾期不还等，从中可以看出，无论大事小事，无论告官告民，简文一律称为讼。如：

> 陈值讼圣夫人之人……谓杀其兄，臣。（简 84）
>
> 远乙讼司衣之州人苛𨭿，谓取其妾㛊。（简 89）
>
> 鄗人轮缰讼轮䮄，以其夺其后。（简 93）

值得注意的是，此类简在篇题皆曰记狱。因此，狱讼乃是诉讼事件不同角度的称谓：争财争罪叫作讼，听讼讯鞫叫作狱。至于所谓的狱讼之分，民刑之别，那是汉人郑玄的理解。许慎《说文·言部》："讼，争也。"《易·讼卦》疏注："讼，争辩也。"《六书故》："讼，争曲直于官司也。"这里明确说明了原、被告双方的争论为讼。而狱，《说文·㹜部》曰："确也。"《释名》："狱，确也，确实人之情伪也。"《尚书·甫刑》王氏笺曰："狱亦讼也，下曰讼，听讼曰狱。”结合楚简的材料，我们至少可以得出这样的结论，在战国时的楚国，狱讼当为诉讼事件的两个方面，对原、被告双方来说是诉“讼”，司法官员对诉讼的审断为“狱”，在楚国那里还没有刑事与民事的概念。

由上可知，楚国诉讼审判的基本程序，首先要有诉讼主体，官府在受理案件后，对于重大案犯要先行拘捕，楚简称为“传”；案犯在审讯关押期间，称为“拘”。司法官吏在审判之前要对案件进行调查，当事人对案件调查提供的证言及所述供词，要进行盟誓，否则不具有法律效力。如原、被告在官府审判结案之前达成协议，终止诉讼，称为“成”。楚简对处于上述阶段的案件都称为“受期”，并标有签牌。如原、被告双方未达成协议，则由官府断案，楚简称之为“疋狱”，并标有签牌。结案后，由司法官吏宣读判决书，楚简称为“读”，此项程序相当于秦律中的“读鞫”。这是审判程序的第二个阶段。此外，从简文还可看出楚国的一些司法行政制度，楚简有“□等”字样的签牌，有些简文记有“……以此等来”，“……以此等致命”等内容，此与《周礼 · 天官 · 小宰》所载“岁终则令群吏致事”意义相同。根据这个规定，司法官吏每年岁末要将所受理的案件整理好，然后向上级汇报，这项工作在楚简中称为“致命”。楚简反映了楚国的司法程序与秦国既有相同的一面，也有很多不同的地方，这当反映了楚秦两国不同的法律文化面貌。

二、司法机构与职官

从文献记载看，楚国当时主管治狱的官吏为廷理，如《韩诗外传》：“楚昭王有士曰石奢，其为人也，公而好直，王使为廷理。”但从包山楚简的材料可知，楚国中央政府主管司法的官员还有左尹，左尹与廷理的关系目前还不清楚。地方县级政府所设专职司法官员称为司败。而司败又不是县司法官吏的专有名称，不少封君及中央政府的职能部门也设有司败，负责本地区、本部门的司法工作。司马与莫敖亦有审理权，一些疑难案件，左尹乃至楚王都要亲自过问。

包山楚简还反映了楚国的基层行政结构。楚国县以下的基层单位有里、州。里有里公，负责全里的管理，并受理里人的诉讼，这当是最低一级的行政组织。州在里之上，如“司马之州”下设有里，但州行政组织的具体情况则不详细。

包山楚简记载了一大批楚国的官职名称，这些官职有些是行政官职的名称，有些是司法官职的名称，但其具体的划分还需进一步的研究。不过，仅从这批材料也可看出，楚国在官吏的名称上也有自己的特色，与秦齐等六国有很大的差别，如中央政府的官职有令尹、左尹、左司马、右司马、大莫敖、工师、大司败等；地方政府的官职有县公、县正、司败、少司败、司马、连敖、莫敖、尹、太师、少师、工尹、司城、左乔尹、大迅尹、少宫、州加公、里公、里正，等等。总之，包山楚简是研究楚国职官制度与司法机构及其职能的重要文献。

第四章　秦朝的立法指导思想和法律形式

秦国经过商鞅变法后，国力日益强大，并引起了东方诸国的注意。公元前318年，魏、赵、韩、楚、燕五国合纵攻秦，但没有取得胜利。后秦国采取远交近攻的策略，分化瓦解了东方诸国，逐步削弱了各国的军事力量。公元前238年，秦始皇亲政时，秦国在政治、军事、经济等各方面都大大超过了其他诸侯国。秦始皇继承了法家思想，推崇商、韩之学，对妨害自己统治的吕不韦、嫪毐集团进行了严厉的处置，加强了王权。秦王政凭借秦国的优势，重用客卿，听取了他们的意见，对东方诸国发起了强大的攻势。公元前230年，秦灭亡了韩国，公元前225年又发兵灭亡了魏国，公元前223年到公元前221年，先后灭掉了赵、楚、燕和齐国，最后统一了中国，建立了中国历史上第一个统一的封建专制主义王朝。

秦始皇统一全国后，在政治、经济、军事、思想文化等方面采取了一系列措施，包括野蛮的"焚书坑儒"，以此来加强其专制统治。但是，由于措施的极端化和法律的严酷化，亦导致秦二世而亡。另一方面，这种严酷的法律制度对中国二千年的专制统治产生了深远的影响。

第一节　立法指导思想

秦国自商鞅变法以来，法家的思想理论一直占据着统治地位。公元前338年，秦孝公死去，其子惠文王即位，虽然惠文王因私而处死商鞅，但

“秦法未败”，他仍然坚持商鞅变法时的方针政策，并在此基础上加强军备建设，发展生产。惠文王之后的武王、昭王、庄襄王也都坚持法家路线，加强法制建设，使秦国的法律制度不断完备。秦始皇于公元前 246 年即位，时年仅十三岁，政权掌握在太后、吕不韦、嫪毐手中，当他成年以后，才把政权夺回，并将嫪毐处死，罢黜了吕不韦。秦始皇掌握政权后，仍然执行法家的思想路线，并在统一六国后，将在这种思想指导下制定的各项政治、法律制度推向全国。

秦始皇（前 258 年—前 210 年）是中国历史上著名的政治家，也是法家路线坚定的执行者，他在掌权以及统一全国后，根据当时新的情况，采取了一系列的政治、经济、文化措施，在中国历史上产生了深远的影响。概括起来，他的立法指导思想主要表现在如下方面。

一、推行法家路线，用法律统一人民思想

在当时争战的历史环境下，法家的思想最能迎合统治者的心愿，相比之下，儒、墨、道则逊色得多，况且秦国就是在法家思想的指导下强大起来的，这一点，秦国的统治者自然十分清楚。秦始皇与他的前几任国君一样，依然崇尚法家的理论，当他见到韩非所著的《孤愤》《五蠹》等著作时，兴奋地说：“嗟乎！寡人得见此人与之游，死不恨矣！”在治理国家的政治措施上，秦国仍然贯彻法家的“以法为本”“事断于法”的法治传统。秦自商鞅之后，制定了一系列法律、法规，这些法律涉及政治、经济、文化等各个方面。秦统一后，又不断对这些法律加以补充、完善，使秦国在各个方面都有法可依，基本实现了“治道运行，诸产得宜，皆有法式”[①]。儒家思想源于周礼，成于春秋末年鲁国的孔丘，该学说在当时的三晋两周地区也有相当大的影响。儒家信奉人性善，主张“齐之以礼”，“德主刑辅”。

---

① 《史记·秦始皇本纪》。

但商鞅把《诗》《书》《礼》《乐》和儒家宣传的修善、孝悌、诚信、贞廉、仁义等规则视为“六虱”，认为必须给予取缔。韩非则进一步说“儒者以文乱法”，对儒家必须“禁其行”“破其群”“散其党”。法家信奉人性恶的学说，认为人天生的恶性是无法改变的，因此用礼仪来说服教育人们是没有作用的，必须用法律进行强制性的制约。秦国历代的统治者都承袭了这一学说，秦始皇也不例外，秦朝的一系列政策、法律、法规都是在这种思想的指导下制定的。他排斥其他学说，唯法是行，而且不惜用暴力的手段达到这种目的。为了坚持以法制统一人们的思想观念，统一人们的言行，秦始皇接受了李斯的建议，“天下敢有藏《诗》、《书》、百家语者，悉诣守、尉杂烧之。有敢偶语《诗》《书》者弃市，以古非今者族。吏见知不举者与同罪。令下三十日不烧，黥为城旦。所不去者，医药卜筮种树之书。若欲有学法令，以吏为师”[①]。这项规定不但说明了秦朝排斥法家以外学说的极端措施，而且还把教习法律的特权收归在国家官吏手中。其实，自商鞅变法以来，秦国就一直重视法律的宣传和教育作用，商鞅立木为信，就是让人们知道法的力度和不可动摇性。云梦睡虎地秦简就记载了对法律进行宣传的规定。《尉杂》律规定，负责法律宣传教育的官吏，每年都要到御史处去核对刑律。《内史杂》律规定，各县应分别通知设在该县的都官，抄写该官府所遵用的法律。这些规定的目的，就是要使“职臣遵分，各知所行，事无嫌疑”，使整个社会达到“大治濯俗，天下承风，蒙被休经。皆遵度轨，和安敦勉，莫不顺令”[②]。

二、推行皇权至上的封建专制主义和中央集权的统治

秦国统一后，采取了一系列措施以推行皇权至上的思想，如在皇帝

---

① 《史记 · 秦始皇本纪》。

② 《史记 · 秦始皇本纪》。

的名号上，合三皇五帝为皇帝，“命”曰“制”，“令”曰“诏”，自称为“朕”等，并规定“事无大小皆决于皇帝”，[①] 这些都是为了显示皇权的至高无上。这种至高无上的权力包括行政、立法和司法都不受制约，是一种“明君独断，故权不在臣也”[②] 的体制。此外，在意识形态上，也为这种皇权至上的思想制造舆论，如封秦山，铭石刻等。在朝政仪式和日常生活中，对于稍损皇帝威严的行为都是不能允许的，当然更不允许僭越或非礼。一次“始皇帝幸梁山宫，从山上见丞相车骑众，弗善也，……”丞相知后，立即减损车骑。[③] 在中央王朝中的所有职官，都必须听从皇帝的意志，他们都没有决策权。无论是行政，还是立法，皇帝的言行是必须遵守的准则，否则就是不敬。在中国的历史上，皇帝的权力被推上了顶峰。在秦始皇统一后，全面彻底地废除了分封制，向全国推行新的行政体制，在中央到地方的各级行政网络中，如同金字塔一样，权力逐级收缩，最后集中在中央王朝的皇帝手中。秦统一前，各国的郡县制与分封制并存，分封的侯、王在很大程度上保留着旧有世袭制的残余，被分封的侯王也意欲爵留子孙，或“为子孙计”。这种体制，当然不便于统治，尤其是中央在有很大的控制能力后，更是很难容忍这种独立于中央王朝之外的封国。秦始皇曾经就统一后的行政体制问题下议群臣，丞相王绾等人提出：“诸侯初破，燕、齐、荆地远，不为置王，毋以填之。请立诸子，唯上幸许。”[④] 丞相李斯反对分封，坚持郡县制，并从周朝的统治得出教训，认为分封是树兵，是不安宁的根源。秦始皇采纳了李斯的建议，在全国推行了郡县制，强化了中央集权的统治。这正是秦始皇封建的君主专制思想的体现。

---

① 《汉书·刑法志》。

② 《史记·李斯列传》。

③ 《史记·秦始皇本纪》。

④ 《史记·秦始皇本纪》。

三、专任刑罚，贯彻重刑主义原则

秦国自商鞅以来，一直奉行法家的治国原则，在用刑的问题上坚持商鞅的“故行刑重其轻者，轻者不生，则重者无以至矣”的“以刑去刑”的理论。秦始皇对商鞅和韩非的法家思想更是情有独钟，韩非“作《孤愤》《五蠹》《内外储》《说林》《说难》十余万言”，“人或传其书至秦”。秦王见《孤愤》《五蠹》之书，曰：“嗟乎，寡人得见此人与之游，死不恨矣！”[①] 当然，法家重刑的目的在于“去刑”，以重刑达到威慑的目的。《韩非子 · 六反》曰：“刑盗，非治所刑也。治所刑也者，是治胥靡也。故曰重一奸之罪而止境内之邪，此所以为治也。重罚者，盗贼也；而悼惧者，良民也；欲治者奚疑于重刑。”在这种重刑主义的理论指导下，秦朝刑罚严酷，并实行连坐，以致在秦始皇统治时期，因施刑劓刑，而“劓鼻成车”；因施行宫刑，而“所割男子之势高积成山”[②]；修长城，治骊山之徒，每处动辄数十万。可以说，在全国百姓的受刑范围上，秦朝是空前绝后的，在施刑的残酷程度上，也是令人瞠目的。所以后人批评秦始皇“废王道，立私权，禁文书而酷刑法”，“以暴虐为天下之始”，[③] 实非过言。班固也说：“秦始皇吞并六国，遂毁先王之法，灭礼谊之官，专任刑罚。”[④] 到了秦二世时，更是刑罚酷滥，民无全生，完全背离了法家以刑去刑的目的，以致天下反叛，秦王朝短命而亡。

---

① 《史记 · 老子韩非列传》。
② 《史记 · 秦始皇本纪》。
③ 《史记 · 秦始皇本纪》。
④ 《汉书 · 刑法志》。

第二节　法律形式

秦国自商鞅变法以来，一直以法家学说作为统治国家的基本思想，事事皆断于法，这个基本原则一直被秦国所继承。秦始皇更是崇尚、推行法家的治国路线，信奉韩非、李斯的学说。秦朝建立后，继续实行原来秦国的法律、法令，并将之推广到全国范围，使之成为统一后治理国家的依据；除此而外，又根据统一后新的形势，制定了一些新的法律、法规。秦朝的法律形式概括起来主要有以下几种。

一、律

律即法律条文，是国家正式制定、颁布的成文法典。商鞅变法时，以李悝的《法经》为蓝本，改李悝的六法为六律，并根据当时社会的需要增加了一些新的内容，自此，律成为秦国最基本的法律形式。正如清人沈家本所说："实改律之事，乃变法之大者也。"秦国统一全国后，将原来仅适用于秦国的法律扩大为整个统治区域内都行之有效的法律。仅从云梦秦简看，秦的律名就多达十几种，如《仓律》《军爵律》《田律》《效律》《工律》《厩苑律》《金布律》等，可见律是当时非常重要的法律形式，而且包括了刑事、民事、行政、经济等各个方面。秦始皇统一全国后，并未见有废除旧有律令的记载，因此，这些成文法典应当会沿用，并很可能会根据新的情况做一些必要的修改。

二、命、令、制、诏

律是国家最基本的法律形式，具有稳定性和适用范围的广泛性，但随着形势的发展，会产生新的问题，于是便用命、令、制、诏对已有的法律进行调整和补充。秦朝政府以国家名义颁布的单项法规也称为令。而秦始皇三十四年根据李斯的建议颁发的焚书令，据《汉书 · 惠帝纪》张晏注，秦有禁止挟书的法律，而秦始皇三十四年根据李斯的建议颁发的焚书令，田律之外有田令，也说明了令是对律的补充。秦始皇统一全国后，规定皇帝的“命”称为“制”，“令”称为“诏”，即蔡邕《独断》所记：“制书，帝者制度之命也，其文曰‘制’；诏，诏书。诏，告也。”它具有比律更高的法律效力，当与律典发生矛盾和冲突时，要以皇帝的制、诏为准。秦统一后，秦始皇曾下达除谥法令，他在制书中说：“死而以行为谥。如此，则子议父，臣议君也，甚无谓，朕弗取焉。朕闻太古有号毋谥，中古有号，自今以后，除谥法。”[①]

三、程

程即章程、规章。《汉书 · 高帝纪（下）》颜师古注：“程，法式也。”秦简有《工人程》，是官营手工业生产定额制度的一种法律规定。从秦简律、令、程的内容分析，程在国家法律中的地位，要低于令和律，它是对有关部门和具体事项的细则规定。

四、式

式即程式、格式，《说文》：“式，法也。”式作为一种法律形式最早见于秦，如云梦秦简有《封诊式》，是有关审理案件的司法规则或文书程式，它由国家颁布，供司法官员审理案件时遵照执行。

① 《史记 · 秦始皇本纪》。

五、课

《说文》:“课，试也。”“试，用也。”《虞书》曰:“明试以功，车服以庸。”孔颖达疏曰:“各使自陈，进其所以治化之言。天子明试其言，以考其功。功成有验，则赐之车服，以表显其有功能用事。”因此，课具有考核之意。《管子·七法》:“成器不课不用，不试不藏。”这里课、试对仗而用，亦见其意相近。《汉书·眭两夏侯京翼李传》有“房奏考功课吏法”之语。云梦秦简有《牛羊课》，据此可知，课是关于检验、考核、督课工作人员的专门法规。

六、法律答问

为了维护法律的统一性和严肃性，秦统治者派专门的司法官吏对国家的律典进行解释，并以《法律答问》的形式予以颁布，因此，《法律答问》与律具有同等法律效力，也是秦的一种法律形式。秦简《法律答问》以案例的方式，对定罪、量刑、适用原则以及诉讼制度的许多方面都作了具体说明，使司法人员在断案时有直接的参考依据。如《法律答问》载:“甲告乙盗牛，今乙盗贼伤人，非盗牛殹（也），问甲当论不当?不当论，亦不当购。”它不但对律文进行了细致的解释，也是对律文的一种补充。这种法律形式，在秦统一以后仍然在援用。

七、廷行事

秦简《法律答问》:“实官户关不致，容指若抉，廷行事赀一甲。”《睡虎地秦墓竹简》注谓“廷行事，法廷成例”。于豪亮先生认为“廷行事”即“判例”之意，相当于汉代的“决事比”，[①] 于说甚确。“廷行事”之“廷”

① 于豪亮:《秦律丛考·廷行事》，载《于豪亮学术文存》，中华书局 1985 年版，第 131—145 页。

当指廷尉而言，是国家中央一级司法机构的“行事”成例。虽然秦简也有“郡守为廷”的记载，这只说明郡守有司法审判之权，而各级司法人员断案所引用的判例，则应为中央廷尉的“行事”。因此，秦时的“廷行事”也是一种法律形式，是司法人员在审案量刑时参考的依据。

第五章　秦朝的行政法规

第一节　行政机构与职官

秦朝的行政机构在总结战国各国经验的基础上，创造了三公九卿制的中央行政体制，在地方机构的设置上，采用郡县制，从而开创了我国古代崭新的行政体制格局。在行政司法合一的秦朝，行政机构作为政令与法律的执行部门，可以说是国家机器的主干，在管理国家，统治人民中起着重要作用。秦朝对官吏的管理相当严格，在任职、考核、调动等方面有着较为完备的法规，使之成为维系秦朝国家机器高效运行的保证。

一、中央行政机构与职官

秦朝的最高统治者是皇帝，以皇帝为核心的中央行政机构为三公九卿。三公即丞相、御史大夫、太尉；九卿即奉常、郎中令、卫尉、太仆、廷尉、典客、宗正、治粟内史、少府。他们是国家各部门的管理者，同时也是皇帝的助手，在许多重大的问题上，他们没有决定权，需要向皇帝请示。各行政部门有着严格的分工，各部门的官吏有着明确的职责，因此，他们要向上级主管或皇帝负责，若出现重大失误和犯罪，将受到法律的严厉制裁。

（一）皇帝

皇帝的称号是秦始皇创造的，有关皇帝的制度是封建专制主义发展的产物，是中央集权的必然结果。文明史以来，国家的最高统治者称为王，在宗法神权观念的影响下又叫天子。东周以来，各国的最高统治者称君，也有僭称为王或帝的。秦始皇统一六国后，为了表示自己握有至高无上的权力和专断一切的地位，就改称为皇帝。"皇"，在《说文解字》里解释为"大也"。《风俗通义》中说"皇者，天也"。用"皇"来称人，喻意着威严权力奇大无比，代表着天的意志。"帝"，在《说文解字》中解释为"王天下之号也"；《白虎通义》解释为"德合天地者称帝"；帝的作用是"所以表功名德号令臣下者也"。因此，"帝"这个字是权力的象征，是符合天意而居于人之上者的称号。皇帝的意思是"德兼三皇，功包五帝"。三皇，即古史传说时代的三位部族首领，他们是伏羲、神农和黄帝，而秦时的臣僚们认为三皇是天皇、地皇、泰皇；五帝亦为传说时代的部族领袖，即少昊、颛顼、高辛、唐尧、虞舜。由于他们在率领人民与自然界和其他部族的斗争中，取得了重大成果和胜利，所以后人尊称他们为三皇五帝。《史记 · 秦始皇本纪》在记叙秦始皇改称皇帝时写道：

> 秦初并天下，令丞相、御史曰："……寡人以眇眇之身，兴兵诛暴乱，赖宗庙之灵，六王咸伏其辜，天下大定。今名号不更，无以称成功，传后世。其议帝号。"丞相绾、御史大夫劫、廷尉斯等皆曰："昔者五帝地方千里，其外侯服夷服诸侯或朝或否，天子不能制。今陛下兴义兵，诛残贼，平定天下，海内为郡县，法令由一统，自上古以来未曾有，五帝所不及。臣等谨与博士议曰：古有天皇，有地皇，有泰皇，泰皇最贵。臣等昧死上尊号，王为'泰皇'。命为'制'，令为'诏'，天子自称曰'朕'。"王曰："去'泰'，著'皇'，采上古'帝'位号，号曰'皇帝'。他如议。"

从国家的政权组织形式上看，皇帝是国家的最高统治者，他集行政、立法、司法诸权于一身，“天下之事无大小皆决于上”[①]，一切政务任凭皇帝个人独断专行，是一个独裁的专制统治者。另一方面，皇帝又是地主阶级的总代表，是历史发展到一定阶段的产物。他与所有的下属官僚不同，皇帝是世袭制；在这一历史阶段中，皇帝被融进了“天命”“君权神授”等文化内涵，对于任何触犯皇权的行为、思想言论都要受到严厉制裁，由此而形成了包括政治制度、法律制度、朝觐礼仪制度、宗庙陵寝制度等一系列维护皇权的专制体系。这些制度在以后各代逐渐以法律形式固定下来，并对中国几千年的政治文化产生了重大而深远的影响。

（二）三公

1. 丞相　《汉书·百官公卿表》载：“相国、丞相皆秦官，金印紫绶，掌丞天子助理万机。秦有左右。”丞相是皇帝下面的最高行政长官，为百官之长，其职权是辅助皇帝总理政务。有时名为相国或设左右丞相。始皇初年，曾尊吕不韦为相国，处置吕不韦后，秦再未设相国。秦在武王二年（公元前 309 年）开始设左右丞相。秦朝也曾置左右丞相，《史记·秦始皇本纪》载：“始皇出游，左丞相斯从，右丞相去疾守”[②]，是为其例。

2. 太尉　《汉书·百官公卿表》载：“太尉，秦官，金印紫绶，掌武事。”战国时秦有国尉，如白起曾任秦昭王的国尉；秦王政十年，曾任尉缭“为秦国尉”。从百官表所述职责和战国时任国尉者的功绩与特长看，国尉当为后来的太尉是没有疑义的。太尉为全国最高的军事长官，掌管国家的军事。

3. 御史大夫　《汉书·百官公卿表》：“御史大夫，秦官，位上卿，银印

---

① 《史记·秦始皇本纪》。

② 西安出土的秦封泥有“丞相之印”“左丞相印”“右丞相印”，因此黄留珠教授推测秦有三相制的可能。参见黄留珠：《秦封泥窥管》，载《西北大学学报》（哲社版）1997 年第 1 期。

青绶，掌副丞相。”该职由战国时的御史发展而来，秦统一后，主掌“图籍秘书”，转呈“公卿奏事”，按章“举劾”百官；有时受皇帝之命处理重大的案件，如《史记 · 秦始皇本纪》载：

（秦始皇）三十六年，……有坠星下东郡，至地为石，黔首或刻其石曰“始皇帝死而地分”。始皇闻之，遣御史逐问，莫服，尽取石旁居人诛之，因燔销其石。

江陵张家山汉简《奏谳书》案例一八记载了一起受御史大夫之命而复审的案件。简文曰：

御史书以廿七年二月壬辰到南郡守府，即下，甲午到盖庐等治所，其壬寅补益从治，上治它狱。●四月辛卯䲹有论去，五月庚午朔益从治，盖庐有资（赀）去，八月庚子朔论去，尽廿八年九月甲午已。●御史下书别居它笥。●今复之……

这说明，御史对司法刑狱等事具有很大的监督与干预之权。

（三）九卿

1. 奉常　《汉书 · 百官公卿表》：“奉常，秦官，掌宗庙礼仪。”古时把祭祀看成很重大的事，认为是“统系”的象征，故专设奉常之职负责祭祀天地、社稷和皇帝的宗庙等礼仪活动。

2. 郎中令　《汉书 · 百官公卿表》：“郎中令，秦官，掌宫殿掖门户。”臣瓒注云：“主郎内诸官，故曰郎中令。”下属有大夫、郎、谒者等官职。“大夫掌论议”；“郎掌守门户，出充车骑”；“谒者掌宾赞受事”。郎中令是负责皇帝宫殿门户警卫的官吏，直接负责着皇帝的安全，故与皇帝接触频繁。

3. 卫尉　《汉书 · 百官公卿表》：“尉卫，秦官，掌宫门屯兵。”是负责整个宫城门户安全的官吏，故卫尉掌管皇帝的亲卫军。

4. 太仆 《汉书·百官公卿表》：“太仆，秦官，掌舆马。”即负责皇帝的车马仪仗，为皇帝及其家族服务。

5. 廷尉 《汉书·百官公卿表》：“廷尉，秦官，掌刑辟。”是中央最高司法审判机关的长官。从江陵张家山汉简《奏谳书》案例二一看，廷尉有时直接处理一些疑难案件并参加对案件的讨论与定性。

6. 典客 《汉书·百官公卿表》：“典客，秦官，掌诸归义蛮夷。”负责外交和国内少数民族之间的交往及各项礼仪活动等事务。

7. 宗正 《汉书》同表：“宗正，秦官，掌亲属。”即掌管皇族宗室的登记、校核、教育等事的行政机构。

8. 治粟内史 “掌谷货”，即掌管全国租税赋役与财政的收入和支出。

9. 少府 《汉书》载为“掌山海池泽之税”，即为掌握皇室财政并为皇室提供消费的机构。

二、地方行政机构与职官

秦国统一后，统治集团内部对行政体制的建构有不同的观点，一种认为采用分封制，封王诸子以拱卫王室；另一种认为分封是战乱的根源，应实施郡县制。秦始皇采纳了廷尉李斯的意见，决定彻底废除分封制，实行郡县制，划全国为三十六郡，后增至四十余郡。郡下设县，县下分乡里。从此，郡县成为最基本的行政机构，以后各代行政机构的变动，亦是以此为基础，并且从未改变实行行政区划这种统治方式。

（一）郡

1. 郡守 《汉书·百官公卿表》：“郡守，秦官，掌治其郡。”郡是秦朝地方行政机构中的最高一级政权。郡设郡守，主管一郡的政治、经济、军事、司法等项事务。秦简《语书》中载秦始皇二十年四月发布的南郡守腾文书说："现在我要派人去巡视，检举不服从法令的人，依法论处。对县令、丞也要处分。还要考核各县官吏，哪一县官吏多有犯令而县令、丞没有察处的，要将县令、丞上报处理。"说明郡守的权力是相当大的。

2. 郡丞　据《汉书 · 百官公卿表》，郡丞协助郡守治理全郡，实为郡守之副。从出土的秦简看，郡丞的主要职责还包括处理全郡的治狱断案等司法事宜。

3. 郡尉　《汉书》同表："郡尉，秦官，掌佐守典武职甲卒。"则郡尉为一郡之武官，协助郡守管理全郡的军事。

4. 监御史　《汉书》同表："监御史，秦官，掌监郡。"对全郡的官吏和各项活动进行监察和案劾。

（二）县

1. 县令　《汉书 · 百官公卿表》载："县令、长，皆秦官，掌治县。万户以上为令，减万户为长，皆有丞、尉。"则县令、长为一县之最高行政长官。

2. 县丞　据《续汉书 · 百官志》载："（县）丞署文书，典知仓狱。"从秦简可知，秦县丞之职责与上引史籍记载相同。

3. 县尉　为一县之武职，掌全县的武备及征集兵丁、训练兵士等职责。

4. 县司空　负责全县各种工程建设的机构，其主管官吏为司空啬夫，辅佐官吏有司空佐、史等。

5. 县司马　为掌管全县军马的机构。

县以下的基层组织是乡，乡设三老，掌教化；乡以下为里，里设里正。

第二节　官职与爵位的关系及其待遇

一般来说，在秦朝职务越高，其级爵也就越高。《韩非子 · 定法》："商君之法曰：‘斩一首者爵一级，欲为官者，为五十石之官；斩二首者，爵二级，欲为官者，为百石之官。’官爵之迁与斩首之功相称也。”秦昭王四十八年十月，白起统兵攻赵之上党，欲拔之。赵使苏代说应侯范雎，苏代所言即功高必爵高，爵高必官职高之意。[①] 秦在实行军功赐爵制初期，官爵相混，一般的官吏都有爵位，因此离开了级爵，就很难谈清官职的待遇。白起善用兵，屡有功。昭王十三年，白起为左庶长，第二年迁为左更，后任国尉，又一年升大良造。这说明，白起曾以左庶长、左更、大良造的身份统兵；同时，级爵的迁升也标志着白起地位的变化。一个国家的官职在政治、经济上都有一定的待遇，而官职繁多，又很难想象国家对每一职官的待遇都作出明确的规定，所以应当是把官职划出几个等级，然后对每一等级作出相应待遇的规定。秦正是以二十级爵制划定各级官吏待遇的标准，如秦简《传食律》载：

御史卒人使者，食粺米半斗，酱驷（四）分升一，采（菜）羹，给之韭葱。其有爵者，自官士大夫以上，爵食之。……不更以下到谋人（当为第三级簪袅的别称），粺米一斗，酱半升，采（菜）羹、刍稾各半石。……上造以下到官佐、史毋爵者，及卜、史、司御、寺、府，粝（粝）米一斗，有采（菜）羹，盐廿二分升二。

由于目前资料的限制，还很难对秦的每一级爵的待遇都能道其详，但汉承秦制，通过汉朝官职与各级爵的有关材料，可以对秦官职与级爵的关系和待遇有一个大概的了解。

按照商鞅的说法：“斩一首者爵一级，欲为官者为五十石之官；斩二首者爵二级，欲为官者为百石之官。”则五十石为一个官级。据《商君书》所载，秦当时有十八级爵，汉书载有二十级爵，每一级递增五十石，二十

---

① 《史记·白起王翦列传》。

级不过千石，这从汉制来推测，似不大可能。不过，以石定官级在史籍和秦简中却得到了印证。秦的官吏大致可分为四个等级。

1. 中央核心的特权官吏

据《汉书 · 百官表》颜师古注曰："汉制，三公号称万石。"且汉初之三公皆封为侯，如萧何、周勃等。秦三公如李斯曾封为列侯，相国吕不韦封为文信侯，昭王时的范雎封为应侯，魏冉封为穰侯。武职中如王翦为武城侯，王贲为通武侯，赵亥为伦侯、建成侯等。因此，三公及大将军这一等级的官员，一般皆为侯这一级，比照汉之秩禄，皆为万石之官。这些官吏在二十级爵中大致相当于第十九级和第二十级。这一等级的官吏为统治集团中的核心人物，是中央核心的特权官吏，具有很大的权力。

2. 高级官吏

第二级为秩六百石至二千石和比二千石的官吏，如中央官吏中的九卿和京师内史为中二千石或二千石，郡守、郡尉都是二千石或比二千石的官吏；丞相长史、太尉长史、御史中大夫丞、太中大夫、廷尉左监、廷尉右监、廷尉正监等都是秩千石或比千石的官吏；博士、议郎、郡丞、郡守长史、郡尉丞等都是秩六百石的官吏；县令秩千石至六百石。这些官吏为高级官吏。其爵位大致相当于第七级到第十八级。《法律答问》载："可（何）谓'宦者显大夫'？宦及智（知）于王，及六百石吏以上，皆为'显大夫'。"《史记 · 秦始皇本纪》记载处理吕不韦案时，对"秦人六百石以上夺爵，迁；五百石以下不临，迁，勿夺爵"。又据《汉书 · 高帝纪下》载：

又曰："七大夫、公乘以上，皆高爵也。……吾数诏吏先与田宅，及所当求于吏者，亟与。爵或人君，上所尊礼，久立吏前，曾不为决，甚亡谓也。异日秦民爵公大夫以上，令丞与亢礼，今吾於爵非轻也，吏独安取此？……"

这说明，秦时爵位在第七级公大夫以上者皆为高爵，而且与县令、丞平起平坐，所以把第七级作为高级官吏与中下级官吏的分界线。但据《汉书·惠帝纪》载："爵五大夫、吏六百石以上及宦皇帝而知名者有罪当盗械者，皆颂系。"知汉初把六百石作为高级官吏与低下层官吏的分界线。五大夫为第九级爵，说明汉初的爵位已有贬值的趋势。[①]

3. 中级官吏

王国维考证认为，秦汉官制一百石以上为有秩之吏，秦简有"上造以上""公士以下""有秩吏"的提法，证明王氏的考证是正确的。[②] 据《汉书·百官公卿表》载：

县令、长，……减万户为长，秩五百石至三百石。皆有丞、尉，秩四百石至二百石，是为长吏。

秦简《仓律》载：

其毋（无）故吏者，令有秩之吏、令史主，……

由上可知，县级各单位的啬夫亦为有秩吏。秦制，斩敌首一，赐爵一级。斩首二，赐爵二级，欲为官者，为百石之官，则相当于第二级爵上造至第六级官大夫的官吏为中级官吏。

4. 斗食之吏

《汉书·百官公卿表》云："百石以下有斗食、佐史之秩，是为少吏。"秦简中也可看出，斗食之吏的待遇与上造以上的官吏差距很大，《金布律》规定"都官有秩吏及离官啬夫，养各一人"；而斗食之吏则"十人，养一人"。

---

① 朱绍侯：《从〈奏谳书〉看汉初军功爵制的几个问题》，载朱绍侯：《载军功爵制研究》，商务印书馆2017年版，第203页。

② 《观堂集林·敦煌汉简跋九》。

《仓律》又载：

月食者已致禀而公使有传食，及告归尽月不来者，止其后朔食，而以其来日致其食；有秩吏不止。

意思是按月领取口粮的人员，粮食已经发给，而因公出差，由沿途驿站供给饭食，以及休假而到月底仍不归来的，应停发其下月的口粮，直到回来的时候再行发给；有秩的官吏则不停发。故此，秦的官民之分可以公士与上造为界限。斗食之吏包括求盗，简文中的令史、亭校长、亭长等。

秦官职待遇与各级爵的关系表

	爵　级	主要官职	秩　禄
中央核心的特权官吏	第十九级关内侯 第二十级列侯	相国、丞相、太尉、御史大夫、大将军等	《汉书·百官表》颜师古注：万石
高级官吏	第七级公大夫到第十八级大庶长	奉常、郎中令、卫尉、太仆、廷尉、典客、宗正、治粟内史、少府、内史、丞相长史、太尉长史、御史大夫中丞、太中大夫、廷尉左监、廷尉右监、廷尉正监、郡守、郡尉、监郡御史、郡丞、县令、县丞	秩六百石至二千石
中级官吏	第二级上造至第六级官大夫	县长、县丞、县尉、县级啬夫等	秩一百石至五百石
斗食之吏	第一级公士	佐史、令史、史、令史椽、卜、求盗、亭校长	秩五十石

秦的俸禄以石为单位，但支付俸禄的实际内容是粟，因当时北方的主要农作物是粟，《广雅·释诂》："粟，禄也。"因此，粟即成为禄的代名词。在人们的生活中，不可能只食用一种粮食，也需要其他农作物产品，所以秦律还规定了其他农产品折算粟的数额，如《仓律》载："稻禾一石，为粟

二十斗。”“叔、苔、麻十五斗为一石。”表中五十石及万石当是官吏的年俸总数，在实际支付时当是按月支付，故又称为“月食”。秦简《司空律》规定：“官长及吏以公车牛稟其月食及公牛乘马之稟，可殹（也）。”《仓律》又载：“月食者已致稟而公使有传食，及告归尽月不来者，止其后朔食，而以其来日致其食。”这是说，官吏可使用公家车牛运送其当月的俸禄。领取俸禄的官吏如出使公差，由沿途的驿站供给伙食，请假到月底还没返回的，官府不发给俸禄。汉代亦承秦制，按月支付俸禄，如郑玄在注《周礼・天官・大宰》“禄位”时指出：“禄，若今之月俸也。”贾公彦疏：“古者禄皆月别给之，汉之月奉亦月给之。”

第三节　官吏管理制度

在行政体制和各项法律、法规得到确立之后，如何有效地在这个体制之下执行这些法律法规，使国家机器能够正常运行，国家的行政、司法官吏就显得非常重要了，尤其是在司法、行政、立法诸权集于一体的君主专制的国家体制之下。秦统治者为了保证官吏发挥正常的作用，创建了一整套行之有效的考铨任用、政绩考核和奖惩制度。秦统治者不但制定了对官吏的任用和行为规范具有指导原则性质的《为吏之道》，还在有关刑典中对官吏的违法行为做了详细的规定，从而保证官吏对国家机器正常运行的作用。

一、任选官吏的基本原则和条件

秦统治者严于治吏，因此对任选官吏的原则和条件都做了明确规定。《为吏之道》是秦统治者提供给官吏以及打算为官者的学习读物，因此内中多是对官吏行为和思想方面的原则性要求。它首先强调确立封建的等级制度为国家当务之急："邦之急，在體（体）级。""级"就是指的封建等级制度。韩非曾说："臣事君，子事父，妻事夫，三者顺则天下治，三者逆则天下乱，此天下之常道也。"[①] 法家的等级思想和法治思想是并行不悖的，它一方面限制了奴隶主贵族的特权，另一方面又确认了新的封建等级制度。秦所宣扬的"事皆决于法"就是按照这样的原则行事的。

《为吏之道》论证了官吏对于加强封建政权、巩固地主阶级专政的重要性："操邦柄，慎度量，来者有稽莫敢忘。贤鄙溉辥，禄立（位）有续孰敃上？"就是国家要审慎和经常地考察官吏，分清好坏，按照他们的功过委派职务，规定俸禄，这样便没有人敢于欺骗上官了。同时《为吏之道》还提出了"审民能，以任吏"的任官标准，把求仕者的统治才能作为任用官吏的重要标准，并强调"非以官禄夬助治"，以示对世卿世禄制度的否定。在统一战争激烈进行中，秦统治者迫切需要选取"贤才"，充实政权，扩大封建统治基础，加强统一中国的力量，因而把审能任吏作为通行的吏道。秦朝之际，这一标准依旧十分重要。

《为吏之道》还规划了封建官吏应该遵循的行为规范："凡为吏之道，必精絜（洁）正直，慎谨坚固，审悉毋（无）私，微密韱（纤）察，安静毋苛，审当赏罚。"并将这些原则要求具体概括为"五善""五失"。所谓"五善"："一曰中（忠）信敬上，二曰精（清）廉毋谤，三曰举事审当，四曰喜为善行，五曰龚（恭）敬多让。"所谓"五失"："一曰夸以泄，二曰贵以大（泰），三曰擅裚（制）割，四曰犯上弗智（知）害，五曰贱士而贵货贝。"

从秦简《为吏之道》可以看出，统治者规定任官的基本原则和条件是：

1. 忠于最高统治者——君主。在封建专制主义的国家，君权是核心，是国家权力集中与统一的象征。君权的盛衰关系到国家的强弱和统治阶级内部力量的平衡。因此，忠于君和忠于国是一致的。此正如《为吏之道》

① 《韩非子·忠孝》。

所说:“君鬼(怀)臣忠,……政之本殹(也)”,“志徹官治,上明下圣,治之纪殹(也)”,因此官吏忠于君主是一种义务。《语书》中的太守腾也说:

今法律令已布,闻吏民犯法为间私者不止,私好、乡俗之心不变,自从令、丞以下智(知)而弗举论,是即明避主之明法殹(也),而养匿邪避(僻)之民。如此,则为人臣亦不忠矣。

在太守腾看来,官吏不守法就是对皇帝、对国家的不忠,因此也就不符合为吏之道。

2. 守法“毋私”,“审当赏罚”,不得“居官善取”,“贱士而贵货贝”和“受令不偻”。所谓“审当”,就是严格执行法度,理政行为合于统治阶级的法律准绳。南郡守腾发布的《语书》中,明确宣布以是否“明法律令”作为区分良吏与恶吏的标准。官吏如知犯罪而不举发,“是明避主之明法也”,因而是一种“大罪”,必须“致以律”,即依法惩处。在依靠官吏维护专制统治的另一面,对官吏的执法活动提供出具体的约束标准,这也是秦律在任官要求上的特点之一。

3. 养成封建官吏应有的品格和作风。《为吏之道》说:

严刚毋暴,廉而毋刖,毋复期胜,毋以忿怒夬(决)。宽俗(容)忠信,和平毋怨,悔过勿重,兹(慈)下勿陵,敬上勿犯,听间(谏)勿塞。审智(知)民能,善度民力,劳以衛(率)之,正以桥(矫)之。

就是要求官吏既要坚持法律原则,又不要粗暴,不可凭一时感情冲动决断问题;既要“宽厚”、“和平”、仁慈爱下,又要纠之以正,给予必要的严格管理。这种品格和作风,正是西周以刑德为“二柄”的统治方式的延续和发展。信奉法家重刑主义思想,以严刑苛法著称的秦政权,能有这种思想是以往人们所想不到的。在《为吏之道》中还有更为典型的儒家思想的条文，如“毋喜富，毋恶贫，正行修身，过（祸）去福存”，“君鬼（怀）臣忠，父兹（慈）子孝，政之本殹（也）”等，还有些语句与儒家经典雷同，如“临材（财）见利，不敢句（苟）富；临难见死，不敢句（苟）免”，这与《礼记·曲礼上》“临财毋苟得，临难毋苟免”完全相同。这种现象是战国时期各学派的思想相互影响、相互渗透的结果。统治者为使其思想理论更加完备，会不断地吸收其他学派的思想以为己用，从而达到更好地统治人民的目的。

4. 严明赏罚，勤于职守。由于法家主张“明主治吏”而后治民，因此，治吏遂成为秦统治者十分关注的问题，采用赏与罚的手段督励官吏勤于职守。《为吏之道》规定：“五善”毕至，“必有大赏”；而“五失”中仅有“非上”一失，就要身及于死，从而表现了法家严刑厚赏的思想。商鞅曾说：“凡赏者，文也；刑者，武也；文武者，法之约也。”[①] 从史籍记载看，他的确是言行一致，赏、罚兼施。韩非说：“公孙鞅之治秦也，……厚赏而信，刑重而必。”[②] 秦律条文中，有大量对官吏进行考核、奖励、处罚的规定，涉及农业、手工业、军事、财政、司法和行政管理等各部门的官吏。秦从国家长治久安的根本利益出发，也对官吏进行必要的约束，使其不更多地超出法定权利的范围。《为吏之道》所说“欲富太甚，贫不可得；欲贵太甚，贱不可得”，就是对一味追逐财货权势的官吏发出的警告。对于国家征发的赋税、徭役、兵役，则要求官吏们“因而征之，将而兴之”，借以维持国家庞大的上层建筑所需。

5. 注意提高行政管理效率，要求官吏处事果断迅速。商鞅曾说：“十里断者国弱，九（五）里断者国强，以日治者王，以夜治者强，以宿治者削。”[③] 在这方面，秦始皇本人是做出了榜样的，他“以衡石量书，日夜有呈，不

---

① 《商君书·修权》。

② 《韩非子·定法》。

③ 《商君书·去强》。

中呈不得休息”。“昼断狱，夜理书，自呈决事，日县石之一。”[1] 秦制一石合 120 斤。秦的简书一般长约尺二，文字较小，阅读这样大量的简书，不是一件轻松的事。

总之，《为吏之道》反映的是维护君权、厉行法治的基本精神，反映了新兴地主阶级集权专制和巩固封建政权的愿望。特别是《为吏之道》对官吏在思想修养方面提出了要求，这样的材料还是首次发现，这对秦国吏治的研究，是非常重要的。它说明了统治者不只是在法律制度上对官吏加以约束，在思想教育和道德修养方面也提出了要求。这种要求的提出，反映了新兴政权在其初期所表现的一种生气。尽管在君主专制这种金字塔式的统治之下，这种生气会逐渐衰败，但是官僚制度的普遍实行，吏治的加强，对于扫除奴隶制的世卿世禄制度的残余，巩固封建的经济基础，维护封建国家的统治起着一定的进步作用。

二、官吏的任免

卫宏《汉官旧仪》载：

> 秦始皇帝灭诸侯为郡县，不世官。守相令长以他姓相代，去世卿大夫士。

秦朝奉行自商鞅以来的任免官吏制度，并制定了一套严密的法律法规。秦简关于任命和免除官吏的法律有《置吏律》和《除吏律》，这是两篇关于官吏任命的专门法规。《置吏律》规定（军事）官员的任命必须经过法律程序；《除吏律》规定对不称职（军事）官员的处罚及其保举人所应承担的法律责任。秦律对于不同部门官吏的任免都有专门的法律规定，说明了

① 《汉书·刑法志》。

秦朝官吏的任免制度是相当完备的。

从秦律可知，官吏的上任必须经过国家的正式任命，《置吏律》规定：

除吏、尉，已除之，乃令视事及遣之；所不当除而敢先见事，及相听以遣之，以律论之。

除，任命。听，谋划。这段话的意思是，吏、尉等地方官吏经过任命后，可派发前往任职。对于没有任命而敢于先行使职权的，以及私相谋划而派往就职的，都要依法论处。这就将国家的官吏与奴隶制下贵族的“私吏”区分开来，表明了国家官吏必须经过委任，否则无效，这是一条最基本的原则。这条法律的规定，还可有效地防止官吏之间结党营私。法律不允许“相听以遣之”，使私下之间的以权相授受到禁止。为了防止官吏的结党营私，从而威胁和破坏封建秩序，《置吏律》规定：

啬夫之送（徙）见它官者，不得除其故官佐、吏以之新官。

按此规定，官署的主管官吏调到另一机构时，不可将原来的属下带去。从而避免了官员长期在一个地方为官形成了帮派，调往新处后又将原属下一同调去的不良后果。

秦律对于任用官吏的权限作了严格要求，《置吏律》载：

县、都官、十二郡免除吏及佐、群官属，以十二月朔日免除，尽三月而止之。其有死亡及故有夬（缺）者，为补之，毋须时。

从这段律文可以知道，秦时都官、县、郡均有权任命本官府所属的下级官员，其任用官吏的日期一般是在十二月初一至三月底。但如官吏临时出缺，可以随时补缺。从《内史杂》来看，这还是官吏的一项职责。《内史杂》载：

官啬夫免□□□□□□□□其官亟置啬夫，过二月弗置啬夫，令、丞为不从令。

说明县啬夫出缺，县令、丞要及时补缺，否则以不从令论处。

从汉制来看，对于县令以上官吏的任用权属于中央王朝，地方官吏不得自行为之，秦制亦当如此。

秦对于犯罪的官吏除处以应处的刑罚外，一般还采用“废”或“免”这种手段。废，即永不叙用。秦律关于废官有明确的规定，《法律答问》载：

廷行事吏为诅伪，赀盾以上，行其论，有（又）废之。

《秦律杂抄》：

不当稟军中而稟者，皆赀二甲，法（废）。

稟卒兵，不完善（缮），丞、库啬夫、吏赀二甲，法（废）。

如叙用废官，还要受到处罚。《除吏律》规定：“任废官者为吏，赀二甲。”《秦律杂抄》中关于免的规定有：

县毋敢包卒为弟子，尉赀二甲，免。

驾驺除四岁，不能驾御，赀教者一盾，免。

免与废，虽然都是罢黜官职，但免轻于废。废者永不得叙用，而被免者在一定的条件下，可以继续为官。《金布律》记载一条官吏在还清债务后，可继续为官，“官啬夫免，复为啬夫”。说明两者在处罚的程度上大不一样。

三、官吏的考核

秦简有关资料说明，国家对于官吏要进行考核，成绩优异者可以按“劳”升迁。当时，对于各类官署，都规定了具体的考核制度。郡县主要行政长官除有定期的上计制度外，上级对下级的某项具体工作亦有检查制度。《秦律杂抄》规定，工官、漆园、采山的工作，每年“省”一次，对官吏的考绩称之为“课”。根据秦律，考课官吏的时间定为每年正月，“卒岁，以正月大课之……”考课的标准实行“最”“殿”制，即对“最”者奖励择升，对“殿”者实行笞罚。奖励的具体依据就是记“劳”。秦简《中劳律》中有律文一条，上载：“敢深益其劳数者，赀一甲，弃劳。”此律文的意思是，敢擅自增加自己的劳绩年数，要受罚一甲，取消其劳绩。秦时官吏的记劳以日为单位计算，如秦简《厩苑律》有“赐牛长日三旬”，即赐劳三十日。从汉的记劳制得知，官吏记劳有专门的簿籍。《汉书·薛宣朱博传》载，谷永荐薛宣时说：“宣考绩功课，简在两府，不敢过称。”《汉书·杜周传》如淳注“两府”曰：“丞相、御史府也。”这种赐劳的规定在居延汉简中也有记载，如：

功令第四十五：士吏、候长、烽燧长，常以令秋试射，以六为程，过六，赐劳矢十五日。

候长候史日迹，及将军吏劳二日，皆当三日。[1]

在《厩苑律》中对主管畜牧业官吏的考课办法，更为具体：

以四月、七月、十月、正月膚（胪）田牛。卒岁，以正月大课之，最，赐田啬夫壶酉（酒）束脯，为旱（皂）者除一更，赐牛长日三旬；殿者，

---

[1] 《居延汉简甲编》，第562页。

谇田啬夫，罚冗皂者二月。其以牛田，牛减絜，治（笞）主者寸十。有（又）里课之，最者，赐田典日旬；殿，治（笞）三十。

秦朝还建立了一套严密的军队考课制度。《商君书·境内》：

其攻城围邑也，……将军为木台，与国正监，与正御史参望之。其先入者，举为最启；其后入者，举为最殿。

可见，行政官员考课中的“最”“殿”制也适用于武职。

总之，秦时对官吏的考课，有法可依，有较明确的标准可循，而且形成了必要的程序，为以后官吏的考课制度奠定了重要的基础。

四、对官吏的监察

云梦秦简中秦王政二十年（前227年）颁行的《语书》，是秦统一前具有察吏律令性质的重要文献。《语书》中说：

今且令人案行之，举劾不从令者，致以律，论及令、丞。有（又）且课县官，独多犯令而令、丞弗得者，以令、丞闻。

即由郡守派人到各地巡察，对不守法令的吏民依法论处。各县属吏如有不法行为，而令、丞未认真察处者，将令、丞上报京都处置。《语书》还规定了察吏的细则：

凡良吏明法律令，事无不能殹（也）；有（又）廉絜（洁）敦悫而好佐上；以一曹事不足独治殹（也），故有公心；有（又）能自端殹（也），而恶与人辨治，是以不争书。恶吏不明法律令，不智（知）事，不廉絜（洁），毋（无）以佐上，緰（偷）随（惰）疾事，易口舌，不羞辱，轻恶言而易病人，毋（无）公端之心，而有冒柢（抵）之治，是以善斥（诉）事，喜争书。争书，因恙（佯）瞋目扼捾（腕）以视（示）力□询疾言以视（示）治，诬认言廌斫以视（示）险，阬阆强肮（伉）以视（示）强，而上犹智之殹（也）。故如此者不可不为罚。

在察吏过程中，如发现过失严重的要向令丞申报，记录在簿，通报全郡，以警戒众官。

秦统一后，这些规则作为察吏的具体内容不但继续实行，而且还专门设立了监察机关。御史大夫作为丞相之副，以监察百官为责，有时受皇帝委派处理重大的治狱案件。在郡设监郡御史，对郡及下属官吏行使监察之权，并直接对中央负责。由此可以看出，秦开创了中国古代监察制度的先河。秦开创监察制度的目的之一，是监察官吏是否有损害皇权统治的言行，同时也旨在加强对官吏职责风纪的督察，因此秦的监察制度实质上是专制主义下官僚制度的重要组成部分。

五、对官吏犯法的有关规定

秦统治者要求官吏必须严格依法办事，对官吏的违法违纪行为有明确的规定，在定罪上称之为“犯令”与“废令”，《法律答问》载：

可（何）如为“犯令”、“法（废）令”？律所谓者，令曰勿为而为之，是为“犯令”；令曰为之弗为，是为“废令”也。

对于不听从调遣的官吏也称为“犯令”，如《法律答问》载：

郡县除佐，事它郡县而不视其事者，可（何）论？以小犯令论。

秦律规定，对于废令、犯令者，虽已免职或调任，也要追究责任。《法律答问》载：

> 废令、犯令，遝免、徙不遝？遝之。

此外，秦律还就官吏犯罪做了如下具体而细密的规定。

1. 不敬国君罪。根据《为吏之道》所规定的原则，秦统治者要求官吏必须忠于、敬重君主，对于稍有冒犯君主的行为都要严格处罚，《秦律杂抄》规定："伪听命书，……不避席立，赀二甲，废。"即凡是宣布君主命令不起立致敬的官吏要罚二甲，并终身剥夺充任官吏的资格。从律文上看，这是始皇称帝之前的法律。始皇称帝后，加强统治，神化皇权，对冒犯皇权、不敬君王的行为处罚会更为严酷。

2. 对于各种玩忽职守等渎职的犯罪行为，秦律作了较为全面的规定。如主管收藏皮革的官吏管理不善，致使皮革有"蠹突者"，要"赀啬夫一甲"。[①]《秦律杂抄》："稟卒兵，不完善，丞、库啬夫、吏赀二甲，法（废）"，"漆园三岁比殿，赀啬夫二甲而法（废），令、丞各一甲"，即供应武器不合格的县丞、库啬夫、吏，训练军马不合格的县司马，连续三年考核落后的漆园、矿山的啬夫，都要处以"赀二甲"，并撤职永不叙用。《仓律》规定，负责粮食出库的官吏，如果发现存粮不足数，"出者责之"，即由他负责赔偿。《效律》载，若粮食仓库腐烂了粮食，"令官啬夫、冗吏共偿败禾"。

官吏丢失玺印、兵符要受到处罚，尽管"后自得所亡"，也要维持判决。

《商君书·境内篇》载："其战，百将、屯长不得斩首。"朱师辙《商书解诂定本》说："百将、屯长责在指挥，故不得斩首。"可知指挥官放弃指挥去斩杀敌人是一种渎职行为。《秦律杂抄》有："故大夫斩首者，迁。"秦律对此做了明确规定。

---

① 睡虎地秦墓竹简整理小组编:《睡虎地秦墓竹简·秦律杂抄》，第 136 页。

3. 秦律禁止官吏非法经商，对于官吏需要处理的物品做了详细规定，对于非法经商的要处以刑罚。如《金布律》规定："都官输大内，内受之卖之"，"都官远大内者输县，县受卖之"。《秦律杂抄》规定："吏自佐、史以上负从马、守书私卒，令市取钱焉，皆迁。"即使下级官吏利用为其配备的马匹和差役进行贸易牟利活动，也要处以流放的重刑。可见秦统治者为了让官吏专心供职，对于官吏经商的限制是非常严格的。

4. 秦律对为奸事的官吏，要处以迁刑。《法律答问》载："啬夫不以官为事，以奸为事，……当䙴（迁）。"对于有欺诈行为的官吏也要根据情节给予处罚。《法律答问》载："吏有故当止食，弗止，尽稟出之，论可（何）也？当坐所赢出为盗。"这是说，官吏领取了应当停止供应的口粮，要以盗窃论处，并要返回不应得的口粮。《秦律杂抄》还规定："到军课之，马殿，令、丞二甲；司马赀二甲，废。"还规定："不当稟军中而稟者，皆赀二甲，法（废）。"即冒领军粮的官吏、供应武器有不合规格的县丞、库啬夫、吏都要赀二甲，并被废官。《秦律杂抄》又规定："县毋敢包卒为弟子，尉赀二甲，免。"县尉私匿壮丁为弟子，包庇他们逃避兵役，除了"赀二甲"以外，还要免职。

秦律有"伪听命书"罪，就是表面上听从朝廷的命书，实际上废置不予执行。这是"废令"的一种行为，对此秦律的处置是"耐为侯"。① 始皇称帝后，改"命为制"，对于触犯此罪者亦会重判。

5. 秦对于任人不善者，要科罪。《史记 · 范雎蔡泽列传》："秦之法，任人而所任不善者各以其罪罪之。"范雎任郑安平，后郑安平降赵，依法范雎"罪当收三族"。王稽亦为范雎所举，后王稽"坐法诛"。秦简《编年记》载："五十二年，王稽、张禄死。"推测张禄当为"任人而所任不善"而被科罪。

6. 秦实行的连坐制也往往使官吏获罪，这是同伍连坐的一项重要内容，是商鞅的一贯思想。《商君书 · 赏刑》篇说："守法守职之吏有不行王

① 睡虎地秦墓竹简整理小组编:《睡虎地秦墓竹简 · 秦律杂抄》，第 129 页。

法者，……周官之人，知而讦之上者，自免其罪，无贵贱，尸袭其官长之爵田禄。”对知而不告者，自然要惩处。这与“不告奸者腰斩，告奸者与斩敌首同赏”的原则是一样的，官吏有告奸和对周官犯罪进行举告的义务，否则就要惩处。

7. 秦律对于司法官吏的违法行为在法律上作了特别规定，对办错案的司法官吏要追究刑事责任。《法律答问》：“论狱【何谓】‘不直’？可（何）谓‘纵囚’？罪当重而端轻之，当轻而端重之，是谓‘不直’。当论而端弗论，及傷其狱，端令不致，论出之，是谓‘纵囚’。”《法律答问》记载一案例，涉及司法官吏是否有故意包庇罪犯的问题：

士五（伍）甲盗，以得时直（值）臧（赃），臧（赃）直（值）过六百六十，吏弗直（值），其狱鞫乃直（值）臧（赃），臧（赃）直（值）百一十，以论耐，问甲及吏可（何）论？甲当黥为城旦；吏为失刑罪，或端为，为不直。

这个案子是说，甲盗窃所得赃值在发案时是六百六十钱，理应处以“黥为城旦”的刑罚。但是，由于吏没有及时追查，致使赃款赃物被转移，只得百一十钱，据此吏处甲以“耐”刑。查清事实后，甲应受到“黥为城旦”的刑罚。于是问执法的官吏应定何罪。回答说，如果是有意包庇罪犯，就构成了“不直罪”。对于不直罪的处罚，秦简有“赀盾不直，可（何）论？赀盾”，若以此为原则，那么对于司法官吏不直罪的处罚，至少是反坐。《史记·秦始皇本纪》载：“三十四年适（谪）治狱吏不直者，筑长城及南越地。”这是对犯不直罪的司法官吏处以劳役惩罚的一次较大规模的行动。

以上说明，秦统治者对官吏的管理是非常细密的，在政治、经济、司法等各方面都对官吏的行为作了规范，对违法行为做了法律处理的规定。这对强化统治，抑制贪官污吏为非作歹有一定的积极作用。

第六章　秦朝的民事法规

秦朝的民事法规是一个相当复杂的体系，秦律中不乏各种民事问题的法律规定，只是在处罚的时候往往以刑罚的形式科断，甚至有的民事法规夹杂在刑事律令之中。不过，不能就此而否定秦朝没有民事法规。我们可从秦简和史籍中发现许多有关所有权、继承权等方面的法律规定。

第一节　民事权利与行为能力

一、民事权利

《商君书·境内》篇载："四境之内，丈夫女子皆有名于上，生者著，死者削。"说明凡秦境内之人一律著入名籍，以便获得民事权利的最基本保证。商鞅强化"为户籍相伍"的管理办法，这种管理方式一直伴秦朝始终。随着秦兼并战争的胜利，秦国出现了大批"新秦人"。所谓的"新秦人"，就是秦国新占领地区的原六国居民，包括入秦境的"逆旅"，他们"为户籍相伍"，也具有权利能力。秦简《傅律》就是关于户籍的专门法律。随着秦国的统一，新王朝的建立，所谓"新秦人"与原秦民的区别就失去了意义。但是，从秦律可知，同是秦民"为户籍相伍"，由于社会身份和爵位不同，其民事权利也有着不同的规定。如罪犯与逃亡者依法削籍，不存在民事权利问题。商贾、作务、赘婿、后父是有限制的民事权利主体，虽有一定的财产权利，但社会地位都比较低下，他们本人及其子女不得从政任官。隶臣妾等刑徒及其后代，他们具有不完全的人身权利，因而也是不完全的民事权利主体。邦客和游士是享有特殊民事权利的主体。由于秦重客士，所以他们不仅和百姓有同样的人身、财产、婚姻、家庭的权利，并且还享有法律所保障的拜爵、为官的权利。如商鞅、吕不韦、李斯等人，都是以客士而担当高官或相国的。

此外，人奴妾和官奴婢没有人身自由和任何政治权利、财产权利，甚至婚姻权利也是不完全的，在他们身上还反映了较浓厚的家长制奴隶制社会的残余，因此，他们只是作为被买卖或赠予的客体，不具有任何民事权利主体的资格。

二、行为能力

根据秦律，凡已傅籍者即有义务为国家服徭役，问题的关键是傅籍的标准是什么。有的同志认为，秦国在秦王政十六年以前，秦民不向政府登记年龄，因此，秦政府不掌握百姓的具体年龄，所以秦国不是按年龄，而是按身高作为“傅”的标准。《史记·秦始皇本纪》载：“十六年（前231年）……初令男子书年。”秦简确有按身高作为行为能力标准的律文，秦简“法律答问”载：“甲谋遣乙盗杀人，受分十钱，问乙高未盈六尺，甲可（何）论？当磔。”同篇又载：“女子甲为人妻，去亡，得及自出，小未盈六尺，当论不当？已官当论；未官不当论。”可见民事行为能力和刑事责任能力的标准均以身高为度。但这与史籍记载的矛盾怎样解释呢？上引《商君书·境内》篇明载“丈夫女子皆有名于上，生者著，死者削”，说明秦政府完全有能力掌握秦民的年龄。我们认为，秦简所书以身高作为各种行为能力的标准，当与秦国的“新秦人”有关。随着秦国兼并战争的扩大，被占领地区的人民逐渐成为“新秦人”，秦国对于这些新秦人的确切年龄就不会掌握得很清楚。而新秦人为了逃避徭役，也会谎报年龄。为了解决这个问题，秦政府就采用了周人最初以身高代表年龄的传统做法，并以身高作为行为能力的法律规定。秦王政十六年“初令男子书年”，当是命令新占地区的男子登记年龄，当然也会命令原来的秦民重新登记年龄。那么，六尺相当于多大年龄呢？据《周礼》贾公彦疏：“七尺谓年二十，六尺谓年十五。”秦简《编年纪》：“今元年，喜傅。”“今元年”，就是秦王政元年。这一年，墓主人喜傅籍。据《编年纪》：“卌五年，攻大壄王。十二月甲午鸡鸣时，喜产。”可知，喜生于秦昭王四十五年十二月，至“今元年”，喜十七岁。若除去昭王四十五年出生之年及“今元年”，喜实龄十五。故此可知，秦时傅籍的年龄为十五岁，这与身高六尺并不矛盾。秦国统一后，当采用统一标准，即以年龄作为唯一的行为能力的标准。秦把身高作为成年与否的标准，是因为在当时特殊的条件下，不好掌握人们的真实年龄而采取的可行的临时措施。按规定男子成年还需举行冠礼，才具有独立的民事法律行为能力。《礼记 · 曲礼》：“男子二十，冠而字。”这与贾公彦所注“七尺谓年二十”是一致的。但秦纪载惠文王、昭襄王以及后来的始皇帝都是年二十二而冠，这当是秦制，而《曲礼》所记为周制。我们发现，秦简中所规定的处罚盗钱数额的标准，都是十一的倍数，这与秦币制一布合十一钱有关。而为什么一布合十一钱，而不是十进制，还需要进一步研究。栗劲同志的《秦律通论》认为，秦三王之所以到二十二而冠，当是他们到二十二岁时身高才到六尺五寸，这恐怕有些臆测。若秦王身材矮小，长不到六尺五寸，是否就无法冠礼了？况且秦国有三王皆为二十二而冠，这当不是一种偶然现象。

秦律规定，凡不具备行为能力者的法律行为，需经监护人同意并得到官方登记后才视为有效，其所发生的非法行为，也不受法律的制裁。如《法律答问》：

甲小未盈六尺，有马一匹自牧之，今马为人败，食人稼一石，问当论不当？不当论及赏（偿）稼。

就是说甲身高不到六尺，不应论处，也不应赔偿禾稼。

第二节　所有权

所有权是指社会上人们对物品的拥有权，一旦所有权得到确认，则物品的拥有人就有了对物品的支配、使用、转让、赠与等权利。在秦朝专制的社会中，还保留了大量奴隶社会的残余，还存在大量奴隶，这些奴隶没有人身自由，也被统治者当作物品所拥有，被转让、买卖甚至私自处理。秦朝的所有权规定在某些方面呈较清晰的实态。

一、所有权的取得、变更和消灭

关于所有权的取得有多种形式，一种是在国家允许的范围内以“先占取得”的原则占有，如对荒地、园林的垦耕等就是这样。秦简《田律》承认在官府允许的时间、空间内开垦荒原，砍伐林木，以及渔猎物的所有权，同时也承认“孳息”的所有权，这在秦简中是有记载的。对于先占取得的原则，商鞅曾作过形象的比喻：

一兔走，百人逐之，非以兔也。夫卖者满市，而盗不敢取，由名分已定也。[①]

虽然商鞅不可能从物权法理角度去解释所有权，但他有一种“先占取得”所有权的初步认识。

取得所有权的另一种形式是通过赏赐而获取，秦律也承认经过赏赐获

---

① 《商君书·定分》。

得的财产所有权。由于秦奖励耕战和告奸，以致土地、臣妾、黄金及其他物品均成为赏赐的对象，受赏者因而获得法定的所有权。此外，传嗣、授予也是一种形式，这对继承者来说是所有权的取得，对传嗣者来说是所有权的一种变更。《史记 · 白起王翦列传》：

于是王翦将兵六十万人，始皇自送至灞上。王翦行，请美田宅园池甚众。始皇曰："将军行矣，何忧贫乎？"王翦曰："为大王将，有功终不得封侯，故及大王之向臣，臣亦及时以请园池为子孙业耳。"始皇大笑。王翦既至关，使使还请善田者五辈。

这说明王翦的田园在王翦死后将发生变更，而对王翦的子孙来说，这也是所有权的一种获得形式。再者，在特定的条件下，秦律也承认非法取得但已过追究时效的所有权，如《法律答问》载："或以赦前盗千钱，赦后尽用之而得，毋论。"这是所有权获得的一种特殊形式，是因赦而对犯罪人的一种宽免。

至于所有权的消灭，除所有人自愿放弃和因罪没官所造成的原因以外，人奴妾的逃亡、生活资料的消费、失火造成的损失，等等，也都意味着所有权的消灭。

二、所有权的形式

秦朝的所有权形式包括国家所有和私人所有两种。国家所有权的客体包括生产资料和生活资料。当时社会最基本的生产资料被国家所垄断，如土地、河流、山川、园池、田地等，而且这一部分所占比重还是相当大的，《史记 · 秦始皇本纪》所载：

六合之内，皇帝之土。西涉流沙，南尽北户。东有东海，北过大夏。

人迹所至，无不臣者。

对于国家所有权下的客体，法律禁止私人侵占。《田律》明确规定不得任意砍伐山林、堵塞水道，甚至捕捉鸟兽鱼鳖，也规定了时间限制。秦时国有土地的经营，主要采取租佃和受田等形式。《法律答问》：

部佐……已租者（诸）民，弗言，为匿田；未租，不论□□为匿田。

《田律》规定：

入顷刍稾，以其受田之数，无豤（垦）不豤（垦），顷入刍三石，稾二石。

这些都表明租田者和受田者只有土地使用权，而无所有权。对于国有的生产资料和生活资料，国家可以根据法令或皇帝的命令进行奖赏，如奖赏有功之臣等。这既说明了皇帝对国家所有权的客体可以进行支配，也说明了在一定的条件下，国家所有权的部分客体可以向私人进行转化。

同样，私有权也包括生产资料和生活资料。对于一些最基本的生活资料的私有权的确定是毋庸置疑的，私有权涉及的最重要的客体是土地问题，只要土地的私有权得到确定，那么其他的问题一般也就随着土地的性质而发生变化了。秦自商鞅变法“改帝王之制，除井田，民得买卖”，标志着封建地主土地所有权的确立，同时，农民也获得了少量的土地。《法律答问》有这样的规定：

盗徙封，赎耐。可（何）如为“封”？“封”即田千（阡）佰（陌）。顷半（畔）“封”殹（也），且非是？而盗徙之，赎耐，可（何）重也？是，不重。

徙，移也；封，秦简自释为阡陌，即田界。《周礼 · 封人》注：“畿上有封，若今时界矣。”这条法律的内容，就是对私自移动田界标志的人，判处“赎耐”的刑罚，并且认为“不重”，以示法律对土地私有权的保护。上引《史记 · 白起王翦列传》中，王翦对于土地的要求就是建立在土地私有并可以继承的基础之上的。秦始皇三十一年（前216年）“令黔首自实田”，[①]即在全国范围内让秦民自报田地，确认土地私有权。但是在专制主义的社会中，私有权并不能绝对地受到法律的保护，国家在处罚罪犯的同时可以没收原属于私有的生产资料和生活资料，这样也就意味着私有权的客体向国有转化。因此说，专制社会下的个人所有权不是绝对的。

第三节　债　权

债权是在社会分工为基础的交换经济形态和保障财务流通关系的契约制度的基础上发生的，因此，债权制度的发生要晚于物权制度。债权关系是民事法规调解财产关系时的重要内容，债的概念在西周时已出现，当时叫“责”。《说文》：“责，求也。”段注云：“引伸为诛责、责任。称责即令之举债也。古无债字。”《周礼 · 秋官 · 朝士》：“凡有责者，有判书以治，则听。”《天官 · 小宰》“听称责以傅别”，《秋官 · 朝士》：“凡属责者，以其地傅而听其辞。”秦简中“责”亦“债”意，从简文可了解秦关于债务问题的一系列规定。

一、债权、债务的发生

秦时，对于赋税、罚款、损失公物以及从官府中取得的不当得利所发

① 《文献通考 · 田赋考一》。

生之债，称为国家债权。凡属国家债务均采取强制手段迫使债务履行或执行。私人之间因契约而发生之债，是主要的债的形式。《法律答问》："何谓'亡券而害'？亡校券右为害。"不仅说明了"券"是债的形式，而且也反映了如债权人所掌握的"右券"丢失，会造成契约失效的危害。这同《史记·平原君虞卿列传》所载"事成，操右券以责"及同条《索隐》所注，反映的都是同一性质的问题。

秦时继续了土地买卖的发展势头，因土地买卖而发生的债屡见于秦史籍。由于非法侵权而发生之债，在秦简中也有记载。因侵权行为造成器物的损坏，责令加害人进行修理，使之复原。不能复原者，要用同样器物或金钱赔偿。如"卖所盗，以买他物，皆畀主"，就是强制盗窃者归还赃物和赔偿损失。此外，也有因损失公物而发生之债。秦简中《效律》对于仓库粮食腐烂，责"令官啬夫、冗吏共偿败禾"，即是一例。

秦律对于不当得利而发生的债，也要依法追究，如《除吏律》："驾驺除四岁，不能驾御，赀教者一盾；免，偿四岁繇、戍。"接受训练的御手，本人当免除四年的徭役及戍边之义务。但经过训练后，对不能掌握这种技能者，国家当追回其不当得利之四年徭戍的免除，而令其补上四年徭戍，因为他使国家蒙受了损失。

二、债务的担保

在秦简中所规定的债务担保，是确保债务清偿的保障行为。有以物担保，即债务人或第三人将所有物作为债务的担保。具体说来，或者将动产交付债权人占有，或者以不动产作保。秦时更多的是由经手人或第三人进行担任。按其身份划分为：

1. 官方经手人担保。如《金布律》：

百姓叚（假）公器及有责（债）未赏（偿），其日䠂以收责之，而弗收责，其人死亡；……令其官啬夫及吏主者代赏（偿）之。

由上述材料可知，这显然是由官方经手人担保。

2. 私方经手人担保。如《工律》规定：

邦中之繇（徭）及公事官（馆）舍，其叚（假）公，叚（假）而有死亡者，亦令其徒、舍人任其叚（假），如从兴戍然。

即在都邑服徭役和因有官府事务居于官舍，如借用公物，因为借者死亡而不能履行其还借贷之义务，则由服徭役的众人或其舍人代为履行。这样，私方经手人就成为借贷者的担保人了。

3. 共同担保。同上引《工律》的内容，其性质为私人担保，但就其担保形式而论，则为共同担保。

三、债务的变更、履行和消灭

在债务的履行方面，债务人“有债于公”无力履行者，则强制“居作”。《司空律》规定：

有罪以赀赎及有责（债）于公，以其令日问之，其弗能入及赏（偿），以令日居之，日居八钱；公食者，日居六钱。

债务人有债于公而迁移到他县者，原县官府可将债权转让给债务人迁入之县官府，继续责令其偿还。如债权人移居新县，仍由官府负责督促债务人偿还债务，履行义务。在职官吏无力履行债务时，从俸禄中扣除，免于“居作”。如《金布律》规定：“稍减其秩，月食以偿之，弗得居。”已被免职的官吏，无力偿还债务，“令以律居之”，即“居作”赔偿。隶臣妾无力偿还债务，则按月从衣食供应中扣除，“以其日月减其衣食”，但“毋过三分取一”。[1]至于债务的免除，或由当事人双方协议，或因债务人死亡。但是，秦律禁止强制债务人以人身抵押。如《法律答问》载：

百姓有责（债），勿敢擅强质，擅强质及和受质者，皆赀二甲。廷行事强质人者论，鼠（予）者不论；和受质者，鼠（予）者□论。

这说明，秦律在保证债权债务履行的同时，严禁私人之间的人身侵害，反映了秦有关债权债务方面的法律规定，比起西周有较大的发展。

第四节　婚姻与继承

婚姻是组成家庭的重要形式，而家庭又是社会结构的最根本的单元。秦国以及秦朝统治者为了维系庞大的上层建筑，从政治、经济、军事等各个方面对家庭都作了法律规定。从秦简可知，统治者对于婚姻方面的法律规定是很具体的，并非如以往想象的那样，百姓的婚姻只有民间的婚礼形式。

一、有关婚姻的法律规定

1. 婚姻的条件

根据《秦简》，结婚的年龄，女子身高六尺方许婚配。结婚须赴官府登记，方为合法。秦简《法律答问》：

---

① 睡虎地秦墓竹简整理小组编:《睡虎地秦墓竹简·金布律》，第 60 页。

有女子甲为人妻，去亡，得及自出，小未盈六尺，当论不当？已官，当论，未官不当论。

即女未成年背夫逃亡，如系登记结婚，以背夫逃亡论罪。没有登记，视为无效婚姻，不予治罪。从这里可以看出两个问题，一是女子的结婚年龄并非像法律规定的那么严格，也有“小未盈六尺”的未成年人。二是结婚须到官府登记，才算合法婚姻，否则，法律不给予保护。至于男子的结婚年龄，自然也要符合身高六尺的成年人标准，因此时已有成年人应尽的各种义务和享有的权利。

2. 夫妻间的权利义务

由于商鞅实行连坐法，双方皆有告奸的责任与权利，否则丈夫犯罪妻子连坐。这就在政治和法律上保证了男女双方在告奸上的平等性，这是秦统治者贯彻法家思想，以国家主义为重的具体表现。因此秦律规定“夫有罪，妻先告”，妻子可以保有“臣妾、衣器”而不被没收。其次在道德上，秦律要求双方都要相互忠贞，无论男方还是女方都“禁止淫佚”，若犯禁，都要受到处罚。“女子去夫亡”另与他人“相夫妻”，“黥为城旦”，通奸男女，一律治罪。如《封诊式 · 奸》爰书记载：“某里士五（伍）甲诣男子乙、女子丙，告曰：‘乙、丙相与奸，自昼见某所捕校上来诣之。’”即将奸夫奸妇捕获，装入木囚送到官府。秦始皇三十七年的会稽刻石中有“夫为寄豭，杀之无罪”，即夫乱搞男女关系，妻子杀之，不受法律制裁。秦时受儒家思想影响较弱，因此男女双方在家庭中的地位相对比较平等，秦律规定丈夫不得殴妻，即使“妻悍，夫殴笞之”也要处以耐罪。但是在财产上，男子则占有优越地位，妻子的财产权一般由丈夫支配，当“夫有罪，妻先告”的情况下，妻子则可保全自己的财产。

3. 婚姻的解除

婚姻关系的解除必须到官府登记，如《法律答问》载，“弃妻不书，赀二甲”。被休弃的女方也要到官府登记，否则，“其弃妻亦当论不当，赀二甲”。这里，秦律只规定“弃妻不书，赀二甲”，却没有规定不允许弃妻，因此，在婚姻解除的问题上，妇女是处于受压迫的地位上的。至于婚姻解除的条件，是否仍按周人的“七出三不去”的规定，从目前的材料看，还无法得知。不过，根据当时社会发展的进程分析，秦人的婚姻习俗与周制不会相距太远。从江陵张家山汉简《奏谳书》案例二一的记载，可知秦时的法律规定，“夫死而妻自嫁，取者毋罪”，“欺死夫，毋论”，故秦律是不保护生者与死者的婚姻关系的，女方虽然有子也应在此之例。史书所载“有子而嫁，背死不贞”[①]应当是一种道德上的要求，不能由此而断定，秦时的法律规定有了孩子的妇女必须维持与死者的婚姻关系。

二、有关继承的法律规定

1. 继承的内容

秦时继承的内容包括官职爵位和财产两部分。自商鞅变法废除世卿世禄制度后，除保留史、卜等具有专门知识的官职实施世袭制外，其余一律实行选任制。秦是否实行如同汉时的“任子”制，根据目前的资料还不能确定。至于爵位的继承，按《军爵律》，立有军功但未拜而死者，其指定的继承人又未犯废、耐、迁以上罪，可继承死者的爵位。

财产的继承包括房屋、树木、衣器、牲畜、奴隶等。秦将王翦率兵攻楚，临行前“多请田宅为子孙业”，说明土地是继承的重要内容。秦始皇三十一年，政府下令“使黔首自实田”，如果承认这是土地私有的重要法令，那么，土地的继承权则是没有疑义的。

另外，债权债务也是继承的重要内容，它是一种变相的财产，会同其他应被继承的财产一起被继承。据《金布律》，除官吏因特殊情况发生之债，或奴隶居作发生之债外，一般常人的债务，父死之后，由其子承担。

---

① 《史记·秦始皇本纪》。

2. 关于继承人的问题

关于继承人问题，秦律没有明确的法律规定，我们只能从相关法律条文中总结这方面的内容。《法律答问》载：

父子同居，杀伤父臣妾、畜产及盗之，父已死，或告，勿听，是谓家罪。

这说明，同居之子当是父之继承人。因为，父在世时，发生上述情况属不孝，父可以自行处理，而不为公室告；或者请求官府处理，在《封诊式·告子》中有家长“谒鋈亲子同里士伍丙足，迁蜀边县，令终身毋得去迁所，敢告”的记载。父死后，如果其臣妾、畜产不属于其子，而“杀伤”或“盗之”属公罪，官府要受理。只有在父死后，其臣妾财产属于其子，才为家罪，告而勿听，因此，同居之子是父亲的继承人是没有问题的。

再者，现代的继承法规定了继承人的顺序，而秦律在这个问题上没有明确条文。在夫妻之间财产的继承上，妻子死后财产自然归男方；若“夫有罪，妻先告”，则妻子自己的“媵臣妾、衣器”归自己，丈夫的其他物品，按法律应被没收。若丈夫无罪而死，那么全家的财产应被新立的户主——同居之子继承。

三、关于家长权的规定

商鞅变法时，曾以法律强制分户，使每个家庭——户，这个社会基本的组织单位变得很小，并形成了户有家长的制度，因此家长权与父权是合一的。秦时父权还没有发展到任意“杀子”“迁子”的地步，父亲如擅杀子，黥为“城旦”。但是，父母擅杀又属“非公室告，告勿听”。这看起来似是矛盾的，其实虽然“非公室告，勿听”，但国家还是要处理的。这样，既保护了家长的权力，也在一定程度上制约了父母的擅杀行为。家长也享有家内财产的支配权和子女婚姻的主婚权。子女如不孝，法律予以制裁。《法律答问》:“免老告人以不孝，谒杀。”儿子盗窃父亲的财产，要受到法律的严格追究，但“父盗子不为盗”。因为在“同居”的情况下，一切财产属于家长所有。如果分户后，则父子财产各归所有，不存在父可以随便“盗子”的问题了。正如汉人贾谊形容秦人分户后的财产关系时说:

秦人家富子壮则出分，家贫子壮则出赘。借父耰鉏，虑有德色；母取箕帚，立而谇语。[①]

这里，实行家长权的一个重要前提是必须有直接的血缘关系，否则若出现“盗子”“擅杀”等事件就要视具体情况予以处罚。即便是继父与养子之间，发生“盗子”或“擅杀”之事，亦处以严刑。秦律规定:“假父盗假子，当为盗。”《法律答问》载:“士伍甲无子，其弟子以为后，与同居，而擅杀之，当弃市。”而亲生父亲“擅杀子黥为城旦”。可见，秦律对没有血缘关系的所谓父对子的刑事犯罪要比有直接血缘关系的处罚为重。

---

① 《汉书·贾谊传》。

第七章　秦朝的经济法规

秦统治者奉行法家路线，不但在国家制度和刑罚体系方面制定了各种法律法规，在经济方面制定的法规也达十几种之多，反映了秦统治者非常重视运用法律对新产生的社会经济关系进行调整。这些法律涉及农业、牧业、手工业等各个方面。目前，见于秦简的经济法律主要有：

1. 关于农业、畜牧业与粮食储存的立法，如《田律》《厩苑律》《牛羊课》《仓律》等。

2. 关于官营手工业的产品规格、产品质量、生产定额和生产力调配的立法，如《工律》《工人程》《均工律》等。

3. 关于市场管理，商业贸易，盐铁经营的立法，如《关市律》《市井律》《津关令》等。

4. 关于货币管辖流通与财政的立法，如《金布律》《效律》《钱律》等。

5. 关于赋役的经济立法，如《田律》《仓律》《徭律》《均输律》《杂律》《二年律令》等。

上述经济法规涉及土地制度、赋税制度、商业制度、金融财政制度、度量衡制度、徭役制度等各个方面，对于保障公私生产的发展，调整国家的财政金融秩序，维护新的经济关系都发挥了重要的作用。这些法律与秦朝有关刑事、民事法律一起，构成了秦朝法制的基本内容。

第一节　农牧业生产管理

一、农业

秦统治者自商鞅时就开始奉行以农为本的政策，认为“国之所以兴者，农战也”[①]，并通过立法建制奖励农耕，惩治惰农。如《史记·商君列传》载：“大小僇力本业，耕织致粟帛多者，复其身；事末利及怠而贫者，举以为收孥。”秦政府设立了专职的农业管理职官，在中央的大司农之下设“大田”，负责具体事务；另设田啬夫，是县一级的农业官员；仓啬夫是管理粮仓的官员；厩啬夫是管理畜牧的官员。地方上的农官要及时向中央报告开垦荒地的亩数，受雨的土地面积、禾苗的生长情况，以及灾情等。国家要求保持足够的农业生产力，即使“居赀赎责（债）”，也允许于“归田农，种时，治苗时”各有四十天的务农期。《司空律》载：“一室二人以上居赀赎债而莫见其室者，出其一人，令相为兼居之。”又，“种时、治苗时各二旬”。秦律对于种子的保管和播种，也有具体法律规定。《仓律》规定：

种：稻、麻亩用二斗大半斗。禾、麦一斗，黍、荅亩大半斗，叔（菽）亩半斗。利田畴，其有不尽此数者，可殹（也）。其有本者，称议种之。

《仓律》还规定：

县遗麦以为种用者，殽禾以臧（藏）之。

① 《商君书·农战》。

县仓库所收存的种子，当是为本县农户所提供的。如因管理不善造成雨漏霉烂或者丢失，主管官轻者斥责，重者赀一至二甲，更严重者处以刑罚。这些法律规定表现了统治者对农业生产的重视和农业生产经验的积累。

对于“不田作”的奴隶要送交官府惩办，即使自由民不田作，也要降为奴隶。

二、畜牧业

秦族是一个有悠久的畜牧传统的民族，因此秦统治者对于畜牧业非常重视。秦律规定负责畜牧业管理的官员，要及时向国家交纳粮草，上报饲养耕畜的数字，并定期进行耕牛评比。根据《厩苑律》，每年正、四、七、十月评比饲养的耕牛。正月进行一次大考核，优秀者赏赐田啬夫酒一壶，干肉十条，免除饲牛者一次更役（一月一换的劳役）。低劣者，申斥田啬夫，饲牛者罚劳役二月。使用牛耕田不当，牛腰围瘦一寸，笞打主事者十下。为了防止牲畜死亡，《厩苑律》规定：牛的死亡率不得高于百分之三十三以上，如超过这个数量，主管牛的官吏和饲牛的徒都要受到刑事惩罚。在《牛羊课》中还规定：成年母牛十头中，如有六头不生仔，罚啬夫、佐各一盾；母羊十头中四头不生仔，也各罚一盾。

三、自然资源的利用

从秦律可以看出，人们从农牧业的长远利益出发，对自然资源的保护和利用也做了相应的规定。《田律》明确规定：

春二月，毋敢伐材木山林及雍（壅）隄水。不夏月，毋敢夜草为灰，取生荔、麛𪁺（卵）鷇，毋□□□□□□□毒鱼鳖，置穽罔（网），到七月而纵之。唯不幸死而伐绾（棺）享（椁）者，是不用时。邑之䜣（近）皂及它禁苑者，麛时毋敢将犬以之田。百姓犬入禁苑中而不追兽及捕兽者，勿敢杀；其追兽及捕兽者，杀之。河（呵）禁所杀犬，皆完入公；其它禁苑杀者，食其肉而入皮。

这些详细规定是出于两千多年前的秦国，并以法律的形式确定下来，说明那时人们对自然资源的利用已有了很深刻的认识，这对保护生态环境和生态平衡有着积极的作用，值得后人充分肯定。

第二节　官营手工业生产管理

官营手工业具有久远的历史，可以追溯到奴隶社会之初。由于官营手工业能为封建国家和皇室提供各种丰富的手工业产品，例如武器和日用消费品等，所以备受国家重视。工室是秦朝管理手工业的机构，其官吏为工师。关于工师的职责，《荀子·王制》说：

论百工，审时事，辨功苦，尚完利，便备用，使雕琢文采不敢专造于家，工师之事也。

《礼记·月令》亦载：

命工师令百工审五库之量……百工咸理，监工日号，毋悖于时，毋或作为淫巧以荡上心。

命工师效功，陈祭器，按度程，毋或作为淫巧以荡上心，必功致为上，物勒工名，以考其诚，功有不当，必行其罪，以穷其情。

吴荣曾先生认为，《礼记》的《月令》是抄自《吕氏春秋》的十二纪，所以它反映的是秦国所实行的制度。秦律对工师的职责进行了严格的规定，如“省殿，赀工师一甲，丞及曹长一盾，徒络组廿给。省三岁比殿，赀工师二甲，丞、曹长一甲，徒络组五十”。“非岁功及毋（无）命书，敢为它器，工师及丞赀各二甲。”为了保证产品的质量和数量，在《工律》《均工律》《工人程》等律中都做了相应的规定。

一、产品规格

《工律》规定：“为器同物者，其大小、长短、广亦必等。”即制作同一种类的器物，其大小、长短和宽窄必须相同，目的在于使产品规范化，以保证产品的质量。为此秦建立了生产责任制和产品检查评比制度。在生产的器物上要注明制作官署或工匠名，以便于查究生产者的责任。即所谓“物勒工名，以考其诚”。产品每年评比一次，对“省殿者”，即评为下等不合质量标准者，罚工师一甲，丞和曹各一盾，徒络组（穿联甲札用的绦带）二十根。连续三年为下等者，加倍惩罚。“漆园殿，赀啬夫二甲而废，令、丞各一甲。”制作物品时，如没有朝廷“命书”而擅自制作，工师与丞各罚二甲。修建官府亦须上报批准，不得擅建。工程的进度须严格依计划进行，提前或过期两天，主管官吏按法惩罚。对于影响产品规格的度量衡器的准确度也有具体的法律规定，譬如“石”之误差不得超过千分之四，桶、斗、升等也不得超过规定误差。

二、产品定额

根据秦简《工人程》，官营手工作坊的生产均有定额。“隶臣、下吏、城旦与工从事者冬作，为矢程，赋之三日而当夏二日。”即冬三日收取相当夏二日的产品。这种按照夏冬白昼长短时间不同而规定产品的定额，无疑具有合理性。

此外还规定，做杂活的女工二人等于男工匠一人，七岁以上小童五人等于工匠一人，但刺绣女工一人等于男工一人。对于新工匠要求第一年达到老工匠二分之一的定额，所谓“新工初工事，一岁半功”，但至第二年便“岁赋功与故等”，即与老工匠等同。

三、劳动力的身份与调配

从秦律来看，官府工匠有工、刑徒和奴婢。《效律》载：

工稟漆它县，到官试之，饮水，水减二百斗以上，赀工及吏将者各二甲。

《法律答问》亦载：

工盗以出，臧（赃）不盈一钱，其曹人当治（笞）不当？不当治（笞）。

这些工，当是有一定生产技能的手工业者，从处罚的情况看，他们当有少量的财产，是有一定民事权利的自由民。

秦的官府作坊中，有许多是失去自由的刑徒，这当占相当大的比重。如下列出土器物的铭文载：

三年，漆工配、丞诎造，工隶臣牟，禾石。高奴。（高奴权）

廿五年，上郡守庙造，高奴工师竈，丞申，工鬼薪戠。上郡武库。洛都。（上郡戈）

廿七年，上郡守趞造，漆工师道，丞恢，工隶臣積。（同上）

卅年，上郡守赳□，图工师耤，丞秦，□隶臣庚。（同上）

从铭文可以看出，工的身份有鬼薪、隶臣等刑徒。从秦简看，重刑徒如城旦也有在官府作坊中服劳役的，如“城旦为工殿者，治（笞）人百”。同时，秦还把战俘和犯罪的家属籍为官奴婢，他们也是官府手工业作坊中的重要成员。在作坊中服刑役或作坊中的工匠，都必须听从所属官吏的调配，没有自己的行动自由。秦简《均工律》规定：“隶臣有巧可以为工者，勿以为人仆养。”就是说隶臣中有技艺可以作工者，勿令去赶车或为烹炊等工作。这种区别劳动强度与技术性能的法律规范，对于秦官营手工业的发展起到了积极的作用。

第三节　市场贸易管理

秦在商鞅时就确定了“事本而禁末”的政策，并制定了一系列的奖惩条款，所以在一般人的眼中，秦的商品经济不是很发达。其实秦政府并不是简单地禁止商品经济，而是限止农民大规模地弃农经商，并对商业活动进行了严格的规定，这样，既疏导了产品的流通，而又不会影响秦国的本业。秦始皇对于已经形成一定规模的大商人还是很尊敬的，如乌氏倮以畜牧发家，“畜至用谷量马牛，秦始皇帝令倮比封君，以时与列臣朝请”[①]。巴蜀寡妇清，世代以丹穴为业，家亦巨富，“秦皇帝以为贞妇而客之，为筑女怀清台”[②]。因而不能简单地说秦国和秦朝是限制商品经济的。秦简中有许多律令，对商品经济的很多方面做了详细的规定，反映了秦的商品经营中的真实情况。

一、规定固定的商品交易地区

秦朝政府与以往各朝一样，对商品交易规定了固定的地点，并派官吏

① 《史记·货殖列传》。
② 《史记·货殖列传》。

对市场进行管理和监察。《周礼·地官·司徒》:“凡市入，则胥执鞭度守门。市之群吏，平肆展成奠贾，上旌于思次以令市。市师涖焉，而听大治大讼。胥师、贾师涖于介次，而听小治小讼。”郑玄注曰:“上旌者，以为众望也，见旌则知当市也。”《史记·三代世表》集解引薛综曰:“旗亭，市楼也。立旗于上，故取名焉。”这种规定在西汉依然如此，如《文选》卷二张平子《西京赋》曰:“廓开九市，通阛带阓，旗亭五里，俯察百隧。”《太平御览》卷一九一引《宫阙记》:“长安市有九所，……在突门夹横桥大道南，又有当市观。”又云:“旗亭在杜门大道南。”今本《三辅黄图》卷二迳作“市楼皆重屋，又曰旗亭，在杜门大道南。当市楼有令署，以察商贾货财买卖贸易之事”。陕西咸阳故址出土许多带有“亭”字的陶文，如“咸市阳于”“咸亭沙寿口器”及上海博物馆藏“咸阳亭”等，从字文观察应是战国秦或秦时物；再者，秦之咸阳，于汉高祖元年更名为新城，七年罢属长安，武帝元鼎三年后，叫作渭城，故知上述陶文属秦无疑。这些“咸市”“咸亭”陶文是秦商品交易市场规模和制度的反映。

二、禁止非法经营

秦时保护合法的商品交换，禁止非法活动，因此，对于市场贸易的管理规定较为细密。例如，秦以列伍长为市官，负责市场的巡视与管理。专门从事贸易的商贾要获得在市内定居及营业权，须到官府登记，加入市籍。所出售的商品须标明价格，《金布律》规定:“有买及卖也，各婴其贾（价）；小物不能各一钱者，勿婴。”婴即系也。《关市律》还规定，为官府出售手工业产品收钱之后，必须立即当买主之面，投入“缿”（扑满）中，否则赀一甲。《田律》规定:“百姓居田舍者毋敢醢（酤）酉（酒），田啬夫、部佐谨禁御之，有不从令者有罪。”即在农村售酒是非法的商业活动，在法律上是被禁止的。另外秦律对于官吏的非法经营活动规定得很详细，如《金布律》:“都官输大内，内受卖之”，“都官远大内者输县，县受卖之”。这是说，都官需要处理的物品，或者送到大内，或者送县，由他们处理，而不得自行出售。《秦律杂抄》还规定："吏自佐、史以上负从马、守书私卒，令市取钱焉，皆䙴（迁）。"即包括下级佐史以上的官吏利用为其配备的马匹和差役进行贸易牟利活动，要处以迁刑。秦律不但对职业商人的经营活动进行了严格的规定，对于非商业性质的部门或官吏从事经营活动更是明文禁止。

三、与邦客交易的规定

《法律答问》载："盗出朱（珠）玉邦关及买（卖）于客者，上朱（珠）玉内史，内史材鼠（予）购。"这里的邦关，即指国境；邦客，意即外国的客商。这段话的意思是：将珠玉偷运出境以及卖给邦客的，被人发现告发，应将珠玉上交内史，内史酌情给告发者以奖赏。这是奖励告发非法偷运珠玉出境行为的法律规定。另外，秦律规定："客未布吏而与贾，赀一甲。"《法律答问》："可（何）谓'布吏'？●诣符传于吏是谓'布吏'。"其意为对外贸易须持有通行凭证，并在交与官府之后，方得贸易，否则赀一甲。

四、对统一度量衡的规定

秦统一后，颁定了统一的度量衡制，《史记 · 秦始皇本纪》载，秦"一法度衡石丈尺。车同轨。书同文字"。从史料和出土文物看，为了保证市场上使用的度量衡器的准确性，国家制定了标准的量衡向全国推行，如秦阿房宫遗址北面的西安高窑村出土的"三年高奴禾石铜权"上面的铭文载："三年，漆工配，丞诎造，工隶臣平，禾石，高奴。"这是秦始皇三年（前244年）高奴（今陕北延川县）所铸一石重的标准衡器。据实测，重30.75千克。秦的衡制为：

1 石 =120 斤

1 均 =30 斤

1 斤 =16 两

1 两 =4 锱 =24 铢

秦国自商鞅变法后，制定了标准的度量衡，《史记·商君列传》称之为“平斗、桶、权、衡、丈、尺”。传世“商鞅铜量”器铭：“十八年，齐逶卿大夫众来聘，冬十二月乙酉，大良造鞅爰积十六尊（寸）五分尊壹为升。”这是秦孝公十八年（前 344 年）商鞅颁发的标准量器——升。在此量上面，后又加刻秦始皇二十六年统一度量衡的诏书：

廿六年，皇帝尽并兼天下诸侯，黔首大安，立号为皇帝。乃诏丞相状、绾，法度量，则不壹，歉疑者皆明之。

在“高奴禾铜权”上，也加刻此二十六年诏书和秦二世元年的诏文。二世元年的诏文曰：

元年，制诏丞相斯、去疾，法度量，尽始皇为之，皆有刻辞焉。今袭号，而刻辞不称始皇帝，其于久远也，如后嗣为之者，不称成功盛德。刻此诏，故刻左，使毋疑。

这两种诏文在许多秦代的量、衡器上常可见到，表明此物是官定之器。在“商鞅量”和“高奴禾石铜权”上加刻此种诏文，说明秦始皇仍沿袭商鞅所定度量衡制度。经实测，商鞅量的容积是：

12.3535（cm）×6.919（cm）×2.3232（cm）=198.573（$cm）^3$

秦时度制约为：

1 尺 =23 厘米

1 升 =201 毫升

秦的量制为：

1 桶 =10 斗 =100 升 =1000 合 =2000 龠

1 参 =1/3 斗 =3 $\frac{1}{3}$升

为了保证经营活动中度量衡的准确，县及主管手工业的官吏工室，至少每年检查校正一次度量衡器，并且依法规定了误差的限度，超过了规定就要受处罚，《效律》规定：

衡石不正，十六两以上，赀官啬夫一甲；不盈十六两到八两，赀一盾。甬（桶）不正，二升以上，赀一甲；不盈二升到一升，赀一盾。

斗不正，半升以上，赀一甲；不盈半升到少半升，赀一盾。半石不正，八两以上；钧不正，四两以上；斤不正，三朱（铢）以上；半斗不正，少半升以上；参不正，六分升一以上；升不正，廿分升一以上；黄金衡羸（累）不正，半朱（铢）以上，赀各一盾。

这些措施对于维护市场的信用与秩序，保证公平交易有着直接的影响和积极的作用。

第四节　货币管理

货币作为一般等价物的商品，在商品的流通领域起着至关重要的作用，它的发行规格、质地和数量涉及国家经济形势的稳定和发展，如果处理不好，会给商人以取得暴利的机会，从而伤农害工。秦政府以法律的形式对货币作了相应的规定。

一、货币的种类

《史记》的作者司马迁在《平准书》中说：

虞夏之币，金为三品，或黄，或白，或赤；或钱，或布，或刀，或龟贝。及至秦，中一国之币为二等，黄金以溢名，为上币；铜钱识曰半两，重如其文，为下币。而珠玉、龟贝、银锡之属为器饰宝藏，不为币。

但从秦简看，秦时的法定货币有三种：钱（铜钱）、金（黄金）、布（布帛）。黄金贵重，谓之“上币”，铜钱谓之“下币”。“布”这种自然形态的货币仍在流通，并没有从流通领域退出。从出土的秦币看，秦流行半两圆钱，这种钱方孔无廓，上铸文曰“半两”，此即史书所载的“重如其文”，实重半两。秦 1 两合 24 铢，则半两为 12 铢。秦半两钱的推行，基本上改变了以前各地区货币纷杂的局面，有利于各地经济的发展。

二、货币流通规定

首先，秦律规定，不合规格的货币不得流通。《金布律》规定：

布袤八尺，福（幅）广二尺五寸。布恶，其广袤不如式者，不行。

不合乎此规格为“不如式”，不得流通。但是，国家法定的货币，任何人不得拒收，《金布律》规定：“贾市居列者及官府之吏，毋敢择行钱、布；择行钱布者，列伍长弗告，吏循之不谨，皆有罪。”即在商品交易中，有敢拒绝使用其中任何一种货币的，或对其进行选择的都要治罪，且商贾的伍长不告发，官吏检查不严，也要追究责任。

其次，禁止私铸货币。秦朝保证国家直接控制金融经济命脉，禁止民间私铸货币。《封诊式》记：某里士伍甲、乙捆送丙、丁及新钱一百一十个，钱范两套，控告说丙私铸这些钱，丁帮助他铸造。于是甲、乙将他们捕获并搜查其家，得到这些钱和钱范，一并送到官府。说明了私人铸钱是一种犯罪行为，国家所采取的措施与各代统治者是一样的，必须保证货币量与生产物资量的平衡。

最后，规定了货币的规格和比价。为了便于三种法定货币的流通，《金布律》还规定了它们之间的比价："钱十一当一布"，"其出入钱以当金、布，以律"。由此分析，秦 1 布折合 11 钱，且如出入国境，当以钱折算成金或布。此规定当行于未统一之时。秦国铸钱较晚，史载秦惠文王二年（前 336 年）"初行钱"。从出土实物看，有两种形制的秦钱，其一为圆肩圆足铲型钱，背文书"一两"，小者书"半两"，另一种即圆型方孔（少部分为圆孔）半两钱。《史记索引》转引《古今注》云："秦钱半两，径一寸二分，重十二铢。"秦规定"布袤八尺，幅广二尺五寸"这当是一个布的单位，但是哪一种钱"十一当一布"，从目前的材料还很难看出。不过，上述一两铲型钱数量极少，且从出土地点看，可能是秦占领赵地之时铸造的，秦的半两铲型钱和圆型半两钱较多，且圆型半两钱是秦统一后的定制。作为一种被人们广泛遵守的金融规则，当考虑人们应用的时间性和广泛性，因此，秦的"钱十一当一布"之钱，可能是 11 个半两钱折合 1 布，即 132 铢折合为 1 布。秦的金币单位是溢。孟康注："二十两为溢。"秦简《效律》载："黄金衡羸（累）不正，半朱（珠）以上，赀各一盾。"即用天平砝码，如果不准，达到半铢，相当于 1/48 两，就要处罚，可见规定极严。

此外，对于地方上钱的保管等事宜，秦律亦作了规定："官府受钱者，千钱一畚，以丞令印印。不盈千者，亦封印之。"从《效律》所规定的定期和不定期的检查账目，清查库存物资等措施看，不难推断秦时已有了最初的财政审计。

第五节　赋税法规

赋税是一个国家的官僚、军队等上层建筑生存的基础，是劳动人民血汗的一部分。无论哪个朝代，都是劳动人民为国家财政提供来源，供养了统治者，这是一条千古不变的绝对真理。秦国在孝公三年（前 359 年）就曾下令：“民有二男以上不分异者，倍其赋。”说明至少在此时秦国就开始向百姓征赋税。秦国在各诸侯国中，赋税是相当重的，据董说《七国考》引《列国纪闻》载：“税敛之法，赵不如楚，楚不如秦。”所以有秦国“百姓贺死而吊生”的记载。秦朝建立后，为了供养庞大的上层建筑，维持各种工程的开销，各种税收杂役更为繁重。《汉书 · 食货志上》说秦的“口赋”“二十倍于古”，再加上各种徭役，因此，人民的生活是相当困苦的。秦时的税有口赋、户赋和田赋，秦律对此做了专门的规定。

一、口赋

口赋即人头税。当时把征收人头税叫作“头会箕敛”[①]，《淮南子 · 氾论训》载：“秦之时……头会箕赋，输于少府。”说明口赋最后都交至少府。秦简《金布律》载：“官府受钱者，千钱一畚，以丞令印印。不盈千者，亦封印之。”人头税收的是钱，故用畚箕装。问题的关键是秦民的口赋从多大年纪开始交纳，史无明文记载，但汉承秦制，我们可从汉制来推断一下。

《商君书 · 境内》载：“四境之内，丈夫女子皆有名于上，生者著，死者削。”因此，在秦管辖下的居民，不论是男是女，生下来就要把自己的名字登记到官府的簿籍上，取得名籍，享有当时能够享有的权利和承担必

① 《史记 · 张耳陈余列传》。

须承担的义务。因此，在“为户籍相伍”的秦国，掌握秦民的户数与年龄是相当容易的事。那么，秦民是多大开始征收口赋呢？我们从汉代的情况来推测一下秦国的情况。

《汉旧仪》曰：

民年七岁至十四岁，出口钱人二十三，以供天子，其三钱者，武帝加口钱以补车骑马。

这里是说汉民年七岁始纳口钱。但《汉书 · 王贡两龚鲍传》载：

自禹在位，数言得失，书数十上。禹以为古民亡赋算口钱，起武帝征伐四夷，重赋于民，民产子三岁则出口钱，故民重困，至于生子辄杀，甚可悲痛。宜令儿七岁去齿乃出口钱，年二十方算。天子下其议，令民产子七岁乃出口钱，自此始。

这两段文字记载略有不同。口赋起于何时，从秦简看，至迟秦时已开征。《汉书》载“禹以为古民亡赋算口钱”，显然与事实有悖。因汉高祖在四年（前 203 年）曾令民年十五以上至五十六岁出赋钱，每人每年 120 钱，为一算，这是成年人的口赋。武帝时征伐四夷，改为自三岁开征，于是引起贡禹的反对，后元帝恢复七岁征收，十五岁以后改收算赋。秦人六尺要到官府傅籍，其年在十五六岁。那么，秦人在十五六岁开始交纳成年人的口赋自然无疑。问题是在此之前，秦民是否也如同汉武帝时那样自三岁征收小额口赋呢？从秦有“贺死而吊生”的现实来分析，秦民至少从三岁开始征收，也可能是自生下之后就要交纳口赋，但秦之口赋为多少，限于目前材料还无法得知。由于口赋是按人头收税，所以秦统治者禁止人口外流。《法律答问》规定：“臣邦人不安其族长而欲去夏者，勿许”，“有为故秦人出，削籍，上造以上为鬼薪，公士以下刑城旦”。

二、户赋

从秦史籍和简牍看，秦不但有口赋，还有户赋。商鞅曾颁分户令，规定“民有二男以上不分异者，倍其赋”。说明秦亦以户为单位征收赋税。至于户赋的内容，当包括徭和役。如果隐匿户籍，则构成犯罪。秦简《法律答问》载：

可（何）谓“匿户”……匿户弗繇（徭）、使，弗令出户赋之谓殹（也）。

秦朝在短短的十几年中大兴土木工程，所以徭役非常繁重。据史籍记载，秦徭役“三十倍于古”①。据估算，修长城的约有四十万人，南戍五岭的约五十万人，造阿房宫和治骊山之徒约各七十万，防御匈奴和其他戍边的也有几十万人。由此可见当时徭役的繁重，虽然其中包括不少刑徒。当时的法律规定，秦民每年要给郡县服劳役一个月，叫作“更卒”，一生中还要在中都担任“正卒”一年，然后还要到边地“屯戍”一年。②秦律规定，对于违犯徭役法规的要受到惩罚，如秦简《法律答问》载：

不会，治（笞）；未盈卒岁得，以将阳有（又）行笞。今士五（伍）甲不会，治（笞）五十；未卒岁而得，治（笞）当驾（加）不当？当。

“不会”，即不按规定报到服徭役，又叫“逋事”。秦简对逋事的解释为：“律所谓者，当繇（徭），吏、典已令之，即亡弗会，为‘逋事’。”报到后又逃亡的，叫“乏徭”，秦律解释为“已阅及敦（屯）车食若行到繇（徭）所乃亡”。地方政府为朝廷所征发之徭役，必须按规定进行，如违反，主管

① 《汉书·食货志上》。
② 《汉书·食货志上》。

人要受到处罚。《徭律》规定："御中发征，乏弗行，赀二甲。"若没有按指定期限到达，叫失期。失期也要受处罚。《徭律》规定："失期三日到五日，谇；六日到旬，赀一盾；过旬，赀一甲。"这个规定还不算过分。不过，《史记·陈涉世家》载：

二世元年七月，发闾左适戍渔阳，九百人屯大泽乡。陈胜、吴广皆次当行，为屯长。会天大雨，道不通，度已失期。失期，法皆斩。

这与秦简规定似有矛盾，推测失期皆斩，当是二世时新更定的，从而加重了秦法的严酷性。秦简《徭律》载："水雨，除兴。"即遇雨天，免除所发徭役。这是因为如遇水雨，不能施工，故免。

秦民服徭役的年限一直是个有争议的问题。《周礼·地官》记周制的徭役期限为："国中自七尺以及六十，野自六尺以及六十有五。"据清孙诒让的解释为，国都男子二十岁至六十岁，乡野男子十五岁至六十五岁为服徭役的时间。《史记·项羽本纪》孟康注云："古者二十而傅，三年耕有一年储，故二十三而后役之。"《汉旧仪》："年五十六衰老，乃得免为庶民，就田里。"则秦民自二十三岁至五十六岁为服徭役时间，比周制还短得多，所以令人怀疑。其实这是汉制。《汉书·景帝纪》二年载："令天下男子年二十始傅。"《盐铁论·未通》载：

今陛下哀怜百姓，宽力役之征，二十三始赋，五十六而免，所以辅耆壮而息老艾也。

在秦简发现以前，旧史家是据汉制来推测秦制的，如颜师古在《汉书·景帝纪》"令天下男子年二十而傅"下注云："旧法二十三，今此二十，更为易制也。"他认为景帝二年（前155年）以前是二十三而傅，景帝易制，才为二十。《文献通考·兵考》亦主此说。这种推论是没有根据的。秦简《编年纪》:“今元年，喜傅。”“今元年”，就是秦始皇元年。这一年，墓主人喜傅籍。据《编年纪》:“卌五年，攻大壄王。十二月甲午鸡鸣时，喜产。”可知喜生于秦昭王四十五年十二月，至“今元年”，喜年满十五岁。故此可知，秦时傅籍的年龄为十五岁，凡是到十五岁的男子都必须为国家服徭役。

此外，秦还有一些非常规性的徭役。如《徭律》载：

禁苑……其近田恐兽及马牛食稼者，县啬夫材兴有田其旁者，无贵贱，以田少多出人，以垣缮之，不得为繇（徭）。

此律文的意思是，在国家禁苑附近，为了防止野兽或马牛跑出来吃庄稼，县啬夫应酌量征发那些有田靠近禁苑的人，不论贵贱，一律按田多少出人修墙，不得计算在徭役之内。法律对统治者利益的维护，可谓无所不至。

秦与汉一样，都有免老制度，秦简在《傅律》和《法律答问》中都提到了这个问题。《傅律》载：

百姓不当老，至老时不用请，敢为酢（诈）伪者，赀二甲；典、老弗告，赀各一甲；伍人，户一盾，皆䙴（迁）之。

此处“不当老”之“老”，即“免老”之意。《法律答问》载：

免老告人以为不孝，谒杀，当三环之不？不当环，亟执勿失。

但秦简中没有材料能够证明秦民免老的标准，有的同志认为秦统治者很可能是根据秦民身体的实际状况来确定是否免老。不过史籍中曾多次记载秦民的免老问题，如《汉旧仪》载：

秦制二十爵。男子赐爵一级以上，有罪以减，年五十六免。无爵为士伍，年六十乃免老。

据此可知，秦民免老的标准是不一样的，有爵的人五十六就可以免老，而无爵者要到六十才能免老。免老后可以免除各种徭役，而且在法律上还有一定的优待。

三、田赋

田赋是国家按土地数量征收的赋税。秦简《田律》载："入顷刍稾，以其受田之数，无豤（垦）不豤（垦），顷入刍三石，稾二石。"在其他律令中亦见"入禾""入禾稼""其出入禾增积如律令"等，说明当时的田赋是按田亩之数额征收的。刍、稾是牲口的饲料，以顷入三石、二石来征收。至于征收的禾，即粮食更当以田亩之数额来征入，而征入多少，限于目前的材料还不能直接谈清楚。不过从史籍中，可了解其大概。《史记·淮南衡山列传》载：

往者秦为无道，残贼天下。兴万乘之驾，作阿房之宫，收太半之赋，发闾左之戍，父不宁子，兄不便弟，政苛刑峻，天下熬然若焦。

《汉书·食货志上》载：

至于始皇，遂并天下，内兴功作，外攘夷狄，收泰半之赋，发闾左之戍。男子力耕，不足粮饷；女子纺绩，不足衣服。

《淮南子·兵略训》亦载：

二世皇帝，势为天子，富有天下。……兴万乘之驾，而作阿房之宫，发闾左之戍，收泰半之赋。百姓之随逮肆刑，挽辂首路死者，一旦不知千万之数。

《文选·东京赋》载：

秦政利觜长距，终得擅长，思专其侈，以莫己若。乃构阿房，起甘泉，结云阁，冠南山，征税尽，人力殚。然后收太半之赋，威以参夷之刑。其遇民也，若薙氏之芟草，既蕴崇之，又行火焉。

上引史籍皆载秦收太半之赋，相信言之有据。那么，太半之赋是多少呢？即三取二。高诱注《淮南子》“太半之赋”时曰：“赀民之三而税二。”颜师古注《食货志》亦云：“泰半，三分取其二。”也就是说秦民把亩产的三分之二以上的粮食交给国家作为田赋。这里的关键是秦的亩产是多少斤，《汉书·沟洫志》记载秦为郑国渠时云：

渠成而用溉，注填阏之水，溉舄卤之地四万余顷，收皆亩一钟。于是关中为沃野，无凶年。秦以富强，卒并诸侯。

“一钟”是多少呢？据颜师古注：“故一亩之收至六斛四斗。”一斛合十斗，亩产十六斗。秦的田制为“百亩为顷”，每顷收入为一千六百斗。这样，有千余斗要上交给国家。

由于秦是按田亩征税，于是就产生了隐瞒田亩数额的行为。秦统治者把这种行为称之为“匿田”。《法律答问》：

部左匿者（诸）民田，者（诸）民弗智（知），当论不当？部左为匿田，且可（何）为？已租者（诸），弗言，为匿田；未租，不论为匿田。

简文的意思是，部佐隐瞒百姓田地的数目，而百姓不知道，应不应该论处？部佐隐瞒田地的目的是什么，已交田税，不向上级报告，就叫“匿田”；未交田税，就不以“匿田”论处。这是防止部佐与百姓勾结，隐瞒田亩，百姓少交田税，部佐从中贪污的措施。简文中部佐是什么官职呢，其职能又是什么呢？部佐即乡部之佐。当时秦的官制是县万户以上置令，不满万户置长，县有丞、尉。丞署文书，典仓狱。县下设乡，乡置有秩啬夫、三老、游徼。有秩啬夫之下有“乡佐”，“属乡，主民收赋税”。[1]赵国的赵奢为“赵之田部吏”，从其事迹可窥见部佐的职事。《史记 · 廉颇蔺相如列传》载：

赵奢者，赵之田部吏也。收租税而平原君家不肯出。赵奢法治之，杀平原君用事者九人。……平原君以为贤，言于王。王用之治国赋，国赋大平。

这说明了部佐虽是小吏，但在聚敛赋税方面可依法行使其职权。由此可知，赵秦在聚敛赋税方面，部佐职能相近。至于匿田如何处罚，律文没有提到。

由上可以看出，秦的法律不但内容丰富，调整范围广泛，而且相当细密严苛。它反映了秦统治者在推行重本抑末政策的同时，对手工业、商业也很重视，并从法律上进行了全面的规定。说明了当时的统治者认识到没有手工业的发展就无法提供农业生产的工具以及从事战争的武器。没有商业，工业农业之间的交换也无法进行。因此，秦统治者运用法律手段调整经济关系，以保证国家经济部门的生产和发展，扩展国家的财政收入，协调国家与人民之间在经济利益上的冲突。特别是在秦民的赋税和徭役的问题上，统治者以法律的手段采取强制性的规定，从而保证国家的收入和戍边、工程等人员的充足。

① 《汉书 · 百官公卿表》《续汉书 · 百官志》。

第八章　秦朝的刑罚体系

秦朝在统一前就有了一整套的刑罚制度，统治者在统治本国的同时，不断向外兼并扩张，把本国的司法制度向外推行，并在实践中不断地积累经验，何种罪处何种刑罚，都有了较为明确的规定，并形成了较为系统的法律、法规。从史籍和秦简看，秦的罪名繁多，刑罚严酷。秦国统一后，继续实施重刑主义原则，并根据新的封建专制主义中央集权的特点，不断地进行调整和改进法律制度，由此形成了秦朝独特的既严密完整，又酷烈无道的刑罚体系。需要说明的是，在封建专制主义制度下，有许多罪名和刑罚都不在法律规定的范围之内，而是随君主之意欲而定，充分体现了封建专制主义法制的性质。

第一节　罪　名

一、危害国家统治罪

1. 谋反罪

这是最为严重的罪行，一向处罚严厉，决不宽容。秦国因谋反罪而处刑的案例很多。如秦孝公死后，嗣主秦惠公就以谋反罪诛杀了商鞅。《史记·商君列传》："公子虔之徒告商君欲反，发吏捕商君。……秦惠王车裂商君以徇，曰：'莫如商君反者！'遂灭商君之家。"李斯也因"谋反"而被"具五刑，论腰斩咸阳市"。赵高杀秦二世，立子婴为王，后来子婴认定赵高犯有阴谋篡夺皇权罪，又将他斩首，并灭三族。

2. 以古非今与挟书罪

秦始皇三十四年（公元前 213 年），因儒生对新兴的封建政权不满，攻击封建中央集权，秦始皇下令焚书，并下诏说：“有敢偶语《诗》《书》者弃市；以古非今者族。吏见知不举者与同罪。”[①] 因为以古非今扰乱人们思想，不利于封建专制统治，因此对以古非今者给予很重的处罚。

秦还颁布《挟书律》。《汉书 · 惠帝纪》张晏注：“秦律敢有挟书者族。”此律当即秦始皇三十四年所规定的内容：“非博士官所职，天下敢有藏诗书百家语者悉诣守尉杂烧之”，“令下三十日不烧，黥为城旦”。

3. 诅咒诽谤罪

诅咒罪、诽谤罪、妖言罪都是性质同一的犯罪，即属言论犯罪。由于这类行为直接影响秦的统治，所以秦对于这类犯罪处罚得非常严厉。秦始皇三十六年（公元前 211 年），有陨石落在东郡，有人在上面刻了“始皇帝死而地分”之语，秦始皇得知后，派遣御史严查，并以诅咒诽谤罪将附近的居民斩杀。《史记 · 高祖本纪》载，刘邦进入咸阳后对关中父老说：“父老苦秦久矣，诽谤者族，偶语者弃市。”侯生、卢生等议论秦始皇“乐以刑杀为威”，始皇以卢生等“今乃诽谤我，以重吾不德也”，“或为妖言以乱黔首”罪逮捕“四百六十余人，皆坑之咸阳”。

4. 妄言与非所宜言罪

《史记 · 项羽本纪》：

> 秦始皇游会稽，渡浙江，（项）梁与籍俱观，籍曰：“彼可取而代也。”梁掩其口曰：“毋妄言，族矣！”

又《郦生陆贾列传》：

---

① 《史记 · 秦始皇本纪》。

（郦食其）说之曰："夫秦为无道而天下畔之，今足下与天下从，则可以成大功。"陈留令曰："秦法至重也，不可以妄言，妄言者无类，……"

这里的妄言，实质就是对朝廷不满以及攻击朝廷的言论，妄言者无类，即被处以族刑。

非所宜言罪为二世时创造的，二世曾召集博士询问陈胜、吴广起义之事，"或言反，或言盗"，凡言反者均以"非所宜言"罪下狱处死。此罪名并非成文法法定之罪，而是统治者滥刑的表现，但汉时此罪则成定制。

5. 不敬国君罪

秦朝对有损于国君的任何行为都要处罚，大到治罪，小到罚赀。《秦律杂抄》载：

伤乘舆马，夬（决）革一寸，赀一盾；二寸，赀二盾；过二寸，赀一甲，课駃騠，卒岁六匹以下到一匹，赀一盾。志马舍乘车马后，毋（勿）敢炊饬，犯令，赀一盾。已驰马不去车，赀一盾。

这是对损害国君乘舆的马匹及驯养、驾驭不得法等罪行的处罚。这规定显然是统一前制定的。统一后，随着皇权的加强，对于有损皇帝威严，不敬皇帝的行为会处罚得更严。

此外，听朝廷命书不下席站立者，赀二甲。犯有"废令""犯令"罪的官吏，已经免职或调任，也要追究罪责。

6. 投书罪

所谓投书是指投递有损害封建统治秩序，或陷无辜于罪以泄私愤的匿名信。汉律称为飞书，唐律称匿名书。秦简《法律答问》规定：

有投书，勿发，见辄燔之，能捕者购臣妾二人，系投书者鞫审谳之。

秦律作出这种规定的目的在于杜绝“欺诡之路”，省刑息讼，安定社会秩序。秦律对捕获投书人的奖励超过捕获“贼杀”“贼伤”罪人的奖励，可以推断出对投书人的惩罚将超过贼杀伤罪。

7. 降敌罪

《史记·商君列传》载：“匿奸者与降敌同罚”，司马贞之《索隐》曰：“案律，降敌者诛其身，没其家。”秦始皇八年，“成蟜将军击赵反”，“反卒虽死，犹皆戮其尸”。秦律之所以对降敌者如此严厉处罚，这同他的军功政策是分不开的。秦自商鞅开始，奖励耕战，实行以斩敌首计功，对有功者重赏，有罪者重罚。为奖励耕战，加强军队的绝对战斗力，防止军队投降，必须对降敌者处以重罪。所以当时就有人说秦国是“弃礼义而上首功之国也”[①]。

降敌重处罚，“誉敌”亦重判。《墨子·号令》：“少以为众，乱以为治，敌攻拙以为巧者，断。”誉敌，即宣扬敌势，动摇军心。秦简《法律答问》载：“誉适（敌）以恐军心者，翏（戮）。”

二、侵犯人身安全罪

1. 杀人罪

秦律杀人罪区分为贼杀、盗杀、擅杀、斗杀、捕杀等。贼杀即故意杀人，《法律答问》：

求盗追捕罪人，罪人挌（格）杀求盗，问杀人者为贼杀人，且斵（斗）杀？斵（斗）杀人，廷行事为贼。

盗杀是因盗杀人，兼有“盗”“贼”二罪。《法律答问》：

---

① 《史记·鲁仲连邹阳列传》。

甲谋遣乙杀人受钱十分，问乙高未盈六尺，甲可（何）论？当磔。

此案所以处以极刑，含有严惩教唆未成年犯之意。

擅杀，专指尊杀卑、主杀奴而言。此类杀人，限于尊卑等级名分，虽属杀人，但不以贼杀论。秦律专列擅杀罪，对于擅杀行为是一种限制，这表明封建的伦常关系还不像后世那样严格，也说明奴婢地位的低下。

根据秦律，父母“擅杀子，黥为城旦舂”。因子女多无力养育而杀死的，与“擅杀子”同论。但杀死先天畸形儿无罪。擅杀共同生活的养子，处“弃市”刑。奴婢擅杀子，则“城旦黥之”，然后交还主人。即使贵族与臣属于秦的少数民族领袖，擅杀其法定继承人也要治罪。另外，斗杀、捕杀，秦律也分别规定了应处刑罚。

秦在立法时，不但对已犯者追究责任，也追究不能及时制止犯罪者的责任。就是说，对于有能力而不救援受害者的要追究其责任，这种道义上的严格要求，类似于现在所号召的见“义”勇为。《法律答问》载：“有贼杀伤人衢术，偕旁人不援，百步中比壄（野），当赀二甲。”意思是有人在大道上杀人，百步以内的旁观者，不加救援，处赀二甲之罚。强调救援者责任的条文在秦律中规定得很细，如《法律答问》有：

贼入甲室，贼伤甲，甲号寇，其四邻、典、老皆出不存，不闻号寇，问当论不当？审不存，不当论；典、老虽不存，当论。

这种道义上的要求和法律上的细密规定被汉唐律所吸收。①

2. 斗殴伤害罪

这在史籍和秦简中都有记载，《法律答问》：“甲贼伤人，吏论以为斗伤

① 《唐律·捕亡律》规定：“诸邻里被强盗及杀人，告而不救助者，杖一百；闻而不救助者，减一等。力势不能赴救者，速告随近官司，若不告者，亦以不救助论。其官司不即救助者，徒一年。”此律条当源自秦汉。

人，吏当论不当论？当谇。”斗殴中“啮断人鼻若耳若指若唇”者，一律处耐刑。“缚而尽拔其须眉”者，处完城旦刑。

根据秦法，凡持械伤人者，处刑较徒手为重。如以“箴（针）、鉥、锥”相斗，赀二甲。伤人者，黥为城旦。如拔剑相斗，虽只“斩人发结”，也当“完为城旦”。执铍、戟、矛相斗，只要出鞘，即使未伤人，也按拔剑相斗论处。

史籍记载，官吏伤人要从重处罚。《史记·樊郦滕灌列传》：“高祖戏而伤婴，人有告高祖，高祖时为亭长，重坐人……”《集解》如淳曰：“为吏伤人，其罪重也。”

夫妻间相殴，尽管妻子凶悍，但丈夫责打时，如撕裂耳或折断手指，或造成脱臼，则处耐刑。《法律答问》：“妻悍，夫殴治之，夬（决）其耳，若折支（肢）指、胅醴（体），问夫可（何）论，当耐。”说明秦时封建纲常的约束力还不十分严格，夫妻在家庭中的地位还比较平等。

三、盗窃罪

秦律对盗窃犯罪规定了许多原则，秦在处罚盗窃犯罪时就是本着这些原则来处理的。为了保护公、私财产，秦律对于轻微的盗窃罪和盗窃未遂犯都予以重处。如《法律答问》有：“或盗采人桑叶，臧（赃）不盈一钱，可（何）论？赀繇（徭）三旬。”秦律对于神权的保护也非常重视，故此，即使盗窃用于祭祠的供品，仅是一个猪肾，赃不盈一钱，也要处以“耐为隶臣”的刑罚。出于维护家长权的需要，秦律规定“父盗子，不为盗”，但这是以血缘关系为基础的，因此义父盗窃义子财物要以律论处。

秦律对盗窃罪区分得很严格很细致，从盗窃的方式区分为共盗、群盗，并根据盗窃数额及盗窃的对象来定罪。由于牲畜是农业的重要生产资料，因此盗牛马者要处重刑。《盐铁论》载：“故盗马者死，盗牛者加。”从秦简中看，对盗牛马者并未判处死刑，如“甲盗牛，盗牛时高六尺，系一岁，复丈，高六尺七寸，问甲可（何）论？当完城旦”。又如甲乙“盗主牛”出卖后，一同逃越国境，被拿获，黥为城旦。“盗马者死，盗牛者加”，可能是秦二世时对原法律进行了修改，从而加重了处罚。在秦简中，对盗牛马罪的处罚还没有像史载所示那样严厉。

秦律对共盗的惩罚很重，秦律规定，“五人盗，臧（赃）一钱以上，斩左止（趾），有（又）黥以为城旦”。不满五人，所盗超过 660 钱，黥劓为城旦；不满 660 钱，但在 220 钱以上，黥为城旦；不满 220 钱，而在一钱以上，处以迁刑。如秦简《法律答问》：“夫、妻、子五人共盗，皆当刑城旦，今中（甲）尽捕告之，问甲当购几可（何）？人购二两。”即夫妻子五人共同行窃，应均处为城旦。甲把他们全部捕获告官，每捕获一人获奖赏黄金二两。有关群盗的记载有：“臣邦真戎君长，爵当上造以上，有罪当赎者，其为群盗，令赎鬼薪鋈足；其有府（腐）罪，【赎】宫。其它罪比群盗者亦如此。”《晋书·刑法志》载：“三人谓之群，取其物谓之盗。”

另外，《封诊式·群盗》爰书记载了一个群盗案件：

某亭校长甲、求盗才（在）某里曰乙、丙缚诣男子丁，斩首一，具弩二，矢廿，告曰：“丁与此首人强攻群盗人，自昼甲将乙等徼循到某山，见丁与此首人而捕之。……”【讯】丁，辞曰：“士五（伍），居某里，此首某里士五（伍）戊殹（也），与丁以某时与某里士五（伍）己、庚、辛，强攻群盗某里公士某室，盗钱万，去亡。己等已前得。丁与戊去亡，流行毋（无）所主舍。自昼居某山，甲等而捕丁戊，戊射乙，而伐杀收首。皆毋（无）它坐罪。”●诊首毋诊身可殹（也）。

就是说某亭校长甲、求盗某里人乙、丙捆送男子丁，首级一个，具弩两具、箭二十支，报告说：“丁和这个被斩首的人结伙抢劫，昨日白昼甲率领乙等巡逻到某山，发现丁和这个被斩首的人，即行逮捕。经过审讯，丁供称是士伍，住在某里。这个首级是某里士伍戊，和丁一起于某时与某里士伍己、庚、辛等五人，手执武器弩二，矢二十，强抢一个公士爵位之家，获万钱，逃至深山，最后被围剿捕获。”对于群盗罪犯一般是斩左趾为城旦，如有加罪情节，则斩左趾并黥为城旦。盗窃百一十钱，如自首，耐为隶臣，或赀二甲。秦律对凡以盗窃为目的的“抉钥”，即撬门，无论是未撬开而离去，还是撬开而被拿获，都按盗窃罪处以赎黥。

四、职务犯罪

秦朝统治者为了提高统治效率，一方面充分调动封建官吏的积极性，另一方面为防止官吏营私舞弊，对官吏利用职务犯罪，制定了大量的刑罚规则，其所涉及的领域很多，主要有任人不善罪、玩忽职守罪、贪赃枉法罪、经济管理失职罪等。有关官吏犯罪的详细规定见第五章第三节官吏管理制度。

五、逃避赋税罪

秦统治者规定按每户及田亩征收赋税和徭役，如不按期如数交纳，就要受到处罚。秦简中有“匿田”“匿户”“乏徭”等罪名和禁止农民逃离土地等规定，这些都是为了使政府能够长期而稳定地剥削百姓而制定的经济法律措施。有关这方面的详细规定见第七章第五节赋税法规。

六、妨害婚姻家庭罪

为了维护秦朝的社会经济基础，保持社会安定的局面，从而使统治者能够更好地剥削统治人民，秦统治者也制定了一系列保护婚姻家庭的法律规定。

（一）保护合法的婚姻

秦律保护合法婚姻，对危害婚姻家庭的犯罪要给予处罚，在这方面法律对男女双方都进行了约定，从而使国家通过法律达到调节和控制婚姻家庭的作用。

1. 去夫亡罪

秦律规定结婚要到官府登记，离婚也要登记。已婚女子私自逃离丈夫要受到惩处。《法律答问》载：

女子甲为人妻，去亡，得及自出，小未盈六尺，当论不当？已官，当论；未官，不当论。

这是说，小女子私自逃离丈夫，但结婚时没有到官府登记，所以不受法律保护。如果结婚时登记，那么私自逃离就要处罚了。秦简《法律答问》有：

女子甲去夫亡，男子乙亦阑亡，相夫妻，甲弗告请（情），居二岁，生子，乃告请（情），乙即弗弃，而得，论可（何）殹（也）？当黥城旦舂。

可知，“女子去夫亡”而与他人“相夫妻”，要受到“黥为城旦”的重刑，判处是相当严厉的。

2. 娶亡人为妻

为了稳定家庭，秦律不但严禁“去夫亡”，也禁止娶别人逃亡的妻子，否则要被判处黥刑及劳役。

3. 弃妻不书罪

秦律规定离婚要到官府登记，实际上是对男子休妻权利的一种默认，但对于弃妻不登记的行为却要处罚。秦简有“弃妻不书，赀二甲”的规定，这种规定比起“女子去夫亡”的惩处要轻得多。

此外，秦朝在男女双方的婚姻道德上提倡相互忠贞，“禁止淫佚，男女洁诚。夫为寄豭，杀之无罪，男秉义程”[①]。即女子发现男子的奸淫活动，就是杀死男子也不受法律制裁。秦时的婚姻观念是女子要始终守护男人，就是男人死了，如果有儿子，也不提倡改嫁。《史记·秦始皇本纪》三十七年会稽刻石曰：“有子而嫁，背死不贞。”

（二）严惩不孝，保护亲权

孝原本是人类伦理道德最基本的内容。我国古代对不孝行为的惩罚很早就有规定。据近代著名学者章太炎考证，《孝经》本是夏法。这样，“五刑之属三千，而罪莫大于不孝”就是夏朝的法律内容了。不孝罪在秦朝受到严惩，《法律答问》载“免老告人以为不孝，谒杀，当三环之不？不当环，亟执勿失”。意为六十岁以上的老人，请求官府将其不孝之子判处死刑，可以不按原来“三环”的程序，可立即逮捕。《封诊式》中有两例关于不孝子的案例。其一是《告子》爰书：

> 某里士五（伍）甲告曰：“甲亲子同里士五（伍）丙不孝，谒杀，敢告。”即令令史己往执。令史己爰书：与牢隶臣某执丙，得某室。丞某讯丙，辞曰：“甲亲子，诚不孝甲所，毋（无）它坐罪。”

文意为，士伍甲控告说：“甲的亲生子同里士伍丙不孝，请求处以死刑，谨告。”当即命令史前往捉拿。令史己爰书：本人和牢隶臣某捉丙，在某家拿获。县丞某审讯丙，供称：“是甲的亲生子，确实对甲不孝，没有其他过犯。”《迁子》爰书载：

---

① 《史记·秦始皇本纪》。

某里士五（伍）甲告曰："谒鋈亲子同里士五（伍）丙足，䙴（迁）蜀边县，令终身毋得去䙴（迁）所，敢告。"告法（废）丘主：士五（伍）咸阳才（在）某里曰丙，坐父甲谒鋈其足，䙴（迁）蜀边县，令终身毋得去䙴（迁）所论之，䙴（迁）丙如甲告，以律包。今鋈丙足，令吏徒将传及恒书一封诣令史，可受代吏徒，以县次传诣成都，成都上恒书太守处，以律食。法（废）丘已传，为报，敢告主。

这是说父亲要求官府将其不孝之子迁蜀，并施以鋈足之刑，官府立即执行，并将其子之妻一并迁蜀。秦律文对不孝罪的处罚是非常重的，江陵张家山汉简《奏谳书》二十一载："不孝者弃市。弃市之次，黥为城旦舂。"[①] 秦对不孝罪惩罚之重是出乎人们预料的。上述爰书只处丙为迁刑并鋈足，这是根据其父的请求而处罚的，并非秦之法定成文。这说明，秦律当有根据家长的请求处罚不孝子的规定。《汉书·淮南衡山济北王传》中太子爽坐告王父，被以不孝之罪弃市而死，其时的法律规定应当源自秦朝。以上证明了孝本是我国古代人们共同的道德准则，在这一点上，儒家、法家的思想认识是相同的，并没有区别。

秦律除了要求下辈对上辈要孝以外，在保护封建家庭关系方面也有许多规定，如《法律答问》规定"擅杀子，黥为城旦舂"。虽然又规定这种"非公室告"勿听，但这是在程序法上维护孝或父权的一项内容。从上引秦律所述的全部内容看，"擅杀子"属国家禁止的行为。《法律答问》载：

"擅杀子，黥为城旦舂。其子新生而有怪物其身及不全而杀子，勿罪。"今生子，子身全殹（也），毋（无）怪物，直以多子故，不欲其生，即弗举而杀之，可（何）论？为杀子。

① 江陵张家山汉简整理小组：《江陵张家山汉简〈奏谳书〉释文》，载《文物》1995年第3期。

以上说明，擅杀没有缺陷的亲子是有罪的，其罪名是“杀子”。此外，秦律以血缘关系为准则，对“擅杀、刑、髡其后子”、擅杀过继之“后”都做了较为详细的规定。

七、强奸通奸罪

秦律没有见到一般意义上的强奸罪，《法律答问》载：“臣强与主奸，可（何）论？比殴主。”而殴主在秦要处以死刑。这可能是基于奴犯主这个意义上而从严处置。至于常人之间的强奸犯罪，目前限于材料还无法弄清。

秦简中通奸罪有两例，一例是《封诊式 · 奸》爰书中记载，有人用木械捕送一男一女，控告他们白昼在某处通奸，至于处罚的结果没有记载；另一例是《法律答问》中所载：“同母异父相与奸，可（何）论？弃市。”同母异父的兄弟姊妹之间通奸，被处以弃市，这应是为了维护伦常关系而做出的从重处罚。《法律答问》中还记述一事例，即甲、乙都与女子丙通奸，甲、乙因此互相刺伤，但女子丙不知情，法律规定不予论处。这当是在甲、乙相殴的问题上女子丙不受处罚，而不是通奸罪本身不论处，否则就与上述爰书记载相矛盾了。

八、债务犯罪

秦律在整个法律文化的发展进程中，尚处在初级阶段，尤其是民事立法，因此秦律在保护公、私财产，保护债权人的合法权益方面只有一些很简单的法律规定。在秦简中，较多地反映了官府与百姓之间发生的债权与债务关系。由于秦政府严于治吏，官吏常因职务犯罪而需向官府纳款赎罪，因而出现了官债。凡欠官债不得超过半年，过期不偿还，以及不按法令缴纳的，“皆以律论之”。百姓欠官府债务，不能偿还者，须自规定之日起以劳役抵偿债务，每劳作一天，可抵八钱。民间的私债，也要求按期偿还，但债权人不得擅自强行索取人质，如擅自强行索取人质，即构成犯罪。如《法律答问》载：

“百姓有责（债），勿敢擅强质，擅强质及和受质者，皆赀二甲。”廷行事强质人者论，鼠（予）者不论；和受质者，鼠（予）者□论。

这是说“擅强质罪”，要处以“赀二甲”。按照秦时成例，向他人强行索取人质的人应论罪，把人质给人的人不论罪；双方同意抵押的，把人质给人的人也要论罪。

九、诬告罪

秦朝实行连坐制与“吏见知不举者与同罪”[①]，但为防止错告与诬告，对告不实、告盗加赃与诬人等诬告罪的处罚也做了详细的规定，如《法律答问》记：

告人盗百一十，问盗百，告者可（何）论？当赀二甲。盗百，即端盗驾（加）十钱，问告者可（何）论？当赀一盾。赀一盾应律，虽然，廷行事以不审论，赀二甲。

即告他人盗钱私加十钱，定为告不实，应罚二甲。另一例是，“甲盗羊，乙智（知），即端告曰甲盗牛，问乙为诬人，且为告不审？当为告盗驾（加）臧（赃）”。乙明知甲盗了羊，而故意控告甲盗牛，依法律为控告盗窃而增加赃数。秦简对告不实与故意诬告的界限做了规定，如《法律答问》规定：

甲告乙盗牛若贼伤人，今乙不盗牛、不伤人，问甲可（何）论？端为，

① 《史记·秦始皇本纪》。

为诬人；不端，为告不审。

就是说，甲控告乙盗牛或杀伤人，而乙既没有盗牛，也没有伤人。若甲系故意，应定诬人罪；不是故意，定为告不审。一般来说，故意诬告要比告不实的惩处为重，这从秦简《法律答问》中是可以看出的。

犯罪是一种社会现象，在阶级社会中表现了强烈的阶级性。上述九类犯罪的各种罪名不一定很全面，有些罪名并非律文中正式规定的，有些是通过史籍所述罪状而归纳出来的，但这些仍然充分体现了统治阶级的意志。秦统治者为了维护自己的专制统治，维护其所谓的安定局面，不但规定了危害封建中央统治的各种罪名，而且还规定了言论犯罪，充分证明了秦律的残酷性和非理性。从秦律对罪名的规定可以看出，秦朝的统治者注意用法律维护其统治，除在政治方面用法律进行了规范外，在经济、民事等各方面都以法律的形式进行调节，这些又说明了秦律调节范围的广泛性与严密性。

第二节　刑罚原则

为了更好地发挥刑罚的作用，达到维护封建统治的目的，秦国以及后来的秦朝统治者总结了上千年的统治经验，以法家的基本思想为指导，制定了一整套刑罚的实施原则，这些原则在秦朝的司法实践中得到了全面的贯彻和执行，并对以后的法律制度产生了很大的影响。

一、刑事责任年龄

秦律明确规定，未成年人犯罪，不负刑事责任，或者减轻刑罚，《法律答问》中记载：

甲小未盈六尺，有马一匹自牧之，今马为人败，食人稼一石，问当论不当？不当论及赏（偿）稼。

又载：

甲盗牛，盗牛时高六尺，系一岁，复丈，高六尺七寸，问甲可（何）论？当完城旦。

按《周礼》贾公彦疏："七尺谓年二十，六尺谓年十五。"当时是以六尺作为成年人与未成年人的界限的。前例是说，一不足六尺的小孩放马，马被惊吓而吃他人禾稼，判小孩为不赔偿不论处；后例则明确犯人刚到应处罚的年龄，囚禁一年后，又随其年龄的增长，处以完城旦。需要说明的是，秦简所规定的刑事责任年龄是指本人应负责任的法定年龄，而对于受连坐的家属则不受年龄限制，一律行刑，如李斯一家老少几十口，皆连坐被刑于市。秦简中还有"子小未可别，令从母为收"的记载。

二、时效

秦律对犯罪分子追究刑事责任的法定有效期限做了明确规定：第一，被告人已死亡不追究；第二，发生在赦令发布前的犯罪行为，不予追究。如《法律答问》："甲杀人，不觉，今甲病死，已葬，人乃后告甲。甲杀人审，问甲当论及收不当？告不听。""或以赦前盗千钱，赦后尽用之而得……毋论。"

三、犯罪意识

秦律把有无明确的犯罪意识作为判断被告人是否犯罪的重要依据，关于这一点，《法律答问》中有许多材料可以证明，如：

“抉籥（钥），赎黥。”可（何）谓“抉籥（钥）”？抉（籥）者已抉启之乃为抉，且未启亦为抉？抉之弗能启即去，一日而得，论皆可（何）殹（也）？抉之且欲有盗，弗能启即去，若未启而得，当赎黥。抉之非欲盗殹（也），已启乃为抉，未启当赀二甲。

简文大意是：撬门的人应当赎黥。撬门键的人已经撬开才算撬，还是没撬开也算撬？撬而未能撬开就走了，当天被拿获，以上各种情形应如何论处？撬门键的目的在于盗窃，未能撬开就走，或未撬开而被拿获，都应赎黥。撬门键的目的不在盗窃的，已开才算作撬，未开应罚二甲。这里把犯罪的目的作为判罪的重要依据，无论是否撬开，只要目的是盗窃，就要判处赎黥。同篇还有：“甲盗，臧（赃）直（值）千钱，乙智（知）其盗，受分臧（赃）不盈一钱，问乙可（何）论？同论。”相反，“甲盗钱以买丝，寄乙，乙受，费智（知）盗，乙论可（何）殹（也）？毋论”。又如：

夫盗千钱，妻所匿三百，可（何）以论妻？妻智（知）夫盗而匿之，当以三百论为盗；不智（知），为收。

即妻知夫为盗，同罪，虽不知情，但因属“室人”，也要受牵连，但处刑较轻。

四、故意与过失

秦律在惩处罪犯时，对于故意与非故意有严格的区分。《法律答问》载：

甲告乙盗牛若贼伤人，今乙不盗牛，不伤人，问甲可（何）论？端为，为诬人；不端，为告不审。

端，即故意。《墨子·号令》载："其端失火以为乱事者，车裂。"毕沅注曰："言因事端以害人，若今律故犯。"简文意思是，甲控告乙盗牛或杀伤人，现在乙没有盗牛，没有伤人，问甲应如何论处？如系故意，作为诬告他人；不是故意，作为控告不实。在司法审判中，也存在故意违法曲判的问题，《法律答问》有：

罪当重而端轻之，当轻而端重之，是谓"不直"。当论而端弗论，及偒其狱，端令不致，论出之，是谓"纵囚"。

简文的意思是：罪应当重而故意轻判，应当轻而故意重判，称为不直。应当论罪而故意不论罪，以及减轻案情，故意使犯人够不上判罪标准，于是判他无罪，称为纵囚。

五、连坐

连坐，又称"缘坐""从坐""随坐"，指本人无罪，因他人犯罪受牵连而入罪。秦朝为了严格地控制民众，打击犯罪，实行广泛的连坐，其中包括亲属连坐、邻里连坐等。这种野蛮的制度不但终秦之世，而且被后世王朝所继承。

1. 亲属连坐

《史记·孝文本纪》集解引应劭曰："秦法，一人有罪，并坐其家室。"秦简《法律答问》载："盗及者（诸）它罪，同居所当坐。可（何）谓'同居'？户为'同居'，坐隶，隶不坐户谓殹（也）。"这是说，家庭成员因有人犯罪要连坐，同时，奴隶也因主人犯罪而从坐，但奴隶犯罪则不牵连主人。秦简中对于亲属连坐的内涵进行了很详细的界定，如《法律答问》："可（何）谓'室人'？可（何）谓'同居'？'同居'，独户母之谓殹（也）。室人者，一室，尽当坐罪人之谓殹（也）。"即一户中同母之人谓之"同居"，"室人"就是一家，如发生罪人，均应连坐。但又规定，"夫有罪，妻先告，不收”，这是鼓励有罪告发的措施。总之，这种家庭缘坐是早期族刑的继续，是刑罚在宗法制中的反映。

2. 邻伍连坐

《史记 · 商君列传》载，商鞅变法实行“令民为什伍，而相收司连坐”。司马贞《索隐》说：“收司谓相纠发也。一家有罪，而九家连举发，若不举，则十家连坐。恐变令不行，故设重禁。”秦把居民按五家为单位组成一个单位“伍”，令五家为保，十保相连，相互监督，有罪株连。从出土的秦简看，情况确实是这样，但邻里连坐为里典和伍人。《法律答问》：“律曰‘与盗同法’，又曰‘与同罪’，此二物其同居、典、伍当坐之。”受连坐的邻里，不一定与罪犯同等受罚。如“百姓不当老，至老时不用请，敢为诈伪者，赀二甲；典、老弗告，赀各一甲；伍人，户一盾。皆迁之”。在官府任职的官吏和有大夫以上爵位的人，一般不受邻伍连坐。《法律答问》：“吏从事于官府，当坐伍人不当？不当。”这是不同等级的人“同罪”不同罚的表现。

3. 职务连坐

职务连坐是指官吏犯罪，有关同僚受到处罚的一种原则。秦律规定，对于犯有失职罪的官吏，相关人员要受到连坐，《效律》：“尉计及尉官吏节（即）有劾，其令、丞坐之，如它官然。”这是说县府尉官有罪，县令与丞要受到连坐。还有“司马史掾苑计，计有劾，司马令史坐之，如令史坐官计劾然”。则司马令史等都要受到株连。秦律还规定，冒领军粮、管理不善造成经济损失的，当职官吏也要连坐；不应自军中领粮而领取的皆赀二甲，撤职永不叙用；一起吃军粮的军人、屯长和仆射不报告，罚戍边一年；县令、县尉、士吏没有察觉，罚一甲。总之，秦的连坐范围相当广泛，是重刑主义在施刑范围上的一种体现。

六、从重从轻

从秦律中可以知道，秦朝在判决犯人时，根据犯罪的情节和认罪情况，实行从重或从轻的原则。对于教唆犯、集团犯、累犯、预谋犯等实行从重原则，对于自首和主动消除犯罪后果的罪犯实行从轻的原则。

1. 教唆从重

如《法律答问》载："甲谋遣乙盗，一日，乙且往盗，未到，得，皆赎黥。"甲教唆乙行盗所以一并"赎黥"。对于教唆未成年人犯罪，处刑尤重："甲谋遣乙盗杀人，受分十钱，问乙高未盈六尺，甲可（何）论？当磔。"磔为车裂躯体，在刑罚中为酷刑。

2. 集团犯从重

如《法律答问》载："五人盗，臧（赃）一钱以上，斩左止，有（又）黥以为城旦；不盈五人，盗过六百六十钱，黥劓以为城旦；不盈六百六十到二百廿钱，黥为城旦。"可见五人以上集团犯罪，即使赃不值一钱，也比不足五人的盗六百六十钱的处罚为重。所以秦律称之为"加罪"。

3. 累犯加重

如《法律答问》载："诬人盗直（值）廿，未断，有（又）有它盗，直（值）百，乃后觉，当并臧（赃）以论，且行真罪，有（又）以诬人论？"应二罪并罚，处"赀二甲一盾"。在《封诊式》爰书中，一般均注明犯罪有无前科，有前科的罪犯，加重处刑。

4. 预谋犯加重

如《法律答问》载："甲乙雅不相智（知），甲往盗丙，才到，乙亦往盗丙，与甲言，即各盗，其臧（赃）直（值）各四百，已去而偕得。其前谋，当并臧（赃）以论；不谋，各坐臧（赃）。"即甲乙如有预谋，则合并赃数一起论罪；没有预谋，则各依所得赃数论罪。

5. 触犯祭祠、伦常加重

如《法律答问》规定："公祠未阕，盗其具，当赀以下耐为隶臣。"即公室祭祀尚未完毕，而将供品盗去，按一般应处赀罚以下，但以亵渎神权均耐为隶臣。又如，"殴大父母，黥为城旦舂"。而殴常人则虽持械并造成伤害亦另处赀罚或完城旦刑。

6. 自首从轻

秦律中有“自出”“自告”，如“司寇盗百一十钱，先自告，可（何）论，当耐为隶臣，或曰赀二甲”。“隶臣妾毄（系）城旦舂，去亡，已奔，未论而自出，当治（笞）五十，备毄（系）日。”这里的“自出”“自告”即自首之意。如果不是“自出”，处刑本应加重，只因自首才从轻处理。

秦律规定，犯罪者如以自身的作为主动消除犯罪后果的，可以减免处刑，如监领人犯而将人犯失去，“能自捕及亲所知为捕，除无罪”。

七、诬告反坐

秦朝实行诬告反坐的原则是由来已久的，商鞅变法时开始，就奖励告奸，告奸与斩敌首同赏，且秦实行连坐制，人们唯恐因同里或同伍有人犯罪而受连坐，致使告奸之风盛行，这样就极易导致诬告事件的发生。为避免这种现象，秦制定了诬告反坐的法律。秦律规定：“伍人相告，且以辟罪，不审，以所辟罪罪之。”告不审，就是告发不实。《法律答问》载：“当耐司寇而以耐隶臣诬人，可（何）论？当耐为隶臣。”《法律答问》还就这个问题进行了细致的规定；如“今甲曰伍人乙贼杀人，即执乙，问不杀人，甲言不审，当以告不审论”。告盗加赃也属诬告范围，如：“甲盗羊，乙知，即端告曰盗牛，当为告盗驾（加）赃。”端，即故意。同样是告发不实，但秦律区分故意与非故意，如：“甲告乙盗牛若贼伤人，今乙不盗牛、不伤人，问甲可（何）论？端为，为诬人；不端，为告不审。”可见秦律的诬告为两类，一类是故意诬告，即端为；另一类是非故意，即告不审。但二者都根据情况实行反坐。

八、同罪异罚

商鞅主张“刑无等级”，“一断于法”的法律平等思想虽然被秦朝所继续，但是，这种平等并不是绝对的。从现存的法律资料分析，商鞅所主张的法律平等性原则，仅仅是在适用法律上任何人不得例外，而所适用的法律条文却有其明显的不平等性。因为秦法为了保护新的封建等级制度，自然会在法律上表现出来。秦简的条文非常明确，在一般情况下，有爵位者和官吏享受减免刑罚的优待，正像《汉旧仪》所记载的那样："男子赐爵一级以上，有罪以减。"秦简中，葆子以上的封建贵族凡应处肉刑者，一律"勿刑"，而改判作刑。不同的官爵应服的作刑也有明显的差别。如《秦律杂抄·游士律》规定："有为故秦人出、削籍，上造以上为鬼薪，公士以下刑为城旦。""上造"与"公士"爵秩只差一级，犯罪相同，但处刑却不同。又如，同是逃亡罪，官吏和百姓的处罚也不相同。《法律答问》载有"大夫甲坚鬼薪，鬼薪亡，问甲可（何）论？当从事官府，须亡者得。今甲从事，有（又）去亡，一月得，可（何）论？当赀一盾，复从事。从事有（又）亡，卒岁得，可（何）论？当耐"。百姓出徭役，"……不会，治（笞）五十；未卒岁而得，治（笞）当驾（加）不当"。大夫逃亡，只"赀一甲"，反复逃亡，只"耐"而已。百姓逃亡一次，就要"笞"五十，再逃就要加重处罚。

此外，由于周人的宗法观念在秦律中还有影响，同罪异罚还表现在家庭内不同的等级身份上，表现在主奴的不平等地位上。商贾、赘婿、后父等在法律地位上也是不平等的。

九、数罪从一重处

秦律对于犯两种罪以上的被告，虽分别拟定罪名，但在量刑时采取从一重处的原则。如《法律答问》：

把其叚（假）以亡，得及自出，当为盗不当？自出，以亡论。其得，坐臧（赃）为盗，盗罪轻于亡，以亡论。

即携带所借官物逃亡，如系自首，以逃亡罪论处；如系捕获，按赃数定为盗窃；因盗窃获罪轻于逃亡罪的惩罚，故按逃亡罪论处。

十、惩罚犯罪未遂

秦律对于已经着手实施犯罪，但未得逞的未遂犯，也予以惩罚。《法律答问》："甲谋遣乙盗，一日，乙且往盗，未到，得，皆赎黥。"对于未遂犯的惩处，是商鞅重刑理论的一部分。《商君书 · 开塞》篇载：

> 刑加于罪所终，则奸不去，赏施于民所义，则过不止。刑不能去奸而赏不能止过者，必乱。故王者刑用于将过，则大邪不生；赏施于告，则细过不失。

这里抹杀了未遂与既遂的区别，只要主观意识上准备犯罪，虽然处在准备阶段上，也要重科。上引《法律答问》"抉籥（钥）"案也是如此。

第三节　刑　名

秦朝的刑名很多，有死刑、肉刑、徒刑、流刑、身份刑等，而在每种刑罚中，根据行刑方式的不同又有繁多的名称。不过，有些刑罚当不是法定的刑罚手段，但在专制主义的统治下，最高统治者的意志往往强行施加在司法实践中，致使法外施刑成为不可避免的事。秦朝不但对百姓的行刑规模是空前绝后的，在施刑的方式上也很残酷，如肉刑就有多种方式。这是重刑主义原则的具体体现，充分说明了秦朝法律的残酷性。

一、死刑

死刑就是结束犯人生命的刑罚，也有的人称之为生命刑。这是刑罚中最为严重的刑种。秦朝为了发挥刑罚的威吓作用，因此执行死刑的手段特别残酷，根据出土的秦简和文献记载，死刑的执行方式有十余种，其野蛮和残酷的程度令人发指。

1. 戮刑

什么罪处以戮刑呢？《法律答问》引律说："誉适（敌）以恐众心者，翏（戮）。"就是说对赞誉敌人而动摇军心者要处戮刑。戮刑在历史上由来已久。《尚书・甘誓》篇："弗用命，戮于社。"同书《汤誓》载："尔不从誓言，予则孥戮汝，罔有攸赦。"这说明夏商是有戮刑的。《周礼・秋官》说："掌戮，下士二人，史一人，徒十有二人。"注曰："戮，犹辱也，既斩杀之，又辱之。"《史记・郑世家》记载："祭仲反杀雍纠，戮之于市。"而且在执行的程序上，与文献记载的一样，先辱之，再斩杀之。秦简《法律答问》对此解释得更为明确："生翏（戮），翏（戮）之已乃斩之之谓殹（也）。"可见戮是于处死之前，先予刑辱，然后斩首。还需要说明的是戮尸这个问题，戮尸自然是先斩杀，后刑辱。这是对戮刑的一种补充，是迫不得已而为之的。如《左传・昭公四年》记载，楚灵王在吴"戮庆封"，就是想要他当众承认自己的罪行，然后再杀死他。结果他揭露了楚王室篡夺弑杀的丑闻，楚王不得不派人尽快杀死他。同样，《史记・秦始皇本纪》记载，秦王政八年，"王弟长安君成蟜将军击赵，反，死屯留。军吏皆斩死，迁其民于临洮，将军壁死，卒屯留，蒲鹝反，戮其尸"。由于随长安君成蟜反叛的人已在战场上被杀死，所以只能戮其尸。因此，戮尸并不是单独的一种刑罚，而只是对戮刑的一种补充。

2. 磔刑

《周礼・秋官・掌戮》载："杀王之亲者辜之。"注云："辜之言枯也，谓磔之。"《说文》："磔，辜也。"段注："磔者，开也，张也。刳其胸腰而杀之。"《荀子・宥坐》篇有："吴子胥不磔姑苏东门外乎？"杨倞注云："磔，车裂也。"《史记・李斯列传》："十公主矺死于社。"注云："矺音宅，与磔同，古今字异耳。磔谓裂其支体而杀之。"可见，车裂、矺就是磔刑。什么样的人处以磔刑呢？《法律答问》载："甲谋遣乙盗杀人，受分十钱，问乙高未盈六尺，甲可（何）论？当磔。”磔作为一种残酷的刑罚手段，适用于重大的犯罪，上引秦律处甲以磔刑，当是对教唆未成年人犯罪的一种重处。陕西临潼上焦村发掘的一批秦墓，时代为秦二世时期，这些墓主人身首异处，肢体凌乱，可能是用磔刑的手段处死的。

3. 弃市

就是在市这样人们集中的地方执行死刑，目的在于警吓世人。颜师古在《汉书 · 景帝纪》注中云：“弃市，杀之于市也。谓之弃市者，取刑人于市，与众人弃之也。”《资治通鉴》胡三省注云：“秦法，论死于市，谓之弃市。”其实这种刑罚并非缘自秦始，《礼记 · 王制》篇载：“刑人于市与人弃之。”孔颖达疏云：“刑人于市与众弃之者，亦谓殷之法，谓贵贱皆刑于市。”《周礼 · 秋官》：“加明梏以适市，而刑杀之。”“凡杀人者，踣诸市。”“刑盗于市”，说明商周就有这种刑罚。什么样的人处以弃市这种刑罚呢？《法律答问》：“士伍甲无子，其弟子以为后，与同居，而擅杀之，当弃市。”“同母异父相与奸，可（何）论？弃市。”史籍中也有秦实施弃市的记载，《史记 · 秦始皇本纪》：“有敢偶语诗书者，弃市。”丞相李斯被“论腰斩咸阳市”，“公子十二人戮死咸阳市”。

4. 定杀

《法律答问》：“疠者有罪，定杀。定杀可（何）如？生定杀水中之谓殹（也）”，“甲有完城旦罪，未断，今甲疠，问甲可（何）以论？当䙴（迁）疠所处之；或曰当䙴（迁）䙴（迁）所定杀”。这是对于特定犯人适用的刑罚，即对那些应处重刑的罪犯，又患有麻风病的人，采用投入水中淹死的刑法。定杀首见于秦简，不见现存史籍。

5. 生埋

《法律答问》：“疠者有罪，定杀……或曰生埋，生埋之异事殹（也）。”关于生埋这一刑罚名称，仅在出土的秦简中发现，但从《史记 · 秦始皇本纪》可知，秦灭赵后，“秦王之邯郸，诸尝与王生赵时母家有仇怨，皆坑之”。以及秦始皇后来在咸阳坑杀四百六十余名儒生这两件事来看，当是生埋这种刑罚的具体事例。

6. 枭首

此刑古已有之，《史记·殷本纪》载：“周武王遂斩纣头，悬之白旗。”恐怕是最早的枭首记录。《史记·秦始皇本纪》载，始皇九年，在处理嫪毐一案时，“卫尉竭、内史肆、佐弋竭、中大夫令齐等二十人皆枭首”。裴骃在《集解》中曰：“悬首于木上曰枭。”《秦会要补订》引顾野王语：“悬首于木上竿头，以肆大罪，秦刑也。”秦统治者为了威吓人民，继承了古代奴隶制的酷刑，把枭首作为死刑的重要方式之一。

7. 腰斩

《释名》:“砍头曰斩，斩腰曰腰斩。”秦国自商鞅制定“不告奸者腰斩”的法令后，腰斩就成为秦国的主要刑罚之一。如秦丞相李斯就被定为谋反罪而腰斩，西安赵背户村秦刑徒墓发现一葬者的腰部被砍断，应当是被腰斩致死的。腰斩在秦国还是被普遍使用的。

8. 囊扑

囊扑即“囊盛其人，扑而杀之”[①]。秦自孝公以来就有此刑。《说苑·正谏》有秦始皇囊扑两个弟弟的记载。

9. 赐死

赐死是对有功之臣或有很高地位的人实施死刑的一种特殊方式，秦国及统一后的秦常实施此刑。如《史记·白起王翦列传》载，大将白起抗命，“秦王乃使使者赐之剑，自裁”。《史记·秦始皇本纪》记载，秦始皇死后，赵高与李斯谋立胡亥为二世，便以秦始皇的名义“更为书赐公子扶苏、蒙恬，数以罪，赐死”。汉人贾谊认为，朝廷大臣“其有大罪者，闻命则北面再拜，跪而自裁。上不使捽抑而刑之也”[②]，就是对这种刑罚的解释和伸张。

10. 族刑

这是奴隶社会以来株连无辜的最残酷的刑罚。早在秦文公二十年，“法

① 《七国考·秦刑法》。

② 《汉书·贾谊传》。

初有三族之罪”。商鞅变法“造三夷之诛”，将夷族之刑写进刑律。虽然在秦简中没有族刑的记载，但在史籍中还是屡见不鲜的。《史记 · 秦本纪》载，秦武王四年，“王与孟说举鼎，绝膑。八月，武王死。族孟说”，秦昭王四十八年，应侯以“任人而所任不善”罪，“当收三族”。秦始皇车裂嫪毐，“灭其宗”。秦始皇统一后，继续用族刑来强化政治上和思想上的统治，秦二世时，腰斩李斯，“而夷其族”，凡属族刑范围以内的人，都是处以死刑，借以加重刑罚的严峻程度，发挥刑罚的威慑作用。①

11. 具五刑

《汉书 · 刑法志》载：

当三族者，皆先黥、劓、斩左趾，笞杀之，枭其首，菹其骨肉于市，其诽谤詈诅者，又先断舌，故谓之具五刑。

据此可知，所谓具五刑，就是对受刑者先施加黥、劓、斩趾等肉刑，再致其死亡的一种酷刑。实施此刑是为了增加刑罚的威慑力，以达到预防犯罪的目的。史载秦丞相李斯被诬陷谋反，具五刑后腰斩。《史记 · 李斯列传》：

二世二年七月，具斯五刑，论腰斩咸阳市。斯出狱，与其中子俱执，……遂父子相哭，而夷三族。

二、肉刑与耐刑

肉刑是残害犯人肢体和犯人肌肤、机能的刑罚，由此使受刑者不能恢复到刑前的正常状态，故而有的同志又称之为身体刑。这是一种对犯

① 关于三族的范围，史家有分歧。《周礼 · 春官 · 小宗伯》注曰：“谓父、子、孙。”《史记集解》张晏注曰：“父母、兄弟、妻子。”如淳注谓：“父族、母族、妻族。”

人实施的非常残酷的刑罚手段，一方面使被刑者失去正常的活动机能，另一方面也是对其他人的威吓。秦时肉刑虽然可以作为独立的刑罚使用，但由于大部分是与徒刑结合在一起使用的，致使肉刑渐失原有的独立地位而成为徒刑的附属刑。秦的肉刑主要有：宫刑、斩左止、劓、黥。耐、髡从其原本的内涵来讲，也应划归肉刑范围，不过由于受此刑者可以恢复原状，受刑者在心理上的伤害要大于身体上的伤害，因而有人又称之为耻辱刑。

1. 宫刑

宫刑又叫“腐刑”“隐刑”，是肉刑中最重的刑罚，甲骨文中反映了此刑，写作“刵”，为切割男子生殖器形状。按《尚书·吕刑》注：“宫，淫刑也，男子割势，女子幽闭。次死刑。”《史记·秦始皇本纪》正义：“宫刑，一百日隐于荫室，养之乃可，故曰隐宫。”又《汉书·景帝纪》注云：“宫刑其创腐臭，故曰腐刑。”宫刑是仅次于死刑的刑罚，在惩罚上，主要是针对人的名誉，由此发生生理上的一切变化，使刑徒与正常人产生区别，以达到惩罚人的目的。秦时受宫刑的人很多，秦始皇曾发“隐官徒刑者七十万人”修阿房宫及骊山墓。从历史文献和新出土的秦简看，对于宫刑有两个问题需要说明，第一，少数民族的上层人物和上造以上爵位的人，当处宫刑者，可以交纳一定数量的财物来代替宫刑的处罚，这叫“赎宫”。如《法律答问》：

臣邦真戎君长，爵当上造以上，有罪当赎者，其为群盗，令赎鬼薪鋈足；其有府（腐）罪，【赎】宫。

第二，虽然史籍记载，在上古时，对女子犯罪实施“幽闭”，秦简记载女子犯罪，也处以劓、黥等肉刑，但还没有材料证明秦国对女犯实施宫刑。

2. 斩左止

即断左趾，斩左止是古代刖刑的一种。甲骨文中即有此刑，为锯断人腿形态。《周礼 · 秋官》："刖刑五百。"注云："刖，断足也。周改膑作刖。"秦简中见到两例关于斩左止的材料：一是"五人盗，臧（赃）一钱以上，斩左止，又黥为城旦"。另一条是"群盗赦为庶人，将盗械囚刑罪以上，亡，以故罪论，斩左止为城旦……"[①]这说明，斩左止是比较重的刑罚，针对那些群盗和赦免后的群盗犯罪，一般的犯罪不用此刑。大多数学者认为，秦当时大兴土木，战争也急需大量人员，因此不可能对罪犯广泛实施这种刑罚，从而保证土木工程和战争对人员的需求。这种看法是有道理的，因为，在当时的情况下，手脚不全的残疾人是不可能从事诸如修长城、治驰道等沉重劳役的。

3. 劓刑

《说文》："劓，刖鼻也。"即割掉鼻子的刑罚。据《尚书》的资料证明，这种刑罚在夏、商、周都有，出土甲骨文中常见此刑。秦继承了奴隶制的酷刑，并广泛加以实施。从现有的法律资料看，一般来讲，秦是把劓刑作为城旦的附加刑使用的，并常和黥刑连在一起，如秦简《法律答问》："不盈五人，盗过六百六十钱，黥劓以为城旦。"还有："当黥城旦而以完城旦诬人，可（何）论？当黥劓。"但有时也作为独立的刑罚使用，商鞅变法时，因"公子虔复犯约，劓之"[②]。

4. 黥刑

秦简和史籍中有关黥刑的记载很多。《说文》："黥，墨刑，在面也。"在两周的金文中，有很多关于黥刑的记载，虽然名称不同，但都与黥刑有着直接联系。《尚书 · 吕刑》篇云："墨罚之属千。"注云："刻其颡而涅之曰墨刑。"墨刑的目的是羞辱犯人，使其有别于常人。秦的这种刑罚也是从奴隶社会继承下来的，并被广泛施用，但在肉刑中，属较轻的刑罚，可以作为主刑使用。据《史记 · 商君列传》载：商鞅因太子犯法，而"黥其

① 睡虎地秦墓竹简整理小组编：《睡虎地秦墓竹简 · 法律答问》，第 205 页。
② 《史记 · 商君列传》。

师公孙贾”。又如《史记·黥布列传》载：“黥布，秦时为布衣。少年，有客相之曰：‘当刑而王’。及壮，坐法黥。”黥刑也可以与其他刑罚结合使用，一般是作为城旦的附加刑，如《法律答问》：“殴大父母，黥为城旦舂”，“擅杀子，黥为城旦”。有时也作为隶妾的附加刑而被使用。《法律答问》：

女子为隶臣妻，有子焉，今隶臣死，女子北其子，以为非隶臣子殴（也），问女子论可（何）殴（也）？或黥颜頯为隶妾，或曰完，完之当殴（也）。

说的是女子为隶臣之妻，有子，现隶臣已死，女子将其子从家中分出，不再作为隶臣之子，问女子应如何论处？有的认为应在额上和颧部刺墨，作为隶妾，有的认为应处以完刑。回答说，处完刑是妥当的。这说明，秦有在女子的额中央和额两侧施加墨迹的刑罚。由于黥刑的广泛施用，所以很多人都会被处以此刑。除上述擅杀子、殴大父母外，在政治方面，《焚书令》规定：

非博士官所职，天下敢有藏诗书百家语者，悉诣守、尉杂烧之。令下三十日不烧，黥为城旦。

在行贿方面，“通一钱，黥城旦罪”。在婚姻方面，女子背夫逃亡，也要“黥城旦舂”。秦简律文对某些犯罪所黥的具体部位也做了相应的规定。

5. 耐刑

《说文》：“耐，罪不至髡也。”段玉载注云：“不剃其发，仅去须鬓曰耐。”就是说把犯人的胡须剃掉，即为耐刑。为什么说耐刑属于肉刑范围呢？这与我国传统的礼教有关，《孝经》开宗明义：“身体发肤，受之父母，不敢毁伤，孝之始也。”本着这个意义，毛发当然属于肉刑的一部分了。古代男人都留有胡须，而施用此刑是以此把犯人与正常人相区分，达到羞辱的目的。栗劲先生认为，耐刑是从宫刑发展起来的，男子受了宫刑以后，引起生理上的变化，不再生胡须。对于应受宫刑的贵族给予优待，用剃光头发和胡须的刑罚来代替宫刑，于是就产生了髡刑。在这个基础上进一步从宽，保留头发的完好，只剃去鬓须，就成耐刑了。这个分析是有一定道理的。那么，什么罪处以耐刑呢？《秦律杂抄》："分甲以为二甲蒐者，耐。"还有"捕人相移以受爵者"，也要处以耐刑。《法律答问》载："臧（赃）直（值）百一十，以论耐。""盗书丞印以亡"，"论耐"。"妻悍，夫殴治之，夬（决）其耳，若折支（肢）指、胅體（体），问夫可（何）论？当耐。"这些材料反映，秦是把耐刑作为主刑加以使用的，并多在斗殴、盗伤等方面。但有时，耐刑也与其他刑合并使用，如耐为鬼薪、耐为隶臣等。这里是把耐刑作为徒刑的附加刑使用的。

6. 髡刑

《说文》："髡，剃发也。"据《说文》对"耐"的解释，可知"髡"是重于"耐"的一种处罚。秦简《法律答问》有："擅杀、刑、髡后子，谳之。"又有："主擅杀、刑、髡其子、臣妾，是谓'非公室告'。勿听，而行告，告者有罪。"从这两条来看，都是以私人身份而行刑的，并非国家执行的法定刑罚。但据《风俗通 · 佚文第十六》载：

> 秦始皇遣蒙恬筑长城，徒士犯罪亡依鲜卑山，后遂繁息，令皆髡头衣赭，亡徒之明效也。

则说明秦有此法定之刑。汉初有"髡钳"之刑，汉文帝废肉刑时曾规定："诸当完者，完为城旦舂；当黥者，髡钳为城旦舂。""髡钳"之意据颜师古的解释，是"以铁束颈"。洛阳火烧沟汉代墓地曾发现刑徒戴的铁钳，即为髡钳之刑具。

现在学术界对髡、耐、完的解释，有着不同的说法。一种认为耐就是完，如《说文》段注："按耐之罪轻于髡。髡者，剃发也。不剃其发，仅去须鬓，是曰耐，亦曰完。谓之完者，完其发也。"刘海年在《秦律刑罚考析》中也说："耐与完是一种刑罚的两种称呼。"[1] 另一种意见认为髡就是完，如郑司农在《周礼》注中说："髡当为完。"我们认为，完既非耐，亦非髡，而是秦汉徒刑的一种形式。上引汉文帝废肉刑时的规定，臣瓒认为"诸当完者"之"完"当为"髡"。按现在的意义来说就是：对那些应当施加髡刑的，一律施行完城旦舂刑；对应施加黥刑的人，一律施行髡钳城旦舂刑。《说文》："完，全也。"所谓完城旦舂，就是不施加任何肉刑的徒刑。秦简中专门有"完""完为城旦"的规定，也说明了秦的徒刑一般都附加肉刑。

三、笞刑

笞刑是肉刑的一种，但其区别是肉刑残害犯人肢体、肌肤和机能，从而使犯人不能恢复到原来的形状或功能。笞刑是使犯人受肉体痛苦，不使犯人丧失身体功能或不使其肢体受残，经过一段时间后，会使人恢复到原来的状态。所以有的人又称之为痛苦刑。但在笞刑的执行过程中，往往使犯人致残或致死，因此后人对笞刑多有非议。笞刑在历史上出现很早，《尚书·舜典》载："鞭作官刑，扑作教刑"，这实际上就是笞刑的开始。《周礼·秋官》有"鞭五百""三百"的说法，说明这种刑罚一直延续下来。秦不但把笞刑作为国家的法定刑罚，而且把它作为刑讯的手段加以运用。《封诊式》的《治狱》与《讯狱》篇载：

> 毋治（笞）谅（掠）而得人请（情）为上；笞谅（掠）为下。
>
> 诘之极而数訑，更言不服，其律当治（笞）掠者，乃治（笞）掠。

李斯被"榜掠千余，不胜痛，自诬服"[2]，就是在刑讯下制造的冤案。

---

① 刘海年：《秦律刑罚考析》，载《云梦秦简研究》，中华书局 1981 年版，第 171—206 页。
② 《史记·李斯列传》。

四、徒刑

所谓徒刑，就是由国家司法机关役使罪犯，强迫其劳作的刑罚。《唐律疏议 · 名例》认为："徒者，奴也，盖奴辱之。《周礼》云：'其奴男子入于罪隶'，又'任之以事，置以圜土而收教之。上罪三年而舍，中罪二年而舍，下罪一年而舍'。此并徒刑也，盖始于周。"这说明徒刑产生的时间很早，秦朝的徒刑包括城旦与城旦舂、鬼薪、白粲、隶臣、隶妾、司寇、舂司寇、候以及下吏等。关于秦朝的徒刑是否有刑期的问题，法制史研究中，历来有争论，上引《周礼》是最早认为徒刑是有刑期的。东汉的卫宏在《汉旧仪》中说：

凡有罪，男髡钳为城旦，……女为舂，……皆作五岁。完四岁，鬼薪三岁。鬼薪者，……皆作三岁。罪为司寇，司寇男备守，女为作，如司寇，皆作二岁。男为戍罚作，女为复作，皆一岁到三月。

而隶臣妾，二千年来一直认为是无期徒刑，古今中外没有异议。吴树平、于豪亮根据云梦秦简的资料认为，秦的刑罚均为无期徒刑。栗劲先生在《秦律通论》中也主无期说。我们同意他们的观点。因秦简《法律答问》记载："隶臣将城旦，亡之，完为城旦，收其外妻、子。"如果完城旦是四岁刑的话，不但没有加重，反倒减轻了。另一条记载："盗一百一十钱当耐为隶臣"，"盗六百六十钱当黥为城旦"。由此可证明，城旦之刑重于隶臣，若城旦仅为五岁刑，而耐为隶臣是终身刑，就成了重罪轻罚，轻罪重罚了。因此，秦朝的徒刑都是无期的，它们的轻重是按劳役强弱的程度来划分的。其次序是：最重的是城旦与舂，其次是鬼薪和白粲，再次是隶臣与隶妾，再轻是司寇与舂司寇，最轻的是候。另外，城旦、鬼薪比较多的是附加黥、劓一类的肉刑，隶臣妾与司寇比较多的是附加耐刑。而按刑期划分刑罚的轻重，是汉文帝以后的事了。

秦的徒刑虽是无期的，但并不是绝对的终身刑，因为到一定时期会有赦免，这样秦的徒刑就成为实际上的不定期刑。据《史记》记载，昭襄王在位时，共有七次大赦罪人，孝文王、庄襄王、秦二世各在元年大赦罪人。出土秦简中也有关于赦免问题的记载。但是刑罚判决本身，最初并不是作为有期刑而判处的，这一点尤为重要。现分述徒刑如下。

1. 城旦与城旦舂

据《汉旧仪》："凡有罪，男髡钳为城旦，城旦者，治城也；女为舂，舂者，治米也。"又《汉书·惠帝纪》应劭注云："城旦者，旦起行治城；舂者，妇人不豫作徭，但舂作米。"说明筑城的城旦刑适用于男犯，城旦舂适用于女犯。其刑名大概是从最初被强迫修筑城墙而得，由于女子在体力上不能承受这种劳役，才被迫去舂米，但从出土的资料和史籍看，城旦的劳役不限于筑城，舂也不限于"舂作米"。如秦简《仓律》对"城旦之垣及它事而与垣等者"和"守署为它事"以及"为安事"，规定了不同的口粮供应标准，可见除了从事筑城这类重体力劳动外，城旦也从事"守署"，甚至更轻的体力劳动。于省吾先生编印的《商周金文录遗》582 号上郡戈铭文："三年，上郡守□造，漆工师□、丞□、工城旦□。"说明城旦作为刑徒也参与武器的制作。

城旦是最重的徒刑，一般多附加肉刑，如黥城旦、劓黥城旦、斩左趾为城旦等。不加肉刑的为"完城旦"。秦简《法律答问》载：

五人盗，臧（赃）一钱以上，斩左趾，有（又）黥以为城旦。

甲盗牛，盗牛时高六尺，毄（系）一岁，复丈，高六尺七寸，……当完城旦。

被判为城旦舂的犯人要戴囚帽，穿囚衣，戴刑具，平时要有专人监管，不能与一般人接触。如《司空律》中规定：

城旦舂衣赤衣，冒赤𣰆（毡），枸椟欙杕之。仗城旦勿将司；其名将司者，将司之。舂城旦出䌛（徭）者，毋敢之市及留舍阓外；当行市中者，回，勿行。

2. 鬼薪和白粲

《汉旧仪》载："鬼薪者，男当为祠祀鬼神，伐山之薪蒸也，女为白粲者，以为祠祀择米也。"《汉书 · 惠帝纪》注引应劭云："取薪给宗庙为鬼薪，坐择米使正白为白粲。"由此可见，鬼薪和白粲最初是为宗庙采薪和择米而得名。秦简《秦律杂抄》："有为故秦人出、削籍，上造以上为鬼薪。"《司空律》规定：

鬼薪白粲，群下吏毋耐者，人奴妾居赎赀责（债）于城旦，皆赤其衣，枸椟欙杕，将司之；其或亡之，有罪。

这说明，他们所从事的劳役远远超过采薪和择米，也和其他犯人一样，有人监领，穿囚衣，戴刑具。鬼薪因与其他刑罚并用而分为不同的等级，即耐为鬼薪、耐以为鬼薪鋈足、刑以为鬼薪等。

3. 隶臣和隶妾

《汉书 · 刑法志》颜师古注："男子为隶臣，女子为隶妾。"隶臣妾都要被强制去不同的场所服劳役，他们是国家的刑徒，而非奴隶。秦简《法律答问》：

司寇盗百一十钱，先自告，可（何）论？当耐为隶臣，或曰赀二甲。

又：

捕赀罪，即端以剑及兵刃刺杀之，可（何）论？杀之，完为城旦，伤之，耐为隶臣。

由此可见，隶臣妾是因犯罪而被判处的刑徒，他们是国家的罪犯。隶臣妾可以多种形式免除或赎替，如《军爵律》规定：

欲归爵二级以免亲父母为隶臣妾者一人，及隶臣斩首为公士，谒归公士而免故妻隶妾一人，许之，免以为庶人。

《司空律》还规定：

百姓有母及同牲（生）为隶妾，非适（谪）罪殹（也）而欲为冗边五岁，毋赏（偿）兴日，以免一人为庶人，许之。

更能说明问题的是，在《封诊式·告子》爰书中载："令史与牢隶臣某执丙，得某室。"可见隶臣妾不但在一定条件下能够赎免，且隶臣人犯还能参加捉拿犯人的一些公务活动，说明隶臣妾是劳役比较轻的刑徒，而不是奴隶。

4. 司寇和舂司寇

据《汉旧仪》："司寇，男守备，女为作如司寇，皆作二岁刑。"清末法学家沈家本解释说："司寇，伺察寇盗也，男以备守，其义盖如此。"① 因此，司寇即伺寇，就是强迫犯人去边远地区服劳役，兼备防守。秦简《法律答问》："司寇盗百一十钱，先自告，可（何）论？当耐为隶臣，或曰赀二甲。"又载："当耐为候，……罪诬人，可（何）论？当耐为司寇。"由此可知，司寇是轻于隶臣而重于候的徒刑。《司空律》规定：

① （清）沈家本撰，邓经元、骈宇骞点校：《历代刑法考·刑法分考十一·司寇》，中华书局1985年版，第298页。

司寇勿以为仆、养、守官府及除有为殹（也）。有上令除之，必复请之。

可见，这类刑徒不能到各级官府服杂役，即使他们之中会有某种特殊本领的人。但是，司寇可以监领城旦服刑役，如《司空律》规定：

居赀赎责（债）当与城旦舂作者，及城旦傅坚、城旦舂当将司者，廿人，城旦司寇一人将。司寇不踐，免城旦劳三岁以上者，以为城旦司寇。

即一个城旦司寇，按规定可以监领二十名城旦服刑役。这并非说明司寇不参加如城旦一类的重体力劳役，在劳役繁多或司寇刑犯数量多时，他们应一样参加诸如城旦之类的重体力劳役，如《仓律》载："城旦舂、舂司寇、白粲操土攻（功），参食之；不操土攻（功），以律食之。"至于舂司寇，当是指女子处以司寇刑，而参加舂米之劳役。

5. 候

秦简《除弟子律》载："当除弟子籍不得，置任不审，皆耐为侯（候）。"《法律答问》载："当耐为候……罪诬人，可（何）论？当耐为司寇。"《睡虎地秦墓竹简》的注者认为："候，本为伺望，此处为一种被用以伺望敌情的刑徒。"其推测有一定的道理，候应当是一种轻于司寇的徒刑，但由于目前材料不多，不能做更多的推测。

6. 下吏

下吏即对官吏实施的轻于鬼薪和白粲的一种徒刑。何以知之？《史记 · 刘敬叔孙通列传》载：

诸生或言反，或言盗，于是二世令御史案诸生言反者下吏，非所宜言。

又秦简《内史杂》规定：

下吏能书者，毋敢从史之事。

侯、司寇及群下吏毋敢为官府佐、史及禁苑宪盗。

上述材料说明了犯下吏罪的人其出身多为官吏，且皆系有文化的罪犯，由于他们有文化，所以用法律规定不允许任用，就是守护苑囿这样的事也不行，可见官府一方面视为他们罪犯，把他们与侯、司寇同等看待；另一方面也惧怕他们，不敢轻易使用。从秦简资料可知，犯下吏罪的人往往要与其他刑徒一起从事各种劳役。如秦简《司空律》规定：

鬼薪白粲、群下吏毋耐者，人奴妾居赎赀责（债）于城旦，皆赤其衣，枸椟欙杕，将司之；其或亡之，有罪。

可见，在集中服城旦刑役时，下吏同鬼薪白粲一样，要穿囚服，戴刑具，还要有人监领。《工人程》规定：

隶臣、下吏、城旦与工从事者冬作，为矢程，赋之三日而当夏二日。

说明在平时劳役时，下吏与城旦、隶臣等承担的劳动强度基本相同。从秦简中刑徒的排列分析，下吏当是轻于鬼薪白粲，可能是与隶臣、司寇接近的一种徒刑。

五、流刑

流刑就是将受刑者强制遣送指定地区服役落户，不准擅自迁回原处的处罚。这种刑罚由来已久。《尚书·尧典》：“流宥五刑。”孔安国注：“宥，宽也，以流放之法宽五刑。”即对死刑或肉刑从宽处理的一种刑罚。从史籍上看，自原始社会后期以来，统治者就常常用流刑作为处罚的手段；如

《史记·五帝本纪》载：

……流共工于幽陵，以变北狄；放驩兜于崇山，以变南蛮；迁三苗于三危，以变西戎；殛鲧于羽山，以变东夷……

同书《周本纪》载：

周公奉成王命，伐诛武庚、管叔，放蔡叔。

秦承袭了前代的流刑，并有不同的种类，计有迁、谪等形式。

1. 迁

《汉书·高帝纪上》颜师古注引如淳曰："秦法，有罪迁徙之于蜀汉。"秦在商鞅变法时，曾大规模地动用迁刑，如《史记·商君列传》载：

秦民初言令不便者，有来言令便者。卫鞅曰"此皆乱化之民也"，尽迁之于边城。

秦国在占领了新的土地后，常常赦免罪人，并将其迁到那里。对于与罪犯有关联的人，往往也采取迁的手段处理。秦始皇八年，王弟长安君成蟜于屯留反，就"迁其民于临洮"。九年嫪毐作乱，"迁蜀四千余家"。秦简对于处迁刑的规定很详细，如《傅律》载：

百姓不当老，至老时不用请，敢为酢（诈）伪者，赀二甲；典、老弗告，赀各一甲；伍人，户一盾，皆䙴（迁）之。

即对在免老的问题上弄虚作假的人，除了对里典、伍老、同伍人和本户分别给予处罚外，还对他们一律适用迁刑。秦律在吏治方面的规定较严，

《法律答问》载：

啬夫不以官为事，以奸为事，论可（何）也？当䙴（迁）。

又《秦律杂抄》：

吏自佐、史以上负从马，守书私卒，令市取钱焉，皆䙴（迁）之。

处以迁刑的包括两部分人，一是直接判处迁刑的犯罪者；二是赦宥后的犯人。如秦昭襄王二十六年（前 281 年），“赦罪人迁之穰”，二十七年，“赦罪人迁之南阳”[①] 等。另外，在秦朝专制主义制度下，统治者为了其统治需要，对那些统治者认为有犯罪可能或对自己存在威胁与危险的人，进行大规模的迁徙，使其远离本土，达到消除隐患的目的，这是一种徙民措施，不是刑罚手段。如“秦既灭韩，徙天下不轨之民于南阳”[②]。这是在特殊情况下采取的特殊的行政措施，不应归属在刑罚的范畴。

2. 谪

《汉书・陈胜项籍传》注云：“适，读谪，谓罪罚而行也。”《史记・秦始皇本纪》：

三十三年，发诸尝逋亡人、赘婿、贾人略取陆梁地，为桂林、象郡、南海，以适遣戍。……又使蒙恬渡河取高阙、阳山、北假中，筑亭障以逐戎人。徙谪，实之初县。

司马贞注云：

① 《史记・秦本纪》。
② 《汉书・地理志下》。

徙有罪而谪之，以实初县……故汉七科谪亦因于秦。

同传还载：

三十四年，适治狱不直者，筑长城及南越地。

据此分析，谪谓将罪人遣往边地。“迁”与“谪”的区别是：“迁”可以作为独立处罚的刑种，也可以与其他处罚并行使用，其含义即为发配到边远之地；而“谪”除作为对已判处的有罪之人的一种刑罚处理外，还有因其政治和形势的需要而被“谪”者。被谪者的身份如《司空律》载：

百姓有母及同牲（生）为隶妾，非適（谪）罪殹（也）而欲为冗边五岁，毋赏（偿）兴日，以免一人为庶人，许之。

综合史籍与秦简材料可知，被处以“谪”这种刑罚者的身份为有罪的犯人，如捕获的逃亡犯人、秦律中所歧视的贾人、赘婿、为亲生姐妹赎“隶妾”而自愿去戍边者，等等。故此，有些被谪之人，在完成某种劳役之后，是可以返回原籍的。而受迁之人则“终身毋得去迁所”，二者是有明显区别的。

3. 逐

逐即将非秦籍的人驱逐出境的一种处罚。秦始皇在处置嫪毐、吕不韦集团时，曾颁布《逐客令》。《史记·秦始皇本纪》载：

〔十年〕，大索，逐客。李斯上书说，乃止逐客令。

同书《李斯列传》亦载：

会韩人郑国来间秦，以作注溉渠，已而觉。秦宗室大臣皆言秦王曰："诸侯人来事秦者，大抵为其主游间于秦耳，请一切逐客。"李斯议亦在逐中，斯乃上书……秦王乃除逐客之令，……

同书《秦始皇本纪》载：

十二年，文信侯不韦死，窃葬。其舍人临者，晋人也逐出之；秦人六百石以上夺爵，迁。

则晋人适用的是"逐"，秦籍人是"迁"。不过，秦统一全国后，"逐"这种处罚自然也就失去其意义了。

六、赀刑与赎刑

赀刑属于剥夺犯人私有财产的刑罚，赎刑是法律规定的可以财产或劳役替代原判处的刑罚，其最终结果和本质也是对犯人的一种经济处罚。从法律调节的关系看，赀刑与赎刑不是对经济活动领域中人们违规行为的处罚，而是对所有领域，包括刑事、行政、军事等方面犯罪的财产处罚。从出土的秦简看，秦朝在这方面的规定是很详备的；没也属于这类刑罚。通过这种刑罚，使广大贫苦的人民无偿地为国家贡献劳役。即使是中小地主阶层，只要触犯了法律，国家也会从中得到大量钱财。这种强制的压榨无疑扩大了打击的范围，加大了打击的力度，这是秦法严酷性的又一表现形式。

1. 赀刑。《说文》："小罚以财自赎也。从贝，此声。汉律，民不繇赀钱二十三。"在秦律中，赀刑用得比较广泛，是一种以财代罚的经济制裁手段，从而达到惩治罪犯的目的。不过，赀刑都是用来处罚较轻微的罪犯和一般官吏的过失行为。

赀罚，一类是赀甲、赀盾、赀布。如《效律》：

衡石不正，十六两以上，赀官啬夫一甲；不盈十六两到八两，赀一盾。

《秦律杂抄》：

伤乘舆马，决革一寸，赀一盾；二寸，赀二盾；过二寸，赀一甲。

《法律答问》：

"邦客与主人斗，以兵刃、投（殳）梃、拳指伤人，擎以布。"可（何）谓"擎"？擎布入公，如赀布，入赍钱如律。

另一类是赀徭、赀戍。《法律答问》："或盗采人桑叶，臧（赃）不盈一钱，赀徭三旬。"《秦律杂抄》："军人买（卖）禀禀所及过县，赀戍二岁。"

被判处赀刑的罪犯，主要有盗窃罪、斗殴罪、官吏失职罪、违制罪罪犯以及因受牵连而被处以赀刑的官吏等。需要说明的是，城旦舂与赀徭尚有区别。二者的表现形式虽然都是苦役，但城旦舂是没有刑期的，而居赀犯除允许"归农田、种时、治苗时各二旬"外，如因以役代赎用金或欠官府债，均按日计算，所谓"日居八钱；公食者，日居六钱"，计日累计，抵销为止。可见居赀是有刑期的。

2. 没　"没"和"赀"，虽然同属对犯人经济处罚的一种手段，但二者还是有区别的。对此，栗劲先生已做论述。他认为，赀刑是经司法机关判决后，由当事人自行交纳所赀的财物或劳役。而"没"是司法机关对当事人采取的强制执行处罚其财产的措施。《法律答问》有："当赀盾，没钱五千而失之，可（何）论？当谇。"

3. 赎刑　《说文》："赎，买也，质也，以财拔罪也。"赎刑不同于赀刑的地方，在于赀刑是依法判处的交纳相应财物的处罚，而赎刑则是允许以交纳法定财物代替已依法判处的刑罚。秦时赎刑的种类繁多，有赎耐、赎迁、赎黥、赎宫，一直到赎死；用于赎刑的方式有金赎、赀赎、役赎。如《傅律》规定："匿敖童，及占瘽（癃）不审，典、老赎耐。"此外还有"盗徙封，赎耐"；"纳奸，赎耐"；"抉钥，赎黥"。秦律规定，上述行为应判处耐刑或黥刑，但被判的这种刑可以用财物赎替，因而称为"赎耐"或"赎黥"。这种赎刑对于一般人都是适用的，但对于不同等级、不同身份的人，赎刑也是有区别的。例如《司空律》规定："公士以下居赎刑罪、死罪者，居于城旦舂，毋赤其衣，勿拘欙杕。"这是对特定对象判处的刑罚，甚至死刑，都允许以财物或劳役赎替。这种特权仅适用于有爵者及宗室贵族。《法律答问》：

臣邦真戎君长，爵当上造以上，有罪当赎者，其为群盗，令赎鬼薪鋈足；其有府（腐）罪，【赎】宫。

内公孙毋（无）爵者当赎刑，得比公士赎耐不得？得比焉。

这说明少数民族的上层人物和无爵的宗室后代也享有赎刑的特权。由于赎刑只是对有产者才具有意义，因此对无资产的贫民来说，就形同虚设了。

七、身份刑

1. 夺爵

就是剥夺有爵者爵位的一种处罚。秦实行二十级爵制，爵位越高，官位也越高。由于爵位包含着各种政治、经济权益，剥夺了爵位，实质上就意味着对政治、经济权益的剥夺。《史记・秦始皇本纪》：

十二年，文信侯不韦死，窃葬，其舍人临者，晋人也逐出之；秦人六百石以上夺爵，迁；五百石以下不临，迁，勿夺爵。

秦律也见由于错受爵位而夺爵的，如《秦律杂抄》：

战死事不出，论其后，有（又）后察不死，夺后爵，……

2. 废

就是终身剥夺充任官吏的政治权利，秦简对废的规定很详细，主要有：

（1）“为（伪）听命书，……不辟（避）席立，赀二甲，法（废）。”

（2）“到军课之，马殿，令、丞二；司马赀二甲，法（废）。”

（3）“不当禀军中而禀者，皆赀二甲，法（废）。”

（4）“禀卒兵，不完善（缮），丞、库啬夫、吏赀二甲，法（废）。”

（5）“漆园三岁比殿，赀啬夫二甲而法（废），令、丞各一甲。”

（6）“采山……三岁比殿，赀啬夫二甲而法（废）。”即凡是宣布君王命令不起立致敬的官吏，冒领军粮的官吏，供应武器不合规格的县丞、库啬夫、吏，训练军马不合格的县司马，连续三年考评落后的漆园，矿山的啬夫，都在处以“赀二甲”的同时加以“废”刑。秦律规定对于任用“废”吏为官者，要处以“赀二甲”的处分。《法律答问》规定：

廷行事吏为诅诈伪，赀盾以上，行其论，有（又）废之。

则官吏凡是受到赀盾以上处分的，同时又要处以废刑。

3. 籍门

就是剥夺全家及子孙后代政治权利的刑罚。《史记 · 秦始皇本纪》：“自今以来，操国事不道如嫪毐者、不韦者籍其门，视此。”张守节《正义》曰：“籍录其子孙，禁不得仕宦。”

4. 削籍

秦简《游士律》载：“游士在，亡符，居县赀一甲；卒岁，责之。●有为故秦人出、削籍，上造以上为鬼薪，公士以下刑为城旦。”《睡虎地秦墓竹简》注曰："削籍即自簿籍上除名，使该人脱离秦官府的控制。"意即秦政府不视其为秦民而不给予法律上的保护，实际上是失去了秦民的身份。

5. 收

收即收孥，就是将有罪者的妻、子收为官奴婢。《史记·商君列传》："商君之法，事末利及怠而贫者，举以为收孥。"《法律答问》载："夫盗千钱，妻所匿三百，可（何）以论妻？妻智（知）夫盗而匿之，当以三百论为盗；不智（知）为收。""隶臣将城旦，亡之，完为城旦，收其外妻、子。"由此可以看出，这是一种剥夺自由民身份的刑罚。秦法对收与不收还做了许多规定；如《法律答问》："'夫有罪，妻先告，不收。'妻媵（媵）臣妾、衣器当收不当？不当收。"妻子能事先告发丈夫的罪行，就不会受到连坐，既不收孥，也不没收妻子的个人财产。否则，当会被连坐，知而不告者，同罪。

八、其他刑罚

1. 鋈足

这种刑罚在史籍中并没有记载，只是在云梦秦简中出现三例。其一，《法律答问》："'葆子□□未断而诬告人，其罪当刑城旦，耐以为鬼薪而鋈足。'耤葆子之谓也。"其二，同篇载："臣邦真戎君长，爵当上造以上，有罪当赎者，其为群盗，令赎鬼薪鋈足。"其三，《封珍式·迁子》爰书载："某里士五（伍）甲告曰：'谒鋈亲同里士五（伍）丙足，迁蜀边县，令终身毋得去迁所，敢告。'"对于鋈足的解释，《睡虎地秦墓竹简》的注者认为是刖足。蔡枢衡先生在《中国刑法史》中写道："鋈（音沃）和梏（音鹄）音近，鋈借为梏。鋈足实是梏足，亦即钛足。"[①] 栗劲先生在《秦律通论》中分析认为："鋈，就是镀金。《诗经·秦风·小戎》：'游环胁驱，阴靷鋈续。'注

① 蔡枢衡：《中国刑法史》，广西人民出版社 1983 年版，第 83 页。

云：'鋈，白金也。鋈续，白金饰续。靷为白金也。'《经籍纂诂》：'鋈，沃也，冶白金以灌靷环也。'大盖靷环以铁为质，再另用其他白色金属沃灌其外表以为美饰，即后世所谓镀金。因此，'鋈足'可以理解在足的外表附加上一种刑具，使受刑者感到痛苦和不便。因此，'鋈足'也是像笞刑一样，用一种刑具，使犯人在肉体上受到痛苦和折磨，在本质上说来'鋈足'也属笞刑一类的刑罚。"我们认为，鋈足可能是类似于现代脚镣的刑具。

2. 饿囚

秦简《仓律》有："食饿囚，日少半斗。"意为给受饥饿惩罚的囚犯口粮，每天三分之一斗。这种以饥饿作为惩罚囚犯手段的法律规定，说明饿囚作为一种手段在当时已被广泛应用。不过，饿囚是监管囚犯的司法部门根据法律规定对囚犯的惩处，并非审判机关所定的刑事处罚结果，因此，严格说起来，这是一种司法行政性质的处罚。

上述刑罚的划分，基本上概括了秦朝的刑罚种类。可以看出，秦时死刑的种类繁多，有的先施肉刑再处死，有的在死后还要戮尸，充分表明了秦刑罚的野蛮性。秦朝完全继承了奴隶时代的肉刑制度，但是由于当时需要大批劳动力从事各种工程建设，所以秦律中较少见到断足这类刑罚，秦继承并发展了先时的徒刑制度，按劳役的强弱程度来区分徒刑的轻重，但徒刑往往附加肉刑，单纯的徒刑较少使用。值得注意的是，秦的赀刑和以财产、劳役来顶替其他较重刑罚的赎刑，在律文中有很多规定，而且赀、赎都规定了数额和期限，这就为以后徒刑改无期为有期提供了条件。总之，刑名的繁多，执行手段的野蛮是秦刑罚严酷的重要表现，也是秦灭亡的主要原因之一。

第九章　秦朝的司法制度

第一节　司法机构及其职能

秦朝的司法机构分中央与地方两级，地方的司法机构又分郡、县两级。由于秦朝创立了“三公九卿”制的中央行政管理体制，使中央有了专门的司法机构，但在总的原则上仍然是行政与司法合一的国家体制。中央的司法机构和官职是廷尉，实质上它只是皇帝的办事机构而已；地方上的司法专职人员都受各级行政机关统辖，其最后决定权也由行政机关的第一负责人决定。地方政府在行使司法职权上是有一定限度的，重大案件必须上报中央政府，其最后决定权在皇帝手中。

一、中央司法机构

秦朝的中央司法机关是廷尉，最高司法官亦称廷尉。据《汉书・百官公卿表》应劭、颜师古注，廷尉下设正和左右监等属官，协助廷尉处理具体事务。廷尉负责审理皇帝指定的案件，以及地方上送来的疑难案件。秦简《尉杂》律中有：“岁讎辟（刑）律于御史。”既证明了御史大夫“掌图籍秘书”，又证明了廷尉有“掌刑辟”的职责。从江陵张家山汉简《奏谳书》所记秦代案例来看，廷尉不但参与疑难案件的讨论，还直接处理县廷上报的复审案件。早在战国时秦已设有“廷尉”，统一六国后，廷尉成为列卿之一，为全国最高司法审判机关。关于“廷尉”有两种解释：一说“所狱必质诸朝廷，与众共之，兵狱同制，故称廷尉”[①]。一说“廷，平也，治狱贵平，故以为号”[②]。无论何种解说，都说明了廷尉职责的重要性。秦始皇重用法吏，作为推行重刑政策的工具，李斯就是由廷尉擢升为丞相的。由于秦始皇厉行专制政治，因此重大案件需由皇帝亲自裁决。史书载，秦始皇“躬操文墨，昼断狱，夜理书，自程决事，日县石之一”[③]。此外，皇帝还可指派廷尉属官以外的官吏参与重要案件的审理，这说明，国家的最高司法审判权仍掌握在皇帝手中。

二、地方司法机构

秦代的地方行政机构为郡、县两级，它既是行政机构，同时又是地方司法机关，由郡守、县令兼理，一般案件均自行决定，重大疑难案件报请中央的廷尉处理。《法律答问》中有：“今郡守为廷不为？为也。”说明郡守有司法审判之权。郡守之下，设有决曹掾，为专职的司法官吏。

县廷则设有丞，主管一县之司法事务。《续汉书 · 百官志》载：“丞署文书，典知仓狱。”从秦简《封诊式 · 封守》乡某爰书和其他爰书看，来往文书是由县丞签发的，且从《告臣》爰书看，县丞询问告发人，询问证人，审讯被告，参加现场勘验和司法调查等活动，与史籍记载相符。

县以下的组织是乡，乡以下是亭，亭以下是里。这些基层机构也有一定的司法管辖权，如有秩、啬夫。大乡达到五千户的，郡指派有秩。小乡不到五千户的，县指派啬夫。二者虽不同时设置，但职责相同，主调解纠纷，平断曲直，收赋税，征徭役。

游徼，掌巡察盗贼。亭长，《史记 · 高祖本纪》正义云秦法：“亭长，

① 《汉书 · 百官公卿表》应劭注。
② 《汉书 · 百官公卿表》颜师古注。又《广雅 · 释诂三》：“廷，平也。”《广韵 · 青韵》：“廷，正也。”
③ 《汉书 · 刑法志》。

主亭之吏。……民有讼诤，吏留平辨，得成其政。”

第二节　诉讼制度

秦朝的法律与古代其他朝代一样，都是实体法与程序法合一，没有单独的程序法，但从现有的材料中，仍可看到秦朝诉讼制度的概貌。《法律答问》有“辞者辞廷”，所谓“辞者”，就是提起诉讼的人。廷，原意是廷尉，为中央掌管司法审判的机关。根据《法律答问》的解释，后来郡府、县府也称为“廷”。“辞者辞廷”，是说诉讼者要到郡、县廷去起诉。《封诊式》中有“告子”“告臣”“甲告”“丙告”“自告”，就是向司法机关提出的控告或报告。简文中的“缚诣告”，是官吏或受害人把犯罪者直接扭送到司法机关。秦律对于控告不实，或蓄意陷害、诬告别人，“以所辟罪罪之”。秦律对于控告不实，又以其他罪控告的，称为“州告”，如《法律答问》载：

可（何）谓“州告”？“州告”者，告罪人，其所告且不审，有（又）以它事告之。勿听，而论其不审。

意思是：控告罪人，所控告的已属不实，又以其他事控告，不应受理，而且还要追究责任，即以所告不实论罪。秦律作此规定，目的是防止诬告他人。从诉讼人的身份与犯罪的性质上区分，秦的诉讼可分为自诉与公诉、代诉、公室告与非公室告等。

一、自诉与公诉

1. 自诉

自诉就是受害者本人向官府控诉。从秦律所载自诉人控诉的内容看，第一类是对损害自身利益行为者的控诉，如《封诊式》中的《告臣》爰书载：某里士伍甲捆送男子丙，控告说：“丙是甲的奴隶，骄横强悍，不在田里干活，不听从甲的使唤。请求卖给官府，送去充当城旦，请官府给予价钱。”《告子》爰书记：某里士伍甲控告说：“甲的亲生子同里士伍丙不孝，请求处以死刑，谨告。”官府当即命令史前去捉拿。这些控诉并非被告人直接对自诉人的人身造成了损害，因此，这还不是现代刑律范畴的自诉，而是自诉人对自身利益的一种保护。从另一个角度来说，自诉者对于所诉内容敢于诉讼，说明了秦朝法律所维护的是一个阶级的利益，是一种阶级关系的体现。

第二类是自诉人对损害自己人身行为者的控告。秦律是保证被害者本人向官府提出追究罪犯刑事责任的诉讼权利的。《封诊式·出子》爰书记载了一位孕妇因被殴而流产，被害者对伤害者某大女子提出控告。司法机关也受理了这起案件，并立即派人验伤和拘捕被告人。

秦的司法机关也依法接受被盗而不知作案者的自报案件。如《封诊式·穴盗》爰书记载了一位因被盗窃犯挖洞盗走一件“绵裾衣”的受害者所提出的控告，虽然他“不知穴盗者何人”，但司法机关受理了他的案件，并立即派人到现场勘验和调查。这类情况，当在侦破后进行审理。

秦律还允许社会地位高的有爵者指派代理人代为控诉。《封诊式·黥妾》爰书云：“某里公士甲缚诣大女子丙，告曰：‘某里五大夫乙家吏。丙，乙妾殹（也）。’乙使甲曰：‘丙悍，谒黥劓丙。’”从这个案例可以看出，为了维护特权阶层的利益，秦律在诉讼制度上给予他们以方便和照顾，虽然一般百姓是否可以找人代理没有记载，但在实际生活中是不可能发生的，因为百姓不可能有这个经济能力，也不会有人为一个普通的百姓去代理诉讼。

2. 公诉

公诉也可称为官告。公诉人不限设于朝廷、郡、县以上国家机关中的御史这一类监察官吏，就是亭这样公安机关中的校长、求盗和半官半民的里典，都有权充任公诉人，把他们认为有罪的人送交官府审判。[①] 不过，秦时所谓的公诉人不同于现代意义上的公诉人。当时郡县的有关官吏以及乡里的亭长兼具治安捕盗的职能，因此把他们认为有罪的人捕获送往官府，这是他们的义务。同上《群盗》爰书云：某亭校长甲、求盗某里人乙、丙捆送男子丁，首级一个，具弩两具、箭二十支，报告说：丁和这个被斩首的人结伙抢劫，昨日白昼率领乙等巡逻到某山，发现丁和这个被斩首的人，即行逮捕。这些弩箭是丁和被斩首人的。被斩首人用这弩箭（射向）乙，于是用剑斩取他的首级，因山险不能把他的躯体运出山来。这是亭校长和两名求盗把俘来的“群盗”和物证送到官府，并提出控告，属于公诉案件。《盗马》爰书云：市南街亭的求盗某里人甲捆送男子丙，还有马一匹，系苍白色母马，右眼有病；丹黄色帛面夹衣，有帛里，领和袖有宽大的缘边，还有鞋子一双，控告说：丙盗窃了这匹马和衣物，今天在亭旁发现，于是将丙捕获送到。这是设在城镇亭内的求盗，捕获了盗马和衣物的盗窃犯并向官府提出控告。《疠》爰书云：某里的里典甲送来该里士伍丙，报告说：怀疑是麻风病，将他送到官府。这是半官半民的里典怀疑同里的士伍丙有麻风病，就将丙送交官府提出控告。

二、公室告与非公室告

秦的诉讼还有公室告和非公室告之分。那么，哪些犯罪是属于“公室告”，哪些犯罪是属非公室告呢？《法律答问》曰：

公室告可（何）殹（也）？非公室告可（何）殹（也）？贼杀伤、盗它人为公室告。子盗父母，父母擅杀、刑、髡子及奴妾，不为公室告。

① 栗劲：《秦律通论》，山东人民出版社 1985 年版，第 310 页。

据此可知，侵犯家庭以外的其他社会成员的人身生命及财产的行为，是“公室犯罪”，因为这种危害公共利益的犯罪行为对整个统治阶级所需要的社会秩序危害很大，因而被称为“公室犯罪”，或称为“公罪”。秦的诉讼法规首先要保证、受理、奖励的就是对这种“公罪”的揭发和控告。国家依法保护受害者本人对“公罪”进行自诉的权利，国家还设有专门机构和专职人员负责进行公诉。同时国家还奖励百姓对“公罪”普遍进行告奸活动，此即属于“公室告”。其次是“非公室告”或“家罪”。按秦律的规定，所谓“家罪”包括以下两个方面的内容：一是父母与子女之间在财产上的互相侵犯，即所谓“子盗父母”和“父盗子女”。二是“父母擅杀、刑、髡子及奴妾”。法律明文规定“家罪”仅限于有血统关系的父母与子女之间的上述犯罪行为和主人对奴婢的侵犯行为。因此，并不是一切发生在家庭中的犯罪，都可以称之为“家罪”。例如“人奴擅杀子”“人奴妾笞子”“臣强与主奸”“臣妾殴主”“臣妾牧（谋）杀主”“夫殴笞妻”“殴大父母”“殴高大父母”“父擅杀嗣子”“假（义）父盗假（义）子”都发生在家庭内部，但又都不是“家罪”。只有“父母擅杀、刑、髡子及奴妾”，才是所谓“家罪”，这是无条件的。而由子女的行为构成的“家罪”，则是有条件的。秦律明确规定了尊长在法律上的特殊地位，尽管秦律中儒家的纲常礼教的影响相对较弱，对于非公室告中的“子告父母，臣告主，非公室告，勿听”，并没有定为“不孝”之罪，但是，对于“擅杀、刑、髡其子、臣妾”这类非公室告也不予受理。“而行告，告者罪。告者罪已行，它人有（又）袭其告之，亦不当听。”这就从根本上保护了尊长在家庭中的地位和特殊的刑杀权力。当然，不是尊长可以任意刑杀子孙，而是子孙不得控告，由官府进行处理而已。《法律答问》有：“可（何）胃（谓）‘家罪’？父子同居，杀伤父臣妾、畜产及盗之，父已死，或告，勿听，是胃（谓）‘家罪’。”因为父死后同居之子继承为家长，则原父之臣妾、畜产自然属于同居之子，如果告诉，当然不能受理。否则就不符合“非公室告，勿听”的原则了。

第三节　审判制度

据《封诊式》记载，案件发生以后，当地的里典要把司法机关决定受理案件的被告人的姓名、身份、籍贯，曾经犯过什么罪，判过什么刑，是否经过赦免，以及曾否逃亡等问题，写成书面报告。县司法机关接受案件以后，通常是县丞“即令令史”前往调查或勘验，然后作出调查或勘验笔录，此叫“爰书”。需要查封的还要查封，叫作“封守”。封是指查封财产，守是指看守家属。封守要有详细记录，如被查封的房屋、牲畜、人口、房屋的结构和间数等，都要写清楚回报到县，县令还要派人轮流看守。从《封诊式》来看，秦的司法机关对当事人的审讯方法和步骤大致如下。

一、审问与刑讯

首先要听取当事人的口供。凡讯狱，“必先尽听其言而书之”，即先听完口供并加以记录。而且要使受审讯者各自陈述，“虽知其訑（訑，音旦，欺骗）”，尽管知道他在撒谎，也“勿庸辄诘”，不要马上诘问。听取口供后，再根据其口供的矛盾之处和不清楚的地方提出诘问。诘问的时候，又要把其辩解的话记录下来，再看看还有无其他不清楚的问题，“以复诘之”，继续进行诘问。对多次改变口供，不老实认罪服罪者，施加刑讯。“诘之极而数訑，更言不服”，在这种情况下，依秦律规定“乃治（笞）谅（掠）”之。[①] 可见，秦统治者在一般情况下，是不主张司法官吏动不动就使用刑讯逼供的。他们把审讯效果分为“上”“下”“败”三类。上，是指“能以书从迹其言，毋治（笞）谅（掠）而得人请（情）为上”。书，记录；从迹，追

① 睡虎地秦墓竹简整理小组编：《睡虎地秦墓竹简·封诊式·讯狱》，第 246 页。

查。即能够根据口供而查证，弄清楚犯罪事实的是最好的。下，“笞掠为下”，意思是审讯时动用刑具，才弄清案情的算作“低劣”。败，“有恐为败”，是通过采取恐吓的手段进行审讯，则是“失败”。江陵张家山汉简《奏谳书》案一七记载了一宗秦二世初年刑讯犯人，致使屈打成招的案例：士伍毛在汧邑盗得牛后，牵至雍县变卖销赃，被雍县亭长庆告发，案件遂归雍县审理。乐人讲居汧邑，因被士伍毛诬指合谋盗牛，而被雍县收审。被告和证人都对此案进行了陈述，审讯者进行法庭调查。被告士伍毛先承认“盗士伍牝牛，毋它人与谋”。在士伍牝否认亡牛后，士伍毛改称与乐人讲合谋盗士伍和之牛。证人处表示，只看见士伍毛盗牛。另一证人和证明，毛所盗牛是他的。乐人讲陈述毛盗牛时他正在咸阳践更，以此反驳毛的诬指。士伍毛改称，在此之前曾与讲合谋盗牛。随后官吏诘问被告讲和毛。史腾先入为主，臆断盗牛之事非一人所为，一定是合谋。毛因不耐笞掠而诬指讲合谋盗牛。乐人讲因否认参与盗牛而遭笞掠，屈打成招，最后被判刑。[①]此案的审讯过程与《封诊式》所记载的程序基本相同，将当时的审讯案件完整地记载了下来。这对于我们了解当时的司法程序无疑具有重要作用。

以上说明，虽然秦统治者已经认识到不使用刑讯所得到的口供较为可靠，效果最好，但实际上，在黑暗的专制主义制度下，经常是“以掠笞定之”，靠刑讯逼供以定罪，犯人也往往被屈打成招。秦朝残酷的刑讯逼供在史籍中也有记载，如《史记 · 李斯列传》：“赵高治斯，榜掠千余，不胜痛，自诬服。”

二、调查与勘验

秦时，判决犯人除重视并依据口供外，也非常重视收集人证和物证，并对现场进行调查与勘验。秦简《法律答问》中的各种爰书，如对死伤尸

① 江陵张家山汉简整理小组：《江陵张家山汉简〈奏狱书〉释文（二）》，载《文物》1995年第3期。

身的检验爰书、麻风病人的医学鉴定、犯罪现场勘验笔录等都是勘验结果的记录。张家山汉简《奏谳书》二二详细记述了一件杀人抢劫案的侦破过程。案件发生在咸阳境内，女子婢担钱一千二百从市而归，途经巷中时被不明身份的罪犯用刀刺伤并推倒在地，钱被抢劫。典赢报案，狱史顺、去疢、忠等人追捕盗贼不得。改由狱史举阏侦查。他以案件现场遗留的一件券书为线索开始调查，“毋徵物以得之”。转而对“疑为盗贼者”逐一查问，“弗得”。随后又在晨昧里“讯诇谦问不日作市贩，贫急而穷困，出入不节，疑为盗贼者”，发现公士孔的上衣原有黑带，带有系佩处而无佩。经调查，公士孔曾将一空鞞（刀鞘）送给他人，而刺杀女子婢的刀刚好与此相合。在人证和物证面前，公士孔不得不承认犯罪事实。狱史举阏不为公士孔制造的假象迷惑，逐步缩小侦查范围，终于使案情大白。狱史举阏因此被咸阳丞荐举任卒史，破案经过被转发各地有关官吏参考。这些说明，当时已很重视侦破和证据在诉讼中的作用。不过限于当时的勘验水平、技术条件和司法制度，调查勘验等手段很难在复杂的案件中发挥应有的作用。

三、读鞫与乞鞫

案件审讯后，作出判决，并“读鞫”。鞫，是审讯的意思。《尚书·吕刑》正义：“汉世问罪谓之鞫。”读鞫，就是宣读判决书。宣读后，当事人如果服罪，则照判决执行。判决宣读后，若当事人不服，可以要求重审，秦律称为乞鞫。《法律答问》载：

以乞鞫及为人乞鞫者，狱已断乃听，且未断犹听殹（也）？狱断乃听之。

乞鞫可由当事人提出，也可由第三人提出，秦律允许“为人乞鞫”。如果是二年以上的刑罚，家人也可以为之乞鞫。不过从张家山汉简《奏谳书》一八案例可知，对于复杂的重大案件，中央的御史大夫可以命令重新审判：

御史书以廿七年二月壬辰到南郡守府，即下，甲午到盖庐等治所，其壬寅补益从治，上治它狱。

这是御史大夫致南郡守书，命重新审理案件。秦律规定，对于乞鞫者，“狱断乃听之”，也就是说，必须在一审判决以后，提出乞鞫才能受理。上引张家山汉简《奏谳书》一七即一件完整的乞鞫复审记录，由此可以知道乞鞫复审这类案件的记录文书有以下组成部分：1. 乞鞫的时间、人名、身份和理由。2. 简述案情和原来的审讯及判罪。

四、复审与改判

官府在接受重新审判的要求之后，是把案件交给上一级审判机关审理，还是仍然交原审判机关审理，在秦简中没有说明，但《奏谳书》一七案例却给我们提供了例证。士伍毛在汧邑盗牛，在雍县变卖销赃，此案由雍县收审、判罪，但却由廷尉对案件进行复审判决。《奏谳书》中记载：

二年十月癸酉朔戊寅，廷尉兼谓汧啬夫：雍城旦讲乞鞫曰：故乐人，居汧畦中，不盗牛，雍以讲为盗，论黥为城旦，不当。覆之，讲不盗牛。讲毄（系）子县，其除讲以为隐官，令自常，畀其于於。妻子已卖者，县官为赎。它收已卖，以贾（价）畀之。及除坐者赀，赀□人环（还）之。

廷尉对此案的判决是，乐人讲没有盗牛，处为黥城旦是不当的，改为隐官。隐官的来源比较复杂，有原犯罪被释放后再行犯罪，但罪行较轻微而被处隐官的，如《法律答问》载：

可（何）为罪得“处隐官”？群盗赦为庶人，将盗戒（械）囚刑罪以上，亡，以故罪论，斩左右止为城旦，后自捕所亡，是谓“处隐官”。

可见此案对乐人讲来说损失是非常大的，他不但不能返回到原来的居住地，而且家庭、财产都受到了损失。而对论狱不直的司法官吏如何处理，从此案却丝毫没能看出。从复审记录可知，复审时由乞鞫人和原案的其他被告、原审官吏、证人分别陈述案情，最后由复审官吏判决。这里的问题是，一审由县级执行，复审为何直接到廷尉而没有经过郡这一级，从现在的材料还很难解释这个问题。在云梦睡虎地秦简中也有纠正错判的案例，如《法律答问》有：

士五（伍）甲盗，以得时直（值）臧（赃），臧（赃）直（值）过六百六十，吏弗直（值），其狱鞫乃直（值）臧（赃），臧（赃）直（值）百一十，以论耐，问甲乃吏可（何）论？甲当黥为城旦；吏为失刑罪，或端为，为不直。

还有：

士五（伍）甲盗，以得时直（值）臧（赃），臧（赃）直（值）百一十，吏弗直（值），狱鞫乃直（值）臧（赃），臧（赃）直（值）过六百六十，黥甲为城旦。问甲及吏可（何）论？甲当耐为隶臣，吏为失刑罪。

上述两个案例，都是由于司法官吏未及时清点赃物和估价赃值而发生的错判。前者低估了赃值，对应判处黥为城旦的重罪轻判为隶臣；后者高估了赃值，对应判处耐为隶臣的轻罪重判为黥为城旦。经过调查和重新审理，纠正了原判，将黥为城旦改判耐为隶臣，将耐为隶臣改判黥为城旦。

第四节　监狱制度

秦时的监狱分为两种，一种是关押未判决的在审的犯人，如史籍所载京师有系属廷尉的咸阳狱，各地区的如蒙恬“系于阳周”，[①] 即上郡阳周狱；云梦秦简十一号墓主人喜曾为鄢狱之吏；江陵张家山汉简《秦谳书》有四件秦代案例，均系当地司法官员审讯议罪，地区明确，意味着犯人即关押在当地的郡县监狱之中。这一类的监狱一般规模都比较小，关押的是较为重要的犯人，且对在押犯管理得相当严格。据《史记 · 李斯列传》载，李斯于狱中曾上书二世，被赵高斥责说：“囚安得上书”，可知在押犯是不得自狱中上书的。至于其他的制度，由于史料比较少，很难得知其详。

另一种监狱是关押已判决犯人的。由于秦推行重刑轻罪的政策，所以犯人很多，以致“赭衣塞路，囹圄成市，盖随地为狱也”[②]。这种监狱类似于后世的集中营，很难想象治骊山及阿房宫的七十万刑徒能有正规的监狱，因此，在住宿起居方面的条件可想而知是何其简陋。对于这些已判决的罪犯，秦汉都归属司空管理，史载司空“主水及罪人”。贾谊亦称罪人被“作之司空，输之徒官”。所以秦简《司空律》有许多关于刑徒管理的规定。为防犯人逃跑，对犯人的管理相当严格，其管理制度在秦简中多有反映。

首先，对犯人严加看管，并根据人犯不同等级的身份制定了不同的制度。狱中设有“署人”和“更人”负责看守犯人。犯人在外出劳役时，不准前往市场或在市场门外停留，如路经市场，应绕行，不得通过。《司空律》规定：

① 《史记 · 李斯列传》。

② 《汉书 · 刑法志》。

舂城旦出繇（徭）者，毋敢之市及留舍阓外；当行市中者，回，勿行。

葆子和上造以上的人犯，只需“居（作）于官府，皆勿将司”。有爵位的，即使是最低一级的公士，犯有赎死之重罪，虽“居于城旦舂”，但却“毋赤其衣，勿枸欙杕”。而一般的犯人则要穿囚衣，戴刑具。对于因赎罪或欠债判处徒刑的人犯，可以年龄相当的人顶替，或用臣妾，或用牛马，而同犯此罪的手工业者、商人却不得顶代。这些说明了秦时的等级观念在刑徒待遇方面的反映和手工业者、商人地位的低下。

由于秦刑徒众多，根据有关法律规定，可以判轻刑或服过一定刑期的刑徒看管判重刑的刑徒。《司空律》载：“免城旦劳三岁以上者，以为城旦司寇。”即劳动三年以上的城旦被减刑为城旦司寇，而城旦司寇可以有资格监领城旦等刑徒。在城旦司寇不足的情况下，可以用隶臣妾监管。《司空律》载：

居赀赎责（债）当与城旦舂作者，及城旦傅坚、城旦舂当将司者，廿人，城旦司寇一人将。司寇不踐，免城旦劳三岁以上者，以为城旦司寇。

可知一名城旦司寇或隶臣妾可以监领二十名城旦或其他刑徒。

其次，制定了犯人的口粮供应标准。秦律规定，凡参加城旦等重体力劳役者，无论是城旦、隶臣、免隶臣都按早半斗、晚三分之一斗的标准供应口粮。对于从事其他刑役者的口粮供应标准，《仓律》规定：

隶臣妾其从事公，隶臣月禾二石，隶妾一石半；其不从事，勿禀。小城旦、隶臣作者，月禾一石半石；未能作者，月禾一石。小妾、舂作者，月禾一石二斗半斗；未能作者，月禾一石。

负责供给刑徒口粮的官吏需严格掌握标准，同律还规定：

日食城旦，尽月而以其余益为后九月禀所。城旦为安事而益其食，以犯令律论吏主者。减舂城旦月不盈之禀。

这是说，应按天发给城旦口粮，到月底将剩余的粮食移作后九月的口粮。城旦做轻的劳作而增加了口粮，应按犯令法律对主管官吏进行论处。舂、城旦服役不满月，其口粮应扣除。可见管理是非常严格的。

秦律还就犯人衣服的供应问题作了具体规定。按《金布律》的规定，刑徒的衣服一般由个人负担，其领官府衣服者，需按价交钱。其具体标准是：

禀衣者，隶臣、府隶之毋（无）妻者及城旦，冬人百一十钱，夏五十五钱；其小者冬七十七钱，夏卌四钱。舂冬人五十五钱，夏卌四钱；其小者冬卌四钱，夏卅三钱。隶臣妾之老及小不能自衣者，如舂衣。

对于囚服的衣料，该律规定：

囚有寒者为褐衣。为幏布一。用枲三斤。为褐以禀衣：大褐一，用枲十八斤，直（值）六十钱；中褐一，用枲十四斤，直（值）卌六钱；小褐一，用枲十一斤，直（值）卅六钱。

由此可以看出，秦统治者对囚徒是相当苛刻的，不但劳役的强度非常大，而且还在经济上想尽办法进行榨取。

第十章　两汉时期的立法指导思想

第一节　西汉初期的立法思想与实践

一、黄老勃兴与德刑相济

秦朝末年，将法家重刑主义推向极致的秦朝统治者终于沉入“作法自毙”的泥淖，建国仅十五年即短命而亡。公元前 202 年，经五年楚汉战争而取得最后胜利的刘邦登基即位，重新建立了统一的地主阶级的中央集权国家——西汉。

西汉王朝建立之初，面临的是一个经济凋敝，国库空虚，流民四散，痛不聊生的残破局面。如何摆脱困境，恢复经济，完善制度，建设国家，是摆在统治者面前的一个严峻现实。与此同时，秦鉴未远，“一夫作难而七庙隳，身死人手，为天下笑者”[①]的惨烈教训，给汉初统治者以刻骨铭心的警醒，促使他们内部的有识之士在选择治国之道时，深刻反思，在理论与思想上寻求拨乱反正的新依托。

在反思与探索的过程中，汉初思想家陆贾首先指出了秦朝失败的根本原因：“秦非不欲为治，然失之者，乃举措暴众而用刑太极故也。”[②]由此他

① 《新书·过秦论上》。

② 《新语·无为》。

憧憬虞舜治天下时“弹五弦之琴，歌《南风》之诗，寂若无治国之意，漠若无忧民之心”[①]的无为治世，向往周公时代“师旅不设，刑格法悬，而四海之内奉供来臻，越裳之君重译来朝”[②]的隆盛景象。经过历史的反省与比较，陆贾为统治者提出了治国之策的理论基础：“故无为也，乃有为也”，并将实施此种理论后的社会景象描绘为“无事”“无声”“无吏”“无民”“不讼”“不愁”“无议”“无听”“无征”。[③]

陆贾的“无为”理论，以道为本，承袭黄老，但又与先秦时期的黄老思想有着明显的不同。先秦时期的黄老思想，道法兼容，突出法治，排斥儒术，而汉初由陆贾倡导的黄老之学，不仅吸收了儒学，而且还高扬仁义之理，使之上升为与道法并重的地位。陆贾这样阐述仁义的巨大作用：“圣人怀仁仗义，分明纤微，忖度天地，危而不倾，佚而不乱者，仁义之所治也。”[④]此时的黄老学说，已明显糅入了儒家思想的内核——仁义，融儒、道、法三者为一体，完成了可供统治者选择的理论准备。继陆贾之后，由淮南王刘安及门客苏非、李尚、左吴、田由、雷被、毛被等人集体编纂的《淮南子》于景、武时期成书。《淮南子》以道家学说为主，博采阴阳、儒、墨、名、法诸家之说，进一步发展完善了黄老学说，成为黄老学派的集大成之作。

汉初的黄老之学以其清静无为、务德化民、约法省禁、顺应民心的精神特征而成为统治者首选的治国指导思想。在这一理论的引导下，汉初的统治者制定了“休养生息”的基本国策，轻徭薄赋，奖励耕织，“从民之欲而不扰乱”。这个基本国策贯穿了汉初的半个多世纪，经萧何、曹参等名相“填以无为”的实践及几代君主身体力行的推崇，取得了显著的功效。至孝惠、高后时，经济已迅速复苏，百姓“衣食滋殖”，而至文、景之世，已是人给家足，国库充盈，呈现出史家所赞誉的“文景之治”。

① 《新语·无为》。
② 《新语·无为》。
③ 《新语·至德》。
④ 《新语·道基》。

黄老之学对汉初统治者的立法思想也产生了深刻持久的影响。秦朝帝王在立法思想选择上的严重失误，促使其后来者依托黄老进行新的抉择。抉择后的立法思想，在儒道法三家合一的黄老学说的指导下，体现出重大的价值转换。

汉兴之初，颇得刘邦赏识的陆贾经常在刘邦面前称引《诗》《书》，刘邦斥道："乃公居马上而得之，安事《诗》《书》！"陆贾当即尖锐地指出："居马上得之，宁可以马上治之乎？……昔者吴王夫差、智伯极武而亡；秦任刑法不变，卒灭赵氏。乡使秦已并天下，行仁义，法先圣，陛下安得而有之？"刘邦闻后颇受震动，随即让陆贾"试为我著秦所以失天下，吾所以得之者何，及古成败之国"[①]。陆贾由此撰成"高帝未尝不称善"的《新语》十二篇，提出了"文武并用，长久之术"的主张，强调"儴道者众归之，恃刑者民畏之，归之则附其侧，畏之则去其域"[②]的恤刑思想。汉高祖七年（前200年），长乐宫落成，诸侯群臣按照叔孙通制定的朝仪之法进殿朝贺，人人振恐，无不肃敬，庄严的情景令刘邦叹为观止，他由衷地感慨："吾乃今日知为皇帝之贵也！"[③]自马上而得天下的刘邦，经陆贾的理论启蒙与叔孙通朝仪之法的感染后，第一次意识并体验到了文治的威严与功效，由此促使他完成了自崇尚武功到文武并用的转变。

陆贾"文武并用"的主张发展到汉文帝时期，由著名的青年政治家、思想家贾谊演绎为德刑相济的理论。贾谊吸取秦王朝二世而亡的教训，明确提出"变化因时"为"万世法理"的重要性。他指出"秦以区区之地致万乘之势，序八州而朝同列，百有余年矣。然后以六合为家，崤函为宫，一夫作难而七庙隳，身死人手为天下笑者"[④]，最根本的原因就是"仁心不

---

① 《史记·陆贾列传》。

② 《新语·至德》。

③ 《史记·叔孙通列传》。

④ 《新书·过秦上》。

施，而攻守之势异也”[①]，即秦以武力征服六国，繁法严刑令天下振恐，这在当时不失为有效手段。但是此后仍不尚仁义，错误地将专任刑罚定位为基本的指导思想，结果最终导致“百姓怨而海内叛矣”的惨烈后果。由此贾谊主张，汉统治者应当以亡秦为鉴，以礼治国。他这样比喻仁义与权法的关系：“仁义恩厚，人主之芒刃也，权势法制，人主之斤斧也”[②]，由于礼渗透到社会生活的各个方面，调整各种复杂的社会关系，所以应当以“芒刃”为治国之策。贾谊主张以礼治国，但并非排斥法制的作用。他在指出礼的功效是“禁于将然之前”的同时，也强调法的功效在于“禁于已然之后”，二者不可缺一。然而从长治久安考虑，礼法关系又应当是主从之分。他告诫统治者：“以礼义治之者，积礼义，以刑罚治之者，积刑罚。刑罚积而民怨背，礼义积而民和亲”[③]，以礼义教化治天下，可“累子孙数十世”，专任刑罚则“祸几及身，子孙诛绝”[④]，殷鉴在前，不可不观。

陆贾与贾谊是汉初最重要的两位思想家，他们的思想与理论对统治者具有直接而重要的影响力。他们将先秦儒家的德刑关系理论导入黄老思想，不仅使长期受到冷落排斥的儒家思想得以复苏，上升为影响统治者立法思想的一个重要渊源，而且为汉中期正统法律思想以儒为本完成了理论铺垫。

二、简省刑罚与明法慎刑

约法省禁是汉初黄老法律思想中重要的组成部分。汉初统治者在完成了对立法思想的选择与定位后，便开始对秦朝遗留下来的苛法进行改革，实践立法思想，其中酷烈的刑罚与思想言论罪成为蠲削与修正的重点对象。

① 《新书 · 过秦上》。
② 《汉书 · 贾谊传》。
③ 《汉书 · 贾谊传》。
④ 《汉书 · 贾谊传》。

公元前206年，刘邦率军攻克秦都咸阳，入主关中，驻军霸上。随后即召集附近各县父老，宣布了著名的约法三章：

（元年）十一月，召诸县豪杰曰："父老苦秦苛法久矣，诽谤者族，耦语者弃市。吾与诸侯约，先入关者王之，吾当王关中。与父老约，法三章耳：杀人者死，伤人及盗抵罪，余悉除去秦法。"①

三章之法虽然是权宜性的临时法令，然而却是两汉四百余年历史中第一次在约法省禁思想指导下实施的立法活动，简洁明快的语言蕴含着顺应民心的倾向，令饱受秦法荼毒的百姓无比喜悦。

汉惠帝即位后，随即积极地推行黄老之治。惠帝在位七年，废除三族罪一直是他的夙愿，只是未及议决而去世。高后元年（前187年），吕后临朝听制，颁诏废除三族罪："元年春正月，诏曰：'前日孝惠皇帝言欲除三族罪、妖言令，议未决而崩，今除之。'"②三族罪即夷三族，是一人犯罪而诛灭其三族（父母、兄弟、妻子。一说父族、母族、妻族）的酷刑，为秦时常法。汉高祖入关后，虽然除秦苛法，但死刑中仍有夷三族之令。该令规定：当夷三族者，一律先黥面、劓鼻、斩左趾，然后笞杀，再枭首、菹醢（剁成肉酱），骨肉示众于市。犯诽谤詈诅罪者，还要先断其舌，称"具五刑"。汉初功臣彭越、韩信皆受此刑而死。高后元年明令除三族罪后，尽管此后新垣平谋反败露后，又恢复了三族之诛，而且被夷三族的韩信也正是由吕后设计诱入长乐宫后被斩杀的，但能够公开颁诏废除此令，毕竟表现出黄老立法思想对统治者的深度影响以及统治阶级立法思想的渐趋成熟。

作为废除三族之诛的艰难延续，文帝二年（前178年）制诏丞相、太尉、御史，要求讨论废除收孥相坐律，但修正遇到了来自高层统治者内部的强大

① 《汉书·高帝纪》。
② 《汉书·高后纪》。

阻力。左右丞相周勃、陈平认为，收孥相坐律的功用在于约束人们不敢轻易犯法，而且沿用已久，应当“如其故便”。崇尚黄老之治的文帝则表示：“法正则民悫，罪当则民从。且夫牧民而道之以善者，吏也。既不能道，又以不正之法罪之，是法反害于民，为暴者也。朕未见其便，宜孰计之。”①经此反复，“尽除收孥、相坐法”的法令才得以颁布。变革总是艰辛的，纵然是文帝自身，在刑罚改革的过程中也时时不能挣脱传统势力的束缚。夷三族之诛虽然自正刑中被废除，但现实中的一再复活，鲜明地折射着理想与现实间的鸿大差距。无怪乎班固在叙述了新垣平夷三族案后如此评论道：“夫以孝文之仁，平、勃之知，犹有过刑谬论如此甚也，而况庸材溺于末流者乎？”②然而尽管变革的阻力往往来自变革者自身，变革的进程并没有停止。

汉初统治者对刑罚系列改革的最大举措，就是文帝十三年（前167年）下令废除肉刑。《汉书 · 刑法志》记述了这一颇具历史意义的事件：

即位十三年，齐太仓令淳于公有罪当刑，诏狱逮系长安。淳于公无男，有五女，当行会逮，骂其女曰：“生子不生男，缓急非有益！”其少女缇萦，自伤悲泣，乃随其父至长安，上书曰：“妾父为吏，齐中皆称其廉平，今坐法当刑，妾伤夫死者不可复生，刑者不可复属，虽后欲改过自新，其道亡繇也。妾愿没入为官婢，以赎父刑罪，使得自新。”书奏天子，天子怜悲其意，遂下令曰：“制诏御史：盖闻有虞氏之时，画衣冠异章服以为戮，而民弗犯，何治之至也！今法有肉刑三，而奸不止，其咎安在？非乃朕德之薄，而教不明与！吾甚自愧。故夫训道不纯而愚民陷焉。《诗》曰：‘恺弟君子，民之父母。’今人有过，教未施而刑已加焉，或欲改行为善，而道亡繇至，朕甚怜之。夫刑至断支体，刻肌肤，终身不息，何其刑之痛而不德也！岂称为民父母之意哉？其除肉刑，有以易之。……具为令。”

---

① 《汉书 · 刑法志》。

② 《汉书 · 刑法志》。

从文帝充满自责的语气中，可以清楚地把握到汉初思想家憧憬的德治理想已对帝王发生了深刻的影响，刑罚改革已是在理性思想指导下发生的一种自觉行为。此次改律，以髡钳城旦舂代替黥刑，以笞三百代替劓刑，笞五百代替斩左趾（刖刑），弃市代替斩右趾。又据《汉书·景帝纪》“孝文皇帝……除宫刑”可知当时肉刑中的宫刑也被废止。

尽管在事实上，肉刑之废反而导致了“外有轻刑之名，内实杀人”[①]的一时后果，例如以弃市代替斩右趾，受笞刑者未及笞毕即毙命等，使本不致死的罪犯受刑致死。但文帝废除肉刑，是自肉刑产生以来对其进行的第一次重大改革，技术上的缺陷并不能掩盖认识上的进步，废除肉刑的意义完全不可以低估。日本秦汉法制史学者冨谷至认为，中国传统肉刑积淀着深厚的潜在观念：黥刑的实施为黥面，与异族的“纹身”同俗，因此黥刑意味着将罪人排斥为异族；劓刑以剥夺正常人的容貌，象征着将罪人排斥出人类的第一个阶段；刖刑以剥夺有足动物的资格，象征着上述排斥的加重；宫刑则是将罪人排斥出动物界；死刑最终将罪人排斥出生物界。肉刑的轻重等级，正是反映了人们企图通过毁伤身体的刑罚，将罪人从社会集团中摈弃乃至消灭的意识。[②]因此肉刑之废，不仅体现了汉初统治者以德化民黄老法律思想的实践，显示了人类由野蛮至文明的必然历程，更重要的是促进了汉代刑罚种类的系列化及刑期的明文化，为原始五刑（黥、劓、刖、宫、大辟）向封建制的法定五刑（笞、杖、徒、流、死）的过渡，奠定了必要的基础，完成了不可或缺的过渡。

继文帝之后，景帝也是一位“约法省禁”黄老法律思想的有力实践者。他于元年（前156年）、中六年（前144年）两次颁布诏令，命令减低笞数与修正笞具的规格，为使废除肉刑后的刑罚纳入理性的轨道，做出了有益的探索。他还继高祖七年（前200年）推行疑案谳报制后，两次颁布谳

---

① 《汉书·刑法志》。
② ［日］冨谷至：《古代中国的刑罚》第二章“秦汉的刑罚”，日本中央公论社1995年版。

疑狱诏，要求平议复审疑难案件，避免治狱苛酷之失。

在蠲除酷烈刑罚的同时，更值得注意的，是在黄老法律思想的驱动下，汉初统治者还将思想言论罪也纳入了约省的范畴。

秦始皇三十四年（前 213 年），在丞相李斯的建议下，秦朝颁布《挟书律》，规定“非博士官所职，天下敢有藏《诗》《书》百家语者，悉诣守、尉杂烧之”[①]，所不禁者仅为医药、卜筮、植树等技艺之书。如令下三十日仍不烧，黥为城旦，甚至族灭其家。同时还宣布，有敢谈论《诗》《书》者弃市，以古非今者族，吏见知不举者与同罪。《挟书律》极大地摧残了学术的自由发展，在中国历史上首开以法律箝制思想文化传播的恶劣先例。惠帝四年（前 191 年），汉政府蠲除妨害吏民的法令，《挟书律》一并废除。《挟书律》的废除，为遭受重创而沉寂已久的思想学术界解脱了森严的法律羁绊，长期受压制打击的儒学藉此得以复苏并蓬勃发展。

汉初的妖言罪与诽谤罪也是沿用秦律罪名。妖言诽谤指以怪诞不经之说诋毁他人，非议皇帝及批评朝政的言论更被视为妖言。贾谊《陈政事疏》：“胡亥今日即位而明日射人，忠谏者谓之诽谤，深计者谓之妖言。”[②] 高后元年（前 187 年）与废除三族罪的同时，亦下令废除妖言令。但到文帝二年（前 178 年）前，对妖言诽谤罪的惩治仍相当严酷：“民或祝诅上，以相约而后相谩，吏以为大逆，其有他言，吏又以为诽谤。”[③] 意谓如果百姓最初互相为誓，共行诅咒皇帝，即使此后背弃停止，没有谋逆行为，仍将被视为大逆不道；如果还有其他言论，还将被视为触犯了诽谤罪。是年五月，文帝颁布《除诽谤法诏》。令曰：

古之治天下，朝有进善之旌，诽谤之木，所以通治道而来谏者也。今

① 《史记 · 秦始皇本纪》。
② 《汉书 · 贾谊传》。
③ 《汉书 · 文帝纪》。

法有诽谤妖言之罪，是使众臣不敢尽情，而上无由闻过失也。将何以来远方之贤良？其除之。[①]

由中央集权政治的性质所决定，维护皇权的至高无上是集权国家法制的核心所在。因此加重惩治思想言论犯罪，是中国古代刑律的重要特色。受此制约，作为危害皇权的妖言诽谤罪也不可能从真正意义上废除，祝诅、腹诽、诬罔、诅谤等罪名的不绝于世，说明集权国家的法制从不允许在思想与言论上对皇权有丝毫侵犯。然而也正是如此，才显现出统治者在修正此律时需要怎样的胆识与自信。近人沈家本对此评论道："诽谤祆言之律，汉本于秦，前古所无。厉王使卫巫监谤，以告则杀。此特一时之命令，非常法也。文帝特诏除之，可谓盛德。"[②]

以文帝、景帝为代表的汉初统治群体对黄老学说中"约法省禁"立法思想的积极实践，使得整个时代的政治逐步形成了安定清静的局面，法律不再以狰狞的面目出现，而成为统治者"因民之性而治天下"的有效途径，缓刑、轻徭、薄赋互为一体，社会经济与风尚缘此发生了重大变化：

至武帝之初七十年间，……民人给家足，都鄙廪庾尽满，而府库余财。京师之钱累百钜万，贯朽而不可校。太仓之粟陈陈相因，充溢露积于外，腐败不可食。[③]

论议务在宽厚，耻言人之过失。化行天下，告讦之俗易。吏安其官，民乐其业，畜积岁增，户口浸息。风流笃厚，禁罔疏阔。……是以刑罚大省，至于断狱四百，有刑错之风。[④]

① 《汉书·文帝纪》。

② （清）沈家本撰，邓经元、骈宇骞点校：《历代刑法考·汉律摭遗卷三·贼律一·大逆无道》，第 1415 页。

③ 《汉书·食货志上》。

④ 《汉书·刑法志》。

史家记载不无增色，但汉初统治群体为中央集权制国家如何统治成功提供的范例，深刻地说明了在新的社会条件下，法制应当怎样顺应民意，合乎时宜。

与提倡以德化民、约法省禁立法思想的同时，汉初黄老学说也十分重视法律的功效与作用，特别强调统治者应当以身守法，明法修身，以此维护法律的尊严，确保国家政权的有效运行。陆贾曾多次告诫统治者要加强自身修养，国家的兴衰强弱系于君主一身，不可不慎：

夫欲富国强威，辟地服远者，必得之于民；欲建功兴誉，垂名烈，流光华者，必取之于身。①

君明于德，可以及于远；臣笃于义，可以致于大。何以言之？汤以七十里之封，升帝王之位，周公自立三公之官，比德于五帝三王；斯乃口出善言，身行善道之所致也。安危之要，吉凶之符，一出于身；存亡之道，成败之事，一起于善行。②

夫持天地之政，操四海之纲，屈申不可以失法，动作不可以离度。谬误出于口，则乱及万里之外，何况刑无罪于狱，而诛无辜于市乎？③

他还以春秋时鲁庄公以身乱法，导致“继位者无所定，逆乱者无所惧”的历史教训，提醒统治者“威不强还自亡，立法不明还自伤”。④

现实的警醒与思想的定位，使得汉初的统治者比较注意明法守身，不以个人的意志掣肘法律的执行。汉文帝便是这其中的代表者，他与著名司法官吏张释之的几次冲突，表现了一位帝王殊为可贵的“法信于民”的法

① 《新语 · 至德》。
② 《新语 · 明诫》。
③ 《新语 · 明诫》。
④ 《新语 · 至德》。

律意识。《汉书·张冯汲郑传》：

顷之，上行出中渭桥，有一人从桥下走。乘舆马惊。于是使骑捕之，属廷尉。（张）释之治问。曰："县人来，闻跸，匿桥下。久，以为行过，既出，见车骑，即走耳。"释之奏当：此人犯跸，当罚金。上怒曰："此人亲惊吾马，马赖和柔，令它马，固不败伤我乎？而廷尉乃当之罚金！"释之曰："法者天子所与天下公共也。今法如是，更重之，是法不信于民也。且方其时，上使使诛之则已。今已下廷尉，廷尉，天下之平也，一倾，天下用法皆为之轻重，民安所错其手足？唯陛下察之。"上良久曰："廷尉当是也。"

其后有人盗高庙座前玉环，得，文帝怒，下廷尉治。案盗宗庙服御物者为奏，当弃市。上大怒曰："人亡道，乃盗先帝器！吾属廷尉，欲致之族，而君以法奏之，非吾所以共承宗庙意也。"释之免冠顿首谢曰："法如是足也。且罪等，然以逆顺为基。今盗宗庙器而族之，有如万分一，假令愚民取长陵一抔土，陛下且何以加其法欤？"文帝与太后言之，乃许廷尉当。

汉文帝曾说："朕获保宗庙，以微眇之身托于士民君王之上，天下治乱，在予一人……"[①] 又说："朕闻之，法正则民悫，罪当则民从。且夫牧民而道之以善者，吏也。既不能道，又以不正之法罪之，是法反害于民，为暴者也。"[②] 这表明他清楚地意识到了君主与天下治乱的关系，意识到了公正执法对治民的重要性。他在上述两案中所表现出的始怒终从的态度，正是他上述思想的体现。

推崇黄老之学的汉初统治者除"明法"外，重视法律的另一个特点，就是在司法实践中推行疑狱谳报制度，凸现"慎罚"原则。

汉高祖七年（前 200 年），全国疑狱久滞不决，"有罪者久而不论，无

① 《汉书·文帝纪》。

② 《汉书·刑法志》。

罪者久系不决”[1]的情况十分严重，高祖下令在全国实行疑狱谳报制，规定“自今以来，县道官狱疑者，各谳所属二千石官，二千石官以其罪名当报。所不能决者，皆移廷尉，廷尉亦当报之。廷尉所不能决，谨具为奏，傅所当比律令以闻”[2]，要求司法官吏对难以判处的疑案，均应逐级上报至廷尉，直至由皇帝做出终审判决，明确了县道→二千石→廷尉→皇帝的审级序列。1983年出土于湖北江陵张家山汉墓的《奏谳书》，所收案例多有高祖时期者，年代为“疑狱谳报令”颁布之年的高祖七年至十一年，极为难得地反映了此令颁布后的执行现状。以下即为县、道官吏向廷尉呈送的奏谳案例：

十一月八月甲申朔已丑，夷道汾、丞嘉敢谳之。六月戊子发弩九诣男子毋忧，告为都尉屯，已受致书，┘行未到，去亡。●毋忧曰：变（蛮）夷，大男子，岁出五十六钱以当繇（徭）赋，不当为屯。尉窑遣毋忧为屯，行未到，┘去亡。它如九。●窑曰：南郡尉发屯有令，变（蛮）夷律不曰勿令为屯，即遣之，不智（知）亡故，它如毋忧。●┘诘毋忧：律，变（蛮）夷男子岁出賨钱，以当繇（徭）赋，非曰勿令为屯也，及虽不当为屯，窑已遣，毋忧┘即屯卒，已去亡，何解？毋忧曰：有君长，岁出賨钱，以当繇（徭）赋，即复也，存吏，毋解。●问，如辞。●鞫之：┘毋忧变〈蛮〉夷，大男子，岁出賨钱，以当繇（徭）赋，窑遣为屯，去亡，得，皆审。●疑毋忧罪，它县论，敢谳┘之，谒报，署狱史曹发。●吏当：毋忧当要（腰）斩，或曰不当论。●廷报：当要（腰）斩。[3]

此案例大意是：高祖十一年（前196年）六月四日，发弩九将成年男子毋忧送官，告他被征发屯戍，但未到屯所即行逃亡。毋忧则称：自己是

---

① 《汉书·刑法志》。

② 《汉书·刑法志》。

③ 张家山汉简整理小组：《江陵张家山汉简〈奏谳书〉释文（一）》，载《文物》1993年第8期。

蛮夷成年男子，每年出56钱作为徭赋，不应再为屯戍，所以当都尉发遣为屯时，未到屯所而逃亡。窑称：南郡尉根据命令发屯，蛮夷律中也没有规定不许为屯，所以发遣毋忧，不知他为何逃亡。经审问，以上供述皆属实，夷道司法官吏难以决断毋忧是否有罪，因此于八月六日奏谳此案，并附上两种判决意见，一是处毋忧腰斩，二是不对毋忧论罪。案件上报廷尉后，廷尉选择前者做出判决。

通过此案可以看出，尽管秦朝的重刑主义仍在作强大的惯性延伸，廷尉终审判决毋忧腰斩体现了法律的轻重失衡，但是审级分明的复审制度的确立，又表明慎罚精神已经初露端倪，反映了统治者对法律精神的重新认识。景帝时期，黄老法律思想中的慎罚精神获得了更广泛的释放。景帝中五年（前145年），针对司法官吏中断案苛刻，用刑不平的现状，再下谳狱诏，要求对人心有所不服的疑难案件必须重新平议复审：

> 法令度量，所以禁暴止邪也。狱，人之大命，死者不可复生。吏或不奉法令，以货赂为市，朋党比周，以苛为察，以刻为明，令亡罪者失职，朕甚怜之。有罪者不伏罪，奸法为暴，甚亡谓也。诸狱疑，若虽文致于法而于人心不厌者，辄谳之。①

后元年（前143年）景帝重申谳狱诏："狱疑者谳有司。有司所不能决，移廷尉。"同时在责任上作了明确划分，"有令谳而后不当，谳者不为失"②。自此以后，司法实践中官吏不按法律条文而"遂其愚心"的风气，有了较大的改观，审判与用刑逐渐贯穿慎重原则，古代"五听三宥"的理想精神隐约再现。

要言之，汉初统治群体的立法思想以黄老学说为依托，在无为而治的

① 《汉书·景帝纪》。
② 《汉书·景帝纪》。

核心中融入德刑相济的理论，使以德化民、以刑止奸作为统一体的两个方面成为统治者的自觉意识。在这一意识的驱动下，革除前世遗留下来的苛法，提倡明法慎罚的精神，成为这一时期统治群体的立法思想与实践的最主要的内容。经过刑法的系列改革，代表秦朝苛法特征的轻罪重罚、诛杀无辜、告讦盛行，至汉初陡然一变，出现了“刑罚用稀”“告讦之俗易”①的局面。

第二节　西汉中期立法思想的儒家化

一、儒术至尊与立法理论的改铸

汉初七十年，在清静寡欲的黄老之学的支配下，几代帝王“无为而治”，终于使汉朝天下人给家足，经济强盛。但历史发展到西汉中期，统治者所直面的已不是以“清静寡欲”即可宽松治理的政治局面与社会现实。吴楚七国之乱的平定，并不昭示着来自地方威胁势力的消亡；财富的巨大积累，使得诸侯王得以拥兵自重，权力欲望最大化膨胀。与此同时，地方豪强也骄纵不法，武断乡曲；宗室贵族兼并土地，僭越制度，争相奢侈；在对外关系上，也呈现出“和亲”之策难以为继的态势。箝制、约束、扩张的政治欲望，已非崇尚无为的黄老之学所能承载，统治者的立法思想面临着新的挑战与抉择，新理论与新思想呼之欲出。

公元前140年，年仅16岁的汉武帝刘彻即位。早在少年时代，武帝就显现出了他早熟的政治决断天赋。景帝中六年（前144年），百姓防年杀死杀害自己父亲的继母。汉律规定，杀母以大逆论罪，廷尉据此判处防年大逆之罪，并上奏景帝。景帝颇感疑难，问身旁年仅12岁的太子刘彻。

① 《汉书·刑法志》。

太子认为：所谓继母如母，毕竟不同于亲生父母。只是因为父亲的缘故，才比之于母。如今继母亲手杀死防年之父，下手之时，母恩已经断绝，所以其罪与杀人同，不应判处大逆之罪。景帝纳其议。[①]武帝即位后，对黄老之学表现出反传统的冷淡，而对在黄老之学所构筑的宽松环境中得以发展上升的儒学，则流露出极大的兴趣。尽管笃信黄老之学的窦太后依旧恪守旧学，甚至伺机将武帝任用的儒者赵绾、王臧下狱，迫其自杀，还罢免了“隆推儒术，贬道家言”的丞相窦婴、太尉田蚡，任用质朴谨慎、不善言辞的石氏兄弟，但这并没有束缚住武帝对儒学的向往。

武帝建元元年（前140年），汉政府受武帝之令，在全国范围内选拔贤良方正、直言极谏的人才。武帝亲自出题，围绕古往今来的治国之道进行考试。在应试的一百多人中，长期潜心研究《春秋公羊传》的董仲舒三对武帝策问，以《春秋》大一统的核心辐射儒学，提倡尊儒隆礼，确立制度，推行教化。他提出的著名命题就是“诸不在六艺之科、孔子之术者，皆绝其道，勿使并进。邪辟之说灭息，然后统纪可一而法度可明，民知所从矣”[②]。董仲舒的对答深得武帝赞赏，多欲政治在大一统的命题下得到了最合理的解释；儒家积极入世的治道，也为跃跃欲试的少年天子开拓了新的前景。是年，当丞相卫绾建议遣返主张申不害、韩非、苏秦、张仪学说的贤良时，武帝当即批准。五年后，又以《诗》《书》《礼》《易》《春秋》为五部法定经典，设立五经博士传习。建元六年（前135年），以窦太后的去世为转折点，汉初七十年始终占主流思想地位的黄老学说终于淡出历史舞台。取而代之的是由董仲舒创建的以《公羊春秋》为主干，兼采阴阳、法、道、名诸家学说而成的新儒学。新儒学一出现便被定于一尊，成为此后中央集权国家一以贯之的正统思想。

儒学至尊局面的形成，除去政治、经济、文化的变革对新理论的呼唤

---

① 《通典·刑法四》。

② 《汉书·董仲舒传》。

日益急迫外，儒学自身发展的逻辑轨迹恰好进入成熟阶段，亦是其成因之一。汉初对统治者治国思想具有重要影响力的两位思想家陆贾与贾谊，在他们的思想与理论中都表现出了明显的儒学倾向。陆贾全部思想的核心就是“无为”，而达到无为的途径就是“怀仁仗义”，即仁义是为政的根本。他这样阐述仁义无所不容、无所不包的巨大功效：

阳气以仁生，阴节以义降，鹿鸣以仁求其群，关雎以义鸣其雄。《春秋》以仁义贬绝，《诗》以仁义存亡。乾坤以仁和合，八卦以义相承。《书》以仁叙九族，君臣以义制忠，《礼》以仁尽节，《乐》以礼升降。仁者道之纪，义者圣之学。学之者明，失之者昏，背之者亡。[①]

陆贾憧憬的“至德”社会是“老者息于堂，丁壮者耕耘于田。在朝者忠于君，在家者孝于亲”[②]，这无疑是儒家仁义得到极致发挥后产生的功效。生于西汉初年、为官于文景之治时期的贾谊，也力主礼义是治国之本，认为“道之以德教者，德教洽而民气乐。驱之以法令者，法令极而民风哀。哀乐之感，祸福之应也”[③]。他从隆礼思想出发，主张建立严格区分尊卑贵贱的等级制度，提出“黥劓之罪不及大夫”[④]的观点。贾谊认为尊贵者和卑贱者的法律地位是根本不同的，对君子应当运用廉耻礼节，“故有赐死而亡戮辱”；黥劓之刑则为小人而设，为尊君之故，对大臣不可施行黥劓之刑，不可“束缚之，系緤之”，也不可“输之司寇，编之徒官”，只能由君主废之，退之，灭之，赐之死。文帝闻后，深纳其言，“是后大臣有罪，皆自杀，不受刑”[⑤]。这一现象的产生，成为汉律儒法合流的显著标志。

① 《新语·道基》。
② 《新语·至德》。
③ 《汉书·贾谊传》。
④ 《汉书·贾谊传》。
⑤ 《汉书·贾谊传》。

先秦儒学在秦朝经历了短暂的沉寂后，于汉初经思想家的重新改造后被赋予了新的内容。前文所述的德刑相济理论的上升，正好说明了儒学的抬头与发展。至董仲舒推出“天人三策”后，儒学的发展已经具备了承载统治思想的职能，依托于中央集权政治权力的需求，它旋即跃上至尊之位。

获得主流思想地位的儒学，其国家观与法律观的核心就是“天人感应”，即将宇宙与人事纳入大一统的模式中和谐运行，由此得出合乎规律的解释，确保君主专制权力与社会统治秩序的有序发展。董仲舒继承先秦儒家“天人合一”的思想，确立“天者，百神之大君也”①的绝对权威地位，认为天是创造一切、支配一切的最高主宰，人的思想、意识、感情均与天适配。在此基础上，他提出“君权神授说”，协调了天、天子、天下的关系：“唯天子受命于天，天下受命于君子”②，“受命之君，天意之所予也”③。他的逻辑轨迹，就是君主施政立法，教化人民，均为承天意以从事；君主依靠天意确立起其绝对权威，“天不变，道亦不变”，要求人们顺从天意的化身——君主的统治。与此同时，董仲舒也认为天有“谴告”的能力，告诫君主必须顺从天意行事，不要过于残暴，提出了君制民而受制于天的命题：

臣谨案《春秋》之中，视前世已行之事，以观天人相与之际，甚可畏也。国家将有失道之败，而天乃先出灾害以谴告之，不知自省，又出怪异以警惧之，尚不知变，而伤败乃至。以此见天心之仁爱人君而欲止其乱也。④

---

① 《春秋繁露·郊语》。
② 《春秋繁露·为人者天》。
③ 《春秋繁露·深察名号》。
④ 《汉书·董仲舒传》。

"天人感应"理论核心的铸定，为西汉中期立法原则及理论的提出与确立，提供了广阔的法理背景。

"三纲五常"是于此时确立并为后世因袭继承的最基本的立法原则。"三纲"指三种纵向的道德规范。董仲舒在《春秋繁露·基义》中，第一次划分了它的范畴：

天为君而覆露之，地为臣而持载之，阳为夫而生之，阴为妇而助之，春为父而生之，夏为子而养之，秋为死而棺之，冬为痛而丧之。王道之三纲，可求于天。

他还进一步区分了天人之间等级明确的主从关系："天子受命于天，诸侯受命于天子，子受命于父，臣妾受命于君，妻受命于夫。"[①] 在这里，天地与君臣，阳阴与夫妇，春夏与父子和谐匹配，人事在宇宙自然间寻求到了永恒不变的对应关系，君为臣纲，父为子纲，夫为妻纲成为"可求于天"的王道三纲。"五纲"是维系三纲的横向的道德规范，董仲舒认为它是王者所当修饬的"五常之道"，即仁、义、礼、智、信。在论证治国及为君之道时，董仲舒提出了三条基本原则：一是君王要恭敬地承受天意，顺从天命；二是对下务必要彰明教化，感化百姓；三是要端正法度原则，区别上下序列，防止欲望的产生，而端正法度原则的根本，就是要将三纲五常的精神注入法律之中，使国家、社会、人们遵循这一原则运作，使君臣上下、父子夫妇、耆老长幼之间具有法定的行为和意识规范，使神权、皇权、族权、夫权获得永恒的合理性。在此立法原则的指导下，汉中期的立法由简趋繁，由宽至严，反映了充满儒家伦常道德精神的立法原则作用于法律后的必然结果；亏礼废节的"不敬""不孝"罪的张扬，表明法律已经具有以三纲五常规范人们言行的强制功能；危害皇权、危害中央集权罪名的膨

① 《春秋繁露·顺命》。

胀，证明“君为臣纲”是最重要的立法渊源。

由“天人感应”内核派生出的“德主刑辅”说，则是汉中期奠定的最重要的立法理论基础，它绵延贯穿了这以后整个专制主义社会的漫长时期。

“德主刑辅”的理论渊源是西周时期的“明德慎罚”主张，经先秦儒家发展为“为政以德”，汉初经陆贾与贾谊的融合，“德刑相济”成为其流变的第三个阶段。至董仲舒时，则提出了“德主刑辅”“大德小刑”的系统学说。他通过天道阴阳，论证了德刑关系：

天道之大者在阴阳。阳为德，阴为刑，刑主杀而德主生。是故阳常居大夏，而以生育养长为事；阴常居大冬，而积于空虚不用之处。以此见天之任德不任刑也。天使阳出布施于上而主岁功，使阴入伏于下而时出佐阳；阳不得阴之助，亦不能独成岁。终阳以成岁为名，此天意也。王者承天意以从事，故任德教而不任刑。刑者不可任以治世，犹阴之不可任以成岁也。为政而任刑，不顺于天，故先王莫之肯为也。①

董仲舒将德刑生杀与阳阴夏冬相配，力图以自然、宇宙的运行规律印证人类与社会的统治模式：正如天只有“阴”而不能成其为“岁”，治国不可专任刑罚；“阳”是岁成的关键，所以德教才应当成为治国的主要手段；然而阳没有阴的辅助，也不能独立成岁，德教与刑罚的关系如同“天出阳”而“暖暑居百”，“地出阴”而“清寒居一”②，因此根据天意，德主刑辅、大德小刑便是最优化的选择，圣人应当“多其爱而少其严，厚其德而简其刑，以此配天”③。

① 《汉书·董仲舒传》。
② 《春秋繁露·基义》。
③ 《春秋繁露·基义》。

德主刑辅的理论确立后，董仲舒对德刑的适用对象也作了进一步的论证。他首先将人按“五号”[①]划分，即天子、诸侯、大夫、士、民，然后区分了他们的职责与义务：天子应当视天如父，以孝道侍奉上天；诸侯应当恭谨地侍奉天子；大夫应当深化忠信礼义，使善行超越一已之身；士是具体事物的从事者，百姓则是顽瞑不化者。以此为基础，他又根据人性将人划分为三品：“名性不以上，不以下，以其中名之”[②]，“圣人之性不可以名性，斗筲之性又不可以名性，名性者中民之性”[③]。在这三种人性中，天子属圣人之性，具有“循三纲五纪，通八端之理，忠信而博爱，敦厚而好礼”[④]的圣人之善，是德教的化身，其人性至高完美。百姓天生性恶，见识短浅，属于“斗筲之性”，其人性难以教化。唯有居于天子与百姓之间的中间阶层属于“中民之性”，“中民之性如茧如卵，卵待覆二十日而后能为雏，茧待缫以涫汤而后能为丝，性待渐于教训而后能为善”[⑤]。因此具有圣人之性的天子，对“中民之性”者应当施行教化，导之以善，注重德教而少用刑罚，促使其从善；对“斗筲之性”者则应当用刑罚制裁，通过刑罚制裁强化权力的威慑力。

董仲舒提出的三纲五常与德主刑辅的立法原则及立法理论，为统治群体的立法治国提供了重要的决策指导，引导律令体系逐步完成儒法合流的改造。他创立的“五号”与“性三品”说，是自贾谊提出“刑不上大夫”说后，从理论上进一步深化了等级秩序制，明确了德主刑辅的适用对象，为此后法律制度中“法有等差”的立法原则，提供了严密细致的理论论证，深刻地影响了立法者与执法者的思想。汉代“上请”制度的完善与汉末兴起的“八议”之说，就是这一理论指导立法与司法实践

① 《春秋繁露·深察名号》。
② 《春秋繁露·深察名号》。
③ 《春秋繁露·实性》。
④ 《春秋繁露·深察名号》。
⑤ 《春秋繁露·实性》。

后所产生的直接效果。

二、司法则时

汉中期立法思想儒家化的另一个显著特点，就是秋冬行刑、司法则时的思想寻求到了强有力的理论支持，成为执法官吏自觉遵守的制度。

在中国传统的阴阳思想中，由于阴具有静、重、柔、冷、暗，阳具有动、轻、刚、热、明的属性，二者交合生成万物，二者消长形成四季，所以自然宇宙、万事万物无不以时令体现其属性，观照其本质。由阴阳思想衍化出的司法则时说，在先秦时就有明确反映。战国末秦国丞相吕不韦主持编著的《吕氏春秋》中的“十二纪”，就是以阴阳五行为指导，阐明了四季十二月的自然现象与休养生息、发布政令的关系。如《孟春》《仲春》《季春》三篇专谈养生，《孟夏》《仲夏》《季夏》三篇论宽厚施教，《孟秋》《仲秋》《季秋》的主旨则是惩治罪恶，征伐不义。汉初黄老学派的代表作《淮南子》对其做了进一步的阐发：

正月……仲春之月，……命有司省囹圄，去桎梏，毋笞掠，止狱讼。

三月……孟夏之月，……决小罪，断薄刑。

四月……仲夏之月，……挺重囚，益其食。

六月……孟秋之月，……求不孝不悌，戮暴傲悍而罚之，以助损气。……命有司修法制，缮囹圄，禁奸塞邪，审决狱，平词讼。

七月……仲春之月，……命有司申严百刑，斩杀必当，无或枉挠。决狱不当，反受其殃。

八月……季秋之月，……乃趋狱刑，毋留有罪。

九月……孟冬之月，……命有司修群禁，禁外徙，闭门闾，大搜客。断罚刑，杀当罪，阿上乱法者诛。

十月……仲冬之月，……急捕盗贼，诛淫泆诈伪之人。

十二月……其令曰：审用法，诛必辜，备盗贼，禁奸邪。[1]

在上述“四时寒暑，十二月常法”中，除季春二月与季夏五月外，其余每月都与决狱、处刑、理囚有关。总体上是春夏之际，应当停止狱讼，释放重囚，解除刑具，修缮囹圄，以应合生养万物的时气。秋冬之际，应当申严百刑，公平决狱，从快处断，急捕盗贼，诛杀阿上乱法者，以顺应万物肃杀的季节。

汉中期，这种阴阳时令思想被董仲舒加以更形象精细的论述后，以秋冬行刑为标志的司法则时说获得了更有力的理论支持。董仲舒在《春秋繁露 · 阳尊阴卑》中，详细论述了春夏主生养，秋冬主杀伐的自然宇宙观：

人生于天而取化于天，喜气取诸春，乐气取诸夏，怒气取诸秋，哀气取诸冬，四气之心也。四肢之名各有所处，如四时；寒暑不可移，若肢体。肢体移易其处，谓之壬人；寒暑移易其处，谓之败岁；喜怒移易其处，谓之乱世。明主正喜以当春，正怒以当秋，正乐以当夏，正哀以当冬。……是故春气暖者，天之所以爱而生之；秋气清者，天之所以严而成之；夏气温者，天之所以乐而养之；冬气寒者，天之所以哀而藏之。……故四时之行，……阴阳之理，圣人之法也。阴，刑气也；阳，德气也。阴始于秋，阳始于春。

董仲舒的这段论述，逻辑关系十分严谨。他首先将人类的喜怒哀乐四气与自然界的春夏秋冬四季结合，其次将人体四肢的不可移易与四季时令的规律运行相比，阐述暖、清、温、寒四气所蕴含着的人类情感与社会统治方式，最后将刑德比作阴阳，阴始于秋，阳始于春，秋冬行刑的结论不言而喻。

在汉代，秋冬主杀伐的思想不只是停留在理论的论证与完善上，它在

① 《淮南子 · 时则训》。

事实上已经制度化、法律化，成为指导司法实践的重要规范。湖北江陵张家山汉墓出土的《奏谳书》，计有春秋至西汉初期的案例 20 余件。其中西汉案例占 16 件，年代均为高祖时期。[①] 根据有纪年的案例可见，地方官吏向廷尉呈报奏谳案例的月份，全部是在七至十二月之间，尤以七、八月居多。这表明“乃趋刑狱，毋留有罪”“断刑罚，杀当罪”的思想，至少在汉初就已经渗透到司法制度中，官吏们无不奉此行事。

汉中期，秋冬行刑的思想更加深入人心，纵是酷吏也不敢违制行刑。武帝元狩四年（前 119 年）九月，广平都尉王温舒调任河内太守，到任后即行捕治郡中豪猾，决狱行刑，“大者至族，小者乃死”，以至郡中血流十余里。行刑持续到十二月底，郡中已“无犬吠之盗”。次年立春，照例停刑，王温舒顿足叹道：“嗟乎，令冬月益展一月，足吾事矣！”[②] 意谓如果冬季再延长一个月，就能将罪人盗贼全部杀完。由此可见，当时的行刑期为季秋九月至立春正月。宣帝甘露元年（前 53 年），京兆尹张敞受杨恽大逆不道案牵连而被弹劾。当时张敞派手下官吏絮舜调查某事，但絮舜却私自回家，并称：“吾为是公尽力多矣，今五日京兆耳，安能复案事？”张敞闻后，立即将絮舜逮捕入狱。此时距冬月之末仅数日，官吏对絮舜昼夜审讯，织成死罪。临刑前，张敞派人对絮舜道：“五日京兆竟何如？冬月已尽，延命乎？”随后将其处死。立春正月，朝廷派出使者调查冤案，絮舜家属控告张敞，张敞被贬为平民。[③] 又据《汉书·刘向传》记载：

上复兴神仙方术之事，而淮南有枕中《鸿宝》、《苑秘书》。书言神仙使鬼物为金之术，及邹衍重道延命方，世人莫见，而更生父德武帝时治淮南狱得其书。更生幼而读诵，以为奇，献之，言黄金可成。上令典尚方铸

---

① 彭浩:《谈〈奏谳书〉中的西汉案例》，载《文物》1993 年第 8 期。

② 《汉书·酷吏传·王温舒》。

③ 事见《汉书·张敞传》。

作事，费甚多，方不验。上乃下更生吏，吏劾更生铸伪黄金，系当死。更生兄阳城侯安民上书，入国户半，赎更生罪。上亦奇其材，得逾冬减死论。

这里的“逾冬减死论”，颜师古注引服虔曰：“至春行宽大而减死罪。”以上三件事例，清楚说明司法则时已经从思想观念上升为法律制度，成为汉代官吏履行司法职责时必须遵循的原则。《续汉书 · 百官志五》：“凡郡国皆掌治民，……秋冬遣无害吏案讯诸囚，平其罪法。”证明地方官吏在处理日常政务时，秋冬审囚决狱是其基本职责之一。

发端于阴阳思想的司法则时说，经董仲舒详细论述后，以更厚重的理念内涵向后世延续，成为汉代人共同遵奉的法律观念。王莽篡政，“春夏斩人于都市”，引起人们极大的震恐，人人“道路以目”。王莽最终被送上断头台的罪状之一，就是“不顺时令”。东汉章帝元和年间，发生于高层决策群体中的一场关于司法则时的争论，将儒家的这一立法与司法主张演绎得更加精致缜密。元和二年（85 年），章帝根据《礼纪 · 月令》冬至后的有关记载，即只有顺应阳气，助长生养的要求，而没有鞠狱断刑的政令，又咨询儒者，稽查典籍，认为王者应当顺应时气施行生杀，为此改定法律，规定判决处刑只能在十月进行，而不得在十一、十二月进行。其令曰：

律十二月立春，不以报囚。《月令》冬至之后，有顺阳助生之文，而无鞠狱断刑之政。朕咨访儒雅，稽之典籍，以为王者生杀，宜顺时气。其定律，无以十一月、十二月报囚。①

在此之前，汉代论处死刑犯的期限一直是三冬之月（十、十一、十二），章帝改律，则将其压缩为冬初十月。是年天气大旱，长水校尉贾宗等人上奏，认为不在三冬之月决狱，导致阴气微弱，阳气发泄，旱灾降

① 《后汉书 · 章帝纪》。

临，“旱之所由，咎在改律”，请求恢复旧律。章帝将奏章交付公卿大臣讨论。尚书陈宠认为：《月令》说“孟冬之月，趋狱刑，无留罪”，表明死刑应当在立冬执行完毕；又说“仲冬之月，身欲宁，事欲静”，若在此月降临威怒，不可称作“宁”，执行死刑，不可称作“静”。况且在元和以前，于三冬之月执行死刑，水患灾害也时有发生，可见灾害降临的原因不是改律，对改律不必心存疑虑。章帝采纳其议，不再恢复旧律。[①] 这次论争最显著的特点，就是双方都高扬儒家“通三统”的学说，在顺应时令的前提下，寻求更完美的司法结合点，因此不存在根本分歧。

秋冬行刑、司法则时的原则源远流长，唐律中“立春后不决死刑”的规定与明清律中“热审”“秋审”制度，均与其一脉相承，成为中国古代立法思想与司法制度中独具特色的内容。

三、《春秋》决狱

随着儒家思想对法律的渗透，一种以儒家经义为指导思想的审判方式也在汉中期产生，这就是《春秋》决狱。

董仲舒是《春秋》决狱的倡导者。《汉书·艺文志》载有“《公羊董仲舒治狱》十六篇”，《后汉书·应劭传》亦载：“董仲舒老病致仕，朝廷每有政议，数遣廷尉张汤亲至陋巷，问其得失。于是作《春秋决狱》二百三十二事。”由此可以推知，《春秋决狱》的内容并非董仲舒拟设撰写，而是有来自当时司法实践的事件、案例作为素材，经综合提炼、比附经义后写成。《春秋决狱》成书后，是否作为司法官吏的必读教科书而流行于世，目前尚无史料可以证明。但是从该书的体例形式看，它具有很强的实务性与指导性。如下例：

时有疑狱曰：甲无子，拾道旁弃儿乙，养之以为子。及乙长，有罪杀人，

① 《后汉书·陈宠传》。

以状语甲，甲藏匿乙。甲当何论？仲舒断曰：甲无子，振活养乙，虽非所生，谁与易之。《诗》云：螟蛉有子，蜾蠃负之。《春秋》之义，父为子隐，甲宜匿乙。诏：不当坐。①

这种答问式的解疑与“何论”用语，与法律实务书秦简《法律答问》十分相似，② 和官吏决狱指南汉简《奏谳书》也体例相同，所不同的只是一为“律云”，一为“《诗》云”。“诏：不当坐”一句，更证明当时确有此类案件发生，而且皇帝还为此做出判决。法律答问在秦时即已形成制度。《商君书 · 定分篇》：“诸官吏及民有问法令之所谓者，于主法令之吏，皆各以其故所欲问之法令明告之。各为尺六寸之符，明书年月日时，所问法令之名，以告吏民。”由这一制度形成的习惯，不仅在《春秋决狱》中得到了延伸，而且在宣帝时期召开的石渠阁会议中也得到了反映：

问：父卒母嫁，为之何服？

萧大傅云：当服周。为父后，则不服。

韦玄成以为，父没则母无出义。王者不为无义制礼。若服周，则是子贬母也，故不制服也。

宣帝诏曰：妇人不养舅姑，不奉祭祀，下不慈子，是自绝也。故圣人不为制服，明子无出母之义。玄成议是也。③

甚至唐代的《唐律疏议》，不妨也可看作法律答问形式的延续。④ 此外，《宋史 · 艺文志》记有《春秋决狱》一书，表明是书其时尚存。流传得久远，

---

① 《通典 · 礼二十九》。

② 参见邢义田：《秦汉的律令学——兼论曹魏律博士的出现》贰，载《历史语言研究所集刊》54：4。

③ （清）马国翰辑：《玉函山房辑佚书 · 经编》之《石渠礼论》。

④ ［日］冨谷至：《古代中国的刑罚》第三章“缘心定罪”，日本中央公论社 1995 年版。

本身就说明了此书的价值及影响力所在。汉代朝臣于议案决案之际，多所引用经义，足见《春秋决狱》的深度影响。因此《春秋决狱》决不仅仅是一部经学著作，它既然是一部以经义代替法律的判例集，便具有指导法律实务的功能。

《春秋决狱》今已亡佚，仅存数则散见于《通典》《太平御览》《艺文类聚》。不过在成书之际的汉中期，由于统治者对经学的推崇与董仲舒对司法实践的实际参与，《春秋决狱》产生了很大的影响，成为流行于世的审判方式。《汉书・五行志上》记载，武帝建元六年（前 135 年），董仲舒曾以《春秋》之道论述“僭礼之臣可以去”，指出“在外而不正者，虽贵如高庙，犹灾燔之，况诸侯乎！在内不正者，虽贵如高园殿，犹燔灾之，况大臣乎！此天意也”。元狩元年（前 122 年）淮南王刘安谋反案发，武帝忆起董仲舒此语，即派其弟子吕步舒前往审理。吕步舒按照《春秋》“颛（专）断于外”的要义，不顾“上请”制度，处死数万人，得到武帝的赞许。张汤任廷尉时，请博士弟子研习《尚书》《春秋》，然后补官廷尉史，“平亭疑法”；又任倪宽为奏谳掾，以古法义决疑狱，颇得重视。武帝征和二年（前 91 年），巫蛊大狱起，卫太子受诬兵变，最后自杀。后元元年（前 88 年），武帝少子刘弗陵即位，是为昭帝。发生于始元五年（前 82 年）的假冒戾太子案及隽不疑的决断，为《春秋》决狱的运用提供了一个成功的范例：

始元五年，有一男子乘黄犊车，建黄旐，衣黄襜褕，著黄冒，诣北阙，自谓卫太子。公车以闻，诏使公卿将军中二千石杂识视。长安中吏民聚观者数万人。右将军勒兵阙下，以备非常。丞相御史中二千石至者并莫敢发言。京兆尹（隽）不疑后到，叱从吏收缚。或曰：“是非未可知，且安之。”不疑曰：“诸君何患于卫太子！昔蒯聩违命出奔，辄距而不纳，《春秋》是之。卫太子得罪先帝，亡不即死，今来自诣，此罪人也。”遂送诏狱。[①]

① 《汉书・隽不疑传》。

昭帝与大将军霍光闻后，赞道："公卿大臣当用经术明于大谊。"[①]后经廷尉验治，来者果然系湖县男子张延年假冒。

需要指出的是，当汉朝统治者对立法思想作了重大修正后，思想对法律的渗透往往通过诏令这一法律载体实现，对成文法典还没有能够全面引礼入律。因此当遇到疑难案件，现行律条不足以征引为据，特别是经义与法律发生冲突时，经义便承担起了法律的功能，在法典之外构筑成细密的法律解释权。《春秋》决狱在汉代官员中的流行，正是体现了经义对法律的主动渗透，法律与经义的双向融合。

由于《春秋》是一部"上明三王之道，下辨人事之纪，别嫌疑，明是非，定犹豫，善善恶恶，贤贤贱不肖"的"礼义大宗"[②]之著作，所以特别强调礼的作用与规范，强调"礼禁于未然之前"的道德法则，由此在"善善恶恶，贤贤贱不肖"时，特别重视支配行为的主观动机是否符合礼的道德法则。这一基本的价值观念被运用于决狱审判之中，便形成了《春秋》决狱的基本原则——原心定罪。董仲舒对此解释道："《春秋》之听狱也，必本其事而原其志。志邪者不待成，首恶者罪特重，本直者其论轻。"[③]这就是说按照《春秋》经义审狱，一定要根据案情追究犯罪者的动机。动机邪恶者即使未成其罪也要治罪，首恶者罪最重，动机善良者则应从轻处罚。对此《盐铁论》一言以蔽之："故《春秋》之治狱，论心定罪。志善而违于法者免，志恶而合于法者诛。"[④]在这里，"心""志"是同一概念，定义就是犯罪的主观条件，包括动机、目的及心理状态；区别"邪""直""善""恶"的准绳，则是具有普遍约束力的人伦道德。依据这一准绳，决狱的结果也泾渭分明：凡是主观上符合道德规范，即使违犯了法律也可以免罪，反之

---

① 《汉书·隽不疑传》。

② 《史记·太史公自序》。

③ 《春秋繁露·精华》。

④ 《盐铁论·刑德》。

即使符合法律也应当惩罚，首恶者的罪行尤为重大。哀帝时由薛况伤人案引起的一场争论，为“原心定罪”的实际运用提供了标准示范。

哀帝即位之初，博士申咸劾奏丞相薛宣不孝，不应再在朝廷列位。薛宣之子薛况闻知，便收买了食客杨明，授意创伤申咸面目，使之退出朝廷。当时正好司隶校尉缺员，薛况担心申咸就任后举奏薛宣，就让杨明在宫门外砍伤申咸。案发后，有关官员就此展开争论。御史中丞认为：按照《春秋》的要义，“首恶功遂，不免于诛”，薛况是首谋者，杨明是实施者，二人的动机后果均属邪恶大不敬，因此应当量刑弃市。廷尉则认为：汉律规定，用刃斗、伤人，处以完城旦刑，重度伤害则加重处罚。《春秋》之义，“原心定罪”。推原薛况的动机，是因为父亲受到诽谤而心生怨恨，并没有其他大恶，所以应当处以完城旦刑。最后薛况减罪一等，徙往敦煌；薛宣免为庶人，回归故里。[①]

在争论过程中，令人注目的是双方都运用了“原心定罪”的原理，以此推原罪犯是否属于“志恶”。御史中丞强调“首恶功遂”“功意俱恶”，即首谋者与实施者在动机上没有差别，都犯了大不敬罪。廷尉则以《春秋》经义比附法律，推原薛况的犯罪动机不属于大不敬罪限定的首恶，只是因私伤害，和普通百姓争斗没有不同，如果以大不敬治罪，便抹杀了公私罪的区别。应当说，廷尉的推原更贴近“原心定罪”的精髓。因为薛况的犯罪起因是父亲受到诽谤，从维护孝道考虑，其主谋只不过是“小过”，谈不上“大恶”。“志”既然无大恶，自然不能处以极刑。廷尉的主动，在于更准确地把握了“志恶”的界限，并使经义与法意相得益彰。

在“原心定罪”总原则的指导下，支配人们“心”“志”的人伦道德理念也相应定位，这就是君臣父子之义。《史记·太史公自序》中的一段记述，对《春秋》之义做了高度概括：

---

① 事见《汉书·薛宣传》。

《春秋》文成数万，其指数千。万物之散聚皆在《春秋》。……故有国者不可以不知《春秋》，前有谗而弗见，后有贼而不知。为人臣者不可以不知《春秋》，守经事而不知其宜，遭变事而不知其权。为人君父而不通于《春秋》之义者，必蒙首恶之名。为人臣子而不通于《春秋》之义者，必陷篡弑之诛，死罪之名。其实皆以为善，为之不知其义，被之空言而不敢辞。夫不通礼义之旨，至于君不君，臣不臣，父不父，子不子。夫君不君则犯，臣不臣则诛，父不父则无道，子不子则不孝。此四行者，天下之大过也。以天下之大过予之，则受而弗敢辞。故《春秋》者，礼义之大宗也。

毫无疑问，君臣父子之义是贯穿《春秋》的最高纲领。《春秋》决狱的根本，就是要求人们用君臣父子之义去评判是非，决断善恶。近人程树德所著《九朝律考 · 汉律考》，专辟“春秋决狱考”一节，集成了汉代以《春秋》决狱的案例。这些案例具体体现了在君臣父子之义这一最高纲领的支配下，人们在以《春秋》决狱时所遵循的基本原则。

如果说君臣父子之义是“原心定罪”的评判标准，维护专制主义下的皇权不可侵犯，则是君臣父子之义的核心所在。鲁庄公三十二年七月，鲁庄公之弟因怀篡逆之心而被鸩杀，《春秋》记此事为“秋七月癸巳，公子牙卒”。《公羊传》据此阐释出一条重要的“春秋之义”，即“君亲无将，将而诛焉”。意指君主的亲人与大臣不得有篡逆之心，如有篡逆之心，将被诛杀。汉代人援引这条经义决断谋反大案，纵是“君亲”大臣也难以得到法律的庇护。武帝时淮南王刘安举兵谋反，未遂自杀；哀帝时丞相王嘉以欺君罔上罪下狱致死；东汉明帝时樊儵奏请诛杀犯有祝诅罪的广陵王刘荆，即为明证。总观汉代的谋反叛逆案不胜枚举，危害皇权的罪名细密庞杂，其产生与“君亲无将，将而诛之”的观念有密切关系。与这一原则主旨相同的，还有“奸以事君”，“常刑不赦”。“奸以事君”出自《左传 · 襄公二十六年》，“常刑不赦”见昭公二十五年，意指以奸邪之心侍奉君主，难以得到刑罚的赦免。西汉哀帝时，谏大夫龚胜等人即以此弹劾傅皇后之父傅晏“干乱朝政”，罪为不道。此外像“诸侯不得专地”[①]“王者无外”[②]等，也是根据《春秋》之义确立的原则。由于《春秋》的基本精神是“是非二百四十二年之中，以为天下仪表。贬天子，退诸侯，讨大夫，以达王事而已矣”[③]，为汉代高层统治群体的专制主义政治提供了保障模式，因此汉代人往往就此拿来，奉为治狱的基本原则，甚至不惜以经坏法。

作为君臣之义的延伸，父子之义则是维系家族内部道德规范的准绳。父子之义的核心是“亲亲之道”。鲁庄公三十二年，觊觎君位的庄公同母之弟庆父指使仆人邓扈乐杀死庄公之子子般，随后又杀死邓扈乐，令其承担罪责。正执鲁国之政的庄公之弟季友闻听此事后，深知凭借邓扈乐的力量，不可能独自弑子般，但又不忍心使兄长陷罪，最终未深究其事。《公羊传》据此阐释道：“既而不可及，因狱有所归，不探其情而诛焉，亲亲之道也。”[④]“亲亲之道”在法律上的反映就是“父为子隐”。《论语·子路》：“叶公语孔子曰：‘吾党有直躬者，其父攘羊而子证之。’孔子曰：‘吾党之直者异于是：父为子隐，子为父隐，直在其中矣。’”董仲舒秉承其说，在《春秋决狱》中直接提倡“父为子隐”，主张儿子杀人，父亲可以隐匿而不使坐罪。汉时，与“君亲无将，将而诛焉”是统治者立法思想的渊源之一相同，“父为子隐”也成为皇帝用儒家伦理补充法律的一个重要的理论依据。汉宣帝前，汉律对首匿罪（主谋藏匿罪犯）的处罚较重。尤其是武帝时期，“军役数兴，豪杰犯禁，奸吏弄法，故重首匿之科”[⑤]。当时对首匿罪尚未作具体划分，如元狩五年（前 118 年），临汝侯灌贤“坐子伤人首匿，免”[⑥]。至宣帝地节四年（前 66 年），第一次对首匿对象与范

① 《汉书·匡衡传》。
② 《汉书·终军传》。
③ 《史记·太守公自序》。
④ 《春秋公羊传·闵公元年》。
⑤ 《后汉书·梁统传》。
⑥ 《汉书·高惠高后文功臣表》。

围做了重要区分："自今子首匿父母，妻匿夫，孙匿大父母，皆毋坐。其父母匿子，夫匿妻，大父母匿孙，罪殊死，皆上请廷尉以闻。"[①]该令规定：儿子隐匿父母，妻子隐匿丈夫，孙子隐匿祖父母，均不坐罪；尊者隐匿犯死罪卑者，必须上报廷尉审决。自此，"亲亲相隐"的原则获得法律保护，除谋反、恶逆罪外，其适用对象不断扩大，一直贯穿于这以后漫长的专制主义的法制建设之中。

《春秋》决狱是中国古代法制发展史中的一个特殊现象，它依托淳厚的文化背景而产生，是汉儒"通经致用"的一个重要的价值取向，也是经义向法律渗透的必然结果。在司法实践中，它往往以缜密而又符合人情的理念析理辨义，推本溯源，努力展现人们的动机、心理，强调"心""志"的善恶，从而对法律的不当运用及无序泛滥起到一定的抑制作用。如《春秋》决狱主张"罪止首恶""恶恶止其身"，这在刑法原理上不失其合理积极的一面。又如《春秋决狱》佚文：

甲父乙与丙争言相斗，丙以佩刀刺乙，甲即以杖击丙，误伤乙，甲当何论？或曰殴父也，当枭首。论曰：臣愚以父子至亲也，闻其斗，莫不有怵怅之心，扶杖而救之，非所以欲诟父也。《春秋》之义，许止父病，进药于其父而卒，君子原心，赦而不诛。甲非律所谓殴父，不当坐。[②]

误伤父而以殴父论，并处以枭首之刑，定罪量刑显然不当，董仲舒以《春秋》经义纠正了这一偏颇。以此意义甚至可以说，《春秋》决狱为汉代的司法实践注入了合乎理性的因素。"董仲舒表《春秋》之义，稽合于律"[③]，"孝武之世，……惟江都相董仲舒，内史公孙弘，倪宽居官可纪。三人皆

① 《汉书·宣帝纪》。
② 《太平御览》卷六四〇。
③ 《论衡·程材》。

儒者，通于世务，明习文法，以经术润饰吏事，天子器之”[1]。王充与班固的评论，说明汉儒以《春秋》改造汉律，目的并非要以经义取代法律，而是要援礼入律，“以经术润饰吏事”，寻求经义与法律的理性结合点，在法律上实现“通经致用”的理想。然而《春秋》决狱又是一个矛盾体。它在合乎理性而存在的另一面，往往包含着非理性的危险。“志恶而合于法者诛，志善而违于法者免”，过分强调动机意图，致使法律有时会依附经义而存在，法律的公平、公正功能流于空泛，对法律的解释也易于陷入主观主义的怪圈。“原心定罪”无视犯罪行为已遂与未遂的区别，一律科以刑罚，开意识犯罪之先例。尤其是“志恶”的认定，稍一失度即入酷滥。武帝时大司农颜异以“腹诽”罪判处死刑，即可视为“原心定罪”的流弊。

《春秋》决狱在汉代鼎盛一时，魏晋时遗风犹存。《魏书·刑罚志》载，北魏太武帝太平真君六年（445 年）春，“以有司断法不平，诏诸疑狱皆付中书，依古经义论决之”。至唐，以“一准乎礼”的《唐律》之产生为标志，儒家经义全面完成了对成文法的改造，法律成为经义的载体，《春秋》决狱遂失去其功效而消亡。

第三节　东汉时期立法思想儒家化的加强

一、经学法典《白虎通义》

汉章帝建初四年（79 年），标志着儒家立法思想法典化的一次重要会议在洛阳北宫白虎观召开，这便是著名的白虎观会议。白虎观会议和西汉昭帝时期的盐铁会议、宣帝时期的石渠阁会议共同演进了两汉儒学的法典化进程，最终由白虎观会议集其大成。

---

① 《汉书·循吏传》。

汉武帝时期，在《公羊春秋》“大一统”精神的统摄下，崇尚法制成为武帝多欲政治的重要组成部分，其外在形式就是任用酷吏，严刑峻法，法治天下。但对法制的过分依赖，不仅使法律条文的数量急剧增加，令“典者不能遍睹”，而且还造成了“奸吏因缘为市，所欲活则傅生议，所欲陷则予死比”[①]的司法黑暗现象。德主刑辅法律思想对现实的驾驭失控，令崇尚经学的贤良文学忧心忡忡。公元前 87 年，汉武帝去世，次年昭帝即位。始元六年（前 81 年），昭帝令丞相车千秋、御史大夫桑弘羊召集郡国贤良文学六十余人来到京师，询问百姓疾苦，商讨治国大策。在会议上，桑弘羊、车千秋与贤良文学就盐铁官营、对外战争、德刑关系等重大问题展开论战，儒法两家思想第一次形成正面交锋。

作为本次会议的重要议题之一，德刑关系是双方论战的焦点所在。《盐铁论 · 刑德》及有关篇章记载了双方针锋相对的观点。

1. 法治还是德治。桑弘羊认为：法令是教育百姓、惩罚奸邪的工具，法令严密百姓就会谨慎，法制健全奸恶就会禁止，“刑一恶而万民悦，虽周公、孔子不能释刑而用恶”[②]。反之，法网疏阔就会使罪人逍遥法外。这正如“千仞之高，人不轻凌，千钧之重，人不轻举”[③]一样，只有加重对犯罪行为的惩罚，人们才不会轻易犯法，才能减少犯罪现象。文学则以“昭乎如日月”“旷乎若大路”的王者法制为理想，以“繁于秋荼”“密于凝脂”的秦法为借鉴，强烈抨击当今断狱众多、罪犯滋生的现实，认为这正是倚重法律所致：“方今律令百有余篇，文章繁，罪名重，郡国用之疑惑，或浅或深，自吏明习者不知所处，而况于愚民乎！律令尘蠹于栈阁，吏不能遍睹，而况愚民乎！”[④]文学归纳奸邪兴起、诈伪横行的真正原因不是设法太

① 《汉书 · 刑法志》。
② 《盐铁论 · 后刑》。
③ 《盐铁论 · 刑德》。
④ 《盐铁论 · 刑德》。

轻，而是德教被废，礼义被毁。由此文学主张尚德除刑，并提出了“志善而违于法者免，志恶而合于法者诛”的论心定罪原则。

2. 德刑则时。文学重新推出董仲舒的阴阳四时理论，阐明尚德除刑的主张：“始江都相董生推言阴阳，四时相继，父生之，子养之，母成之，子藏之。故春生仁，夏长德，秋成义，冬藏礼，此四时之序，圣人之所则也。刑不可任以成化，故广德教。”[①] 对此桑弘羊反驳道：“春夏生长，利以行仁。秋冬杀藏，利以施刑”，“秋冬行德，是谓逆天道”。[②] 针对桑弘羊的反驳，文学再次强调德主刑辅、前德后刑的观点：“天道好生恶杀，好赏恶罚，故使阳居于实而宣德教，阴藏于虚而为阳佐辅。阳刚阴柔，季不能加孟。此天贱冬而贵春，申阳屈阴。故王者南面而听天下，背阴向阳，前德而后刑也。……由此观之，严刑以治国，犹任秋冬以成谷也。故法令者治恶之具也，而非至治之风也。是以古者明王茂其德教，而缓其刑罚也。”[③]

3. 执法官吏。桑弘羊认为刑罚是国家的“维楫”，执法者是国家的“辔衔”，“辔衔不饬，虽王良不能以致远”。他指出：韩非十分痛恨君主为愚儒的巧言令色所迷惑，以致怀疑贤士的谋略，将浮华邪恶之人置于立功务实者之上。如此想求取国家的安定，犹如舍弃台阶而想登高，没有辔衔却想制服悍马一样毫无可能。文学则以“昔吴使宰嚭持轴而破其船，秦使赵高执辔而覆其车”[④] 为例，指出废弃仁义之术而任用刑名之徒，就是重蹈吴、秦覆辙，因此“为君者法三王，为相者法周公，为术者法孔子，此百世不易之道”[⑤]。

在儒法两家思想的正面冲突交锋中，崇尚法制，务实求功的桑弘羊阐述刑法原理，重视刑法功能，文学则强化德教功效，力主尚德去刑。公卿

---

① 《盐铁论·论灾》。
② 《盐铁论·论灾》。
③ 《盐铁论·论灾》。
④ 《盐铁论·刑德》。
⑤ 《盐铁论·刑德》。

虽然据理力争，侃侃而谈，但在“舒六艺之讽，论太平之原”①的六十余名贤良文学面前，终显势单力薄，儒学所依托的强大的思辨体系在论战中得到了最大释放。“大夫默然不对”“悒悒而不言”“大夫俯仰未应对”“怃然内惭，四据而不言”，桑弘羊在贤良文学的猛烈攻势前所表现出的无奈与窘迫，传神地预示着法治思想将遭到冷遇，而礼治思想将日渐隆盛的发展走向。宣帝本始元年（前 73 年），廷尉史路温舒《尚德缓刑疏》的问世，以及本始四年（前 70 年）“蠲除律令诏”与地节四年（前 66 年）“亲亲得相首匿诏”的相继颁布，表现了儒家思想对法律所具有的强大穿透力。

在盐铁会议召开三十年后，甘露三年（前 51 年），宣帝在长安宫北的石渠阁召集诸儒讲论“五经异同”，以此确定经学统治思想的地位。在这次会议上，围绕着五经中存在的一些疑难问题，施雠讲论《易经》，周堪、孔霸讲论《尚书》，薛广德讲论《诗经》，戴圣讲论《礼记》，严彭祖讲论《公羊传》，尹更始讲论《谷梁传》。讲论结果由萧望之公正上奏，经宣帝亲自权衡评判，定夺取舍。会议自始至终洋溢着淳厚的经学气氛，群儒聚首，大家毕至，人们思想上的异同均来源于共同的基点——五经。在盐铁会议上尚可与儒家思想互相抗衡的法治思想，至此已悄然隐退，淡出思想舞台。皇帝通过制诏这种特有的立法权，将经学观点用法律形式固定下来，经学法典化已呼之欲出。

经盐铁会议与石渠阁会议的理论准备，到东汉章帝时期，经学法典化的时机与条件已经成熟。章帝建初四年（79 年）十一月下诏，在回顾了经学的发展历程与流变后，明确提出了“欲使诸儒共正经义，颇令学者得以自助”②的意图。诏令下达后，来自今文经学、古文经学及谶纬神学各派的诸生诸儒、大夫、博士、议郎同聚洛阳北宫白虎观，讲论五经同异。会议仿效石渠阁会议的做法，由五官中郎将魏应秉承章帝旨意发问，侍中淳于

---

① 《盐铁论 · 杂论》。
② 《后汉书 · 章帝纪》。

恭奏上，章帝亲自“称制临决”。会议的讨论结果由班固整理纂辑成《白虎通德论》，又称《白虎通义》，简称《白虎通》。

《白虎通义》全书共列出四十三个题目，范围广大，内容精深，举凡当时社会的思想制度、风土人情、衣冠服饰，无所不容。它以近似律典的语言，简明准确地阐述解释了各种制度及一统思想的精义，将综合提炼过的经学结论作为规范人们思想言行的统一标准，在性质上已是一部高度法典化了的经学著作。

在《白虎通义》中，总括其政治伦理思想体系的核心，就是“三纲”“六纪”，三纲条文于此正式提出：

三纲者，何谓也？谓君臣、父子、夫妇也。六纪者，谓诸父、兄弟、族人、诸舅、师长、朋友也。故君为臣纲，父为子纲，夫为妻纲。又曰：敬诸父兄，六纪道行，诸舅有义，族人有序，昆弟有亲，师长有尊，朋友有旧。

何谓纲纪？纲者，张也。纪者，理也。大者为纲，小者为纪，所以张理上下，整齐人道也。人皆怀五常之性，有亲爱之心，是以纲纪为化，若罗纲之有纪纲而万目张也。①

经过经学家的精确提炼，由董仲舒首倡的人伦关系至此已被编织成一张庞大无比的伦理法网，社会中的每一个人都是这张网中的一个坐标，无论纵横，都会受到纲纪的约束与规范。而在纲纪中，基本的原则就是三纲。由于“君臣法天”“父子法地”“夫妇法人”，三纲是天地人的象征，所以六纪实际也是三纲的反映：“师长，君臣之纪也，以其皆成己也。诸父兄弟，父子之纪也，以其有亲恩运也。诸舅朋友，夫妇之纪也，以其皆有同

① 《白虎通义·三纲六纪》。

志为纪助也。"[1]浓缩三纲六纪的要义，最重要的就是君父之义。这无疑也是专制主义国家立法的基本原则。为了突出君父之义的神圣不可侵犯，《白虎通义》还用"三正""三统""三教"等理论论证其为"百世不易之道"，甚至通过各种谶纬解释将其神学化、宗教化，使是书在成为官定政治伦理法典的同时，亦蒙上了浓厚的神秘色彩。

以《白虎通义》的产生为标志，东汉时期立法思想的儒家化得到了进一步的巩固与加强。纲常名教、君父之义虽然还没有具体的实体律典与之相适配，但是它却通过另一种更为灵活的法律载体——诏令辐射芸芸众生。就在白虎观会议召开后不久，有人杀死侮辱自己父亲的仇人，章帝判决此案，不仅免除了复仇者的死刑，而且还宽宥其罪。此后官吏们断案纷纷以此为"决事比"，辗转增殖，竟多达"四五百科"。于是《轻侮法》正式颁布，规定儿子因父亲受轻侮而杀死轻侮者，可以减死宽宥。《轻侮法》的伦理依据，即为《春秋》中的"子不报仇，非子也"之经义，"父为子纲"在这里寻求到了最合适的切入点。和帝时期，经尚书张敏两次力谏，和帝才废除了《轻侮法》。然而早已置根于人们心灵深处的血亲复仇的观念，并不因某种法律的存废而转移。此后又发生的一件复仇案件，清楚地说明缜密的伦理观念与法律责任之间存在着多么深刻的矛盾。约在顺帝永建四年（129 年），陈留郡外黄县缑氏女子缑玉，为报父仇，杀死夫家族人，被捕至县衙。县令梁配打算依法判处缑玉死刑。当时年仅十五岁的儒生申屠蟠进谏："玉之节义，足以感无耻之孙，激忍辱之子。不遭明时，尚当表旌庐墓，况在清听，而不加哀矜！"梁配善其言，于是奏谳此案，缑玉得以减死。[2]由此可见，在儒家纲常名教的熏染下，人们维护伦常的意识远甚于法律，当法律与至尊的经义发生冲突时，便会下降为附属地位。

在白虎观会议召开前三年的章帝建初元年（76 年），东汉宿儒贾逵奉

① 《白虎通义 · 三纲六纪》。
② 《后汉书 · 申屠蟠传》。

诏入白虎观及南宫之台讲学。他从《左传》中精选出“三十事尤著明者”，重点突出了“君臣之正义”，“父子之纲纪”这一最高原则。三年后白虎观会议召开，《白虎通义》的纲领与之不谋而合。应当说，《白虎通义》正是以君父之义的最高纲领上升为“国宪”的。作为一部思想或精神法典，它所衍生出的指导作用及遵循原则，向刑法典的渗透已是势在必行。

二、律章句学

东汉时期，立法思想儒家化进一步加强的另一个显著现象，就是汉儒主动介入律学，律令章句学盛行，经学与律学关系密切。《晋书·刑法志》载：

盗律有贼伤之例，贼律有盗章之文，兴律有上狱之法，厩律有逮捕之事。若此之比，错糅无常。后人生意，各为章句。叔孙宣、郭令卿、马融、郑玄诸儒章句十有余家，家数十万言。凡断罪所当由用者，合二万六千二百七十二条，七百七十三万二千二百余言，言数益繁，览者益难。

在此十余家律章句学派中，叔孙宣、郭令卿史书失载，生平不详。

马融（79—166 年）字季长，扶风茂陵（今陕西兴平东北）人。安帝时任校书郎，因上《广成颂》讽谏朝政，十年不得升调，后任郎中、议郎等职。桓帝时为南郡太守，不久受梁冀诬陷而髡徙朔方。遇赦后恢复议郎职位，重入东观著述。马融是东汉著名的经学家，才高博洽，遍注经书，常聚徒千余人讲授经学，卢植、郑玄皆出其门下，被称为“通儒”。

郑玄（127—200 年）字康成，北海高密（今山东高密西南）人。少为乡啬夫，后入太学受业，曾游学马融门下。桓帝时遭党锢之禁，闭门授徒著书，钻研经学。灵帝末为大将军何进所辟，旋即回乡教授，来自远方弟子达数千人。献帝建元中征拜为大司农，不久去世。郑玄通晓经学，学问渊博，遍注经学，著述极丰，是汉代经学的集大成者，其学号称“郑学”。

又据《晋书 · 刑法志》所记“叔孙、郭、马、杜诸儒章句”之语，可知律章句学家还包括杜氏。杜氏或为杜林。杜林（？—47年）字伯山，扶风茂林（今陕西兴平）人。初为郡吏，光武时征拜为侍御史，问以经书故事及西州事，甚悦之。先后代为大司徒司直、少府。杜林酷爱古学，博洽多闻，时称通儒。台湾学者邢义田认为：“杜疑即指大杜或小杜章句。然大、小杜章句非必成于杜周、杜延年本人。传其学者，守师说而定章句也有可能。”[①]

除上述经学大师外，汉儒研究律令章句学的还有应劭。应劭是东汉时期博览多闻的经学家、律学家。著有《汉官礼仪故事》《律略论》《汉朝驳议》等制度、律学著作。据《后汉书 · 应劭传》载，建安元年（196年）应劭删定律令成《汉仪》一书奏上，内容包括《律本章句》《尚书旧事》《廷尉板令》《决事比例》《司徒都目》《五曹诏书》《春秋决狱》共二百五十篇。《律本章句》或是诸儒章句的纂辑，或是应劭自己的研究成果。

所谓章句，就是离章析句，求义明理，它是汉代人阅读古籍的分析方法之一。汉代私学发达，经学大师们潜心章句之学，成果斐然。如《尚书》有《欧阳章句》《大、小夏侯章句》,《春秋》有《公羊章句》《谷梁章句》。[②]律章句则是汉儒采用训诂学的方法分析汉律，阐发法制，“律说”或为其成果形式之一。由于汉儒的律章句学史传失载，著述久佚，因此现在只能通过史汉注引及出土汉简中的律说佚文管窥其貌。

近人程树德《九朝律考 · 律家考》辑出史汉注引律说八条，兹择录如下：

论决为髡钳，输边作长城，昼日伺寇虏，夜暮筑长城，城旦四岁也。

① 邢义田:《秦汉的律令学——兼论曹魏律博士的出现》，载《历史语言研究所集刊》54：4。
② 《汉书 · 艺文志》。

（《史记集解》如淳引律说）

出罪为故纵，入罪为故不直。（《汉书·功臣表》注晋灼引律说）

封诸侯过限曰附益。（《汉书·诸侯王表》注张晏引律郑氏说）

这三条律说均为魏晋人注释史汉时所引，注明出处者唯“封诸侯过限曰附益”一条。20世纪初出土于敦煌的汉简中，则有汉代人直接引用的汉律律说佚文：“行言者若许，多受赇以枉法，皆坐赃为盗，没入（官）□□。行言者，本行职□也。”[①] 此条律说的律本文，见《汉书·外戚恩泽侯表》如淳注：“律，诸为人请求于吏以枉法，而事已行，为听行者，皆为司寇。”所谓行言，就是托言行贿，所以律说解释为“如果听从托言，收受贿赂，结果多是受赇枉法，以坐赃为盗论罪”。

以上述律说佚文所见，汉儒注解律文的一个较明显的特点，就是释字求义，语言简练，使律文的本义更平实准确。晋代律学家张裴曾注释在汉律基础上修订而成的《泰始律》，成《律表》奏上。《律表》中有一段是对法律概念的精确解释：

其知而犯之谓之故，意以为然谓之失，违忠欺上谓之谩，背信藏巧谓之诈，亏礼废节谓之不敬，两讼相趣谓之斗，两和相害谓之戏，无变斩击谓之贼，不意误犯谓之过失，逆节绝理谓之不道，陵上僭贵谓之恶逆，将害未发谓之戕，唱首先言谓之造意，二人对议谓之谋，制众建计谓之率，不和谓之强，攻恶谓之略，三人谓之群，取其非物谓之盗，货财之利谓之赃。[②]

张裴对以上二十条法律观念的解释，语言风格与章句结构和汉儒律说

① 林海村、李均明:《疏勒河流域出土汉简》，第339页。

② 《晋书·刑法志》。

一脉相承，“似皆汉人章句之旧文”[①]。如《周礼 · 地官 · 调人》郑注：“过，无本意也。无本意即不意也。”《律表》中的“不意误犯谓之过失”，明显转承其意。《泰始律》完成后，著名律学家杜预也作注解，并说明“今所注皆网罗法意，格之以名分，使用之者执名例以审趣舍，伸绳墨之直，去析薪之理也”[②]。这里所网罗的“法意”，自然也应当包含律章句诸家所阐释的义理。

汉儒律章句学的兴盛，表明儒家对法律获得了广泛的解释权。“违忠欺上”“亏礼废节”“逆节绝理”“陵上僭贵”等用语，无不传递着儒家的价值观念，表明汉儒随时可以将经学要义注入法律之中，使法律逐渐演变为儒家立法思想的载体。与此同时，汉儒注经时也往往征引汉律，阐明经义。如郑玄注《周礼 · 秋官 · 司刺》“三宥”云：“识，审也。不审，若今仇雠当报甲，见乙，诚以为甲而杀之者。过失，若举刃欲斫伐而轶中人者。遗忘，若间帷薄，忘有在焉，而以兵矢投射之。”注“三赦”云：“若今时律令：‘年未满八岁，八十以上，他皆不坐。’”郑玄注《周礼》共征引汉律四十一例，何休注《春秋公羊传》亦征引十例。[③]这种以律解经的成果，也有可能构成律章句学的内容。无论是以经释律还是以律解经，经律互训方式的产生，恰好反映出汉儒对儒家思想法典化的理想憧憬与现实操作。魏明帝太和元年（227 年），以十余家诸儒章句同时行世，“言数益繁，览者益难”，下令“但用郑氏章句，不得杂用余家”。[④]在约法省禁的同时，也预示着援礼入律的势在必然。

探寻东汉律章句学的产生原因，首先应当意识到一点，这就是统治者虽然重视经学，确立三纲五常为立法精髓，但法律在现实中所产生的强大

① （清）沈家本撰，邓经元、骈宇骞点校：《历代刑法考 · 汉律摭遗卷二十 · 律说》，第 1751 页。
② 《晋书 · 杜预传》。
③ 据薛允升《汉律辑存》集成。此书收入台湾地区鼎新书局印《中国法制史料》第一册第二辑。
④ 《晋书 · 刑法志》。

功效，促使他们从来不轻视法律的作用，往往以德刑相济作为治国方略。理论家的论述也往往不单纯倚重德治而忽视法治。《礼记·乐记》云：“礼以导其志，乐以和其声，政以一其行，刑以防其奸，礼乐刑政，其政一小。礼节民心，乐和民声，政以行之，刑以防之，礼乐刑政，四达而不悖，则王道备矣。”董仲舒推崇“大德而小刑”，但他同样也认为“独阴不生，独阳不生，阴阳与天地参然后生”[①]，应当阴阳并举，德刑互用。从《春秋决狱》所引用的律文来看，他本人对汉律的掌握也相当娴熟，而且正是以“通于世务，明习文法，以经术润饰吏事”[②]得到天子的器重。《白虎通义》亦云：“圣人治天下，必有刑罚，何？所以佐德助治，顺天之度也。故悬爵赏者，示有劝也；设刑罚者，明有所惧也。”[③]统治思想上的儒家化与现实世务中的霸王杂之，都是帝王信奉的治世准则。[④]宣帝甘露元年（前 53 年），“柔仁好儒”的皇太子刘奭见宣帝所用多“文法吏”，“以刑名绳下”，便进言道：“陛下持刑太深，宜用儒生。”宣帝作色道：“汉家自有制度，本以霸、王道杂之，奈何纯任德教，用周政乎！且俗儒不达时宜，好是古非今，使人眩于名实，不知所守，何足委任。”由此疏远太子而喜爱“明察好法”的淮阳宪王。[⑤]汉宣帝是西汉的“中兴”之君，在位期间任用熟悉法令的文法之吏，以刑名考核臣下，设置治书侍御史与廷尉平，审核量刑轻重，废除苛法，重视法律。他对霸王杂用治世的看法，就发表于在石渠阁亲自称制临决五经异同的二年之后，由此可见他对经学与法律的态度是皆不偏废。从根本上说，统治者对法律的重视，为律章句学的产生提供了基本的外部环境。

---

① 《春秋繁露·顺命》。

② 《汉书·循吏传》。

③ 《白虎通义·五刑》。

④ 参见邢义田：《秦汉的律令学——兼论曹魏律博士的出现》，载《历史语言研究所集刊》54：4。

⑤ 《汉书·元帝纪》。

其次，汉代任用官吏时对法律素质的要求，也促进了律令的传习，推动了律章句学发展。对官吏法律素质的要求，秦时就有明确规定。《商君书 · 定分》："敢忘行主法令之所谓之名，各以其所忘之法令名罪之"，规定官吏对法令必须烂熟于心，不得遗忘。《睡虎地秦墓竹简 · 语书》也将"明法律令，事无不能殹（也）"的官吏视为"良吏"。作为官吏的一项基本素质，汉代对官吏"明法律令"的要求更为普遍深入。通过边境官吏的功劳档案可以发现，在官吏所具有的知识与才能中，"颇知律令"是重要一项：

肩水候官执胡隧长公大夫奚路人，中劳三岁一月。能书、会计，治官民颇知律令。文。年卌七岁，长七尺五寸。①

肩水候官并山隧长公乘司马成，中劳二岁八月十四日。能书、会计，治官民颇知律令。武。年卅二岁，长七尺五寸。②

□和候长公乘蓬士长当，中劳三岁六月五日。能书、会计，治官民颇知律令。武。年卌七岁，长七尺。③

上述档案中的候长与隧长都是基层官吏，无论文、武，治官民皆"颇知律令"。正如"能书、会计"是汉代人对有才能者的褒奖之辞一样，④"治官民颇知律令"一句，既是对官吏才能素质的褒奖肯定，也是汉代考核选用官吏的一个通行标准。武帝元狩六年（前117年），命令丞相设四科，广泛考选"异德名士"。这四科是：

第一科曰德行高妙，志节清白。二科曰学通行修，经中博士。三科曰

---

① 《居延汉简释文合校》179 · 4。

② 《居延汉简释文合校》13 · 7。

③ 《居延汉简释文合校》562 · 2。

④ 《后汉书 · 何皇后传》："王美人……聪敏有才能，能书会计，以良家子应法相选入掖庭。"

明晓法令，足以决疑，能案章覆问，文中御史。四科曰刚毅多略，遭事不惑，明足以照奸，勇足以决断，才任三辅剧令。[1]

至东汉，四科取士仍然是法令规定的内容。光武帝曾颁中兴甲寅诏书，重申“丞相故事”。[2]在此四科中，“学通行修”的经中博士与“明晓法令”的文中御史并重，经考核后，“二科补议曹”，“三科补四辞八奏”，[3]精通法律的人才可以获得与明经者同样的机会条件入仕为宦。

在这样的现实背景下，学习律令成为汉代人日常生活中很重要的一项内容，人们甚至在识字阶段就开始学习法律。《急就章》编入相当多的刑法、司法常识供学童诵习识字，就是明证。在法律实务家中，研习律学的风气更是经久不衰。如武帝时先后任廷尉、御史大夫的杜周与其三子杜延年，皆明习法律，时人称杜周为“大杜”，称杜延年为“小杜”。又因杜氏父子皆有律学传世，故称杜周律学为“大杜律”，杜延年律学为“小杜律”。东汉传习大杜律的有冯绲、苑镇，[4]传习小杜律的有著名律学家郭躬的父亲郭弘。郭躬少传父业，精通小杜律，讲授徒众常达数百人。大、小杜律之所以能形成两个律学流派，根本原因还在于治狱的指导思想有所不同。台湾地区学者邢义田指出：大、小杜治狱有宽严，所谓“罪同而论异”，“所欲活则附生议，所欲陷则予死比”。律令比附解释不同，传习亦呈分歧，遂有章句出现。[5]东汉之际，以律学为家学的风气更盛，最具代表性的莫过于颍川郭氏与沛国陈氏。郭氏家族以郭弘习小杜律为始，世家习律。“子孙至公者一人，廷尉七人，侯者四人，刺史、二千石、侍中、中郎将者

① 《汉旧仪》卷上。
② 《汉官仪》卷上。
③ 《汉旧仪》卷上。
④ 参见《隶释》卷七《车骑将军冯绲碑》、卷十二《荆州从事苑镇碑》。
⑤ 《秦汉的律令学——兼论曹魏博士的出现》，载《历史语言研究所集刊》54：4。

二十余人，侍御史、正、监、平者甚众。”[①] 陈氏家族为五代律学世家，家学渊远。曾祖父陈咸于西汉成、哀时即“以律令为尚书”，平帝时不满王莽多改汉制，将家传律令文书藏于壁中。至东汉，陈氏家族造就出陈宠、陈忠两代著名法律家。

由此可见，既然“明法”与“明经”同等重要，“明经”可以入仕，“明法”亦可取士，律令传习则势必形成风气。从不轻视法律的汉儒们自然也不会独立于时代风尚之外，而是既传经也解律，融经学、律学于一体。更何况通经致用，以经学要义改造法律，使法律成为释放儒家道德伦理思想的载体，使官吏成为纲常名教的实践者与传播者，也是经学家的义务与使命，因此律章句学的产生与兴盛，乃是时势使然。

魏晋之际，伴随着“八议”入律与律博士的设立，权威性的法律解释权与传授权由国家统一确立，东汉鼎盛一时的律章句学渐趋衰微。

① 《后汉书 · 郭躬传》。

第十一章　两汉时期的法律载体

第一节　律

作为法律的常规载体，律在两汉是最基本的立法形式。《说文·彳部》：“律，均布也。”段玉裁注：“律者，所以范天下之不一而归于一，故曰均布也。”《尔雅·释诂》：“律，法也。”可见律、法互训，法、律同义。

公元前206年，刘邦率军攻克秦都咸阳，称王关中，又挥师驻扎咸阳之郊霸上。驻军霸上当日，刘邦即召集附近各县父老，宣布了著名的《约法三章》：“杀人者死，伤人及盗抵罪。”《三章之法》虽然是权宜性的临时法令，仓促出台，但却是两汉四百余年历史中的第一次立法活动，给以后的汉初统治者改革秦刑罚体系开创了先例。楚汉战争结束后，刘邦称帝，立国号汉，定都长安。汉立以后，局势未稳，“四夷未附，兵革未息”，[①] 刘邦深感《三章之法》“不足以御奸”，“犹网漏吞舟之鱼”，[②] 制定统一的汉朝法典迫在眉睫，即令萧何定律令，韩信定军法，张苍为章程，叔孙通为仪礼，开始了较大规模的立法活动。

---

① 《汉书·刑法志》。

② 《汉书·刑法志》。

一、《九章律》与《二年律令》

萧何时任相国，早年担任文吏的经历使他深知律典与文献的重要。刘邦攻入咸阳后，诸将领纷纷抢夺金帛财物，唯独萧何首先收藏秦朝的律令图书。因此当他受命制定汉律后，即以秦律为本，选取适应当时需要的内容，制为盗律、贼律、囚律、捕律、杂律、具律、户律、兴律、厩律九篇，是为《九章律》。《九章律》的前六篇大体与秦律相同，为刑罚方面的规定，源于战国李悝所著《法经》，后三篇较多地包容了民事、经济法规，故又称“事律”，内容涉及户籍、赋税、徭役、兴造、畜产、仓库、驿传等规定。

关于萧何定律，史书多有记述。《汉书 · 刑法志》：“相国萧何捃摭秦法，取其宜于时者，作律九章。”《晋书 · 刑法志》：“萧何定律，除三夷连坐之罪，增部主见知之条，益事律兴、厩、户三篇合为九篇。”《唐律疏议 · 名例》：“魏文侯师于里悝，集诸国刑典，造《法经》六篇：一、盗法；二、贼法；三、囚法；四、捕法；五、杂法；六、具法。商鞅传授，改法为律。汉相萧何，更加悝所造户、兴、厩三篇，谓九章之律。”长期以来，《九章律》中的户、兴、厩三篇系萧何创立，一直是传统的看法，但事实并非如此。《汉书 · 刑法志》称“作律九章”，说得较为笼统。《晋书 · 刑法志》称“益事律”，明言为“增加事律”，《唐律疏议》则指明《九章律》是萧何在《法经》六篇的基础上，增加户、兴、厩三篇而成。增加不等于新创，这点经出土简牍证实更可以确信。《睡虎地秦墓竹简 · 为吏之道》末尾附抄有两条魏国律文，其一即为《魏户律》，年代为魏安釐王二十五年（前 252 年）；《秦律十八种》出有《厩苑律》律名，《内史杂》律文中则称“《厩律》”。这说明在萧何所增的三篇律名中，至少户、厩律已先于萧何定律而存在。又以秦律的细密繁杂推测，虽然睡虎地秦简未见抄录，但兴律想必不会阙如。加之汉甫立国，急需御奸治国之法，盗、贼、囚、捕、杂、具六篇既采用秦法而定，户、兴、厩三篇则难以想象重新创立制定。因此所谓《九章律》，实际应是继承、“捃摭”秦律的产物，在律名与结构上均无重大改变。

《九章律》与《法经》的远承关系是显而易见的，它与秦律的近袭脉络也十分明显。《睡虎地秦墓竹简》包括有《秦律十八种》和《秦律杂抄》。前者律名有《田律》《厩苑律》《仓律》《金布律》《关市律》《工律》《工人程》《均工律》《徭律》《司空律》《军爵律》《置吏律》《效律》《传食律》《行书律》《内史杂》《尉杂》《属邦》，共计十八种；后者律名除《除吏律》与前者中的《置吏律》名称相似外，又有《游士律》《除弟子律》《中劳律》《藏律》《公车司马猎律》《牛羊课》《傅律》《敦（屯）表律》《捕盗律》《戍律》十一种。二者相加，律名近三十种。然而这还不是秦律的全部。由于陪葬的律简与墓葬主人的身份、职位、经历相关，律简内容又与官吏所需相联，因此律简摘抄的律名，只能是秦律的一部分，这点至少可以通过未见盗、贼等律名得到印证。1983 年发掘的湖北江陵张家山 M247 号墓与 1985 年发掘的 M336 号墓，出土了数量颇多的汉律令简。M247 号墓发掘的汉律竹简有五百多支，原为一卷。在第一支简的背面有“二年律令”标题。此“二年”为吕后二年（前 186 年），已知律令有二十八种。M336 号墓的下葬年代为文帝初年，发掘出汉律竹简三百七十余支，有律名十五种，大致与 M247 号墓所出相同。[①] 吕后《二年律令》所见知二十八种律令名有：《贼律》《盗律》《具律》《告律》《捕律》《亡律》《收律》《杂律》《钱律》《置吏律》《均输律》《传食律》《田律》《市律》《行书律》《复律》《赐律》《户律》《效律》《傅律》《置后律》《爵律》《兴律》《徭律》《金布律》《秩律》《史律》《津关令》，[②] 其中有相当一部分律名与秦律相同或相似。相同者有《置吏律》《传食律》《田律》《行书律》《效律》《徭律》《金布律》七种，相似者有秦律的《关市律》与汉律的《关律》，秦律的《军爵律》与汉律的《爵

① 李学勤：《论江陵张家山 247 号墓汉律竹简》，收入《汉简研究的现状与展望》，日本关西大学出版部 1992 年版。

② 李学勤：《论江陵张家山 247 号墓汉律竹简》，收入《汉简研究的现状与展望》，日本关西大学出版部 1992 年版。

律》，二者共计九种，占《秦律十八种》的总数一半。另还有《傅律》与《秦律杂抄》中的律名相同。

值得注意的是，《二年律令》所列二十八种律名，包括了《九章律》中除《囚律》《厩律》外的所有律名。从“吕后二年律令”这一标题看，它抄录的内容系吕后二年时通用的法律，选择性并不明显，举凡刑事、民事、经济、行政、诉讼均有涉及。假如按照对《秦律十八种》的判断思路推理，认为《二年律令》不是《九章律》的全部，其内容应当是包含了《九章律》的一部分，那么《九章律》中的七篇律名似乎又是和其他律名并列出现的，领属关系不明显。换言之，《九章律》与当时其他通行法律间呈何关系，还需要深入地探讨。此外，《二年律令》中未见《九章律》中的《囚律》与《厩律》，这也令人注意。《晋书·刑法志》云《囚律》有“告劾、传覆、系囚、鞫狱、断狱”诸目，《厩律》有“逮捕、告反、逮受”诸目，而在《二年律令》中，上述内容分见于《具律》《告律》《捕律》之中。据李学勤先生撰文介绍：《具律》详细规定了治狱量刑的各个方面。有些条文针对官吏，规定了官员断狱及谳的权限；有些条文针对原告、证人或被告，如告不审、证不言情及乞谳之类。《告律》与《具律》有一定联系，是关于告人的专门规定。例如诬告人以死罪者，规定罚以黥为城旦舂，其他罪则一律反坐。值得注意的是凡子告父母、妇告威公（翁姑）、奴婢告主人的，都置诸不听而弃告者市。《捕律》则说明捕得轻重罪人的各等奖金，以及追捕罪人的组织方式、奖罚办法。[①] 在《九章律》颁布后的较短时期内，《二年律令》中即不见单独成立的《囚律》与《厩律》，假如排除未加摘抄的可能，在吕后二年时期，也许曾对《九章律》的结构做过某些修订，以后又加以恢复。

由于《二年律令》的释文至今尚未公布，这里只能依据有关介绍文

① 李学勤：《论江陵张家山 247 号墓汉律竹简》，收入《汉简研究的现状与展望》，日本关西大学出版部 1992 年版。

章加以推测。不过有三点是可以明确的：（1）无论是《九章律》还是《二年律令》，袭秦的脉络十分清晰。（2）《九章律》并不是单纯的刑法典。（3）汉初的律名相当繁多。

二、《九章律》律目

《九章律》久佚。据沈家本分析："盖自晋改《汉律》之后，张（裴）、杜（预）之书风行于世，习律学者但研究见行之法，不复追求汉、魏各家章句，束诸高阁，其渐即于亡，势固然也。"[①]虽然经过魏晋律的改造与吸收，汉律渐趋消亡，但另一方面，其律目也藉此在文献中得到了部分保留。沈家本以《晋书·刑法志》为主，考出《九章律》律目。今辅以出土汉简，可知《九章律》有如下律目：

《盗律》九目：劫略、恐猲、和买卖人、持质、受所监、受财枉法、勃辱强贼、还赃界主、贼伤。

《贼律》十目：大逆无道、欺谩、诈伪、逾封、矫制、贼伐树木、杀伤人畜产、诸亡印、储峙不办、盗章。

《囚律》七目：诈伪生死、诈自复除、告劾、传覆、系囚、鞫狱、断狱。

《捕律》：沈家本云："《晋志》无文，无以考之。"[②]今据居延汉简，可知有"禁吏毋夜入人庐舍捕人"条。其文曰："捕律：禁吏毋夜入人庐舍捕人，犯者其室殴伤之，以'毋故入人室'律从事。"[③]

《杂律》四目：假借、不廉、呵人受钱、使者验赂。

《具律》二目：出卖呈、擅作修舍事。

《兴律》六目：上狱、考事报谳、擅兴徭役、乏徭、稽留、烽隧。

---

① （清）沈家本撰，邓经元、骈宇骞点校：《历代刑法考·汉律摭遗卷一·总述》，第1368页。

② （清）沈家本撰，邓经元、骈宇骞点校：《历代刑法考·汉律摭遗卷一·目录》，第1373页。

③ 《居延汉简释文合校》395·11。

《厩律》九目：逮捕、告反、逮受、登闻道辞、乏军之兴、奉诏不谨、不承用诏书、上言变事、以惊事告急。

《户律》：沈家本云：“《晋志》无文以考之。”[①] 居延汉简可见《户律》律名：“□知之，当以父先令、户律从事。”[②] 又见《户律》律文：“□同产子皆得以为嗣继统。”[③]

由于魏律对汉律的结构做了较大的调整与改造，将性质相同的法规系于一篇，因此《晋书 · 刑法志》所记的律目，可能还不是《九章律》的全部。武帝时期，“律令凡三百五十九章”，[④] 成帝时“律令烦多，百有余万言”，[⑤] 东汉和帝时律令已近五千条，至三国魏初，加上律章句的解释，“凡断罪所当用”之汉律，竟多达二万六千二百七十二条，七百七十三万二千二百余言。[⑥] 据此可以推知，两汉期间，《九章律》的篇名结构可能基本上没有大的改动，但是律目律条却在不断增加扩充。而且由于《九章律》最初就是急就律典，在立法意识与技术上尚欠成熟，导致许多内容交叉重复，造成运用时的标准不统一。

对于汉律体例混乱，内容错杂的现状，一些法律家曾实施厘改。宣帝时廷尉于定国“集诸法律，凡九百六十卷”；[⑦] 和帝永元六年（94 年），陈宠代郭躬为廷尉，“钩校律令条法，溢于《甫刑》者除之”；[⑧] 献帝初，旧章湮没，书记罕存，应劭又删定律令，撰《律本章句》《尚书旧事》《廷尉板令》《决事比例》《司徒都目》《五曹诏书》《春秋决狱》，凡二百五十篇。又集《驳

---

① （清）沈家本撰，邓经元、骈宇骞点校：《历代刑法考 · 汉律摭遗卷一 · 目录》，第 1376 页。
② 《居延汉简释文合校》202 · 10。
③ 《居延新简》EPT5 · 23。
④ 《汉书 · 刑法志》。
⑤ 《汉书 · 刑法志》。
⑥ 《晋书 · 刑法志》。
⑦ 《魏书 · 刑罚志》。
⑧ 《后汉书 · 陈宠传》。

议》三十篇，以类相从，凡八十二事。然而这些整理与厘改，并没有取得实质性效果。正如萧何只是将户、兴、厩三篇附于《法经》六篇之后而不敢有所打乱一样，此后历代虽然有所增益削减，但大体都是将内容相同的汇集成一篇，事例相关的连结为一章，而且一章内有时超过数十例，事例类别虽然相同，判罪轻重却不一致，因此“大体异篇，实相采入”[①]的混乱体例仍未得到修正。直至魏《新律》十八篇问世，这种情况才得以改观。魏《新律》保留了《九章律》中的《盗律》《贼律》《捕律》《户律》《杂律》五篇，删去《厩律》《具律》《兴律》《囚律》四篇，将内容相似者自各篇析出，以类新增十三篇律名，即《刑名》《劫略》《诈伪》《毁亡》《告劾》《系讯》《断狱》《请赇》《兴擅》《乏留》《惊事》《偿赃》《免坐》，加上“就故五篇”，共十八篇。

在汉简出土不断丰富的今天，我们对《九章律》的篇名、体例、结构乃至律目还需要获得更新更深的认识，还需要以审慎之心推敲以往的结论。吕后《二年律令》所出现的律名，已经为探讨《九章律》的原貌提供了新的可能与途径。可以确信，伴随着张家山律令简的面世，人们对《九章律》的认识定能跃上一个新台阶。

三、《傍章》、《朝律》及《越宫律》

作为汉代的正律，《九章律》是最基本的法典，其特点是以刑为主，诸法合体。除《九章律》外，惠帝时叔孙通撰写的《傍章》十八篇，武帝时张汤编撰的《越宫律》二十七篇，赵禹编撰的《朝律》六篇，也是汉代比较稳定的法规，与《九章律》合为汉律六十篇。

叔孙通为秦末薛（今山东藤县南）人，原为秦博士，后归降刘邦。刘邦称帝后，叔孙通与鲁儒生及弟子采取古礼与秦仪法，修订有关朝仪的法

① 《晋书·刑法志》。

律规定，增益减损，大致袭秦，因此自天子称号至佐僚及宫室官名，少有更改，以此拜为奉常。惠帝即位后，叔孙通复任奉常，受命定宗庙仪法，又增补汉律所未涉及的仪礼规定，成《傍章》十八篇。《汉书 · 叔孙通传》："高帝崩，孝惠即位，乃谓通曰：'先帝园陵寝庙，群臣莫习。'徙通为奉常，定宗庙仪法。及稍定汉诸仪法，皆通所论著也。"《晋书 · 刑法志》："叔孙通益律所不及，傍章十八篇。"《傍章》即叔孙通所撰之《汉仪》，又称《礼仪》，内容为朝觐、宗庙、婚丧等方面的礼仪制度及法律规定。《后汉书 · 曹褒传》："章和元年正月，乃召褒诣嘉德门，令小黄门持班固所上叔孙通《汉仪》十二篇。"《论衡》则记为《仪品》十六篇，名称与《汉书 · 梅福传》所记相同。献帝建安元年（196 年），应劭删定律令为《汉仪》，内容当是采自叔孙通《汉仪》。据《汉书 · 礼乐志》载，叔孙通"所撰《礼仪》与律令同录，藏于理官"，因此又称"傍章"，意谓《九章律》的补充法规。《说文》："傍，近也。"沈家本据《广雅 · 释诂》，释"傍"为："广也，衍也。律所不及者，广之衍之，于律之中拾其遗，于律之外补其阙。"[①]据此可知，"傍章"实际是《汉仪》的别称。

《汉仪》制成后"与律令同录，藏于理官"，这表明官秩仪品之制是一项重要的法律法规。程树德《九朝律考 · 汉律考》辑出两条《汉仪》佚文，一是《周礼 · 小祝》注引《汉仪》，云"每街路辄祭"；二是《礼记 · 祭法》疏引《汉仪》，云"高帝庙主九寸，前方后圆，围一尺"，内容分别为祭祀与葬制。《史记 · 叔孙通列传》也记述了《汉仪》中有关朝觐的仪式：

仪：先平明，谒者治礼，引以次入殿门，廷中陈车骑步卒卫宫，设兵张旗志。传言"趋"。殿下郎中侠陛，陛数百人。功臣列侯诸将军军吏以次陈西方，东乡；文官丞相以下陈东方，西乡。大行设九宾，胪传。于是皇帝辇出房，百官执职传警，引诸侯王以下至吏六百石以次奉贺。

① （清）沈家本撰，邓经元、骈宇骞点校：《历代刑法考 · 汉律摭遗卷一 · 目录》，第 1377 页。

这其中的“趋”，即为朝觐时的具体仪式之一。《史记索隐》案：“小颜云：‘传声教入者皆令趋。趋，疾行致敬也。’”这一仪式实际上在各级官府中也得到了贯彻执行。1981 年发现于甘肃武威的汉简《王杖诏令册》记载：

制诏御史：年七十以上杖王杖，比六百石，入官府不趋。吏民有敢殴辱者，逆不道，弃市。令在兰台第卌三。[①]

该诏令规定：年过七十的老人由官府赐给王杖，身份比照六百石官吏，进入官府可以不行“趋”礼。可见《汉仪》的细则规定已经渗透到了官府的日常行政活动之中。汉代罪名中还有不少属于这方面的内容，如“不驾驷马车而骑至庙下”[②]“设不正之席……乱朝廷爵秩之位”[③]“衣襜褕入宫”[④]“小遗殿上”[⑤]“车服嫁娶葬埋过制”[⑥]等，都是约束贵族、官吏仪礼犯罪的规定。

东汉时期，为了进一步系统规范官制仪品，强化中央集权的等级秩序，整理撰述这方面的著作成为一些朝臣官吏的自觉行为。王隆所撰之《汉官解诂》(以胡广注流行于世)，卫宏所撰之《汉旧仪》，应劭所撰之《汉官仪》，蔡质所撰之《汉官典职仪式选用》，堪称其代表成果。其中尤为史家所重的《汉旧仪》，“不仅叙及官制，而且有很大的篇幅叙及诸礼仪之制，如藉田、宗庙、春蚕、酎、祭天等”[⑦]，真实反映了汉代的官制礼仪。浏览这些

---

① 武威县博物馆：《武威新出土王杖诏令册》，收入《汉简研究文集》，甘肃人民出版社 1984 年版，第 34—61 页。

② 《汉书·韦玄成传》。

③ 《汉书·王尊传》。

④ 《史记·魏其武安侯列传》。

⑤ 《汉书·东方朔传》。

⑥ 《汉书·成帝纪》。

⑦ 周天游：《〈汉官六种〉点校说明》，《汉官六种》，中华书局 1990 年版。

著述不难发现，叔孙通的《汉仪》应是重要的资料来源。应劭删定律令为《汉仪》，很有可能就是撷取叔孙通《汉仪》中的有关内容，集为礼典，这个礼典自然受到法律支持。《傍章》久佚，律目无考。叔孙通“益律所不及”，除礼制仪品外，是否还涉及其他，目前尚无史料可以说明。

《越宫律》与《朝律》是武帝时廷尉张汤、中大夫赵禹“共定诸律令”的产物。《越宫律》二十七篇，一般认为张汤制定，是涉及警卫宫禁的法律规定。《朝律》六篇，又称《朝会正见律》，一般认为赵禹制定，为诸侯百官朝会制度的法律规定。《晋书 · 刑法志》：“张汤《越宫律》二十七篇，赵禹《朝律》六篇。”《太平御览 · 刑法部》引张裴《律表》：“张汤制《越宫律》，赵禹制《朝会正见律》。”二律律目今均已无考，但据《唐律疏议 · 卫禁》疏议：

《卫禁律》者，秦汉及魏未有此篇。晋太宰贾充者，酌汉魏之律，随事增损，创制此篇，名为卫宫律。自宋洎于后周，此名并无所改。至于北齐，将关禁附之，更名《禁卫律》。隋开皇改为《卫禁律》。

证明唐代的《卫禁律》远祖晋《卫宫律》，而晋《卫宫律》则承汉魏之律增损而成，此汉魏之律当涉及警卫宫禁的专门法规《越宫律》，因此在唐《卫禁律》中，应当保留有汉《越宫律》的内容。又，正如汉承秦律一样，唐承汉律的痕迹也十分明显，有的唐律律文用语甚至就是汉律的翻版。以下例举两组汉唐律律文作一比较：

（1）汉律佚文：先以证财物故不以实臧（赃）五百以上，辞已定，满三日而不更言请（情）者，以辞所出入罪反罪之律辨告，乃爰书验问。[①]

唐律：诸证不言情，及译人诈伪，致罪有出入者，证人减二等，译人

① 《居延新简》EPF22 · 1。

与同罪。[1]

（2）汉律佚文：以兵刃索绳他物可以自杀者予囚，囚以自杀、伤人而以辜二旬中死，予者髡为城旦舂。[2]

唐律：诸以金刃及他物，可以自杀及解脱而予囚者，杖一百；若囚以故逃亡及自伤、伤人者，徒一年；自杀、杀人者，徒二年；若囚本犯流罪以上，囚得逃亡，虽无伤杀，亦准此。[3]

通过以上比较可见，唐律与汉律之间存在着明显的因承关系。汉律是集权法制大发展时期的产物，唐律则是集权法制烂熟期的象征，二者的因承在源流关系上符合事物的逻辑发展，即继承、改进、发展、完善。

汉初，法制建设处于奠基阶段，至武帝时则进入大发展时期。伴随着强化中央集权的迫切需要，具有“敬上防非，于事尤重”[4]功效的《越宫律》与《朝律》，自然成为当时立法的重要对象，它们能够作为专项法典而与《九章律》同被列为汉律六十篇，正是上述功效的重要性使然。不过，这两部法典很有可能是摭取《九章律》或《汉仪》以及皇帝诏令中的相关内容汇编而成。目前对此虽然还没有直接可以征引的史料，但一些迹象有助于我们做出这样的推测。

《汉书·刑法志》载：“于是招进张汤、赵禹之属，条定法令，作见知故纵、监临部主之法，缓深故之罪，急纵出之诛。”这里的见知故纵、监临部主之法，实则并非张、赵所创，而是沿袭了萧何所定律条。《晋书·刑法志》：“汉承秦制，萧何定律，除参族连坐之罪，增部主见知之条……”说明萧何定律时，是在秦律的基础上增加了“部主见知”条。因此张、赵

① 《唐律疏议·诈伪》。
② 《居延新简》EPS4T2·100。
③ 《唐律疏议·断狱》。
④ 《唐律疏议·卫禁》。

所作，应是在该目下对具体内容的扩充。以此比照，汉令中原来就有关于宫禁警卫的规定。《史记·张释之列传》载，文帝时张释之为公车令，“顷之，太子与梁王共车入朝，不下司马门。于是释之追止太子、梁王无得入殿门，遂劾不下公门不敬，奏之”。注如淳引《宫卫令》：“诸出入殿门、公车司马门、乘轺传者皆下，不如令，罚金四两。”《越宫律》或为将类似内容汇总为篇，冠以律名。《朝律》的情况当也是如此。以高祖、惠帝时即已产生规定详细的《汉仪》推测，赵禹似无新立的必要，因此《朝律》仍是撷取旧有律令、汇总而成的篇名。此外，张、赵二人均非儒臣，而是精通法律的实务家。张汤少时治鼠狱，其文辞即已“如老狱吏”，补侍御史后，因审理陈皇后案与淮南衡山王谋反案表现出一定的司法才能，得到武帝的赏识，升任最高司法长官。赵禹则是刀笔吏出身，任御史后“上以为能”，官至太中大夫。张、赵二人本传称“定诸律令”或“论定诸律令”，或许是指二人凭藉对法律的熟知，自旧律令中选取适合时宜者行世。更何况在张家山律简中，已赫然可见《朝律》律名。[①] 这毫无疑问地表明，在赵禹“定诸律令”前，对朝觐礼仪制度的法律化操作在汉初就已经完成，而操作者恐怕非叔孙通莫属。赵禹的操作，大概只是增益删削而已。

四、单行法规

构成汉律六十篇的《九章律》《傍章》《越宫律》《朝律》，可视为汉律的正律律典。然而正如张家山出土《二年律令》所反映的那样，汉代尚有诸多单行法规行世。

《二年律令》除《九章律》所见贼、盗、具、捕、杂、户、兴律外，还有关于告人专门规定的《告律》，惩处吏民逃亡的《亡律》，没收罪人

---

① 彭浩：《湖北江陵出土西汉简牍概说》，收入《汉简研究的现状与展望》，日本关西大学出版部1992年版。

妻子及财产田宅规定的《收律》，规定流通钱币标准并打击盗铸的《钱律》，关于任用官吏规定的《置吏律》，关于驿传供给饭食规定的《传食律》，关于农田生产与田猎的《田律》，有关市场管理的《市律》，涉及置邮及邮人行书制度的《行书律》，涉及徭赋制度的《复律》，规定各种赏赐的《赐律》，有关检效官府物资财产的《效律》，规定傅籍制度的《傅律》，关于有爵者置后的《置后律》及与之相关的《爵律》，关于货币钱财的《金布律》，规定内外各种官员禄秩的《秩律》，另还有《均输律》与《史律》。[①] 可以相信，待《二年律令》释文面世之日，人们对汉律的认识一定会获得极大地丰富。

除此之外，可征诸文献的单行法规则有：

1.涉及宗庙祭祀与任官仪式的《大乐律》。《周礼·春官·大胥》注："汉《大乐律》曰：'卑者之子，不得舞宗庙之酎。除吏二千石到六百石，及关内侯到五大夫子，取适子高五尺以上，年十二到三十，颜色和顺，身体修治者以为舞人。'"此为《大乐律》律文。分析其文，一是规定了宗庙祭祀者的身分，二是规定了任官时舞人的条件。

2.《尉律》。涉及内容不一。《汉书·艺文志》："汉兴，萧何草律，亦著其法，曰：'太史试学童，能讽书九千字以上，乃得为史。又以六体试之，课最者以为尚书御史史书令史。吏民上书，字或不正，辄举劾。'"许慎《说文解字·序》则明言此为《尉律》律文："《尉律》：学僮十七以上，始试。讽籀书九千字乃得为吏。又以八体试之，郡移大史并课最者以为尚书史。书或不正，辄举劾之。今虽有《尉律》，不课，小学不修，莫达其说久矣。"此《尉律》内容涉及对官吏的学识要求。《汉书·昭帝纪》注引如淳曰："律说：卒践更者，居也，居更县中五月乃更也。后从尉律，卒践更一月，休十一月也。"此又与徭赋有涉。1989 年出土于甘肃武威旱滩坡的王杖简云：

---

① 李学勤：《论江陵张家山 247 号墓汉律竹简》，收入《汉简研究的现状与展望》，日本关西大学出版部 1992 年版。

“代户父不当为正，夺户。在尉令第五十五。”[①] 此与《户律》相关。

关于《尉律》与《尉令》的关系，日本学者大庭脩指出，这可以参照秦汉《金布律》与《金布令》的关系，即汉《金布律》袭秦《金布律》，而汉又制定了《金布令》与之并存。同样，汉继承了秦《尉律》，随后又追加立法，分出《尉令》。[②] 关于《尉律》的性质，徐锴《说文解字系传》认为《尉律》是汉律篇名，段玉裁《说文解字注》认为是“廷尉所守律令”，上述律文为“汉取人之法”。[③] 沈家本则批评段说，指出许序引述的律文是汉初取人之法，但不专指廷尉，如淳注所引《尉律》也与治狱无涉，因此他认为“尉律”的本义不专属刑狱，而是“自上按下之称”。[④] 较诸家之说，沈说近是。

3. 有关上计制度的《上计律》。《周礼·春官·典路》注：“汉朝《上计律》：‘陈属车于庭。’”此为《上计律》佚文。1993年出土于江苏省连云港市东海县温泉镇尹湾村西南的尹湾汉墓简牍，出有《集簿》，此《集簿》即为上计簿，[⑤] 可以和《上计律》互为印证。

4. 规定王侯向国家交纳黄金数量与成色的《酎金律》，文帝时创制。酎，指多次酿造而供天子饮用的醇酒。因八月酿成用以祭庙，故称王侯向国家交纳用以供奉宗庙祭祀的黄金为酎金。丁孚《汉仪》曰：“《酎金律》，文帝所加，以正月旦作酒，八月成，名酎酒。因令诸侯助祭贡金。”据《续汉书·礼仪志上》刘昭注引汉律《金布令》规定：皇帝亲率君臣承祠宗庙，群臣应有所奉请。诸侯、列侯分别按照人口数量奉金，每千口奉金四两，不满千口至五百口也奉金四两。此所奉之金，即为酎金。酎金由少府查验

---

① 武威地区博物馆：《甘肃武威旱滩坡东汉墓》，载《文物》1993年第10期。

② ［日］大庭脩：《武威旱滩坡出土的王杖简》，收入《简帛研究译丛》第一辑，湖南人民出版社1996年。

③ 《说文解字注》十五卷上。

④ （清）沈家本撰，邓经元、骈宇骞点校：《历代刑法考·汉律摭遗卷一·目录》，第1379页。

⑤ 《尹湾汉墓简牍》，中华书局1997年版。

收纳，若量轻色恶，以触犯《酎金律》论处。《史记·平准书》裴骃集解如淳引《汉仪注》：“王子为侯，侯岁以户口酎黄金于汉庙，皇帝临受献金以助祭。大祀日饮酎，饮酎受金。金少不如斤两，色恶，王削县，侯免国。”武帝元鼎五年（前112年），因触犯《酎金律》而被夺爵者达106人。

5. 贬抑诸侯王国官吏政治权利的《左官律》，武帝时制定。《汉书·诸侯王表》：“景遭七国之难，抑损诸侯，减黜其官。武有衡山、淮南之谋，作左官之律，设附益之法，诸侯惟得衣食税租，不与政事。”颜师古注引服虔曰：“仕于诸侯为左官，绝不得使仕于王侯也。”应劭曰：“人道上右，今舍天子而仕诸侯，故谓之左官也。”颜师古曰：“左官犹言左道也。……汉时依上古法，朝廷之列以右为尊，故谓降秩为左迁，仕诸侯为左官也。”

6. 禁止中央官员与诸侯王交通的《附益法》，武帝时制定。《汉书·诸侯王表》颜师古注引张晏曰：“律郑氏说，封诸侯过限曰附益。或曰阿媚王侯，有重法也。”颜师古曰：“附益者，盖取孔子云‘求也为之聚敛而附益之’之义也，皆背正法而厚于私家也。”与此同类的还有《阿党法》。《汉书·高五王传》注引张晏曰：“诸侯有罪，傅相不举奏为阿党。”东汉建武二十四年（48年），“诏有司申明旧制阿附藩王法”[①]，即为《附益法》与《阿党法》的延续。

7. 强化官吏法律责任的《见知故纵、监临部主法》，武帝时修订。《汉书·刑法志》：“于是招进张汤、赵禹之属，条定法令，作见知故纵、监临部主之法。”颜师古注：“见知人犯法不举告为故纵，而所监临部主有罪并连坐也。”《晋书·刑法志》：“律之初制，无免坐之文，张汤、赵禹始作监临部主、见知故纵之例。其见知而故不举劾，各与同罪；失不举劾，各以赎论；其不见不知，不坐也，是以文约而例通。”如前所述，“部主见知”之法系萧何定律时所增，故武帝时当为修订。该法规定：知人犯法而不举告，等于故意放纵罪犯，分别以未举告之罪治罪，有关负责官员也要连坐。

① 《后汉书·光武帝纪》。

8. 督责主管官吏缉捕盗贼的《沈命法》，武帝时制定。武帝天汉末年，酷吏专断，刑罚渐苛，百姓不堪忍受，起而造反，其“大群至数千人，擅自号，攻城邑，取库兵，释死罪，缚辱郡守都尉，杀二千石，为檄告县趣具食；小群以百数，掠卤乡里者不可称数”[①]。武帝虽令御史中丞、丞相长史出使督察，又派光禄大夫范昆等发兵镇压，仍不能禁止。于是制定《沈命法》，规定“群盗起不发觉，发觉而弗捕满品者，二千石以下至小吏主者皆死”[②]。应劭曰：“沈，没也。敢蔽匿盗贼者，没其命也。”颜师古曰：“品，率也，以人数为率也。”

总之，从三章法、《九章律》、《二年律令》至汉律六十篇的完成，又至武帝时期法律的频繁出台，汉律体系已经逐渐呈现出它的基本构造，即以正律律典为基础，辅以诸多的单行法规，无论正律律典还是单行法规，都与秦律有着密切的因承关系。武帝以前，几代帝王均致力于删繁就简的法律改革，但厘改者与种类繁多的秦律相比，仍属寥寥。《二年律令》所见二十八种律名，是否贯穿于两汉之世，尚有待考证，但至少看不到有关删减的记载。日本学者大庭脩认为，魏国编纂《法经》六篇，正文称“法”，补充法称“律”，秦朝将正文“法”改称为“律”，补充法仍称“律”。汉代继承了秦六律与补充法诸“律”，只是从补充法诸律中编纂三篇加入正律而成《九章律》，其余诸律也原样继承下来。[③] 因此从整体上看，至少在武帝以前，汉律的框架与内容是自秦脱胎而来，律的沿革基本上呈静态。所不同的是，由于立法思想的变化，汉正律中已加入了礼的内容，礼已经上升为调整各种社会关系的法律规范。武帝时对法律的倚重，不断刺激着法律的繁殖，相对稳定、静态的正律难以承载随时、动态的法律需求，于

① 《汉书 · 酷吏传 · 咸宣》。

② 《汉书 · 酷吏传 · 咸宣》。

③ ［日］大庭脩：《秦汉法制史研究》第一篇第一章第三节“秦以前的法与汉法”，日本创文社 1982 年版。中译本，上海人民出版社 1991 年版。

是法律的补充与繁殖便由另一种相当灵活的法律载体——令来承载，而法律体系的基本构造没有从根本上有所改变。东汉之世，汉律仍无重大建树，“后汉二百年间，律章无大增减”[①]，人们对汉律最大的关注，就是律令整理。这点将在下文着重叙述。

第二节　令

令是汉代仅次于律的重要的法律载体，皇权的至高无上赋予它独立的法律品格，使之直接成为法律的渊源。法律渊源于王者之命，并非肇始于汉。《周礼·大司马》云：“犯令陵政则杜之”，简明扼要地透示出令所具有的威严内涵与法律特质。《睡虎地秦墓竹简·为吏之道》所附魏国《户律》律文：

●廿五年闰再十二月丙午朔辛亥，○告相邦：民或弃邑居壄（野），入人孤寡，徼人妇女，非邦之故也。自今以来，叚（假）门逆吕（旅），赘婿后父，勿令为户，勿鼠（予）田宇。三枼（世）之后，欲士（仕）士（仕）之，乃（仍）署其籍曰：故某虑赘婿某叟之乃（仍）孙。

此律颁布于魏安釐王二十五年（前252年），律名为《户律》，但载体则是以“告相邦”形式出现的“令”。这说明王者之命直接入律，至少在战国时期就已经是法律的组合体之一。

汉初的立法活动，使汉代的基本法典《九章律》应运而生。然而《九章律》毕竟还只是一部以刑法为主的法典，汉律六十篇也难以涵盖纷繁复杂的犯罪行为，社会的发展与变革不断呼唤法律提供新的调整对象与原则，

① 《魏书·刑罚志》。

而与此相矛盾的是，法律自身对稳定性的要求及传统习惯的定性依附，使统治者对法律的厘改总是举步维艰。于是汉代的统治者便更多地利用自己掌握的最高权力，发布诏令，增减法律，使令在权力的铺垫下上升为法律规范。《汉书 · 宣帝纪》注引文颖曰："天子诏所增损不在律上者为令。"《汉书 · 杜周传》亦载："三尺（法）安出哉？前主所是著为律，后主所是疏为令，当时为是，何古之法乎？"说明令与律同存，而令又是比律更灵活甚至随意的法律载体，统治者的意志随时可以通过不定时的令得以实现。因此相对于律的稳定性而言，两汉对法律的补充，大量地是在令的范畴里进行的。

一、令的立法程序

在中国古代政治制度史上，两汉是一个相当发达的时期，王者之命形式之丰富，确实达到了一个高峰。宋人林虙对此胪列最详：

> 自典谟训诰誓命之书不作，两汉之制，最为近古：一曰策书，其文曰维某某年月日；二曰制书，其文曰制诏三公；三曰诏书，其文曰告某官如故事；四曰诫敕，其文曰有诏敕某官，此其凡也。策有制策、诏策、亲策，敕有诏敕、玺敕、密敕，书有策书、玺书、手书、权书、赫蹏书，诏有制诏、亲诏、密诏、特诏、优诏、中诏、清诏、手笔下诏、遗诏，令有下令、挈令、令甲、令乙、令丙，谕有口谕、风谕、谯谕，宥罪有赦，训诸王有诰，召天下兵有羽檄，要诰有誓约，廷拜有赞，以致有报，有赐，有问，有诰，……随事名之，此其目也。[1]

王者之命如此繁多，而且帝王本人也掌握着立法权力，但是这并不等

---

① 《四库全书 · 史部六 · 两汉诏令原序》。

于所有的王者之命都可以成为法令。换言之，王者之命在被赋予法律性质之际，实际上已经履行了一定意义上的立法程序。这个程序的表现形式，就是附于王者之命结尾的“具为令”“著为令”“议为令”“议著为令”等用语。最先意识到这一点的是沈家本。他在《历代刑法考·律令二》中立“具令、著令”一项，指出“凡新定之令必先具而后著之，必明书而附于旧令之内”。此后日本学者中田熏也指出了这一区别：“不可忽视的是，在具有长期法律效力的重要诏令中，其文中或结尾会特别附有定令、著令、具为令、著于令、定著令、定著于令、著以为令等著令用语。”[①] 日本学者大庭脩在此基础上又阐述了比较独到的见解。他在分析了汉代制诏的三种形态后得出结论：当皇帝直接行使立法权时，诏书中使用“著令”“著为令”等语；而当皇帝委托大臣行使立法权时，诏书使用“具为令”“议为令”“议著令”等语。立法内容经皇帝“制可”后，即被列入法典。[②] 这一见解使汉令的立法形态确实得到了较为清晰的体现。

皇帝直接行使立法权的汉令，最典型者有以下二例：

〔景帝后〕三年复下诏曰：“高年老长，人所尊敬也；鳏寡不属逮者，人所哀怜也。其著令：年八十以上，八岁以上，及孕者未乳、师、朱儒当鞠系者，颂系之。”[③]

〔平帝元始四年〕诏曰：“盖夫妇正则父子亲，人伦定矣。前诏有司复贞妇，归女徒，诚欲以防邪辟，全贞信。及眊悼之人刑罚所不加，圣王之所制也。惟苛暴吏多拘系犯法者亲属，妇女老弱，构怨伤化，百姓苦之。其明敕百寮，妇女非身犯法，及男子年八十以上七岁以下，家非坐不道，

① 据大庭脩《秦汉法制史研究》第三篇第一章第四节“著令用语与具、议令用语”引述。

② 《秦汉法制史研究》第三篇第一章第四节“著令用语与具、议令用语”。以下叙述的两种立法形态，均采自大庭脩之说。

③ 《汉书·刑法志》。

诏所名捕，它皆无得系。其当验者，即验问。定著令。”[①]

上述诏令的内容均系对刑事对象及年龄的确定。“其著令”与“定著令”表明，确定后的内容将被直接写入法令之中，晓喻吏民。值得注意的是，有的诏令虽然没有“著令”用语，但它仍然是皇帝直接行使立法权的产物。著名的汉高祖七年《谳狱令》，即为其例：“高皇帝七年，制诏御史：‘狱之疑者，吏或不敢决，有罪者久而不论，无罪者久系不决。自今以来，县道官狱疑者，各谳所属二千石官，二千石官以其罪名当报之。所不能决者，皆移廷尉，廷尉亦当报之。廷尉所不能决，谨具为奏，傅所当比律令以闻。’”[②] 这是迄今所见我国古代第一个有关诉讼制度的法令规定。与出土汉简中的皇帝诏令比较，史汉中的诏令往往有被节录或分载的情况存在，因此不能看到诏令中无“著令”用语就断定其失载于令典。[③]

皇帝责令大臣行使立法权之例，见《汉书 · 文帝纪》：

〔元年〕三月，……诏曰：“……老者非帛不暖，非肉不饱。今岁首，不时使人存问长老，又无布帛酒肉之赐，将何以佐天下子孙孝养其亲？今闻吏禀当受鬻者，或以陈粟，岂称养老之意哉！具为令。”

有关官吏受命后即拟定出相关的《养老令》：

年八十以上，赐米人月一石，肉二十斤，酒五斗。其九十以上，又赐帛人二疋絮三斤。赐物及当禀鬻米者，长吏阅视，丞若尉致。不满九十，

① 《汉书 · 平帝纪》。
② 《汉书 · 平帝纪》。
③ 参见《秦汉法制史研究》第三篇第一章第四节“著令用语与具、议令用语”。

啬夫、令史致。二千石遣都吏循行，不称者督之。刑者及有罪耐以上，不用此令。

从此《养老令》的产生可见，当皇帝生发立法意志之际，便会在诏令中表述要求立法的意愿，命令有关官员履行立法程序。颜师古注“具为令”为“使其备为条制”，更具体说明了履行立法程序后的令所具有的法律特质。同样的立法程序，又见景帝元年（前156年）七月《受所监临令》：

秋七月，诏曰：“吏受所监临，以饮食免，重；受财物，贱买贵卖，论轻。廷尉与丞相更议著令。”廷尉信谨与丞相议曰：“吏及诸有秩受其官属所监、所治、所行、所将，其与饮食计偿费，勿论。它物，若买故贱，卖故贵，皆坐臧为盗，没入臧县官。吏迁徙免罢，受其故官属所将监治送财物，夺爵为士伍，免之。无爵，罚金二斤，令没入所受。有能捕告，畀其所受臧。”①

与“具为令”相似的立法用语，还有“其议……条奏”。《汉书·刑法志》：

至元帝初立，乃下诏曰：“夫法令者，所以抑暴扶弱，欲其难犯而易避也。今律令烦多而不约，自典文者不能分明，而欲罗元元之不逮，斯岂刑中之意哉！其议律令可蠲除轻减者，条奏，唯在便安百姓而已。”

令的立法程序，至此尚未最后完成，它最终还要经过最高立法者皇帝的认可，方可具备“备为条制”，列入法典的条件。这种条件的获得，通过诏令中的“制可”体现。换言之，令应当经过三个步骤完成其立法程序：首先皇帝要求“具为令”“议为令”“议著令”，其次有关官吏提出具体立法方案，最后由皇帝“制可”，使令具有正式法律效力。完整反映这一形

① 《汉书·景帝纪》。

态汉令的立法过程的，就是汉文帝十三年（前 167 年）实施的废除肉刑的重大改律措施。文帝由缇萦上书而产生废除肉刑之意，遂要求丞相、御史大夫“有以易之”，并“具为令”，其后丞相、御史大夫奏言，提出改律方案，议请定律，文帝予以“制可”，批准改律。[①] 通过这一立法过程可见，皇帝的意志仍然是重要的立法渊源，而皇权的至高无上又赋予令威严震慑的法律效力，二者相融，使令在汉代大量繁殖。

汉令的立法程序并不是孤立产生的。除去完备的三公制度为立法提供了必备的权力与决策保障外，由汉高祖首创的谳疑狱制，也使朝议大案要案形成风气，成为两汉之际一个较为明显的法律现象。如景帝中六年（前 144 年）防民杀继母案，武帝元鼎中徐偃矫制案，宣帝初田延年主守盗案，成帝绥和初定陵侯淳于长大逆案，哀帝初薛况伤人案，都是就案情征询群臣，令公卿议臣各抒己见，最后由皇帝下诏决断是非。尽管此种议案易于流向儒法或权法之争，但在双方的争论辨析中，一种开放、扩大的法律氛围也在逐渐积蓄，法律中的非理因素被逐渐扬弃。在这种大背景的衬托下，律令的产生摆脱无序的不规范状态而进入程序化，也是统治群体的法律意识渐趋成熟的一个表现。

二、令的种类

汉令立法的程序化，使汉令的可操作性大为增强，“它非常清楚地表示了统治者的意图，形成了一个完全具有实际含义的法规组合体，普遍适用于全体居民”[②]。随着汉令的大量产生，汉令的种类体系也渐呈清晰的轮廓。例如以甲、乙、丙为名者，有《令甲》《令乙》《令丙》；以内容性质为名者，有《金布令》《宫卫令》《秩禄令》；以地区为名者，有《乐浪挈令》

① 事见《汉书·刑法志》。

② 何四维：《秦汉法律》，载《剑桥秦汉史》第九章，中国社会科学出版社 1992 年版，第 498 页。

《北边挈令》；以官署为名者，有《大鸿胪挈令》《廷尉挈令》《光禄挈令》等。在上述诸令中，《令甲》《令乙》《令丙》及挈令的性质一直是人们关注的焦点，以下拟先集成令文，介绍诸说，再试述己见。

首先关于《令甲》，所见有以下诸条：

《汉书·吴芮传》："初，文王芮，高祖贤之，制诏御史：长沙王忠，其定诸令。"赞曰："……惟吴芮之起，不失正道，……著于《甲令》而称忠也。"

《汉书·叙传》："务在农桑，著于《甲令》，民用康宁，述《景纪》第五。"

《汉书·宣帝纪》："〔地节四年〕诏曰：'《令甲》，死者不可生，刑者不可息。此先帝之所重，而吏未称。'"注引文颖曰："萧何承秦法所作为律令，律经是也。天子诏所增损，不在律上者为令。"

《汉书·哀帝纪》绥和元年诏注引如淳曰："名田县道者，《令甲》，诸侯在国，名田他县，罚金二两。"

《汉书·平帝纪》注引如淳曰："《令甲》，女子犯罪，作如徒六月，顾山遣归。"

除《汉书》所见外，《令甲》又见贾谊《新书·等齐篇》："天子之言曰令，令甲乙是也。"《晋书·刑法志》："又汉时决事，集为《令甲》以下三百余篇。"

其次为《令乙》，所见有：

《汉书·江充传》注引如淳曰："《令乙》，骑乘车马行驰道中，已论者，没入车马被具。"

《汉书·张释之传》注引如淳曰："《乙令》，'跸先至而犯者，罚金四两。'"

《晋书·刑法志》引《魏律序》："《令乙》有呵人受钱。"

再次为《令丙》，所见有：

《后汉书 · 章帝纪》:“〔元和元年〕秋七月丁未，诏曰：‘律云“掠者唯得榜、笞、立”。又《令丙》，箠长短有数。……’”

《晋书 · 刑法志》:“《令丙》有诈自复免。”

对以上诸令的认识，历来不同。概括起来大致有以下诸说：

1. 年代先后说。宣帝地节四年诏注引文颖曰：“《令甲》者，前帝第一令也。”

2. 篇目次第说。同上如淳曰：“令有先后，故有《令甲》《令乙》《令丙》。”颜师古评论文颖、如淳之说为：“如说是也。甲乙者，若今之第一、第二篇耳。”《后汉书 · 章帝纪》注亦云：“《令丙》为篇之次也。《前书音义》曰：‘令有先后，有《令甲》《令乙》《令丙》。’”

3. 诸令各有甲、乙、丙说。沈家本直指问题的关键：“惟令之名可考者尚多，在当时必更多，则所云《令甲》《令乙》者，诸令皆在甲篇、乙篇中乎？抑各令各有甲篇、乙篇乎？”其后他在为《令丙》所作的按语中述道：“《箠令》定于孝景之世，此言《令丙》者，当谓《箠令》之丙篇也。”[①]可见他已经倾向诸令各有甲、乙、丙篇说。此说亦可获得颜注的支持。《汉书 · 萧望之传》:“……故《金布令甲》曰：‘边郡数被兵，离饥寒，夭绝天年，父子相失，令天下共给其费……。’”颜师古曰：“《金布》者，令篇名也。其上有府库金钱布帛之事，因以名篇。令甲者，其篇甲乙之次。”

4. 集类为篇说。20 世纪 60 年代，陈梦家先生在分析居延汉简所出甲 2551 号简时，也考证了《令甲》《令乙》《令丙》，并得出结论：“令分甲乙丙不是因时代先后相承而分的三集，而是依事类性质不同而分的三集，即《晋书 · 刑法志》所谓‘率皆集类成篇，结事为章’。”[②]

以上诸说中，1、2 说就年代、篇次而言似无大碍，但对 3、4 说尚有

① （清）沈家本撰，邓经元、骈宇骞点校：《历代刑法考 · 汉律摭遗卷一 · 目录》，第 1388 页。

② 陈梦家：《西汉施行诏书目录》，同著《汉简缀述》中华书局 1980 年版，第 281 页。

几点似解释有碍。

首先，根据前引各令条文，其内容互不一致，难以同类。如《令甲》五条分别为称忠、勉励农桑、除肉刑、限占名田、顾山（适用女性囚徒的赎刑），如果除肉刑尚可归入刑名，划为《具律》，限占名田则属于《盗律》。《具律》《盗律》本分为二章，更难与称忠、勉励农桑同类。《令乙》三条，前二条为行驰道中、犯跸罚金，第三条诈伪。沈家本将前者归入《傍章》，后者纳入《杂律》，二者明显不属同类。《令丙》二条，一属箠令，一属诈伪。将甲、乙、丙的内容作一比较即可发现，无论是甲、乙、丙本身所出各令，还是甲、乙、丙三者之间，都缺乏集类成篇的标准。

其次，如果诸令各有甲、乙、丙篇，理当明言令名。以目前所知的汉令见之，汉令的调整对象相当宽泛。如官吏法有《秩禄令》《宫卫令》《品令》《任子令》《予告令》《功令》，经济法规有《田令》《水令》《马复令》《金布令》《缗钱令》《租挈令》，交通法规有《津关令》《符令》，司法法规有《廷尉挈令》《狱令》《箠令》《赎刑令》，礼仪法规有《祠令》《斋令》《五时令》，军事法规有《戍卒令》《捕杀单于令》，此外还有《公令》《卖爵令》等。这些令对象清楚，适用范围明确，除《金布令》仅见一例“金布令甲”外，余皆未见甲乙。如果甲、乙、丙是某令的篇次，该令令名为何，令人茫然。汉令原本就“烦多而不约，自典文者不能分明”[①]，整理者既“集类成篇”，定名应当准确简约。

最后，如果甲、乙、丙是同一令或同类令之篇名，至丙而止尚可理解，然而其他令是否也是皆至丙而止？以汉令的繁杂而言，似乎不大可能仅出现一种令的篇次。

总括上述疑点，3、4 说尚缺乏成立的依据。那么所谓甲、乙、丙，究竟是依据什么标准来整理排列的呢？根据 1、2 说，认为《令甲》《令乙》《令丙》是前代帝王的诏令总集，甲、乙、丙为其篇次，这可以解释得通。因

① 《汉书·刑法志》。

为这样的诏令集，非常难得地在居延汉简中得到了反映：

县置三老，行水兼兴舩十二，置孝弟力田廿二，征吏二千石以符卅二，郡国调列侯兵卌二，年八十及孕朱需颂系五十二。①

据陈梦家先生考证，《史记 · 十二诸侯年表序》云：“太史公读春秋历谱谍。”《索隐》引刘杳曰：“三代系表旁行邪上，并放周谱。”“旁行”即横行，由此他横读竖简，将这些简编册，即可知该简为编册中的第二支：

十	九	八	七	六	五	四	三	二	一
廿	十九	十八	十七	十六	十五	十四	十三	十二	十一
卅	廿九	廿八	廿七	廿六	廿五	廿四	廿三	廿二	廿一
卌	卅九	卅八	卅七	卅六	卅五	卅四	卅三	卅二	卅一
五十	卌九	卌八	卌七	卌六	卌五	卌四	卌三	卌二	卌一
								五十二	五十一

随后他又考证了每句简文，逐条找出相应的诏书内容，确认数字前的文字均为诏书内容的概括，推出“一”至“五十二”的年代，上至高祖二年（前 205 年），下讫景帝后三年（前 141 年），而且该札长三尺，符合《史

① 《居延汉简释文合校》5 · 3，10 · 1，13 · 8，126 · 2。

记·酷吏列传》孟康注"以三尺竹简书法律也"之汉制，因此该册书为诏书目录。他又据《汉书·刑法志》"孝武即位，……于是招进张汤、赵禹之属，条定法令，……律令凡三百五十九章"的记载，认为该诏书目录编定于武帝初年。[①] 大庭脩先生也认为该册书为《令甲》目录，称之为"居延出土的《令甲》目录"。[②]

根据上述考证，再比较前述《令甲》佚文的可考年代，如吴芮称忠诏颁布于高祖五年（前 202 年），[③] 除肉刑诏颁布于文帝十三年（前 167 年），[④] 劝农诏颁布于景帝后三年（前 141 年），[⑤] 年代跨度正与诏书目录兼容，因此此简当是《令甲》目录无疑。以此推测，《令乙》《令丙》也应当有这样的诏书目录。1989 年出土的甘肃武威旱滩坡汉简 6 号简记："民作原蚕，罚金二两，在乙第廿三。"[⑥] 此"乙第廿三"，当意为"编号为《乙令》第廿三"。

不过需要特别指出的是，汉时，甲乙丙不仅用于篇次序列，也表示等次之分。武帝时始设《五经》博士，置弟子员，岁末课试，高第为甲科，次为乙、丙科；元帝时"岁课甲科四十人为郎中，乙科二十人为太子舍人，丙科四十人补文学掌故"[⑦]，此甲科为经考试录用官吏的最高等级。《汉书·萧望之传》："望之以射策甲科为郎。"颜师古曰："射策者，谓为难问疑义，书之于策，量其大小，署为甲乙之科，列而置之，不使彰显。有欲射者，随其所取得而释之，以知优劣。"《汉书·西域传赞》："孝武之世，兴造甲乙之帐……而处其中。"《太平御览·服用·帐》："《汉武故事》曰：'上以琉璃、珠玉、明月、夜光，杂错天下珍宝为甲帐，其次为乙帐。甲

① 陈梦家:《西汉施行诏书目录》，收入同著《汉简缀述》，中华书局 1980 年版，第 275 页。
② 《汉简研究》第二篇第三章"居延出土的令甲目录"。日本同朋舍 1992 年版。
③ 见陈梦家《西汉施行诏书》一文考证，《汉简缀述》第 278 页。
④ 《汉书·刑法志》。
⑤ 《汉书·景帝纪》。
⑥ 武威地区博物馆:《甘肃武威旱滩坡东汉墓》，载《文物》1993 年第 10 期。
⑦ 《汉书·儒林传序》。

以居神，乙以自居。'”上述“甲”例，均有第一、优秀或重要之义。以此类推，《令甲》《令乙》《令丙》也不会仅是篇次之目。

总之，以诏书目录简及《令甲》《令乙》《令丙》佚文所反映的内容与年代可见，《令甲》《令乙》《令丙》是汉初皇帝的诏令集，所收诏令在内容上不具有同类性质，排列方式采用序列法，按年代顺序列为第一、第二、第三……。又根据文帝、景帝不同时期的诏令交叉出现于甲、乙、丙三令之中，可知甲乙丙除表明篇次外，还反映了整理者对诏令非单纯年代划分，而取其重要程度的选择结果。如此，才可以解释为何同令而不同类，为何不明言令名，为何不同时代的诏令交替出现等疑点。《周易·蛊》：“先甲三日，后甲三日。”王弼注：“甲者，创制之令也。”孔颖达疏：“甲为十日之首，创造之令为在后诸令之首，故以创造之令谓之为甲。故汉时谓令之重者，谓之《甲令》，则此义也。”沈家本认为孔疏异于如淳说，当以如说为长。但根据上述分析，孔疏亦非毫无道理。大庭脩先生指出，根据诏书目录简所见令的简称，再结合与之相关的诏书内容，可以认为这就是先帝的“第一级令”，这是比较谨慎的看法。

关于《令甲》《令乙》《令丙》的分类标准，尚有待更深一步的论证。不过有一点是可以明确的，这就是它们是经过立法程序后被编入令典的天子诏令，在性质上属于由国家统一颁布、适用全国的法规。

除《令甲》《令乙》《令丙》外，汉令中还有一种适用于某一地区或某一官署的法规，这种令的名称，一般是前冠以地区或官署名，后缀以“挈令”。冠以地区名者：

《说文·系部》：“织，作布帛之总名也。絨，乐浪挈令，织从系从式。”

《居延汉简释文合校》10·28：“北边絜令第四：候长、候史日迹及将军吏劳二日，皆当三日。”又562·19：“北边挈令第四：北边候长、候史迹二日当三日。”

冠以官署职官名者：

《汉书·燕王刘旦传》："又将军都郎羽林。"颜师古曰："都，大也，谓大会试之。汉《光禄挈令》：诸当试者不会都所，免之。"

《汉书·张汤传》："奏谳疑，必奏先为上分别其原，上所是，受而著谳法《廷尉挈令》。"

《疏勒河流域出土汉简》496："龙勒写《大鸿胪挈令》，津关。"

《敦煌汉简释文》982："《大尉挈令》：盗县官县□□。"

《武威旱滩坡出土汉简》8："不道，在《御史挈令》(第)廿三。"又9甲："赦不得赦，下蚕室，在《兰台挈令》第□☑。"9乙："□法在《卫尉挈令》。"

"挈令"有双重含义。其一为镌刻在木板上的法令。《汉书·叙传上》："但箅祀于挈龟。"颜师古曰："挈，刻也。"《说文·系部》段注："'挈'当作'栔'。'栔'，刻也，乐浪郡刻于板之令也。"故《廷尉挈令》又称《廷尉板令》。《张汤传》注引韦昭曰："在板挈也。"《史记·酷吏列传》正义："谓律令也，古以板书之。言上所是，著之为正狱，以廷尉法令决平之，扬主之明监也。"《后汉书·应劭传》："辄撰具……《廷尉板令》……凡二百五十篇。"其二为约束、规范本地区或部门的重要法令。[①]"挈"又作"栔"，上述《北边挈令》二字互见即为其证。《说文》段注："人部系下云：'栔，束也。'是知栔为束也。"《汉书·张汤传》注颜师古曰："著，谓明书之也。挈，狱讼之要也。书于谳法挈令以为后式也。"此"狱讼之要"与"谳法挈令"同义，指廷尉应当遵循的决狱规则。

关于挈令与国家律令的关系，沈家本指出：

① 参见大庭脩《秦汉法制史研究》第二篇第二章第四节"令的佚文"。又见李均明、刘军：《武威旱滩坡出土汉简考述——兼论挈令》，载《文物》1993年第3期。

> 然则挈者正字，挈叚借字。廷尉、光禄二寺有此令，乐浪郡署有此令，似汉时中外官府皆有此令，以为法式，盖皆不在正律之中者。唐台省多书格令于屋壁，嗣圣中令内外官人书格令听事之壁，殆亦有所承欤？《张汤传》著谳法《廷尉挈令》，言著其所谳之法于廷尉之挈令也，师古注微不明。①

揣测此说，似有二义：一是挈令不在正律之中，二是挈令系各官署自行制订。不过据汉简记载，此说恐有待商榷。1981年新出《王杖诏令册》："制诏御史：年七十以上杖王杖，比六百石，入官府不趋，吏民有敢殴辱者，逆不道，弃市。令在兰台第卌三。"② 同样内容的诏令又见1989年发掘出土的武威旱滩坡汉简："制诏御史：奏年七十以上，比吏六百石，出入官府不趋，毋二尺告劾，吏擅征召□不道。在御史挈令第廿三。"③ 据此可以清楚地发现，王杖诏令是通过立法程序而具有法律效力的国家法令，收藏国家图书秘籍的兰台和协助丞相总领天下之事的御史府均编入了这一诏令，兰台编号为第四十三，御史挈令编号为第二十三。同一国家法令分别编入不同官署的情况又见旱滩坡汉简简七："坐臧为盗，在《公令》（第）十九，丞相常用第三。"因此，挈令不是各官府自行制定的法令，而是各官府将对本官署或地区具有常规指导意义的国家法令汇编而成的法令集。④ 这个法令集不仅编入了律令条文，也包括具有法律效力的判例。又，沈家本推

① （清）沈家本撰，邓经元、骈宇骞点校：《历代刑法考·汉律摭遗卷一·目录》，第1382页。

② 武威县博物馆：《武威新出土王杖诏令册》，载《汉简研究文集》，甘肃人民出版社1984年版，第34—61页。

③ 武威地区博物馆：《甘肃武威旱滩坡东汉墓》，载《文物》1993年第3期。原简编号为简一与简八，经大庭脩考证，将此二简复原联缀。又，"第廿三"或为"第四十三"之误。考证见《武威旱滩坡出土的王杖简》，收入《简帛研究译丛》第一辑，湖南人民出版社1996年版。

④ 参见大庭脩《秦汉法制史研究》第二篇第二章第四节"令的佚文"。又见李均明、刘军：《武威旱滩坡出土汉简考述——兼论挈令》，载《文物》1993年第3期。

测唐台省将格令书于屋壁，为汉风余绪，近是。1990 年发掘的甘肃悬泉置遗址，有壁书《诏书四时月令五十条》，[①] 可证实这一推测。

三、令的整理厘定

汉代的律令，始终与整理厘定同步发展。

汉高祖初入关时，约法三章，其后因“三章之法不足以御奸”，又由萧何修订《九章律》。高后、惠帝、文景之世，革除秦代苛律酷刑，甚至在文景之世出现了“刑罚大省”“断狱四百，有刑错之风”的儒家理想的治世局面，但律令篇章仍呈尾大不掉之势。张家山 M336 号汉墓出有文帝初期律名十五种，可窥一斑。景帝初即位，晁错任内史，更定法令三十章，表明除《九章律》外，尚有更多的法令存在。

武帝时期，立法步骤大大加快，汉令急剧膨胀，加之司法官吏推崇“峻文决理”“转相比况”，致使法网渐趋严密。此时律令已增加到 359 章，仅死刑条文就多达 409 条，判例 1882 件，《死罪决事比》收录的判例则高达 13472 件。[②] 繁芜庞杂的律令不仅使官吏陷入文牍主义，也使奸邪之吏得以玩弄法律。《汉书·刑法志》对此总结道：“文书盈于几阁，典者不能遍睹。是以郡国承用者驳，或罪同而论异。奸吏因缘为市，所欲活则附生议，所欲陷则予死比。”至昭帝初，此种情况受到了儒者的强烈批判：“方今律令百有余篇，文章繁，罪名重，郡国用之疑惑，或浅或深，自吏明习者不知所处，而况愚民！律令尘蠹于栈阁，吏不能遍睹，而况于愚民乎！”[③]

至此，律令的整理修订已经上升为一个重要问题。首先正视这一现实的是汉宣帝，他于本始四年（前 70 年）颁布诏令，要求“律令有可蠲除

① 1997 年“全国考古新发现精品展”展出此壁书诏令照片。

② 《汉书·刑法志》。

③ 《盐铁论·刑德》。

以安百姓，条奏”①。当时涿郡太守郑昌也上疏宣帝，请求删定律令，宣帝虽然未及修正，但是汉代第一次统一的律令整理，则始于宣帝之世。此次律令整理的主持者为廷尉于定国。据《魏书·刑罚志》记载，经其“集诸法律”后，汉代律令凡960卷，大辟490条，判例1882件，《死罪决事比》3472件，各种断罪时应当引用的条例共26272条。与武帝时张汤、赵禹条定法令的结果相比，于定国整理后的法规数量，除《死罪决事比》有大幅度删减外，其余或持平或增加。不过，大辟由409条增为490条，判例原封不动，《死罪决事比》正好删去一万的结果令人生疑，而且《晋书·刑法志》记东汉时“凡断罪所当用者，合二万六千二百七十余事”，此26272条系东汉之事，因此魏志所记或许有误。元帝之际，厘改甚微，仅初元五年（前44年）“省刑罚七十余事”②，又据《晋书·刑法志》梁统疏，是年还“轻殊刑三十四事”。这种细微的删减对庞大的汉律令体系而言，无异于隔靴搔痒。更何况较之删减，死刑条例反而增长势头不减，至成帝时已达一千余条，律令多至一百余万言。由于律令繁多而引发的司法弊病更加突出，为此成帝于河平年间颁诏，命令有关官吏与中二千石、二千石、博士及熟悉律令者提出减轻死刑并蠲除减省律令的方案，但是官吏们并不充分重视此事，而是“徒钩摭微细，毛举数事，以塞诏而已”③。

此后直至西汉结束，律令的整理厘定仍未有重大进展。哀帝建平元年（前6年）至四年，“轻殊死者刑八十二事”，其中四十二件定为“手杀人皆减死罪一等，著为常法”④。这种随意轻刑而不求宽严适中的厘定，同样带来了“人轻犯法，吏易杀人，吏民俱失，至于不羁”⑤的后果。

东汉之际，要求修纂法典，规范律令体系的呼声首先来自光武帝时期

① 《汉书·宣帝纪》。
② 《汉书·元帝纪》。
③ 《汉书·刑法志》。
④ 《晋书·刑法志》。
⑤ 《晋书·刑法志》。

的梁统。梁统“性刚毅而好法律”，熟悉前朝法制。刘秀称帝时任武威太守，为政严猛，威行邻郡。建武十二年（36年）入朝，授太中大夫。入朝后，梁统上疏光武帝，认为高祖先制三章之法，后定九章之律，实施长久；文帝废止肉刑，除连坐法，其余全部沿袭旧规，天下接近太平；武帝因豪强犯禁作恶，奸吏营私枉法，故制定沉命法与见知故纵之律；宣、元二世，法律少有变更，天下安定。自高祖至宣帝所颁律令，无论考诸经传还是比照现实，都不是严刑峻法。而到了成、哀之世，丞相王嘉等人随意废弃旧规，穿凿律令一百余例，导致政务受阻，民心不满。为此他呼吁：对旧律令应当“择其善者而从之，其不善者而改之，定不易之典”[①]。

与西汉宣、元、成、哀四帝蠲省律令诏的主旨相比，梁统的建议并非泛泛陈述，也不是像三公、廷尉所议，旨在“隆刑峻法”，而是面临“承离乱之后，法网弛纵，罪名既轻，无以惩肃”[②]的现实，希望择善而从，修定宽严适中、稳定性较强的“不易之典”。

梁统之议以未被采纳而告终。明帝之后，为了“齐同法令，息遏人讼”，司徒鲍昱也主持过局部的律例整理，整理结果为《辞讼比》7卷，《决事都目》8卷，二典均为具有法律效力的判例汇编。《辞讼比》的编撰者为时任司徒属吏的陈宠。《晋书·刑法志》称“司徒鲍昱撰嫁娶《辞讼决》，为《法比都目》”，此《辞讼决》作者似为鲍昱，内容系涉及婚姻诉讼的判例汇编。但据《后汉书·陈宠传》：“时司徒辞讼，久者数十年，事类溷错，易为轻重，不良吏得生因缘。（陈）宠为（鲍）昱撰《辞讼比》七卷，决事科条，皆以事类相从。昱奏上之，其后公府奉以为法。”说明陈宠所撰《辞讼比》有可能收录了各类诉讼判例，具有广泛的指导意义，因而被公府“奉以为法”。

章、和、安之际，出生法律世家且通晓律令的陈氏父子先后奏疏，厘改律令。章帝初，司法官吏承袭永平旧制，崇尚严切，尚书决事也接近苛

① 《晋书·刑法志》。
② 《晋书·刑法志》。

重。时初任尚书的陈宠上疏章帝，指出了“断狱者急于箠格酷烈之痛，执宪者烦于诋欺放滥之文”的司法时弊，请求“荡涤烦苛之法”。章帝采纳其言，命令司法官吏禁用钻鑽等肉刑旧制，废除惩治妖言之令，禁止舞文陷罪的奏请，并复核了 50 余例案件编入令典。元和三年（86 年），律学家、廷尉郭躬也条奏 41 件可以从轻处理的判例，获准后被写入令典。[①]

此次厘改律令的成功，使陈宠决心对汉律令体系进行一次较大幅度的整理修订。和帝永元六年（94 年），陈宠代郭躬任廷尉，随即开始“复校律令”。他在给和帝的奏疏中，陈述了自己的改革方案：

臣闻礼经三百，威仪三千，故《甫刑》大辟二百，五刑之属三千。礼之所去，刑之所取，失礼即入刑，相为表里者也。今律令，犯罪应死刑者六百一十，耐罪千六百九十八，赎罪以下二千六百八十一，溢于《甫刑》千九百八十九，其四百一十大辟，千五百耐罪，七十九赎罪。……汉兴以来，三百二年，宪令稍增，科条无限。又律有三家，说各驳异。刑法繁多，宜令三公、廷尉集平律令，应经合义可施行者，大辟二百，耐罪、赎罪二千八百，合为三千，与礼相应。其余千九百八十九事，悉可详除。[②]

陈宠认为汉兴三百余年来，刑法繁多的根源就是“宪令稍增”“科条无限”与律说各异，因此他希望以《吕刑》为模式规范律令体系，删繁就简，与礼相应。显而易见，陈宠的整理方案带有鲜明的古典主义的倾向，糅合着对礼的憧憬与向往。这种过于理想化的设计，可能很难适应现实，而且以“五刑之属三千”硬套现行律令，分大辟 200 条，耐罪、赎罪 2800 条，也不无拘泥之嫌。方案奏上后，未及获准施行，陈宠即因事获罪，此次整理修订遂不了了之。

① 《晋书 · 刑法志》。
② 《晋书 · 刑法志》。

此后陈宠之子陈忠继续此项事业。安帝时他以明习法律擢为尚书，位居三公曹，随后即依照父亲的意图厘定律令。他在法律上的主要建树有：呈奏 33 件适用判例，编定为《决事比》，以减少上请复审中的弊端；上奏废止宫刑；解除赃吏三世禁锢；规定狂疯病人杀人可以减死论处；允许母子兄弟之间代受死刑并赦免被代者本人。陈忠的这几项建议均获准施行，但是法典的编纂并未成为自觉行动。

献帝建安元年（196 年）迁都许昌。时值董卓之乱，“荡覆王室，典宪焚燎”，汉王朝历经数百年积累而成的律令典籍“靡有孑遗”，恢复整理迫在眉睫。随献帝东迁的应劭忧心如焚，为保存旧章典制，留为永鉴，他对汉律令进行了两汉四百余年间的最后一次整理。据《晋书·刑法志》记载，应劭提出的整理成果有：阐述律例本意的《律本章句》，汇集尚书政务法令典章的《尚书故事》，规范狱讼原则的《廷尉板令》，供司徒掌政执法所用的律例汇编《司徒都目》，适用于常侍曹、二千石曹、民曹、主客曹、三公曹职能范畴的诏书汇编《五曹诏书》，另还有《春秋决狱》。这 7 部律例著述共 250 篇，编撰时为使文字简约而删去了重复部分。此外应劭还撰有《驳议》30篇，以类相从，共计82例。其中25例采于《汉书》,4例见《东观汉记》，26 例系古今名士之作，余 27 例为应劭撰写。应劭的整理成果，抢救性地保存了旧制律令，为汉代法制的延续与转承提供了重要的文献基础。

纵观两汉间律令的整理厘改过程，有一个特点十分明显。这就是操作的范围始终没有突破律令体系的原有框架，人们无意对先帝成法作根本改动，无意寻求律令的内在联系而作合乎理性的分类，只是在“宽猛”“繁简”等道德伦理观念的驱动下，在数量上做机械式的增减。这种整理厘改，不可能从根本上改变汉律令体系交叉，分类不明的缺陷：“一章之中或事过数十，事类虽同，轻重乖异。而通条连句，上下相蒙，虽大体异篇，实相采入。”①这种杂乱的体例，直至魏明帝编纂《新律》十八篇时，才有了根本改观。

---

①《晋书·刑法志》。

第三节　科、品

《后汉书·安帝纪》元初五年（118 年）诏曰："旧令制度，各有科品，欲令百姓务崇节约。"表明汉代的法律载体除律令外，还有科品。

科的本义为规定、法则。《说文·禾部》："科，程也。从禾从斗，斗者，量也。"段注："《广韵》曰程也，条也，本也，品也。按：实一义之引伸也。"又，《说文》释"程"为"程品"也。段注："品者，众庶也。因众庶而立之法，则斯谓之程品。"由此本义，科又有品类、条目之义。《广雅·释言》："科，条也。"《法言·寡见》："或曰：学者之说可约耶？曰：可约，解科。"注："言自可令约省耳。但当使得其义旨不失其科条。"

根据上述字义，可知科具有法律功能，这就是《释名》所述的"科，课也，课其不如法者罪责之也"。就这一意义而言，科的法律功能和律令是同等的。但由科的第二义所见，科与律令又有所不同。即律呈相对稳定状态，轻易不作改动；令是律的补充，扩大调整对象与范围；科的作用则在于具体规范、禁约某种对象行为，是对律令的具体诠释与补充。《后汉书·桓谭传》："今可令通义理明习法律者，校定科比，一其法度，班下郡国，蠲除故事。"注："科谓事条，比谓类例。"这里的"事条"，正是指科以具体条例补充律令。由于科具体分解律令，具有较强的可操作性，因此它的产生较律令而更为繁多。《后汉书·陈宠传》云，"汉兴三百二年，宪令稍增，科条无限"，可见其一端。

《晋书·刑法志》述科的体例为："科之为制，每条有违科。"意谓科作为一种法律样式，每条都标有违法的名目，又以同志"科有……事"见之，科除条目外，似还选附相关案例比照。目前所见汉科有：

首匿之科。《后汉书·梁统传》："武帝军役数兴，豪杰犯禁，奸吏弄法，故重首匿之科。”

钻鑽之科。《后汉书·陈宠传》:“帝敬纳宠言，每事务于宽厚，其后遂诏有司，绝钻鑽诸惨酷之科。”

亡逃之科。《后汉书·陈忠传》:“（陈）忠上疏曰:‘亡逃之科，宪令所急，盖失之末流，求之本源，宜纠增旧科，以防来事。’”

宁告之科。同上:“高祖受命，萧何创制，大臣有宁告之科。”

异子之科。《晋书·刑法志》:“除异子之科，使父子无异财也。”

投书弃市之科。同上:“改投书弃市之科，所以轻刑也。”

所见汉科条目有:

登闻道辞。《晋书·刑法志》:“《厩律》有告反逮受，科有登闻道辞，故分为《告劾律》。”

考事报谳。同上:“《兴律》有上狱之事，科有考事报谳，宜别为篇，故分为《系讯》、《断狱》律。”

使者验赂。同上:“《盗律》有受所监受财枉法，《杂律》有假借不廉，《令乙》有呵人受钱，科有使者验赂，其事相类，故分为《请赇律》。”

平庸坐赃。同上:“《金布律》有罚赎入责以呈黄金为价，科有平庸坐赃事，以为《偿赃律》。”

从上述科条可见，作为法律的一种载体，科在形式上是独立的，不依附律令，但在内容上往往与律令糅杂。

有关科的实态，以往一直因文献缺载而未知其详。20世纪70年代出土的居延汉简，新见《购偿科别》册书。这份册书的出现，为我们认识汉科提供了极其珍贵的原始史料，弥补了重大缺憾。册书全文如下:

……等三人捕羌虏斩首各二级，当免为庶人，有书。今以旧制律令为

捕斩匈奴虏反羌购赏各如牒。前诸郡以西州书免刘玄及王便等为民，皆不当。行书到，以科别从事，官奴婢以西州

●捕斩匈奴虏反羌购偿科别

●其生捕得酋豪王侯君长将率者一人，□吏增秩二等，从奴与购如比。其斩匈奴将率者将百人以上一人，购钱十万，吏增秩二等，不欲为□

有能生捕得匈奴闲侯一人，吏增秩二等，民与购钱十□人命者，除其罪。

能与众兵俱追，先登陷阵，斩首一级，购钱五万如比。

□有能谒言吏，吏以其言捕得之，半与购赏。

□追逐格斗有功，还畜参分，以其一还归本主。

□……能持□奴，与半功。

诸有功校，皆有信验乃行购赏。

●右捕匈奴虏购科赏

钱三万，吏增秩二等，不欲为官者与购如比。

●有能生捕得反羌从徼外来为闲候动静中国兵，欲寇盗杀略人民，吏增秩二等，民与购钱五万，从奴它与购如比

□言吏，吏以其言捕得之，购钱五万。与众俱追，先登□□

●右捕反羌科赏[1]

该册书由两科构成。一是《捕匈奴虏购科赏》，二是《捕反羌科赏》，标题统称为《捕斩匈奴反羌购偿科别》，内容为捕斩匈奴、反羌的购赏除罪规定。册书的开头一段相当重要，它说明旧制律令中有斩捕方面的规定，此次二科的制定，正是依据旧制律令而为之，而且新科颁布后，依新科行事。再以二科内容见之，从捕斩对象、捕斩者到增秩等、赏钱数量，均规定得十分具体，表现出科具有灵活、动态的立法功能。《史记 · 李广列传》：

① 《居延新简》EPF22 · 221—235。

“（李蔡）以元朔五年为轻车将军，从大将军击右贤王，有功中率，封为安乐侯。”《索隐》引颜师古曰：“率谓军功封赏之科，著在法令，故云中率。”所谓“中率”，即指符合军功封赏科中的具体规定。上述科中所见的内容，实际就是根据军法而制定出的奖赏细则。

关于科的立法形态，尚有待进一步详考。但有一点毋庸置疑，即科只有在被纳入立法程序后，才有可能获得法律效力。《后汉书·张敏传》记张敏驳《轻侮法》曰：“夫轻侮之法，先帝一切之恩，不有成科班之律令也。”这不仅说明了科是律令的补充，也揭示出科的法律效力是要通过颁布令来实现的。《后汉书·郭躬传》：“躬奏谳法科，多所生全。”在《谳法科》发生“多所生全”的效果前，一个重要的程序就是《谳法科》奏上后能够获得批准颁行。从这点考虑，科的立法实态与令似无二致。

除科之外，品也是汉代法律的载体之一。史籍中科品往往连言。如《续汉书·舆服志》：“诸车之文……二千石以下各从科品。”同书《济南王康传》：“国傅何敞谏曰：‘……舆马台隶，应为科品。’”《刘祐传》：“时中常侍苏康、管霸用事于内，遂固天下良田美业、山林湖泽，民庶穷困，州郡累气。（刘）祐移书所在，依科品没入之。”科品连言，并不证明科品为一事。安帝诏云“旧令制度，各有科品”，已明言科与品是两种法律载体，但是关于品的性质及品与科的关系，还需要进一步论证。

品的本义和科一样，有“法式”这一义项。《尔雅·释诂》：“品，式也。”《广韵》：“品，式也，法也。”叔孙通定宗庙仪礼，论著仪法，成帝时梅福上疏称“叔孙通遁秦归汉，制作仪品”①，明见法、品可以互训。《续汉书·舆服志上》：“铃下、侍阁、门兰、部署、街里走卒，皆有程品，多少随所典领。”此是程品可以互训之例。但与科所不同的是，品还有等差、阶格、标准的含义。《汉书·扬雄传下》：“仲尼之后，讫于汉道，……爰及名将尊卑之条，称述品藻。”师古曰：“品藻者，定其差品及文质。”又《匈奴传上》：“故约，

① 《汉书·梅福传》。

汉常遣翁主，给缯絮食物有品，以和亲，而匈奴亦不复扰边。”师古曰：“品谓等差也。”作为法律载体的品，正是在这一义项上承载起了划分等级标准的功能。

宣帝神爵元年（前 61 年），京兆尹张敞建议，允许罪人“以差入谷”边郡赎罪，以此缓解用度不足之忧。随后他又提出“金选之品”，以反驳废除“首匿”“见知故纵”“所不当为”诸罪的说法：“《甫刑》之罚，小过赦，薄罪赎，有金选之品，所从来久矣，何贼之所生？”注引应劭曰：“选音刷，金铢两名也。”师古曰：“音刷是也。字本作锊，锊即锾也。……《吕刑》曰：‘墨辟疑赦，其罚百锾；劓辟疑赦，其罚惟倍；剕辟疑赦，其罚倍差；宫辟疑赦，其罚六百锾；大辟疑赦，其罚千锾。’是其品也。”[①] 张敞将《吕刑》中的罚刑等级称为“金选之品”，可见在汉人意识中，不仅视品为具有规范、明确罪罚效力的法律实体，而且品还具有具体量化标准的作用。《居延新简》所见《大司农罪人得入钱赎品》，更是难得地反映了品的这一性质：

大司农臣延奏罪人得入钱赎品
赎完城旦舂六百石　直钱四万
髡钳城旦舂九百石　直钱六万[②]

据《汉书 · 百官公卿表下》记载，大司农延的任期为五凤元年（前 57 年）至黄龙元年（前 49 年），因此该赎品产生于这一时期，与张敞建议入谷赎罪相去仅数年。如此看来，从张敞强调“金选之品”到入钱赎品的提出，恐怕不是偶然的巧合。赎刑是贯穿两汉的刑种之一，累世沿用不绝，不过所赎对象与赎之数量当各有不同。从品的概念切入，当人们在国家财

① 《汉书 · 萧望之传》。
② 《居延新简》EPT56 · 35—37。

政困难、用度不足之际提出赎法，未尝不是在对象、数量上对现行赎刑进行更具体、更适应时宜的补充。换言之，赎刑的标准与数量不可能是一成不变的。在这种情况下，品便可以随时调整对象，增减轻重。《大司农罪人得入钱赎品》在张敞建议被否定后的数年内仍得以出台，正说明品是律令量化了的辅助法规。

汉简所出除上述赎品外，见知品名还有《守御器品》《复作品》《烽火品约》。

《守御器品》见《散见简牍合辑》203简："郡都尉、候鄣、亭燧《守御器品》。"守御器指防御用器具与设施，品则是有关守御器数量、品种等次的规定。戍边士卒如违犯《守御器品》，将被记录在案："……第十八隧长充国，亭不涂，毋非常屋，蓬少一，蓬三币，毋深目，毋马牛矢，毋狗笼，毋芮薪，沙灶少一，表小币，笼灶少一，天田不画，县索缓，柃柱廿不坚，积薪六皆卑，小积薪少二"[①]，还将受到惩罚："候史广德坐不循行部、涂亭趣具诸当所具者，各如府都吏、举，部糒不毕，又省官檄书不会会日，督五十"[②]。可见该品具有法律的约束力。

《复作品》见《居延新简》EPT56·281号简："右止城旦春以下及复作品。书到，言所☐。"复作是汉代徒刑中最轻等级，劳役期为数月至一年。《汉书·王子侯表上》："元狩元年，坐知人盗官母马为臧，会赦，复作。"师古曰："复作者，徒刑也。"李奇注《宣帝纪》所见"复作"云："复作者，女徒也。谓轻罪，男子守边一岁，女子软弱不任守，复令作于官，亦一岁，故谓之复作徒也。"孟康则注为"弛刑徒"。沈家本亦从李奇说。[③]吴荣曾先生据汉简考证，指出李奇说不确。其一，汉代边塞有不少复作大男；其二，与城旦、鬼薪、司寇等刑徒相比，复作者不受刑，而其他刑徒须受髡、

---

① 《居延新简》EPT57·108。

② 《居延新简》EPT57·108。

③ （清）沈家本撰，邓经元、骈宇骞点校：《历代刑法考·汉律摭遗卷九·具律一》，第1535页。

完、耐等附加刑。[①] 今据简文，复作既然是徒刑之一种，《复作品》抑或就是刑期等级、劳役对象、劳役内容的具体规定。

《烽火品约》频见于居延汉简。《居延新简》EPF16 · 1—17 为一份《烽火品约》册书，它具体规定了边境屯戍组织有关燔举烽火信号的细则，最能说明品与律令、科的关系。《晋书 · 刑法志》述魏改汉律云："以惊事告急，与《兴律》烽燧及科令者，以为《惊事律》"，可知汉代有关燔举烽火的规定归属《兴律》，而且还有相应的科条。但律文与科条不可能规定各地段的具体信号，因此各都尉或地区便制定出相应的、适用于本部的烽火品。上述册书就是东汉初年施行于居延都尉府所属甲渠、殄北、三十井塞的《烽火品约》。[②] 品约中屡见"和如品""燔举如品"等用语，其含义与汉代常用语"如律令"一样，意即按照品约规定行事。

《就品》见《敦煌汉简》1262 简："□粟输渭仓，以就品贱，无欲为者，愿□。"此品显然是有关运输雇僦的具体规定，主要内容应当是僦费标准，故云"以就品贱，无欲为者"。

同样反映此种关系的品，又可见居延汉简："坐从良家子自给车马为私事，论疑也。□□书到，相二千石以下从吏毋过品。刺史禁督，且察毋状者如……"[③] 翻检秦律，禁止官吏利用公家的人力物力谋私，已有明文规定："吏自佐、史以上负从马、守书私卒，令市取钱焉，皆䙴（迁）。"[④] 汉律中有关逾制、过例的规定也不寡见，因此简文中的"品"，应当是适用于二千石以下从吏有关车舆使用方面的等级规定。

以往人们论及汉代的法律载体时，往往举出律令科比，于品多所疏漏。

① 吴荣曾：《汉简中所见的刑徒制》，收入同著《先秦两汉史研究》，中华书局 1995 年版，第 261—276 页。

② 李均明、刘军：《汉代屯戍遗简法律志》上编"律令科品"，载《中国珍稀法律典籍集成》甲编第二册，科学出版社 1994 年版，170—179 页。

③ 《居延汉简释文合校》40 · 6。

④ 睡虎地秦墓竹简整理小组编：《睡虎地秦墓竹简 · 秦律杂抄》，第 133 页。

然而根据以上所见汉品可知，品同样也是汉代具有法律效力的法律载体之一。从领属关系上看，它是律令科的附属法规，不具有独立品格，但它同时又是律令科的扩充与延伸。像具体规定赎罪细则的《大司农罪人得入钱赎品》、规定守御器具种类数量的《守御器品》、规定各级军事组织燔举烽火信号的《烽火品约》，规定僦费价格的《就品》，都说明品是律令的具体条款、细则规定、量化标准。“旧令制度，各有科品”，简明地揭示了品的法律功能以及与律令的关系。

第四节　比

比是汉代常见的法律术语，也是汉代的法律载体之一。比有两个基本含义，一是则例、故事。《礼记・王制》：“众疑赦之，必察小大之比以成之。”郑玄注：“小大犹轻重，已行故事曰比。”法律意义上的比，即指既定律令、判例成案，是法律载体之一。由此义项，又延伸出与此密切相关的另一义项，即“决事比”。《周礼・秋官司寇・大司寇》：“凡庶民之狱讼，以邦成弊之。”郑玄注：“郑司农云：……邦成，谓若今时决事比也。弊之，断其狱讼也。”贾公彦疏：“先郑云邦成谓若今时决事比也。此八者，皆是旧法成事品式。若今律，其有断事，皆依旧事断之。其无条，取比类以决之。”因此，比又是一种司法类推行为。所谓“廷尉所不能决，谨具为奏，附所当比律令以闻”[①]，“转相比况”，“奇请它比”，“所欲陷则予死比”，“引他类以比附之”，[②]都是指司法官吏比附律令、援引判例断罪量刑。以比的这二项法律意义的连带关系而言，恰好诠释了许慎释“比”为“密也”的内涵。

① 《汉书・高帝纪》。

② 《汉书・刑法志》。

一、比的来源

总结判例成案，以此指导司法实践的做法，在春秋战国时期就已经形成。江陵张家山汉简《奏谳书》收录了两件这一时期的案例。[①]一例约成文于春秋时期，记载了发生于鲁国的一件盗窃案的审判过程。该判例首先提出了鲁国法律中适用于盗窃罪、以公事欺上罪的条文，其次陈述罪犯的盗窃罪，表明判决结果。然而鲁君对此表示疑问，认为按律条衡量，判决过重。审判官柳下季为此做出解释：罪犯丁戴钛冠，着儒服，功牒中也有“署能治礼”的记载，俨然儒者君子。然而丁犯盗窃之罪，实际是怀小人之心，盗君子名节，而且还欺骗上级，二罪相加，正应判处为倡。鲁君闻后，表示判决得当。另一例约成文于战国时期，所记案例为：宰人为卫君准备的烤肉里有长三寸的毛发，婢女为卫君夫人准备的饭食里也杂有长半寸的草。卫国人史猷（鳝）审理此案，为宰人和婢女辨冤，最后无罪释放二人。

这两件案例的示范作用在于“谳疑案”。柳下季对丁犯罪行为的定性及对律条的适用，以及史猷所作的司法鉴定及事理剖析，都显示了司法官吏的老到与精练，不仅为以后的司法实践提供了可资指导的范例，也使判例本身上升为可“比”的依据。两案被收入堪称司法官吏谳疑案指导读本的《奏谳书》中，本身就说明它们对秦汉司法官吏仍不失借鉴指导作用。

秦时，可比依据呈两个来源。一是成文律令，二是旧案成例。旧案成例称“廷行事”。《睡虎地秦墓竹简 · 法律答问》较清楚地反映了这两个来源。例如比附成文律令者：

> 臣强与主奸，可（何）论？比殴主。斗折脊项骨，可（何）论？比折支（肢）。

① 案例释文见张家山汉简整理小组：《江陵张家山汉简〈奏谳书〉（二）》，载《文物》1995年第3期。

“殴大父母，黥为城旦舂。”今殴高大父母，可（何）论？比大父母。

铍、戟、矛有室者，拔以斗，未有伤殴（也），论比剑。

或与人斗，夬（决）人唇，论可（何）殴（也）？比疻痏。

或斗，啮人頯若颜，其大方一寸，深半寸，可（何）论？比疻痏。

罷痒（癃）守官府，亡而得，得比公痒（癃）不得？得比焉。

内公孙毋（无）爵者当赎刑，得比公士赎耐不得？得比焉。

上述记载中的“殴主”“折肢”“殴大父母”“斗剑”“疻痏”“公癃”“公士赎耐”，均是成文法中既定罪名刑名，而“臣强与主奸”“斗折脊项骨”“殴高大父母”“斗铍、戟、矛未伤人”“斗伤人唇”“咬伤人颜”“看守官府的残疾者逃亡后被捕获”“无爵位的宗室子孙判处徒刑”等行为，不能从成文法中找出适用的条文规定，于是分别比照既定的相近罪名定罪量刑。

比附旧案成例者如下：

告人盗百一十，问盗百，告者可（何）论？当赀二甲。盗百，即端盗驾（加）十钱，问告者可（何）论？当赀一盾。赀一盾应律，虽然，廷行事以不审论，赀二甲。

甲告乙盗直（值）□□，问乙盗卅，甲诬驾（加）乙五十，其卅不审，问甲当论不当？廷行事赀二甲。

盗封啬夫可（何）论？廷行事以伪写印。

求盗追捕罪人，罪人挌（格）杀求盗，问杀人者为贼杀人，且斲（斗）杀？斲（斗）杀人，廷行事为贼。

实官户关不致，容指若抉，廷行事赀一甲。

实官户扇不致，禾稼能出，廷行事赀一甲。

空仓中有荐，荐下有稼一石以上，廷行【事】赀一甲，令史监者一盾。

仓鼠穴几可（何）而当论及谇？廷行事鼠穴三以上赀一盾，二以下谇。鼷穴三当一鼠穴。

以上八例中，“甲告乙盗”“盗封啬夫”“实官户关不致”“实官户扇不致”“空仓中有荐”“鼠穴三以上赀一甲”六例，均直接以“廷行事”作为适用依据。“告人盗”与“求盗追捕罪人”二例，虽然有可以援引的既定律文，但仍然提出“廷行事”参考。由此可见，判例成案在秦时已是被广泛运用的审判依据，其法律地位不在律令之下，在法律载体上已成为汉代决事比的先导。

汉代称比照既定判例断罪量刑为“决事比”，所比之例缘此上升为具有法律依据功能的法律载体。汉代比的来源，主要是比较特殊的典型案例。如武帝元狩六年（前 117 年）发生的大司农颜异腹非案：

上与（张）汤既造白鹿皮币，问异。异曰：“今王侯朝贺以仓璧，直数千，而其皮荐反四十万，本末不相称。”天子不说〔悦〕。汤又与异有隙，及人有告异以它议，事下汤治。异与客语，客语初令下有不便者，异不应，微反唇。汤奏当异九卿见令不便，不入言而腹非，论死。自是后有腹非之法比。[①]

师古曰：“比，则例也。”腹非之法将言论罪推向极致，自然显示了专制主义法制的酷烈。但从立法技术的角度看，一件个案衍生出一个新的罪名，上升为一个新的则例或法规，成为可比的规范准则，这无疑具备了一种法律形式的基本要件。

除这种由特殊案件形成的比外，汉比的来源又见官府整理汇编的判例。这种判例以目前见知大致有二种。

一种如《奏谳书》所见，为各种奏谳案例。这些案例或由县（道）令（长）、丞向廷尉呈送，或由郡守向廷尉呈送，所奏案例均附有审讯官吏的判决意见，最后由廷尉做出终审判决。《奏谳书》无疑是执行汉高祖《谳

① 《汉书 · 食货志下》。

狱令》的产物，它所收录的疑案经廷尉判决后，遂具有典型性和指导意义，在性质上已经具备了比的功能。后世所见决事比，如陈宠、陈忠父子所奏《决事比》，陈宠所撰《辞讼比》，鲍昱奏定《法比都目》《嫁娶辞讼决》，应劭所撰《司徒都目》《决事比例》，在性质上与《奏谳书》具有同一性。

另一种是由有关官署将适用对象明确的诏令、判例汇编成册，内容包括了皇帝诏令、奏谳案例及奏谳后的判决。分别于 1959 年和 1981 年发现的两种《王杖诏书令》，就是这样的册书。该册书记述了汉代的尊老养老制度，规定了对违犯王杖令犯罪行为的严厉处罚。从 1981 年新出册书所记成帝时期诏令见之，建始元年（前 32 年）令的内容为抚恤优待孤独废疾，尚未涉及对殴辱王杖主罪行的处罚。因此当元延三年（前 10 年）发生此种罪行后，官吏遂将案件奏谳。册书中的第七至第九简，就是太守谳廷尉，廷尉上报皇帝，皇帝做出判决的过程反映：

●汝南太守谳廷尉，吏有殴辱受王杖主者，罪名明白。
制曰：谳何？应论弃市。云阳白水亭长张熬，坐殴拽受。
王杖主，使治道，男子王汤告之，即弃市。[①]

于是在元延三年正月所颁诏令中，以判例形式规定了对殴辱高年老人罪的处罚，确立了“比”：

长安敬上里公乘臣广昧死上书皇帝陛下：臣广知陛下神零，覆盖万民，哀怜老小，受王杖承诏。臣广未常（尝）有罪耐司寇以上。广对乡吏趣未辨，广对质，衣疆吏前。乡吏（第十五简缺佚）下，不敬重父母所致也，郡国易然。臣广愿归王杖，没入为官奴。臣广昧死再拜以闻皇帝陛下。

① 武威县博物馆：《武威新出土王杖诏令册》，收入《汉简研究文集》，甘肃人民出版社 1984 年版，第 34—61 页。

制曰：问何？乡吏论弃市，毋须时。广受王杖如故。

元延三年正月壬申下[①]

《王杖诏书令》册书收录了数例殴辱王杖主而被处以弃市之刑的案件。《晋书 · 刑法志》称“汉时决事，集为《令甲》以下三百余篇，……世有增损，率皆集类为篇，结事为章”，这从《王杖诏书令》册书中或许可窥一二。

总之，比作为一种常见的法律依据由来已久。它的实体主要由判例构成，判例来源于重案、要案、疑案。换言之，每一种打击新的犯罪行为、调整新的社会关系的判例，都有可能作为“比”而发挥其规范制约的实效。

二、比的法律渊源

比来源于判例，但并不是所有的判例都可以成为比。能够成为比的判例，首先要求它能获得可以比照的法律实效。此种法律实效的获得和律、令一样，也要通过立法权力的认定才可以实现。

比的最高法律渊源，首先来自皇帝的意志。汉代的奏谳制度规定，疑难案件的呈报程序为县（道）→郡→廷尉→皇帝，确立了皇帝的最高立法权。因此当皇帝亲自对某一案件做出判决后，这一判例的法律效力即随之定位。前文所述大司农颜异以“腹非”罪被处死，虽然经张汤判决，但处死九卿之官，不会不经过武帝的批准。上述《王杖诏书令》册书中成帝亲自判决的乡吏殴辱王杖主案，从法律形式上分析，该判例是以诏令形式出现，并被编入令册而收藏于官府的，因此令、比有时也可能会重叠出现。而当比寓于令之际，它同时也获得了渊源于最高权力的法律效力。

皇帝对有争议案件的最终表态，也是该案件的判决能否成为可行之比的重要前提。成帝绥和元年（前 8 年），定陵侯淳于长被免遣回封国，红

① 《王杖诏书令》简十二至廿。

阳侯王立得淳于长重赂后为其辩白。成帝怀疑内中有奸，将淳于长逮系洛阳诏狱，罪至大逆而下狱死。淳于长原有小妻乃始等六人，均已在案发前被弃或改嫁。案发后，围绕着是否应对乃始等人治罪，丞相翟方进、大司空何武与廷尉孔光展开了论争。翟方进、何武认为：依照法令，“犯法者各以法时（犯法之时）律令论之，明有所讫（止）也”。淳于长犯大逆罪时，乃始等身为其妻，已有当坐之罪，与自身犯法相同。尽管以后被弃，在法律上也不能免罪。孔光则持相反意见。他认为律条规定“大逆无道，父母妻子同产无少长皆弃市”，目的是震慑以后的犯法者。但从夫妇之道考虑，“有义则合，无义则离”。淳于长自知当坐大逆之罪而弃去乃始等人，夫妇之义已经断绝。如果再以淳于长之妻的身份处死，名分不正，因此乃始等人不应坐罪。此案翟方进、何武以法律时效为强调对象，而孔光主张时效应当考虑现实因素（夫妇之义），双方争执不下，最后以“有诏光议是”决断。[①] 皇帝下诏决断，意味着当既定律令与法律实效形成一定空间时，已获得皇帝认可的判例将是弥补这一空间的最有效的法律实体。

不仅如此，皇帝的认可还可以否定已行判例的法律效力，以新的判例取而代之：

安帝初，清河相叔孙光坐臧抵罪，遂增锢二世，衅及其子。是时居延都尉范邠复犯臧罪，诏下三公、廷尉议。司徒杨震、司空陈褒、廷尉张皓议依光比。（刘）恺独以为：“《春秋》之义，‘善善及子孙，恶恶止其身’，所以进人于善也。《尚书》曰：‘上刑挟轻，下刑挟重。’如今使臧吏禁锢子孙，以轻从重，惧及善人，非先王详刑之意也。”有诏：“太尉议是。”[②]

文帝时，禁锢之限为禁锢终身。安帝初为重惩赃吏，以清河相叔孙光

① 《汉书·孔光传》。
② 《后汉书·刘恺传》。

赃罪案判例为比，增锢二世。元初二年（115 年），刘恺任司徒，举荐陈忠为尚书，陈忠遂上书请求“解臧吏三世之锢”，事得以施行。永宁元年（120 年），陈忠举荐已经致仕的刘恺任太尉，于朝中审议范邠犯赃案。司徒、司空、廷尉主张“依光比”，表明尽管解赃吏三世禁锢的建议得到批准施行，但叔孙光案的判例仍未失去效力。而此案以“有诏太尉议是”的权力认定，否定旧例而批准新例，禁锢之限复至其人终身。

比的另一个重要的法律渊源，来自廷尉的判决。廷尉是全国最高司法长官，平审疑难案件是廷尉的基本职责之一。因此如果是无须上报皇帝的案件，经廷尉判决后即可产生法律实效，成为可以比照类推的判例。江陵张家山汉简《奏谳书》所见判例即为其实例。兹择数例如下：

●●汉中守谳：公大夫昌苔（笞）奴相如，以辜死，先自告。相如故民，当免作少府，昌与相如约，弗免，已狱治，不当为昌错告不孝，疑罪。●廷报：错告，当治。

●●北地守谳：女子甑、奴顺等亡，自处□阳，甑告丞相自行书顺等自赎。甑所臧（赃）过六百六十，不发告书，顺等以其故不论，疑罪。廷报：甑、顺等受行赇狂（枉）法也。

●●蜀守谳：采铁长山私使城旦田、舂女为䕅，令内作，解书廷，佐愲等诈薄（簿）为徒养，疑罪。廷报：愲为伪书也。

●●河东守谳：邮人官大夫内留书八日，诈更其徼书辟（避）留，疑罪。●廷报：内当以为伪书论。[①]

这些案件虽然不是大案要案，但因罪名不明，依现行律令难以适用，所以郡县作为“疑罪”上报廷尉，廷尉受谳后做出明确判决，然后返还郡

① 张家山汉简整理小组：《江陵张家山汉简〈奏谳书〉释文（一）》，载《文物》1993 年第 8 期。

县。郡县得此判决后，随即获得审判同类案件的比照依据。这里的“廷报”，是高祖《谳狱令》中“廷尉亦当报之”的略语，意即廷尉判决，与秦时的“廷行事”在效力范围上并无本质不同。

比的法律效力除来自皇帝的意志及最高司法官员的职权外，有时也因朝廷权臣的干预而获得认定。成帝时，冯奉世之子冯野王出任郡守。京兆尹王章因大司马大将军王凤专权，举荐冯野王取而代之，结果被诛。冯野王惧不自安，遂以病赐告归杜陵。王凤指使御史中丞以私自离郡、奉诏不敬之罪弹劾冯野王。当时在大将军莫府的杜钦为冯野王辩护，认为：首先按照令的规定，“吏二千石告，过长安谒，不分别予赐。今有司以为予告得归，赐告不得，是一律两科”。其次，予告的要求是在官连续三次考核上等，而病满三月赐告，是诏恩的体现，“令告则得，诏恩则不得，失轻重之差”。最后，“二千石病赐告得归有故事，不得去郡亡著令”，因此不能无视令与故事而假托不敬之法致罪。然而王凤也许正是意识到了“不得去郡亡著令”这一法律真空，才会以“赐告养病而私自便，持虎符出界归家，奉诏不敬”劾奏冯野王。因此尽管杜钦也觉察到了王凤的意图，继续为冯野王辩护：“即以二千石守千里之地，任兵马之重，不宜去郡，将以制刑为后法者，则野王之罪，在未制令前也”，但仍未能阻止王凤免去冯野王的官职。在权臣权力意志的干预下，“郡国二千石病赐告不得归家，自此始”。①

郡县官吏的典型判例经上一级审判权力机关认可后，也有可能被赋予法律实效而成为审判依据。元帝初元年间，美阳县一女子告养子不孝，诉养子“常以我为妻，妒笞我”。守槐里县令兼美阳县令王尊受理此案后，将养子收捕验问，养子供认服罪。王尊判决道：“律无妻母之法，圣人所不忍书，此经所谓造狱者也。”随后将不孝子悬挂于树，磔后射杀。②由于“以母为妻”案情严重，而汉律中又没有相应的条文规定，于是王尊采用类推

① 《汉书·冯野王传》。

② 《汉书·王尊传》。

的方法弥补了这一法律空白，用法外之刑磔射处死了不孝子。王尊从维护社会伦常关系出发，严厉处罚罪犯，这一判例的示范作用无疑十分明显。此后王尊“以高弟擢为安定太守”，表明他的司法业绩通过考核获得优等，得到认同。

事实上在日常司法活动中，产生于郡县一级审判实践中的比，不应在少数。只是由于史籍对日常普通的事例往往疏于记载，故使后人难窥其详。《续汉书 · 百官志五》本注曰：“凡郡国皆掌治民，进贤劝功，决讼检奸。常以春行所主县，劝民农桑，振救乏绝。秋冬遣无害吏案讯诸囚，平其罪法，论课殿最。岁尽遣吏上计。”刑狱是中央考核地方官政绩的一项基本内容。在考核过程中，经地方官之手产生的典型判例自然会引起上级有关部门的注意，将这些判例成案吸收到汇编之中，使之成为具有指导意义的法律依据，在政治与法律的运行已经相当成熟的汉代，应当是一种经验的反映。

三、比的功用

在汉代的几种法律载体中，律呈最稳定的样态，在两汉四百余年的法制演进过程中，变化相对缓慢而不明显，在调整纷繁复杂的社会关系方面显示出一定的滞后性，因此产生于动态的司法实践中并带有明显时效特征的比，在充实、弥补乃至变通律令上具有相当灵活的功效。它们和律令科品共同构成两汉统一的法律体系。比的功用，大致体现在三个方面。

其一，具体阐释律令的法律精神。汉代的法律精神与统治群体的立法思想同步发展，凸显着鲜明的时代特征。从删繁去苛、德刑相济到尊儒隆礼、德主刑辅，由理论家提供给统治群体而又为其接受的立法思想，始终需要法律载体加以固定规范，辐射众生。比由于它的灵活性，在具体阐述儒家伦理观念、解释思想内核方面，功效尤为显著。

文帝四年（前 176 年），汉开国功臣周勃被人以谋反罪诬告，逮至长安廷尉诏狱，不时为狱吏所辱。贾谊上疏文帝，认为古代用廉耻节礼治理君子，对君子只有赐死而不以杀戮侮辱，因此黥劓之刑不及大夫之身。为此他建议，今后大臣犯罪，“闻命则北面再拜，跪而自裁，上不使捽抑而刑之也”[①]。文帝闻后，深纳其言。武帝时儒术至尊，《春秋》决狱成为经义向法意渗透的直接途径，对汉代官吏产生了广泛深刻的影响。武帝时赵王彭祖等人议淮南王谋反案，[②]终军议徐偃矫制案，[③]昭帝时京兆尹隽不疑治诈称太子案，[④]宣帝时太中大夫谷永议梁王禽兽行案，[⑤]冀州刺史孙宝决太守扈商软弱不胜任案，[⑥]哀帝时御史中丞、廷尉议薛况使杨明斫伤申咸案[⑦]等，都是比附《春秋》、引经决狱的典型案例。人们通过具体案例的审判比附经义，诠释经义，又通过经义的合法性使所决案例完成法律原则的确立，使之成为可以比附的依据。

东汉章、和之世，以礼正律已经演变为高级司法官员的理想。章帝初，廷尉陈宠上疏云：“礼之所去，刑之所取，失礼则入刑，相为表里者也”[⑧]，表现出礼法并重的强烈意识。他甚至要求按照“五刑之属三千”改造汉律，不仅在内容上以礼为准，形式上也应当“应经合义”。在此种风气之下，反映礼教伦常的判例自然得到了人们的普遍重视，成为竞相比附的依据。章帝建初年间，“人有侮辱人父者，而其子杀之。肃宗贳其死刑而降宥之，自后因以为比。是时遂定其议，以为‘轻侮法’”[⑨]。《轻侮法》制定后，短短数年间即“寖以繁滋，至有四五百科”，数量惊人。和帝即位之初，《轻

---

① 《汉书·贾谊传》。
② 《汉书·淮南王安传》。
③ 《汉书·终军传》。
④ 《汉书·隽不疑传》。
⑤ 《汉书·济川王传》。
⑥ 《汉书·孙宝传》。
⑦ 《汉书·薛宣传》。
⑧ 《后汉书·陈宠传》。
⑨ 《后汉书·张敏传》。

侮法》经尚书张敏力谏才被废止。汉代通过判例确立和阐述法律原则的传统，影响深远，延绵不绝。明清之际，官修成案断例的出现，正是延续了汉比不衰的功用。

其二，适时补充修正律令。两汉之际虽然有《九章律》等汉律六十篇行世，而且不断有令补充发展，但制定法和社会现实、司法实践之间总会存在一定距离。《晋书·刑法志》引魏《新律序》云："旧律所难知者，由于六篇篇少故也。篇少则文荒，文荒则事寡，事寡则罪漏……"，从一个方面指出了自《法经》六篇以来，刑法体系的不完备。远承《法经》六篇而制定的《九章律》，在现实中恐怕也难免出现"事寡罪漏"的适用真空，前文所述的王凤劾冯野王、养子以母为妻案就是明显的例证。因此汉代往往通过比来补充现行律令未涉及的内容，以此扩大制定法的适用范围，像殴辱高年王杖主弃市令、腹非罪，就是产生于判例的决事比。与此同时，又通过判例来修正制定法，如文帝十三年（前 167 年）因淳于公案而废除肉刑。由于史料有限，我们还难以获取更多的例证，但以武帝时死罪决事比即多达 13472 件推测，比对成文法的补充修正呈未受限制的灵活状态。

其三，规范、完善成文法的执行。对现行律令中的既定或未定原则提出明确、易操作的界定，以此规范完善成文法的执行，是比对律所具有的又一功效。

例如"八议"是源于周代的法律特权制度。汉代虽无明文记载入律，但在东汉末期，司法官吏已在审判实践中运用这一原则。安帝时期，河间人尹次、颍川人史玉以杀人罪被判死刑。尹次之兄尹初与史玉之母军氏，请求允许代死并自缢身亡。尚书陈忠引述"八议"，主张"罪疑从轻"，免去尹次、史玉二人死刑，最后判决成立，得以施行。至献帝时，应劭重新驳议此案，指出"杀人者死，伤人者刑，此百王之定制，有法之成科"，"今杀无罪之初、军，而活当死之次、玉"，不合刑罚的基本原则。况且"八议"中也没有可以使二人免死的规定，陈忠的判决为"不详制刑之本而信一时之仁”[①]。应劭的批评的确十分尖锐。陈忠过分强调仁恕，盲目扩大“八议”范围，结果势必削弱刑罚作用，无从达到惩治犯罪的目的。应劭的驳议正是在此点上匡正了“八议”的适用范围，规范了成文法的执行。

又如“故”与“过”，是中国古代刑罚区分罪与非罪、罪刑轻重的刑事责任要件，也是通则的重要内容之一。但是在执行过程中，由于对犯罪动机的过分强调，结果往往失于酷滥。因此通过判例释放成文法的功能，对现行律令中的既定原则提出更为明确的界定，也是汉比的一个特点。发生于东汉明帝永平年间的宣诏误言案，即体现了这一原则。《后汉书·郭躬传》：

又有兄弟共杀人者，而罪未有所归。帝以兄不训弟，故报兄重而减弟死。中常侍孙章宣诏，误言两报重，尚书奏章矫制，罪当腰斩。帝复召躬问之，躬对：“章应罚金。”帝曰：“章矫诏杀人，何谓罚金？”躬曰：“法令有故、误，章传命之谬，于事为误，误者其文则轻。”帝曰：“章与囚同县，疑其故也。”躬曰：“……君王法天，刑不可以委曲生意。”帝曰：“善。”

郭躬当时以精通法律而被召入朝中议案。他对孙章之罪的认定，清楚地诠释了汉律中故、误的含义，区分了二者间的界限，为成文法的适用提供了准确的范例。此外，像昭帝元凤三年（前78年）徐仁、王平纵反案涉及的连坐原则，[②]成帝绥和元年（前8年）淳于长大逆案所体现的溯及力原则，[③]哀帝初薛况使杨明斫伤申咸案所反映的“功”“意”概念，[④]也都是明确原则，界定概念，规范执行的典型之例。

---

① 《后汉书·应劭传》。

② 《汉书·杜延年传》。

③ 《汉书·孙光传》。

④ 《汉书·薛宣传》。

要言之，经各级官吏之手而产生的为数众多的汉比，为以儒家经义为特征的法律精神的张扬，作了现实而具体的铺垫，同时亦使成文法应当体现的法律原则获得了最直接的印证方式，为存在于成文法与司法现实之间的法律真空作了有效填充。然而与此同时，由于比不依附成文法，是一种包容复杂、样态灵活的法律载体，在运用时缺乏统一的制约因素，因此易于流向意志化，《春秋》决狱已经反映出了这一倾向。而当司法官吏奸猾巧法，出入人罪时，比又失去了它完善成文法执行的功能，反而开启了"所欲活则傅生议，所欲陷则予死比"的司法黑暗。"转相比况"的现实结果，就是比的非理性繁衍："文书盈于几阁，典者不能遍睹，是以郡国承用者驳，或罪同而论异。"①

① 《汉书 · 刑法志》。

第十二章　两汉时期的行政组织法

第一节　中央行政组织法

以皇帝为最高统治者，以三公（丞相、御史大夫、太尉）为全国最高行政中枢，以诸卿分掌全国各类行政事务，这是汉代中央行政组织的基本构造。

一、皇帝

两汉之际，由秦始皇创立的“天下之事无大小皆决于上”的皇帝制度得到进一步的巩固与充实，加强了皇权的制度化、法律化。

首先，皇权神秘化。武帝即位不久，便急切地表达了对天人一体“治世”的渴望：“朕闻昔在唐虞，画象而民不犯，日月所烛，莫不率俾。周之成康，刑错不用，德及鸟兽，教通四海。海外肃慎，北发渠搜，氐羌徕服。星辰不孛，日月不蚀，山陵不崩，川谷不塞；麟凤在郊薮，河洛出图书。呜虖，何施而臻此与！”[1]此后董仲舒脱颖而出，由他构筑的“天人合一”的政治学说，为统治者的政治模式奠定了深厚的理论基础；“天人合一”的内核“君权神授”，又为君权至上提供了具有神秘色彩的合理解释。

① 《汉书·武帝纪》。

他所强调的“唯天子受命于天，天下受命于天子”[①]“受命之君，天意之所予也”[②]，赋皇权以神权的神秘力量，将天体的不可抗拒力与皇权合二为一，使皇权获得最合理、最具震慑力的权力渊源。

董仲舒之后的思想家们，也沿袭“天人合一”的理论，为皇权的至高无上继续寻求来自宇宙的解释。西汉末年，著名政论家鲍宣将天君一体的模式诠释得更为直白：“天下乃皇天之天下也，陛下上为皇天子，下为黎庶父母，为天牧养元元，视之当如一。”[③]东汉章帝时期，班固等名儒对天君关系的解释成为正式的官方价值：“王者父天母地，为天之子也。……帝王之德有优劣，所以俱称天子者何？以其俱命于天，而王治五千里内也。”[④]

经“天人合一”、天君一体政治学说武装后的皇权，以君临天下的威严与来自宇宙的神秘进入人们的意识之中，不仅成为神化的统治力量，而且还积淀为人们普遍认同的社会群体心理。星辰不孛，日月不蚀，山陵不崩，川谷不塞与君清圣明、治世永兴完美匹配，宇宙自然与专制皇权形成和谐的统一体，“是故内深藏所以为神，外博观所以为明也”[⑤]。

其次，皇权极端化。君主专制最基本的前提就是总揽威权，独断天下。董仲舒为统治者设计“王术”时，既强调德政的重要，更突出权威的至上：

深察王号之大意，其中有五科：皇科，方科，匡科，黄科，往科。合此五科，以一言谓之王。王者皇也，王者方也，王者匡也，王者黄也，王者往也。[⑥]

① 《春秋繁露 · 为人者天》。
② 《春秋繁露 · 深察名号》。
③ 《汉书 · 鲍宣传》。
④ 《白虎通义 · 爵》。
⑤ 《春秋繁露 · 离合根》。
⑥ 《春秋繁露 · 深察名号》。

在此“五科”中，代表大一统权力的“皇”是最重要的：

是故王意不普大而皇，则道不能正直而方；道不能正直而方，则德不能匡运周遍；德不能匡运周遍，则美不能黄；美不能黄，则四方不能往；四方不能往，则不全于王。故曰天覆无外，地载兼爱，风行令而一其威，雨布施而均其德，王术之谓也。①

因此作为“天覆无外”“风行令而一其威”的皇帝，必须集国家最高权力、一切权力于一身。

在行政上，“君为臣纲”，从中央到地方的全国大小官员，无一不是皇帝的臣僚。官吏们的荣辱进退，任免予夺，官吏职能的轻重虚实，官制结构的配置变更，莫不归属皇权决断；国家重大行政决策的生效，概取决于皇帝的“制可”。

在立法上，皇权是最高的法律渊源。汉代法制建设上的几件大事，如约法三章、制定《九章律》、蠲除苛法、废除肉刑以及武帝时期的律令繁殖，都鲜明地体现着皇帝对法律的产生掌握着控制权与主动权。两汉诏令对律的大量补充，皇帝对判例的认同或否定，使皇权与法律获得了直接有效的结合方式，“前主所是著为律，后主所是疏为令”②，高度概括了皇帝在立法上的专制权力。

在司法上，皇帝拥有最高裁决权。汉高祖七年（前 200 年）颁布的《谳狱令》，规定了县（道）→二千石→廷尉→皇帝四级谳狱制，确立了皇帝的最高司法裁决权。两汉之际，无论是奏谳疑案，省录囚徒，还是朝议大案要案，皇帝均拥有不可动摇的最高权力，是最具权威的审判官。

在军事上，皇帝掌握着全国最高的军事指挥权。指挥权的象征物为铜

① 《春秋繁露·深察名号》。

② 《汉书·杜周传》。

虎符与竹使符。汉文帝二年（前 178 年），“初与郡守为铜虎符、竹使符”[①]。该制度规定，皇帝握有国家的发兵权，当需要发动地方军队时，派使者持符之一半至郡，符合后即可发兵。当国家遇有战争时，皇帝即委派大将军出征作战。

皇帝对行政、立法、司法、军事最高权力的拥有，使皇帝本身已经成为国家权力的多重组合体，除来自“天谴”及道义、传统的制约外，没有任何权力可以超越于皇权之上。

最后，皇权制度化。为了确保皇权的尊严，汉代对皇帝的名物作了更具体严格的规定，从而形成一套完备的制度。东汉蔡邕所撰《独断》一书，开篇即罗列解释皇帝的名物典章制度：

汉天子正号曰皇帝，自称曰朕，臣民称之曰陛下。其言曰制诏，史官记事曰上。车马、衣服、器械、百物曰乘舆，所在曰行在所，所居曰禁中，后曰省中，印曰玺。所至曰幸，所进曰御。其命令一曰策书，二曰制书，三曰诏书，四曰戒书。

这其中仅皇帝的称谓，就因对象、所在、用具的不同而分为“皇帝”“朕”“陛下”“上”“乘舆”“行在”“幸”诸种，而且每一种称谓都有规范解释，不得僭用。例如释“陛下”为：“陛下者，陛，阶也，所由升堂也。天子必有近臣执兵陈于陛侧，以戒不虞。谓之陛下者，群臣与天子言，不敢指斥天子，故呼在陛下者而告之。”[②] 释“乘舆”为：“乘舆出于律。律曰‘敢盗乘舆服御物’，谓天子所服食者也。天子至尊，不敢渫渎言之，故托之于乘舆。”[③] 此外关于皇帝的车驾、马厩、冕冠、印玺、器物、起居、饮

---

① 《汉书 · 文帝纪》。
② 《独断》卷上。
③ 《独断》卷上。

食、苑囿、谥号、丧葬、陵园等，也都有详细严格的规定。依托礼文化的醇厚精致，汉代皇权的制度化在完善之初，就已经显示出了它的威严与缜密，为后世的皇权制度奠定了宏大有力的基础。

两汉时期皇权的强化是与中央集权政治的推进同步发展的，因此强化皇权一言以蔽之，就是独断天下。大一统的统治模式需要有绝对权威的君主把握天下，君临万民，实现政治理想。“能独断者，故可以为天下主。”[①]韩非的结论，在一语道破君主专制主义政体实质的同时，也揭示了被极端化后的皇权与中央集权政治密不可分的关系。

二、三公

在汉代的中央行政组织法中，皇帝居于最高之位。皇帝之下，负责中央行政、监察、军事的最高长官分别是丞相、御史大夫、太尉，习称三公。

1. 丞相

汉袭秦制，丞相为承天子之命的百官之长。《汉书·百官公卿表》：“相国、丞相，皆秦官。金印紫绶。掌丞天子，助理万机。”由于丞相辅佐天子总理国政，因此职权甚重。

（1）决策权。汉代实行朝议制度，遇有重大事件及重要决策之际，由公卿百官会同朝议。朝议范围广泛，举凡立君、储嗣、宗庙、郊祀、典礼、封建、功赏、民政、法制、同姓、大臣、边事，均在集议之列。朝议由丞相主持，结果亦由丞相领衔上奏，参与决策。文帝二年（前178年）欲废除《收律》《相坐法》，经朝议后，左右丞相周勃、陈平表示“如其故便”，但在文帝的坚持下，左右丞相奏言废除此法。文帝十三年（前167年）废除肉刑，也是经朝议后，由丞相张苍会同御史大夫冯敬上奏，提出具体方案并得以施行。霍光秉政时期，丞相权力旁落，但在形式上仍保留着丞相

① 《韩非子·外储说右上》。

总领百官议事，参与决策的虚衔。在参与决策的同时，丞相也接受皇帝的咨询，或奉诏或谏诤，行使自己的决策权。

（2）人事权。丞相身为百官之长，对官吏掌有包括推荐、任用、考核、赏罚、罢免在内的全部人事权。两汉实行上计制度，郡国行政长官每年须将各县呈报上来的治理状况汇编成计簿，上报丞相府，丞相据此考课地方长官的政绩，实行赏罚。《汉书 · 丙吉传》："岁竟，丞相课其殿最，奏行赏罚。"《后汉书 · 朱浮传》："旧制，州牧奏二千石长吏不任位者，事皆先下三公，三公遣掾吏案验，然后黜退。"清楚地反映了丞相所具有的人事权。

（3）司法权。对天下百官的诉讼、弹劾、审判乃至行刑，丞相也有相应的司法权。武帝时田蚡为丞相，弹劾灌夫家族横行颍川，请求查办。武帝明言："此丞相事，何请？"[①] 表明丞相对官吏当然握有弹劾权。在非常情况下，丞相还可以超越法律规定行使死刑处决权。武帝时，卫太子起兵事败，司直田仁放太子逃出城门。丞相刘屈氂未及先请而斩杀田仁，御史大夫暴胜之为此诘问丞相。武帝则怒责暴胜之："司直纵反者，丞相斩之，法也。大夫何以擅止之！"[②] 又据居延出土的宣帝甘露二年（前 52 年）《丞相御史书》："丞相少史充、御史守少史仁以请，诏有逐验大逆无道故广陵王胥御者惠……"[③] 可见丞相在逮捕、缉拿罪人方面也拥有职权。

除上述三项主要职权外，丞相在军事、监察上也有一定权限，职权之重，堪称无所不统。丞相官署称丞相府。丞相府以其职事繁重而机构庞大，吏员众多，武帝时达 362 人。[④] 丞相府中辅佐丞相的主要属官为长史与司直，其次是诸曹掾属。丞相长史佐助丞相行使各种权力，丞相司直督录州

① 《汉书 · 灌夫传》。
② 《汉书 · 刘屈氂传》。
③ 《居延新简释粹》EJT1 · 1—3。
④ 《汉旧仪》卷上。

郡与纠举不法。诸曹分别处理丞相府的各项具体事务，掾为正职，属为副职。丞相府属吏分工具体，各司其职，在丞相的总领下，共同维系中央行政中枢机构的运行。

2. 御史大夫

《汉书·百官公卿表》："御史大夫，秦官，位上卿，银印青绶，掌副丞相。"御史大夫的早期职责为掌管文书图籍，侍从左右，至汉代仍职典制度文章。因职居亲近，熟知律令制度文书，皇帝诏令传达或臣下奏议上呈，都由其转承，故权势甚重，职权亦发展为执掌法律，监察百官，成为西汉最高的监察长官。《汉书·朱博传》总括其职权地位云："高皇帝以圣德受命，建立鸿业，置御史大夫，位次丞相，典正法度，以职相参，总领百官，上下相监临，历载二百年，天下安定。"

御史大夫于御史府统领属官"内承本朝之风化，外佐丞相统理天下"[①]。其属官主要有御史中丞与侍御史。御史中丞是监察职能的主要履行者，"外督部刺史，内领侍御史员十五人，受公卿奏事，举劾按章"[②]。侍御史隶属中丞，主要给事殿中，掌管举劾违失官吏，兼掌其他，名称因职掌不同而异。掌符玺者为符玺侍御史，掌治书者为治书侍御史，出巡郡国者为监御史，出巡军事者为监军御史，另还有绣衣御史逐捕盗贼。御史大夫的属官还有御史掾、御史属、主簿、少史、御史中丞从事等，负责处理御史府的日常行政事务。

3. 太尉

汉初，太尉是中央最高武官，掌管全国军事。《汉书·百官公卿表》："太尉，秦官，金印紫绶，掌武事。"武帝以前，太尉设置无常，有军事行动时则设，无时则省。不设之时，职权由丞相兼掌。武帝建元元年（前140年）置太尉，次年即省。成帝绥和元年（前8年）改为大司马，光武

① 《汉书·薛宣传》。

② 《汉书·百官公卿表上》。

帝建武二十七年（51 年）复改为太尉。以太尉的设置无常可见，虽然太尉金印紫绶，地位隆贵，然而其职权缺乏保障。在强化皇权的中央集权政治体制下，“掌武事”的实权不可能由太尉统领，其所掌不过是军政管理权而已，真正的领兵权、发兵权实际掌握在皇帝手中。

太尉府的属官因其职权变化而异。西汉丞相兼掌军事，太尉属官不明显。东汉太尉职权加重，丞相府属官倒流至太尉府，太尉府属吏有长史、诸曹掾，职能与丞相府属吏相同。

需要指出的是，两汉的中央行政组织法并不是一成不变的。受权力制衡的影响，三公制度发生了明显的变化。

汉初，以丞相为首的中央行政中枢机构，“秉社稷之重，总百僚之任”[①]。总凡行政决策，官僚任免，立法司法，军政管理诸权，均由这一中枢辐射全国运行。其中相权尤重，往往独兼三公之事，权位之隆，仅在皇帝之下，对皇帝的威胁也最大。由此在皇权高度强化的武帝时期，相权开始受到抑制乃至削减。从武帝到西汉末期，削减相权有两大举措。

其一，重用中朝官。中朝又称内朝，办事机构设在宫内，有大将军、太傅、侍中、中常侍、中书、尚书等官侍奉皇帝，出纳王命。官署设在宫外的丞相、御史大夫等则为外朝官。汉代本无中外朝之分。武帝时为了强化皇权而削弱相权，将丞相、御史大夫的职权转移给尚书或中书，又改太尉为大司马，职权归属大将军，由此组成中朝，参与国家大事决策。这样，以丞相为首的外朝反而成为执行一般政务的机构，形成内外朝职权的逆转。相权一削，往日显要顿失。武帝时丞相凡十二任，至第九任石庆时，“丞相府客馆丘虚而已”[②]，至第十一任刘屈氂时，则“坏以为马厩、车库、奴婢室矣”[③]。十二任丞相中，三人免职，三人下狱死，二人有罪自杀，以至

① 《汉书 · 孔光传》。
② 《汉书 · 公孙弘传》。
③ 《汉书 · 公孙弘传》。

公孙贺闻听被任命为丞相，顿首涕泣，悲叹“从是殆矣”！[①]

其二，确立三公制。成帝以前，“三公”一直是丞相、御史大夫、太尉的习惯代称，三公之官并未设置。成帝绥和元年（前 8 年），御史大夫何武建议设置三公，分流相权，以考功效：

古者民朴事约，国之辅佐必得贤圣，然犹则天三光，备三公官，各有分职。今末俗之弊，政事烦多，宰相之材不能及古，而丞相独兼三公之事，所以久废而不治也。宜建三公官，定卿大夫之任，分职授政，以考功效。[②]

何武建议的核心是“分职授政”，目的在于使三公的职权更为明确，以此加强中央行政机构的管理职能。因此三公制的提出，在适应强化皇权需要的同时，也反映了官制建设上的合理要求。于是成帝接受建议改制，改太尉为大司马，御史大夫为大司空。哀帝元寿二年（前 1 年），又改丞相为大司徒，三公制确立。东汉光武帝建武二十七年（51 年），改大司马为太尉，大司徒、大司空去“大”而为司徒、司空。改制后的三公，职权发生了重大变化：

太尉，公一人。本注曰：掌四方兵事功课，岁尽即奏其殿最而行赏罚。凡郊祀之事，掌亚献；大丧则共谥南郊。凡国有大造大疑，则与司徒、司空通而论之。国有过事，则与二公通谏争之。

司徒，公一人。本注曰：掌人民事。凡教民孝悌、逊顺、谦俭、养生送死之事，则议其制，建其度。凡四方民事功课，岁尽则奏其殿最而行赏罚。凡郊祀之事，掌省牲视濯，大丧则掌奉安梓宫。凡国有大疑大事，与太尉同。

① 《汉书·公孙贺传》。
② 《汉书·朱博传》。

司空，公一人。本注曰：掌水土事。凡营城起邑、浚沟洫、修坟防之事，则议其利，建其功。凡四方水土功课，岁尽则奏其殿最而行赏罚。凡郊祀之事，掌扫除乐器，大丧则掌将校复土。凡国有大造大疑，谏争，与太尉同。[①]

从中可见，三公之中，太尉职权相应加重，而丞相原有的决策、人事、立法、司法诸权已经丧失。虽然"国有大疑大事"，三公可以"通而论之"，但实际所掌为民政、风化、郊祀及土木营造，丧失了中央决策中枢机构的功能。

与三公改制的同时，宫廷组织的职权不断扩大，不仅在改制前逐渐侵夺了丞相、御史大夫、太尉的实权，亦使改制后的三公居于虚位。中朝官中，尚书的职权与组织更是加快发展。成帝建始四年（前 29 年）罢中书宦官，重尚书令。尚书令下置尚书四人，分曹治事。百官上奏、征召、升调、弹劾，皆由尚书主持，实际已在行使丞相职权。东汉之际，尚书名义上隶属少府，但诸曹于宫中处理政务，其组织尚书台职掌更重，权势更炽："出纳王命，敷奏万机，盖政令之所由宣，选举之所由定，罪赏之所由正。斯乃文昌天府，众务渊薮，内外所折衷，远近所禀仰"[②]，已成为事实上的决策施政机构。随着权力的倾斜，中央政府"虽置三公，事归台阁。自此以来，三公之职，备员而已"[③]。

汉代中央行政组织中的高级决策层，本来是一个完整、垂直的权力体系，但是宫廷组织这一权力旁支的蔓延，离析了原有体系的完整性，造成职能、责权的逆转，使得制衡外朝官擅权的结果，反倒出现了内朝官专权的现实。内朝官的专权，又为东汉末期的宦官擅权开了先例。君主专制主义下的权力消长，始终不能摆脱周而复始的非理循环。

① 《续汉书 · 百官志一》。
② 《通典 · 职官四》"尚书省"。
③ 《后汉书 · 仲长统传》。

三、诸卿

两汉中央政府中，职掌各部门的高级官员称“卿”。诸卿设于三公之下，分管皇室服务、宫廷禁卫、郊庙社稷、司法审判、财政经济、京师治安诸项事务。据《汉书·百官公卿表上》《续汉书·百官志》《汉官仪》《通典·职官》的有关记载，诸卿职掌如下。

太常：原名奉常，景帝中六年（前 144 年）改为太常。主管礼仪祭祀，兼管文化教育，主持考核、举荐博士及博士弟子。属官有太乐、太祝、太宰、太史、太卜、太医六令丞，都水、均官两长丞。因宗庙是国家盛大、社稷常存的象征，故太常事重职尊，列于诸卿之首。

郎中令：武帝太初元年（前 104 年）改名光禄勋。职掌总领宫中诸郎，负责宫殿侍卫，顾问参议，职位甚重。主要属官有大夫、诸郎、谒者。大夫有太中大夫、中大夫、谏大夫，无定员，侍奉皇帝左右，随时顾问应对。诸郎有议郎、中郎、侍郎、郎中，皆无定员，职掌议论，宿卫宫殿，出充车骑，守护帝陵。由于郎官经任子、孝廉、明经、军功、赀选诸途入宫，任皇帝亲近侍从，得以出补内外官职，故又有储备官吏的性质。谒者掌宾赞礼仪。

卫尉：景帝时曾改名为中大夫令。主掌宫门屯兵警卫。属官有卫士令、旅贲令、公车司马令。卫士令统领南北宫卫士。旅贲令职掌不详，或与巡逻有关。公车司马令职掌皇宫司马门警卫，因此吏民上章，四方贡献及征诣公车者，也由其受理总管。

太仆：主掌皇帝车马。皇帝出行，为其执驭，地位颇高。武帝时养马业发达，太仆也兼管马政。属官有大厩、未央、家马三令，又有四令丞、五监长丞。

廷尉：景帝、哀帝时更名为大理，王莽时改称作士。全国最高司法长官，职掌修订律典，审决疑狱。朝议重大案件时，可以否决丞相、御史大夫的意见。主要属官有廷尉正、廷尉左右监、廷尉左右平、廷尉史等。

大鸿胪：秦名典客，景帝中六年（前 144 年）更名大行令，武帝太初元年（前 104 年）更名大鸿胪，王莽时称典乐，东汉复名大鸿胪。主管对诸侯王及少数民族君主的各项礼宾礼仪事务，属官有行人、译官、别火三令丞。

宗正：平帝元始四年（4 年）更名宗伯，王莽时并官秩宗，东汉复名宗正。职掌皇族宗室成员的名籍登记、庶嫡核录、系谱编纂、罪行上报。下设都司空令丞、内官长丞、公主家令、门尉处理具体事务。

治粟内史：景帝后元年（前 143 年）更名大农令，武帝太初元年（前 104 年）更名大司农。职掌全国财政货币，调剂物价物资。属官有五令丞：太仓令掌国家粮仓，均输令掌平抑物价，都内令掌国家钱库，籍田令掌籍田事务。两长丞：斡官长主管盐铁征税、酒类专卖，铁市长主管铁器。郡国职掌仓库、农田、水利的官员也属大司农统领。

少府：主管山海地泽之税收，以供皇室财政所需。大司农主管天下钱谷，以供国家财政所需，故称“大府”。少府主管池泽之税及关市之资，以供天子之用，故又称“小府”，但事实上小府库藏往往多于大府。少府机构庞大，吏员众多，于诸卿中位居第一。属官有十六官令丞：尚书掌文书，符节掌符节，太医掌医务，太官掌膳食，汤官掌饮食，导官掌谷米，乐府掌音乐，若庐掌兵器（兼设诏狱），考工掌制作器物，左弋掌弋射，居室或为掌宫内屋室，甘泉居室掌甘泉宫居室，左右司空所掌待考，东织、西织掌织作，东园匠掌制丧葬用器。三长丞：胞人掌宰割，都水掌渠堤及渔税，均官掌陵园林木。八官令丞：中书谒者掌文书，黄门掌消遣娱乐，钩盾掌苑囿，尚方掌制御用精品，御府掌制天子衣服，永巷掌后妃宫女并治其罪人，内者掌帷帐，宦者掌宫中宦者。此外，诸仆谒、署长、中黄门也属少府主管。东汉时，少府机构的规模有所缩减。

中尉：武帝太初元年（前 104 年）更名执金吾，职掌京师治安。设两丞、候、司马、千人。属官有中垒、寺互、武库、都船四令丞。

将作少府：景帝中六年（前 144 年）更名为将作大匠，职掌修建宗庙、路寝、宫室、陵园、林囿等土木工程。有两丞、左右中候，属官有石库、东园主章、左右前后中校七令丞及主章长丞。

纵观两汉的中央行政组织法，围绕着君主专制制度下的集权政治，具有以下三个显著的特点：首先，以皇帝为最高权威，以三公为中央行政中枢，以诸卿分领中央行政管理部门的权力构造形成稳定规模，为以后持续发展的中央集权政治提供了一个基本模式。其次，受皇权强化的根本制约，权力分配发展失衡，宫廷组织对国家权力的不断侵蚀，导致中央政府的决策机构出现权力逆转，职能由决策方略转为执行政务，由此演变成外戚宦官交相专权秉政。最后，机构设置向皇室倾斜。诸卿或专司皇帝服务，或兼掌国家政务，有的属官重复设置，交错存在，性质较为单一的国家行政机构只有廷尉和大司农，明显反映出皇帝亲政的实态。

第二节　地方行政组织法

中国幅员辽阔，地域广大，建立、维系一个能够充分发挥职能的地方行政管理体制，并以法律形式固定下来，对巩固发展中央集权政治至关重要。因此两汉的地方行政组织法也是沿袭秦制，以郡县二级政体为基本构造，与中央行政体制呈垂直统治关系。但是在实行过程中，两汉的地方行政组织法又经历了不同于秦制的变化。其基本沿革是：汉初郡县封国体制并存，中期后封国名存实亡。东汉末期，地方政体由郡县二级变为州、郡、县三级。

一、封国

秦时，地方全面推行郡县制，虽然有“河西太原郡更为毐国”[①] 的特例，

① 《史记·秦始皇本纪》。

但“以为周制微弱，终为诸侯所丧，故不立尺土之封”①。楚汉战争时，刘邦为了扩充实力，取胜项羽，曾封韩信、彭越等八大异姓王。汉兴以后，异姓王据广阔之疆域，拥兵自重，“十年之间，反者九起”②，对中央政权形成重大威胁，遂被刘邦逐一翦灭。与此同时，刘邦也意识到，“内亡骨肉本根之辅，外亡尺土藩翼之卫”的孤立，是导致秦亡的原因之一，因此为了拱卫中央，藩翼皇室，刘邦遂“剖裂疆土，立二等之爵”③，大封同姓弟子为王，功臣为侯。其时同姓子弟封王 8 人，列侯至高祖十二年（前 195 年）时，已达 143 人。以王国与侯国构成的封国制由此与郡县制并存。

分封后的诸侯王势力，凭借以下几个优势而快速增长。（一）封域广大。诸侯王封地在全国“周匝三垂，外接胡越”④，“大者夸州兼郡，连城数十”⑤，功臣侯者也百有余邑。与此形成反差的是中央仅辖 15 个郡，而且往往包含列侯、公主食邑。（二）百官同制京师。王国中设有太傅、丞相、御史大夫及诸卿，百官设置亦如朝廷。除丞相由中央任命外，御史大夫以下皆由诸侯王自行设置。（三）经济自主。有的诸侯王凭藉封域中的山海湖泽之利，积蓄财力，国用饶足，甚至铸钱煮盐，富等天子。（四）握有兵权。王国中设有地方武装力量，由丞相统辖，中尉管理。王国虽不得擅自发兵，但握有虎符的一半，在兵权上有一定的主动权。吴王发兵叛乱，齐王发兵诛吕，即为正反二例。

诸侯王在势力快速增长的同时，与中央分庭抗礼之心也大为膨胀，对中央政权构成心腹之患。因此自文帝始，中央对诸侯王采取了一系列的抑制打击措施，加快立法步骤。文帝时采用贾谊建议，缩小王国领地，齐国一分为七，淮南国一分为三。景帝时实施晁错的“削藩”之策，楚国削去

① 《汉书 · 地理志上》。
② 《汉书 · 贾谊传》。
③ 《汉书 · 诸侯王表》。
④ 《汉书 · 诸侯王表》。
⑤ 《汉书 · 诸侯王表》。

1 郡，吴国削去 6 县。平定吴楚七国之乱后，中央对诸侯王的各种权力加大剥夺幅度，对王国政体做了重大调整。例如改丞相为相，废置御史大夫、廷尉、少府、宗正、博士诸官，其余官员也削减吏员人数。武帝之际，抑损措施有增无减。其一，为使藩国自行解体，采纳主父偃的建议，实行《推恩令》，规定诸侯王可以将封地户邑分封给嫡长子以外的子弟，分封后的黜陟权由中央控制，诸侯王不得干涉。其二，与中央官制改革同步，更改王国官名，降低郎中令品秩。其三，限制经济实力。吴楚七国之乱后，“名山陂海，咸纳于汉”[①]。武帝时严禁私铸私煮，从重执行《酎金律》。其四，贬抑王权法律化。如规定曾任王国官吏者不得入仕中央的《左官律》，禁止朝臣交通诸侯并为其谋利的《附益法》，惩罚傅相不举奏诸侯王之罪的《阿党法》，均于此时颁布。与此同时，侯国的行政权与财权也大力削减，诸项法律亦适用于列侯。武帝元鼎五年（前 112 年），因列侯献黄金酎祭宗庙不合法律规定，一次即夺爵 106 人。

经过连续几次强本弱枝的打击后，诸侯王国势力大减。在行政区域上，以往“夸州兼郡”的情况得以彻底改变，诸侯分封，“大国不过十余城，小侯不过数十里”，而且被箝制在汉郡之中，成“犬牙相临”[②]之势，国在事实上已成为与郡同级的地方行政区划。至平帝时，郡国总数 103，县邑、道、侯国总数 1587，而王国数 20，领县 123，[③]仅占县邑总数的约 7.7%。在行政权与财权上，诸侯王只能“衣食税租”，不得参与政事，其职能不过是“上足以奉贡职，下足以供养祭祀，以蕃辅京师”[④]。王国之相等同于郡守，侯国之相等同于县令。至此，封国制与郡县制名异实同。

封国制在其产生之初，有它一定的合理性。班固一分为二地评论了封

① 《史记·汉兴以来诸侯王年表》。
② 《史记·汉兴以来诸侯王年表》。
③ 《汉书·地理志下》。
④ 《史记·汉兴以来诸侯王年表》。

国制的利弊：

藩国大者夸州兼郡，连城数十，宫室百官同制京师，可谓挢枉过其正矣。虽然，高祖创业，日不暇给，孝惠享国又浅，高后女主摄位，而海内晏如，亡狂狡之忧，卒折诸吕之难，成太宗之业者，亦赖之于诸侯也。[①]

这表明封国制在巩固中央集权，缓和社会矛盾方面，的确取得了一定效果。然而当封国制弊大于利，甚至酿成强枝弱干的态势时，它的削弱即势在必然。

二、州郡

汉代行政体制在其演进过程中，有两个最显著的变化，一个是在中央行政体制中，宫廷组织对朝臣的侵权；另一个就是在地方行政体制中，州由监察区发展成为行政区，由此促成了地方政体由郡县二级制向州、郡、县三级制的转变。

在秦汉中央至地方的垂直权力链中，郡守承上统下，地大权重，是相当重要的一环。因此秦时即设有监御史常驻地方，监察诸郡。汉兴后，监御史虽然罢省，但中央派遣丞相史出巡各地，分刺诸郡，只是并非常设。武帝初年，为了加强中央对地方的控制，于元封五年（前 106 年）将全国除三辅、三河、弘农七郡以外的地区分为十三个监察区，即豫州、兖州、青州、徐州、冀州、幽州、并州、凉州、益州、荆州、扬州、交趾、朔方，简称十三州或十三部。十三州每州设刺史一人，隶属御史中丞，职责为每年八月行巡所部郡国，审录囚徒，纠举豪强，考察吏治，以“六条问事”，岁末进京汇报。征和四年（前 89 年），又于京畿七郡设司隶校尉，督察百官，

① 《汉书 · 诸侯王表》。

纠举不法。至此，全国的监察区划分完成，监察官员亦设置完毕，中央通过刺史与司隶校尉加强对地方行政与官员的监督控制。

成帝绥和元年（前 8 年），因刺史监临郡国等同于以卑临尊，轻重失准，于是改刺史为州牧，秩上升为真二千石。成哀之际，刺史、州牧之名几经互易，职权范围也由最初的专司监察逐渐扩张到地方行政权力，十三部的监察区性质也开始向行政区演变。

东汉以降，这种演变加速进行。建武十八年（42 年）仍置刺史，司隶校尉领一州，十二刺史各领一州，在制度上无甚变化，但是在性质上已不能与创设之初的刺史同日而语。第一，刺史地位已居二千石之上，皇帝施政诏令往往将刺史列于首位。司隶校尉更是无所不纠，甚至与御史中丞、尚书令会同并专席而坐，京师号称“三独坐”。第二，刺史掌握地方行政实权司空见惯。总凡辟除、选举、司法、钱谷各项事务，刺史均握有处理权。第三，掌有领兵权。安、顺、桓、灵四世，刺史屡屡领兵参与军事行动，军事实力不断扩充。第四，设立机构，配备幕僚，分职治事。刺史不仅有固定治所，而且吏员齐备。如治中从事主选署众事，别驾从事主奉引，簿曹从事主财谷簿书，兵曹从事主兵事，部郡国从事主督文书，察举非法。另还有主簿、门亭长，甚至《孝经》师、《月令》师、律令师等幕僚。[①]

据此表明，刺史无论在职权上还是在组织上，均已大大超过监察官的职能，已在事实上演变为地方行政长官。灵帝中平五年（118 年），刺史复易名为州牧，由朝廷重臣出领，州牧权势膨胀更甚，已经形成与中央抗衡的地方割据势力。州牧们拥兵自重，觊觎帝位：益州牧刘焉自造帝服，冀州牧袁绍僭下制书，荆州牧刘表郊天祀地，由此酿成东汉灭亡的祸端之一。至此，武帝时设置的监察区已彻底失去其监察职能，转而成为超越于郡县之上的地方割据势力范围。自秦以来一直稳定发展的郡县二级地方政体由此改变，出现了州、郡、县三级体制。

① 《续汉书·百官志四》。

在州未发生性质转变以前，郡是地方最高一级的行政机构。据《汉书·地理志下》记载，郡的建置沿革大致如下：秦时分天下为36郡。汉初因秦郡辖区太大，缩小区划，增加建置。汉高祖时增加26郡，文帝、景帝各增加6郡，武帝时"广开三边"，增加28郡，昭帝增加1郡。至平帝时，汉郡已达83个，是秦郡的二倍有余。

汉郡的行政区划，基本呈京师、内地、边疆辐射扩张状。拱卫京师周边的三郡最为重要。与内郡及边郡相比，长官职权虽无大异，但地位与职能有所不同。秦时掌管京师地区的官员称内史，景帝二年（前155年）分置左右，武帝太初元年（前104年）改右内史为京兆尹，左内史为左冯翊，更名主爵都尉为右扶风，合称"三辅"，统辖京师及周边地区。三辅长官秩中二千石，银印青绶，同御史大夫及诸卿，因此有资格参与朝议。其治绩优异者可入中央，为官九卿乃至三公。边郡长官的职能与内郡大致相同，但因地域、军事、对象等关系，组织与内郡略有不同，而且屯戍、安抚少数民族是其特点所在。

太守是郡的最高长官。在中央与地方的垂直权力链中，太守发挥着纵向与横向职能。

太守的纵向职责有二：

1. 执行皇帝诏令及中央政府的命令，保证上下权力的畅通。汉代诏令的传达系统为御史大夫→丞相→中二千石→郡太守、诸侯相。据汉简所见《元康五年诏书册》记载，宣帝元康五年（前61年）二月，御史大夫传达有关改火诏书，三月即传达到边郡张掖太守府，太守府加批转之文后，即刻下达，很快传至基层组织。[①] 太守接到诏令后，不仅要尽快下达，还要广为布告，使吏民及时知晓："☐□郡太守、诸侯相，承书从事下当用者，如诏书，书到明白布告☐。"[②] 如果滞留、迟缓诏书，则将受到法律制裁："五

① 此册书由日本学者大庭脩联缀复原。参见《秦汉法制史研究》第二篇第二章。

② 《居延汉简释文合校》65·18。

月戊辰，丞相光下少府……京兆尹以□次传，别书相报，不报，重追之，书到言。”[①] 如果滞留紧急文书，制裁更为严厉：“……吏用□疑，或不以闻为留变事，满半月弃市……。”[②]

2. 执行上计制度，报告全郡治绩。上计是秦汉时期实行的下级权力机构向上级权力机构、地方向中央汇报履行职能情况的制度。它的重要性除对地方官员具有考核功能外，也在于是中央了解、把握地方现实状况的主要途径。汉代专有《上计律》规范上计制度，规定上计时间为每年年底，上计程序为县至郡，郡至中央，中央一般由丞相、御史大夫受理主持上计。上计报告称“集簿”，上计者称上计吏。县由令、长、丞亲自至郡上计，郡由郡丞或长史代行。上计内容为“户口垦田，钱谷出入，盗贼出入”[③]。新出江苏连云港东海县尹湾汉简，有郡国上计集簿，所见内容有地方行政机构设置、吏员配置、户口人数与性别年龄、垦田面积及增减变化、钱谷出入诸项，充分体现了上计制度所贯彻的下情上达、垂直管理的行政目的。

太守的横向职责有以下诸项：

1. 官吏管理。汉代郡长吏由中央任命，属吏则由郡守管理。管理权限包括任免、奖赏、惩罚、督察。以《尹湾汉墓简牍》所见，《长吏迁除簿》详细记载了东海郡所辖38县长吏的姓名籍贯、阀阅功劳；《东海郡吏员簿》记载了太守府、都尉府定员编制及各县吏员总数；《东海郡下辖长吏不在署、未到官者名籍》《东海郡属吏设置簿》记载了考核内容与太守府属吏的设置及调补，[④] 太守对全郡官吏的通盘管理，由此得到了较充分的反映。

2. 司法治安。郡是县谳疑案的上一级机关，郡守有权审结上诉案件，对死刑也有权宜处决权。同时负责全郡的社会治安，维护社会秩序的稳定。

---

① 《居延新简》EPT48·56。

② 《敦煌汉简》162·213。原简文分书于两简之上，引述简文经大庭脩联缀复原。参见《汉简研究》第一篇第三章第二节。

③ 《续汉书·百官志五》胡广注。

④ 《尹湾汉墓简牍》，中华书局1997年版。

3. 军事武备。郡守掌握皇帝发兵信物虎符之一半，虽无发兵权，但拥有兵权，兼领武事，所以郡守又称“郡将”。

4. 经济财政。郡守负责组织管理全郡的农业及手工业生产，勉励农桑，监管盐铁，同时按中央规定组织征收各种赋税，上缴中央。国家财政拨给郡的经费，由郡守全权支配。

5. 教育风化。武帝时郡国设立学官，培养学生，储备人才。郡守统领学官，饬厉教育，推行风化。郡守有权颁布地方性法规，制定乡规民约，整饬风气，厉行德教。

6. 选举人才。作为人才储备地的行政长官，郡守负有“兴廉举孝”之责。若选举失职，以“奉诏不谨”“不胜任”之名免职。

太守职责之重，由上可知大概。汉宣帝曾说：“庶民所以安其田里，而亡叹息愁恨之心者，政平讼理也。与我共此者，其唯良二千石乎？”[①]郡守之于中央集权统治的重要性，一言以蔽之。

郡府机构由太守总领一切，另有都尉辅佐太守，专司武职。太守、都尉皆有丞佐助履行职责，处理事务。边郡又置长史，佐助太守掌兵马。郡府属吏中，督邮以督送邮书、巡察各县，功曹以选举任免之职而地位较高。郡府的部门设置大致同中央公府，也是分曹治事。诸曹分工如下：户曹掌民户、祠祀、农桑，奏曹掌议事参谋，辞曹掌诉讼，决曹主判决，法曹主交通邮驿，尉曹掌卒徒转送，贼曹负责社会治安，兵曹负责军事武备，金曹掌货币盐铁，仓曹掌仓谷。另有主簿掌文书事务，学官负责教育，此外还有五官掾、别驾等属官。

郡守职能的双向化及郡府组织的部门化，使郡一级地方行政机构在履行政治、经济、军事、社会、文化等各项基本职能方面，完整表现并具体执行了中央集权政治的国家职能，成为地方最重要的一级政权。

① 《汉书·循吏传》。

三、县乡里

县是隶属于郡的二级地方政权。与县平级的行政建制还有邑（皇太后、太后、公主封地）、道（少数民族聚居地）、侯国（列侯封地）。据《汉书·地理志下》统计，平帝时，汉代县级行政区划数为1587，其中县邑为1314，道为32，侯国为241。以后经合并裁减，至东汉顺帝时，县邑、道、侯国总数减至1180。[①]

县又有大小之分。万户以上为大县，长官称县令；万户以下为小县，长官称县长。县令、长皆设丞、尉佐治，令、长、丞、尉由中央任命。

由于郡县二级地方行政机构呈垂直隶属关系，因此县令、长是在太守领导下行使职权，履行职责，具体执行郡府的各项职能。《续汉书·百官志五》令长本注："皆掌治民，显善劝义，禁奸罚恶，理讼平贼，恤民时务，秋冬集课，上计于所属郡县。"要言之，凡一县之户口垦田、司法治安、军事武备、钱谷赋税、学校教育，均在县令、长的职掌范围之内，其履行各项职责的情况，于岁末制成集簿，上报所在郡国，接受郡府核实检查。县令、长的佐治之职有县丞与县尉。县丞职掌文书及仓狱，县尉职掌军事治安。县部门的设置与职能大致同郡，"各署诸曹掾史"，"诸曹略如郡员"，[②]即分曹处理全县各项日常事务，接受县令、长及上级对口部门的领导监督。

县下一级的地方行政组织是乡。两汉乡数变化较为明显。西汉平帝时有6622乡，至东汉桓帝永兴元年，减至3682乡。[③]乡设有秩、啬夫、游徼、乡佐等乡吏主管全乡事务。有秩设于大乡，由郡委派；啬夫设于小乡，由县委派。有学者认为，"有秩啬夫"应当连读，是一个官名。但尹湾汉简所出《集簿》，记东海郡县邑、侯国吏员时，将"乡有秩"与"乡啬夫"

① 《续汉书·郡国志五》。
② 《续汉书·百官志五》。
③ 《续汉书·郡国志五》注。

分别登录统计，乡有秩总员数25人，乡啬夫总员数137人，明显不是一官。学者又认为《续汉书·百官志五》注引《汉官》“乡户五千，则置有秩”，“五千”有误，有可能指千户以上的乡。同据上述《集簿》，东海郡下辖38个县邑侯国，乡170，总户数266290；[①] 又据《东海郡吏员簿》，38个县邑侯国中，有12个县、3个侯国设乡有秩。其中大县郯县设5，海西县设4，余皆设2或1，总数25人。36个县邑侯国设乡啬夫，一县既有设13人者，也有仅设1人者，总数137。[②] 以这些数字统计，即使是平均数，每乡户数也已达到1600余，更何况仅置乡啬夫1人的县邑侯国达12个。而且以乡有秩、乡啬夫总数为162人计算，乡有秩约占总数的15.4%，乡啬夫约占84.6%，比例也较为合理。因此大乡“乡户五千”的说法，恐非无据。

有秩与啬夫职掌相当，主管全乡的行政事务，“皆主知民善恶，为役先后，知民贫富，为赋多少，平其差品”[③]。由于赋税是国家财政的主要来源，社会安定是中央集权政治的可靠保障，而乡吏又是直接管理百姓的基层官吏，因此在其职掌中，听讼息讼，征收赋税成为主要内容。“啬夫职听讼，收赋税”[④]，即概括了这一特点。乡吏中的游徼负责一乡治安，追捕盗贼；乡佐“主民收赋税”[⑤]，也突出反映了乡级组织的基本职能。作为基层行政组织，乡里的风气教化也十分重要，这一职能主要通过三老实现。三老由“年五十以上，有修行，能帅众为善”[⑥] 者充任，乡置一人，负责全乡教化。县级机构也设三老，选自乡三老，与县令、丞、尉共同推行教化。三老虽然德高望重，受人尊崇，但不在吏员编制。尹湾汉简《东海郡吏员簿》所列

① 《汉书·地理志上》统计数字为358414。

② 参见谢桂华：《尹湾汉墓简牍和西汉地方行政制度》附表三《县、邑、侯国和盐、铁官吏员表》，载《文物》1997年第1期。

③ 《续汉书·百官志五》。

④ 《汉书·百官公卿表上》。

⑤ 《续汉书·百官志五》。

⑥ 《汉书·高帝纪上》。

县邑侯国吏员，未见三老，可资为证。

两汉地方行政组织的末端是里，一里之长为里正或里魁。同上《集簿》记载，东海郡共有266290户，设置2534里，平均每里约辖105户，与文献中“里魁掌一里百家”[①]的记载大致相当。里下又设什伍，什长主十家，伍长主五家。里的基本职能就是发奸擿伏，维护治安。其次在户籍管理上也有重要作用。里既是户口统计的基础单位，也是档案登记、诉讼活动中必须要说明的事项。居延汉简《戍卒名簿》的籍贯登记均见里名，诉讼状辞也规定“皆曰名、爵、县、里、年、姓、官禄”[②]，数量不少的出土状辞也证实了这一点。

在行政系统之外，地方还设有专门机构“亭”。每亭相距十里，设亭长，由退役为民者充任，主要职掌巡逻缉捕盗贼。此外亭还兼有客舍邮传功用，[③]边亭的此种功用更为明显。亭卒有求盗与亭父。亭之外又设“邮”。卫宏《汉官仪》：“设十里一亭……五里一邮，邮间相去二里半，司奸盗。”以尹湾汉简《集簿》见之，东海郡辖亭688个，亭卒2970人，平均每亭4人余；辖邮34所，邮人408人，平均每邮12人。从机构设置上看，邮明显大于亭；而且据《东海郡吏员簿》排列，邮佐排在亭长前，凡10人，而亭长多达589人。亭、邮的实际设置与《汉官仪》记载相差较大。

概括而言，汉代的地方行政组织层次清楚，责权明确，郡统县，县统乡，乡辖里，与乡里呈水平扩张的又有亭、邮之制，在结构上表现出金字塔形的垂直权力关系。在这一垂直权力链的制约协调下，庞大的国家机器在地方得以正常运转。与郡县制并存的，又有封国制与最初监察意义上的十三州刺史制。封国制因中央集权的强化而名存实异，最终为郡县制同化。

① 《续汉书·百官志五》。

② 《居延新简》EPT68·34。

③ 《续汉书·百官志五》本注：“《风俗通》：汉家因秦，大率十里一亭。亭，留也，盖行旅宿会之所馆。”

十三州刺史因职权甚重而权力不断扩大，最终以州牧取代之，州亦由监察区演变为行政区，汉代地方行政组织的机构缘此由二级变为三级。

第三节　监察组织与监察法规

两汉之际，伴随着行政组织法的成熟与完善，对行政制度的目标实现具有重要保障作用的监察制度，也步入发展形成时期。人们对监察的认识，早已从朴素的意识直觉上升为理性需求。秦朝监察制度功用的丧失，丞相御史共亡天下的教训，也促使人们对监察制度的规范与完善作进一步的探求与实践。两汉思想家与政治家就监察所发表的为数不少的论述，显示了人们对监察的足够重视。总结起来，两汉在监察组织、监察职能、监察法规上都有颇多建树，为中央集权政治的有效、高效运行提供了重要的监督机制。

一、监察组织

就广义而言，中央及地方的各级行政组织都具有法定的监督权，负责监督所辖组织中官吏行为的合法性与合理性，因而也都是监察主体。就狭义而言，监察主体指设置于行政组织内部的、对各级官员实行专业监督的监察组织。这里所述，即指狭义的监察主体。

1. 以御史大夫为主的专门监察

汉代的专门监察组织自成体系。西汉初，御史府是执掌专门监察的最高权力机关，长官御史大夫银印青绶，位次丞相，是全国最高的监察长官。御史大夫的基本职能之一是典正法度，总领百官上下监临。这一职能的水平扩张，就是既辅助丞相总理国政，又监察制约丞相，平衡权力；纵向延伸，就是统领御史中丞履行监察职能。

御史中丞是御史大夫的重要属官，也是御史府监察职能的主要履行者，更是御史府其他属官的统领者。其监察职能主要有三：（1）掌管殿中图籍秘书。这一职责看似与监察无关，实则不然。殿中兰台既为图籍秘书收藏之处，皇帝诏令、法律书籍、文书档案也属收藏之列，以备履行职责时检索参考。汉简所见“御史挈令”“兰台挈令”，[①] 即可证明整理编录国家法令是御史中丞的职掌之一。监察是一种法律行为，御史中丞掌兰台秘书，恰好为实施这一行为提供了必要的法律咨询。（2）监督诸州监察官。受御史中丞监督的地方监察官有监御史和十三部刺史。监御史秦置，汉初罢省，惠帝以后又逐步恢复，依法监察诸郡。武帝元封元年（前 110 年）复废。元封五年（前 106 年）设十三部刺史，专以《六条》监察二千石郡守与强宗豪右，十三部刺史是地方专门监察机关的最高长官。监御史及十三部刺史均在御史中丞的直接统属下行使职权。（3）纠察举劾百官。《汉书·百官公卿表上》云御史中丞“受公卿奏事，举劾按章”，从程序上看，也是御史中丞履行职责的最终反映，即依法揭露官吏违法违制、贪污腐败、渎职失职等各种行为，以此优化官僚阶层，纠正行政管理中的错误与偏差，确保中央集权政治的目标实现。

从御史大夫、御史中丞至监御史乃至刺史，较清楚地呈现了中央至地方的监察组织系统。虽然这个系统在职能性质上尚未独立专一，还没有从行政管理职能中分离出来，但其专项职能明确，组织关系清楚，已经反映了专门监察机构的组织形态。从西汉末期至东汉，上述监察系统发生了相当明显的变化，专门监察组织的形态日趋明朗。变化之一：自武帝时以十三部刺史取代监御史后，刺史的权力限制逐步淡化；成哀之际改刺史为州牧后，其监察职能虽无改变，但行政职权日益突出。至东汉末，刺史终于演变为集行政、军事、财政诸权于一身的地方长官，监察职能丧失殆尽。变化之二：成帝绥和元年（前 8 年）建立三公制，御史大夫改为大司空，分割相权，但事实上所掌实权已流入宫廷组织。东汉初，光武帝政不任下，虽置三公，形同备员。

① 武威县博物馆：《武威旱滩坡东汉墓》，载《文物》1993 年第 10 期。

大司空改为司空后，其职掌不过是主水利土木工程，原职掌中的监察职能，则专由御史中丞履行。御史中丞缘此成为职责专一的监察长官，御史府也从中央行政机构中分离出来，成为专门行使监察权的监察组织御史台。

御史台建立后，或因御史中丞职掌中有掌兰台图籍秘书一项，故归九卿之一的少府统辖，御史台亦称“兰台”，但职权与活动均独立于外，故又称“宪台”。御史中丞的属官职能与西汉相同。治书侍御史二人，由熟悉法律者充任，负责司法监察，“凡天下诸谳疑事，掌以法律当其是非”①。侍御史十五人，负责检举弹劾中央及地方官员的违法违制行为。事实上御史台的监察职权相当广泛，举凡官吏涉及的一切行政管理活动均在其监察之列，即使朝会、祭祀时的礼仪也不例外。② 纠察百官的权力获得，使御史中丞的地位迅速上升，不仅与司隶校尉、尚书令于朝会时“三独坐”，御史台也与尚书台、谒者台并称“三台”。

尽管汉代的监察组织在其发展过程中出现了一些变化，但是刺史制的出现与御史台的建立，标志着监察组织已经成型定制，对后世监察组织与监察制度的成熟与完善，产生了深远的影响。

2. 以丞相司直为主的中央行政监察

汉代为了加强监察力量，除设置专门监察组织外，还在行政机构中设置主管监察的官员，行使监察职权。

中央行政机构中最主要的监察官员，就是丞相府中的丞相司直。它“掌佐丞相举不法”③“职无不监”④的职责特征，显示出来自行政组织的监察主体与专门监察主体的并行不悖，甚至还会起到制衡监察官员的作用。行政组织中的监察力量在汉初就已经在发挥作用。汉高祖时，职掌监郡的

① 《续汉书 · 百官志三》。

② 《续汉书 · 百官志三》侍御史本注：“掌察举非法，受公卿群吏奏事，有违失举劾之。凡郊庙之祠及大朝会、大封拜，则二人监威仪，有违失则劾奏。”

③ 《汉书 · 百官公卿表上》。

④ 卫宏《汉旧仪》卷上。

监御史废置，[①] 地方监察出现空白。惠帝三年（前 192 年）经相国曹参奏请，重新派遣御史监察京畿地区。[②] 这表明监御史虽然隶属御史大夫统辖，但丞相可以干预监察，监察官员的复置与职权行使，需要通过丞相执行程序。文帝十三年（前 167 年），“以御史不奉法，下失其职，乃遣丞相史出刺，并督监察御史”[③]。尽管丞相史出刺为权宜之举，并非常制，但丞相遣史监察地方，监察监御史，不仅意味着地方必须接受来自御史府与丞相府的双重监察，也表明监御史已处于丞相史的监督之下，受到来自行政系统的制约。

武帝元狩五年（前 118 年），于丞相府中特设主管监察事务的属官丞相司直，预示着行政监察力量将得到进一步加强。丞相司直“秩比二千石”[④]，位居中二千石前，与司隶校尉并迎丞相、御史大夫，地位高于秩千石的御史中丞。[⑤] 丞相司直权力很重，主要辅佐丞相“助督录诸州事”[⑥]，纠举不法。《后汉书·马严传》：“故事，州郡所举上奏，司直察能否以惩虚实。”但实际上司直并非仅对地方监察，它的监察范围相当宽泛。所见监察对象有：（1）御史大夫。宣帝五凤年间，丞相司直奏劾御史大夫萧望之“与丞相钧礼”“自给车马”“私所附益”“受所监临”诸罪，萧望之为此左迁为太子太傅。[⑦]（2）司隶校尉。成帝时翟方进以朔方刺史迁为丞相司直，先以“奉诏不谨”劾免司隶校尉陈庆，复以“乱朝廷之序”劾贬司隶校尉涓勋，“旬岁间免两司隶，朝廷由是惮之”[⑧]。（3）封侯。成帝时，冀州刺史孙宝迁丞

---

① 《汉书·百官公卿表上》：“监御史秦官，掌监郡。汉省，丞相遣史分刺州，不常置。”

② 卫宏《汉旧仪》补遗卷上：“惠帝三年，相国奏遣御史监三辅郡，察辞诏凡九条。监者二岁更，常以中月奏事也。”

③ 《通典·职官十四》。

④ 《汉书·百官公卿表上》。

⑤ 《汉书·翟方进传》：“故事，司隶校尉，位在司直下，初除，谒两府，其有所会，居中二千石前，与司直并迎丞相、御史。”

⑥ 《续汉书·百官志一》。

⑦ 《汉书·萧望之传》。

⑧ 《汉书·翟方进传》。

相司直。永始年间，红阳侯王立使客通过南郡太守李尚，占垦草田数百顷，入官时又贵取其值，被孙宝劾奏，王立被废，李尚下狱死。[①]（4）州牧郡守。哀帝时郭钦为丞相司直，奏免豫州牧鲍宣、京兆尹薛修等人。[②]举劾郡守例见上述王立案。（5）墨绶之官。卫宏《汉旧仪》："司直督刺史二千石以下至墨绶。"《汉书 · 百官公卿表上》："秩比六百石以上，皆铜印黑绶，……绥和元年，长、相皆黑绶。"这样依照行政管理组织的垂直延伸，秩六百石至千石的郡县长吏，也在丞相司直的监察之列。

由此可见，丞相司直监察权力重，监察范围广，无论是全国最高监察长官御史大夫、京畿地区监察长官司隶校尉，还是地方最高行政长官州牧郡守，或是贵戚封侯，均在其监察之列，确实是"职无不监"，形成了行政组织与专门监察组织交叉监督的情形。《汉旧仪》这样概括武帝时的监察系统："御史中丞督司隶，司隶督司直，司直督刺史二千石以下至墨绶。"《北堂书钞》引作"御史中丞督司隶，司隶督丞相，丞相督司直，司直督刺史，刺史督二千石以下至墨绶"。这说明西汉时的专门监察组织与行政机构内的监察组织既分体运行，又互相交叉，彼此制衡。但在交叉运行之际，以前述的监察对象见之，来自行政系统的监察往往会超越专门监察，出现司直督司隶的现象。

东汉初，虽然专门监察组织御史台已独立行使职权，光武帝仍于司徒府中置司徒司直，但监察范围明显缩小，主要佐助州郡所举上奏，考察能否，确认虚实。此后伴随着御史台与司隶校尉的权重及司徒职能的转变，司直于建武十一年（35 年）撤销。至东汉末，献帝建安八年（203 年）复置，但不领诸州，专门监察京师官署的各级官员，[③]地位与权力有所回升。次年，

① 《汉书 · 孙宝传》。

② 《汉书 · 鲍宣传》。

③ 《后汉书 · 献帝纪》："〔建安〕八年……，初置司直官，督中都官。"注："司直，秩比二千石，武帝元狩五年置，掌佐丞相，举不法也。建武十一年省，今复置之。"

献帝诏司直比司隶校尉，坐次同席而在上。[1] 可见终两汉之世，专门监察与行政监察也未能彻底分离，彼此监察权力的消长与交叉，在加强监察力量的同时，也反映了中央集权统治下的监察组织不可能真正摆脱行政制约的先天不足。

3. 以督邮为主的地方行政监察

如前所述，刺史面向地方行政组织行使垂直监察权，而在地方行政组织中呈水平扩张行使监察权的，则是郡府属吏督邮。督邮也称都吏。《汉书·文帝纪》："二千石遣都吏循行，不称者督之。"注引如淳曰："律说，都吏今督邮是也。闲惠晓事，即为文无害都吏。"西汉之世，都吏与督邮往往混言。如督邮可见《汉书》黄霸、冯野王及孙宝诸传，三人的活动时期分别为宣、元、成三世。都吏可见居延汉简：

永光元年六月丙申朔，甲渠鄣候喜敢言之：府移太守府都吏书曰……[2]

入粟，给都吏壮卿橥戒塞上。绥和元年六月庚戌新沙置卒马……[3]

此二简有元、成二帝纪年，证明都吏与督邮至西汉末仍在混言。这种情况可能在东汉初发生了变化。居延汉简载："十一月丙戌，宣德将军张掖大守苞、长史丞旗告督邮掾……"[4]《续汉书·百官志五》注引《古今注》："〔建武〕十四年，罢边郡太守丞，长史领丞职。"都吏之称不用而专用督邮，或在此时。

督邮的职责之一是督送邮书。如居延汉简所见："二月十四日，南单

---

① 《后汉书·献帝纪》注引《献帝起居注》曰："建安八年十二月，复置司直，不属司徒，掌督中都官，不领诸州。九年十一月，诏司直比司隶校尉，坐同席在上，假传置，从事三人，书佐四人。"

② 《居延汉简释文合校》甲附 36A。

③ 《居延汉简释文合校》155·15。

④ 《居延汉简释文合校》16·4A。

檄诣城官，都吏郝卿印，受沙头卒张诩人定时。”[①] 此是其职责反映。但督邮更主要的职责，是在郡守的领导下面向诸县监察，所督对象与范围相当宽泛。所监对象有县长吏者：元帝时左冯翊督邮掾案验得池阳县令主守盗罪，收捕入狱。[②] 东汉时苏谦为郡督邮，案得美阳令贪暴之罪，判处其劳役。[③] 有豪强者：成帝时，京兆尹孙宝任命侯文为东部督邮，询问有无奸恶之人，侯文即以霸陵大侠杜穉季答之。杜穉季闻之，不敢违法。[④] 有近侍者：灵帝建宁二年（169 年），中常侍侯览母丧还家，大起茔冢。督邮张俭破其冢宅，藉没资财。[⑤] 有王侯者：东汉时，郅寿任冀州刺史，派督邮驻于王宫之外，监察动静。一有过失，即上奏王罪并弹劾傅相。于是“藩国畏惧，并为遵节”[⑥]。在边郡，都吏还经常行塞监察：“☐都吏当行塞，言候长建☐。”[⑦] 军事组织中的低级军官也在都吏的监察之列：“候史广德坐不循行部，涂亭趣具诸当所具者，各如府都吏举。”[⑧]

督邮（都吏）不仅监察对象多，职权范围也广。所督有官风官纪：

……谨以文理遇士卒，毋令冤失职务，称令意。且遣都吏循行，廉察不如护。大守府书致，案，毋忽如律令。[⑨]

毋得贳卖衣财物。大守不遣都吏循行☐严教受卒官长吏各封臧☐。[⑩]

---

① 《居延汉简释文合校》505 · 19。

② 《汉书 · 冯野王传》。

③ 《后汉书 · 苏不韦传》。

④ 《汉书 · 孙宝传》。

⑤ 《后汉书 · 张俭传》。

⑥ 《后汉书 · 郅恽传》。

⑦ 《居延新简》52 · 384。

⑧ 《居延新简》57 · 108A。

⑨ 《居延汉简释文合校》10 · 40。

⑩ 《居延汉简释文合校》213 · 15。

他重事尚可漏泄，为都吏见恐毋言，致断舌不言☐。[①]

以上三条简文，第一条都吏督官吏不得失职，第二条都吏与监察赃罪有关，第三条都吏督官吏不得泄露公家之事。又见监赋课："各遣都吏督赋课，蓄积少不☐……。"[②] 此外，遇有重大案件通缉罪犯，都吏可以会同有关官吏或县令实施追捕："匿界中。书到，遣都吏与县令以下逐捕搜索部界中，听亡人所隐匿处，以必得为故。诏所名捕重事，事当奏闻，毋留，如诏书律令。"[③] 又《后汉书·范滂传》："诏下急捕范滂等。督邮吴导至县，抱诏书，闭传舍，伏床而泣。"

在隶属关系上，督邮受郡守派遣循行所部，对郡太守负责，因此其任命权亦由太守掌握。这样，中央的丞相司直督郡守，郡守督督邮，一条行政组织内部的监察链由此形成。较之专门监察，这条监察链因构筑在行政组织内部，监察主体往往是行政组织自身，所以主管监察、职能监察的特点比较明显。但在职权行使上，与专门监察的方式、程序相当。即第一程序为检查监督，发现问题。监察官员通过循行、受公卿奏事、上计、考课、朝会、仪礼等方式实施检查权。第二程序为调查核实，即"案""案验""案察"。第三程序为揭露，即"举""劾""劾奏"。从这点看，汉代的监察行为已经具有相当自觉的法律意识。虽然此种监察难免受到权力与意志的干扰乃至阻力，但它的存在与运行，有效地约束了官吏们的言行，箝制了有害于中央集权的势力，为国家机器的正常运转提供了不可或缺的行政保障。

4. 以司隶校尉为主体的特殊监察

汉代的监察组织，除专门监察与行政监察组织外，还有一个较为特殊的监察组织，这就是司隶校尉。

① 《居延新简》8·31。
② 《居延汉简释文合校》213·43。
③ 《居延汉简释文合校》179·9。

关于司隶校尉的设置沿革，《汉书 · 百官公卿表上》有比较清楚的记述：

司隶校尉，周官。武帝征和四年初置，持节从中都官徒二百人，捕巫蛊，督大奸猾。后罢其兵，察三辅、三河、弘农。元帝初元四年去节。成帝元延四年省。绥和二年哀帝复置，但为司隶，冠进贤冠，属大司空，比司直。

从中可见，司隶校尉置于武帝征和四年（前 89 年），职责为率领于京师官府服役的徒隶，治“巫蛊之狱”，捕奸猾之徒，维持京师治安。其时虽非监察职官，但监察职能已见端倪。因此当巫蛊之祸平息后，司隶校尉即罢领兵权而掌监察权，专司三辅（京兆、右扶风、左冯翊）、三河（河南、河内、河东）、弘农七郡监察。

司隶校尉由于最初持节行事，因此地位较高。其作为监察官员，既不隶属御史府，也不挂靠丞相府，而是独立于两系统之外，自成一个特殊的监察组织，享有监察特权。直至元帝初元四年（前 45 年），当司隶校尉与侍中发生权力冲突时，[①] 其所持之节才被收回。成、哀之际，司隶校尉的地位进一步跌落。成帝元延四年（前 9 年）撤销司隶校尉，二年后虽然复置，但是隶属关系已经发生变化，由原来无所属的监察机关改隶大司空，地位与丞相司直相当。然而这种情况并没有持续很久。伴随着光武帝对监察作用的重视，司隶校尉的地位迅速回升，不仅可以和御史中丞、尚书令会同，而且有独坐专席，地位相当特殊。司隶校尉“诣台廷议，处九卿上，朝贺处公卿下陪卿上”[②]，入宫之际，甚至可以“开中道称使者”，每每会同时亦

① 事见《汉书 · 诸葛丰传》。

② 《续汉书 · 百官志四》本条注引蔡质《汉仪》。

可“后到先去”，[1] 地位隆盛，于此可见。司隶校尉的地位浮沉，恰好反映了统治者对监察作用认识的深浅，说明了监察力量的强弱与统治者的重视与否密切相关。

司隶校尉地位的特殊，来自职权的特殊。而职权的特殊，来自监察对象的特殊。关于司隶校尉的监察对象，《续汉书·百官志四》本注云：“掌察举百官以下，及京师近郡犯法者。”注引蔡质《汉仪》：“职在典京师，外部诸郡，无所不纠。封侯、外戚、三公以下，无尊卑。”应劭《汉官仪》：“司隶校尉纠皇太子、三公以下，及旁州郡国无所不统。”这些记载表明，司隶校尉的职权相当重，不仅京师百官、封侯外戚属于其监察对象，所谓“三公以下”，实际也隐喻着三公并非可以超然于外。要言之，司隶校尉的监察对象有以下数种：（1）三公。成帝初，司隶校尉王章劾奏丞相匡衡、御史大夫张谭阿谀曲从石显，不敢言其专权擅势。匡衡惭愧，上书谢罪，自交丞相、封侯印绶。以后匡衡复被司隶校尉王骏劾以“专地盗土”，免为庶人。[2]（2）皇族外戚。哀帝初，孙宝以谏大夫迁司隶，奏请复查傅太后使有司考冯太后，冯太后自杀案，虽被下狱，最终复官。[3] 东汉初，鲁郡太守鲍永任司隶校尉，以事劾光武帝叔父大不敬，朝廷肃然。鲍永又任命不避强权的鲍恢为都官从事，为此光武帝常曰：“贵戚且宜敛手，以避二鲍。”[4]（3）近侍宦官。顺帝永建元年（126 年），虞诩代为司隶校尉，数月间连奏太傅冯石、太尉刘熹、中常侍程璜、陈秉、孟生、李闰等人，“百官侧目，号为苛刻”[5]。灵帝光和二年（179 年），九江太守阳球迁司隶校尉，劾奏中常侍王甫干乱朝政，收捕拷掠王甫父子，令其悉死杖下。复拟惩治

---

① 《续汉书·百官志四》本条注引蔡质《汉仪》。

② 《汉书·匡衡传》。

③ 《汉书·孙宝传》。

④ 《后汉书·鲍永传》。

⑤ 《后汉书·虞诩传》。

大猾豪右，“权门闻之，莫不屏气”，“京师畏震”[①]。（4）京师百官。宣帝时，司隶校尉盖宽饶劾奏长信少府檀长卿“以列卿而沐猴舞，失礼不敬”，宣帝欲治罪少府，皇太子外祖父许伯亲自谢罪，上意乃解。[②]（5）二千石长吏。桓帝时，李膺任司隶校尉，时宦官张让弟张朔为野王令，贪残无道，杀害孕妇。随后逃往京师，匿于兄舍。李膺率吏将其抓获，下洛阳狱。[③]

较之御史中丞与丞相司直，司隶校尉的监察对象更为宽泛，身份更为特殊。此种特殊监察权力的获得，渊源于它不依附行政组织的权力制约，轻易不会受到来自行政权力的干扰与侵害，从而能够真正发挥监察的功能。事实证明，司隶校尉的依法监察，在很大程度上约束了各级官吏尤其是高级官吏的不法行为，对东汉时期专权擅势的外戚宦官更具有威严的震慑力，[④]为整顿吏治，廓清政治起到了不可轻视的作用。因此就其作用而言，汉代以司隶校尉为标志的特殊监察组织的设置，在中国古代监察史上是一个颇具意义的举措。

5. 以大夫、议郎为主的言论监察

汉代皇帝鉴于秦亡，对言谏相当重视，多次颁布诏令，要求推举能直言极谏之士。因此汉代监察组织发展的另一个明显特征，就是在监察官外另设言谏官，加强舆论监督。

汉代的言谏之责，主要由光禄勋的属官诸大夫与议郎承担。《汉书 · 百官公卿表上》：“大夫，掌论议。有太中大夫、中大夫、谏大夫，皆无员，多至数十人。武帝元狩五年初置谏大夫，秩比八百石。太初元年更名中大夫为光禄大夫，秩比二千石。太中大夫秩比千石如故。”《续汉书 · 百官志二》光禄大夫本注：“凡大夫、议郎皆掌顾问应对，无常事，唯诏令所使。”

---

① 《后汉书 · 阳球传》。

② 《汉书 · 盖宽饶传》。

③ 《后汉书 · 李膺传》。

④ 《后汉书 · 李膺传》载，桓帝时李膺为司隶校尉，“诸黄门常侍，皆鞠躬屏气，休沐不敢复出宫省。（桓）帝怪问其故，并叩头泣曰：‘畏李校尉’”。是为其例。

所谓“掌议论”“掌顾问应对”，就是指诸大夫、议郎的基本职责。具体而言，其职责有三：

（1）顾问参谋，策划方略。文帝时贾谊由博士迁为太中大夫，上疏陈政事，指出秦朝以忠谏为诽谤，以深计为妖言，要求人主以此为诫，慎重选择治国方略，又“诸法令所更定，……，其说皆谊发之”[①]；晁错任中大夫，上疏言事三十篇，建议削夺诸侯王权力，更定法令；武帝时太中大夫张汤、中大夫赵禹受命论定律令，都表现了言谏官在国家重大决策中所起到的作用。此外，朝廷集议之际，诸大夫、议郎也有资格发表意见，陈述己见，有时作用相当重要。

（2）面陈主失，匡正朝政。武帝时汲黯为中大夫，多次直言进谏，“犯主之颜色”，被武帝称为“社稷之臣”。[②]建元三年（前 138 年），武帝以出猎道远辛苦，又为百姓所患，准备围地修建上林苑。东方朔力谏武帝戒奢，指出此举上乏国家之用，下夺农桑之业，坏人冢墓，发人室庐，不可为之。武帝虽未听从，但拜东方朔为太中大夫给事中。此后隆虑公主之子昭平君犯法处死，武帝哀不能止。东方朔则以“诛不择骨肉”乃圣王为政，劝谏武帝判明是非。[③]宣帝即位后重宫殿楼阁、车马服饰，谏大夫王吉上书谏奢，力主节俭。[④]

（3）针砭时弊，评论得失。哀帝时，外戚子弟进用，幸臣地位高贵。谏大夫鲍宣上疏，抨击时政，指斥奸佞，言辞犀利激烈，切中要害。[⑤]灵帝建宁三年（170 年），蔡邕任议郎，上疏评论《三互法》，指出其失；继而又上疏论政事七要，揭露州县弊政，直言吏治得失，引起灵帝重视。[⑥]

① 《汉书·贾谊传》。
② 《汉书·汲黯传》。
③ 事见《汉书》本传。
④ 事见《汉书》本传。
⑤ 事见《汉书》本传。
⑥ 事见《后汉书》本传。

由于诸大夫与议郎身居宫内，位于皇帝近侧，又多为名儒宿德之士，因此其言谏往往能直接与皇帝对话，良好的儒学与道德修养亦使得面谏更具理性与思辨力，为言谏的目标达成增加了力度。与此同时，天子近侧的身份也使他们颇受皇帝重视，往往被皇帝亲自派遣循行天下，行使监察权。如宣帝元康四年（前 62 年）遣太中大夫等十二人循行天下，“存问鳏寡，览观风俗，察吏治得失，举茂材异伦之士”[①]；成帝建始三年（前30年），因官吏失职，苛暴深刻，遣谏大夫等人循行天下；[②] 鸿嘉元年（前 20 年），遣谏大夫等人监察三辅、三河、弘农七郡，揭发冤案；[③] 顺帝汉安元年（142 年），派遣侍中杜乔、光禄大夫周举等八人分行州郡，“班宣风化，举实臧否”，“其刺史二千石有臧罪显明者，驿马上之，墨绶以下，便辄收举。其有清忠惠利为百姓所安宜表异者，皆以状上。于是八使同时俱拜，天下号曰‘八俊’”。[④] 可见当言谏官受命循行州郡时，不仅其监察权明显大于刺史二千石，而且还有权解送犯罪之州郡长官，拘捕案讯县级长吏，权力范围远大于言谏。

较之舆论监察彻底丧失功用的秦朝，汉代的言谏有了长足的发展。虽然言谏官在组织上尚未形成系统，监察职权不似监察官那么明确，但“明主不恶切谏以博观，忠臣不敢避重诛以直谏”[⑤]，在中央集权政治的统治模式中开进谏纳言风气之先，皇帝在事实上已成为言谏官的舆论监督对象。由言谏官形成的舆论监督力量，不仅对皇帝决策、朝政大纲产生了重要的影响，对固本扶正、匡正违失也发挥了不可替代的作用。如果说汉代是中国古代监察制度的发展形成期，言谏官的活跃则是这一时期的显著标志之一。

---

① 《汉书·宣帝纪》。
② 《汉书·成帝纪》。
③ 《汉书·成帝纪》。
④ 《东汉会要》卷二三。
⑤ 《史记·主父偃列传》。

二、监察法规

与监察组织的发展相辅相成，汉代的监察立法也步入了一个新阶段。例如通过组织法设立监察机构，配置监察官吏，明确其职权范围；通过颁布诏令使监察行为法律化；通过单项监察法规规范监察内容。这些都表明，汉代的监察立法已经具有相当的水准。

汉代的监察法规，有相当一部分是通过汉代的主要法律载体诏令来确立的。兹依内容择要分述如下。

1. 官吏监察

（1）惩贪令。景帝元年（前 156 年）颁布。该令规定："吏及诸有秩受其官属所监、所治、所行、所将，其与饮食计偿费，勿论。它物，若买故贱，卖故贵，皆坐赃为盗，没入赃县官。吏迁徙免罢，受其故官属所将、监、治送财物，夺爵为士伍，免之。无爵，罚金二斤，令没入所受。"①

（2）禁官吏车服违礼令。景帝中六年（前 144 年）颁布。令曰："夫吏者，民之师也，车驾衣服宜称。吏六百石以上，皆长吏也，亡度者或不吏服，出入闾里，与民亡异。令长吏二千石车朱两轓，千石至六百石朱左轓。车骑从者不称其官衣服，下吏出入闾巷亡吏体者，二千石上其官属，三辅举不如法令者，皆上丞相御史请之。"② 相关律文规定又见居延汉简："御史大夫□□□□从吏民非宿卫，从官列侯以上，□□得衣绛青□卮黄，得□☐□□□□绛衣以□，嫁女得衣绛。其昏（婚）礼，□□□□□□□□□□吏三百石以上，☐得衣铜，□五末参韦□及䌷纯黄，出□□□□□□□□名上练□宿卫、从官☐。"③

（3）二千石各修其职令。景帝后元二年（前 142 年）颁布。令曰："今

① 《汉书·景帝纪》。

② 《汉书·景帝纪》。

③ 《居延新简》EPT52·120。

岁或不登，民食颇寡，其咎安在？或诈伪为吏，吏以货赂为市，渔夺百姓，侵牟万民。县丞，长吏也，奸法与盗盗，甚无谓也。其令二千石各修其职，不事官职耗乱者，丞相以闻，请其罪。”①

（4）禁名田畜奴婢过品令。哀帝绥和二年（前 7 年）颁布。此令规定：“诸王、列侯得名田国中，列侯在长安及公主名田县道，关内侯、吏民名田，皆无得过三十顷。诸侯王奴婢二百人，列侯、公主百人，关内侯、吏民三十人。年六十以上，十岁以下，不在数中。……诸名田畜奴婢过品，皆没入县官。”②

（5）禁吏卒嫁娶过令。约光武帝建武四年（28 年）颁布。令曰：“吏三百石、庶民嫁娶毋过万五千，关内侯以下至宗室及列侯子娉聚（娶）各如令，犯者没入所赍奴婢、财物县官。有无，掾谭。”③

2. 选举监察

（1）惩不举贤令。高祖十一年（前 196 年）颁布。该令规定郡国守相有向中央举荐辖区内人才的义务：“其有意称明德者，必身劝，为之驾，遣诣相国府，署行、义、年。有而弗言，觉，免。”④武帝元朔元年（前 128 年）批准不举孝察廉有罪条例，规定“不举孝，不奉诏，当以不敬论。不察廉，不胜任也，当免”⑤。

（2）惩举荐非其人令。光武帝时颁布。此令要求刺史、二千石严格按四科选用人才，规定“察茂才尤异孝廉之吏，务尽实核，选择英俊、贤行、廉洁、平端于县邑，务授试以职。有非其人，临计过署不便习官事，书疏不端正，不如诏书，有司奏罪名，并正举者”⑥。

---

① 《汉书 · 景帝纪》。

② 《汉书 · 哀帝纪》。

③ 《居延新简》EPT22 · 45A、B。

④ 《汉书 · 高帝纪》。

⑤ 《汉书 · 武帝纪》。

⑥ 应劭《汉官仪》卷上。

3. 司法监察

（1）谳疑狱令。高祖七年（前 200 年）颁布。规定地方疑案各自上报所属二千石长官，二千石不能决断，上报廷尉。廷尉若不能决断，则附以应当比照的律令上报皇帝。景帝中五年（前 145 年）、后元年间两次重申此令，监督司法官吏依令从事。[①] 和帝永元十六年（104 年）也颁发诏令，规定“一切囚徒，于法疑者勿决，以奉秋令”[②]。

（2）察冤令。武帝元狩六年（前 117 年）颁布。要求“详问隐处亡位及冤失职者”，举奏“奸猾为害野荒治苛者”。[③] 宣帝五凤四年（前 54 年）亦颁同令，命令举报冤案，“察擅为苛禁深刻不改者”[④]。相同之令又见成帝建始三年（前 30 年）诏[⑤]、鸿嘉元年（前 20 年）诏[⑥]、章帝建初五年（80 年）诏[⑦]。

（3）禁拷囚令。宣帝地节四年（前 66 年）颁布。命令“郡国岁上系囚以掠笞若瘐死者，所坐名县爵里，丞相、御史课殿最以闻”[⑧]。

需要指出的是，汉代具有法律效力的监察法规形式并非只有诏令，一些惩治官吏渎职违纪的各种案例，经司法程序确认后，即可作为运用于监察实践的法律依据。如成帝永始二年（前 15 年），以吏治败坏，百姓饥馑，盗贼并兴，群职旷废而罢免丞相薛宣。哀帝元寿元年（前 2 年）复以同样理由罢免丞相孔光。又如软弱不胜任免官，是汉代流行的官吏行政处罚法。西汉名吏王尊之子王伯任京兆尹，坐软弱不胜任免官；[⑨] 元帝永光四年（前

---

① 令见《汉书·刑法志》。
② 《后汉书·和帝纪》。
③ 《汉书·武帝纪》。
④ 《汉书·宣帝纪》。
⑤ 《汉书·成帝纪》。
⑥ 《汉书·成帝纪》。
⑦ 《后汉书·章帝纪》。
⑧ 《汉书·宣帝纪》。
⑨ 《汉书·王尊传》。

40 年），光禄大夫张谭仲叔为京兆尹，四年不胜任，免官。[1] 不仅高级官吏如此，低级官吏也受此监察，汉简中此例甚多：

贫急软弱不任职，请斥免，可补者如牒书。[2]

始建国天凤上戊六年七月壬辰除署第十部士吏。案匡软弱不任吏职，以令斥免。[3]

□兵弩不檠持。案业软弱不任吏职，以令斥免。[4]

□固病聋，软弱职不脩治，请以□[5]

哷呼不涂治。案严软弱不任候望……[6]

从上可见，汉代监察法规涉及的对象并不仅限于官吏的渎职违纪行为，平庸无奇，治绩平平，甚至久病不能治事也属于监察范围，要科以免职处分，显示出对官吏监察的严格。

汉代的监察法规除律令、成例外，最值得注意的，就是《监御史九条》与《刺史六条》这两部单项监察法规的问世。

《监御史九条》又称《御史九法》，于汉惠帝三年（前 192 年）颁布。它是汉初中央政府授权监御史监察地方的法律依据，也是中国古代第一部性质明确、内容丰富的监察法规。卫宏《汉旧仪》卷上："惠帝三年，相国奏遣御史监三辅郡，察辞诏凡九条。"九条内容见《唐六典》卷三十："相史奏遣御史监三辅不法事，有：辞讼，盗贼，铸伪钱，狱不直，繇赋不平，吏不廉，苛刻逾侈及弩力十石以上，作非所当服，凡九条。"九条的监察

---

① 《汉书 · 百官公卿表下》。

② 《居延汉简释文合校》231 · 29。

③ 《居延新简》EPT68 · 11—12。

④ 《居延新简》EPF22 · 689。

⑤ 《居延汉简释文合校》284 · 27。

⑥ 《居延新简》EPT48 · 8。

对象明显是郡县官吏，按渎职、风纪、违制三大方面依法监察。渎职包括治安恶化（诉讼、盗贼迭起），经济失控（盗铸伪钱，徭役不均），司法黑暗（断狱不直）。风纪包括不廉、苛刻、奢侈。违制包括拥有重兵器（弩力十石以上），逾制（作非所当服）。

九条实施于中央政府吸取建国之初忽略监控地方，导致权力链出现松动的教训，于京畿地区恢复监御史行使监察权之际，因此针对性相当强，官吏的诸种不法之事，尽在其中。尤其是禁止拥有弩力在十石以上的重兵器，更显示出对地方军事力量的扼制。居延汉简出有《弩簿》，据记载，汉代边境守备士卒所用之弩，弩力在三石至十石不等，较多见的为三石至六石弩，射程在 120 步至 200 步，[①] 大黄弩最强，弩力有十石，为常备兵器。因此弩力十石以上，堪称重兵器。所谓“作非所当服”，也反映了一种觊觎更高权力的倾向。将禁止拥有重兵器及僭越逾制作为监察法规之条款，足见中央政府对地方的戒备之心。

武帝时期，伴随着地主经济的进一步发展，地方统治出现了两个新势头。一是地方豪强势力逐步抬头，他们兼并土地，横行一方，令二千石无法控制。二是二千石郡守多为奸利，“公卿大夫以下争于奢侈，室庐车服僭上亡限”[②]，吏治弛懈，失控明显。为此，专门针对这两种情况的第二部监察法规《刺史六条》于此时出台。《汉书·百官公卿表下》：“武帝元封五年，初置部刺史，掌奉诏条察州。”此“诏条”即《刺史六条》，又称《六条问事》，条文见颜师古注引蔡质《汉官典职仪式选用》：

诏书旧典，刺史班宣，周行郡国，省察治状，黜陟能否，断治冤狱，以六条问事，非条所问，即不省。一条，强宗豪右田宅逾制，以强凌弱，

① 李均明、刘军：《汉代屯戍遗简法律志》下编“其他文书”，载《中国珍稀法律典籍集成》甲编第二册，科学出版社 1994 年版。

② 《汉书·食货志》。

以众暴寡。二条，二千石不奉诏书遵承典制，倍（背）公向私，旁诏守利，侵渔百姓，聚敛为奸。三条，二千石不恤疑狱，风厉杀人，怒则任刑，喜则淫赏，烦扰刻暴，剥截黎元，为百姓所疾，山崩石裂，妖祥讹言。四条，二千石选署不平，苟阿所爱，蔽贤宠顽。五条，二千石子弟恃怙荣势，请托所监。六条，二千石违公下比，阿附豪强，通行货赂，割损正令也。

作为一部监察法规，《刺史六条》的立法技术堪称达到了一定高度。首先，对象明确，针对性强。较之九条，将监察对象明确界定为地方豪强与二千石长吏，尤重后者。其次，内容清楚，概括准确。强宗豪右田宅逾制，横行乡曲，是当时社会矛盾深刻的写照；二千石长吏不奉法令，聚敛私利；刑赏无度，残害百姓；选拔不公，阿附豪强；其子弟倚仗权势，请托地方官，既总结了吏治中存在的问题，又以秦亡及汉初诸侯王对抗中央为鉴，警惕地方官吏与豪强势力的勾结，防范侵害集权政治的危险势头。最后，条款分明，操作性强。六条之法，每条均有监察对象及监察行为，禁止对象清楚，一事一条，标以数目，符合法律依据的操作功能。在明确监察对象与行为的同时，为防止超越职权，对奉诏行使监察权的刺史也作了一定限制，"非条所问，即不省"，意即超出条例的监察，不予案验。由于《刺史六条》在对象与内容上和《监御史九条》无有大异，又在立法技术上优于后者，因此六条行世后，九条遂不行。

纵观汉代的监察法，有两个比较突出的特点。一是多系统的监察组织织成严密的监察网络。专门监察、行政监察、特殊监察既分体运行，又互相交叉，无论三公九卿、皇室外戚、京师百官、地方长吏乃至监察官本身，都被置于这张网络之中，受到来自一种或多种监察组织的监督，纵然是"口出天宪"的皇帝，也会受到来自清介正直之士的言论监督。这种严密的监察体制，虽然还存在着行政权与监察权不能截然分离，监察权时时会成为行政权附属的先天不足，但监察权的多组织发挥，为贯通政令，整饬吏治，廓清风气，产生了不可低估的作用。"高皇帝以圣德受命，建立鸿业，置御史大夫，位次丞相，典正法度，以职相参，总领百官，上下相监临，历载二百年，天下安宁”[①]，“汉家至德溥大，宇内万里，立置郡县。部刺史奉使典州，督察郡国，吏民安宁”[②]，正是从一个方面强调了监察组织对汉帝国强盛的作用。二是监察立法步入自觉阶段。《监御史九条》与《刺史六条》的行世，开中国古代监察立法之先例，对后世产生了深刻久远的影响。曹魏的《六条察吏》，两晋的《五条律察郡》《长吏八条》，北朝的《六条诏书》《诏制九条》，唐朝的《巡察六条》，明朝的《宪纲条例》，清朝的《都察院则例》，莫不一脉相承，习习相因。就此而言，汉代的这两部监察法规，堪称是中国古代监察立法的奠基之作。

① 《汉书·朱博传》。

② 《汉书·朱博传》。

第十三章　两汉时期的官吏管理法

在中国古代官僚制度发展史上，汉代的官吏管理法堪称一座里程碑。虽然目前尚未见到有这样一部完整的成文法，但是丰富的文献记载可以证明，汉代的官吏管理确实是有法可循，依法实施的。它是在通过组织法构建起行政管理体制后，又以各种形式的立法手段对行政管理的主体——各级官吏的任用、权利、义务、纪律、考核、奖惩、任免，制定出相当完备的法律措施，促使官吏们几乎是在一个法定的内部机制中履行职责，享受权利。这种法制色彩相当鲜明的官吏管理法，不仅为汉代国家政权有序高效的行政管理提供了基本的法律保障，也为中国古代官吏管理的法律化确立了一个发达标志。

第一节　录　用

录用是官吏管理法的第一道程序，也是确保官吏素质、人才来源的关键，因此汉代在录用标准、录用程序、录用方式上都有明确规定。

一、标准与限制

武帝元狩六年（前 117 年），为了“博选异德名士，称才量能”[①]，命令

① 卫宏《汉旧仪》卷上。

丞相府设四科之辟，考选人才。此四科是：

第一科曰德行高妙，志节清白。

第二科曰学通修行，经中博士。

第三科曰明达法令，足以决疑，能案章覆问，文中御史。

第四科曰刚毅多略，遭事不惑，明足以决，才任三辅令。[①]

东汉初光武帝颁诏，重申此四科，并称之为“丞相故事”。[②]此四科之辟虽然是丞相府的选士标准，但丞相府是全国行政中枢，“故事”又具有法律效力，所以它实际上是宏观反映了时代的群体价值取向，具有普遍的指导意义与约束力量。换言之，上述四科从三方面提出了选官标准。

第一，具有良好的道德修养。对此，秦时就有明文规定：“凡为吏之道，必精絜（洁）正直，慎谨坚固，审悉毋（无）私。”[③]西汉诸帝频繁下诏求举“贤良方正之士”，此“方正”无疑就是符合道德规范的要求。元帝时规定的质朴、敦厚、逊让、有行义之“四行”，[④]对道德品行作了具体诠释。东汉初，重申选官的道德要求为“德行高妙，志节清白”，强调具有良好的道德修养是选拔人才的首要条件。

第二，具有一定的文化素质。具体而言，就是要求明习经学，通晓法令。汉代治国的实际操作特色为儒法杂糅，反映在选官上，就是要求具有这两方面的基本素质。桓谭《新论》云：“作健晓惠，文吏无害，县廷之士也；……通经术，名行高，能达于从政，宽和有固守者，公辅之士也。”“文无害”是对地方官吏的要求，“通经术”则是中央官员所应具备的素质。

① 卫宏《汉旧仪》卷上。

② 应劭《汉官仪》卷上。

③ 睡虎地秦墓竹简整理小组编:《睡虎地秦墓竹简·为吏之道》，第281页。

④《汉书·何武传》注。

此为分而言之，实际上经律兼通是官吏文化素质的理想标准。通经以明大义，以利决策，通律以利决疑，以佐治政，二者均为重要。两汉兼习经、律者不可胜数，是为明证。[①] 对广大基层官吏而言，由于日常接触大量的行政、法律事务，是直接向庶民实施集权政治的主动者，因而通律必不可缺。居延汉简记载边境基层官吏功劳的《功劳墨将名籍》，屡见“颇知律令”语，[②] 足见掌握一定的法律知识，熟悉诏令，是对官吏文化素养的起码要求。

又据上述名籍记载，“能书会计”也是基本文化素养的反映之一。所谓“能书”，不仅指能够熟练地制作公文，写作文章，而且还包括了书法要求。汉《尉律》规定，学童十七岁以上参加考试，能读写九千字以上者才能取得为吏资格，然后再参加书写六种字体的考试，择优录取为“史”职小吏。[③] 汉简所出大量文书档案，有相当一部分出自掾史、令史等“史”职官吏之手。观诸简文，文章通顺，书体丰富，篆、隶、真、行、草书迭见，[④] 真实地反映了汉代的文职官吏具有较高的文化素养。

对官吏是否“能书”的要求，甚至还延续到官吏任职以后，而且还要将结果记录在有关档案之中：

居延甲渠候史居延孤山里不……史……阳朔四年六月壬寅。

●右除书[⑤]

---

① 参见邢义田：《秦汉的律令学——兼论曹魏律博士的出现》，载《历史语言研究所集刊》54：4。

② 李均明、刘军：《汉代屯戍遗简法律志》下编，载《中国珍稀法律典籍集成》甲编第二册，科学出版社1994年版。

③《说文解字·第十五上》：“学僮十七已上始试讽籒书九千字，乃得为吏。又以八体试之，郡移太史，并课殿最者以为尚书史。书或不正，辄举劾之。”《汉书·艺文志》：“太史试学童，能讽书九千字以上，乃得为吏。又以六体试之，课最者，以为尚书、御史、史书令史。吏民上书，字或不正，辄举劾。”

④ 黎泉：《汉简书体浅析》，收入《汉简研究文集》，甘肃人民出版社1984年版，第399—417页。

⑤《居延新简》EPT51·9A、B-10。

居延甲渠塞有秩候长昭武长寿里公乘张忠，年卅三，河平三年十月庚戌除。史。[①]

玉门千秋隧长敦煌武安里公乘吕安汉，年卅七岁，长七尺六寸，神爵四年六月辛酉除。……故不史，今史。[②]

以上三条简文，第一条是官吏任命书，其余二条是官吏的功劳文书。其中的“史”，意即掌握了“史”（汉隶）这一字体的书写，“不史”则指尚未掌握。[③]更值得注意的是，武职军官、低级军吏也属于“能书”规定的适宜范畴，可以想见汉代对官吏文化素质的要求相当严格。

所谓“会计”，指具有一定的计算统计能力。数字统计是国家行政管理、审计监督的重要方式，因此官吏是否具有此种知识，也是文化素养的构成之一。尹湾汉简《东海郡吏员簿》记太守府属吏，书佐中包括专司计算的“用筭（算）佐”，可资为证。又《东海郡吏员设置簿》记有“画图一人”“写图一人”，[④]《汉书·匡衡传》也有“郡乃定国界，上计簿，更定图，言丞相府”之语，可以推测“能书会计”的范围可能还不仅限于上述。

第三，具有一定的管理才能。官吏的管理才能直接影响到行政机构的计划、组织、控制、指挥、协调等管理效果，是直接体现官吏价值的载体，因此这是一条不可或缺的标准。所谓“刚毅多略，遭事不惑，明足以决”，即指有决策主见，谋深虑远，决断果敢，而非唯唯诺诺，软弱无能。武帝时廷议灌夫骂詈案，内史郑当时不敢坚持己见，被武帝怒斥为“辕下驹”。[⑤]成帝时，执金吾尹赏临终前告诫其子：“丈夫为吏……追思其功效，则复进

---

① 《居延新简》EPT51·11。

② 《敦煌汉简》1186A、B。

③ 参见于豪亮：《居延汉简释丛》二一“史、不史”，收入《于豪亮学术文存》，中华书局1985年版，第167—206页。

④ 《尹湾汉墓简牍》，中华书局1997年版。

⑤ 《汉书·灌夫传》。

用矣。一坐软弱不胜任免，终身废弃无有赦时，其羞辱甚于贪污坐臧。慎毋然！”[①]身为官吏而无管理才能，软弱不胜任，在汉代官吏心目中甚至比贪污坐赃还要令人羞辱，其崇尚果敢、鄙视无能的群体心理，于此可见一斑。前述《功劳墨将名籍》中还多见“治官民”之语，这应当是对官吏管理才能的认定与评价。

除上述三条主要标准外，年龄与仪表也是汉代选官时注意的条件。如高祖十一年求贤诏，要求将贤士遣送相国府，并注明其“行、义、年”，但“年老癃病，勿遣”。[②]武帝元朔五年（前124年）诏：“择民年十八以上仪状端正者，补博士弟子。”[③]顺帝阳嘉元年（132年），“初令郡国举孝廉限年四十以上”[④]。又据《汉书 · 王商传》：

〔建始四年〕商代匡衡为丞相，……为人多质有威重，长八尺余，身体鸿大，容貌甚过绝人。河平四年，单于来朝，引见白虎殿。丞相商坐未央廷中，单于前，拜谒商。商起，离席与言，单于仰视商貌，大畏之，迁延却退。天子闻而叹曰：“此真汉相矣！”

官吏仪表关系到国家形象与政府权威，选官时虽然不是主要条件，但也不会忽视。

在确立录用标准的同时，汉代于选官之际还贯彻了以下两个限制原则，以确保官吏队伍的纯洁，预防地方帮派势力的产生。

其一，身份限制。汉代规定，有下述身份者不得入仕为吏。（一）商人。自高祖八年颁布禁止商人衣丝乘车令后，惠帝、吕后、景帝、文帝均规定

① 《汉书 · 尹赏传》。
② 《汉书 · 高帝纪》。
③ 《汉书 · 儒林传》。
④ 《后汉书 · 顺帝纪》。

商人不得为吏，哀帝绥和二年（前7年）重申此令。（二）赘婿。文帝时规定，“贾人、赘婿及吏坐赃者，皆禁锢不得为吏”[①]。赘婿指因家境贫寒而入赘妻家的男子，其身份低贱，自然不许为吏。（三）犯罪官吏。禁止犯罪官吏为吏，汉代称“禁锢”。其锢之获，或因政治原因，或因犯罪（尤其是赃罪），或因连坐。一旦被锢，即为终身，非诏令特许而不得解。禁锢对象有官吏本人、亲族、厚友、婚姻之家。东汉党锢之祸，禁锢对象扩大至门生故吏、五服亲属。禁锢种类又有禁锢终身、禁锢二世、三世等。

其二，籍贯限制。限制对象主要是地方长吏。严耕望先生认为，自武帝中叶以后，包括丞、尉在内的县长吏，不但非本县人，且非本郡人，但以邻近郡国为多。[②]尹湾汉简《东海郡下辖长吏名籍》记籍贯可知之县级长吏130人，无一东海郡出身，均来自山阳、鲁国、琅邪、临淮、楚国、沛诸郡，[③]证明严说实为灼见。此后这一限制通过立法而被固定下来：“初，朝议以州郡相党，人情比周，乃制婚姻之家及两州人士不得对相监临。”[④]是法规定，有婚姻关系的两州人士不得互相于彼州为官。随后限制又进一步扩大，增至三州，形成《三互法》。《三互法》规定：不仅州郡长官不能录用本籍人士，三州人士、婚姻之家也不能交互为官。如甲州人士于乙州为官，乙州人士又于丙州为官，则丙州人士便不能至甲、乙二州为官，只可至他州为官。灵帝熹平四年（175年），蔡邕以该法之行，致使禁忌转密，选用艰难，上疏请求废除，但未被采纳。

录用标准与限制原则的法律化，使汉代的官吏品质、群体心理展示出显著的变化。汉初，群臣朝会时竟敢喧哗无礼，“俗吏之所务，在于刀笔筐箧，而不知大体”[⑤]；文景之世，将相“少文多质”“议论务在宽厚，耻言

---

① 《汉书·贡禹传》。

② 严耕望《中国地方行政制度史上编·秦汉地方行政制度》。

③ 《尹湾汉墓简牍》序。

④ 《后汉书·蔡邕传》。

⑤ 《汉书·贾谊传》。

人之过失”；[①] 武帝时代，官吏讲求事功，崇尚建功立业，施展抱负，“吏服雅训，儒通文法，故能宽猛相济，刚柔自克”[②]，一扫“俗吏”风气；宣帝时循吏迭出，政绩卓著，更有“所居民富，所去见思，生有荣号，死见奉祀”[③]的良吏，颇具德让风采，君子遗风。这些变化，应当说直接得益于汉代选官首重道德修养，讲究文化素质，注重实干才能的录用标准。东汉之际，官吏的群体心理由崇尚清高而思遁身隐退，体现出道德与现实发生抵触后新的价值取向，同样表现了非同凡俗的素质层面。

二、选举

两汉入仕的选举方式，主要有察举、辟除、功次、超擢几种。

（一）察举

察举意即察廉举荐，是两汉最主要的选官方式。办法是由中央与地方官员按规定科目考察、推荐人才，经中央政府考核后委任官职。汉高祖十一年（前 196 年）颁求贤诏，要求地方长官推举贤士大夫，为察举之滥觞；文帝时察举制度初具规模，主要科目已经定制；武帝时察举制全面完善，并获得法律保障。元朔元年（前 128 年），下令朝议不举孝廉罪，有司制定该法为“不举孝，不奉诏，当以不敬论。不察廉，不胜任也，当免”[④]。东汉和帝时，察举法又附加了按人口比例推荐员额的限制；顺帝阳嘉元年（132 年）则增加了限年四十以上的规定。

从程序上看，察举是一种自下而上的选官方式，人才种类不拘一格，

---

① 《汉书·刑法志》。

② 王粲《儒吏论》，《全后汉文》卷九一。

③ 《汉书·循吏传》。

④ 《汉书·武帝纪》。

而国家对官吏的要求如前所述，大致是在道德、学识、才能三个方面，因此汉代察举科目虽然较多，但若以类相从，基本上可归于上述三方面。若以察举方式分之，又有岁举与特举两种。

岁举每年举行一次，察举者、察举对象均有一定规定，科目主要有孝廉、察廉、茂材三种。

1. 孝廉。即孝子廉吏，本是二科，意为举孝子，察廉吏。由于“孝”是社会伦理道德的精髓，“廉”是为官治民的品行要求。二者兼而有之，则为道德楷模，故往往连言。但在实际察举中，孝廉与察廉分科进行，对象有所不同。孝廉科适用面广，一般吏民均有被察举的机会，但二者之比并不均衡。西汉孝廉中，非现任官吏人数较现任官吏为多。东汉孝廉更是如此，通晓经书的儒生举孝廉为官者，远多于现任官吏。检福井重雅所制图表，① 可知西汉孝廉有 21 人，除 3 人察举前官职不详外，现任官吏 6 人，其余 12 人均非现任官吏，后者是前者的二倍。东汉孝廉 208 人，37 人察举前官职不详，其余 171 人中，现任官吏仅 53 人，无为官经历者多达 118 人，且绝大多数通经笃学，行修志介。由此可见，孝廉科从宏观上为更多的庶民提供了公平竞争、择优入仕的机会，在一定意义上体现了公正合理的人才选拔原则。又以孝廉被察举后多出任郎官、县长吏，复迁至尚书、侍中、太守、刺史，有的甚至官至三公九卿见之，孝廉是汉代人士入仕为官的主要途径。

孝廉由郡国长官负责察举，员额最初按郡国均分，“郡国举孝、廉各一人”②。东汉和帝永元年间，改为按人口比例，内郡 20 万人举孝廉一人，边郡 10 万人举孝廉一人，选拔相当严格。

2. 察廉。此科主要适用于现任官吏。上述孝廉科中，也有现任官吏被察举为孝廉者，但较之察廉，其道德水准、品行素质似乎更高一级。不过就一般官吏而言，为官治民，廉更为现实，更加重要，所以察廉与孝廉不

---

① ［日］福井重雅:《汉代官吏登用制度研究》第一章图表Ⅲ，日本创文社 1988 年版。

② 《汉书·武帝纪》。

是一科，应当区分，更何况察为廉吏、以廉迁官的实例要多于孝廉。如前述之表，西汉以现任官吏被察为孝廉者共 21 人，其中“举孝廉”6 人，而“察廉”15 人，多一倍有余。又以尹湾汉简《东海郡下辖长吏名籍》见之，所记县令长、侯国相等县级官吏 139 人，其中“以廉迁”15 人，“以孝廉迁”仅 1 人，足见其比例轻重。

廉吏一般由所在官署的行政长官察举，被察后多由现职迁为地方长官。如上述东海郡“以廉迁”15 人中，县长 3 人，侯国相 4 人，盐官长 1 人，右尉 5 人（含孝廉 1 人），左尉 2 人，侯国丞 1 人。以此推及它郡，亦可想见大概。关于察廉的员数，以东海郡为例，与通过其他途径迁官者相比，总比例为 141∶15，约占 10.6%。

3. 茂材。西汉称秀材，东汉为避光武帝讳而改称茂材。孝廉注重孝行廉风，茂材则倾向于特殊才能者的选拔，故初举时往往与“异等”“异伦”连称。武帝元封五年（前 106 年）首次颁布举茂材令：“……其令州郡察吏民有茂材异等，可为将相及使绝国者。”[①] 此时茂材还不是岁举，以后经宣、元至光武帝不断颁诏完善，逐步形成制度，成为岁举。其察举程序同孝廉，由中央、地方官员发现人才，推荐至中央。宣、元二世，还经常自中央派遣大夫循行天下，既亲自选拔，又监察地方是否依法察举。茂材和廉吏都是国家大量需要的人才，但在才能的认定上，茂材要高于孝廉、廉吏等科。如以下诸例：

（龚）胜为郡吏，三举孝廉，……州举茂材，为重泉令。[②]

（冯）逡……通《易》。太常察孝廉为郎，补谒者。建昭中，……光禄勋于永举茂材，为美阳令。[③]

---

① 《汉书 · 武帝纪》。
② 《汉书 · 龚胜传》。
③ 《汉书 · 冯逡传》。

师丹……治《诗》，事匡衡。举孝廉为郎。……建始中，州举茂材，复补博士。[①]

赵广汉……少为郡吏、州从事，以廉絜通敏下士为名。举茂材，平准令。[②]

薛宣……后以大司农斗食属察廉，补不其丞。……察宣廉，迁乐浪都尉丞。幽州刺史举茂材，为宛句令。[③]

从中可见，茂材的认定虽无单一标准可循，但它是对官吏综合素质的分解，既重德，也重才，因此往往与通经、廉吏相关，察举程序呈“察廉”至“举茂材”。此外，茂材的认定还与博学、节义、善战有关，大概是在某一方面有特殊表现，便可成为举茂材的依据。茂材（秀材）被举后多充任地方县令长。除上述所见外，又见尹湾汉简：“戚令，丹阳郡句容□道，故扬州刺史从事史，以秀材迁。”[④]“襄贲令，北海郡淳于王贺，故青州刺史从事史，以秀材迁。”[⑤]

特举又称诏举。它是根据皇帝的诏令而确定察举者、察举对象及员额的一种察举方式，因此不定期与科目繁多是其特点所在。特举科目主要有以下几种：

1.贤良。始设于文帝二年（前178年），终两汉之世而常设。方正、文学、直言极谏、有道、至孝、敦朴诸科与之同类，故又称贤良方正、贤良文学，或贤良方正、直言极谏之士并称。皇帝最初颁诏求取贤良，往往出于匡补时政、问民疾苦等动机，但自宣、元之后，逐渐因灾害异变而求取贤良，东汉更为明显。贤良经察举策试后，多充任议论或言谏之官，但也有出为

① 《汉书·师丹传》。
② 《汉书·赵广汉传》。
③ 《汉书·薛宣传》。
④ 《尹湾汉墓简牍·东海郡下辖长吏名籍》。
⑤ 《尹湾汉墓简牍·东海郡下辖长吏名籍》。

县令长者："临沂长，鲁国鲁丁武，故相守史，以举方正除。"[①]"司吾长，沛郡萧刘奉上，故孝者，以宗正子举方正除。"[②]

2. 明经。即明习经学。两汉均举明经。东汉章、质二帝，分别对举明经员数及年龄做了规定，即 15 万人以上举 5 人，不足 10 万人举 3 人[③]，年龄 50 岁以上、70 岁以下诣太学[④]。被举者或任博士、议郎、太子宫之佐属，或补郡国文学官、公府掾属。

3. 明法。即通晓法律。被举者一般进入司法、监察部门任官。如"薛宣以明习文法诏补御史中丞"[⑤]。

4. 尤异。指官吏政绩优异者。被举者既有郡守、县令等郡县长官，也有游徼、啬夫、亭长等乡级官吏。尤异既有"治行第一"之尤异，也有"捕群盗"之尤异。前者如："（赵广汉）为阳翟令，以治行尤异，迁京辅都尉。"[⑥]后者如："开阳右尉，琅邪郡柜王蒙，故游徼，以捕群盗尤异除。"[⑦]"利成右尉，南阳郡堵阳邑张崇，故亭长，以捕格山阳亡徒尤异除。"[⑧]看来尤异的认定，有正常与非常之分，正常时通过考课认定，非常时根据某一方面的突出表现认定。

5. 能治剧。这也是适用于官吏的一项科目。汉代县依治理难易而有剧、平之分，能治剧即指善于治理政务繁重、难于治理之县，又称理剧、案剧。举能治剧者，往往充任太守、县令。

6. 勇猛知兵法。主要用于察举武官。成帝元延元年（前 12 年）、哀帝、安帝永初五年（111 年）及建光元年（121 年）、顺帝永和三年（138 年）

---

① 《尹湾汉墓简牍 · 东海郡下辖长吏名籍》。
② 《尹湾汉墓简牍 · 东海郡下辖长吏名籍》。
③ 《后汉书 · 章帝纪》。
④ 《后汉书 · 质帝纪》。
⑤ 《汉书 · 薛宣传》。
⑥ 《汉书 · 赵广汉传》。
⑦ 《尹湾汉墓简牍 · 东海郡下辖长吏名籍》。
⑧ 《尹湾汉墓简牍 · 东海郡下辖长吏名籍》。

都曾颁诏，令举明习兵法、武猛有谋者，以任将帅。

以上为略举大要。此外又有“明阴阳灾异”“能浚川疏河”“治狱平”等临时特科。总之特举诸科根据需要而设，只要国家需要某一方面的人才，或皇帝认为天谴降临，便通过求贤诏或罪己诏要求察举。其主要科目虽非岁举，但体现了恒常的道德价值与政务需要，因此在事实上亦属恒例。

概括察举法，主要有以下内容规定：它是汉代最重要的选举法规，分岁举与特举两种形式。岁举每年进行，常规科目有孝廉、廉吏、茂材三种。孝廉与茂材主要由地方长官面向官吏与庶民察举，员额一名至二名。廉吏的察举对象主要是官吏，中央地方长官均可在所辖官署或地区内察举。被举者一般充任郎官或地方县级长吏。特举不定期进行，科目较多，员额不定。其中尤异、治剧二科主要面向官吏，余皆面向普通吏民。察举者亦为中央地方长官，被察举者的任官走向基本与其才干对口。

察举法既面向下级官吏，又面向庶民社会，不论身份门第，不讲财富资历，只以既定的道德准则与实干才能衡量选拔人才，为其开辟入仕之途，在选官系统中呈完全开放形态，因此在汉代选举诸法中最具有积极意义。

（二）辟除

这是汉代延揽人才、补充官吏的又一项重要的制度。《文献通考·选举考》“辟除”云：“盖东汉时，选举辟除，皆可以入仕。以乡举里选，循序而进者，选举也。以高才重名，躐等而升者，辟除也，故时人尤以为荣云。”说明辟除与察举是并行于两汉的重要的入仕之途。所谓辟除，就是中央与地方高级长官直接选用官吏，作为所辖官署的属僚，再经举荐及察举后，升任中央及地方官吏。以其辟除者的不同，辟除又分为公府辟除与州郡辟除二途。

1. 公府辟除。汉初，公府辟除掾属，尚有听命诏令一途：“汉初掾史辟，皆上言之，……其后皆自辟除……。”[①]“其后皆自辟除”，大约萌芽于宣帝

① 《续汉书·百官志一》。

时期。[①]公府辟除之权，主要由丞相（司徒）、御史大夫（司空）、太尉（司马）、大将军（含诸将军）行使，被辟除者既有在地方任职的现任官吏，也有无为官经历的州郡名士，辟除后多任秩比四百石至二百石的公府掾属。如：

孙宝……以明经为郡吏，御史大夫张忠辟宝为属，欲令授子经……。[②]

鲍宣……举孝廉为郎，病去官，复为州从事，大司马卫将军王商辟宣荐为议郎。[③]

卓茂……元帝时学于长安，事博士江生。……初辟丞相府史，事孔光，光称为长者。[④]

（朱）浮年少有才能，颇欲厉风迹，收士心，辟召州中名宿，涿郡王岑之属，以为从事。[⑤]

公府辟除的员额不见有具体规定。不过以下文将述见之，汉律对太守府属吏有员数规定，公府员数理应也有相应的法律规定。卫宏《汉官旧仪》记武帝元狩六年（前 117 年）丞相府吏员共 382 人，其中史 20 人，少史 80 人，属 100 人，属吏 162 人。行政机构在其运行过程中，自然会因调动、升迁、免职而出现缺员，公府长官既然手握辟除权，辟除就有一定的自由度，大概不会受到期限与员额的严格限制。

2. 州郡辟除。州郡长官也有辟除权："州郡辟召，举有道方正……"[⑥]

---

① 参见福井重雅《汉代官吏的登用制度》第一章。
② 《汉书 · 孙宝传》。
③ 《汉书 · 鲍宣传》。
④ 《后汉书 · 卓茂传》。
⑤ 《后汉书 · 朱浮传》。
⑥ 《后汉书 · 郎顗传》。

"州举辟召，皆当来辞，大小有差。"[①] 郡守行使此权时称"除""召署"，刺史则称"辟"。郡守所召充任郡吏，刺史所辟多充任从事。无论何者所辟，经考察后均有机会升迁。郡守与刺史的辟除本来各行其事，但伴随着刺史权力的增长，郡守的召除权相对弱化。对于同一人才，刺史可以先行辟除："李恂，……太守颍川李鸿请署功曹，未及到，而州辟为从事。"[②]《后汉书》诸传中多见刺史辟除，寡见太守召除，也许正是此种权力消长的反映。

关于州郡辟召的员额，以汉律对太守府属吏员额的规定，似也应当有一定的限制。《史记·汲黯列传》："治官理民，好清静，择丞史而任之。"《集解》如淳曰："律：太守、都尉、诸侯内史史各一人，卒史、书佐各十人。"尹湾汉简《东海郡吏员簿》也记载了太守、都尉府的吏员数，太守府为"丞一人，卒史九人，属五人，书佐十人，啬夫一人"，都尉府为"卒史二人，属三人，书佐五人"。[③] 与汉律相比，太守府的属吏员数大致相当，都尉府则相差悬殊。又据《东海郡属吏设置簿》，太守府实际所用属吏数远非如此："今掾史九十三人。其廿五人员，十五人君卿门下，十三人以故事置，廿九人请治所置，吏赢员廿一人。"[④] 可见规定与现实不尽相同。再以郡守巡行所属各县，发现人才即行召除来看，[⑤] 州郡辟除在员额上可能弹性较大，有时会突破法律的严格限制。

（三）功次

这是指官吏凭藉自己的积功与资历获得升迁的一种途径，也是汉代大多数官吏获得晋升的主要途径，与察举、辟除没有必然联系。

---

① 《隶释·鄐阁·君神祠碑》。

② 《后汉书·李恂传》。

③ 《尹湾汉墓简牍》。

④ 同上。

⑤ 《后汉书·杜密传》："〔杜密〕迁太山太守，北海相，……行春到高密县，见郑玄为乡佐，知其异器，即召署郡职。"

功次又称“积功”“积功劳”“积劳”。如“王䜣以郡县吏，积功稍迁为被阳令”[①]，“石奋为中涓受书谒，……积功劳，孝文时官至太中大夫”[②]，“武帝时（赵）禹以刀笔吏，积劳迁为御史”[③]。与功次含义相同的称谓，又有“伐（阀）阅”。《史记·高祖功臣侯者年表》：“明其等曰阀，积日曰阅。”《汉书·朱博传》：“檄到，赍伐阅诣府。”颜师古注：“伐，积功也；阅，经历也。”

根据汉简记载，官吏功劳的积累方式有两种，一是日常工作日的累计，二是经考核优良后“赐劳”，并有法律规定加以规范。前者通常以实际出勤日数再加上法律允许的优惠日数计算。如：

五凤三年十月甲辰朔甲辰，居延都尉德丞延寿敢言之。甲渠候汉彊书言：候长贤日迹积三百廿一日，以令赐贤劳百六十日半日。谨移赐劳名籍一编敢言之。[④]

优惠日数的法律规定见《北边挈令》，即以“二日当三日”计算，是为“增劳”：

北边挈令第四：候长候史日迹及将军吏劳，二日皆当三日。[⑤]

具体计算例见《敦煌汉简》：

敦德步广尉曲平望塞有秩候长……王参，秩庶士。建国地皇上戊元年

① 《汉书·王䜣传》。
② 《汉书·石奋传》。
③ 《汉书·赵禹传》。
④ 《居延汉简释文合校》159·14。
⑤ 《居延汉简释文合校》10·28。

十月乙未，尽二年九月晦。积三百六十日，除月小五日，定三百五十五。以令二日当三日，增劳百桼十桼日半日，为五月（百）二十桼日半日。[①]

考核优良赐劳例见《功令》：

功令第卌五：候长士吏皆试射，射去，埻帟弩力如发弩。发十二矢，中帟矢六为程，过六矢，赐劳十五日。[②]

官吏功劳皆须记录在案，以作为晋升、表彰的依据。汉简多见《功劳案》《功劳墨将名籍》《伐阅簿》，[③] 即为此类档案。览此档案，行文程式为先记“中劳”岁月日数，再记“能书会计治官民，颇知律令”，表现出对官吏履行基本职能态度的重视。官吏积功至一定程度，就可以获得迁补，而且比例远大于以察举诸科迁补者。例如《尹湾汉墓简牍·东海郡下辖长吏名籍》记县级长吏 139 人，除 26 人因简牍文字漫漶不详外，以国人罢而补 1 人，以孝廉迁 1 人，举方正 2 人，秀才 2 人，请诏除 5 人，尤异 11 人，以廉迁 15 人，以功次迁则高达 75 人，约占总数的 66%。关于积功年数，同名籍也有一定反映：“建乡相，山阳郡□□管（？）费，故将军史，以十岁补。”“铁官丞，临淮郡淮陵袭武，故校尉史，以军史十岁补。”

这种凭借积功与资历升迁的仕途，利弊参半。利在可以激励官吏勤勉尽职，克己奉公，以“能”迁补，体现了注重工作业绩，任人以能的理性原则；弊在容易形成人浮于事，旷废职守。对功次之选，董仲舒早已指出其利弊所在：

① 《敦煌汉简》1854。

② 《居延汉简释文合校》45·23。

③ 文书原文见《汉代屯戍遗简法律志》下编“其他文书”。《中国珍稀法律典籍集成》甲编第二册，科学出版社 1994 年版。

古所谓功者，以任官称职为差，非（所）谓积日累久也。故小材虽累日，不离于小官；贤材虽未久，不害为辅佐。是以有司竭力尽知，务治其业而以赴功。今则不然，累日以取贵，积久以致官，是以廉耻贸乱，贤不肖混殽，未得其真。①

在董仲舒的建议下，实施于武帝元光元年（前134年）的郡国举孝廉法，正是在制度与法律上纠正功次之选的弊端。

（四）超擢

察举、辟召、功次诸法，均为规范化、制度化了的选拔官吏的方式，从宏观上保证了国家各级政府官员的主要来源。但当国家需要特殊人才或人才有突出表现或贡献之际，固化的制度往往不能满足不时之需，因此以超常选拔为特点的“不次之选”，也成为国家官吏的来源或储备之一。《汉书 · 东方朔传》：“武帝初即位，征天下举方正贤良文学材力之士，待以不次之位。”颜师古曰：“不拘常次，言超擢也。”超擢原因不一，人才超擢后多任郎官、待诏或军官。主要形式有：

1. 修制。汉初叔孙通制朝礼，高祖“拜通为奉常，赐金五百斤。通因进曰：‘诸弟子儒生随臣久矣，与共为仪，愿陛下官之。’高帝悉以为郎。”②

2. 博学。宣帝时，桓宽“治《公羊春秋》，举为郎，至庐江太守丞”③。明帝时，“时有神雀集宫殿官府，冠羽有五采色，帝异之，以问临邑侯刘复，复不能对，荐（贾）逵博物多识，……帝敕兰台给笔札，使作《神雀颂》，拜为郎”。④

---

① 《汉书 · 董仲舒传》。

② 《汉书 · 叔孙通传》。

③ 《汉书 · 公孙刘田王杨蔡陈传赞》。

④ 《后汉书 · 贾逵传》。

3. 上书。武帝时，东方朔“初入长安，至公车上书，凡用三千奏牍，……人主……读之，二月乃尽，诏拜以为郎，常在侧侍中”[①]。元光元年（前 134 年），主父偃上书阙下，“所言九事，其八事为律令，一事谏伐匈奴，……是时，徐乐、严安亦俱上书言世务。书奏，上召见三人，……乃拜偃、乐、安皆为郎中。偃数上疏言事，迁谒者，中郎，中大夫。岁中四迁”[②]。

4. 从军。《汉书·地理志》：“汉兴，六郡（陇西、天水、安定、北地、上郡、西河）良家子选给羽林、期门，以材力为官，名将多出焉。”李广、赵充国最初均以良家子从军，以材力为官，以后成为西汉著名的将军。威震西域的郑吉，最初也是“以卒伍从军，数出西域，由是为郎”[③]。

5. 特技。如：“卫绾，代大陵人也，以戏车为郎，事文帝。”[④] 颜师古注：“戏车，若今之弄车之技。”“甘延寿……少以良家子善骑射为羽林，投石拔距绝于等伦，尝超逾羽林亭楼，由是迁为郎。”[⑤] 颜师古注：“拔距者，有人连坐相把据地，距以为坚而能拔取之，皆言其有手掔之力。”

以上超擢对象，或是对国家有特殊贡献者，或是对时局政务有独到之见者，或是博学多识者，或是积极从军、武艺高强者，或是身怀一技之长者。对这些人才的超常选拔，不仅拓宽了人才来源，令真才实学者脱颖而出，也使国家官吏的人才结构更加多样化，具有一定的积极意义。

三、考试

在上述察举、辟召、功次、超擢诸法中，辟召为直接选用，功次、超擢凭积功与奇才异能入仕，察举中的廉吏、尤异、治剧各科，以治绩能力

---

① 《史记·滑稽列传》褚少孙补《东方朔传》。
② 《汉书·主父偃传》。
③ 《汉书·郑吉传》。
④ 《汉书·卫绾传》。
⑤ 《汉书·甘延寿传》。

为重，通过考核测定，因此最初可能没有考试的必要。但伴随着对官吏学识才能的逐步重视，政府开始将考试方法导入选官程序，以此确保官吏素质的提高和行政机构的有效运行。考试种类依对象不同而分为三种，即天子策试，公府复试，太常之试。太常之试因其主要对象为博士弟子的选举、养成、考试，均依托太学一体化进行，故于本节一并叙述。

（一）以贤良方正为对象的天子策试

由于天子要求察举贤良的原因，非治国谋略所需即天灾异变所致，二者均需忠言良策佐以治道，因此天子便成为此种考试的主考官，往往亲自下策书出题，亲自阅览，此称"亲策""亲试""亲览"；贤良方正参加考试，对答策问，称"对策"。最典型之例，为武帝建元元年（前140年）董仲舒对策。其方式与过程为：先以"制曰"起始，录出天子策问，随后以"仲舒对曰"，陈述经义，发表见解。"天子览其对而异焉"，即"复册之"乃至三册之。"对既毕，天子以仲舒为江都相，事易王。"[①]

策试成绩有等次之分，第一为高第：

> 盖宽饶……明经为郡文学，以孝廉为郎。举方正，对策高第，迁谏大夫。[②]
>
> 建初元年，肃宗诏举贤良方正，大司农刘宽举〔鲁〕丕。时对策者百有余人，唯丕在高第，除为议郎，迁新野令。[③]

其次为下第：

> 〔武帝〕元光五年，复征贤良文学，菑川国复推上（公孙）弘。上策

① 《汉书·董仲舒传》。
② 《汉书·盖宽饶传》。
③ 《后汉书·鲁恭传》。

诏诸儒，……时对者百余人，太常奏弘第居下。策奏，天子擢弘对为第一。[①]

梁太后临朝，（皇甫）规举贤良方正。对策曰……，梁冀忿其刺己，以规为下第，拜郎中。[②]

落第者称“不合”：

（孔）昱少习家学，大将军梁冀辟，不应。太尉举方正，对策不合，乃辞病去。[③]

需要指出的是，天子策试并不是资格考试，而是学识测试，即通过政事得失，时局世务，测试贤良方正的学力与见解是否堪任其职。因此即使考得下第，也能“拜郎中”。孔昱“对策不合”后是否授官，传中未详，但揣“乃辞病去”一句，当有以病为由，辞官而去之意。

（二）以孝廉为对象的公府之试

西汉孝廉，无须考试而直接任用。但此制行之既久，便出现弊端，请托公行，宿贤废弃，州郡所举孝廉在质量上已难于视作人才选拔。章帝建初元年（76年）诏：“今刺史、守相不明真伪，茂材、孝廉岁以百数，既非能显，而当授之政事，甚无谓也。”[④] 正是为忧虑茂材、孝廉过滥而发。为此，顺帝阳嘉元年（132年）颁布孝廉限年、考试令，以规范选举。此令的提案者是尚书令左雄：

郡国孝廉，古之贡士，出则宰民，宣协风教，若其面墙，则无所施用。

① 《汉书·公孙弘传》。
② 《后汉书·皇甫规传》。
③ 《后汉书·孔昱传》。
④ 《后汉书·章帝纪》。

孔子曰“四十不惑”,《礼》称“强仕”。请自今孝廉年不满四十，不得察举。皆先诣公府，诸生试家法，文吏课笺奏，副其端门，练其虚实，以观异能，以美风俗。有不承科令者，正其罪法。若有茂才异行，自可不拘年齿。[①]

根据左雄的提案，阳嘉元年令除限定孝廉不满四十岁不得察举外，最重要的一点就是将孝廉考试上升为法定的制度。该制度明确了以下诸点：①考试地点，三公之府。②考试对象，晓知经学的儒生与熟悉政务的下级官吏。③考试内容，“诸生试家法，文吏课笺奏”，即儒生试师传经学，官吏试公牍文书。④考试程序，“先诣公府”,“副之端门”。“副”为传写之讹，正字作覆，覆有再次考察之意，故《顺帝纪》《黄琼传》正作“覆之端门”。[②]其程序正如《黄琼传》所记：“先试之于公府，又覆之于端门。”公府之试可知为“试家法”“课笺奏”，端门之覆据左雄以尚书令当面诘问广陵孝廉徐淑事见之，似有当面测试，复核查实，以“练其虚实”之意。

公府之试在一定程度上阻止了察举过程中容易产生的弊端，涤瑕荡垢，保证了符合标准人才的合理流入：“明年，……于是济阴太守胡广等十余人皆坐谬举免黜，唯汝南陈蕃、颍川李膺、下邳陈球等三十余人得拜郎中。自是牧守畏栗，莫敢轻举。”[③]由于公府之试收到了“察选清平，多得其人”的效果，因此得到了有识之士的赞同与维护。新令颁布后，尚书张盛“奏除此科”，尚书令黄琼反驳道：“覆试之作，将以澄洗清浊，覆实虚滥，不宜改革。”[④]顺帝从之。

（三）以博士弟子为主要对象的太常之试

有关法令制定于武帝元朔五年（前124年），提案者为丞相公孙贺。《汉

① 《后汉书·左雄传》。
② 阎步克:《察举制度变迁史稿》第三章“阳嘉新制”，辽宁大学出版社1997年版，第65页。
③ 《后汉书·左雄传》。
④ 《后汉书·黄琼传》。

书·儒林传》记载了这一提案的具体内容：

（公孙）弘乃请曰："……为博士官置弟子五十人，复其身。太常择民年十八以上仪状端正者，补博士弟子。郡国县官有好文学，敬长上，肃政教，顺乡里，出入不悖，所闻（颜师古注："谓闻其部属有此人也。"），令相长丞上属所二千石。二千石谨察可者，常与计偕，诣太常，得受业如弟子。一岁皆辄课，能通一艺以上，补文学掌故缺；其高第可以为郎中，太常籍奏。即有秀才异等，辄以名闻。其不事学若下材，及不能通一艺，辄罢之，而请诸能称者。……请选择其秩比二百石以上及吏百石通一艺以上补左右内史、大行卒史，比百石以下补郡太守卒史，皆各二人，边郡一人。先用诵多者，不足，择掌故以补中二千石属，文学掌故补郡属，备员。请著功令。它如律令。"制曰"可"。

公孙弘的提案履行了立法程序，得到天子制可，显见已编入《功令》，成为具有法律效力的选官考试法规。该法规规定了以下几项内容：①有资格受业太学并参加考试的对象，一是太常亲自挑选的青年俊贤，二是由郡县举荐上来的、品行嘉美的现任官吏。前者定员 50 人，后者不定。特举中的明经，也是此类考试的参加对象。②受业时间，一年。③考试期限，每年一试。④考试内容，六艺。⑤录用成绩，至少能通一艺以上，否则令其退学。⑥根据成绩任官，优秀者入殿中任郎中，合格者出郡国补属员。⑦主考官，太常。此外，选择通一艺以上者补左右内史及卒史之职。

关于考试方式，采用不同于对策的"射策"。具体方法是：主考官将有关经学的疑难问题书写在简策之上，依难易分为甲乙两科（或甲乙丙三科），[①] 列而置之，不使显露。应试者任意取策解释，中甲科者为郎中，中

---

① 《汉书·萧望之传》颜师古注："射策者，谓为难问疑义书之于策，量其大小，署为甲乙之科，……"

乙科者为掌故。考试法的贯彻执行，为改变汉代官吏的文化素质，进而促进国家政权的理性运行，发挥了明显的作用："自此以来，公卿大夫士吏，彬彬多文学之士矣。"①

四、任子与纳赀

前述选举诸法中，在取人标准上德、能、勤、文各有侧重，又通过考试筛选人才，且有制度、法律予以规范保障，体现了符合程序的合理运作。以下将述任子、纳赀二途，虽然也是在法律规定的范围内发生效力，但在标准与程序上明显异于前者，故可视为非理之选或非程序之选。

（一）任子令

这是一个贯穿两汉始终的选官法规。任，有保举之意。《说文·人部》："任，保也。"段注："保之本义，《尚书》所谓保抱。任之训保，则保引伸之义，如今言保举是也。"该令内容见《汉书·哀帝纪》应劭注引《汉仪注》："吏二千石以上，视事满三年，得任同产若子一人为郎。"规定二千石以上的高级官员可以享有保举权，条件为任职满三年，保举对象为兄弟或儿子，人数限定 1 人，任职郎官。显而易见，该令确立了官僚子弟权利优先、入仕优先的特权原则，排斥公平竞争、择优录取原则。更何况被泽于此的官僚们，在现实中还在不断地突破法律设置的界限，保举对象与员额均有所增加，又出现了以族父任，② 以宗家任 ③ 等种类，史丹"九男皆以丹任并为

① 《汉书·儒林传》。

② 《后汉书·黄霸传》："元帝时，〔族父渊〕佐石显等领中书，号曰大常侍。成帝时，任霸为太子舍人。"

③ 《汉书·酷吏传·宁成》："周阳由，其父赵兼以淮南王舅侯周阳，故因氏焉，由以宗家任为郎。"

侍中诸曹，亲近在左右”，[1] 为突出之例。

任子令虽然贯穿两汉始终，但它的作用一直处于一个被制约的环境之中。首先，对保举官僚的各种限制的本身，就体现了对特权的谨慎控制。其次，任子之选始终没有超越察举、辟召之法而成为主流之选，非理性制约而不能使然。最后，任子令虽然“不以德选”，[2] 但父任之中不乏名吏贤臣，长期的道德浸染与职位实践，在一定程度上对任子形成了无形的制约与影响，因此任子中也屡见有突出贡献者。如名望高于父任者，有苏武、汲黯、辛庆忌；父子齐名者有相继为丞相的韦贤、韦玄成。当然制约的本身，也证明这种举人之法存在着难以克服的弊病。通过此途入仕的官僚子弟，既有如上述德才可嘉者，也有“权侔人主”如董贤者流，泥沙俱下，冲击着汉代选官法律与理性的保障。为此，继董仲舒批评“子弟未必贤也”[3] 之后，宣帝时王吉又上疏，请求废除任子令。[4] 但作为官僚阶层的特权享受，此令不可能根本废除，故哀帝初即位，虽除任子令，然旋即恢复。东汉仍循任子旧制。

（二）赀选

在汉代的整个选举制度中，赀选是一项非常之制，即家赀达到一定标准者方可为官。汉初，赀选为官已经实行，计赀标准为十算（十万钱）以上。景帝后二年（前 142 年）下诏，将十算减为四算，以吸纳“算不必众”[5] 的廉士。赀选者所得，一般就是郎职。如张释之“以赀为郎，事文帝”[6]，司马相如“以赀为郎，事孝景帝”[7]。

---

① 《汉书·史丹传》。

② 《汉书·哀帝纪》注引应劭曰。

③ 《汉书·董仲舒传》。

④ 疏见《汉书·王吉传》。

⑤ 《汉书·景帝纪》。

⑥ 《汉书·张释之传》。

⑦ 《汉书·司马相如传》。

武帝时战事频繁，国库财竭，赀选成为吸纳资财之途，措施也接连出台：元朔元年（前 128 年），“乃募民能入奴婢得以终身复，为郎增秩及入羊为郎，始于此”[①]。元朔六年（前 123 年）设武功爵，买爵至一定级位，即可享受试补吏之权；[②] 元鼎初，“始令吏得入谷补官，郎至六百石”[③]。其后又采纳近臣所忠之言，诸犯博戏罪决为徒者，入财者得补郎。可见赀选的直接功用就是增加国家财富。纳赀者既然以资财进身仕途，即使是真有才干者，也需要付出一定的代价。如著名循吏黄霸，“武帝末以待诏入钱赏官，补侍郎谒者”“后复入谷沈黎郡，补左冯翊二百石卒史。冯翊以霸入财为官，不署右职，使领郡钱谷计”。[④] 此后黄霸才以察廉为河南太守丞，以贤良高第任颍川太守，官至丞相。黄霸一例，足见纳赀绝非官吏的进身正途。

东汉后期，纳赀弊端丛生，彻底蜕变为权钱交易的商品关系，甚至功勤名誉在身者也要“先输货财而后登公位”[⑤]。卖官之路一开，法律约束荡然无存，纲纪败坏，颓势难挽。

五、试守

录用官吏是选官的最后程序，也是官吏进身仕途的标志。两汉任用官吏形式较多，名称各异，含义不同。但是作为选举考察的延续，最重要的就是对初任某职的官吏实行试守制。关于试守规定，可征诸下述史料。

卫宏《汉旧仪》：“刺史举民有茂材，移名丞相，丞相考召，取明经一科，

① 《汉书·食货志下》。
② 《汉书·食货志下》。
③ 《汉书·食货志下》。
④ 《汉书·循吏传·黄霸》。
⑤ 《后汉书·崔寔传》。

明律令一科，能治剧一科，各一人。诏选谏大夫、议郎、博士、诸侯王傅、仆射、郎中令，取明经。选廷尉正、监、平案章，取明律令。选能治剧长安、三辅令，取治剧，皆试守，小冠，满岁为真，以次迁，奉引则大冠。”

《汉书·杜延年传》：“可官试者，至为县令，或丞相、御史除用，满岁以状闻。”王先谦《补注》：“可官试，盖若今之试用官员。外则至为县令，内则两府除用掾吏，满岁以其事状奏闻。”

《汉书·平帝纪》：“赐天下民爵一级，吏在位二百石以上，一切满秩如真。”注引如淳曰：“诸官吏初除，皆试守一岁乃为真，食全奉。”

《后汉书·顺帝纪》：“令郡国守相视事未满岁者，一切得举孝廉吏。”注：“汉法，视事满岁乃得举。今帝新即位，施恩惠，虽未满岁，得令举人。”

《汉书·张敞传》：“颍川太守黄霸以治行第一，入守京兆尹，霸视事数月，不称，罢归颍川。”

爬梳这些史料，可知汉代的试守制包括了以下几方面的内容：其一，试守制已形成法律规范，具有普遍的约束力量，贯穿两汉。其二，试守根据官吏特长，对口安排试守之职。其三，试守期一年。届期考核能否，报告上级。如果称职，正式任命，是为“真”。其四，试守期内无察举权。其五，试守期内不能享受全额俸禄。其六，试守若不称职，罢归原职。

试守法适用所有官吏，无论三公九卿、郡国守相、县令丞尉，从中央到地方的各级行政组织均实行此法。《西汉会要·职官六》胪列了诸多试守之例，官职包括了御史大夫、卫尉、少府、大鸿胪、尚书令、京兆尹、右扶风、左冯翊、太守、都尉、县令及相关属官。又据居延汉简：

……东利里父老夏圣等教，数西乡守有秩志、臣佐顺临□□亲具[①]

---

① 《居延汉简释文合校》45·1。

居延守游徼徐成☐[①]

掾宗、守啬夫延年、佐就[②]

此“守有秩”“守游徼”“守啬夫”表明，汉代的乡里基层组织也普遍实行试守法。

试守法是一项很有积极意义的法规。第一，它是官吏综合素质的试金石，避免了察举与考试过程中可能产生的偏颇，最终取人以“能”，能宜其官则“满岁为真”，不宜其官则罢归原职。试之以职，良莠自见。第二，鞭策官吏自为官之始，即以恪守职责为信条，以现实的制约激发官吏能力的最大释放，缩短人才的养成过程。第三，在整个官吏管理法的录用阶段，即建立一个能上能下、能进能退的管理机制，为优秀人才的及时流入提供了机会。

第二节　权　利

官吏一旦获得录用，成为国家行政组织的管理者，当然必须履行法定的义务，在法律的制约下尽忠职守，治官理民。与此同时，也在法律的保护下享受法定权利。有关汉代官吏的权利规定，主要有以下几方面。

一、等级

汉代实行职位等级制度，职责大小、工作难易、待遇高低、特权享受，与职位紧密挂钩。等级划分沿袭秦制，以谷物俸禄的重量单位“石”之多寡确定，自万石至百石以下，约分二十个等级。石数多少并非俸禄的实际

① 《居延汉简释文合校》299 · 21。

② 《居延汉简释文合校》57 · 10B。

支付量，而是官秩等级的符码标志。等级一定，象征权力与身份的印绶也有相应规定。下据《汉书》《续汉书》《尹湾汉墓简牍》《西汉会要》等有关记载，制出两汉官吏的秩级、官职、印绶对应关系表：

两汉官吏秩级、官职、印绶对应关系表

秩级	官　职	印质	绶色	备　注
1. 万石	三公	金印	紫绶	
2. 中二千石	九卿	银印	青绶	光禄大夫无印绶
3. 真二千石	诸侯王相	银印	青绶	
4. 二千石	郡守、国相	银印	青绶	
5. 比二千石	司直、都尉	银印	青绶	
6. 千石	公卿长史、大县令	铜印	黑绶	
7. 比千石	大夫、仆射	铜印	黑绶	大夫无印绶
8. 八百石				成帝阳朔二年（前 23 年）除
9. 比八百石	谏大夫			
10. 六百石	太守丞、县令	铜印	黑绶	
11. 比六百石	博士、议郎			无印绶
12. 五百石	县长	铜印	黄绶	成帝阳朔二年（前 23 年）除
13. 四百石	县长、大县丞、尉	铜印	黄绶	
14. 比四百石	侍郎			无印绶
15. 三百石	县长、相	铜印	黄绶	成帝绥和元年（前 8 年）长相皆黑绶，哀帝建平二年（前 5 年）复黄绶
16. 比三百石	郎中	铜印	黄绶	
17. 二百石	县丞、尉	铜印	黄绶	
18. 比二百石				
19. 百石	卒史、有秩			
20. 百石以下				

据此表可见，汉代官吏的二十个级别，又依石数、印质、绶色划出高、上、下、低四个等级：高级官吏万石至比二千石，万石金印紫绶，万石以下银印青绶；上级官吏千石至比六百石，铜印黑绶；下级官吏五百石至比二百石，铜印黄绶；低级官吏百石以下，用“半通印”。[①] 朝贺时所用贽种也依官秩划出等级：“每岁正月，为大朝受贺。其仪：夜漏未尽七刻，钟鸣，受贺。及贽，公、侯璧，中二千石、二千石羔，千石、六百石雁，四百石以下雉。”[②]

除此以外，汉代还十分重视车舆服冠的等级标志，通过立法将其规范化。如景帝中六年（前 144 年）颁布诏令，“令长吏二千石车朱两轓，千石至六百石朱左轓”。[③]《续汉书 · 舆服志上》记此令为：

始诏六百石以上施朱轓，得铜五末，轭有吉阳筩，中二千石以上右騑，三百石以上皂布盖，千石以上皂缯覆盖，二百石以下白布盖，皆有四维杠衣。

武帝天汉四年（前 97 年），对诸侯王、诸卿的车舆又作了进一步的详细规定：“令诸侯王大国朱轮，特虎居前，左兕右麋。小国朱轮画，特熊居前，寝麋居左右，卿者车也。”[④] 有关服饰的法律规定，可见居延汉简：

律：御史大夫□□□□从吏民非宿卫，从官列侯以上，□□得衣绛青□卮黄，得□▨□□□□绛衣以□，嫁女得衣绛□，其昏（婚）礼□□□□□□□□□□吏三百石以上，▨得衣铜，□五末参韦□及紬纯黄，出军□□□□□□□□名上练宿卫、从官▨[⑤]

---

① 《后汉书 · 仲长统传》：“身无半通青纶之命，而窃三辰龙章之服。”李贤注引《十三州志》：“有秩、啬夫，得假半章印。”

② 《续汉书 · 仪礼志中》。

③ 《汉书 · 景帝纪》。

④ 《续汉书 · 舆服志上》李贤注引《古今注》。

⑤ 《居延新简》EPT52 · 120。

此简虽然残缺严重，但仍然可以看出是对各级官吏在不同场合下服色的规定要求。《续汉书·舆服志》对汉代官吏的车舆、服饰、冠帻、佩刀、印绶有相当详细的记载，严格规定了等级制下的权利享受，堪称为汉代官吏等级标志的立法总结。

二、俸禄

享受俸禄是官吏的基本权利，对此汉代也有详细的制度与规定。

自20世纪30年代居延汉简出土后，为数众多的官吏与士卒的俸禄文书见诸于世，国内外学者藉此在官俸问题的研究上取得了令人瞩目的发展，像我国的劳干陈梦家，日本的森鹿三、藤枝晃、米田贤次郎、永田英正、佐原康夫，英国的鲁惟一都有成果问世。[①] 览诸家成果，永田英正对官俸文书的整理分类着力较多。他集成了居延汉简中的官俸文书，将其定名为《吏受奉名籍》，分为六类：a类，载有个人职官名、姓名及月俸钱额的记录。b类，支付俸钱的记录。c类，领取俸钱的记录。d类，支付拖欠俸钱的记录。e类，领取拖欠俸钱的记录。f类，俸钱总额及余钱的记录。[②] 这样，有关官吏的俸钱来源、俸钱数、支付物、支付方式、领取过程等问题，均因史

① 劳干《关于汉代官俸的几个推测》，收入《劳干学术论文集甲编》，台湾艺文印书馆1976年版。陈梦家：《汉简所见奉例》，载《文物》1963年第5期，收入同著《汉简缀述》，中华书局1980年版。[日]森鹿三：《居延汉简的集成——关于第二食亭簿》《关于居延出土的卒家属廪名簿》，收入《东洋学居延汉简研究篇》，日本同朋舍1975年版。[日]藤枝晃《长城的防御》Ⅵ—（2）“吏俸”，载《自然与文化》另编Ⅱ《游牧民族研究》，京都1955年版。[日]米田贤次郎：《关于汉代边境士兵的给养》，载《东方学报》京都第25册，1954年。[日]永田英正：《居延汉简的集成》，载《东方学报》第46、47、51册，收入同著《居延汉简研究》，日本同朋舍1989年版。[英]鲁惟一：《汉代行政记录》，剑桥大学1967年版。[日]佐原康夫：《居延汉简月俸考》，收入《日本中青年学者论中国史·上古秦汉卷》，上海古籍出版社1995年版。

② 《居延汉简研究》第Ⅰ部第二章“居延汉简的集成二”。

料的清晰而为人们提供了研究基础。

于官俸制度考证最深者，则是陈梦家先生，他的《汉简所见奉例》一文，[①] 早于永田英正的成果十一年问世。此文根据汉律佚文和《汉书》记载、王莽时期的“吏禄制度”、东汉建武时的“百官受奉例”、东汉延平奉例四种文献，与汉简文书相结合，探赜索隐，钩沉爬梳，清理了两汉的俸例变化：

1. 汉高祖末至惠帝初，因秦制以石为秩，粗具二千石至佐史诸秩等第。

2. 武帝末至西汉末，以钱为俸，间代以布帛。其间秩名减除，秩级有升降，三百石以下两度益俸什五。

3. 王莽承西汉俸钱之制，最后六年曾企图以谷物代钱为俸，建武二十六年以前似受其影响。

4. 东汉建武二十六年四月创立半钱半谷俸例，施行至东汉末，未有变更，延平例中所见半谷为半米。

据此，陈梦家先生制成《两汉月奉例表》，[②] 清楚地展示了两汉官吏的秩级、月俸额及支付物。

两汉月奉例表

	西汉律文（单位钱）	西汉简（单位钱）	建武百官受奉例（单位谷斛）	延平受奉例	
				〔钱〕（单位钱）	〔米〕（单位斛）
丞相、大司马大将军	60000		360		
御史大夫	40000				
中二千石			180	9000	72
真二千石	20000		150	6500	36
二千石	16000		120		

① 见第370页注①所揭同著之文。

② 原表下附“表注”，此略。

续表

	西汉律文（单位钱）	西汉简（单位钱）	建武百官受奉例（单位谷斛）	延平受奉例	
				〔钱〕（单位钱）	〔米〕（单位斛）
比二千石	12000		100	5000	34
千石			80，（90）	4000	30
比千石			（80）		
八百石	9200				
比八百石					
六百石		6000	70	3500	21
比六百石		3000	55，（60），〔50〕		
五百石					
四百石			50〔45〕	2500	15
比四百石			45〔40〕		
三百石			40	2000	12
比三百石			37		
二百石		2000	30	1500	9
比二百石		1200,1800	27		
百石	600	700 720,1000	16	800	48
斗食		600,900	11		
佐史		600,900	8		
（佐史以下）		500—100			

居延新简又见《建武三年居延都尉史奉册》：

居延都尉　　奉谷月六十石

居延都尉丞　　奉谷月卅石

居延令　　奉谷月卅石

居延丞　　　　奉谷月十五

居延左右尉　　奉谷月十五石

●右以祖脱谷给，岁竟一移计。[1]

这是建武初年窦融领河西时，大将军府颁发的俸禄规定，支付物为谷，单位为石。建武百官受奉例颁于二十六年，而此例颁于三年，可见在前者创立半钱半谷俸例之前，已经有以谷物支付俸禄的实例。

目前所见的一些汉律佚文，对官吏的俸禄规定得十分详细。如："律：丞相、大司马大将军，俸钱月六万，御史大夫俸月四万也。"[2]"律：真二千石，俸月二万；二千石，月万六千。"[3]"汉律：真二千石俸月二万。"[4]"律：百石，俸月六百。"[5]张家山律令简中出有《秩律》，内容涉及朝内外各种官员的禄秩，[6]上述佚文与此《秩律》是何关系，也是一个颇令人关注的问题。伴随着张家山律令简的即将面世以及汉代简牍的陆续出土，汉代官吏的禄秩实态研究可望能有一个新的提高。

三、举劾与申诉

对官吏中各种侵害国家或他人利益的犯罪过误行为，举劾控告权并非仅限于监察、司法官员，一般官吏也享有此种权利。20 世纪 70 年代发掘的居延汉简问世后，一批传世文献失载的劾状文书为人们认识这一点提供

① 《居延新简》EPF22 · 70—75。

② 《汉书 · 成帝纪》注引如淳曰。

③ 《史记 · 汲黯列传》《集解》引如淳曰。

④ 《史记 · 外戚世家》《索引》引如淳曰。

⑤ 《汉书 · 宣帝纪》注引如淳曰。

⑥ 李学勤：《论江陵张家山 247 号墓汉律竹简》，收入《汉简研究的现状与展望》，日本关西大学出版部 1993 年版。

了极其珍贵的史料。根据这些劾状，可知汉代对官吏的举劾权至少有以下三点规定：

1. 下级可以举劾上级。此例见下述劾状：

建武五年九月癸酉朔壬午，令史立敢言之。谨移劾劾状〔一编，敢言之。〕迺九月庚辰，甲渠第四守候长居延市阳里上造原宪，与主官人谭〔与宪〕① 争言斗，宪以剑击伤谭匈〔胸〕一所，骑马驰南去。候即时与令史立等逐捕。到宪治所，不能及。……以此知而劾，无长吏教使，劾者状具此。

建武五年九月癸酉朔壬午，甲渠令史劾移居延狱，以律令从事。

〔状辞曰：〕上造居延累山里，年卌八岁，姓周氏，建武五年八月中除为甲渠官斗食令史，备寇虏盗贼为职。至今月八日，客民不审▨让持酒来，过候饮。第四守候长原宪诣官，候赐宪、主官谭等酒。酒尽，让欲去，候复持酒出之，堂煌上饮。再行酒尽，皆起。让与候史侯□▨夏侯谭争言斗，宪以所带剑刃击伤谭匈〔胸〕一所，广二寸，长六寸，深至骨。宪带剑，持官六石具弩一、稾矢铜鍭十一枚，持大〔革〕橐一，盛糒三斗，米五斗，骑马兰越隧南塞天田出。案宪斗伤盗官兵，持禁物兰越于边关徼亡，逐捕未得。它案验未竟。②

此文书由劾文与状辞组成。劾文即举劾之文，状辞即事状、情状之文，制作者均系甲渠候官令史周立，秩百石以下。被劾者为甲渠第四守候长原宪，秩比二百石。原宪先以斗伤，后以盗官兵、持禁物兰越塞，触犯刑律，自然受劾。但令人注意的是由斗食令史举劾比二百石的守候长，这反映了举劾不受官秩限制，是官吏获得保障的法定权利之一。

2. 举劾独立，长吏不得指使。上述劾文结尾有“以此知而劾，无长吏

① “与宪”似为衍文。

② 《居延新简》EPT68·13—23。

教使，劾者状具此”之语，同样用语还可见《居延新简》中的其他劾状，可见这是在某种法定约束下的劾文惯用语。沈家本云：“劾字不见于经，盖汉法也。”[①] 而此“汉法”，当始于汉初萧何所增“部主见知之条”，[②] 武帝时张汤、赵禹又修订为“监临部主见知故纵法”。该法规定：“其见知而故不举劾，各与同论，失不举劾，各以赎论。”[③] 以简文与此对照，“知而劾”明显为该法用语。既然故不举劾与同罪论，失不举劾以赎论，则受长吏指使而劾，同样属于禁止范围。禁止的目的当然是防止诬告陷害，但由此也可以反证，举劾不受权力掣肘，有一定的独立性。“劾者状具此”一语，便是此种独立性的直接反映。

3. 举劾公开，明示身份。如上述劾状所示，举劾者在提出劾文之后，还要附以状辞，记录举劾原因、处理情况。状辞开头，按规定要写明举劾者的基本情况：“状辞皆曰名、爵、县、里、年、姓、官禄。”[④] 这一规定在显示了举劾规范化的同时，也说明继“告讦之俗易”的汉初后，举劾已是一种官吏普遍认同，既自我监督又自我负责，公开性较强的行为。

与适用他人的举劾权并存，官吏如果认为自身的权益受到侵害，同样具有申诉权。如居延汉简载：

尉史李凤自言故为居延高亭＝长，三年十二月中送诏狱证觻得，便从居延迎钱，守丞景临取四年正月奉钱六百。至二月中，从库令史郑忠取二月奉，不重得正月奉。今库掾严复留凤九月奉钱，不当留库，证所言。[⑤]

简文大意为：尉史李凤送证人去觻得县作证，于当地领取正月俸钱

① （清）沈家本撰，邓经元、骈宇骞点校：《历代刑法考·汉律摭遗卷一·目录》，第1372页。
② 《晋书·刑法志》。
③ 《晋书·刑法志》。
④ 《居延新简》EPT68·34。
⑤ 《居延汉简释文合校》178·30。

六百，（返回居延后）领得二月俸钱，但库掾认为李凤领取双份正月俸钱，故扣留其九月俸钱。李凤认为处理不当，便提出申诉，证明自己没有领取双份俸钱。又：

甘露二年八月戊午朔丙戌，甲渠令史齐敢言之。

第十九□隧长敞自言当以令秋射，署功劳，即石力、发弩矢□弩臂皆应令。甲渠候汉彊、守令史齐署发中矢数于牒。它如爰书，敢言之。[1]

其文意为：甘露二年（前 52 年）八月二十九日，甲渠令史齐报告：第十九□隧长敞本人申诉，自己参加秋射的成绩符合法令规定。为此，甲渠候汉彊与守令史齐将敞秋射的命中箭数记录在案。据此分析，敞一定是在认为未将自己的功劳记录在案，因而损害了法定的积功权益后，才向上级提出申诉的。汉简中像这样的“自言”“自证”文书尚有诸多，[2] 反映出官吏为保障自己的合法权益不受侵害而提出申诉，在汉代是一种普遍现象。

四、休假与致仕

汉代官吏的休假制度，也以其种类的细致而体现出权利的规范化、法律化。尹湾汉简《东海郡下辖长吏不在署、未到官名籍》，将“告”“宁”作为重要事项记载，文献中也多见“以令休”“以令取宁”用语，证明官吏的休假制度是在法制的轨道内运行的。

汉代官吏休假一般称“告”。《史记・高祖本纪》：“常告归之田。”《集解》引李斐曰：“休谒之名也，吉曰告，凶曰宁。”又引孟康曰：“古者名吏

① 《居延新简》EPT53・138。

② 参见籾山明：《爰书新探——兼论汉代的诉讼》，收入《简帛研究译丛》第一辑，湖南人民出版社 1996 年版。

休假曰告。”具体而言，则有以下诸类：

1. 洗沐。又称休沐，即每五日休息洗沐一次，是例行休假之一。《初学纪》卷二十：“汉律，吏五日得一下沐，言休息以洗沐也。”

2. 休吏。此为规定假日，即冬至、夏至二日，官吏休假不治事。《汉书 · 薛宣传》：“及日至休吏，贼曹掾张扶独不肯休，坐曹治事。宣出教曰：‘……日至，吏以令休，所繇来久。……’”颜师古曰：“冬夏至之日不省官事，故休吏。”

3. 予告。二千石官吏经考核政绩优秀，可以享受休假，此为予告。《汉书 · 高帝纪》颜注引孟康曰：“汉律：吏二千石有予告，有赐告。予告者，在官有功最，法所当得也。”不过予告限制较严：“夫三最予告，令也。”[①]即法令规定，考课连续三次优异，方得予告。东汉和帝时，取消予告令。

4. 病假。汉律规定，二千石长官因病可以休假三月，满三月未愈，即行免官。《汉书 · 酷吏传 · 严延年》：“会琅邪太守以视事久病，满三月免。”但如果皇帝赐假，可以继续带职休假，此称赐告。上述孟康曰：“赐告者，病满三月当免，天子优赐其告，赐得带印绶，将官属，归家治病。”成帝时规定赐告不得归家，和帝时赐告与予告一并取消。以汉简见之，一般官吏请病假程序严格。首先患者要向主管部门提出“病书”，即病假报告：

建武三年三月丁亥朔己丑，城北隧长党敢言之。迺二月壬午，病加两脾雍种、匈〔胸〕胁丈〔涨〕满，不耐食饮，未能视事，敢言之。[②]

主管部门再向上级报告，请求允许治疗：

三月丁亥朔辛卯，城北守候长匡敢言之。谨写移隧长党病书如牒，敢

① 《汉书 · 冯野王传》。

② 《居延新简》EPF22 · 80—81。

言之。今言府，请令就医。[①]

病愈后需要提出“病瘳视事书”，即康复出勤报告：

☐十日丁酉病，廿七日甲寅视事。[②]

五凤三年四月丁未朔甲戌，候史通敢言之官。病有瘳，即日视事敢言之。[③]

上述整个过程都由官府记录在案，制成文书，“病书”“视事书”“病名籍”就是此类文书。[④]

5. 丧假。为父母奔丧称“宁”，请丧假称“取宁”，准假称“予宁”。丧假日期，汉初规定为 36 日，令见《汉书・文帝纪》遗诏，此后一直施行未变。如成帝时翟方进任丞相，后母死，“既葬三十六日，除服起视事，以为身备汉相，不敢逾国家之制”[⑤]。哀帝时令“博士弟子父母死，予宁三年”[⑥]，安帝元初三年（116 年）、桓帝永兴二年（154 年）也有丧期三年之令。哀帝之令限于博士弟子，一般官吏可能不在此例。安、桓二帝之令，亦当指行丧期，而非丧假，汉律有“不为亲行三年服，不得选举”[⑦]之规定，可资为证。

官吏无论品秩高低，均有权获得丧假。汉简多见“以令取宁”例，手

---

① 《居延新简》22・82。

② 《居延汉简释文合校》253・11A。

③ 《居延新简》EPT53・26。

④ 文书原文见李均明、刘军：《汉代屯戍遗简法律志》下编“其他文书”。《中国珍稀法律典籍集成》甲编第二册，科学出版社 1994 年版。

⑤ 《汉书・翟方进传》。

⑥ 《汉书・哀帝纪》。

⑦ 《汉书・扬雄传》注引应劭曰。

续略异于病假。由于是为父母亲属奔丧，事出有急，故由本人先请急假。程序如下：取急："第卅六隧长成父不幸死，当以月廿日葬。诣官取急，四月乙卯蚤食入。"① 取宁："☐甲渠候长愿以令取宁，即日遣。书到日尽遣，如律令。"② 予宁："永光二年三月壬戌朔己卯，甲渠士吏彊以私印行候事敢言之。候长郑赦父望之不幸死，癸巳予赦宁，敢言之。"③ 宁期："取宁☐六十二日不到官，移居延，亟遣。"④ 宁日尽："重追木中队长徐忠同产姊不幸死，宁日尽，移居延。"⑤

汉代官吏因老或因病退休离职称"致仕"。因年老而退休称"归老"或"告老"，又称"以老乞骸骨"；因病离职则称"以病乞骸骨"。对于官吏中的退休者，国家给予法定的附加权利，提高待遇。最主要的措施就是终身享受一定俸禄。西汉所见归老禄有二千石禄与上大夫禄。《汉书 · 周仁传》："〔周仁〕为郎中令，……武帝立，为先帝臣重之，仁乃病免，以二千石禄归老，子孙咸至大官。"又《张欧传》："至武帝元朔中，〔张欧〕代韩安国为御史大夫。……老笃，请免，天子亦宠以上大夫禄，归老于家。"平帝元年明文规定："天下吏比二千石以上年老致仕者，参分故禄，以一与之，终其身。"⑥ 东汉时，终身禄往往因诏赐而改变标准。三公退休，既有以二千石为终身禄者，也有以千石为终身禄者。如邓彪为太尉，"视事四年，以疾乞骸骨，元和元年，赐策罢，赠钱三十万，在所以二千石奉终其身"⑦。明帝永平四年（61 年），拜伏恭为司空，"在位九年，以病乞骸骨罢，诏赐

① 《居延汉简释文合校》52 · 57。

② 《居延汉简释文合校》160 · 16。

③ 《居延汉简释文合校》57 · 1。

④ 《居延汉简释文合校》185 · 29。李均明、刘军认为，"宁"下一字或为"积"字，则六十二日已超过宁日期限。参见《汉代屯戍遗简法律志》下编"其他文书"。

⑤ 《居延新简》EPT50 · 9。

⑥ 《汉书 · 平帝纪》。

⑦ 《后汉书 · 邓彪传》。

千石奉以终其身”[①]。比二千石以上官吏退休，则以大夫禄为终身禄：“东莱司马均……位至侍中，以老病乞身，帝赐以大夫禄，归乡里。”[②]此外，在一些有影响的高级官员退休之际，国家还会赐给财物宅第，既以示奖励，又给予安身之所。如宣帝时韦贤为相五年，地节三年（前 67 年）“以老病乞骸骨，赐黄金百斤，罢归，加赐第一区”[③]。光武帝时卫飒迁桂阳太守，“视事十年，郡内清理。……居二岁，载病诣阙，自陈困笃，乃收印绶，赐钱十万，后卒于家”[④]。

以目前见知史料来看，汉代对官吏的致仕年龄似无具体规定，但是附加权利及提高待遇的本身，在奖励贡献突出的高级退休官员的同时，实际上也起到了鼓励官吏勤勉职守，年老自行退休，以此促进官僚队伍新陈代谢的作用。

第三节　考　核

官吏考核是官吏管理法的重要组成部分。它的有效作用，在于通过对官吏德、能、勤、绩的考核而达到选拔人才、实行行政监督、促进行政效率的目的。汉代政治家对此有相当明确的认识。王充《潜夫论·考绩》于此论道：

凡南面之大务，莫急于知贤。知贤之近途，莫急于考功。功诚考则治乱暴而明，善恶信则直贤不得见障蔽。……官长不考功，则吏怠傲而奸究

① 《后汉书·伏恭传》。
② 《后汉书·贾逵传》。
③ 《汉书·韦贤传》。
④ 《后汉书·卫飒传》。

兴；帝王不考功，则直贤抑而□伪胜，故《书》曰：“三载考绩，黜陟幽明。”盖所以昭贤愚而劝能否也。圣王之建百官也，皆以承天治地牧养万民者也，是故有号者必称于典，名理者必效于实，则官无废职，位无非人。

在理性认识的促进下，汉代考核在形式、内容上都有制度与法律保障，达到了一个比较成熟的阶段。

一、方式

汉代考核实行双向并轨制，即由自下而上的上计与自上而下的考课构成统一的考核体系，无论上计还是考课，均在行政机构权力链的支配下进行。

上计程序为县→郡国→中央。具体过程是：各县于每年年终将本县户口、垦田、钱谷、刑狱等治理情况编写成计簿，报送郡国。郡国据此汇总，制成郡上计簿，上报丞相府。

上计时间为秋冬岁尽。《续汉书 · 百官志》本注：“秋冬集课，上计于所属郡国。”尹湾汉简《东海郡下辖长吏不在署、未到官名籍》：“朐邑丞杨明十月五日上邑计。”又：“〔况〕其邑左尉宗良九月廿三日守丞上邑计。”提供了县邑于九月、十月上计的准确时间。郡国接受县邑计簿后汇总制作，于岁尽之际上报丞相府。

上计者，县级一般由令、长、丞、尉自行；郡国则由郡丞或长史代行。东汉时郡国上计派遣地位较高的掾史，称“计吏”。《后汉书 · 张堪传》：“帝尝召见诸郡计吏，问其风土及前后守令能否。”

受计者为丞相、御史二府。汉初设有计相，专司上计。萧何为丞相，以张苍明习天下图书计簿而“迁为计相”，[①] 令其居丞相府，负责郡国上计。

① 《汉书 · 张苍传》。

计相或为非时之设，故此后不见，但受计权仍由二府掌握，并有计室掾吏负责具体事务。卫宏《汉旧仪》：

哀帝元寿二年，以丞相为大司徒。郡国守丞、长史上计事竟，遣君侯出坐庭，亲问百姓所疾苦。计室掾吏一人大音者读敕毕，遣敕曰："……归告二千石勿听。"

同样情形又见御史府："御史大夫敕上计丞、长史曰：'诏书殿下，布告郡国，……问今岁善恶孰与往年，对上。问今年盗贼孰与往年，得无有群辈大贼，对上。"[①]

考课程序则依行政组织自上而下，逐级实施。即丞相、御史课郡国：

（丙）吉曰："民斗相杀伤，长安令、京兆尹职所当禁备逐捕，岁竟丞相课其殿最，奏行赏罚而已。"[②]

〔宣帝地节四年〕九月，诏曰："……其令郡国岁上系囚以掠笞若瘐死者所坐名、县、爵、里，丞相御史课殿最以闻。"[③]

〔建武〕六年，（李忠）迁丹阳太守，……十四年，三公奏课为天下第一，迁豫章太守。[④]

郡国课县：

凡郡国皆掌治民，进贤劝功，决讼检奸。常以春行所主县，劝民农桑，

---

① 卫宏《汉旧仪》卷上。

② 《汉书·丙吉传》。

③ 《汉书·宣帝纪》。

④ 《后汉书·李忠传》。

振救乏绝。秋冬遣无害吏案讯诸囚，平其罪法，论课殿最。……〔县、邑、道〕皆掌治民，显善劝义，禁奸罚恶，理讼平贼，恤民时务，秋冬集课，上计于所属郡国。①

对于边备重事，有时也会由中央直接派遣官员考课：

地节二年六月辛卯朔丁巳，肩水候房谓候长光：官以姑臧所移卒被兵本籍，为行边兵。丞相史王卿治卒被兵，以校阅亭隧。卒被兵皆多冒乱不相应，或易处不如本籍。今写所治亭别被兵籍，并编移。书到，光以籍阅具卒兵，兵即不应籍，更实定此籍，随即下所在亭，各实弩力石射步数，令可知。赍事诣官，会月廿八日夕，须以集为丞相史王卿治事。课后不如会日者，必报，毋忽如律令。②

据简文可知，丞相史王卿根据姑臧县送来的《卒被兵簿》考核肩水候亭燧，但发现兵器混乱，与兵簿所记不合。为此，肩水候鄣候房向属下候长光发出下行文书，要求限日完成各亭燧《被兵簿》，以备丞相史考核。丞相史秩四百石，鄣候秩比六百石。以低秩考核高秩，自然有丞相史受命巡边的因素，但从中也可以看出行政权力制约下的考课效力。

此外又可见公卿课属吏：“（班况）举孝廉为郎，积功劳，至上河农都尉，大司农奏课连最，入为左曹越骑校尉。”③御史中丞课刺史：“元帝擢（陈）咸为御史中丞，总领州郡奏事，课第诸刺史，内执法殿中，公卿以下皆敬惮之。”④

① 《续汉书 · 百官志五》。
② 《居延汉简释文合校》7 · 7。
③ 《汉书 · 叙传上》。
④ 《汉书 · 陈万年传》。

以上无论何种考课，从程序上看总是长官课属吏，上级课下级。前文所述的一些察举科目，如廉吏、尤异、茂材、治剧等，事实上也是通过考课发现人才，因此也可以视为考课科目。

二、内容

汉代考课官吏治绩的内容，据《续汉书·百官志五》刘昭注引胡广《汉官解诂》："秋冬岁尽，各计县户口垦田，钱谷出入，盗贼多少，上其集簿。""集簿"即计簿。新出尹湾汉简东海郡《集簿》，[①] 所见上计内容要比以上更为具体，总括有以下诸类：

1. 郡行政组织概况。包括全郡的县、邑、侯国的总计与分计；乡、□（未详）、里及里正总数；亭、邮及亭卒、邮人总数；全郡的疆土面积。

2. 县乡三老、孝、弟（悌）、力田人数的分计与总计。

3. 全郡各级吏员的分类统计数。

4. 全郡户、口总数。包括户年度增长数及流户口数。

5. 全郡垦田数及秋种小麦顷亩数。

6. 全郡人口构成统计。包括男女总数及女性的年龄增长数，80 岁以上老人与 6 岁以下儿童的总数，90 岁以上与 70 岁以上受杖者的总数及年增长数。

7. 全郡春季播种、植树面积及年增长数。

8. 新增户口及用谷总计。

9. 全郡各类钱谷出入总计。[②]

上述 4、5、8、9 四项可入"户口垦田""钱谷出入"，但 1、2、3、6、7 五项则为新见，足见考课项目的细致。尤其令人注意的是，《集簿》中

① 《集簿》原文见《尹湾汉墓简牍》，中华书局 1997 年版。

② 参见谢桂华：《尹湾汉墓简牍和西汉地方行政制度》，载《文物》1997 年第 1 期。

屡见“如前”“多前”之语。“如前”表明专项统计数字一如上年，“多前”则表明较上年而有所增长，当是评估治绩优秀的依据。

《集簿》中未见重要的考课项目盗贼刑狱，排除东海郡全年无一例刑事案件发生的可能性，只能认为盗贼刑狱另有专门计簿。《汉书·魏相传》：“案今年计，子弟杀父兄，妻杀夫者，凡二百二十二人。”又《韩延寿传》：“（韩延寿）在东郡三岁，令行禁止，断狱大减，为天下最，入守左冯翊。”证明汉代的上计与考课中均有刑狱一项。

由此可见，汉代对官吏治绩的考课，涉及行政、财政、司法、人事、教化、农桑、户籍、人口、生态甚至绿化等方面，内容相当宽泛。以上可能属于比较常规的考课项目，有时中央还会根据新出现的动态，增加考课内容：

哀帝元寿二年，以丞相为大司徒。郡国守丞、长史上计事竟，遣君侯出坐庭，上亲问百姓所疾苦。计室掾吏一人大音者读敕毕，遣敕曰：“诏书殿下，禁吏无苛暴，丞长史归告二千石，顺民所疾苦，急去残贼，审择良吏，无任苛刻。治狱决讼，务得其中。明诏忧百姓困于衣食，二千石帅劝农桑，思称厚恩，有以赈赡之，无烦扰夺民时。公卿以下，务饬俭恪，今俗奢奓过制度，日以益甚，二千石务以身帅，有以化之。民冗食者请谕以法，养视疾病，致医药务治之。诏书无饰厨传增养食，至今未变，或更尤过度，甚不称。归告二千石，务省约如法。且案不改者，长吏以闻。官寺乡亭漏败，垣墙阤坏所治，无办护者，不称任，先自劾不应法。归告二千石勿听。”①

以上为上计吏上计完毕，皇帝、大司徒（丞相）亲自会见上计吏，由掾吏宣读诏令，令上计吏归告二千石下一年的治理重点。其中“治狱决讼”“帅劝农桑”为常课项目，但戒奢省约，保护公共设施，当是随顺时

① 《汉旧仪》卷上。

宜提出，“甚不称”“不称任”“自劾不应法”等语，明示其已列入考课范围。前述尹湾汉简《集簿》记：“亭六百八十八，卒二千九百七十二人，邮卅四，人四百八，如前。”[①] 该《集簿》是成帝晚年［最可能是元延年间（前12年—前9年）］之物，[②] 而上述诏令颁布于哀帝元寿二年（前1年），相距未远，故该令中的“官寺乡亭漏败”一项或许是承前影响。关于考课二千石长官治绩优异的范例，可见《汉书·循吏传·召信臣》：

（召）信臣为人勤力有方略，好为民兴利，务在富之。躬劝耕农，出入阡陌，止舍离乡亭，稀有安居时。行视郡中水泉，开通沟渎，起水门提阏凡数十处，以广溉灌，岁岁增加，多至三万顷。民得其利，蓄积有余。信臣为民作均水约束，刻石立于田畔，以防分争。禁止嫁娶送终奢靡，务出于俭约。府县吏家子弟好游敖，不以田作为事，辄斥罢之，甚者案其不法，以视好恶。其化大行，郡中莫不耕稼力田，百姓归之，户口增倍，盗贼狱讼衰止。

召信臣的治绩，可概括为躬劝耕农，勤勉巡视，兴修水利，惩奸息讼，禁奢倡俭，增加户口诸项，这当然也是考核地方长官的主要项目。

以上是对长吏的考核。对基层官吏的考核则是经常随时的，考核内容就是确认其是否尽守职责。居延汉简多出此例，最典型者可见《候史广德坐不循行部檄》：

候史广德坐不循行部、涂亭、趣具诸当所具者，各如府都吏举。部糒不毕，又省官檄书不会会日，督五十。[③]

---

① 《尹湾汉墓简牍·集簿》。

② 据同上“前言”。

③ 《居延新简》EPT57·108A。

此为该简正面，言明考核者为府都吏，被考核者为低级军吏广德，考核结果为不循行所部，不涂治亭燧，未及时准备各种军需物资。该简背面还记载了广德所辖各燧长的失职行为："候史广德●第十三燧长容亭不涂，毋马牛矢，表币，积薪皆卑小，毋非常屋，毋沙，□□□，县索缓，毋深目，毋芮薪，毋□□□□，蓬少二，毋□□，毋□□□□。……"①

广德由于领导不力，加之"部糒不毕，又省官檄书不会会日"，为此受到督笞五十的处罚。

总而言之，汉代对官吏的考核，范围大，内容多，胡广所述，似为举其大略。

三、等次

汉代官吏的考核结果，取其两端，以"殿最"统称。最优者称"最"，居末者称"殿"。《汉书 · 宣帝纪》颜师古注："凡言殿最者：殿，后也，课居后也；最，凡要之首也，课居先也。""最"是统称，具体称谓又包括：

第一："〔黄霸为颍川太守〕户口岁增，治为天下第一，征守京兆尹。"②

高第："（陈万年）迁广陵太守，以高第入为右扶风。"③

尤异：《续汉书 · 百官志五》："诸州常以八月巡行所部郡国，录囚徒，考殿最。"胡广曰："其有治能者为最，察上尤异，〔州〕又状州中吏民茂材异等，岁举一人。"④

异等："〔宣帝〕地节三年下诏曰：'今胶东相（王）成，劳来不怠，

---

① 《居延新简》EPT57 · 108B。

② 《汉书 · 循吏传 · 黄霸》。

③ 《汉书 · 陈万年传》。

④ "察上尤异"，原文作"察上尤异州"，阎步克指出"州"为衍文，从之。同著《察举制度变迁史稿》，辽宁大学出版社 1997 年版，第 28 页。

流民自占八万余口，治有异等。’”[①]

在最殿之间，还应当有若干等级。董仲舒《春秋繁露·考功名》：“考试之法，……九分三三列之，亦有上中下，以一为最，五为中，九为殿。”董仲舒将考核结果分为九等，上等最至第四，中等为五，下等第六至殿。这一分法是否实际运用于官吏考核，还缺乏足够的证明。但《汉书·萧望之传》载：“（萧育）后为茂陵令，会课，育第六。而漆令郭舜殿，见责问，育为之请，扶风怒曰：‘君课第六，裁自脱，何暇欲为左右言？’”此“第六”无疑是考课等级，且以扶风认为得第六就应自行免官见之，第六应属于低下等级，与董仲舒所分相合。史书记载，一般总是取其两端典型之例，而于普遍常见者往往舍弃，因此考课分为九级，不是没有可能。汉简考核文书中的“第一”“第四”，可证明考核根据得、负算多少评出等级。[②]

关于考核评语，文献无征，但汉简所见《功劳案》，不妨视为考核记录或评价：

居延甲渠候官第十燧长公乘徐谭功将。中功一，劳二岁，其六月十五日，河平二年、三年、四年秋试射以令赐劳。□令。能书会计治官民，颇知律令，文。居延鸣沙里，家去大守府千六十三里，产居延县。为吏五岁三月十五日。其十五日，河平元年、阳朔元年病不为劳，居延县人。[③]

此文书为官吏个人档案。其中的功、劳年岁、赐劳日数、不为劳日数，应当通过考核明确；“能书会计治官民，颇知律令”，则是对被考核者的综合评价。

---

① 《汉书·循吏传·王成》。

② 详见下文“负算”。

③ 《居延新简》EPT50·10。

四、奖惩

最殿一出，奖罚自明。优胜劣汰是考核的目标任务之一，因此奖惩也是考核的最终程序。

对于考核优秀者，汉代政府往往采用以下几种方式奖励：

1. 升迁。《汉书 · 贾谊传》："河南守吴公治平为天下第一，……征以为廷尉。"《汉书 · 赵广汉传》："（赵广汉）为阳翟令，以治行尤异，迁京辅都尉。"《汉书 · 朱博传》："故事，选郡国守相高第者为中二千石。"《后汉书 · 冯鲂传》："〔建武〕十三年，（冯鲂）迁魏郡太守，二十七年，以高第入代赵憙为太仆。"

2. 增秩赐金。《汉书 · 循吏传》："故二千石有治理效，辄以玺书勉厉，增秩赐金，或爵至关内侯，公卿缺则选诸所表以次用之。"此为恒例，如："（召信臣）迁河南太守，治行常为第一，复数增秩赐金。"[①]"（萧咸）迁淮阳、泗水内史，张掖、弘农、河东太守。所居有迹，数增秩赐金。"[②]

3. 赐劳。也称增劳，即增加功劳。积功是官吏升迁的主要资本。《汉书 · 宣帝纪》："自丞相以下，各奉职奏事，以傅奏其言，考试功能。"考试"功能"优秀，便可赐劳，获得积功机会。居延汉简多见此例，如《功令》规定了军吏秋射的具体标准与赐、夺劳日数：

●功令第卌五：士吏、候长、蓬燧长常以令秋射，发矢十二〼[③]
〼□□□□中帮六为程，过六，及不满六，赐夺劳矢各十五日。[④]

---

① 《汉书 · 循吏传 · 召信臣》。

② 《汉书 · 萧望之传》。

③ 《居延新简》EPT53 · 34。

④ 《居延新简》EPT11 · 1。

《汉旧仪》:“八月，太守、都尉、令、长、相、丞、尉会都试，课殿最。”秋射是都试的组成部分，也是考课军吏的项目之一。上述条文规定：参加秋射的军吏每人射箭十二枚，中靶六箭为合格，超过六箭，赐劳十五日；不足六箭，夺劳十五日。赐劳权由二千石长官掌握：“●右以令秋射二千石赐劳名籍及令”[①]，是为其例。又如前述《功劳案》所示，戍边低级军吏的功劳、赐劳，均需记入档案。相同的记载，还可见千石至六百石官吏的功劳案：

☐岁六月廿七日，西河北部都尉董永劳二岁五月三[②]

☐十一月五日，长信少府丞王涉劳一岁九月十日[③]

这两枚简笔迹相同，[④]内容相似，可视为同一册书。以功劳者的任职地不限于边郡这点推测，汉代官吏均有功劳案记录，以此作为晋升的依据。这样，赐劳理当成为记录项目之一，以证明官吏履行职务的优劣。

对考核落第者，政府也有相应的惩罚手段。

1. 免官。《汉书·倪宽传》:“〔倪宽为左内史〕，以负租课殿，当免。”由于在日常政务中，对官吏的考课是经常、随时的，因此当官吏未能履行职责，完成义务时，上级往往会以“软弱不胜任”免其官职，以示惩罚：

（王）尊子伯亦为京兆尹，坐软弱不胜任免。[⑤]

（曹褒）初举孝廉，再迁圉令，……（太守马）严奏褒软弱，免官归郡，

---

① 《居延汉简释文合校》267·11。

② 《居延汉简释文合校》41·10。

③ 《居延汉简释文合校》41·22。

④ 参见［日］大庭脩《秦汉法制史研究》，日本创文社1981年版，第452页。

⑤ 《汉书·王尊传》。

为功曹。[①]

河平元年九月戊戌朔丙辰，不侵守候长、士吏猛敢言之。将军行塞，举驷望隧长杜未央所带剑，刃生，狗少一。未央贫急软弱，毋以塞，举请斥免。谒言官敢言之。[②]

2. 斥免。对不胜任者加以斥责后免官。前述《萧望之传》中，漆令郭舜课殿，先"见责问"，复"罢出"，是为斥免。又同传，扶风传召课为第六的茂陵令萧育"诣后曹，当以职事对"，述职过程中不仅难免受斥，若对答有碍，还要"缚责"受辱："丞尉以下，岁诣郡，课校其功。……负多尤为殿者，于后曹别责，以纠怠慢也。诸对辞穷尤困，收主者，掾史关白太守，使取法，丞尉缚责，以明下转相督勑，为民除害也。"[③]对殿者加以斥责羞辱，沿袭秦律"谇"法，是考课官吏时较为普遍的做法，故而明帝时颁诏，规定"不得僇辱黄绶，以别小人吏也"[④]。斥免依令实施，汉简亦见其例：

☐□里上造张憙、万岁候长居延沙阴里上造郭期不知犊（读）蓬火，兵弩不檠持。憙□☐☐□斥免。[⑤]

七月□□除署除四部，士吏□匡软弱不任吏职，以令斥免。[⑥]

汉代吏治，进贤使能一直是主要倾向，官吏的群体心理也以"能"为上，鄙视"软弱不任吏职"。对无能者、课殿者加以斥责后免官，正是这

① 《后汉书·曹褒传》。
② 《居延新简》EPT59·3—4。
③ 《续汉书·百官志五》胡广注。
④ 《续汉书·百官志五》胡广注。
⑤ 《居延新简》EPT59·162。
⑥ 《居延新简》EPT68·6。

种群体心理形成的直接原因之一。

3. 负算。此与“得算”相对，即以类似扣分的方式，将官吏不尽职守的考核结果记录在案。下述即为十分典型的此类考核记录：

甲渠次吞隧簿，次吞隧长长舒，卒四人，一人省，一人车父，在官，已见。二，见。

堠户厌破，不事用，负二算。堠坞不涂垩，负十六算。木长棰二，柄长，负二算。直上蓬干柱柜木一解随，负三算。反笱一币，负二算。天田埒八十步不涂不，负一算。悬索三行，一里卌六步币绝，不易，负十算。积薪梨皆不垩，负八算。县索缓一里，负三算。●凡负卌四算。[1]

这是居延都尉府甲渠候官甲渠候所辖次吞隧“守御器”的考核记录。坞堠为军事设施，木长棰、直上蓬干柱柜悬索、积薪梨，皆为军用器具，天田则是边境用以侦察侵入者及偷出境者踪迹的沙田。甲渠候经考核上述设施、器具后，发现有“厌破”“不涂垩”“解随”“币绝”等损坏情况，故分别核定为“负某算”，总计负四十四算。

关于“算”，以往持奖金或罚款单位之说者较多。[2]《居延新简释粹》在解释此条简文时，以江陵凤凰山十号汉墓《竹简算赋簿》所见算钱各异为依据，认为负算为惩罚性规定，应有不同的收缴标准，不会均以每算120钱计算。[3] 但钱剑夫所见不同，认为汉代的“算”是计算单位，因而得多少算和负多少算也常用为官吏的考绩标准。[4] 最近于振波也发表相同见

---

① 《居延新简》EPT59・6。

② 如陈梦家《汉代烽燧制度》（收入《汉简缀述》，中华书局1980年版），陈直《算收家赀与官吏考绩之得算负算》（收入《居延汉简研究・居延汉简综论》，天津古籍出版社1986年版），安作璋《秦汉官吏法》（齐鲁书社1993年版）第五章“考核法”，均持此说。

③ 薛英群等:《居延新简释粹》，兰州大学出版社1988年版，第51页。

④ 钱剑夫:《秦汉赋税制度考略》，湖北人民出版社1984年版，第119页。

解，指出得算、负算是对官吏政绩进行评价的术语，算用于计算之筹码，是评分单位，与奖金、罚款无涉。[①] 比较诸说，钱、于之说较为合理。

其一，以汉简所见，得、负算与考评等级的计算密切相关。如：“万岁候长充，受官钱定课四千，负四筭，毋自言堂煌者第一，得七筭，相除定得三筭，第一。”[②] 以今语言之，即充得七分，扣四分，最终得三分，排第一。又：“☐率燧负卌一算，第四。”[③] 意即平均每燧扣四十一分，排第四。根据奖金、罚款的多少，自然也可以排出等次，但一算几何，简文无征。考核是政府行为，在等级评估上不会没有量化标准。

其二，前述胡广曰：“负多尤为殿者，于后曹别责，以纠怠慢也。”揣其文意，当是扣分多至殿者，令其至后曹处受责，与罚款无涉。《汉书 · 何武传》：“（武）弟显家有市籍，租常不入，县数负其课。”颜师古曰：“以显家不入租，故每令县负课殿。”其文意明显为因何显家不交纳市税，故使该县在此项考课上失分甚多而至殿，此“负”当无罚款之意。

其三，汉简多见得、负算记载，表明考核是随时、经常的行为，若得、负算为赏罚金单位，《吏受奉名籍》《钱出入簿》《功劳案》等类簿书，理当有所反映，然征诸此类簿书，未见有所记载。债务文书中常见“负”“服负”“不服负”之语，此为欠债、不承认欠债之意，亦与考核无关。

据此可知，“得算”“负算”是奖励官吏尽职或惩罚官吏不尽职的方式之一，它与阶段性考核的关系，或为平时将考核后的得失分情况记录在案，至阶段性考核时，以总得失分的多少评定等级，得多至最者晋升，负多至殿者斥免。又以考核记录、统计之细繁推测，太守府设属吏“用筭佐”，[④] 原因之一有可能是出于此类计算统计的实际所需。

---

① 于振波:《汉简“得算”、“负算”考》，收入《简帛研究》第二辑，法律出版社 1996 年版。

② 《居延汉简释文合校》206 · 4。

③ 《居延新简》EPT51 · 693。

④ 《尹湾汉墓简牍 · 东海郡吏员簿》。

以上是对政绩优劣者的奖惩。值得注意的是，汉代对考核后不胜任本职的官吏也不是一概视为无能而加以斥免。考核中的“能不宜其官”，就是这种情况的认定。所谓“能不宜其官”，指该官不适宜就任现职，换署后或许可以人尽其才，因此被考评为“能不宜其官”者，往往平级调动。《汉书·薛宣传》：

频阳县北当上郡、西河，为数郡凑，多盗贼。其令平陵薛恭本县孝者，功次稍迁，未尝治民，职不办。而粟邑县小，辟在山中，民谨朴易治。令巨鹿尹赏久郡用事吏，为楼烦长，举茂材，迁在粟。（薛）宣即以令奏赏与恭换县。二人视事数月，而两县皆治。

薛恭孝者出身，无治民经验，适合就任“谨朴易治”之粟邑；尹赏为吏经验丰富，治理“多盗贼”之频阳县为合适人选，二人换署，两县皆治。当然，此种平级调动也不可随意为之，而是应当“以令奏”，即依照法令上奏，履行法定程序。这种以令换署的实态，在汉简中也得到了反映：

〼不宜其官，以令授为橐他石南亭长〼[①]

居延甲渠士吏觻得广宛里公乘窦敞，能不宜其官，今换补靡谷候长代吕循。[②]

甲渠当曲隧长□里公乘张札，年卌七，能不宜其官，换为殄北宿苏第六隧长代徐延寿。[③]

---

① 《居延汉简释文合校》118·5。

② 《居延汉简释文合校》203·33。

③ 《居延新简》EPT51·63。

士吏与候长均为比二百石，燧长俸钱均为六百，[1] 互为换署，显见汉代官吏考核法中，尚有“能不宜其官”则依法平级调动之规定。

五、约束

由于考核直接与官吏的黜陟挂钩，对官吏队伍的整体素质、稳定状态产生很大的影响，因此为了保证考核的公平合理，杜绝欺骗诈伪，使考核在法律的制约下有序进行，政府还采取了相应的约束措施。

第一，完善考核法。《上计律》是考核法的主要法律之一。其文虽佚，但据沈家本集佚，尚见“上计吏”“上计簿”“尚书主大计”“岁尽遣吏上计”“计文书断于九月”“正月旦朝贺见属郡计吏”“受计”“陈属车于庭”“御史大夫敕上计丞长史”“郡国计吏会陵”“计偕”“月计日计”诸条，[2] 可知《上计律》规定详细，内容丰富。与此并存，汉代考核又有《功令》行世。元帝永光、建昭年间，郎官京房建议推行《考功法》，以此考课百官。《汉书 · 京房传》记其事：

（天子）数召见问，（京）房对曰：“古帝王以功举贤，则万化成，瑞应著，末世以毁誉取人，故功业废而致灾异。宜令百官各试其功，灾异可息。”诏使房作其事，房奏考功课吏法。

颜师古注引晋灼述其法曰：

令丞尉治一县，崇教化亡犯法者辄迁。有盗贼，满三日不觉者则尉事也。令觉之，自除，二尉负其罪。率相准如此法。

---

① 据陈梦家《汉简所见奉例》，见同著《汉简缀述》第 145 页。

② （清）沈家本撰，邓经元、骈宇骞点校:《历代刑法考 · 汉律摭遗卷十八》，第 1709 页。

考功课吏法奏上后，公卿、刺史皆以为不可行，但“上意向之”。京房复上言元帝，阐明任用之道，隐言不当任用中书令石显等人。石显与尚书令五鹿充宗忌恨京房，意欲使其远离朝中，遂于元帝拟试用该法之际，提议任京房为郡守以试此法。于是元帝出京房为魏郡太守，试以考功法治郡。当初，京房曾言于淮扬宪王舅张博，抨击朝廷与中书令，认为只有以他人取代之，考功法方可施行。至京房出守魏郡月余，石显即兴此狱，奏京房与张博通谋，“诽谤政治，归恶天子”，二人皆被弃市，考功课吏法终未行世。

京房的考功课吏法产生于边境不宁、灾异迭现之际，故如晋灼曰所示，以崇尚教化，缉捕盗贼为主要考核内容，其余尚不得可知。但以前述考核制度的完备及下文将述见之，京房之法只是对《功令》的补充，而非新创。汉代《功令》，在武帝时即已行世。武帝时公孙弘奏请：

选择其秩比二百石以上及吏百石通一艺以上补左右内史、大行卒史，比百石以下补郡太守卒史，皆各二人，边郡一人。先用诵多者，不足，择掌故以补中二千石属，文学掌故补郡属，备员，请著功令。[1]

“请著功令”，意谓编录于《功令》之中。根据汉代的立法程序，当新立某令时，常以“著为令”表现，而此云“著某令”，则表明公孙弘所奏，是将选官条例增补入《功令》。由此可以推测，《功令》并不仅是“选举令”，[2]“功”字本身，就有功次、功绩、功劳之意，是汉代官吏履行职能的代名词，因此涉及官吏考核的法规，皆可包括其中，京房之法在性质上也属于此类。又如居延汉简所见“功令第卌五”，为军吏秋射考核奖惩规定，“第卌五”，就是《功令》的第四十五条。可见汉代《功令》的内容比较丰富，总体上与官吏的选举考核相关。江陵张家山律令简出有《功令》，内容为有

① 《汉书·儒林传》。
② 《汉书·儒林传》颜师古注：“功令，篇名，若今选举令。”

关官吏考绩、升迁的规定，[①]更证明汉代《功令》由来已久，是考核官吏的法律依据。

沿此思路，汉简中所出“邮书课”，也可以视为与此相关的考核法规。课，即为考课，“某某课”就是考核官吏某项工作职守的细则规定。秦律中的“牛羊课”是考核牛羊畜养的规定，[②]汉简中的“邮书课”则是考核邮书传递的法律规定：

临木部建武八年闰月邮书课[③]

☑诣居延都尉府。五月壬戌下餔，临木卒护受卅井城势北燧卒则；癸亥蚤食五分，当曲卒汤付□□卒□；执胡☑□收降卒□□，定行九时五分，中程。[④]

课内记录了邮书的交接时间、经手人、传行过程中实际所用时间，“中程”指符合规定程限。[⑤]若不中程，则要实施处罚：“不中程百里，罚金半两；过百里至二百里，一两；过二百里二两。不中程车一里，夺吏主者劳各一日；二里夺令□各一日。”[⑥]规定中既有罚金，也有夺劳，夺劳处罚与《功令》中秋射不中六矢夺劳十五日的规定功能相似，故“邮书课”也有可能是《功令》的相关法规之一。

《功令》内容丰富，又可随时补充，从一个侧面反映了汉代对考核法的自觉完善。

---

① 彭浩：《湖北江陵出土西汉简牍概说》，收入《汉简研究的现状与展望》，日本关西大学出版部 1993 年版。

② 睡虎地秦墓竹简整理小组编：《睡虎地秦墓竹简 · 效律》注释，第 143 页。

③ 《居延新简》EPT20 · 2。

④ 《居延汉简释文合校》229 · 4。

⑤ 参见《汉代屯戍遗简法律志》下编“其他文书”。

⑥ 《居延新简》EPT4T2 · 8B。

第二，加强监察，实行考核、监察并轨制。西汉时，郡国上计由丞相、御史二府主持，丞相府负责上计事务，御史府主司审计。御史大夫此项职权的履行，自然源出于其“典正法度”的职能。不过在宣帝时期，由于上计出现弊端，御史大夫的这项职能得到了特别强调。

宣帝地节三年（前 67 年），胶东相王成因“劳来不怠，流民自占八万余口，治有异等之效”①，受到宣帝亲自嘉奖，被赐以关内侯爵，秩中二千石。此后宣帝派丞相御史询问上计吏政令得失，“或对言前胶东相成伪自增加，以蒙显赏，是后俗吏多为虚名”②。至黄龙元年（前 49 年），上计中虚假浮夸，敷衍欺骗的行为已非罕见，为此宣帝颁诏，要求御史大夫严格审核，明辨真伪：

方今天下少事，繇役省减，兵革不动，而民多贫，盗贼不止，其咎安在？上计簿，具文而已，务为欺谩，以避其课。三公不以为意，朕将何任？诸请诏省卒徒自给者皆止。御史察计簿，疑非实者，按之，使真伪毋相乱。③

御史府如何“察计簿”而揭发非实者，未知其详。成帝鸿嘉元年（前 20 年），御史大夫于永卒，大司农谷永为推荐薛宣而上疏，疏中称“（薛）宣考绩功课，简在两府，不敢过称以奸欺诬之罪”④。这说明以御史大夫监察考核，确实在官吏中产生了一定的约束力，有效地制止了弊端的产生。

第三，运用法律手段，打击考核中的欺谩犯罪。汉律中有“欺谩”之罪，考核欺谩是其构成内容之一。武帝元狩二年（前 121 年），众利侯郝贤“坐为上谷太守入戍卒财物计谩，免”。颜师古曰：“上财物之计簿而欺

① 《汉书·循吏传·王成》。
② 《汉书·循吏传·王成》。
③ 《汉书·宣帝纪》。
④ 《汉书·薛宣传》。

谩不实。”[①]成帝建始二年（前31年），丞相匡衡因多占封国田界，被劾以“计簿已定而背法制，专地盗土以自益”[②]，免为庶人；制郡图计簿者也被定为不道之罪。又《汉书·薛宣传》：

（上）遂册免（薛）宣曰：“……乃者广汉群盗横恣，残贼吏民，朕恻然伤之，数以问君，君对辄不如其实。西州鬲绝，几不为郡。三辅赋敛无度，酷吏并缘为奸，侵扰百姓，诏君案验，复无欲得事实之意。九卿以下，咸承风指，同时陷于谩欺之辜，咎繇君焉！……伤薄风化，无以帅示四方。不忍致君于理，其上丞相高阳侯印绶，罢归。”

此实为皇帝考核丞相之例。薛宣“不以实对”“无欲得事实之意”，被司法官员依法劾为渎职欺谩。“不忍致君于理”，意谓汉律于欺谩罪本有处罚规定，因薛宣身为丞相，故令其上交丞相封侯印绶，罢官归第。以丞相因考核欺谩而被罢黜之例可以想见，汉律对各级官吏考核中出现的欺谩行为，将同样采取惩治打击的手段。

总观汉代的官吏管理法，有三点颇值得借鉴：（1）录用严格，程序完备。既注意选拔有功亦能的官吏充实官僚队伍，也为通经明术、博学多闻的白衣平民开辟仕途，以此促进官吏群体素质的改观。（2）责权利清楚。对官吏既明确责任义务，也给予权力利益，促使各级官吏充分发挥潜能，更好地履行义务。（3）考核有序，优胜劣黜。通过考核，既促进了行政目标的达成，也优化了官吏队伍，使整个行政组织基本保持一个流动的、有活力的人才结构。

---

① 《汉书·景武昭宣元成功臣表》。

② 《汉书·匡衡传》。

第十四章　两汉时期的民事与经济法律

汉代的经济实力，经历了一个由凋敝至复苏，由复苏至强大的过程。汉初承秦之弊，“丈夫从军旅，老弱转粮馕，作业剧而财匮，自天子不能具钧驷，而将相或乘牛车，齐民无藏盖”①；孝惠、高后时，经济开始复苏，“天下晏然，刑罚罕用，民务稼穑，衣食滋殖”②；文景之世，经济全面复苏，“吏安其官，民乐其业，畜积岁增，户口寖息”③；至武帝之世，已是“京师之钱累巨万，贯朽而不可校。太仓之粟陈陈相因，充溢露积于外，至腐败不可食”④，实力达至鼎盛。经济的发展，促进了农业与手工业的发展。在此基础上，商品经济也获得了长足的发展：“汉兴，海内为一，开关梁，弛山泽之禁，是以富商大贾，周流天下，交易之物莫不通，得其所欲。”⑤当时全国有名的大城市如长安、洛阳、邯郸、平阳、临淄等地，商业发达，声名远播。在此背景下，两汉的民事法律关系与经济法律关系日益丰富，政府也十分注重民事与经济立法，用法律手段调整民事与经济关系，有关土地、户婚、债务、继承、财产等民事法律规范以及商业、金融、赋税等经济法律规范均有建树，显示出国家权力、法律意志对民事、经济生活的主动介入。

---

①《史记·平准书》。

②《汉书·高后纪》。

③《汉书·刑法志》。

④《史记·平准书》。

⑤《史记·货殖列传》。

第一节　民事权利主体

一、民事权利主体

两汉社会是等级社会，社会各阶层人等的法律地位是不平等的，因此在民事法律关系中的权利与义务也存在着明显的差别。像皇帝、诸侯王、官僚享有完全的民事法律权利，并且在此权利的保护下，为了聚敛财富而热衷于参与民事流通活动。武帝时武安侯田蚡“治宅甲诸第……市买郡县器物相属于道”[①]，霍去病也为其父“买田宅奴婢”[②]。东汉时，济南安王刘康“多殖财货，大修宫室，奴婢至千四百人，厩马千二百匹，私田八百顷”[③]。甚至连皇帝中也有参与民间田地交易者，如汉成帝“置私田于民间，畜私奴车马于北宫”[④]。汉灵帝更是广置私田，“又还河闲买田宅，起第观”[⑤]。居延汉简所见数量繁多的官吏从事交易买卖的文书，证明官僚阶层参与民事流通活动是一种相当普遍的现象。

两汉自耕农的社会身份为平民，从法律地位来看，他们是具有完全行为能力的阶层。自耕农是自己土地的所有权人，因此在急需时可以出卖自己的土地，这表明他们具有完全的所有权。但由于自耕农占有的土地数量很少，即使是终年辛勤劳作也难以生存，故而民事权利在客观上受到一定限制。佃农和雇农以劳动力受雇于人，他们与雇主的关系是一种契约关系，而与之发生此种租佃、雇佣关系的，主要是官僚、地主及

① 《史记·魏其武安侯列传》。

② 《汉书·霍去病传》。

③ 《后汉书·济南王康传》。

④ 《汉书·五行志》。

⑤ 《后汉书·张让传》。

商人。东汉时期，大量农民因失去土地而成为豪强地主的依附者，被称为“宾客”“徒附”“佃客”。他们对主人有很强的人身依附关系，民事权利受到很大的限制。

商人的民事权利地位比较特殊。一方面，由于他们从事买卖交易，是商品流通领域中的重要主体，因此明显具有一定的民事行为能力。另一方面，在重农抑商政策的影响下，特别是武帝时实施的抑商政策法律化，使商人的民事行为能力受到种种限制，如“贾人有市籍者及其家属，皆无得籍名田”①，规定商人不得参与土地交易，又规定商人不得衣锦乘车，商人子孙不得为官，有市籍者为第一征发对象等。在此种限制下，商人只能是有限制的民事权利主体。

奴婢在汉代社会是一个数量众多的阶层。据《汉书·贡禹传》记载，汉代“诸官奴婢十万余人”。西汉张安世“家僮七百人，皆有手技作事”②。东汉时，窦氏“奴婢以千数”③。奴婢在民事法律上的地位与财产相等，可以被买卖、转让，因此毫无民事权利可言。但是汉律禁止主人对奴婢擅加肉刑，更禁止私自杀害奴婢。东汉光武帝建武十三年（37年）诏：“其杀奴婢，不得减罪”，“敢炙灼奴婢，论如律，免所炙者为庶民”。④皇帝有时还颁诏，将因灾荒或战乱而沦为奴婢者免为庶民。汉高祖五年（前202年）诏：“民以饥饿自卖为人奴婢者，皆免为庶人。”⑤光武帝建武十二年（36年）也曾下诏，令将战乱中被掠卖为奴者“一切免为庶民”。⑥奴婢被免为庶民后，即具有与庶民相同的民事权利。

---

① 《史记·平准书》。
② 《汉书·张安世传》。
③ 《后汉书·窦融传》。
④ 《后汉书·光武帝纪下》。
⑤ 《汉书·高帝纪下》。
⑥ 《后汉书·光武帝纪下》。

二、民事行为能力

民事行为能力指民事主体通过自己的行为取得民事权利和承担民事义务的资格。汉律中虽然没有民事行为能力之类的概念，但汉初规定男子“年二十三傅之畴官”①，景帝时改为“令天下男子年二十始傅”②。傅，意即给公家服徭役。景帝令规定男子为国家服徭役的起始年龄为二十岁，但是具有民事行为能力当在此限之前。《汉书 · 高帝纪》：“〔四年〕八月，初为算赋。”注引如淳曰：“《汉仪注》民年十五以上至五十六出赋钱，人百二十为一算，为治库兵车马。”以此令见之，十五岁即成人年龄，要向国家交纳成丁人头税“算赋”。惠帝六年（前 189 年）规定，“女子年十五以上至三十不嫁，五算”③。由此可以认为，至此年龄已经具有完全民事行为能力，能够通过自己的独立行为进行民事活动，并独立承担民事责任。据《太平御览》卷八三六引《风俗通》，成帝绥和年间，沛郡一富翁担心自己死后，已出嫁之女与幼子争夺财产，于是立下遗书，“悉以财属女，但遗一剑，云儿年十五以还付之”。富翁子年满十五岁后，因其姐不肯还剑，遂告至郡府。司空何武断道：“夫剑者，所以决断。限年十五，有智力足也。”判决悉夺财产与富翁子。又据下文将述平帝元始五年（5 年）《先令券书》，当事人之一公文年十五时离家，取父姓居住在外，而在其兄遗嘱中仍被视为法定财产继承人。这说明当时民间已经认为男子年十五以上可以独立参与民事活动，官府也承认其民事行为能力，并以此为依据处理民事纠纷。

---

① 《汉书 · 高帝纪》注引如淳曰：“律，年二十三傅之畴官，各从其父畴学之，高不满六尺二寸以下为罷癃。”

② 《汉书 · 景帝纪》。

③ 《汉书 · 惠帝纪》。

第二节　所有权

所有权是人们对物质资料占有关系在法律上的明确规定，是统治阶级用以保护其生产资料所有制的一项重要的法律制度。两汉时期，土地是最主要的生产资料，因而在一切财产之中，最重要的就是对土地的所有权。

一、国家土地所有权

两汉时存在着大量的国有土地，称之为“官田”或“公田”。国有土地包括山林川泽、苑囿园池、垦田荒地，可耕地的占有方式为继承官田、新垦农田、没收私田、户绝之田。

西汉前期，皇帝常将国有土地用于赏赐军功。汉高祖称帝之初，即令酬功劳者以田宅：“诸侯子及从军归者，甚多高爵。吾数诏吏先与田宅，及所当求于吏者，亟与。”[①] 除军功以外，对国家有所贡献者，也可以得到田宅赏赐。如武帝时卜式输财入官，获得武帝所赐十顷田地。[②] 苏武出使匈奴归汉，“赐钱二百万，公田二顷”[③]。

但在一般情况下，汉代对国有土地实行所有权与使用权分离原则，即实行假田制，由官府将大量官田出租给无地或少地的农民耕种，国家收取赋税。汉高祖二年（前 205 年）颁令：“诸故秦苑囿园池，皆令人得田之。”[④] 颜师古注：“田，即后世佃之。”武帝时大量没收商人田地，“往往即郡县比

---

① 《汉书·高帝纪下》。
② 《汉书·食货志下》。
③ 《汉书·苏武传》。
④ 《汉书·高帝纪下》。

没入田田之”[1]，即将没收的土地出租给农民耕种。昭帝元凤三年（前78年），“罢中牟苑赋贫民”[2]，宣帝地节元年（前69年），“假郡国贫民田”[3]。此后假田诏令史不绝书，见知者有宣帝地节三年（前67年）诏，元帝初元元年（前48年）诏、初元二年（前47年）诏、永光元年（前43年）诏，和帝永元五年（93年）诏、九年（97年）诏、十一年（99年）诏，安帝永初元年（107年）诏。[4]假，意为租赁、借与。开发、使用权转让给私人的国有土地称“假田”，租借者向所有者缴纳租税称“假税”。假税率因时期、地区的不同而无统一规定，有些公田的假税率高于“三十税一”的田税率，有些与田税率相差无几，有的则低于田税率。[5]

此外，在非常年景下，赐田农民也是官田出租的另一种经营方式。东汉章帝元和元年（84年）诏：“自牛疫已来，谷食连少，良由吏教未至，刺史、二千石不以为负。其令郡国募人无田欲徙它界就肥饶者，恣听之。到在所，赐给公田，为雇耕佣，赁种饷，贳与田器，勿收租五岁，除筭三年。其后欲还本乡者，勿禁。”[6]在灾疫之年，国家将公田赐给无田移民，令其耕种，五年不收租，并免除三年算赋，日后移民要迁回原籍也不禁止，此种租赁方式，土地所有权仍然属于国家，受租的农民只是承租人而已。

为了戍边需要，武帝时征发庶人戍卒及减刑罪犯，采用军事编制，在边疆地区进行大规模的垦荒，此称“屯田”。屯田的土地所有权属于国家，屯田士卒的实际身份是国家雇工。他们向国家领取生产工具、种籽及衣食口粮，收获的粮食则上交国家。屯田之初，屯田土地是禁止买卖的，

① 《史记·平准书》。
② 《汉书·昭帝纪》。
③ 《汉书·宣帝纪》。
④ 见《汉书》《后汉书》各帝纪。
⑤ 参见林甘泉、童超：《中国封建社会土地制度史》（第一卷），中国社会科学出版社1990年版，第247页。
⑥ 《后汉书·章帝纪》。

但此后则出现了占有屯田的情况，如三墧隧长居延西道里公乘徐宗，有“宅一区直三千，田五十亩直五千”[①]，候长广昌里公乘礼忠“田五顷〔直〕五万”[②]。当屯田的买卖、租佃成为普遍现象后，其所有权也发生了逆转，国有土地转变为私有土地。

二、私人土地所有权

汉代的法律承认土地的私有权，私有土地基本是垦田，占有方式有受赐、侵占、买卖、继承等。受赐是国家权力下的土地所有权的转变方式，即通过皇帝的赏赐而将国有土地转变为私人所有。哀帝时一次赐宠臣董贤田二千余顷，为突出之例。侵占则是用非法手段占有国有、私有土地，据为己有。武帝时李蔡为丞相，诏赐冢地二十亩，李蔡则“盗取三顷，颇卖得四十余万”[③]。“（衡山王赐）数侵夺人田，坏人冢以为田。”[④]由于汉代土地允许买卖，所以土地所有权大都经由买卖获得。武帝时四川女子卓文君得父亲所与嫁资，“买田宅，为富人”[⑤]。一般平民也有少量土地交易者。灵帝建宁二年（169 年），“河内怀男子王未卿，从河南街邮部男子袁叔威买皋门亭部什三陌西袁田三亩，亩贾钱三千一百，并直九千三百，钱即日毕”[⑥]。又有私人团体共同买地者：

建初二年正月十五日，侍廷里父老僤祭尊于季、主疏左臣等廿五人，共为约束石券。里治中迺以永平十五年六月造起僤，敛钱共有

① 《居延汉简释文合校》24 · 1B。
② 《居延汉简释文合校》37 · 35。
③ 《汉书 · 李广传》。
④ 《史记 · 淮南衡山列传》。
⑤ 《史记 · 司马相如列传》。
⑥ 罗振玉《贞松堂集古遗文》卷一五。

六万一千五百，买田八十二亩。僤中其有訾次当给为里父老者，共以客田借与，得收田上毛物谷实自给。即訾下不中，还田转与当为父老者，传后子孙以为常。其有物故，得传后代户者一人。即僤中皆訾下不中父老，季、臣等共假赁田。它如约束。[①]

"父老僤"是侍廷里的一个私人团体，成员是具有出任"父老"资格的二十五户居民。章帝建初二年（77 年），二十五户居民共同出资，买田八十二亩，约定以田地收入作为该团体中出任父老时的报酬。该父老不任职时，田地仍归僤的全体成员所有。僤的某一成员亡故，由其子孙一人继承。为此，二十五人共同签名立约，刻石为券。这种私人团体共同拥有的土地，属于典型的私人集体所有权。

由于土地私有权的观念深入人心，不仅王侯、官僚侵夺田地，甚至连皇帝也在民间购置私田，由此形成了汉代土地兼并日益盛行的局面。为了保护广大自耕农的基本生存条件，避免因"富者田连阡陌，贫者无立锥地"[②]的两极分化引起社会矛盾激化，武帝时董仲舒就提出了"限民名田，以赡不足，塞并兼之路"[③]的建议。董仲舒的建议虽未形成法令，但在刺史面向所部履行的六条监察职责中，第一条就是"强宗豪右，田宅逾制，以强凌弱，以众暴寡"[④]，将限制强宗豪右多占田地作为首要任务。汉律对贵族王侯的私有土地也进行了法定限制："诸侯在国，名田他县，罚金二两。"[⑤]西汉末年，针对土地兼并愈加严重的现实，哀帝于即位之初，即采纳大司空师丹限民名田的建议，正式颁布限田令，规定"诸王、列侯得名田国中。列侯在长安及公主名田县道，关内侯、吏民名田，皆无得过三十顷。……

① 该券名"东汉侍廷里父老僤买田约束石券"，释文见《文物》1987 年第 12 期。
② 《汉书 · 食货志下》。
③ 《汉书 · 食货志下》。
④ 《汉书 · 百官公卿表上》注。
⑤ 《汉书 · 哀帝纪》注引如淳曰。

贾人皆不得名田、为吏，犯者以律论。诸名田畜奴婢过品，皆没入县官”[①]，并限定此法“期尽三年，犯者没入官”[②]。然而限田令行世未久，即因贵戚豪强的反对而夭折。新莽时期，为了解决土地兼并的问题，于始建国元年（9年）下令禁止土地买卖，“更名天下田曰王田，奴婢曰私属，皆不得买卖”[③]，并规定重新分配土地：“其男口不满八，而田过一井者，分余田与九族乡党。”[④]法令公布后，引起了贵族官僚、豪强地主的激烈反对。三年之后，王莽不得不废除此令，重新允许土地买卖。土地兼并尾大不掉的现实，反映出土地私有权的进一步深化，已是不可逆转的发展趋势。

三、所有权保护

为了维护经济秩序的稳定，汉律十分注意对所有权的保护，其保护方式主要有以下三种。

1. 确认所有权。汉律规定，当所有权因归属不清而发生争执时，当事人可以通过法律寻求保护。在司法实践中，官府审理侵犯所有权的案件，首先应当明确所有权的归属，然后才能决定采取何种保护方式，因此人们在进行买卖、继承、赠予、出租等民事活动时，都需要订立文契。这些文契具有确认所有权的法律效力，是法律意义上的所有权确认物。最典型者的所有权确认物就是土地凭证。土地凭证是依法享受土地所有权与使用权的法律依据，也是土地作为商品进入流通领域、转让所有权的合法协议。汉代官方的土地凭证尚未见到实例，但以通行于社会生活中的土地买卖契约来看，它就是实际意义上的土地凭证。居延汉简“汉长乐里乐奴卖田券”记：

① 《汉书·哀帝纪》。

② 《汉书·食货志上》。

③ 《汉书·食货志上》。

④ 《汉书·食货志上》。

☐置长乐里乐奴田卅五亩，贾钱九百，钱毕已。丈田即不足，计亩数环（还）钱。旁人淳于次孺、王充、郑少卿，古（沽）酒旁二斗，皆饮之。[①]

此卖田券除去民事法律上的契约关系外，亦是买卖双方对土地所有权的转让、拥有的凭证。作为冢地而出卖的山地，凭证往往以刻石为载体，更直接显示了对所有权的拥有。如西汉宣帝地节二年（前68年）扬量买山刻石：

地节二年☐月，巴州民扬量买山，直钱千百，作业冢，子孙永保，其毋替。[②]

又东汉章帝建初元年（76年）昆弟六人买山地摩崖刻石：

大吉。昆弟六人，共买山地。建初元年，造此冢地，直三万钱。[③]

上述的卖田券与买山刻石，无疑都是法律意义上的所有权确认物。

文契是所有权的法律表现，也是明确所有权的重要依据。《周礼·秋官·士师》："凡以财狱讼者，正之以傅别约剂。"郑玄注："若今时市买，为券书以别之，各得其一，讼则案券以正之。"可见法律是以契约为凭证，对所有权实行保护。

2. 返还原物。所有人在其所有物被他人非法占有时，可以向官府提出诉讼，要求官府责令不法占有人归还原物。西汉初年萧何为相，深恐刘邦猜忌，于是"多买田地，贱贳贷以自污"，以求保全。刘邦平定黥布返回长安，"民道遮行，上书言相国彊贱买民田宅数千人"，刘邦将"民所上书

① 《居延汉简释文合校》557·4。
② 陆星农《八琼室金石补正》卷二。
③ 陆耀遹《金石续编》卷一。

皆以与何，曰：‘君自谢民’”。[①] 武帝元狩三年（前120年），平城侯刘礼“坐恐猲取鸡，以令买偿，免”[②]。颜师古注：“恐猲取人鸡，依令买鸡以偿，坐此免侯。”“以令买偿”，说明法律对返还原物有明确规定。东汉时苑康任泰山太守，“郡内豪姓多不法。康至，奋威怒，施严令，莫有干犯者。先所请夺人田宅，皆遽还之”[③]。

3. 赔偿损害。所有人的财产遭受他人的不法侵害，致使财产损坏不能修复，或者原物已经遗失不能返还者，所有人可以向官府提出诉讼，要求官府责令侵害人赔偿损害，官府则依法保护所有权人的权益。居延汉简所见一件偿马案，即为此类赔偿案例：

▨书曰：大昌里男子张宗责居延甲渠收虏燧长赵宣马钱凡四千九百二十，将召宣诣官，□以〔证〕财物故不实，臧二百五十以上，〔辞〕已□□□□□□辟

▨赵氏，故为收虏燧长，属士吏张禹。宣与禹同治。乃永始二年正月中，禹病。禹弟宗自将驿牝胡马一匹来视禹，禹死。其月不审日，宗见塞外有野橐佗□□□□

▨宗马出塞逐橐佗，行可卅余里，得橐佗一匹，还未到燧，宗马萃僵死。宣以死马更所得橐佗归宗，宗不肯受。宣谓宗曰：强使宣行马，幸萃死，不以偿宗马也。

▨□共平宗马直七千，令宣偿宗，宣立以□钱千六百付宗。其三年四月中，宗使肩水府功曹受子渊责宣，子渊从故甲渠候杨君取直三年二月尽六[④]

① 《史记·萧相国世家》。
② 《汉书·王子侯表上》。
③ 《后汉书·苑康传》。
④ 《居延汉简释文合校》229·1—2。

此案经过为：居延都尉府甲渠候收虏隧长赵宣与士吏张禹共同戍边。成帝永始二年（前15年）正月中，张禹病，其弟张宗骑驿马前来探望，当月张禹病故。同月，赵宣骑张禹马出塞追逐野骆驼，马因疲劳过度而猝死。赵宣便以所得野骆驼还张宗，以顶替死马，但张宗不肯接受。赵宣称是张宗强行使自己骑马追逐，马不幸猝死，自己不应当赔偿。张宗遂将此案告至都尉府，府判驿马价值七千钱，命令赵宣偿还张宗，赵宣当时偿还一千六百钱。次年，肩水府功曹继续追缴，从赵宣上级、原甲渠候杨君处获取赔偿金。赵宣的行为虽然属于过失侵害，但仍被依法判决承担赔偿责任，使张宗的财产权益受到法律保护。对于非人为的财产侵害，汉律也有相应的规定："言律曰：畜产相贼杀，参分偿。和令少仲出钱三千及死马骨肉付循，请平。"[①]此案大意是循之马因与少仲之马（？）相斗而死，按照汉律规定，畜产相斗而死，按畜产的三分之一价值赔偿，因此判决少仲出钱三千赔偿循，死马骨肉也交付给循。《唐律疏议 · 厩库律》中有"诸犬自杀伤他人畜产者，犬主偿其减价；余畜自相杀伤者，偿减价之半"之规定，大概源于汉律。

此外，汉代还采用刑罚手段打击侵夺所有权，尤其是土地所有权的行为，汉律中的"专地盗土""夺田""买公田与近臣"诸罪，即为此而设。武帝元光六年（前129年），衡山王入朝，"王使人上书告内史，内史治，言王不直。王又数侵夺人田，坏人冢以为田。有司请逮治衡山王"[②]；成帝建始二年（前31年），右扶风温顺为少府，"坐买公田与近臣，下狱论"[③]；丞相匡衡因多占封国田地，多收田租，被劾奏"计簿已定而背法制，专地盗土以自益"，郡国官员亦被劾以"猥举郡计，乱减县界，附下罔上，擅以地附益大臣，皆不道"[④]。

---

① 《疏勒河流域出土汉简》480。
② 《史记 · 淮南衡山列传》。
③ 《汉书 · 百官公卿表下》。
④ 《汉书 · 匡衡传》。

第三节　债　权

伴随着两汉时期社会经济的发展，各个领域里的经济关系都非常活跃，买卖、借贷、租佃、雇佣等债权债务关系也相应地有所发展，逐步成为社会生活中的普遍现象。

一、买卖契约

汉时称契约为“券”或“券书”。《周礼·天官·小宰》：“以官府之八成经邦治，……四曰听称责以傅别，……七曰听买卖以质剂。”郑司农云：“称责谓贷予，傅别谓券书也。听讼责者，以券书决之。傅，傅著约束于文书；别，别为两，两家各得一也。……质剂，谓两书一札，同而别之，长曰质，短曰剂。”郑玄注：“傅别、质剂，皆今之券书也。”券又可以和契互训。《说文·刀部》：“券，契也。……券，别之书，以刀判契其旁，故曰契券。”出土汉简中亦有契券实物者，如《居延汉简释文合校》26·1与262·29简，是两枚债券，左侧均有三道刻齿，[①] 可证《说文》之说。契约是保护国家与个人合法权利的重要信物，具有共同认定的效力。汉建国之后，高祖“与功臣剖符作誓，丹书铁契，金匮石室，藏之宗庙”[②]，即表现了契约的信物效力。契约形成后，双方须各持一份，发生纠纷时以契约为据进行诉讼。郑玄注《周礼·秋官·士师》云：“若今时市卖为券书以别之，各得其一，讼则案以证之”，反映了契约在汉代社会生活中的重要作用。

---

① 《汉代屯戍遗简法律志》中编附“债”。《中国珍稀法律典籍集成》甲编第二册，科学出版社1994年版。

② 《汉书·高帝纪下》。

买卖契约是两汉时期各种契约形式中最主要的一种，是买卖关系成立的凭证，运用比较普遍。限于史料所见，目前以土地买卖契约及用于日常用品交易的贳卖契约较为多见。

1. 土地买卖契约。如东汉建初六年（81 年）武孟靡婴买地玉券：

建初六年十一月十六日乙酉，武孟子男靡婴买马起宠、朱大弟少卿冢田。南广九十步，西长六十八步，北广六十五，东长七十九步。为田廿三亩奇百六十四步，直钱十万二千。东，陈田比分，北、西、南朱少比分。时知券约赵满、何非。沽酒各二千。[①]

东汉建宁四年（171 年）雒阳县孙成买田铅券：

建宁四年九月戊午朔廿八日乙酉，左骏厩官大奴孙成从雒阳男子张伯始卖所名有广德亭部罗佰田一町，贾钱万五千。钱即日毕。田东比张长卿，南比许仲异，西尽大道，北比张伯始。根生土著毛物，皆属孙成。田中若有尸死，男即当为奴，女即当为婢，皆当为孙成趋走给使。田东、西、南、北，以大石为界。时旁人樊永、张义、孙龙、异姓、樊元祖，皆知张约。沽酒各半。[②]

东汉熹平五年（176 年）刘元台买地砖券：

熹平五年七月庚寅朔十四日癸卯，广□乡乐成里刘元台从同县刘文平妻〔买得〕代夷里冢地一处，贾钱二万，即日钱毕。〔南〕至官道，西尽〔坟〕渎，东与房亲，北与刘景□。为冢时，临知者刘元泥、枕安居共为券书，

① 黄濬《衡斋金石识小录》上。

② 罗振玉《蒿里遗珍·地券征存》。

平靳不当卖而卖，辛为左右所禁□平□为是正，如律令。[①]

东汉光和二年（179年）河南县王当买田铅券：

光和二年十月辛未朔三日癸酉，告墓上、墓下、中央主士，敢告墓伯、魂门亭长、墓主、墓皇、墓臽：青骨死人王当、弟〔使〕偷及父元兴〔等〕从河南□□〔左仲敬〕子孙等，买谷郏亭部三佰西袁田十亩，以为宅。贾直钱万。钱即日毕。田有丈尺，卷（券）书明白。故立田角封界，界至九天上，九地下。死人归蒿里地下，□〔得〕何〔花〕姓〔三得〕名佑（有）富贵，利子孙。王当、当弟使偷及父元兴等，当〔责〕，各令死者无适负。即欲有所为，待焦大豆生，铅卷（券）华荣，鸡子之鸣，乃与〔诸〕神相听。何以为真？铅卷（券）尺六为真。千秋万岁，后无死者。如律令。

卷（券）成。田本曹奉祖田，卖与左仲敬等。仲敬转卖〔与王当〕、弟使偷、父元兴。约文□□，时知黄唯、留登胜。[②]

汉长乐里乐奴卖田券：

▨置长乐里乐奴田卅五彶，贾钱九百，钱毕已。丈田即不足，计彶数环（还）钱。旁人淳于次孺、王充、郑少卿，古（沽）酒旁二斗，皆饮之。[③]

上述买地券多为“幽契”，是明器之一种，故质材各异。唯“长乐里乐奴卖地券”出于汉简，最直接地反映了当时现实生活中的土地交易形态。总

① 蒋华：《扬州甘泉山出土东汉刘元台买地砖券》，载《文物》1980年第6期。

② 原文见洛阳博物馆：《洛阳东汉光和二年王当墓发掘简报》，载《文物》1980年第6期。引用释文据张传玺主编：《中国历代契约会编考释》上，北京大学出版社1995年版，第52页。

③ 《居延汉简释文合校》557·4。

观这些契约，可知汉代的买地契约包括了标的、买卖双方姓名及籍贯、土地所在、土地范围、土地价格、订约时间、地款交付情况等项条件。整个订约过程由买卖双方及证人（旁人、知者）共同完成，买卖双方是当事人，旁人、知者则是见证人。交易完毕，三方共同饮酒，显示出交易、订约活动的郑重。

2. 贳卖契约。汉简中此例甚多：

①元平元年七月庚子，禽寇卒冯时卖橐络六枚枚杨卿所，约至八月十日与时小麦七石六斗，过月十五，斗计，盖卿任。[①]

②神爵二年十月廿六日，广汉县廿郑里男子节宽竟卖布袍一领胡遂长张仲孙所，贾钱千三百，约至正月□□，任者□□□□□□□□

正月责付□□十时在旁候史长子仲、戍卒杜忠知券□沽旁二斗。[②]

③建昭二年闰月丙戌，甲渠令史董子方买鄣卒□威裘一领，直七百五十，约至春钱毕已，旁人杜君隽。[③]

④七月十日，鄣卒张中功贳买皂布章单衣一领，直三百五十，三埱史张君长所，钱约至十二月尽毕已，旁人临桐史解子房知券□☐[④]

⑤惊虏隧卒东郡临邑吕里王广卷上，字次君，贳卖八稯布一匹，直二百九十，觻得定安里随方子惠所，舍在上中门第二里三门东入，任者阎少季、薛少卿。[⑤]

此五例简文，前三例有明确纪年，分别为昭帝元平元年（前 74 年），宣帝神爵二年（前 60 年），元帝建昭二年（前 37 年），是极为难得的西汉中、后期的契约实物。与土地买卖契约比较，标的、当事人姓名及籍贯、证人

---

① 《散见简牍合辑》52。
② 《疏勒河流域出土汉简》170A、B。
③ 《居延汉简释文合校》26 · 1。
④ 《居延汉简释文合校》262 · 29。
⑤ 《居延汉简释文合校》287 · 13。

及姓名、价格、交易时间诸项基本相同。所不同者有三：一是订立贳卖契约时，如简①、②、③、④所示，双方必须约定付钱日期，到期必须付款，否则予以惩罚。简②是如约付款之例。广汉县某里男子节宽竟于神爵二年十月二十六卖布袍一领给张仲孙，约定次年正月付款。至次年正月，张仲孙付清衣款，结束债务，是谓“责付”。简①则记载了违约惩罚。冯时于七月卖给杨卿橐络六枚，双方约定至八月十日由杨卿付给冯时小麦七石六斗，超过期限，每日罚小麦一斗。契约中已有相当明显的违约内容。二是除“旁人”外，还出现了“任者”。《说文·人部》：“任，保也。”《周礼，地官·大司徒》：“使之相保。”郑玄注：“犹任也。”契约中的“任者”，就是今语中的担保人。旁人的责任是为契约的完成提供见证，任者的责任则是为契约的履行提供可行保证，二者有所不同。三是记明赊贷方的详细住址，以便促使其如约履行义务。这种记明赊贷方住址的契约，又见《居延新简》EPT51·84简：“戍卒东郡聊成孔里孔定贳卖剑一，直八百，觻得长杜里郭稺君所，舍里中东家南入，任者同里杜长完，……”

在日常生活中，买卖契约的订立应当是经常、大量的，这从上述买地券及贳卖契约中可以看出大概。此外，由于汉代奴婢的法律地位等同于财产，因此买卖奴婢时也需要订立契约。如：“神爵三年正月十五日，资中县男子王子渊从成都安志里女子杨惠买夫时户下髯奴便了，决卖万五千。奴从百役使，不得有二言。……若有私敛，主给宾客。奴不得有奸私，事事当闻白。奴不听教，当笞一百。”[1]这一文书虽然不是真正的买卖奴婢契约，但却是按照此类契约格式写成，故有一定的参考价值。

二、借贷契约

两汉时期的借贷活动相当活跃，人们迫于日常生活所需及祭祀、丧葬

---

①《艺文类聚》卷三五。

所急，往往介入借贷关系之中，甚至一些贵族官僚也因各种需要而时有举债之事。藉此需求，不仅富商豪贾积蓄高利贷资本，贵族官僚放债取息，就是一般官吏也从事贷钱贷物活动。如："终古队卒王晏言队长房五月廿日贷晏钱百。"[①]汉代还有《贷钱它物律》[②]专项法规行世，规范借贷行为。借贷关系的活跃，促使相关文书契约大量产生，居延汉简所见数量众多的债务文书，就是最好的例证。检索简文，可见有《债券簿》之名，[③]债务实例如：

不侵守候长成赦之责广地隧长□丰钱八百，移广地候官。●一事一封八月壬子，尉史并封。[④]

三堆隧长徐宗，自言〔责〕故霸胡亭长宁就舍钱二千三百卅，数责不可得。[⑤]

甲渠戍卒淮阳始□□宁□自言责箕山隧长周祖，从与贷钱千，已得六百，少四百。[⑥]

阳朔元年五月丁未朔丙辰，殄北守候塞尉广移甲渠候官书曰：第廿五隧□责殄北石隧长王子恩官袍一领，直千五百；鉼庭隧卒赵回责殄北备寇□[⑦]

据以上债务实例，借贷物有钱有物，借贷物逾期不归，借贷双方即形成债权、债务关系。债权人由于债务人偿债不足或干脆不偿债，往往通过

① 《居延新简》EPT40 · 6A。
② 《居延新简释粹》EJF16 · 1—16。
③ 《居延汉简释文合校》274 · 32。
④ 《居延汉简释文合校》58 · 11。
⑤ 《居延汉简释文合校》3 · 4。
⑥ 《居延新简》EPT4 · 92。
⑦ 《居延汉简释文合校》157 · 5A。

官府请求债务人履行义务。简文中的“自言”，就是此类申告文书。官府受理申告后，即要求核实调查，通过权力向债务人收债：

元延元年十月甲午朔戊午，橐佗守候护移肩水城官：吏自言责啬夫荦晏如牒，书到，验问收责报，如律令。[①]

简文意为，成帝元延元年（前12年）十月二十五日，橐佗守候护收到肩水都尉府移送的吏要求啬夫荦晏还债的申告文书，随即验问荦晏，收回欠债，报告处理结果。债务偿清后，即从《债券簿》中将债券消除：

察微隧长卑赦之，负夏幸钱五百卅，负呑北卒□□□□负吕昌钱二百。五百五十皆□□皆已入毕，前所移籍当去。[②]

上述简文中的“验问收责报，如律令”，表明收债、偿债依法令进行，法律保护债权人的利益，惩治债务人逾期不偿债的行为。文帝四年（前176年），河阳侯陈信“坐不偿人责六月，免”[③]；明帝永平时，规定诸侯负债不偿，“辄有削绌之罚”[④]。至于一般百姓，只能是“卖田宅，鬻子孙以偿责”[⑤]，以劳役抵偿债务则更为普遍：“贫人负官重责，贫无以偿，则身为官作，责乃毕竟。”[⑥]

为了保证债务关系的履行，汉代还实行债务担保制。《后汉书·桓谭传》：“今富商大贾多放钱贷，中家子弟为之保役。”“保役”即担保。前述

① 《居延汉简释文合校》506·9A。
② 《居延新简》EPT51·77。
③ 《汉书·高惠高后文功臣表》。
④ 《潜夫论·断讼》。
⑤ 《汉书·食货志上》。
⑥ 《论衡·量知》。

契约中的“任者”，就是身份明确的担保人。如：“责第卅三队卒纪常富，字子严。布二匹，直千五百，候史张君卿任。”[①] 如果债务人死亡，担保人须通知其家人承担清偿债务的责任，这一义务也是构成契约的内容之一：“□石十石，约至九月糴（粜）必以（已）。即有物故，知责家中见在者。”[②] 抵押也是较为常见的担保方式，如以人身抵押者：

前汉董永，千乘人，少失母，独养父。父亡，无以葬，乃从人贷钱一万。永谓钱主曰：“后若无钱还君，当以身作奴。”[③]

以家产抵押者：

乌程男子孙常与弟烈分居，各得田半顷。烈死，岁饥，常稍以米粟给烈妻子，辄追计值作券，没取其田。[④]

以俸禄抵押者：

移卿在所，负卒史干卿钱千，唯卿卿以七月奉钱千付干卿，以印为信。[⑤]

阳朔元年七月戊午，当曲燧长谭敢言之。负故止害燧长宁常交钱六百，愿以七月奉钱六百偿常，以印为信，敢言之。[⑥]

汉简文书中所反映的丰富的债权债务关系，说明汉代社会的民事关系

---

① 《居延新简》EPT59 · 70。

② 《居延汉简释文合校》273 · 12。

③ 《太平御览》卷四一一引刘向《孝子图》。

④ 《太平御览》卷六三九引《会稽典录》东汉事例。

⑤ 《居延汉简释文合校》284 · 4A、B，282 · 11A、B。

⑥ 《居延新简》EPT52 · 88A。

并非完全处于习惯的状态下自行发展，而是在法律的约束与规范中有序完善，体现了调整关系中的理性倾向。

第四节　婚姻与继承

一、婚姻

在中国古代社会，由于宗法伦理观念的影响，婚姻关系的目的是“上以事宗庙，下以继后世也”①，深受儒家学说浸染的汉代婚姻关系，对此更加重视，并通过经学法典《白虎通义》，对婚姻关系的成立提出了以下几条重要原则。

首先，父母主婚，媒妁传言。所谓“男不自专娶，女不自专嫁，必繇父母，须媒妁何？远耻辱防淫泆也”②，因此“娶妻如之何，必告父母；娶妻如之何，匪媒不得”③，“妇人因媒而嫁”④，成为社会群体共同承认并付诸行动的准则。

其次，实行“六礼”。《白虎通义·嫁娶》：“《礼》曰：女子十五许嫁，纳采、问名、纳吉、请期、亲迎以雁贽。”⑤纳采，男家请媒人去女家提亲，女家同意后，男家备礼前去求婚。问名，男家请媒人问女方的生时年月。纳吉，男家选择吉日，备礼通知女家，决定定婚。纳征，男家正式送聘礼给女家。请期，男家择定婚期告诉女家，求其同意。亲迎，新郎亲至女家迎娶新娘。在上述程序中，雁是必需之物，具有重要的象征意义：“取其随

① 《礼记·昏义》。

② 《白虎通义·嫁娶》。

③ 《白虎通义·嫁娶》。

④ 《新序·杂事》。

⑤ 《白虎通义·嫁娶》。

时南北，不失其节，明不夺女子之节也。又取飞成行，止成列也，明嫁娶之礼，长幼有序，不相逾越也。”①与此同时，送聘礼是婚姻关系成立的重要环节，颇为人们重视，因此此风大炽。宣帝时王吉上疏，指出“世俗聘妻送女亡节，则贫人不及，故不举子”②，可见此风影响之深。

最后，禁止同姓为婚。《白虎通义》述此禁忌云：“《春秋》传曰：‘宋三代无大夫，忌其内娶也。’不娶同姓者，重人伦，防淫泆，耻与禽兽同也。……《曲礼》曰：‘买妾不知姓则卜之。’外属小功已上，亦不得娶也。”③娶同姓之耻竟与禽兽同，致使不娶同姓原则对现实生活产生了巨大深刻的约束力。据可考婚姻个案，异姓通婚者占 96%，同姓通婚者仅占 3%。④又有“五不娶”禁忌，即“乱家之子不娶，逆家之子，世有刑人，恶疾、丧妇长子，此不娶也”⑤。

此外，汉初法律还明令禁止“娶亡人为妻”，违者科以刑罚：

〔高祖十年〕●胡丞憙敢谳之，十二月壬申大夫荫诣女子符，告亡。●曰：诚亡，诈自以为未有名数，以令自占书名数，为大夫明隶，明嫁符隐官解妻，弗告亡，它如荫。解曰：符有名数明所，解以为毋恢人也，取（娶）以为妻，不智（知）前亡，乃疑为明隶，它如符。诘解：符虽有名数明所，而实亡人也。●律：取（娶）亡人为妻，黥为城旦，弗智（知），非有减也。解虽弗智（知），当以取（娶）亡人为妻论。……吏议：符有数明所，明嫁为解妻，解不智（知）其亡，不当论。●或曰：符虽已诈书名数，实亡人也。解虽不智（知）其请（情），当以取（娶）亡人为妻论，斩左止为城旦。

---

① 《白虎通义·嫁娶》。
② 《汉书·王吉传》。
③ 《白虎通义·嫁娶》。
④ 数字统计引自岳庆平：《中国秦汉习俗史》，人民出版社 1994 年版，第 131 页。
⑤ 《白虎通义·嫁娶》。

廷报曰：取（娶）亡人为妻论之，律白，不当谳。[1]

此案经过如下：高祖十年（前197年）十二月，大夫荊的女奴符逃亡至大夫明处，诈称尚未登记在册，再次登记后，由明嫁给隐官（受过肉刑者）解为妻，解不知符为逃亡之人。此事被大夫荊告至官府。汉律规定：娶亡人为妻，黥为城旦，即使不知其为亡人，也不减刑。司法官吏审议此案，一种意见认为，解不知符是亡人，不应论罪。一种意见则主张加重处罚，判处“斩左止为城旦”。案件上谳后，廷尉终审：律文清楚，依律行事，不应上谳。

汉代虽然确认并维护一夫一妻制的婚姻关系，丈夫纳妾却不为法律所禁止，因此纳妾之风盛行，贵族官僚往往妻妾成群。汉初丞相张苍“妻妾以百数”[2]，武帝时丞相田蚡“后房妇以百数”[3]，一般富豪及中小官吏也以纳妾为常事。一妻多妾的存在，必然造成妻妾之间的矛盾与争斗，容易破坏家庭结构的稳定，进而可能成为影响社会经济秩序发展的因素，因此汉律禁止“乱妻妾位”的行为，以此防范妻妾争斗而对家庭结构带来的破坏作用。哀帝元寿二年（前1年），孔乡侯傅晏因“坐乱妻妾位免，徙合浦”[4]。

关于结婚年龄，目前尚未看到有明确的法律规定。但是《白虎通义》根据经义，提出了两种理想的结婚年龄。一是男三十，女二十。理由是：“男三十而娶，女二十而嫁，阳数奇，阴数偶。男长女幼者，阳舒阴促。男三十筋骨坚强，任为人父；女二十肌肤充盛，任为人母，合为五十，应大衍之数，生万物也。故《礼·内则》曰：男三十壮有室，女二十壮而嫁。”[5]

---

① 江陵张家山汉简整理小组：《江陵张家山汉简〈奏谳书〉释文（一）》，载《文物》1993年第8期。

②《汉书·张苍传》。

③《汉书·田蚡传》。

④《汉书·外戚恩泽侯表》。

⑤《白虎通义·嫁娶》。

二是男二十五，女十五。根据亦出自经义："《谷梁传》曰：男二十五系，女十五许嫁，感阴阳也。……所以系心者何？防其淫泆也。"[①]西汉初年，由于人口锐减，政府提倡早婚，以增殖人户。惠帝六年（前189年）曾下令，规定"女子年十五以上至三十不嫁，五算"[②]，即女子若十五岁以上至三十岁仍未成婚，罚其五倍的人头税。此令虽属非常，但受儒家思想的深度影响，社会生活中的早婚现象较为普遍。"世俗嫁娶太早，未知为人父母之道而有子，是以教化不明而民多夭"[③]，王吉上疏所言为西汉中期情形，反映了当时社会的早婚风气。

婚姻的解除主要取决于丈夫的意志，儒家伦理道德赋予丈夫的弃妻权就是"七去"。《大戴礼记 · 本命》："妇有七去，……不顺父母去，为其逆德也；无子，为其绝世也；淫，为其乱族也；妒，为其乱家也；有恶疾，为其不可与共粢盛也；口多言，为其离亲也；盗窃，为其反义也。"在社会现实中，七出实际已构成了丈夫与妻子解除婚姻关系的法定条件与依据。东汉时，鲍永"事后母至孝"，其妻"尝于母前叱狗，而永即去之"[④]；姜诗则因妻子未能及时给母亲打来江水，便"责而遣之"[⑤]。妻子若对丈夫纳妾不满，也是被弃出的理由之一。王禁妻因不满王禁"多娶傍妻"，即被王禁以"妒"为由休弃。[⑥]妻子如果"口多言"，易于破坏丈夫家族内部的和睦关系，故而也被作为出妻的理由。东汉李充兄弟六人共同生活，其妻提出分居，李充为此"呵叱其妇，逐令出门"[⑦]。妻子如果有盗窃行为，自然也不为丈夫所容。《汉书 · 蒯通传》："（蒯）通曰：'臣之里妇，与里之诸母

---

① 《白虎通义 · 嫁娶》。
② 《汉书 · 惠帝纪》。
③ 《汉书 · 王吉传》。
④ 《后汉书 · 鲍永传》。
⑤ 《后汉书 · 列女传 · 姜诗妻》。
⑥ 《汉书 · 元后传》。
⑦ 《后汉书 · 独行传 · 李充》。

相善也。里妇夜亡肉，姑以为盗，怒而逐之……。'”又《王吉传》：“（王）吉少时学问，居长安。东家有大枣树垂吉庭中，吉妇取枣以啖吉。吉后知之，乃去妇。”妻子有婚外性关系，则被视为淫乱，更是被弃的一大理由。“无子”与“有恶疾”，导致夫家无后代“奉宗庙”，所以也被列为休弃条件。

七去虽然是丈夫解除婚姻关系的法定依据，但也不是绝对无条件的。为了防止七出的滥用，又有“三不去”对男子的离婚权加以限制，即“有所取无所归不去，与更三年丧不去，前贫贱后富贵不去”①。规定男子在三种情况下不得行使离婚权：其一，妻子娘家无人，衣食无所。其二，妻子在夫家为公婆服丧三年。其三，丈夫娶妻时贫贱，此后富贵。较之“七去”，“三不去”的规定在一定程度上体现了理性的因素。

目前在汉律中，还未见到如唐律中关于和离的规定，但汉代官吏在司法实践中已经提出了“合”“离”概念，即所谓“夫妇之道，有义则合，无义则离”②，反映出妻子在解除婚姻关系上也有一定的主动权。《汉书·朱买臣传》：“（朱买臣）家贫，好读书，不治产业，常艾薪樵，卖以给食，担束薪，行且诵书。其妻亦负戴相随，数止买臣毋歌呕道中。买臣愈益疾歌，妻羞之，求去。……买臣不能留，即听去。”《后汉书·列女许升妻传》：“吴许升妻者，吕氏之女也，字荣。升少为博徒，不理操行，……荣父积忿疾升，乃呼荣欲改嫁之。”由妻子一方主动提出与丈夫离婚，说明在汉代社会中，妇女在婚姻上并非完全处于被动地位。

根据汉律的规定，夫妻离异时，妻子可以带走自己的陪嫁物品，其余财产则归丈夫所有。《礼记·杂记下》郑玄注：“律，弃妻畀所赍”，就是法律对夫妻财产地位的不平等规定。

妇女在解除婚姻关系或丈夫死后，可以重新结婚。甚至妻子在为亡夫守灵期间与人和奸，依律判处“完为舂”，司法官吏都会认为量刑过重。

---

① 《大戴礼记·本命》。

② 《汉书·孔光传》。

据张家山汉简《奏谳书》案例，西汉初年，女子甲的丈夫病故，灵柩停于堂上尚未下葬，甲即与人在棺后房中发生性关系，被其夫之母告吏，捕至官府。当地官府难以决断此案，便上报中央处理。廷尉及其属官认为甲犯了“不孝”“敖悍”之罪，处甲“完为舂”劳役刑。廷尉史申则认为，既然“夫生而自嫁，及取（娶）者皆黥为城旦舂。夫死而妻自嫁，取（娶）者毋罪”，“欺死夫毋论”，对甲判处“完为舂，不亦重虖（乎）”？最后廷尉承认判决不当。[①]可见汉初法律不仅允许女子改嫁，而且承认一旦丈夫去世，夫妻的婚姻关系即告结束，女子与人发生关系不以和奸论处。但至汉中期，这一规定有了明显的变化。董仲舒《春秋决狱》一例，反映了此种变化：

甲夫乙将船，会海风盛，船没溺流死亡，不得葬。四月，甲母丙即嫁甲，欲何论？或曰：甲夫死未葬，法无许嫁，以私为人妻，当弃市。议曰：臣愚以为《春秋》之义，言夫人归于齐，言夫死无男，有更嫁之道也。妇人无专制擅恣之行，听从为顺，嫁之者归也。甲又尊者所嫁，无淫行之心，非私为人妻也。明于决事，皆无罪名，不当坐。[②]

以此案例见之，此时法律已有妇女不得在丈夫死而未葬期间再嫁的规定，若违律改嫁，罪名为“私为人妻”。但董仲舒认为甲母嫁甲符合经义，不属于“私为人妻”，没有触犯刑律。以上两个判例均具有法律效力，体现了汉律对妇女改嫁再嫁的宽容。汉代的平民百姓、富商大贾、贵族官僚、皇族成员各个阶层，都不乏妇女再婚改嫁之例，[③]恰好证实了这一宽容的现

① 江陵张家山汉简整理小组《江陵张家山汉简〈奏谳书〉释文（二）》二二，载《文物》1995年第3期。李学勤先生认为，此案发生年代当属西汉初年。考释见《文物》同期所载《〈奏谳书〉解说下》。

② 《太平御览》卷六四〇引。

③ 参见岳庆平《中国秦汉习俗史》第151页。

实存在。近年出自江苏扬州胥浦101号西汉墓的平帝元始五年（5年）《先令券书》，记女子妪先与墓主之父结婚，生有包括墓主在内的四个子女。墓主之父去世后，又先后将两名男子招入家中结婚，并分别生有一子一女，故墓主于遗嘱中称“有三父，子男女六人皆不同父”[①]。这种开放自由的婚姻关系，从一个方面反映了汉代妇女在婚姻关系中的自主权。

二、继承

爵位继承是两汉法律调整的主要继承关系之一。汉建国后，刘邦论功定封，“与功臣剖符作誓，丹书铁契，金匮石室，藏之宗庙”[②]，其封爵之誓曰：“使黄河如带，泰山若厉，国以永存，爰及苗裔。”[③]高后二年（前186年），“复诏丞相陈平尽差列侯之功，录弟下竟，臧诸宗庙，副在有司”[④]。其时规定，爵位的继承人必须是嫡长子。《史记·孝文本纪》：“立嗣必子，所从来远矣。……子孙继嗣，世世弗绝，天下之大义也。”景帝欲传位其弟梁孝王，大臣窦婴谏道：“汉法之约，传子适（嫡）孙，今帝何以得传弟，擅乱高帝约乎！于是景帝默然无声。”[⑤]嫡长子孙继承爵位与王位是“汉法之约”，违者自然要受到惩处，汉律中的“非子”“非正”之罪，即为此而设。如文帝十一年（前169年）陈嘉嗣复阳侯，景帝六年（前151年）陈拾嗣，武帝元朔元年（前128年）陈彊嗣，元狩二年（前121年）“坐父拾非嘉子，免”[⑥]。昭帝元凤三年（前78年），益都侯刘嘉“坐非广子免”[⑦]。成帝元延三

---

① 扬州博物馆:《江苏仪征胥浦101号西汉墓》，载《文物》1987年第1期。

②《汉书·高帝纪下》。

③《汉书·高惠高后文功臣表》。

④《汉书·高惠高后文功臣表》。

⑤ 褚少孙补《史记·梁孝王世家》。

⑥《汉书·高惠高后文功臣表》。

⑦《汉书·王子侯表上》。

年（前 10 年），营平侯赵岑“坐父钦诈以长安女子王君侠子为嗣，免”[①]。平帝元始三年（3 年），平周侯丁满“坐非正免”[②]。

汉初曾经实行分封王侯的政策，目的在于巩固加强以刘氏为中心的统治体系，但由于受封的诸侯王拥有封地内的行政权与财政权，致使逐步形成割据势力，与中央产生尖锐的矛盾。吴楚七国之乱，就是这种矛盾发展到极端后的结果。叛乱平定后，中央实行了一系列强干弱枝的措施，例如削减王国的组织机构、官员品秩，由中央统一管理诸王在封地内的军事、财政权，不许诸王直接管理封国等。武帝时还特别接受了主父偃的建议，于元朔二年（前 127 年）颁诏：“梁王、城阳王亲慈同生，愿以邑分弟，其许之。诸侯王请与子弟邑者，朕将亲览，使有列位。”[③]这就是著名的《推恩令》。《推恩令》规定了新的爵位继承法，将以前爵位只能由嫡长子继承的规定，改为诸侯王子弟共同继承，诸子均有权继承爵位。《推恩令》的施行，扩大了爵位继承人的范围，削弱了诸侯王的力量，巩固了国家的统一。

财产继承也是两汉法律重点调整的继承关系。先秦礼制规定，在家庭生活中，必须以家长为家产的所有人，只有家长才享有对家产的绝对处分权，所谓“家事统于尊也”[④]，因此要求家庭成员无论尊卑，都要“无私货，无私畜，无私器，不敢私假，不敢私与”[⑤]。在这样的约束之下，父母在世时，家庭成员当然不许分家析产。商鞅变法时推行“分异令”，规定“民有二男以上不分异者，倍其赋”[⑥]，以法律强制实行父母生前的家产继承。汉初，此令虽不见行世，但父母在世时即继承家产的现象依然存在。惠帝时太中大夫陆贾病免家居，“以好畤田地善，可以家焉。有五男，迺出所使越得

① 《汉书 · 外戚恩泽侯表》。
② 《汉书 · 外戚恩泽侯表》。
③ 《汉书 · 武帝纪》。
④ 《礼记 · 内则》郑玄注。
⑤ 《礼记 · 内则》。
⑥ 《史记 · 商君列传》。

橐中装，卖千金，分其子，子二百金，令为生产”[①]。当然这种析产首先取决于家产所有人的意愿，与秦时的强制析产有所不同。宣帝时疏广、疏受同时任为少傅，后俱辞官还乡，得赐金数十斤。回乡后每日设具酒食，请族人故旧宾客宴饮娱乐，并数问金余多少。亲属受其子孙所托，劝其置办产业，购买田宅。疏广曰：“吾岂老悖不念子孙哉？顾自有旧田庐，令子孙勤力其中，足以共衣食，与凡人齐。”[②]可见若无所有人同意，子孙仍不得于其在世时继承财产。

家产所有人去世后，子女则享受习惯性继承权，继承权往往通过所有人的生前遗嘱实现。成帝绥和元年（前 8 年），司空何武即依据沛郡某富豪的遗嘱，决断了一件遗产继承纠纷案：[③]

沛中有富豪，家訾三千万。小妇子是男，又早失母，其大妇女甚不贤。公病困，恐死后必当争财，男儿判不全得，因呼族人为遗令云：“悉以财属女，但以一剑与男，年十五以付之。”儿后大，姊不肯与剑，男乃诣官诉之。司空何武曰：“剑，所以决断也。限年十五，有智力足也。女及婿温饱十五年已幸矣。”议者皆谓武原情度事得其理。[④]

“遗令”即今语遗嘱。沛郡富豪担心身后女儿争夺遗产而幼子无所得，为此召集族人留下遗嘱，由女儿继承全部家产，只留一剑待儿子十五岁时交还。何武洞察富豪用意，合理地判决了姐弟间的遗产纠纷。由此可见，遗嘱执行是继承权实现的法定条件之一。以上案例在记录时显然经过一定删节，因此遗嘱的文书形态不甚明了，从而给人们认识汉代的继承关系带

① 《史记·陆贾列传》。

② 《汉书·疏广传》。

③ 据《汉书·百官公卿表下》记载，是年廷尉何武任御史大夫，同年御史大夫改司空，故何武判决此案当在是年。

④ 《太平御览》卷八三六引应劭《风俗通》。

来较大的局限。近年出自江苏扬州仪征胥浦 101 号汉墓的平帝元始五年（5 年）《先令券书》，则为我们认识汉代的遗嘱形态及财产继承关系，提供了一条极其罕见的史料。券书内容如下：

元始五年九月壬辰朔辛丑亥，高都里朱凌，卢（庐）居新安里，甚接其死。故请县、乡三老、都乡有秩、左里师（师）、田谭等，为先令券书。

凌自言：有三父，子男女六人，皆不同父。〔欲〕令子各知其父家次，子女以君、子真、子方、仙君，父为朱孙。弟公文，父吴衰近君。女弟弱君，父曲阿病长宾。妪言：公文年十五去家，自出为姓，遂居外，未尝持一钱来归。妪予子真、子方自为产业。子女仙君、弱君等贫，毋产业。五年四月十日，妪以稻田一处，桑田二处，分予弱君。波（陂）田一处，分予仙君，于至十二月。公文伤人为徒，贫无产业。于至十二月十一日，仙君、弱君各归田于妪，让予公文。妪即受田，以田分予公文。稻田二处，桑田二处，田界易如故，公文不得移卖田予他人。

时任知者：里师、伍人谭等，及亲属孔聚、田文、满真。先令券书明白，可以从事。[1]

券书意为：元始五年九月初十日，高都里朱凌，家居新安里，将不久于人世，因此请来县、乡三老、都乡有秩、里师田谭等人，订立先令券书。朱凌自述：家中有三位父亲，子女六人为异父兄弟姐妹。准备让子女各自知道自己的父亲，以君、子真（朱凌）、子方、仙君的父亲是朱孙。弟弟公文的父亲是吴县人衰近君，妹妹弱君的父亲是曲阿县人病长宾。妪（朱凌之母）述：公文十五岁时离家，自取父姓，居住在外，从未带回一枚钱。妪将产业分给儿子子真、子方。因女儿仙君、弱君家贫，无产业，妪于同年四月十日，贷给弱君一处稻田，二处桑田；贷给仙君陂田一处，限期

① 扬州博物馆：《江苏仪征胥浦 101 号西汉墓》，载《文物》1987 年第 1 期。

十二月归还。公文因伤人被判处徒刑，家贫无产业。约定至十二月十一日，仙君、弱君各自将田归还给妪，让给公文。妪得田后即以此分给公文。稻田二处，桑田二处的地界依然如故，公文不得将田转卖、借贷给他人。现场证人、担保人有里师、同伍之人田谭，以及亲属孔聚、田文、满真等人。[①]

"先令"，即预先立遗令之意。《汉书·何并传》："〔何并为颍川太守〕，疾病，召丞、掾，作先令书曰：'告子恢：吾生素餐日久，死虽当得法赙，勿受。葬，为小椁，亶容下棺。"颜师古注："先为遗令也。"同今语之立遗嘱。通过《先令券书》可以发现诸点：其一，汉代以遗嘱分配财产的现象已经较为普遍。据推测，朱凌可能是一个身份较低的小地主或小土地所有者，[②]前述沛郡富豪则家訾千万，无论富庶，财产所有人都在临终前安排财产分配。其二，朱凌请来县乡三老及乡吏里吏参与订立遗嘱，表明遗嘱执行将由乡里官吏及亲属族人监督进行，既表现了法定权力与习惯继承的结合，也体现了前者对后者的约束。其三，家长在析产过程中仍具有决定权。朱凌是朱家长子，也是遗嘱的订立者，但在家产的分配中，实际行使权力的是母亲妪。根据妪在遗嘱中的作用不难看出，她和长子对家产具有第一支配权。其四，儿女均有继承权，但继承顺序儿子居先。公文虽然系妪后夫所出，又早年离家居外，以后又判刑服役，长期未在朱家，但在其服刑期满后，将获得由同母异父姐妹处归还的田产使用权，而仙君、弱君从朱家所贷田产的使用权仅有八个月。这也许是二人已从朱家出嫁所致。其五，汉代遗嘱文书的制作已经具有相当的水准。券书包含了订立遗嘱时间、遗嘱者姓名、遗嘱内容、具有公证效力的行政组织官吏、遗嘱见证人及担保人，基本具备了现代遗嘱的要件。"先令券书明白，可以从事"一句，应当是官吏与证人、担保人对遗嘱法律效力的认定，证明遗嘱执行具有法律

① 参见陈平、王勤金：《仪征胥浦 101 号西汉墓〈先令券书〉初考》，载《文物》1987 年第 1 期。

② 扬州博物馆：《江苏仪征胥浦 101 号西汉墓》，载《文物》1987 年第 1 期。

效力。

汉代的财产继承法是否有制定法行世，苦于史料的缺乏而难以定论。但以《先令券书》的内容见之，继承关系的调整并不仅依赖于习惯法，官府权力的介入，遗嘱文书的发达，透视出制定法于此并非尚未触及。

第五节　商业法

一、抑商政策法律化

汉初，商品经济相当活跃，“富商大贾周流天下，交易之物莫不通”[①]，商人们以此“得其所欲”，积累资本，甚至操纵物价，放高利贷，重利盘剥，不仅使农民难以安家立业，也使国家财政储备受到侵蚀。这对以农为本的汉政府是一个很大的冲击。文帝时，晁错曾尖锐地指出了商人势力的发展对小农经济的危害：

商贾大者积贮倍息，小者坐列贩卖，操其奇赢，日游都市，乘上之急，所卖必倍。故其男不耕耘，女不蚕织，衣必文采，食必粱肉；亡农夫之苦，有阡陌之得。因其富厚，交通王侯，力过吏势，以利相倾；千里游敖，冠盖相望，乘坚策肥，履丝曳缟。此商人所以兼并农人，农人所以流亡者也。[②]

为此，汉政府通过频繁立法，将抑商政策纳入法律轨道，对商人实施了自战国以来最严厉的抑制。抑商立法主要体现在以下几个方面。

1. 高度歧视商人，贬低其社会与法律地位。汉高祖八年（前 199 年），

① 《史记 · 货殖列传》。
② 《汉书 · 食货志上》。

强制命令“贾人毋得衣锦绣绮縠絺纻罽，操兵，乘骑马”[①]。孝惠、高后时，因天下初定，“复弛商贾之律”[②]，商人势力重新发展，商人们“乘坚策肥，履丝曳缟”，高祖之令成为具文，出现了“今法律贱商人，商人已富贵矣；尊农夫，农夫已贫贱矣”[③]的矛盾现象，法律面对其保护对象农夫与制约对象商贾，均显得颇为无奈。

武帝时，抑商政策趋于强化，贬低商人的法律地位也陡然加大幅度，一个明显的做法就是将商贾与犯罪官吏、亡命者、赘婿同列为七种人，遣往边郡强制戍卫，称“七科谪”。《汉书·武帝纪》：“〔天汉〕四年……，发天下七科谪及勇敢士，……出朔方。”颜师古注引张晏曰：“吏有罪一，亡命二，赘婿三，贾人四，故有市籍五，父母有市籍六，大父母有市籍七，凡七科也。”“七科”中商人地位最低，犯罪官吏、逃犯、赘婿谪止其身，而商贾不论现有市籍者、原有市籍者，一律谪戍，甚至推及父母、祖父母，贬抑之烈，由此可见。

2. 禁止商贾为吏。官吏是国家权力的执行者，也是庶民百姓的管理者，毫无法律地位、身份低贱的商贾当然不能入仕为宦。这一规定高祖时即已实行：“文学曰：‘……高帝禁商贾不得仕宦，所以遏贪鄙之俗而醇至诚之风也。’”[④]孝惠、高后时，尽管“复弛商贾之律，然市井之子孙亦不得仕宦为吏”[⑤]；文帝时规定“贾人、赘婿及吏坐赃者皆禁锢不得为吏”[⑥]；景帝时亦遵行“有市籍不得宦”[⑦]的旧令；哀帝绥和二年（前 7 年）再次强调禁止贾

① 《汉书·高帝纪下》。

② 《史记·平准书》。

③ 《汉书·食货志上》。

④ 《盐铁论·本议》。

⑤ 《史记·平准书》。

⑥ 《汉书·贡禹传》。

⑦ 《汉书·景帝纪》。

人为吏，“犯者以律论”[①]，强化了法律制裁手段。东汉建武初，桓谭上疏曰：“夫理国之道，举本业而抑末利，是以先帝禁人二业，锢商贾不得宦为吏，此所以抑并兼长廉耻也”[②]，正是揭示了国家禁止商贾为吏的目的所在。

3. 商贾不得占田。此令颁布于武帝之世，是时“商贾以币之变，多积货逐利。于是公卿言：‘……贾人有市籍，及家属，皆无得名田，以便农。敢犯令，没入田货。’”[③]颜师古注：“一人有市籍，则身及家内皆不得有田也。”哀帝绥和二年（前 7 年）重申此令：“贾人皆不得名田、为吏，犯者以律论。”[④]限制商贾占田的根本目的，在于阻止商贾兼并土地，积累资本。

4. 加重征税，没收资产。武帝时为了加重商人的税收负担，减损其资本积累，于元光六年（前 129 年）冬“初算商车”，[⑤]按商贾车船的拥有量向其征税。又据《史记 · 平准书》：“异时算轺车贾人之缗钱皆有差。”可知与此同时还对商人的资金实行征税，税率如《集解》李斐曰：“一贯千钱出二十，算也”，即 2%。此后政府对商人的征税手段愈加严厉，立法步骤加快，最终促使了《缗钱令》与《告缗令》的正式出台。

《缗钱令》颁布于元狩四年（前 119 年）。是年武帝在元光六年“初算商车”的基础上，采纳张汤等人恢复“算轺车贾人缗钱”的建议，颁布《缗钱令》，开始在全国范围内大规模地征收商人的资产税。《汉书 · 食货志下》记载了此令的产生与内容：

> 商贾以币之变，多积货逐利。于是公卿言：“郡国颇被灾害，贫民无产业者，募徙广饶之地。陛下损膳省用，出禁钱以振元元，宽贷，而民不齐出南亩，商贾滋众。贫者畜积无有，皆仰县官。异时算轺车贾人之缗钱皆有差，

---

① 《汉书 · 哀帝纪》。
② 《后汉书 · 桓谭传》。
③ 《汉书 · 食货志下》。
④ 《汉书 · 哀帝纪》。
⑤ 《汉书 · 武帝纪》。

请算如故。诸贾人末作贳贷卖买，居邑贮积诸物，及商以取利者，虽无市籍，各以其物自占，率缗钱二千而算一。诸作有租及铸，率缗钱四千算一。非吏比者、三老、北边骑士，轺车一算；商贾人轺车二算；船五丈以上一算。匿不自占，占不悉，戍边一岁，没入缗钱。有能告者，以其半畀之。"

《缗钱令》规定：（1）商人、高利贷者（贳贷）、手工业者（末作）及从事商业活动的获利者，无论有无市籍，必须向官府申报本人资产，官府以此为基准评估其资产总额并征收资产税。商人、高利贷者每 2000 钱出一算，一算 120 钱，税率为 6%。手工业者减半，每 4000 钱出一算，税率 3%。（2）除官吏、三老、北边骑士外，凡有轺车者，均每辆纳税一算，商贾加倍，纳二算，船五丈以上纳一算。（3）凡隐瞒资产不报，或自报不实者，没收其全部资产，罚戍边一年。若他人检举揭发以上行为属实，即以被告发者的资产一半给予告发者。

《缗钱令》颁布后，"豪富皆争匿财"①，武帝又于元鼎三年（前 114 年）推出《告缗令》，强化《缗钱令》中的制裁措施，在全国开展"告缗"运动。杨可奉命主持"告缗"，派遣使者前往全国各地贯彻执行，其时"告缗遍天下"，中等资产以上之家大都被告。酷吏杜周严加惩处被告缗者，凡被治以匿缗钱罪者，少有能够解脱。经实施《缗钱令》与告缗运动后，汉政府"得民财物以亿计，奴婢以千万数，田大县数百顷，小县百余顷"②，中等资产以上的商贾大都破产。

上述几项法律措施的推行，在一定程度上遏制了商人势力的膨胀，尤其是《缗钱令》《告缗令》的实施，在抑商的同时，也为中央政府增加了巨大的财富，收到了立竿见影的效果。但这些抑商法规带有明显的传统农本位与权力干预意识，忽略了经济规律这一最根本的调整对象，因此伴随

① 《汉书·食货志下》。
② 《史记·平准书》。

着商品货币关系的发展，抑商法规最终只能产生短期效果，难以影响长远。自汉初以来“法律贱商人，商人已富贵矣”的矛盾现象不仅未能根除，反而愈抑愈盛。东汉末年，商人地主已是“荣乐过于封君，势力侔于守令”[①]，从反面印证了抑商法规的先天不足。

二、盐铁官营法

盐铁是国家的重要资源，也是人们的生活必需品，煮盐铸铁所能获得的丰厚利润显而易见。汉初，国家对盐铁之利并无法律规范，文帝时甚至“纵民得铸钱、冶铁、煮盐”[②]，结果吴王刘濞“东煮海水为盐”，“国用饶足”[③]，于景帝之际酿成七国之乱。武帝时边事频仍，军费巨大，国家财政陷入窘迫境地。武帝虽然亲自树立了“数求入财以助县官”的卜式为榜样，“布告天下，以风百姓”，但“百姓终莫分财佐县官”[④]，那些“冶铸煮盐，财或累万金”的富商大贾也不愿“佐国家之急”，[⑤]因此将盐铁的开发权、经营权收归国有，以此解决国家财政困难，已成为汉中期政府的当务之急。

武帝元狩四年（前 119 年），突破商贾不得为吏的禁忌，任命齐大盐商东郭咸阳、南阳大铁商孔仅为大农丞，负责盐铁事务。二人与洛阳商人之子桑弘羊共同为国家财政出谋划策，于是年通过大农令颜异向武帝呈上盐铁官营法的提案：

大农上盐铁丞孔仅、咸阳言：“山海，天地之臧（藏），宜属少府，陛下弗私，以属大农佐赋。愿募民自给费，因官器作鬻盐，官与牢盆。浮食

① 《后汉书 · 仲长统传》录《昌言 · 损益篇》。
② 《盐铁论 · 错币》。
③ 《汉书 · 吴王刘濞传》。
④ 《汉书 · 食货志下》。
⑤ 《史记 · 平准书》。

奇民欲擅斡山海之货，以致富羡，役利细民。其沮事之议，不可胜听。敢私铸铁器鬻盐者，钛左趾，没入其器物。郡不出铁者，置小铁官，使属在所县。”使仅、咸阳乘传举行天下盐铁，作官府，除故盐铁家富者为吏。[①]

据此记载，可知盐铁官营法包含了这样几项规定：（1）在全国的产盐地设立盐官，招募盐户自筹资金，由官府统一发给工具（盆）煮盐，工价（“牢”[②]）按盆数计算。（2）在全国重要的产铁区设置铁官，冶铸铁器。非产铁郡设小铁官，销旧铁而改铸新器。[③]（3）建立买卖机构，令原盐铁富商子弟充任官吏。（4）盐铁的生产、贩运、交易均由官府掌握，私人不得再行此业。敢有私铸铁器鬻盐者，处钛左趾之刑，没收一切器物。

这一提案随即得到武帝的批准而推向全国。孔仅、东郭咸阳亲自“乘传举行天下之盐铁”，汉政府遂将当时社会的两大支柱产业——煮盐与铸铁的权力，彻底掌握在中央手中。据《汉书·地理志》载，其时全国有四十八处设置铁官，三十八处设置盐官，这些盐铁机构在中央的统筹下，“笼天下盐铁诸利”[④]，为国家输送着不尽的财源，“当此之时，四方征暴乱，车甲之费，克获之赏，以亿万计，皆赡大司农。此皆……盐铁之福也”[⑤]。虽然在昭帝始元六年中央召开的盐铁会议上，盐铁官营法受到了文学、贤良的猛烈批判，甚至被迫在关内废置铁官，[⑥]但该法仍在发生效力。元帝初元五年（前44年），“在位诸儒多言盐铁官及北假田官、常平仓可罢，毋

① 《汉书·食货志下》。

② 《汉书·食货志下》颜师古注引苏林曰：“牢，价直也。”

③ “置小铁官”一句，颜师古注引邓展曰：“铸故铁。”

④ 《盐铁论·轻重》。

⑤ 《盐铁论·轻重》。

⑥ 《盐铁论·取下》：“〔公卿〕奏曰：‘贤良文学不明县官事，猥以盐铁为不便。请且罢郡国榷沽，关内铁官。’奏可。”

与民争利。上从其议，皆罢之”[①]，然而随即因国家财政不足而于永光三年（前 41 年）恢复盐铁官。[②]尹湾汉墓所出《东海郡吏员簿》，记有盐官长二人，秩三百石，丞秩二百石，墓葬年代应不晚于成帝末年。[③]这表明盐铁官营法的效力至少持续到了西汉末期。王莽改制，盐铁专卖为“六筦”之一，更见出此法的影响深刻。东汉章帝即位之初，“探观旧典，复收盐铁”[④]，后因“吏多不良，动失其便”，才在遗诏中“罢盐铁之禁”“纵民煮铸，入税县官如故事”。[⑤]

三、均输平准法

这是武帝时出台的又一项重要的经济法规。促使均输平准法出台的直接原因有两点：一是地方郡县向中央输送贡赋，或质量低劣，或难偿运费；二是中央各官府争相抢购，导致物价失控，直线上涨，商人们控制着国家所需物资的流通，从中牟取大利。该法的根本目的则在于“通委财而调缓急”[⑥]，切断富商大贾的利源而充实中央财政。

汉政府于武帝元鼎二年（前 115 年）开始试行大司农中丞桑弘羊的措施，“稍稍置均输以通货物矣”[⑦]。《史记集解》引孟康曰：“诸谓当所输于官者，皆令输其土地所饶，平其所在时价，官更于他处卖之，输者既便而官有利。”元封元年（前 110 年）桑弘羊任治粟都尉，即在全国大力推行均输平准法：

---

① 《汉书 · 食货志上》。又《元帝纪》：“〔初元五年〕夏四月，罢……盐铁官、常平仓。”
② 《汉书 · 元帝纪》：“〔永光三年〕冬，复盐铁官、博士弟子员。”
③ 《尹湾汉墓简牍》序言，中华书局 1997 年版。
④ 《后汉书 · 和帝纪》。
⑤ 《后汉书 · 和帝纪》。
⑥ 《盐铁论 · 本议》。
⑦ 《史记 · 平准书》。

其明年，元封元年，……桑弘羊为治粟都尉，领大农，尽代（孔）仅斡天下盐铁。弘羊以诸官各自市相争，物以故腾躍，而天下赋输或不偿其僦费，乃请置大农部丞数十人，分部主郡国，各往往置均输盐铁官，令远方各以其物如异时商贾所转〔贩〕者为赋，而相灌输。置平准于京师，都受天下委输。召工官治车诸器，皆仰给大农。大农诸官尽笼天下之货物，贵则卖之，贱则买之。如此，富商大贾亡所牟大利，则反本，而万物不得腾躍。故抑天下之物，名曰“平准”。天子以为然而许之。①

均输平准法的调整对象是中央与地方的物流关系，原本在此关系中起操纵作用并牟取大利的商贾被定为排斥对象。均输平准法的基本内容有三点：其一，将全国郡国划分为数十个区域，派遣数十名大农丞分别负责主管。其二，在各大农丞主管的区域内设置均输官，负责将原由商人收购的物产按当地价格折换成贡赋之物，转运京师以供官需。其三，运输所需车马、民工，统一由政府配置征调。所谓“均输”，意即通过国家的权力控制，均衡物流的远近难易，使其有序流动。均输平准法的基本内容是：由中央大司农“尽笼天下之货物”，即垄断各地输送至京师的物资，贵卖贱买，调节供需，平抑物价，是谓“平准”。

实施均输平准法后，汉政府得以摆脱深刻的财政危机，国库得到了极大的充实：“于是天子北至朔方，东封泰山，巡海上，旁北边以归。所过赏赐，用帛百余万匹，钱金以钜万计，皆取足大农。”② 而以前从中牟利甚丰的商贾则被迫完成了角色转换，听由中央财政在权力的干预下，实现对物流操纵权的掌握。昭帝始元六年（前81年）中央召开盐铁会议，贤良文学指责均输“行奸卖平，农民重苦，女工再税，未见输之均也”，平准“轻

① 《汉书·食货志下》。
② 《汉书·食货志下》。

贾奸吏收贱以取贵，未见准之平也”，[①] 均输平准法受到非议，此后效力逐渐减弱。东汉章帝元和年间，国家财政出现困难，尚书张林建议：“尽封钱，一取布帛为租，……官可自鬻。……又宜因交阯、益州上计吏往来，市珍宝，收采其利，武帝时所谓均输者也。”[②] 章帝诏诸尚书通议，事寝，或许该法废之已久。

四、酒类专卖法

酒是汉代人的主要饮用品之一，祭祀赏赐，仪式行事，婚丧嫁娶，送往迎来，订约结社，酒为必需之物。考古发现的汉代画像砖、画像石、壁画，与酒相关的题材多处可见，证明喜好饮酒是汉代人的代表习俗之一。由此可以推知，酒类的酿造、销售无疑利润丰厚。

景帝中三年（前 147 年），曾禁民酤酒。[③] 此令或受秦律影响。秦律《田律》规定：“百姓居田舍者毋敢醢（酤）酉（酒），田啬夫、部佐谨禁御之，有不从令者有罪。”[④] 意即居住在农村的百姓不得卖酒，田啬夫、部佐（负责征收赋税）应加以禁止，违令者有罪。景帝之令已见出酒类专卖的端倪，随后于后元年（前 143 年）开禁，“大酺五日，民得酤酒”[⑤]。因此在武帝之前，汉代尚无酒类专卖法行世，酒类的生产销售形式主要是民营。

武帝天汉三年（前 98 年），作为经济立法的系列举措之一，汉政府的酒类专卖法正式产生。《汉书 · 武帝纪》：“天汉三年，初榷酒酤。”颜师古注引应劭曰：“县官自酤榷卖酒，小民不复得酤也。”韦昭曰：“以木渡水曰榷，谓禁民酤酿，独官开置，如道路设木为榷，独取利也。”榷酒酤又称

① 《盐铁论 · 本议》。

② 《后汉书 · 朱晖传》。

③ 《汉书 · 景帝纪》。

④ 睡虎地秦墓竹简整理小组编：《睡虎地秦墓竹简 · 秦律十八种》，第 30 页。

⑤ 《汉书 · 景帝纪》。

酒榷、榷酤、酤酒，是政府制定的酒类专卖法规，在酒类的酿造、经营上明确了权力归属，即由政府设置榷酤官组织酒类生产，其产品亦由榷酤官统一实行经销，利润自然由政府掌握。此法的实施，使酒类专卖成为武帝时期的主要财源之一，与盐铁官营、均输平准并称为“三业”。①

昭帝始元六年（前 81 年），在郡国所举贤良文学的反对下，该法废除，榷酤官撤销。国家允许民营酒类，官府征收酒税。税率为每卖酒一升，征税四钱。元帝之际，此法又有恢复迹象：“孝元时，贾捐之上书曰：‘今天下赋数百，造盐铁榷酒之利，以佐用度，犹不能足，而人困矣。’”② 此“榷酒之利”，与元帝永光三年（前 41 年）因用度不足而恢复盐铁官或为同时之事。王莽时代，全面恢复酒类专卖，并且制定了更加细致的规定：专令官府设作坊生产酒类，产量按官府标准执行，“以二千五百石为一均，率开一卢以卖”③；以酿为生产单位，“雠五十酿为准”；利润分配亦按官定标准：生产一酿酒用粗米二斛，酒曲一斛，出成品酒六斛六升，扣除本钱，余为营利。营利中的十分之三偿付生产费用，十分之七为纯利润。④

东汉时期，酒类民营，专卖法自行消退，但它对国家财政收入的有效作用对后人影响久远。唐德宗建中三年（782 年），下令“禁人酤酒，官司置店自酤，收利以助军费”⑤，是为其例。

第六节　税　法

税法是确保国家财政收入的有效的法律手段，也是经济法规的重要组

---

① 《盐铁论·刺权》。
② 《通典·食货·榷酤》。
③ 《汉书·食货志下》。
④ 令文见《汉书·食货志下》。
⑤ 《通典·食货·榷酤》。

成部分，因此汉政府对此颇为重视，不断通过立法手段确立内容丰富、对象明确的各种税法。以目前所见知者，两汉税法主要有土地税、手工业税、商业税、人头税及财产税。

一、土地税

汉政府的理国之道为以农为本，土地作为基础性的生产资源，其税收既是资源税，也是产品税，是国家最重要的税收来源。政府对土地税率的调整、确定主要集中在汉初，通过以下史料可以看出其变化过程：

天下既定，……上于是约法省禁，轻田税，什五而税一。①

十二年四月，高祖崩。五月丙寅，太子即皇帝位，……减田租，复十五税一。（颜师古注引邓展曰："汉家初十五税一，俭于周十税一也。中间废，今复之也。"）②

〔文帝二年〕诏曰："其赐天下民今年田租之半。"③

上复从其（晁错）言，乃下诏赐民十二年租税之半。明年，遂除民田之租税。④

〔文帝〕十三年，除肉刑及田租税律、戍卒令。⑤

孝景二年，令民半出田租，三十而税一也。⑥

爬梳上述史料可以发现，土地税率的变化主要发生在汉高祖初年至景

① 《汉书 · 食货志上》。
② 《汉书 · 惠帝纪》。
③ 《汉书 · 文帝纪》。
④ 《汉书 · 食货志上》。
⑤ 《史记 · 汉兴以来将相名臣年表》。
⑥ 《汉书 · 食货志上》。

帝二年（前155年）：汉高祖减轻秦时田租，将税率由“泰半之赋”[①]大幅度下降为十五税一。此后租率又有所回升，至惠帝即位之年（前195年），恢复十五税一。文帝时租率继续下调，二年（前178年）赐民“田租之半”，征收十五税一的一半，定税率为三十税一。十二年（前168年）在此基础上再行减半，低至六十税一，次年（前167年）则全部免征，同时废除《田租税律》。景帝二年（前155年），在高祖、惠帝十五税一的基础上令民半出田租，将税率调整为三十税一。

此后三十税一遂为定制。东汉初年，一度实行十一之税，以备军需用度，但很快恢复旧制：“〔建武六年〕诏曰：‘顷者师旅未解，用度不足，故行什一之税。今军士屯田，粮储差积。其令郡国收见田租三十税一，如旧制。”[②]

土地税的征收方法如《盐铁论·未通》所述，“田虽三十，而以顷亩出税”，即根据拥有亩数，按当年产量的三十分之一计征。东汉章帝建初元年（76年），在山阳太守秦彭实践的基础上，对影响产量的土质也做了区分，“分别肥墝，差为三品”[③]，以使征税更趋合理。土地税的纳税物为谷物。《汉书·倪宽传》：

收租税，时裁阔狭，与民相假贷，以故租多不入。后有军发，左内史以负租课殿，当免。民闻当免，皆恐失之，大家牛车，小家担负，输租繦属不绝。

从中可见，汉代土地的纳税人主要是自耕农，纳税物为谷物。

---

① 《汉书·食货志上》：“至于始皇，遂并天下，内兴功作，外攘夷狄，收泰半之赋。”颜师古曰：“泰半，三分取其二。”

② 《后汉书·光武帝纪下》。

③ 《后汉书·秦彭传》。

和土地税共同交纳的，还有刍稾税。刍，饲草；稾，禾杆。征收刍稾的目的，在于为国家饲养的马牛提供草料，对此《秦律》中已有详细规定。[①]汉代对刍稾税的征收与管理也非常重视，据江陵凤凰山10号汉墓出土简牍记载：

平里户刍廿七石，田刍四石三斗七升，凡卅一石三斗七升。八斗为钱，六石当稾。定廿四石六斗九升当□。田稾二石二斗四升半，刍为稾十二石，凡十四石二斗八升半。

稾上户刍十三石，田刍一石六斗六升，凡十四石六斗六升。二斗为钱，一石当稾。定十三石四斗六升给当□。田稾八斗三升，刍为稾二石，凡二石八斗三升。[②]

根据这份乡里文书，至少可以推知四点：（1）刍有户刍、田刍之分，稾系农作物，故只有田稾。刍税的征课对象为户、田，显系按人与亩数计征，稾税则仅按亩数计征。（2）平里与稾上二里交纳数量相差较大，亦证明是按实际户数、亩数核定额数征收。（3）少量刍稾可以折钱。（4）刍可以代稾，或因刍的产量本来就大于稾，或与年景、收成的好坏有关。至西汉末期，刍稾税的征纳物已由实物改为货币。

二、手工业税

在两汉的手工业中，与国计民生关系最为密切、经营方式转换最为明显的行业，就是盐铁与酒类。盐铁与酒类的税收与其经营方式密切相关：当经营方式为官营专卖时，利润归属国有，面向个人的税收自然不发生作

① 参见睡虎地秦墓竹简整理小组编:《睡虎地秦墓竹简·秦律十八种》之《田律》。
② 《散见简牍合辑》808简。

用；而当经营方式为民营时，国家势必要通过税收增加财政收入。

1. 盐铁税。或许是因为汉代自武帝时即实行盐铁官营，并直至西汉末期还在发生效力，因此有关盐铁之税的记载相当少。不过有一点是可以肯定的，这就是汉代存在面向民营的盐铁税。《盐铁论·水旱》："贤良曰：'卒徒工匠，故民得占租鼓铸煮盐之时，盐与五谷同贾，器和利而中用。'"贤良所云"民得占租鼓铸煮盐之时"，显然指盐铁官营法实施以前。"占租"是汉代面向工商业实行的征税法。占，即自占，向官府自行申告登记；租，指官府根据登记籍簿征税。《汉书·王子侯表上》："旁光侯殷，……元鼎元年，坐贷子钱不占租，取息过律，会赦，免。"颜师古注："以子钱出贷人，律合收租，匿不占，取息利又多也。"可见"占租"就是根据申报收税，并有法律约束。

又据《后汉书·和帝纪》记章帝遗诏："罢盐铁之禁，纵民煮铸，入税县官，如故事"，和帝则申敕刺史、二千石"奉顺圣旨，勉弘德化，布告天下"，可知在章、和之际，盐铁官营法废除，国家依旧例民营征税。

两汉盐铁税的实态一向不甚明了，未来的考古新发现抑或可以现其历史真貌。

2. 酒税。在武帝天汉三年（前 98 年）实行酒类专卖法前，以景帝后元年（前 143 年）"民得酤酒"令见之，其时的酒类生产经营方式为民营。既是民营，必然征税，唯其实态未详。昭帝始元六年（前 81 年），酒类专卖法行世十七年而弛，酒类复归民营，政府定额收税："罢榷酤官，令民得以律占租，卖酒升四钱。"[①] 分析此令，汉代酒税似包含以下四项规定：其一，允许民间产销酒类。其二，酒商应当依法履行申报手续，主动将自己的产业造册登记，递交官府。申报受法律严格监督："律，诸当占租者家长身各以其物占，占不以实，家长不身自书，皆罚金二斤，没入所不自占物及贾

① 《汉书·昭帝纪》。

钱县官也。”[①] 其三，政府依据申报登记向酒商征税，税率为每售出一升酒征四钱。其四，纳税物为货币。凡未经允许而私自产销者，政府官员有权取缔：

> 及（霍）光薨后，（赵）广汉心知微指，发长安吏自将，与俱至光子博陆侯禹第，直突入其门，廋索私屠酤，椎破卢罂，斧斩其门关而去。
>
> 初，广汉客私酤酒长安市，丞相史逐去客。[②]

赵广汉搜索霍禹私宅，固然有体察顺承宣帝之意，但“廋索私屠酤”显然是正当理由，丞相史逐去“私酤酒”之客，也属合法行为。

需要略加说明的是，汉代民营酒业有可能是产销一体。据四川彭县出土的汉代画像砖，可见二人正在酿酒灶前忙碌，有人将此解作酿酒图，但也有人释为卖酒图。[③] 以酒业生产不必似盐铁一般大规模化推测，产销一体亦符合作坊式的手工业生产方式，因此酒税既是手工业税，又带有商业税的性质。

3. 工税。汉代的民营手工业比较发达，除盐铁、酒类外，人们亦从事纺织、造纸、日用品、工艺品等行业。从事手工业者应当向政府纳税，税名称“工税”。《续汉书 · 百官志五》：“凡郡县出盐多者置盐官，主盐税。出铁多者置铁官，主鼓铸。有工多者置工官，主工税物。有水池及鱼利多者置水官，主平水收渔税。”分析此条史料仅可知一点，国家在手工业行业较为集中的郡县设置工官，负责向手工业者征税。但是根据税依行业而征这一点揣测，汉代的工税理当有行业性的制度规定。

---

① 《汉书 · 昭帝纪》如淳注引汉律。

② 《汉书 · 赵广汉传》。

③ 汛冰：《四川汉代雕塑艺术》，中国古典艺术出版社 1959 年版。

三、商业税

两汉时期，商业发达，市场繁荣，贸易勃兴，经济关系活跃，缘此各种商业税也成为国家增加财政收入的利源之一。商业税的征收受法律保护，行于汉世的《贩卖租铢律》就是有关征收商业税的专项法规。租铢，“谓计其所卖物价，平其锱铢而收租也”[①]。元帝时，贡禹奏言废除此律，但未被采纳。[②]汉代的商业税择要如下所述。

1. 市租。市租之名见《史记·齐悼惠王世家》：“齐临淄十万户，市租千金，人众殷富，钜于长安。”司马贞《索隐》：“市租谓所卖之物出税。”据此，市租就是一种营业税。市租的纳税人为登记在册、具有市籍的商人，征税人则为负责商业区管理与租税的市啬夫。《汉书·何武传》：“（何）武弟显，家有市籍，租常不入，县数负其课。市啬夫求商捕辱显家。”可明纳税人与征税人身份。此外，既然“所卖之物出税”，则流动商贩也应当属于纳税人之列。

市租税率唯见王莽改制一例。《汉书·食货志下》：

诸取众物鸟兽鱼鳖百虫于山林水泽及畜牧者，嫔妇桑蚕织纴纺绩补缝，工匠医巫卜祝及它方技商贩贾人坐肆列里区谒舍，皆各自占所为于其在所之县官，除其本，计其利，十一分之，而以其一为贡。

与“所卖之物出税”略不同的是，王莽时期的市租为“除其本，计其利”，属于利税，税率为10%。

2. 关税。关税是对进出关的商贾、行人及所携带的货币、货物征收的一种税。汉时，内地与边郡的贸易均相当活跃，“待商而通”的各种商品

---

① 《汉书·食货志下》颜师古注。

② 《汉书·食货志下》：“贡禹言：‘……除其贩卖租铢之律，租税禄秩皆以布帛及谷，使百姓壹意农桑。’……禹议亦寝。”

经商人的贩运而进入流通领域，商贾成为进出关的主要对象。汉初“开关梁，弛山泽之禁”后，“富商大贾周流天下，交易之物莫不通”[①]，正说明了这一点。因此关税实际上也是一种商业税，纳税人以商贾为主。

汉代关税始征于武帝太初四年（前101年）。是年冬，“徙弘农都尉治武关，税出入者以给关吏卒食”[②]。此时关税收入用于守关吏卒的衣食开销，或为一时之制，但此后关税之制当渐趋定型。《九章算术·均输篇》多次以关税为例列出应用题，表明关税已是汉代人日常生活中较为熟悉常见的事物。关于关税税率，钱剑夫先生根据“今有人持金出五关，前关二而税一，次关三而税一，次关四而税一，次关五而税一，次关六而税一”[③]的记载，认为关税税率不尽相同，而且每过一关即征税一次，[④]见解颇有启发，但尚需更多史料详证。东汉末期，关税税率高于10%。《三国志·魏书·文帝纪二》注：

《魏书》载庚戌令曰：“关津所以通商旅，池苑所以御灾荒，设禁重税，非所以便民；其除池御之禁，轻关津之税，皆复什一。”

此令除证明东汉末期关税率已超过10%外，还表明10%是在此实行的关税率，故云“复什一”。

3. 贳贷税。这是以高利贷为对象的税收。汉代商品经济的发达，也促使了高利贷资本的活跃。汉初，鲁地曹县邴氏即已“贳贷行贾遍郡国”[⑤]，此后“富民多畜田出贷”[⑥]，“富商大贾，多放钱贷”[⑦]，成为两汉普遍的现象。

① 《史记·货殖列传》。
② 《汉书·武帝纪》。
③ 《九章算术·均输篇》。
④ 钱剑夫：《秦汉赋役制度考略》，湖北人民出版社1984年版，第117页。
⑤ 《史记·货殖列传》。
⑥ 《居延新简释粹》EJF16·1—16。
⑦ 《后汉书·桓谭传》。

汉代称放高利贷为“贷子钱”，放高利贷者为“子钱家”。汉初，伴随着惠商政策的施行，国家对子钱利息未加限制，故而竟有一年高达十倍者：

吴楚七国兵起时，长安中列侯封君行从军旅，赍贷子钱，子钱家以为侯邑国在关东，关东成败未决，莫肯与。唯无盐氏出捐千金贷，其息什之。三月，吴楚平。一岁之中，则无盐氏之息什倍，用此富埒关中。①

西汉中期，抑商政策法律化，国家权力介入高利贷行业，实施法律限制。除对高利贷者征收资产税外，还规定“贷子钱”必须“占租”，实行申报纳税，收取利息也不许超过法律规定，否则将受到惩处。武帝元鼎元年（前116年），旁光侯刘殷以“贷子钱不占租”，又“取息过律”而被免侯，②是为明证。成帝永始三年（前14年），丞相翟方进、御史大夫孔光经询问弘农郡上计吏，了解到地方富民“多畜田出货（贷）”，“与县官并税以成家致富，开并兼之路”，③遂上奏成帝，请求“除贷钱它物律”，④由官府向出贷者付还利息，成帝批准执行。此《贷钱它物律》无疑与贳贷有关，惜内容未详。

居延新简所出《永始三年诏书》，又见“闻三辅豪黠吏民变出贷，受重质不止”句。⑤“变出贷”或意为不依法出贷，不依法出贷的目的不外有二，一是多收本利，二是逃避征税。汉代贳贷税税率几何，尚属不明，亦有待于考古发现揭示真相。

总之，商业税是国家重要的财政来源，政府对此征收甚严。唯一可以享受免税待遇的，为七十岁以上高年受王杖者。如宣帝本始二年（前72年）

① 《史记·货殖列传》。

② 《汉书·王子侯表上》。

③ 《居延新简释粹》EJF16·16—16。

④ 《居延新简释粹》。

⑤ 《居延新简释粹》。

颁布授高年王杖令，令曰："高皇帝以来至本始二年，朕甚哀怜耆老。高年赐王杖，上有鸠，使百姓望见之，比于节；吏民有敢骂殴詈骂者，逆不道；得出入官府节第，行驰道中；列肆贾市，毋租，比山东复。"①令中规定了王杖主可享受的诸项特权，不对王杖主征收市租，即为其中之一。

四、人头税

汉代的人头税主要有算赋和口赋两种。

1. 算赋。算赋本是由商鞅创立的军赋之制，是面向成人征收的一种人头税。汉高祖四年（前 203 年）为"治库兵车马"而颁布《算赋令》，规定民年 15 岁以上至 56 岁均需交纳算赋，②此后遂为两汉定制。

关于算赋的税额，历来认为如《汉书 · 惠帝纪》注引应劭曰"汉律，人出一算，算百二十钱"，即税额为每人 120 钱。但根据江陵凤凰山 10 号汉墓所出木牍，以西汉前期市阳里与郑里的算赋征收记录见之，③证明 120 钱不是绝对的征收税额。如市阳里自二月至六月共收算赋 14 次，每次税额不等，最高为 36 钱，依次为 35 钱、26 钱（3 次）、10 钱、9 钱（4 次），最低 8 钱（4 次），累计 227 钱，无论分计还是累计，均不符 120 钱。又据尹湾汉简所出成帝时东海郡《集簿》载，④全郡总人口为 1397343 人，全郡一年诸钱收入为 266642506 钱。如果按照《算赋令》的规定，减去 6 岁以下 262588 人，70 以上受王杖 2823 人，80 以上 33871 人，90 以上 11670 人，7 岁至 69 岁共计

① 武威县博物馆：《武威新出土王杖诏令册》，载《汉简研究文集》，甘肃人民出版社 1984 年版，第 34—61 页。

② 《汉书 · 高帝纪上》颜师古注引如淳曰："《汉仪注》民年十五以上至五十六出赋钱，人百二十为一算，为治库兵车马。"

③ 《散见简牍合辑》806 简。

④ 《尹湾汉墓简牍》，中华书局 1997 年版。

1086391 人，[①] 以诸钱总收入除以这一人数，人均负担约 245 钱。即使扣除其他赋税，算赋税额也不会低于 120 钱。由此看来，汉代的算赋额并无一定标准，应劭以“算百二十钱”为汉律，不排斥援引某帝一时之令的可能。

关于算赋的征收期，《后汉书・皇后纪》序云：“汉法常因八月算人”，每年八月似为算赋的征收期。但据上述凤凰山 10 号汉墓出土木牍可知，乡里征收大致集中在正月至六月，随后汇总上缴都内。尹湾汉简《东海郡下辖长吏不在署、未到官名籍》中，计有九名尉、丞“输钱都内”，二人七月出发，七人九月出发，[②] 可证乡里征收算赋大致是在七月、八月前结束。

算赋征毕后，地方政府还要作截留，以充作日常行政、军费支出。尹湾汉简《集簿》记“一岁诸钱入二万万六千六百六十四万二千五百六钱”，其中算赋当为大宗收入；又“一岁诸钱出一万万四千五百八十三万四千三百九十一”，余 120808115 钱。这表明东海郡一年支出的各种费用占总收入的近一半，而此各种费用即包括“付吏奉”“给转费”“□缮兵”[③] 诸项。

算赋的征收通常一人一算。在特殊情况下，有时也有倍算甚至五算之别。《汉书・惠帝纪》注引应劭曰：“唯贾人与奴婢倍算”，目的显然是抑商与限制蓄奴。惠帝六年（前 189 年）为了提倡早婚，刺激人口增长，规定对晚婚女子按定额的五倍征收算赋：“女子年十五以上至三十不嫁，五算。”[④] 至于减算，则是帝王因政和、祥瑞而偶一为之，非常制。

2. 口赋。这是面向未成年人征收的人头税。《汉书・昭帝纪》：“〔元凤〕四年春正月丁亥，……毋收四年、五年口赋。”关于口赋的起征年龄，历来存有二说。一说见上述《昭帝纪》注引如淳曰：

---

① 7 岁至 14 岁及 56 岁至 69 岁人数未详，故通计在内。这样年龄跨度远大于《汉仪注》所见的年龄规定。

② 《散见简牍合辑》806 简。

③ 《散见简牍合辑》806、807 简。

④ 《汉书・惠帝纪》。

《汉仪注》民年七岁至十四岁出口赋钱，人二十三钱。二十钱以食天子，其三钱者，武帝加口钱以补车骑马。

据此，口赋自武帝前就已经开始征收，起止年龄7岁至14岁，数额每人20钱，以充皇室财政。武帝时加征3钱，以充军备。一说见《汉书·贡禹传》：

（贡）禹以为古民亡赋算口钱，起武帝征伐四夷，重赋于民，民产子三岁则出口钱，故民重困，……宜令儿七岁去齿乃出口钱，年二十乃算。……天子下其议，令民产子七岁乃出口钱，自此始。

依此，则口赋始征于武帝，起征年龄为3岁。7岁起征是元帝时经贡禹建议后实行的改革措施，以后成为定制。

贡禹建议未言口赋数额，看来此项未作改革，依武帝旧例仍为23钱。但传中称口赋始于武帝，显系不确。《汉仪注》既云“武帝加口钱”，明示武帝时已有人征20钱的口赋存在，武帝只是增加了3钱。至于武帝时将起征年龄提前至3岁，则不是没有可能。武帝时边事频繁，军备扩充，因此加大征收幅度以满足军事费用，当是行之有效的措施。贡禹说民不堪重赋，以至“生子辄杀”，[①]恐非杜撰。此外，惠帝元年（前194年）及景帝后三年（前141年），都对未成年人的刑事责任年龄做过规定。惠帝规定10岁以下应受刑者，可免受刑罚而处以完刑，景帝则将年龄提前至8岁，规定8岁以下罪犯可免戴刑具，不押于牢狱之中。[②]由此推测，汉初人们对未成年人的行为责任年龄的划分，当在七八岁左右。因此在武帝之前，口赋的起征年龄有可能是7岁，而武帝时提前至3岁。

① 《汉书·贡禹传》。

② 令见《汉书·惠帝纪》《景帝纪》。

元帝时恢复7岁起征后，遂为定制。《尹湾汉墓简牍·东海郡集簿》统计未成年人人口时，以“六岁以下”为界，7岁以上明显归入另一年龄段。王充《论衡·谢短》云“十五赋，七岁头钱二十三”，证明东汉口赋的起征年龄与数额仍沿袭旧制。

五、财产税

这里的财产税主要指面向具有一定资产之家的税收。面向商贾的财产税在税率上不同于此，故互为二事，前文已详。

汉代称有一定资产之家为“訾家”，向訾家征收财产税则称“訾算”。“訾算”最早见景帝后二年（前142年）诏：

> 其唯廉士，寡欲易足。今訾算十以上乃得宦，廉士算不必众，有市籍不得宦，无訾又不得宦，朕甚愍之。訾算四得宦，亡令廉士久失职，贪夫长利。[①]

分析此诏，可知在景帝末以前，为吏要有财产要求，即“訾算十”以上。景帝认为此制令“廉士失职”，故降低为“訾算四”。颜师古注引服虔曰：“訾万钱，算百二十七也。”又引应劭曰：“限訾十算，乃得为吏。十算，十万也。”两家注释殊为不一。服虔注谓万钱出一算，一算127钱，应劭注谓十算为十万，则服注为财产税率，应注与财产税无涉。

比较二注，当以应说近是。景帝之诏，实际是对以往“无訾不得宦”与“訾算十乃得宦”规定的一次折中修订，即有财产四万以上者可以为吏。令中谓“廉士算不必多”，是指廉士的财产不一定很多，而非指廉士所能上缴的财产税不多。因此这里的“訾算”，意谓财产统计，而不是财产税

---

① 《汉书·惠帝纪》。

的称谓。

汉代财产税的征收可能始于武帝时代。《盐铁论·未通》:“往者军阵数起，用度不足，以訾征赋，常取给见民。”《史记·酷吏列传》正义:“武帝伐四夷，国用不足，故税民田宅船乘畜产奴婢等，皆平作钱数，每千钱一算，出一等，贾人倍之，……一算，百二十文也。”据此可见，武帝时为解决国家财政困难，不仅重税商贾，向其征收财产税，而且推而广之，面向全民“以訾征赋”，因此“訾赋”可视为汉代财产税的正式定名。

关于计訾范围与方法，居延汉简中著名的礼忠简反映了其实态:

候长觻得广昌里公乘礼忠年卅

小奴二人直三万　用马五匹直二万　宅一区万　大婢一人二万　牛车二两直四千　田五顷五万　轺车二乘直万　服牛二六千●凡訾直十五万[①]

又:

三塨燧长居延西道里公乘徐宗年五十

妻　　　　宅一区直三千

子男一人　田五十亩直五千

男同产二人　用牛二直五千

女同产二人[②]

与前述《史记》张守义正义比较，二项记载基本吻合，即分列财产，“平作钱数”，计出总值。需要指出的是，以往人们多将这两条简文视为财产

① 《居延汉简释文合校》37·35。

② 《居延汉简释文合校》24·1B。

税的申报文书，但近年日本学者永田英正提出不同看法。他根据《居延新简》所见《伐阅訾直累重官簿》标题简，[①] 指出这是记录官吏功劳（伐阅）、资产价值（訾直）、家属（累重）的文书，礼忠简及徐宗简就属于这类文书，因此它们不是财产税的申报书，而是与官吏的任用或资格有关的文书。[②] 这一看法很有启发意义。但由于简文所见的计訾方法与张守义正义所述无异，因此财产税的计訾方法可能也不外如此。

综合景帝后二年令及服、应二注并张守义正义之记载，其时訾家的财产税大概为每万钱出 120 钱。[③] 税率 1.2%，远低于商贾的 6%。即使按服虔所云“算百二十七”计算，税率为 1.27%，亦相差无几。王莽时期，“一切税天下吏民，訾三十取一，缣帛皆输长安”[④]，财产税的征收陷入无序状态。

第七节　货币法

由于汉初币制更迭频繁，私铸盗铸屡禁不绝，而至汉中期五铢钱定制后，币制稳定，盗铸风亦被有效控制，因此改革币制与禁止盗铸是构成两汉货币法的主要内容。

一、币制

秦统一六国后，实行统一货币法，以圆形方孔、重十二铢的半两铜钱

① 如 EPT43・73、EPT17・3、EPT65・482 简。

② ［日］永田英正：《新居延汉简概观》，载《简帛研究译丛》第一辑，湖南人民出版社 1996 年版。

③ 若以张正义“每千钱一算”，算 120 钱计算，一般财产税税率为 12%，反高出商贾一倍，殊不合理，故从服、应二说，以万为计訾单位。

④《汉书・王莽传中》。

作为流通货币。汉建国之初，“因秦钱重难用”而对币制进行了第一次改革，但改革的措施是“令民铸荚钱”，[①] 中央放弃了对铸币权的控制。汉初的第一次货币立法，便埋下了此后在相当长的一个时期内一直困扰中央政府的盗铸隐患。

吕后二年（前 186 年）、六年（前 182 年）分别实行“八铢钱”与“五分钱”，[②] 币制愈显混乱。文帝五年（前 175 年），汉政府因天下“钱益多而轻”，再次实行货币立法，改铸四铢钱，仍称“半两”。而在对铸币权的认识上，文帝比高祖走得更远，竟“除盗铸钱令，使民放铸”。[③] 对此一废一立有可能导致的后果，贾谊有着清醒的认识，他提醒文帝：

……又民用钱，郡县不同，或用轻钱，百加若干；或用重钱，平称不受。法钱不立，吏急而壹之虖，则大为烦苛，而力不能胜；纵而弗呵虖，则市肆异用，钱文大乱。[④]

他又指出：

今令细民人操造币之势，各隐屏而铸作，因欲禁其厚利微奸，虽黥罪日报，其势不止。……为法若此，上何赖焉？[⑤]

贾谊的进谏恰好言中此次货币立法的两大缺陷。一是货币仍然轻重失衡，行用混乱；二是国家放弃铸币权，绝非治国良策。然而文帝并未听从贾谊的忠告，依旧听任民间铸币。是时吴王以诸侯“即山铸钱，富埒天子”，

---

① 《汉书 · 食货志下》。
② 《汉书 · 高后纪》。
③ 《汉书 · 食货志下》。
④ 《汉书 · 食货志下》。
⑤ 《汉书 · 食货志下》。

大夫邓通也以“铸钱财过王者”，[1] 吴、邓之钱遍布天下。至景帝时终于恶果酿成，吴王刘濞起兵谋反，形成吴楚七国之乱。

景帝时吸取了这一沉痛的教训，严厉打击私自铸钱的犯罪行为，颁布《铸钱伪黄金弃市律》，将铸币权回归中央政府，但币制混乱的情形并未得到根本改观。

武帝即位后，为彻底改革币制，稳定社会经济秩序，增加中央财政收入，巩固中央集权，明显加快了货币立法的步伐，颁布了一系列改革币制的法令。

1. 建元元年（前 140 年）行三铢钱令。《汉书・武帝纪》：“〔建元元年〕春三月，……行三铢钱。”颜师古曰：“新坏四铢钱造此钱也，重如其文。”

2. 建元五年（前 136 年）行半两钱令。《汉书・武帝纪》：“〔建元〕五年春，罢三铢钱，行半两钱。”颜师古曰：“又新铸作也。”

3. 元狩四年（前 119 年）行白鹿皮币与白金三品币令。白鹿皮币以禁苑白鹿之皮制造，边缘饰以彩绣，币值四十万，规定诸侯王朝觐时必须以皮币荐璧奉献。白金三品币以少府银锡杂铸而成，故曰“白金”。三品即分为三种，一为圆形，重八两，镌龙，名“白撰”，币值三千；二为方形，重六两，[2] 镌马，币值五百；三为椭圆形，镌龟，币值三百。又据《汉书・食货志下》，同年还命令官府“销半两钱，更铸三铢钱，重如其文”。

4. 元狩五年（前 118 年）行五铢钱令。《汉书・食货志下》：“其明年，……有司言三铢钱轻，轻钱易作奸诈，乃更请郡国铸五铢钱。”此次立法，铸币放权郡国，同时在技术上也做了改进，即在钱币周围突出轮廓，以防盗铸者伪造。

5. 元鼎二年（前 115 年）行赤仄钱令。此令在公卿建议下颁行，规定

---

① 《汉书・食货志下》。

② 《汉书・食货志下》颜师古注引晋灼曰：“以半斤之重差为三品，此重六两，则下品重四两也。”

专由京师钟官铸造此币，一枚相当郡国所铸五铢钱五枚，赋钱一律用赤仄钱。[①]

6. 元鼎四年（前 113 年）令天下非三官钱不得行。是年因“赤仄钱贱，民巧法用之”[②] 而废除，随后采取根本措施：“悉禁郡国无铸钱，专令上林三官铸。钱既多，而令天下非三官钱不得行，诸郡国前所铸钱皆废销之，输入其铜三官。”[③]

从上述系列法令可以看出，武帝时期的货币立法经历了一个较长的摸索阶段。在元鼎二年颁令行赤仄钱前，除皮璧白金币明显旨在增加财政收入外，三铢钱、半两钱、五铢钱的行用都带有一定的试验性质。法令的屡立屡废，恰好表明武帝对汉初以来行之既久的币制改革，最初并没有寻找到标本兼治的良策，只是在成例下寻求有效的改革途径。这种缺乏权力垄断的货币立法，当然无法从根本上治理积弊已深的币制混乱。因此元鼎二年令的颁布，应当认为是立法者在认识上发生较大转变后的产物。专由京师钟官铸币，表明中央已经坚定了独揽铸币权的决心。元鼎四年令则将这一决心彻底化，正式完成自汉初以来困扰中央政府达近百年的币制改革，实施三条根本措施：其一，铸币权彻底回收中央，禁止郡国铸造。其二，全国以中央三官铸造的五铢钱为唯一流通货币。其余一律不得流通。其三，郡国以前铸造的旧币全部作废销毁，上缴三官。

元鼎四年颁布的货币法，显示了中央集权的强大威严，也体现了币制改革几经反复后终于走向成熟。实施新法后，由于铸币无利可图，“民之铸钱益少，唯真工大奸乃盗为之”[④]，立法收到了明显的效果。至此，贾谊在谏除盗铸令中提出的由国家控制造币用铜的主张，终于得到了实现，屡

① 《史记·平准书》《汉书·食货志下》。
② 《汉书·食货志下》。
③ 《史记·平准书》。
④ 《汉书·食货志下》。

禁不止的盗铸之风也得到了有效的遏制。

自此以后，五铢钱成为最稳定的官铸货币，行世七百余年而不绝，直至唐高祖武德四年（621 年）行“开元通宝”，始废。

二、禁盗铸

由于货币的稳定直接影响着社会经济秩序的发展，而盗铸钱币又对货币的稳定造成了最直接的危害，因此汉政府在不断完善币制改革的同时，对盗铸行为也采取了较为严厉的打击手段。

汉初，国家虽然未对铸币权进行有效控制，但实行禁盗铸律，禁止私人铸造钱币，违者处以死刑，且数量甚多。据《汉书·食货志下》记贾谊谏文帝除盗铸钱令云：“曩禁铸钱，死罪积下。”“曩”，当指文帝之前的高祖、惠帝、高后时期。“积下”，颜师古注引苏林曰：“下，报也，积累下报论之也。”意谓因盗铸而处以死刑的案件积压成堆。文帝时虽然废除盗铸令，使民放铸，但仍然禁止铸币时掺杂铅铁，弄虚作假，违者处以黥刑：“法使天下公得顾租铸铜锡为钱，敢杂以铅铁为它巧者，其罪黥。”[①] 可见法律允许铸币，但禁止铸造伪币。景帝即位之初，便对盗铸钱行为加以惩治：“景帝立，邓通免，家居。居无何，人有告通盗出徼外铸钱，下吏验问，颇有，遂竟案，尽没入之。”[②] 经历吴楚七国之乱后，景帝深知中央放弃铸币权的危害所在，加之当时民间多伪造黄金，转相诳耀，以至起为盗贼，遂于中六年（前 144 年）恢复旧律，重行盗铸钱弃市律，又新颁伪造黄金弃市律，严禁私人铸钱，严禁伪造黄金，收铸币权为国有。《汉书·景帝纪》云“〔中六年〕十二月，……定铸钱伪黄金弃市律”，就是此次立法活动

① 《汉书·食货志下》。
② 《汉书·邓通传》。

的记录。武帝时官吏劾刘向铸伪黄金，“系当死，得逾冬减死论”[①]，真实地反映了该律的执行情况。

武帝时币制频迭，在行之有效的法规出台前，盗铸大行，不可胜数。国家随之强化打击手段，每颁行一种新币即附加相应的刑罚措施。如元狩四年（前 119 年）行白金三品币及更铸三铢钱时，同时规定“盗铸诸金、钱罪皆死”。次年，慎阳嗣侯乐买之即以“坐铸白金弃市”。[②]元狩五年（前 118 年）行五铢钱后，打击盗铸之严酷更是无以复加：“自造白金、五铢钱后五岁，而赦吏民之坐盗铸金钱死者数十万人。其不发觉相杀者，不可胜数。赦自出者百余万人。”[③]元鼎二年（前 115 年）颁行赤仄钱，规定“赋官用非赤仄钱不得行”[④]，当年曲成嗣侯虫皇柔“坐为汝南太守知民不用赤侧钱为赋，为鬼薪”[⑤]，郸侯周仲居“坐为太常收赤侧不收，完为城旦”[⑥]，显示了国家贯彻新货币法的决心。

元鼎四年令颁布后，中央彻底垄断铸币权，盗铸之风得到有效控制，但国家仍未放松对这一犯罪行为的打击。居延汉简出有宣帝时通缉盗铸逃犯的通缉令：

元康元年十二月辛丑朔壬寅，东部候长长生敢言之候官：官移大守府所移河南都尉书曰：诏所名捕及铸伪钱盗贼亡未得者牛延寿、高建等廿四牒。书到，廋[⑦]

① 《汉书 · 刘向传》。
② 《汉书 · 高惠高后文功臣表》。
③ 《汉书 · 食货志下》。
④ 《汉书 · 食货志下》。
⑤ 《汉书 · 高惠高后文功臣表》。
⑥ 《汉书 · 高惠高后文功臣表》。
⑦ 《居延汉简释文合校》20 · 12A。

据简文可知：宣帝元康元年（前65年）指名通缉铸伪钱盗贼牛延寿、高建等人。肩水都尉府将名捕诏书下达给肩水候官，肩水候官下达至属部东部，此文书即为东部候长向候官报告执行诏令的结果。以皇帝诏书的形式指名通缉盗铸伪钱罪犯，并在边境地区展开严密搜查，完全可以想见汉代对此种经济犯罪的打击是多么严厉。

王莽托古改制，币种泛滥，币制大坏，波及东汉初年盗铸再起：

●甲渠言部吏毋铸作钱、发冢卖衣物于都市者。

建武六年七月戊戌朔乙卯，甲渠鄣守候敢言之：府移大将军莫府书曰：奸黠吏民作使宾客私铸作钱，薄小不如法度，……虽知，莫谴苛，百姓患苦之。……书到，自今以来独令县官铸作钱，令应法度。禁吏民毋得铸作钱及挟不行钱，辄行法。……四时言犯者名状。●谨案：部吏毋犯者，敢言之。[①]

从该文书可见，东汉建武初期的河西地区，吏民盗铸钱币的情况相当严重，为此大将军莫府明令禁止私铸，禁止流通非法货币，重申官铸之法，并要求各级组织厉行检查，四时不懈。

总之，汉代充分利用刑罚手段，发挥刑罚功能惩治盗铸，为国家经济秩序的稳定提供了有力的法律保障。

第八节　环境保护法

汉代的经济立法领域除上述手工业、商业、赋税外，源于农本位的意识，对农耕文化赖以生存繁衍的自然环境、生态平衡也有涉及，表现出了较为清醒的保护意识，并通过律令将此种保护意识变为适用广泛的约束力。

---

① 《居延新简》EPT22・38A—39。

江陵张家山汉简《田律》律文规定：

禁诸民吏、徒隶，春夏毋敢伐材木山林，及近隄水泉，燔草为灰，取产麛卵殻，毋杀其绳重者，毋毒鱼……[①]

此律完全自秦律脱胎而来。秦《田律》律文为：

春二月，毋敢伐材木山林及雍（壅）隄水。不夏月，毋敢夜草为灰，取生荔、麛𪇴（卵）殻，毋□□□□□□□毒鱼鳖，置穽罔（网），到七月而纵之。[②]

比较两条律文，汉律少“取生荔”一句，而秦律“毋”后所缺之字，正可以汉律“杀其绳重者”补之。“毋杀其绳重者”，或即为《吕氏春秋 · 孟春纪》中“无杀孩虫”一语：“孟春之月，……禁止伐木，无覆巢，无杀孩虫，胎夭飞鸟，无麛无卵。”上述汉《田律》律文意为：百姓、官吏、徒隶：春夏之季，禁止砍伐树木森林，禁止堵塞水流山泉，禁止烧草作为肥料，禁止捕捉幼兽、鸟卵、幼鸟，禁止捉杀幼虫，禁止毒杀鱼鳖……[③] 从中可见，汉律沿袭秦律，对环境、生态的保护意识已经相当明确。

除律条明文规定外，汉代还不断通过诏令要求保护、发展环境与生态。文帝十二年（前 168 年）颁劝农诏，内云：“吾诏书数下，岁劝民种树，而功未兴，是吏奉吾诏不勤，而劝民不明也。”[④] 颜师古曰：“树，谓艺殖也。”艺殖既指农桑，也包括植树绿化。皇帝数下诏书劝民农耕植树，其发展生

① 律文引自胡平生：《中国湖北江陵张家山汉墓出土竹简概述》，载《汉简研究的回顾与展望》，日本关西大学出版部 1993 年版。

② 睡虎地秦墓竹简整理小组编：《睡虎地秦墓竹简 · 秦律十八种》，第 26 页。

③ 参照睡虎地秦墓竹简整理小组编：《睡虎地秦墓竹简》第 27 页《田律》译文。

④ 《汉书 · 文帝纪》。

产、保护生态的强烈意识显然可见。景帝后三年（前 141 年）亦颁诏曰："其令郡国务劝农桑，益种树，可得衣食物。"[①] 元帝初元三年（前 46 年）诏："……有司勉之，毋犯四时之禁。"[②] "四时之禁" 指为保护生态平衡而规定的四季禁令，上述《田律》就是其内容反映。光武帝建武四年（28 年），下令 "吏民不得伐树木"[③]，重申《田律》内容。

有关环境保护的诏令下达全国后，内郡与边郡都要贯彻落实，实施检查："☐山林，燔草为灰，县乡所☐☐☐☐"[④]，其内容或为重申《田律》，要求县乡落实检查。下例文意则相当明显：

> 甲渠言部吏毋犯四时禁者。……建武四年五月辛巳朔戊子，甲渠塞尉放行候事，敢言之。诏书曰：吏民毋得伐树木。有无，四时言。谨案：部吏毋伐树木者，敢言之。[⑤]

简文内容反映了禁止砍伐树木的诏令和基层组织奉令检查落实的报告，"有无，四时言"，体现了对违反四时禁令者的常备不懈。

植树绿化甚至还成为考核地方官吏政绩的项目之一。尹湾汉简《集簿》记有东海郡全郡 "春种树" 的面积："春种树六十五万六千七百九十四亩，多前四万六千三百廿亩。"[⑥] 此 "春种树" 面积，当指春播作物与春种植物的面积总和。《集簿》是考核官吏的依据，植物面积记录在册，并明确算出增长数，清楚说明它属于官吏考核的内容之一。宣帝时龚遂任渤海郡守，"令口种一树榆"，反映出在律令与考核的作用下，汉代官吏的环境意识已

---

① 《汉书·景帝纪》。
② 《汉书·元帝纪》。
③ 《居延新简》EPF22·49。
④ 《居延新简》EPT5·100。
⑤ 《居延新简》EPF22·48、49。
⑥ 《尹湾汉墓简牍》，中华书局 1997 年版。

衍化为具体行动，成为履行职责的政务之一。

汉代对水资源也有法律规定，除《田律》中所见“不得阻塞水流”外，尚有《水令》行世。《汉书 · 倪宽传》：“（倪）宽表奏开六辅渠，定水令以广溉田。”颜师古曰：“为用水之次具立法，令皆得其所也。”《水令》条文未详，但内容应与合理分配使用水资源有关。《汉书 · 循吏传 · 召信臣》记载，召信臣迁南阳太守，“为民作均水约束，刻石立于田畔”，此举虽是“以防分争”，且均水约束亦非国家法令，但通过这一事例可以推测，汉政府对水资源的管理使用，在立法上不会出现盲点。

第十五章　两汉时期的刑罚体系与刑法原则

汉代刑罚制度的直接渊源是秦代，但是，随着汉代社会进程的发展，其内容不断得到调整和充实，终于形成了体系完整、适用范围广泛的刑罚体系和具有强烈儒家思想色彩的刑罚原则，成为后来各个封建王朝刑制的典型，为中华法系的确立奠定了基础。

第一节　罪　名

两汉时期不仅全面继承了战国以来特别是秦朝的刑事立法的丰富成果，而且适应当时社会矛盾进一步加剧而引起的犯罪种类不断增加的新的社会形势，创立了一整套罪名。

一、危害政权罪

1. 反逆罪

反逆罪，即指谋反和大逆罪。谋反，指通过暴力推翻皇帝或颠覆、破坏国家政权，是封建专制时代中最为严重的犯罪，为国家刑律重点打击的对象。西汉初年，淮阴侯韩信与梁王彭越被指控谋反，皆处以“夷三族”的极刑。[①]

---

① 《汉书·高帝纪》十一年云：“淮阴侯韩信谋反长安，夷三族。……梁王彭越谋反，夷三族。”

大逆罪，即大逆不道罪。凡是危害政权的一切行为都可按此种罪名，科以极刑。汉律规定："大逆不道，父母、妻子、同产皆弃市。"[①]可见，此罪的株连范围极为广泛。汉人认为"大逆不道无正法"[②]，也就是说，对此罪的认定缺乏明晰的法律条文，一任司法官员上下其手。这极便于皇帝利用此罪排除政治异己，维护皇权的神圣地位，自然也就使司法官员从重科罪的做法得到保护。

2. 首匿罪

首匿，原是秦朝的旧名，意思是"为谋首而藏匿罪人"[③]。主要指窝藏谋反和大逆不道的罪犯。汉初对于此罪，惩处本甚严厉。汉武帝时，"重首匿之科"[④]，打击更为残酷，凡犯者一概弃市，严重的还要"夷三族"。

3. 通行饮食罪

凡为起义、暴动的人员或组织通风报信、充当向导、提供饮食等，都构成通行饮食罪，犯者皆处以死罪。设立此种罪名，目的在于瓦解和镇压农民和其他阶层的造反活动。

4. 群盗罪

此罪重点在于督责地方官吏加强镇压各地的造反和暴动活动。汉武帝时，由于向四夷用兵，征发无度，引起经济凋弊。农民为了活命，纷纷逃到山林草泽，结党成群，以武力反抗官府的压榨。对此，地方官行动迟缓，打击不力。于是，汉武帝制定"沈命法"，严刑惩处那些行动不力的地方官员。法律规定凡"群盗起不发觉，发觉而弗捕满品者，二千石以下至小吏主者皆死"[⑤]。

---

① 《汉书·景帝纪》颜注引如淳说。

② 《汉书·陈汤传》。

③ 《汉书·宣帝纪》颜注。

④ 《后汉书·陈宠传》。

⑤ 《汉书·酷吏传》。

5. 见知故纵罪

此罪强化于汉武帝时，目的在于加强对犯罪分子的揭露和收捕，强化官吏间相互纠举的行为。所谓“见知人犯法不举告为故纵，而所监临部主有罪并连坐也”[①]。凡犯者，一般都处以重刑。

二、亵渎皇权与危害皇帝人身安全罪

1. 大不敬、不敬罪

凡对皇帝和朝廷的尊严有所侵犯都构成大不敬或不敬罪。就史籍记载的有关案例来看，此二罪所调整的范围非常广泛。如奏疏切直、辞不逊顺、引喻不当、失大臣体、触犯皇帝名讳、奉诏不谨、奉使无状、妄行驰道、御物处置失当等，都可以定上这种罪名。同大逆不道一样，大不敬与不敬也缺乏准确明晰的法条，但就科罪情况看，它们比大逆不道或不道要轻。[②]

2. 违反诏令罪

汉代实行以三公九卿和郡县制为内容，以中央集权为特征的官僚制度，因此，体现皇帝意志的诏令制命，就成了官僚机构得以正常运行的重要依据，“奉诏书”就成为对各级官员最根本的要求。凡不奉诏书者，皆以不敬论，情况严重的也可以处以极刑。至于诈称皇帝诏命，则构成矫制罪。视其后果轻重，分为“大害”、“害”与“不害”三种。矫制大害罪行最重，通常处以腰斩；矫制害次之，一般科以死罪，不过有赎免的机会；矫制不害最轻，通常以免官来处罚。[③]

① 《汉书·刑法志》颜注。

② 参见（清）沈家本撰，邓经元、骈宇骞点校：《历代刑法考·汉律摭遗卷三·贼律一·大逆无道》，第 1427—1428 页。

③ 详见《汉律摭遗》卷四“矫制”。

3. 欺谩罪

所谓欺谩，指对皇帝、大臣进行欺骗或瞒哄，具体又分为诋欺、谩、诬罔三种。诋欺，指罗织事实对皇帝、大臣进行诋欺或诬蔑。此罪始创时间不详，汉哀帝时曾下诏废除。但据东汉陈忠“罪法无例，诋欺为先”的话来判断，似东汉时期又得到恢复。谩，指违忠欺上，也就是不能如实地向朝廷反映或证实情况，甚至故意隐瞒、欺骗。汉律对此罪的惩处情况不一，有的耐为鬼薪，有的完为城旦，有的免去职务。诬罔，指以不实之事诬陷君臣，它属于不道罪，通常科以大辟。

4. 左道罪

左道，即邪道。凡违背经术意蕴，假托神怪，以迷信、天象及图谶蛊惑人心，批评时政，甚至诅咒皇帝等，都属于左道，依律皆可处以死刑。此罪经常与谋反、谋大逆连在一起，所以这种案件的株连范围极大。西汉的巫蛊狱，东汉的楚王英狱，牵连其中者有成千上万人。

5. 盗毁山陵、宫阙及御物罪

皇家的宗庙、山陵、宫阙及御物，都是皇权的象征，神圣不可侵犯。如有谋毁、盗掘，都要从重处理。汉律规定“盗宗庙服御物者弃市”，然而汉文帝对这样的人犯竟“欲致之族”。[①]有人因盗山陵柏，即被处以弃市。[②]说明事关宗庙山陵，其处罚比通常案件都重得多。

6. 阑入宫殿门及皇家园囿罪

所谓阑入，即指妄入。阑，东汉应劭解释说：“无符籍妄入宫曰阑。”[③]汉代，凡进入宫门都要持有关部门颁发的符籍，无符籍而入，即构成阑入。阑入宫殿门，就有可能对皇帝及大臣的人身安全构成威胁，因此国家预设严刑加以惩处。汉律规定，阑入宫门者为城旦，阑入殿门者弃市。假如守卫

---

① 《史记·张释之列传》。

② 《艺文类聚》卷八十八《木部》：“《三辅旧事》：‘汉诸陵皆属太常，有人盗柏者弃市。’”

③ 《汉书·成帝纪》颜注引。

宫殿门的官吏未能及时发觉和制止阑入者，则构成“失阑”罪，犯者免官。[①]皇家园囿，专供皇帝及后妃游猎消遣，同样不许他人阑入。如有犯者，即使是诸侯也要被治罪。

7. 犯跸罪

跸，指皇帝出行时的车马仪仗。凡对皇帝的车马仪仗有所冲撞，即构成犯跸罪，依律，须罚金四两。[②]

8. 逾封罪

逾封，即僭越。凡僭冒名位，逾越典制、规范，从而危害皇权的独尊地位，破坏固有的等级秩序，都构成此罪，犯者处以重刑。

三、危害中央集权罪

汉代，郡县制与诸侯王国并行，中央集权与诸侯割据便成为国家政治生活中最突出的矛盾。西汉初年，汉廷顺应社会发展的方向和人民的要求，与割据势力进行长期艰苦的斗争，维护统一的局面。汉武帝时期，继续采取重要措施加强中央集权，打击诸侯势力。从法律来说，当时制定了一整套罪名，强干抑末。

1. 阿党与外附诸侯罪

阿党罪专门针对诸侯王国的傅相而定。凡诸侯有罪，傅相不举奏，即构成阿党罪。傅相皆由中央任命，作用在于监视、控制诸侯的行动。鉴于汉初傅相失职，诸侯叛乱的严重教训，汉武帝创立此罪，加强对傅相的督责，以孤立诸侯。外附诸侯罪，主要针对中央辖区内的臣民而定，其作用在于彻底孤立诸侯，以消除其力量。从汉代的案例来看，此罪的科处，严

① 《汉书·王嘉传》:“王嘉……为郎，坐户殿门失阑免。”

② 《汉书·张释之传》颜注引如淳说。

重者弃市，较轻者免去爵位。[1]东汉时期，诸侯力量衰微，豪强大族兴起，所以凡是外属私家，也往往科以此罪。

2. 王侯私出国界罪

此罪旨在避免和防止王国与王国、王国与侯国及侯国与侯国交互联络，结党营私，形成有害于中央的地方势力。汉律规定，禁止王侯私出国界。凡犯者免侯，或者耐为司寇，或者加以重罚。

3. 酎金不如法罪

酎，指酎酒，宗庙举行祭祀仪式时所用。汉律规定，酿制酎酒的费用须由各诸侯承担，这笔费用称为“酎金”。汉武帝为加强中央集权，借口诸侯所供酎金成色或分量不足，削夺了一百多人的爵位。

4. 漏泄省中语罪

这原是秦代旧有的罪名。汉代为了防止核心机密漏泄出去，确保各项大政方针顺利贯彻执行，将此罪作为重罪进行惩处。不过，从史籍记载看，汉昭帝以前因漏泄省中语而获罪的人颇少见，昭帝以后则明显增加。这种现象恐怕与中外朝形成之后，双方争夺权利的斗争加剧有关。

5. 盗铸钱与私冶铁煮盐罪

将铸钱、冶铁和煮盐的大权收归国有，由国家统一经营，禁止私人染指，完全改变汉初的自由放任局面，是汉武帝加强中央集权，打击地方豪强的重要措施。为了有效保障这些措施的推行，当时特别设立这些罪名加以镇压。

汉景帝时，本来曾颁布过关于盗铸钱的法令，但由于执行不力，盗铸现象日益严重。汉武帝时几经探索，终于铸出了质量较高的上林三官钱。于是，政府将此钱发行到全国各地，同时明令地方不得私铸。这

① 《汉书·严助传》：“后淮南王来朝，厚赂遗（严）助，交私论议。及淮南王反，事与助相连，上薄其罪，欲勿诛。廷尉张汤争，以为助出入禁门，腹心之臣，而外与诸侯交私如此，不诛，后不可治。助竟弃市。”《汉书·外戚恩泽侯表》：“汝昌侯傅商，坐外附诸侯免。”

样，铸钱大权逐渐收归国有，汉初以来甚嚣尘上的盗铸之风才得以完全控制。

汉初，冶铁、煮盐等关系国计民生的重要产业，也都被各地的富商大贾把持着，这种局面极其不利于中央集权的加强。汉武帝时期，推行盐铁官营政策，并通过严刑峻法确保该政策的贯彻执行。汉律规定，敢私铸铁鬻盐者，钛左趾，没入其器物。[①]

四、侵犯公私财产罪

汉律的本质在于表达以皇帝为首的整个统治阶级的意志。因此，保护公私财产始终是汉代刑律的重要任务。汉高祖与秦民的约法三章，其中一条就是“盗抵罪”，而萧何修纂的《九章律》，也仍然将《盗律》列于首章。今据前人所辑的汉律[②]来看，属于侵犯公私财产方面的罪名很多。盗官物为法律所严格禁止，犯者要受到严惩。西汉时，乐安侯匡衡“专地盗土”，被免职。[③]阳城侯田延年任大司农，因盗都内钱三十万，自杀。[④]汉代对盗窃罪量刑时，已实行按赃物多少定罪的办法。计赃科罪，赃重则刑重。若是主守盗窃，属于知法犯法，更要从重处理。赃满十金，即科以弃市。[⑤]另外，也属盗窃行为的“盗武库兵”及“盗乘舆服御物”，由于事涉国家大禁及皇帝服用，故处刑极重。前者科以弃市，后者甚至“父母、妻子、同产皆弃市”。为了更好地保护私人财产及人身安全，汉代对于无故侵入他人室宅、庐舍、车船，其中或有盗窃嫌疑的，法律允许立时格杀，主人

---

① 《史记·平准书》。

② 如沈家本的《汉律摭遗》二十卷、程树德的《九朝律考·汉律考》。

③ 《汉书·匡衡传》。

④ 《汉书·酷吏传》。

⑤ 《汉书·陈万年传》附《陈咸传》颜注引如淳曰:“律:主守而盗直十金，弃市。”

不承担刑事责任。[①]

五、侵犯人身罪

“天地之间人为贵”。自先秦以来，这一思想一直深入人心。体现在法律上，就是预置多种罪名，对于杀人、伤人、强奸等严重侵犯人身的行为进行防范和打击。

1. 杀人罪

“杀人者死”，是刘邦约法三章的首要内容。在汉代刑法中，根据杀人的不同客体和情由，将杀人罪分为谋杀、贼杀、斗杀、戏杀、误杀、使人杀人、轻侮杀人、复仇杀人、狂易杀人等多种。

（1）谋杀。“二人对议谓之谋”，这是晋人张斐从法律角度对“谋”字所作的解释。[②]汉律中通常所说的杀人，一般就指谋杀而言。凡谋杀判处弃市，谋杀人未遂，减免。

（2）贼杀。相当于唐律中的故杀。因系故意杀人，故科罚极重。汉律中另有贼斗杀人的名目。汉成帝时规定，贼斗杀人，经上请，可减死论处。

（3）斗杀。张斐云：“两造相讼谓之斗。”[③]斗杀，即双方因争执斗殴而杀人致死。汉律对斗变杀伤，处罚甚重，不仅要严惩犯者，还要邻伍连坐，所谓“斗变杀伤捕邻伍”。[④]

（4）戏杀。张斐云：“两和相害谓之戏。”[⑤]戏杀，指本来无心杀人，但因嬉戏而致人于死。汉代史籍中未见其例，唐人段成式在《酉阳杂俎》中

① 《周礼 · 秋官 · 朝士》“凡盗贼军乡邑及家人，杀之无罪”，郑注引郑司农云：“若今时无故入人室宅庐舍，上人车船，牵引人欲犯法者，其时格杀之，无罪。”

② 《晋书 · 刑法志》。

③ 《晋书 · 刑法志》。

④ 史游:《急就篇》。

⑤ 《晋书 · 刑法志》。

载有一例，犯者论处鬼薪，即判三年徒刑。

（5）误杀。误杀与故杀相对而言。据东汉郑玄的说法，汉代过失杀人不坐死。

（6）使人杀人。指教唆或指使他人杀人。这种行为属于谋杀性质，犯者尽管没有亲自动手，但仍以首犯论处，通常都处以极刑。

（7）轻侮杀人。所谓轻侮杀人，系指子孙杀死侮辱自己祖父等尊亲的行为。东汉章帝时，发生了这种案件，章帝哀怜犯者，令其出资赎死而降等宽宥，此后以为比例，便定下轻侮法。由于轻侮杀人可以减刑，结果导致此类案件激增。和帝时，接受张敏的意见，加以废除。①

（8）狂易杀人。指人因病狂失去控制自己行为的能力而致杀人。西汉时，对狂易杀人者并不轻贷，如《太平御览》卷六百四十八引《廷尉决事》云："河内太守上民张太有狂病，发病杀母弟，应枭首，遇赦，谓不当除之，枭首如故。"东汉陈忠奏请"狂易杀人，得减重论"②，得到采纳。

上述杀人罪只是汉代史籍中所引汉律中可以分辨的一部分，当时更具体更准确的分别一定更多，惜不能详。汉律虽然强调杀人者死，但由于封建等级制的影响及司法官员"治狱不直"行为的普遍存在，杀人不偿命及同罪异罚的现象仍然经常出现。此外，由于受到儒家伦常理论的影响，法律对于复仇行为采取纵容，甚至鼓励的态度，以至于东汉社会复仇案件大增，引起恶劣的社会后果。值得称道的是，汉代奴婢的人格尽管仍很卑下，但刑律出现的禁止私杀奴婢的规定，毕竟向前迈进了一大步。

2. 伤人罪

"伤人抵罪"，早在刘邦的约法三章中，就有了明确的规定。汉代的伤人罪分斗伤、贼伤和盗伤三种。斗伤是指在斗殴中所造成的伤害，又可分为刃伤与非刃伤两种。刃伤从重惩处，一般为完城旦（四岁刑）；非刃伤从

① 《后汉书・张敏传》。

② 《后汉书・陈宠传》附《陈忠传》。

轻。贼伤，指蓄谋伤害人，一般处以髡钳城旦舂（五岁刑）。盗伤，分强盗伤人和窃盗伤人。窃盗拒捕伤人，即按强盗论。然据《盐铁论》“盗伤与杀同罪，所以累其心而责其意也”[①]，则知盗伤的惩处也是非常严厉的。

汉律规定对伤害罪的处刑定罪，要检验伤情的轻重，所谓验看“疻痏”。对此，东汉应劭解释说：“以杖手殴击人，剥其皮肤，肿起青黑而无创瘢者，律谓疻痏。”[②]疻轻痏重，见疻者处罪轻，见痏者处罪重。

汉律还规定了保辜制度。所谓保辜，就是凡斗伤人，被告要在一定期限内（即辜期）对受害人的伤势负责。如在期限内伤势恶化死亡，被告按杀人罪论处。《汉书 · 功臣表》载，嗣昌武靖信侯单德，“元朔三年坐伤人二旬内死，弃市”。说明此制在汉代确实得到了实行。

3. 强奸罪

汉律的强奸罪分为强奸与和奸两种。强奸是指使用暴力或其他胁迫手段，侵犯妇女人身的一种犯罪行为。不过，汉律虽有此种名目，但究竟如何处置不详。和奸，指在对方顺从的情况下行奸。汉律所讲的“奸”，大抵指和奸。和奸行为，严重损害了国家有关的身份规定，所以法律严禁此类行为发生。

六、官吏职务犯罪

在汉代的官僚体系中，官吏的贤能与否，既直接关系着该制度的运行情况，也影响着国家政治的得失。因此，对官吏的管理，特别是利用法律制度来规范和约束官吏的行为，提高其奉法行事的自觉性，一直是汉代统治者十分关注的事情。为此，汉代中央政府一方面制定了诸如《上计律》之类的专门性的法律，另一方面也在刑律或其他法律中，制定有关官吏职

① 《盐铁论 · 刑德》。
② 《汉书 · 薛宣传》颜注引。

务犯罪的规定。其中较为重要的罪名有：

1. 贪污罪

汉律中贪污罪的名目很多，如受所监、受财物、听请、受财枉法、受赇枉法，等等。[①]受所监，指官吏接受被管理、被监临者的饮食、财物等。犯者视其官职、爵位，科以不同的刑罚。官吏从部属手中贱买财物，转手贵卖以牟余利，也属此科。听请，指官吏接受请托，枉法从事，判司寇。如果听请受财，则要处以重罚。受赇，即受贿。赇，谢也。不论官吏求而谢，或不求而谢，都称为赇。汉文帝十三年（前 167 年）发布的诏令明确规定："吏受赇枉法，皆弃市。"[②] 可见，国家对受贿枉法行为的惩处是非常严厉的。汉律除了惩治受贿贪污者外，也制裁行贿者。

2. 鞫狱不直与故纵罪

不直与故纵都是秦律中的罪名。不直又称不实，指不能平情公允地处断狱案，给人妄加罪名，以致陷人于罪的行为。从案例来看，此罪视情节轻重论罪，严重者科以重刑，然尚有赎免的机会。故纵，指故意放纵罪人，使其逃避法律的惩处。对司法官员的这种行为，汉律重点加以打击，特别是从汉武帝时开始，"缓深故之罪，急纵出之诛"[③]，大大加强了打击的力量。当时借助"沈命法"和"见知故纵，监临部主之法"，以故纵的罪名，杀掉了为数众多的官吏。

3. 选举不实罪

汉代选拔人才的一项重要制度是察举，名目有孝、廉、秀才、贤良、方正等。国家要求地方官以高度的责任感为政府举荐人才，否则即对其治罪。另一方面，为了堵住举荐过程中弄虚作假的漏洞，政府又制定了"选

---

① 详见（清）沈家本撰，邓经元、骈宇骞点校：《历代刑法考·汉律摭遗卷二》，第 1404—1408 页。

② 《汉书·刑法志》。

③ 《汉书·刑法志》。

举不实”的罪名，对荐举过程中的不实行为进行打击惩处。就案例看，汉代官员因此而获罪的人并不在少数，有的被免官，有的被削去爵邑，有的被处以徒刑，说明当时对此律的执行还是颇为认真的。但是，东汉时期随着世家大族势力的扩大，察举人才的权力日益被地方豪强所把持。他们与地方官通同作弊，垄断选举，“选举不实”遂成为普遍的现象。汉和帝时虽欲重申旧制，然效果并不明显。

4. 违反军律罪

汉代在军事方面有过不少立法，有的见诸刑律，有的属于单行，基本构成了一个完整的军法体系。今就史籍所反映的法律内容来看，违反军律的罪名很多，其中主要有乏军兴、擅发兵、逗留畏懦、降敌、逃亡、失亡过多、失期、迷路、虚报首级等。① 就执行情况讲，还是较为严格的。处罪时只针对实际后果，并依相应的规定论罪，根本不考虑犯者的思想动机与当时所处的客观条件。这一点，与其他罪案的审理具有很大的不同。此外，汉代对军事责任的处刑也非常之重。今就案例看，上列罪名都可以判以死刑。

七、思想言论罪

利用刑罚来限制人们的思想言论，是秦汉以来实行专制统治的一个重要特点。早在秦律当中，就已经制定了惩罚思想言论的明确罪名。汉代不仅继承了前代的思想言论罪，而且有所发展。这方面的罪名，除已见于政治犯罪处，还有诽谤妖言罪，非所宜言罪和腹诽罪等。

1. 诽谤妖言罪

诽谤妖言本系两罪，都是承秦而来的罪名。诽谤，指通过言论指责国家的制度、政策、举措等；妖言，指过失之语，即因不慎而说的错话，与唐律以后所规定的“诈为鬼神之语”的“妖言”不是一回事。二罪皆因言论

① 参见徐天麟《西汉会要》卷五十八《兵三》及《汉律摭遗》卷二十一《军法》。

而得，虽设两名，但往往连类而及。秦代设立此罪名，造成“忠谏者谓之诽谤，深言者谓之妖言”[①]的不幸后果。因此，汉文帝前元二年（前178年）正式下诏加以废除。但是，为了维护统治者的尊严，从根本上箝制臣民的思想，汉武帝时不仅恢复此罪，而且变本加厉，设“腹诽之比”，以高压手段来遏制人们的思想言论。终两汉之世，诽谤妖言罪一直行用不废。据案例看，一旦被加上此种罪名，则必致极刑，能幸免的为数极少。

2. 非所宜言罪

非所宜言指言语失误，说了不该说的话，它与诽谤这种故意进行指责、批评的行为有所区别。汉代对此罪的科断，似乎缺乏准确适用的条文，同罪异罚的现象较为突出。有的科以大逆不道，有的科以大不敬，而有的则科以不道。[②]说明当时在处罪量刑时，随意性较大。

3. 腹诽罪

腹诽是秦代的罪名，当时规定腹诽者诛。汉武帝时，张汤迎合武帝的旨意，以腹诽罪处死了与自己有仇隙的大农令颜异。[③]此后，腹诽之比胡乱援用，臣民结舌闭口，生怕因此陷入法网。汉武帝利用该项罪名，极大地满足了他加强专制统治的需要。

八、违反伦常罪

伦理纲常是汉儒强调的重点，也是汉朝立国的精神支柱。特别是汉武帝罢黜百家以后，国家通过各种措施来强化全社会的伦常观念。同时，也把伦常犯罪放在突出的位置加以打击。在伦常犯罪中，不孝和奸淫是两个

---

① 《汉书·贾谊传》。

② （清）沈家本撰，邓经元、骈宇骞点校：《历代刑法考·汉律摭遗卷三·非所宜言》，第1425—1427页。

③ 《汉书·食货志》。

最大的罪名。不孝，是秦代的旧名，但汉代对此罪的打击力度明显加强。《春秋公羊传 · 文公十六年》何休注云："无尊上、非圣人、不孝者，斩首枭之。"证诸史传，确实如此。衡山王太子刘爽，即因不孝罪弃市。[①]与严惩不孝罪相联系，汉律又规定子女为父母报仇而杀人，可以减刑。子女如殴打父母，斩首枭之。如殴杀父母，则以大逆论，本人腰斩，妻子弃市。即使殴其兄妹，也较普通人加刑。奸淫，视对象不同处以不同的刑罚。常人通奸处三年徒刑；如尊卑奸，其性质恶劣，属于"禽兽行"，通常要处极刑。

第二节　刑法原则

为了更好地发挥刑罚维护阶级利益，镇压社会反抗的强大作用，汉律吸收了战国以来丰富的司法实践经验，形成了一整套量刑定罪的根本原则，这些原则表明汉代的统治者对于法律的理解更加深刻，运用更加自如，标志着中国封建法律的发展达到了一个空前的高度。

一、先请与听赎

先请，又称上请，是汉律赋予贵族官僚的一项法定特权。凡宗室贵族及六百石以上官僚犯法，司法官不许擅自判决，而须上请皇帝裁决。凡应先请而不予先请的，都以违法论之。一旦发现，当事人将受到严惩。蔡邕《太尉桥公神道碑》[②]：

> 临淄令赃多罪正，受鞫就刑，没齿无怨。竟以不先请免官。

---

① 《汉书 · 衡山王传》。
② 严可均辑《全上古三代秦汉三国六朝文》。

按桥公即东汉桥玄。据《后汉书·桥玄传》，知他因不先请而惩处临淄令，被处以城旦之刑。《后汉书·南匈奴列传》：

中郎将张修与单于不相能，修擅斩之，更立右贤王羌渠为单于。修以不先请而擅诛杀，槛车征诣廷尉抵罪。

从这些例证看，当时对先请制度的执行还是非常严格的。先请制度，既表示了国家对特权阶层的优容，也体现了皇帝在司法方面所享有的无上权力。

以钱物赎罪是先秦以来的旧法。汉代继承了这一做法，并进一步确认了具体的原则。赎刑也适用于死刑。汉武帝时规定，纳钱五十万，减死罪一等。[①]尽管西汉宣元时期曾对赎刑问题展开激烈的争论，[②]但由于这种制度实际上有利于官僚贵族，能够满足皇帝的利欲之心，所以一直维持不变。东汉光武帝时，“令天下系囚自殊死以下及徒各减本罪一等，其余赎罪输作各有差”[③]。汉明帝时又规定：“天下亡命殊死以下，听得赎论：死罪入缣二十匹，右趾至髡钳城旦舂十匹，完城旦舂至司寇作三匹。其未发觉，诏书到先自告者，半入赎。”[④]

除赀赎外，汉代也允许以爵赎罪或买爵赎罪。《汉书·惠帝纪》云：“民有罪，得买爵三十级以免死罪。”颜注引应劭曰：“一级值钱二千。”景帝时，根据晁错的建议，还实行过纳粟赎罪的办法。[⑤]

二、自首过失减刑与故意首恶从重

自首，秦汉时期又称为自告或自出。汉律明确规定，“先自告除其

---

① 萧望之云：“闻天汉四年，常使死罪人入五十万钱减死罪一等。”见《汉书·萧望之传》。
② 见《汉书·萧望之传》。
③ 《后汉书·光武帝纪》。
④ 《后汉书·明帝纪》。
⑤ 《汉书·景帝纪》。

罪”[①]。然就案例看，实际执行与法律规定颇有出入。例如，发生于汉武帝时的淮南王谋反案，案中的重要人员伍被，尽管“诣吏自告与淮南王谋反”，但是负责审理此案的张汤却以“（伍）被首为王画反计，罪无赦”为由，将其处死。[②]这种审决结果，显然没有理会自首该如何处置的问题。而同样发生于汉武帝时的衡山王谋反案，衡山王太子刘孝“先自告反”，却被除其罪。当然，刘孝最后并未能逍遥法外，他的谋反罪虽除而不论，但却“坐与王御婢奸”而遭弃市。[③]这种结果是否仍然是对其从事谋反活动的报复，不好判断，然就形式而言，“自告除其罪”，在此得到了执行。这说明汉代有关自告减刑的规定，并非具文，在审判实践中尽可以据以处断。

汉律强调故意与首恶，凡属此类，都要从重处罚。以杀人罪为例，凡属故意杀人，一般都处以死刑。相反，过失杀人通常皆不坐死。首恶，是指一个案件中的首要分子，他们基本都是谋反或杀人活动中的策划者和组织者，因此法律对他们都要重点打击。西汉的主父偃犯罪，汉武帝本无意将其处死，但张汤说“（主父）偃本首恶，非诛偃无以谢天下”“乃遂族偃。”[④]可见，首恶成为张汤量刑时考虑的主要因素。

汉律这项原则的确定，是总结了长期的司法经验的结果。它既照顾了犯罪者的动机，也注意区分犯罪所引起的后果，既有利于分化犯罪分子，也有利于镇压故意和首恶犯。

三、亲亲得相首匿

首匿，又称舍匿，是汉代的一种重罪罪名。汉初及汉武帝时，一直将此

① 《汉书·衡山王传》。

② 《汉书·伍被传》。

③ 《汉书·衡山王传》。

④ 《汉书·主父偃传》。

罪作为重罪加以镇压。汉高祖为了抓获季布，曾下令："敢有舍匿，罪三族。"[①]武帝时更是"重首匿之科"[②]。但是，随着经学正统地位的进一步确立，儒学思想影响的日益深化，朝廷为了显示所谓的"亲亲之道"和"尊尊之道"，从汉宣帝时起，改变了过去实行的父子、夫妇首匿相坐的规定。《汉书·宣帝纪》：

诏曰："父子之亲，夫妇之道，天性也。虽有患祸，犹蒙死而存之。诚爱结于心，仁厚之至也，岂能违之哉！自今子首匿父母，妻匿夫，孙匿大父母，皆勿坐。其父母匿子，夫匿妻，大父母匿孙，罪殊死，皆上请廷尉以闻。"

该规定从"父子之亲，夫妇之道"这一自然的伦理关系出发，对某些特例制定了从宽处理的办法，使孔子所提倡的"亲亲相隐"原则，真正在司法上得到承认和落实，是汉律引礼入法的一个重要标志。不过，尽管如此，汉代关于"亲亲得相首匿"的范围，仍然有严格的限定。它仅限于父母与子、夫与妻和祖父母与孙，即所谓的大功之亲的范围之内。这里也规定了首匿的顺序：凡属子匿父母、妻匿夫、孙匿大父母这一顺序范围，犯罪不坐；凡属父母匿子、夫匿妻、大父母匿孙这一顺序范围，若犯死刑，可以上请。这一规定充分考虑了法意与人情，为汉以后历代王朝所援用。

四、矜恤老幼妇残

汉律的这条原则，是经过长时期不断完善起来的。早在汉惠帝时，诏令就明确规定："民年七十以上若不满十岁，有罪当刑者，皆完之。"[③]"完之"，即不施肉刑。这是汉惠帝上台后推行黄老政治，大幅度调整旧制的

① 《史记·季布列传》。
② 《后汉书·梁统传》。
③ 《汉书·惠帝纪》。

措施之一。尽管内容尚不够具体，但对以后的立法产生了较大的影响。汉景帝时规定，“年八十以上，八岁以下，及孕者未乳，师、朱儒当鞠系者，颂系之”[①]。“颂系”，即不带刑具。汉宣帝时下诏规定：“自今以来，诸年八十，非诬告杀伤人，它皆勿坐。”[②]这是宽容犯法的又一条具体规定。该规定将老幼处刑的范围限制在诬告、杀人、伤人三种罪行上，除此之外的其他罪行一律免予坐罪。汉成帝时定令：“年未满七岁，贼斗杀人及犯殊死者，上请廷尉以闻，得请死。”[③]这是在前一条法令的基础上，专门针对七岁以下儿童所犯重罪而设立的。汉平帝时进一步制定诏令：“及眊悼之人刑罚所不加，圣王之所制也。……妇女非身犯法，及男子年八十以上，七岁以下，家非坐不道，诏所名捕，它皆勿得系。”[④]东汉光武帝建武三年（27 年），又重申了此诏的内容。[⑤]至此，汉代关于宽大老幼妇残犯罪的有关规定始备。

这些恤刑措施，对于减少滥杀，培养尊老爱幼、怜弱恤残的社会风气有一定的帮助，是我国古代精神文明和法律文化进步的表现。但是，也应该看到，统治者之所以如此宽大，从实质上讲乃是因为老幼妇残对社会的危害性较小。若是遇到那些危及其根本的案件，即使老幼妇残，也一律都在诛杀之列。

五、诬告反坐

诬告，是以捏造事实向官府告发，以陷人于罪。这种行为直接危害了被诬告者本人，也妨碍了社会秩序的稳定，扰乱了司法机关的活动，不利于统治阶级内部的协调一致。因此，汉律有诬罔、“教人诬告”等罪名，

① 《汉书 · 刑法志》。
② 《汉书 · 刑法志》。
③ 《汉书 · 刑法志》。
④ 《汉书 · 平帝纪》。
⑤ 《后汉书 · 光武帝纪》。

同时加重对诬告的惩罚。汉宣帝关于宽宥八十以上老年犯罪的规定中，明确指出诬告、杀伤人不在宽宥之列。可见，诬告罪完全是与杀伤人罪等量齐观的。据《后汉书·杨璇传》记载，荆州刺史赵凯诬奏杨璇冒功，结果“（赵）凯反受诬人之罪”。此外，唆使他人诬告也要判处重刑。宣帝时长沙刺王建德教人诬告和他有积怨的内史，卒遭弃市。

六、数罪以重者论之

汉律的这条规定见于经注当中。《公羊传·庄公十年》传“战不言伐，围不言战，入不言围，灭不言入，书其重者也”，何休注云：“明当以重者罪之。犹律一人有数罪，以重者论之。”何休与郑玄一样，每每喜欢引律文作注，故此处所引为汉律无疑。从史书所载案例来看，在当时的司法实践中，此一原则多有体现。沈家本《汉律摭遗》对此多有论证。《汉书·功臣表》云：“安丘嗣侯（张）拾坐入上林谋盗鹿，又搏揜，完为城旦。”沈家本解释说：“城旦为搏揜本罪，谋盗鹿，未得，罪轻。此二罪从重也。”[①]《汉书·李广传》附《李蔡传》载李蔡盗取阳陵地三顷，又盗取神道外壖地一亩。据沈家本分析，阳陵地为官地，盗取其地，罪轻；神道外壖地为园陵地，盗虽止一亩，罪重。二罪从重者判处，结果李蔡下狱自杀。[②]

七、不追究既往

不追究既往，即以新颁法律为准，不再追究以前的犯罪行为。这条原

① （清）沈家本撰，邓经元、骈宇骞点校：《历代刑法考·汉律摭遗卷二·盗园中物》，第1394—1395页。

② （清）沈家本撰，邓经元、骈宇骞点校：《历代刑法考·汉律摭遗卷二·盗园陵地》，第1396页。

则曾屡见于汉代诏令。就汉代的不少案例来看，在当时的司法实践中确实存在并贯彻执行这样的原则。例如，汉成帝绥和年间，定陵侯淳于长犯大逆罪被诛，其妾乃始等六人在案发前已离异改嫁，但丞相翟方进、大司空何武等仍拟处以死刑，廷尉孔光则认为不应追究其犯罪前已经离异的妾所负的罪责。又如，汉成帝时琅邪太守冯野王因惧怕得罪国舅王凤而弃官回乡，王凤根据新颁法令中“去郡亡”的罪名，惩治冯野王。但杜钦认为在新法之前，此种行为不属犯罪，故不应受到追究。可见，汉代的这一原则确实得到了贯彻执行。该原则有利于缩小打击面，给犯者提供一条自新的道路。

第三节　刑　名

汉代的刑名基本上因袭了秦代之旧，种类复杂，惩罚残酷。就其大类而言，可以分为死刑、肉刑、徒刑、迁刑等几类。

一、死刑

汉代的死刑以执行方式相区别，可以分为下面几种：

1. 腰斩

腰斩是以腰部为受刑部位的死刑。《释名 · 释丧制》云：“斫头曰斩，斩腰曰腰斩。”另外，此刑的执行刑具也不同于其他。《周礼 · 秋官 · 掌戮》郑玄注云：“斩以鈇钺，若今腰斩也；杀以刀刃，若今弃市也。”汉代的腰斩，通常用于大逆无道之罪及各种违犯军法的罪行。在《史记》《汉书》等记载汉代史实的史籍中，凡是腰斩，都要特别标出，可见其刑罚之重。

2. 弃市

弃市是一种古老的刑名，盖取“刑人于市，与众弃之”之意。汉代的弃市，属于斩首之刑，是较为常用的一种死刑，适用于那些性质严重的罪行。汉景帝中二年（前 148 年）正式将沿袭于秦的磔刑改为弃市。①

3. 枭首

枭首指处死犯人后将其头颅悬于高空，用以警示众人。这是秦代的一种重刑，汉代继承下来。据东汉的何休说，凡“无尊上、非圣人、不孝者，斩首枭之”，证诸史传，大体吻合。彭越被指控谋反，结果“夷三族，枭首洛阳”②。这属于谋反之枭。刘屈氂之妻因巫蛊而被枭首③，这属于大逆之枭。梁平王之后任后被枭首④，这属于不孝之枭。值得注意的是，汉代对于犯有重罪的妇女，多采用枭首的刑法。

4. 族刑

族刑即举族而诛。汉代大逆无道罪，犯者腰斩，父母妻子同产无少长皆弃市。公孙敖因妻子为巫蛊而受到株连被族⑤，主父偃被指为导致齐王自杀的首恶而被族⑥，郭解被科以大逆无道而致族⑦。族刑也有等级差别，最重的是夷三族，适用于谋反大逆案件。汉初的彭越、韩信等人都被处以此刑。高后时，因此刑过于残酷不宜于和缓统治阶级内部的矛盾，明令废除。不过，后来仍间或实行。

二、肉刑

肉刑是一种残废犯人肢体和残害犯人肌肤、机能的刑罚。汉代的肉刑

① 《汉书·景帝纪》。
② 《汉书·栾布传》。
③ 《汉书·刘屈氂传》。
④ 《汉书·文三王传》。
⑤ 《汉书·公孙敖传》。
⑥ 《汉书·主父偃传》。
⑦ 《汉书·游侠传》。

分为黥、劓、斩左右趾和宫四种，都是从秦代继承过来的。

1. 黥

黥是刻破犯人额头的皮肤，将黑色染料渗入其下，从而留下清晰印迹的刑罚。秦代，它作为一种主刑，用于惩罚各种犯罪。汉代，也被用作肉刑中最重的刑罚。汉文帝十三年（前167年）废除肉刑，黥刑遂被取消。法令规定，凡“当黥者，髡钳为城旦舂”①。

2. 劓

劓指将犯人鼻子割掉的刑罚。从秦朝的情况看，此刑主要是连同黥刑一起作为城旦的附加刑来使用的。当然，有时也作为主刑独立地加以使用。汉代保留下来的有关案例太少，具体情况不易了解，不过恐与秦朝的差别不大。汉文帝废肉刑，规定“当劓者，笞三百”②，即用笞刑来代替劓刑。

3. 斩左右趾

斩左趾即商周时期的刖刑。古代的刖刑先刖左足，后刖右足，《韩非子·和氏》篇可证。秦汉也是如此。秦代斩左趾主要作为城旦的附加刑而合并使用。汉文帝废肉刑，规定：“当斩左趾者，笞五百，当斩右趾，……皆弃市。”③可见斩右趾的刑罚比斩左趾重得多，斩右趾实际上已经属于死刑了。

4. 宫刑

宫刑，又称腐刑。《汉书·景帝纪》颜注云：“宫刑其创腐臭，故曰腐刑。”这是一种残害男女生殖机能的酷刑。秦代，宫刑是一种主刑，适用范围限于男女淫乱。汉初，宫刑沿用。汉文帝废肉刑诏中未提废除宫刑事。晋代的张斐和北魏的崔浩都认为废肉刑不包括宫刑。然而，西汉晁错在汉文帝十五年（前165年）所上对策中，明明白白地指出，当时“肉刑

① 《汉书·刑法志》。
② 《汉书·刑法志》。
③ 《汉书·刑法志》。

不用，……除去阴刑”[①]。颜注引张晏注云：“阴刑即宫刑也。”景帝元年（前156年）诏也提到“孝文皇帝……除宫刑，出美人，重绝人之世也”[②]。这都是当时人说当时事，恐不会有误。也可能废宫刑一事是在别的诏书中提出的，班固修《刑法志》时不及引用。汉景帝时规定：“死罪欲腐者，许之。”[③]这一规定的实质在于改革死刑制度，而不是恢复宫刑。司马迁等人即是在这一规定实施后，通过接受宫刑而免去了死罪。后来，直到东汉仍然实行这一制度。之所以这样做，恐怕是为了用这一不轻不重的“中刑”来弥补肉刑废除之后“死刑既重而生刑又轻”的偏弊。

肉刑是夏商周三代以来使用最为广泛的刑罚，带有严重的原始、野蛮的色彩，是社会由低级向高级演进发展过程中的必然产物。随着西汉社会民本观念的加强和统治者缓和社会矛盾的需要，汉文帝在少女缇萦上书的感悟和推动下，终于采取果断措施，废除了肉刑，从而使中国古代的刑制由野蛮趋向文明。此后，尽管在司法实践中新的刑制出现了种种问题，以致遭到“外有轻刑之名，内实杀人”[④]这样严厉的批评。但是，由于废肉刑是顺应时代潮流、顺应民心的善政，尽管从东汉到魏晋南北朝呼吁恢复肉刑者代不乏人，然而，肉刑寿终正寝的局面最终没有改变。

三、笞刑

笞刑，是指用木杖或竹策棰击犯人身体的刑罚。它本来用于官吏教诫老百姓或法官拷讯犯人，并不属于正刑的范围。但是，汉文帝废肉刑以后，用笞刑来取代劓和斩左趾两种肉刑，遂使其成为正式的刑种。当时规定：

① 《汉书·晁错传》。
② 《汉书·景帝纪》。
③ 《汉书·景帝纪》。
④ 《汉书·刑法志》。

"当劓者，笞三百；当斩左趾者，笞五百。"然而实行的结果是无论笞五百或是笞三百，都是"率多死"[①]。汉景帝时加以改革，将笞五百减为笞三百，将笞三百减为笞二百。并规定，杖不得过二百，杖者不可中途更换。另外，还特别制定了《箠令》，就刑具规格和受刑部位作出明确的规定。[②]由于这些立法较为完善，所以后世遵用不替。中古以后，笞刑成为五刑之一。

四、徒刑

汉代的徒刑基本上都是从秦代继承过来的。按照犯人罪行的轻重，主要分为以下几种。

1. 髡钳城旦舂

汉代，髡钳城旦舂是死刑之下的一个刑名，适用于重罪犯人。通常所受的刑罚有四个方面：首先是髡。髡，髡头，即髡发，也就是要剪掉犯人的长发。受过髡刑之后，头上所留头发的长度一般在三四寸左右。其次是钳。钳是铁钳，著于颈上，白天黑夜都须戴着。再次是钛。钛是套在脚杆上的铁圈。凡属髡钳城旦舂者，有的还要加上脚钛。西汉时加脚钛分为"钛左趾"、"钛右趾"和"钛左右趾"三种情况。钛左右趾是最重的刑罚。最后是笞。汉文帝废肉刑后，对髡钳城旦舂要附加二百笞刑。东汉明帝时开始规定：髡钳城旦舂也可以用钱物赎免。东汉卫宏说，髡钳城旦舂是五岁刑。[③]

2. 完城旦舂

完城旦舂是低于髡钳城旦舂一等的刑罚。所谓完，与髡钳相对而言，指既不髡犯人的头发，也不在其颈上加著铁钳。完城旦舂也可以赎罪。钱物的数额是六百石，相当于四万钱。东汉卫宏说完城旦舂是四岁刑。

① 《汉书·刑法志》。
② 《汉书·刑法志》。
③ 《汉旧仪》，见周天游辑注之《汉官六种》。

3. 鬼薪、白粲

《汉旧仪》云："鬼薪三岁。鬼薪者，男当为祠祀鬼神，伐山之薪蒸也；女为白粲者，以为祠祀择米也，皆作三岁。"鬼薪与白粲刑名不同，刑期则完全一样。鬼薪为战国旧名，战国时期的兵器上已出现此名。说明被判鬼薪的人当时已不完全从事"伐山之薪蒸"的劳役，也被役使于其他的官手工业作坊。汉代的情况与此大致一样。白粲之名，出现于何时不详。据其与鬼薪并称推断，肯定也是战国以来的旧名。卫宏认为白粲指女性犯人，罚作"择米"的劳役。秦汉导官主择米，白粲可能即在此处劳动。

4. 司寇

《汉旧仪》云："罪为司寇，司寇男备戍，女为作如司寇，皆作二岁。"司寇本是秦汉时代管理刑徒的官名。因它主要役使刑徒劳动，故逐渐成为刑徒的一种称呼。

5. 复作

《汉旧仪》云："男为戍罚作，女为复作，皆一岁到三月。"复作之名，不见秦代记载。然据《汉书·晁错传》"乃募罪人及免徒、复作令居之"一语看，显为秦制旧称。但作为刑名，复作并非如《汉旧仪》及《汉书》旧注所云是女徒的专称。实际上男子也可以称为复作。《汉书·功臣侯表》及《居延汉简》的记载中，都可以证明这一点。复作的刑期最短，仅一年或数月，也不用遭受髡钳耐等刑。因此，它与严格意义上的刑徒有一定的差别。《汉旧仪》认为罚作与复作刑期一样，差别仅在性别方面。不过以《汉书》及汉简的材料看，二者皆服劳役，确有相同的一面，但服役时间却很不一样。复作的刑期最长是一年，最短是三个月，规定十分明确，而罚作的时间则颇为灵活。从处理性质上讲，罚作属于罚，而不属于刑。

五、迁刑

迁刑是将罪犯从原住地迁徙到荒僻地方的一种刑罚。它由古代的流刑演变而来。秦代，曾广泛加以使用。凡秦军新征服的边远地方，通常总是把罪犯迁过去，让他们去充实人口，发展生产。凡迁刑犯人，家属须随同前往“迁所”。汉代的情况与此差别不大。秦汉时代，巴蜀一带是安置迁犯的重要地区。秦朝的吕不韦、汉代的淮南王刘长都被迁往该地。西汉中后期，南方的合浦、西北地区的敦煌成为新的重要迁所。从性质上讲，迁刑是对死刑和肉刑从宽处理而设置的刑罚。但是，由于迁所环境恶劣，犯人要生存下来也确实不易。从这个角度讲，迁刑同样是非常残酷的刑罚。然而，汉代的不少迁刑犯人凭着坚强的毅力，战胜了严酷的环境，不仅生存下来，而且还为当地的经济开发和文化发展作出了贡献。

第十六章　两汉时期的司法组织

两汉的司法组织，由中央和地方具有司法职能的各个机构构成。其中既有专门负责刑狱事务的机构，也有主司别职、兼理司法的机构。它们形成一个庞大严密的网络，疏而不漏地在全国各地行使着包括司法权力在内的各种权力，履行着表达统治阶级意志，维护阶级压迫和实现对社会进行管理与控制的职能。

第一节　廷　尉

廷尉原是秦官，汉代沿袭不改，系中央专司刑辟之事的最高机构。廷尉属于九卿之一，地位非常重要，充分体现了汉代政府对司法活动的重视。终两汉之世，廷尉一官曾屡易其名。汉景帝中六年（前 144 年）改名为大理，汉武帝建元四年（前 137 年）恢复旧称，汉哀帝元寿二年（前 1 年）又改为大理，新莽时改名作士，东汉时重新恢复廷尉旧名。

在两汉漫长的历史进程中，廷尉的组织不断加强，职能不断完善。西汉初期和中期，廷尉属官有廷尉正和左右监各一人。汉宣帝时接受了路温舒对当时地方司法状况的严厉批评，开始设置秩禄为六百石的廷尉平四人，以加强对地方司法机构的控制。东汉建立后，约省官制，省去廷尉右监，四廷尉平也只保留了廷尉左平一人。

汉代廷尉专掌司法，具体而论，主要负责下列方面的事务：

1. 审判公卿和守相、刺史的罪案。汉代对于中央的三公九卿和地方的太守、诸侯相及刺史等官，实行司法的特殊管辖制度，凡属于特殊管辖范围的案件，例由中央机构进行审理。由于公、卿、守、相、刺史的地位不同，享受的司法优容各有差别，所以，承审的机构也不一样。对于犯罪的三公九卿的审理，可以是廷尉，也可以是御史中丞，还可以是司隶校尉，并没有固定的机构，主要视皇帝的态度而定。对于犯罪的守、相、刺史，则基本上都由廷尉负责审理。廷尉掌管京师的监狱，犯罪的官员一旦交由廷尉审理，就意味着要关押在监狱中，接受刑讯。所以，汉代人所说的“下廷尉狱”① 或“诣廷尉”②，表达的是同样的意思，即案件交由廷尉审理。可以说，廷尉府是公卿特别是守、相、刺史罪案的专门法庭。

2. 审判高级军官违犯军法的案件。汉代的军事案件属于专门管辖的范围。一般情况下，地方郡兵发生的案件由作为最高地方军事官员的太守来审理；京师屯兵发生的案件由各专门首长负责审理。战争期间，军队的高级将领违犯军法，一律按“征诣廷尉”处置，汉代人将此称为“下吏”③。它说明廷尉是最高的军事审判机构。

3. 参加重要的议罪会议。汉代对诸侯王、公卿的罪案及其他重要案件，往往由三公主持召开议罪会议，召集中央许多部门的重要人物前来参加，进行深入的讨论，最后提出一个处理方案上报皇帝。廷尉不仅能够参加这样的会议，而且由于他们熟悉法律，他们的意见常常受到三公

① 《汉书 · 魏相传》：“大将军因武库令事，遂下（魏）相廷尉狱。”

② 《汉书 · 酷吏传》：“丞相议奏（田）延年‘主守盗三千万，不道’。……数日，使者召延年诣廷尉。”同书《冯奉世传》附《冯参传》：“（冯）参以同产当相坐，谒者承制召参诣廷尉，参自杀。”

③ 参看第十七章第二节“专门管辖”部分。

和皇帝的重视。[①]

4. 按受地方司法机关的奏谳。汉代地方司法机关在审理案件时，经常会遇到一些疑难案件无从措手。为此，政府规定，凡是遇到疑难案件，县道要向郡国请示，郡国仍处断不了的，则要将案件的所有材料上报中央的廷尉，由廷尉进行判决。[②]廷尉的判决结果，就成为一种“比”，以后凡遇到类似情况均可比附判决。

除此而外，廷尉还负责汇总全国的司法案件，参与律令的修订，派属官到地方审决案件等事务。正因为廷尉一职事繁权重，汉代政府对于出任廷尉的人选非常重视。通常情况下，都是选择明习法律的人来担任。汉武帝以后，经学受到褒奖，读经与读律相比受到了更大的重视。这一点也在廷尉的任用上逐渐体现出来。此后的廷尉多数是既深通法律，也明习经学。到了东汉，律学同经学一样，形成了家法，而廷尉一职也逐步世袭化，担当者多来自那些经律双修的世家。

汉廷对廷尉赋予专门的权力，以及遴选廷尉时对其知识构成的严格要求，有助于廷尉集中精力处断案件，钻研法律，提高办案的效率与水平，并在一定的范围之内，排除干扰，据法行事，促进全国司法状况的改善。但是，廷尉毕竟是汉代司法组织中的一个机构，它作用的发挥，既要受到在其之上的皇帝与三公的限制，还要受到与它平列的诸卿的牵制。因此，认识汉代司法机构的职能与作用，仅仅从廷尉着眼是远远不够的，而必须

---

① 《汉书·陈汤传》:“丞相御史奏‘（陈）汤惑众不道，妄称诈归异于上，非所宜言，大不敬。’廷尉增寿议，以为‘……汤妄以意相谓且复发徙，虽颇惊动，所流行者少，百姓不为变，不可谓惑众。汤称诈，虚设不然之事，非所宜言，大不敬也。’制曰：‘廷尉增寿当是……’”

② 《汉书·刑法志》:“高皇帝七年，制诏御史：‘狱之疑者，吏或不敢决，有罪者久而不论，无罪者久系不决。自今以来，县道官狱疑者，各谳所属二千石官，二千石官以其罪名当报之。所不能决者，皆移廷尉，廷尉亦当报之。廷尉所不能决，谨具为奏，傅所当比律令以闻。’”

要同时考察廷尉以外的其他司法机构。

第二节　廷尉以外的中央机构

汉代廷尉以外的中央司法机构，在劾奏、刑审、议罪、法律解释等方面拥有广泛的权力，尽管它们同时还肩负着其他方面的重要行政事务。这是典型的行政与司法不分的政治体制。它的作用既在于保证汉代专制统治的顺利进行和国家法律的有效实施，也在于实现各个权力部门之间的制约。

在中央的司法组织中，皇帝所发挥的作用格外突出。秦始皇所创建的皇帝制度被汉高祖继承后，经过两汉四百年的巩固和发展，完全臻于成熟。皇帝号称天子，权力登峰造极，地位至高无上。皇帝金口玉言，是国家最高的立法者；皇帝无所不统，又是国家最高的司法者。在司法领域，皇帝的权力主要表现在：

1. 皇帝是重大案件的裁决者，是诸侯王及公卿案件的管辖者。所谓重大案件，主要是指谋叛造反等性质严重、影响巨大的案件。此等案件的处理，一般皆按皇帝的旨意执行。对于诸侯王及公卿发生的案件，某些授权机构虽然可以进行审理，但最后究竟如何处断，往往以皇帝的意见为准。皇帝实际上是此类案件的管辖者。

2. 皇帝可以折狱、录囚。秦始皇就有亲自折狱的习惯[①]，汉代的皇帝继承了这一传统，往往不辞案牍劳身，亲自审决犯人。西汉的宣帝、东汉的

① 《史记 · 秦始皇本纪》："天下之事无小大皆决于上，上至以衡石量书，日夜有呈，不中呈，不得休息。"《汉书 · 刑法志》："至于秦始皇，……躬操文墨，昼断狱，夜理书，自决程事，日悬石之一。"

明帝、章帝等都有很典型的事例。①

3. 皇帝可以改变司法机关的判决。对于司法机关的判决结果，皇帝有权改变，并付诸执行②。

4. 皇帝可以直接受理臣民的诉状③，也可以对地方奏谳的疑难案件提出最后的解释④。依制，汉代臣民的诉状应由所辖地区的司法机构或部门接受转递，但有时皇帝也可以直接受理。廷尉本是接受地方奏谳的专门机构，但是，对那些连廷尉也难于审断的案件，则要上请皇帝，由皇帝给予答案。

5. 皇帝可以自由进行赦免。对各种人犯实行赦免是皇帝的基本权力，他们可以定期宣布大赦，也可以针对具体案件不定期地进行赦免。

上述各项权力，皇帝可以自己亲自出面落实和实现，也可以由“使者”代表执行。使者是汉代政治活动中的重要角色，人员主要来自三个部分：第一，是由光禄勋所领的太中大夫、谏大夫、光禄大夫和谒者等，称得上是皇帝的近侍。他们位卑秩低，代表皇帝行事，可以做到赤胆忠心，尽职尽责。第二，是由太常所领的博士。皇帝经常吸收博士参与重大的政治活动，一来表明对经学的重视，二来也为了提高博士的致用能力。第三，是丞相、御史大夫的属官。丞相长史、御史中

① 《汉书·刑法志》：“时上（指汉宣帝）常幸宣室，斋居而决事，狱刑号为平矣。”《晋书·刑法志》：“及明帝即位，常临听讼，观录洛阳诸狱。”《后汉书·方术列传》注引谢承书云：“（谢）夷吾……行部始到南阳县，遇孝章帝巡狩，驾幸鲁阳，有诏敕荆州刺史入传录见囚徒，……”

② 《史记·淮南王列传》：“公卿治者曰：‘淮南王安拥阏奋击匈奴者雷被等，废格明诏，当弃市。’诏弗许。公卿请废勿王，诏弗许。公卿请削五县，诏削二县。”

③ 《史记·萧相国世家》：“上罢布军归，民道遮行上书，言相国贱强买民田宅数千万。”

④ 《汉书·刑法志》：“高皇帝七年，制诏御史：‘狱之疑者，吏或不敢决，有罪者久而不论，无罪者久系不决。自今以来，县道官狱疑者，各谳所属二千石官，二千石官以其罪名当报之。所不能决者，皆移廷尉，廷尉亦当报之。廷尉所不能决，谨具为奏，傅所当比律令以闻。’”

丞分别是丞相和御史大夫的属官。皇帝也常常派他们分赴各地，调查审理案件。

这些人持节承诏，直接代表皇帝发号施令，权力极大[①]。无论中央或地方的案件，都有权参预其中，插手其事，而且能够凌驾于有关的司法机关之上，左右和影响案件的处理。藉此，皇帝一方面可以迅速地了解掌握各种案件的性质和处理情况，另一方面也可以及时地下达和贯彻个人的意见，从而将对臣民的生杀予夺之权落到实处，达到维护皇权、巩固专制统治的目的。

皇帝之下，三公的政治地位最高。汉代的三公一般是指丞相（东汉称司徒）、御史大夫（东汉称司空）、太尉，皆可称为宰相，是汉代的行政中枢、司法中枢。在司法领域，赋予三公的主要权力是：

1. 劾奏权。监督百官是三公的基本职掌，所以，对于中央和地方的任何官员，三公都有举劾的权力[②]。

2. 刑审权。皇帝可以授权三公案验案件。通常有两种形式：一是每个机构独立地组织属官对案件进行调查和审讯[③]；二是联合起来共同进行案验

① 《汉书 · 武帝纪》："今遣博士大等六人分循行天下，……详问隐处亡位，及冤失职，奸猾为害，野荒治苛者，举奏。"此派使者调查情况之例。同书《孔光传》："成帝初即位，举为博士，数使录冤狱，行风俗，……"此派使者录囚之例。同书《刘辅传》："上使侍御史收缚辅，系掖庭秘狱，群臣莫知其故。"此派使者执行逮捕之例。《后汉书 · 刘隆传》："于是遣谒者考实，具知奸状。"此派使者执行拷讯之例。同书《武帝纪》："遣直指使者暴胜之等衣绣衣杖斧分部逐捕，刺史郡守以下皆伏诛。"此派使者行使处决权之例。《史记 · 绛侯周勃世家》："于是使使持节赦绛侯，复爵邑。"此派使者送达赦令之例。

② 《汉书 · 杜周传》附《杜延年传》："上以延年霍氏旧人，欲退之，而丞相魏相奏延年素贵用事，官职多奸。"同书《终军传》："御史大夫张汤劾（徐）偃矫制大害，法至死。"

③ 《史记 · 魏其侯列传》："于是上使御史簿责魏其所言灌夫，颇不雠，欺谩。"《汉书 · 朱云传》："丞相玄成言（朱）云暴虐亡状。……事下丞相，丞相部吏考立其杀人罪。"

审问[①]。

3. 议罪权。汉代对于诸侯王和一些高官的罪案，往往采取廷议的方式量刑定罪。廷议多由三公主持，他们自然可以畅所欲言，同时丞相长史、丞相司直、御史中丞等重要的三公属官，也可以参加会议，发表意见。[②]

当然应该指出，三公各官在司法方面所发挥的作用并非齐钧对等。大体说来，西汉时期丞相、御史大夫在司法领域的活动多一些，发挥的作用大一些，太尉时置时省，发挥的作用不够明显。东汉时期，司徒、司空在司法方面的作用一如既往，而太尉因成为实际上的丞相，所以所具有的司法职能也开始日益突出起来。

汉代三公的办事机关称为“三府”。三府分曹办事，三公总其成。三府属官中，丞相属官丞相司直、丞相长史和御史大夫属官御史中丞的权限颇引人注目。丞相司直是检举不法，整肃朝纲的专官，权位甚重。中央的公卿，地方的刺史、太守，皆在举劾之列。[③]丞相长史掌握相府实权，既可以独立劾奏，又可以代丞相进行刑审案验。[④]有时还充任皇帝的使者，

---

① 《汉书·韦贤传》附《韦玄成传》：“（韦玄成）当袭爵，以病狂不应诏。大鸿胪奏状，章下丞相御史案验。……而丞相御史遂以玄成实不病，劾奏之。”

② 《汉书·游侠传》：“吏奏（郭）解无罪。御史大夫公孙弘议曰……”同书《循吏传》：“（黄霸）守丞相长史，坐公卿大议廷中知长信少府夏侯胜非议诏书大不敬，霸阿从不举劾，皆下廷尉，系狱当死。”同书《薛宣传》：“哀帝初即位，博士申咸给事中，亦东海人也，毁（薛）宣不供养行丧服，……宣子况为右曹侍郎，数闻其语，赇客杨明，欲令创咸面目，使不居位。会司隶缺，况恐咸为之，遂令明遮斫咸宫门外，断鼻唇，身八创。事下有司，御史中丞众等奏……”

③ 《汉书·鲍宣传》：“丞相司直郭钦奏‘（豫州牧鲍）宣举措烦苛，代二千石署吏听讼，所察过诏条。’……”同书《翟方进传》：“（翟方进）迁为丞相司直。……方进于是举劾（司隶校尉陈）庆曰：‘案庆奉使刺举大臣，故为尚书，知机事周密一统，明主躬亲不解。庆有罪未伏诛，无恐惧心，……奉诏不谨，皆不敬，臣谨以劾。’”

④ 《汉书·景十三王传》：“积数岁，事（指江都王谋乱事）发觉，汉遣丞相长史与江都相杂案，索得兵器玺绶节反具，有司请捕诛（江都王）建。”

持节赴各地逐捕人犯。[1]御史中丞的职掌，最核心的一条是纠举不法，故御史中丞也称为“御史中执法”[2]。御史中丞权任极重，能直接接受奏章，能举劾百官，还能审承案件，逐捕人犯。[3]御史中丞名义上是御史大夫的属官，但其活动具有较大的独立性。在一定的场合，不仅不为御史大夫所拘限，而且还可以监督举奏御史大夫的活动。[4]

汉武帝以后，中外朝制度逐渐确立，外朝三公的职权日益转移到以大司马大将军为首的中朝官员手中。在司法领域，这一倾向有三个突出表现：一是重大案件常由中朝官集议定谳[5]。尽管此时外朝官仍保留着召集廷议的权力，但廷议结果却要上报内朝，由内朝官来决断其曲直是非。[6]二是内朝官中的重要成员尚书所掌握的司法权力迅速膨胀。三是宦官逐渐开始干预司法。

九卿是三公之下最重要的国家职能官职，具体负责国家各项大政方针的贯彻执行及国家各项制度的运作。九卿中的不少职官具有重要的司法职能。其中，廷尉是国家专门的司法机构，作用最为重要，已如上述。此外，九卿之中，太常、光禄勋、大鸿胪、宗正、执金吾等官也经常参

---

① 《汉书·成帝纪》：“颍川铁官徒申屠圣等百八十人杀长吏，盗库兵，自称将军，经历九郡。遣丞相长史、御史中丞逐捕，以军兴从事，皆伏辜。”

② 《通典·职官六》“中丞”条。

③ 《汉书·薛宣传》：“成帝初即位，（薛）宣为中丞，执法殿中，外总部刺史，……举奏部刺史郡国二千石，所贬退称进，白黑分明，由是知名。”同书《龚胜传》：“（龚胜）即自劾奏与（夏侯）常争言，污辱朝廷。事下御史中丞，召诘问，劾奏……”同书《鲍宣传》：“丞相孔光四时行园陵，官属以令行驰道中，（鲍）宣出逢之，使吏钩止丞相掾史，没入其车马，摧辱宰相。事下御史中丞。侍御史至司隶官，欲捕从事，闭门不肯内。”

④ 《汉书·杜周传》附《杜业传》：“（孙）宏前为中丞时，（翟）方进为御史大夫，举掾隆可侍御史，宏奏隆前奉使欺谩，不宜执法近侍，方进以此怨宏。”

⑤ 《汉书·龚胜传》：“丞相王嘉上书荐故廷尉梁相等，尚书劾奏嘉‘言事恣意，迷国罔上，不道。’下将军中朝者议，……”

⑥ 最典型的事例是西汉田千秋组织会议讨论侯史吴案。而讨论结果要上报大司马大将军霍光。见《汉书·杜周传》附《杜延年传》。

预国家的司法活动。西汉的太常既负责宗庙事务，也兼领诸陵县，掌管民事。光禄勋负责宫中侍卫，与皇帝最为接近，所以经常充任使者，持节赴各地了解地方的司法状况，平反冤狱。大鸿胪主要负责“四方蛮夷”及诸侯事务，宗正专管宗亲戚属；因其职能非常接近，也经常代表皇帝前往诸侯王国，验治案件[①]，还经常出席政府的议罪会议[②]。执金吾本名中尉，职责是率领禁兵保卫京城和宫城。因此，维护京城及三辅治安就成了执金吾一项基本的工作。执金吾常常承担逮捕任务，并且负责京城一些监狱的事务。

在汉代中央的司法组织中，尚书和宦官的地位、作用比较奇特，所以格外引人注目。尚书本是属于少府的卑官，在皇帝身边主掌“发书”事务。汉成帝时，随着中外朝制度的形成，尚书组织扩大，权任也日趋重要，成为中朝官的重要部分。东汉开始，设立尚书台，进一步加强了尚书的地位和权限，以至于出现了“虽置三公，事归台阁”[③]的局面。秩位卑微的尚书之所以能够臻于如此隆盛的地位，乃是因为它正好适合皇帝削弱相权，加强中央集权的政治需要。就实践效果来看，也的确取得了明显的效果。尚书的司法权力，主要表现在：

1. 劾奏权。尚书有直接举劾大臣的权力。上自中央的三公，下至地方的官吏，尚书都可以劾奏。[④]

---

① 参阅第十八章第三节“杂治”与“即讯”部分。

② 《汉书·荆燕吴传》：“至元朔中，郢人昆弟复上书具言定国事。下公卿，皆议曰：‘定国禽兽行，乱人伦，逆天道，当诛。”按：此“公卿”，自包括宗正、大鸿胪在内。参阅第十八章第三节“杂治”“即讯”部分。

③ 《后汉书·仲长统传》。

④ 《汉书·王嘉传》：“丞相王嘉上书荐故廷尉梁相等，尚书劾奏嘉‘言事恣意，迷国罔上，不道。’”此劾丞相之例。同书《杜周传》附《杜钦传》：“上令尚书劾奏京兆尹（王）章，章死狱中。”此劾京兆尹之例。《后汉书·虞诩传》：“先是宁阳主簿诣阙，诉其县令之枉，积六七岁不省。主簿乃上书……帝大怒，持章示尚书，尚书遂劾以大逆。”此劾奏县吏之例。

2. 案验权。与劾奏权相联系，尚书经常独立地承担一个案件的调查、取证和审判工作。[①]

3. 诘责权。西汉，遇大臣特别是三公犯过，尚书可以代表皇帝进行诘责。[②]到东汉，即使未得皇帝的旨意，尚书也可以对大臣自主诘责。[③]遇到诘责不遂，大臣拒绝辞服时，甚至还敢于拷打用刑。[④]

4. 驳议权。东汉时，对于三公上报的议罪结果，尚书有驳议权。而皇帝对于尚书的驳议，每每听而从之。[⑤]

5. 议罪权。东汉的尚书实际上行使着宰相的权力，所以国家的议罪会议，不仅可以出席，而且所发表的意见往往具有举足轻重的作用。[⑥]

宦官本是皇帝的近侍，备给事左右，顾问应对。西汉宣、元以后，宦官有了中常侍的名号，职任有所加强，经常预闻政务。弘恭、石显担任中书时，便拥有很大的司法权力。他们有权劾奏大臣，也有权向皇帝建议执

① 《后汉书 · 刘般传》附《刘恺传》:“时征西校尉任尚以奸利被征抵罪。……后尚书案其事，二府并受谴咎，……” 同书《韩棱传》:“及窦氏败，（尚书令韩）棱典案其事，深竟党与，数月不休沐。”

② 《后汉书 · 蔡邕传》:“初，（蔡）邕与司徒刘郃素不相平，叔父卫尉质又与将作大匠阳球有隙。球即中常侍程璜女夫也，璜遂使人飞章言邕、质数以私事请托于郃，郃不听，邕含隐切，志欲相中。于是诏下尚书，召邕诘状。”

③ 《后汉书 · 杨震传》附《杨秉传》:“先是中常侍单超弟匡为济阴太守，以臧（赃）罪为刺史第五种所劾，窘急，乃赂客任方刺兖州从事卫羽。……及捕得方，囚系洛阳，匡虑（杨）秉当穷竟其事，密令方等得突狱亡走。尚书召秉诘责，……”

④ 《后汉书 · 左雄传》:“是时大司农刘据以职事被谴，召诣尚书，传呼促步，又加以捶扑。”

⑤ 关于驳议，蔡邕《独断》云:“其有疑事，公卿百官会议，若台阁有所正处，而独执异议者，曰驳议。”《后汉书 · 宋均传》:“显宗以其（指宋均，时任东海相）能，（永元）七年，征拜尚书令。每有驳议，多合上旨。”

⑥ 《后汉书 · 张晧传》:“永宁元年，（张晧）征拜廷尉。晧虽非法家，而留心刑断，数与尚书辩正疑狱，多以详当见从。”

行逮捕、拷讯，有时还参预刑审。[①] 东汉，由于宦官逐步成为可与外戚抗衡的另一股政治力量，因此皇帝常借助宦官打击外戚，而宦官的权力也因之猛增。此时中常侍成为握有重权的官职，谁一旦居于此位，竟可权倾人主。表现于司法方面的权力主要有：1. 掌握专门的监狱——黄门北寺狱[②]；2. 拥有劾奏权[③]；3. 拥有逮捕权及审判权[④]。宦官插手司法，扰乱了汉代的司法秩序，加剧了东汉政治的黑暗。

在汉代司法组织中，除上述机构之外，还有两个地位和职能都比较特殊的机构：司隶校尉和部刺史。

司隶校尉因汉武帝征和年间的巫蛊之乱而设，职在镇卫京师，监察中都诸官及京畿各部。此官设置初期，接受丞相、御史大夫的节制，但至汉成帝时，权限激增，不但摆脱丞相的督责，反而可以奏劾三公；至于三公以下的其他中央和地方的官吏，可以说皆在司隶校尉的奏劾之列。[⑤] 司隶校尉也有案验和逮捕的权力；东汉时期，一些人甚至不奉诏旨，竟敢将人

---

① 《汉书·陈万年传》附《陈咸传》："是时中书令石显用事专权，（陈）咸颇言显短，显等恨之。……于是石显微伺知之，白奏咸漏泄省中语，下狱掠治，减死，髡为城旦，因废。"同书《楚元王传》附《刘向传》："时（弘）恭、（石）显、许（商）、史（高）子弟侍中诸曹，皆侧目于（萧）望之等，更生惧焉，乃使其外亲上变事。……书奏，恭、显疑其更生所为，白请考奸诈。"同书《贾捐之传》："（贾）捐之即与（杨）兴共为荐（石）显奏，……石显闻知，白之上。乃下兴、捐之狱，令皇后父阳平侯禁与显共杂治，……"

② 《后汉书·章帝八王传》："初，迎立灵帝，道路流言（勃海王）悝恨不得立，欲钞征书，而中常寺郑飒、中黄门董腾并任侠通剽轻，数与悝交通。（中常侍）王甫伺察，以为有奸，密告司隶校尉段颎。熹平元年，遂收飒送北寺狱。"李贤注云："北寺，狱名，属黄门署。"同书《孝明八王列传》："熹平二年，国相师迁追奏前相魏愔与（陈王）宠共祭天神，希幸非冀，罪至不道。有司奏遣使者案验。是时新诛勃海王悝，灵帝不忍复加法，诏槛车传送愔、迁诣北寺诏狱，使中常侍王酺与尚书令、侍御史杂考。"

③ 《后汉书·宦者列传》："（曹）节遂与王甫等诬奏桓帝弟勃海王悝谋反，诛之。"

④ 《后汉书·宦者列传》："于是更召（程）璜、（具）瑗等五人，遂定其议（指诛杀梁冀），帝啮（单）超臂出血为盟。于是诏收（梁）冀及宗亲党与悉诛之。"

⑤ 《后汉书·虞诩传》："永建元年，代陈禅为司隶校尉。数月间，奏太傅冯石、太尉刘熹、中常侍程璜、陈秉、孟生、李润等，百官侧目。号为苛刻。"

犯逮捕处死。[①] 司隶校尉还有驳议权，对于各种劾奏，司隶有权驳议，即使尚书的劾奏，也在驳议的范围之内。[②]

部刺史设于汉武帝元封五年（前 106 年）。当时把三辅、三河、弘农七郡以外的地区，分成十三部，每部设刺史一人，分管几个郡国。刺史按照中央规定的“六条”督察诸侯王、郡守和地方豪强。刺史于每年秋冬至所属郡国巡察，称为“行部”，年终入京向专掌部刺史事务的御史中丞奏事。作为监察专官，地方的司法状况是刺史关注的一个焦点，因而它所拥有的司法权力也很大。它对于部界的诸侯王、守相及僚属，皆有权举劾；也可以直接接受臣民告诉，并组织临时法庭审录囚徒[③]；还可以率领属吏逮捕人犯，进行拷问，严重者不俟奏请，敢于直接处死[④]。最初，刺史无治所，属于纯粹的监察机构，不插手地方的具体事务。东汉时期，刺史权限日增，建立了固定治所，凌驾于郡府之上，最终成为一级辖郡治民的地方政府，完全改变了刺史原来的性质。

---

① 司隶有权捕人，故西汉的诸葛丰、东汉的虞诩，皆因盛夏拘系无辜，遭到批评。见《汉书 · 诸葛丰传》和《后汉书 · 虞诩传》。《后汉书 · 党锢列传》：“（李膺）复拜司隶校尉。时张让弟朔为野王令，贪残无道，至乃杀孕妇。闻膺厉威严，惧罪逃还京师，因匿兄让弟（第）舍，藏于合柱中。膺知其状，率将吏卒破柱取朔，付洛阳狱。受辞毕，即杀之。”

② 《后汉书 · 虞诩传》：“先是宁阳主簿诣阙，诉其县令之枉，积六七岁不省。主簿乃上书……帝大怒，持章示尚书，尚书遂劾以大逆。（司隶校尉虞）诩驳之曰：‘主簿所讼，乃君父之怨；百上不达 . 是有司之过。愚蠢之人，不足多诛。’帝纳诩言，笞之而已。”

③ 《汉书 · 朱博传》：“（朱）博本武吏，不更文法，及为刺史行部，吏民数百人遮道自言，官寺尽满。”按：自言，系汉代起诉方式之一。参阅第十八章第一节“告”部分。同书《何武传》：“及（何）武为刺史，行部录囚徒，……”

④ 《汉书 · 张敞传》：“天子引见（张）敞，拜为冀州刺史。……既到部，而广川王国群辈不道，贼连发，不得。……广川王姬昆弟及王同族宗室刘调等通行为之囊橐，吏逐捕穷窘，踪迹皆入王宫。敞自将郡国吏，车数百两（辆），围守王宫，搜索调等，果得之殿屋重轑中。敞傅吏皆捕格断头，县其头王宫门外。”

第三节　地方机构的司法职能

汉代地方的政治制度以郡县制为主，以诸侯王国制为辅。推行郡县制的地方，设郡县两级政府；建立王国的地方，模仿中央设立一套专门的职官制度。郡的最高长官称郡守或太守，县的最高长官称县令或县长；王国诸侯衣食租税，不干预行政，所以诸侯相是王国的最高长官。地方的守相及县令长，既是当地最高的行政官员，也是最高的司法官员。司法组织与行政组织合二为一，一身二任。

郡是最大的地方行政单位，郡守、郡丞、都尉与各曹僚属、掾史构成了庞大的郡廷组织。郡守是一郡之长，统理全郡大权。所谓“太守专郡，信理庶绩，劝逐赈贫，决讼断辞，兴利除害，检举郡奸，举善黜恶，诛讨暴残”[①]，就是对太守职掌的高度概括。由于汉代习惯上把政平讼理看作太守行政的重要标准，所以，“大抵守相行政，以典刑狱、缉盗贼、制豪强为要务”[②]。而这又集中体现在司法权的行使上面。大体说来，郡守的司法权力主要是：

1. 奏劾权。凡行政上隶属太守管理的郡县各级官员，太守皆有权奏劾。

2. 审判权。汉代地方实行郡县乡三级审判制度，郡廷为地方最高审判机关，郡守则为地方最高审判官，具有审断案件，做出最后判决的权力。郡守依例于每年春天前往属县“行县”。这时，审断案件，录囚平反就是郡守最主要的工作。

3. 法律解释权。汉代规定“县、道官狱疑者，各谳所属二千石官，

① 《北堂书钞》卷第七十四《设官部》引《汉官解诂》。

② 严耕望:《汉代地方行政制度》,《史语所集刊》第25本，第145页。

二千石官以其罪名当报之”[①]，所以郡守也是地方最高的法律解释者。

上述权力，只就郡守对案件的最终裁判权而言。实际上，一郡日常的司法事务，基本是由郡中专管司法的办事机构——决曹来处理的。决曹为郡府列曹之一，主事者称决曹掾，多选明习法律者充任，主要承担郡中具体的刑审事务。决曹掾也经常行县录囚。督邮是郡中专门负责监察的职官，主要监察属县的官员及部界中的诸侯。督邮拥有很大的司法权力，可以奉诏执行逮捕，也可以设庭案验。同时，像录送囚徒、追捕盗贼等事项，也常由督邮承担。郡廷还有法曹、辞曹、贼曹、户曹、尉曹等，这些机构也都享有一定的司法权力。

郡下设县，大县的首脑称为县令，小县的称为县长。县令长与县丞、都尉及列曹掾属、卒史构成了县府组织。与郡守一样，县令长既是一县最高的行政长官，也是最高的司法长官。县令长的司法权力主要有：

1. 逮捕权。县令长认为需要的，可以下令逮捕人犯。

2. 审判权。县令长是一县狱案的最高审判者，也是最高裁决者。对于辖境发生的案件，县令长通常具有管辖权。

在县令长之下，县丞、县尉及贼曹、狱史等官，是地方司法组织中专门负责刑狱的机构。县丞为县令长的副贰，主掌刑狱囚徒，可以和县令长一起在狱案文书上署名。县尉为一县负责武事的官员，因县境范围不同，有的设一人，有的设二人，也有设三、四人的。因掌武事，通常一县的治安就由县尉来管理。县尉有权拘留或逮捕人犯，情况严重时还可以径行处决。贼曹主要负责治安警备，捕捉盗贼。狱史类似郡中的决曹，主要负责司法案件的具体审理及县中各监狱的事务。

县之下是乡，“乡有三老、有秩啬夫、游徼”。啬夫主掌一乡事务，对于“听讼”与“收赋税”负有特别的责任。乡里发生的案件，依例首先应由乡啬夫负责审理。三老专掌教化，在司法调解方面发挥着非常重要的作

① 《汉书·刑法志》。

用。游徼专掌治安，平息斗殴、拘捕盗贼是主要的职责。[①]

乡之下设亭，“大率十里一亭”，遍布于城乡各地。亭有亭长，职掌广泛，不过最重要的还是维持亭部的治安。亭长有权逮捕人犯，致送县乡处理。[②]

第四节　司法组织的特点

汉代的司法组织，是以皇帝为首的统治阶级维护统治局面、控制社会秩序的重要工具。它的基本形态、活动方式以及对司法官员素质的要求，集中反映了统治者希望牢固地掌握国家的司法大权，有效地规范和控制人们的行为，强有力地镇压反抗活动的根本愿望，带有深刻的时代烙印。具体而言，它有下列几个特点。

第一，行政组织与司法组织交叉不分。由秦始皇首先建立的专制主义中央集权制度，在两汉得到充分的发展。这个制度的核心，在于赋予皇帝无所不统的权力，将皇帝的权威推到极点。要保证皇权至高无上，不受丝毫的侵犯，就必须强化国家机器，通过国家机器的巨大威力，使上自公卿下至普通老百姓的一切活动，都能够置于皇帝有效的监视和控制之下，都能够接受国家法律的惩处。在这种制度下，国家的司法活动必然要占据主导的地位，成为调整政治关系、社会关系最主要的方式。国家的行政活动虽然在一定的范围内保持着通常意义的独立性，但是，在需要调整行政关系的许多场合，多数采用司法手段加以调整。行政活动由于蒙上了浓厚的司法活动的色彩，二者之间的界限也就模糊不清了。行政与司法界限的混淆，自然会引起行政组织与司法组织职权的重合交叉，形成国家的组织机构同时具有行政职能和司法职能的现象。这是专制统治的必然产物，中西社会概不能免。汉代行政组

① 《急就篇》：“斗变杀伤捕伍邻，游徼亭长共杂诊。”

② 参阅第十八章第三节“机构”部分。

织与司法组织交叉不分，突出的表现是这样两点。

1. 丞相或御史大夫可以独立地组织法庭审断案件。丞相、御史大夫是国家的行政首脑，职掌全盘，本来应该集中精力关注国家大政方针的确定与贯彻执行，而不应参预具体的司法活动。但是，汉代丞相、御史大夫在司法领域中的活动，完全不同于高级主管部门所进行的工作指导，而是直接处理具体的司法案件。这时，"二府"行使的是某种法院的职能，这些宰相也主要发挥的是法官的作用。汉文帝曾向丞相周勃提出"天下一岁决狱几何"[①]的问题，表面看来似乎问非所问，但如果了解了宰相职能的另一面，即宰相与司法之间的密切关系，就不能轻率地批评汉文帝的发问了。事实上，这不啻告诉人们汉代宰相真正的职掌。皇帝之所以不惜让宰相像一个法官一样，屈身验治案件，目的一方面在于加强国家的司法力量，保证司法活动的特殊地位，另一方面在于保证各个机构之间相互监督和制约，促进案件得到有效的处理，避免某一司法机构因权力过重而上下其手，滥用权力。

2. 地方守、令对于地方司法保持绝对的控制权。自来研习汉史者，都会注意到这样的现象：汉代的郡守、县令权任极重。这确实是一个事实。他们可以自辟掾史属吏，拥有人事权；可以指挥调动部队，具有军事权；还可以举案劾奏、刑审定谳，甚至敢于专杀，拥有司法权。守、令集人事、行政、军事、司法大权于一身，成为地方上说一不二的人物。在这样的地方政治制度之下，行政就是司法，司法就是行政，二者是一是二，难以区分，也无需区分。守、令的目的是要确保地方秩序的稳定，切实维护中央集权的统治基础，迅速贯彻中央的政令，而这种诸权合一，尤其是行政与司法合一的体制，对于镇压反抗、打击不法、遏制犯罪，避免扯皮拖拉，贻误时机，提高办事效率，都能发挥有效的作用。这种地方政治制度的形成，是秦汉两朝持续探索的结果，在加强和维护专制主义中央集权统治方面，取得了明显的效果，实现了统治者的初衷。

① 《史记·绛侯周勃世家》。

当然，讲汉代行政组织与司法组织交叉不分，只是就国家政治制度的一些方面而言，并不是说当时所有的行政机构都具有司法机构的职能，都在从事一般的司法活动。事实上，汉代司法组织的构成是有一定范围的，各机构所从事的司法活动也都有一定的专门对象。笼统地讲“行政组织与司法组织不分”，既不确切，也容易引起误解。

第二，皇帝直接插手司法事务。皇帝插手具体的司法事务，由秦始皇首开其例。汉代的皇帝继承了这一做法，并采取多种形式，干预国家的司法事务。

一种形式是皇帝本人直接参预刑审。汉代的一些皇帝为了向全体臣民表示恤人命、慎刑罚的仁爱态度，往往亲赴监狱，开堂录囚[①]。这时关押多年的一些囚犯，可能因皇帝开恩而被释放，皇帝也会因这种仁政而美名传扬。

另一种形式是将特殊的权力赋予身边的亲信，使其代表皇帝插手司法事务。通过这些使者，皇帝将有关的司法官员控制起来，使其完全听命于皇帝的摆布，完全按照皇帝的旨意处理案件。

第三种形式是扩大内朝的司法权力，使它的影响完全渗透到国家事务的各个方面，与外朝构成真正的均势，从而为适时便利地表达皇帝的愿望服务。

通过这几种形式，皇帝高踞于权力的顶峰，将生死予夺的大权紧握在手，下至普通百姓，上至显贵高官，无不对他俯首帖耳。皇帝至高无上，权力无所不在，从组织到法律制度，没有一个机构和一项制度可以对皇帝有哪怕些微的限制。如果从这个角度而言，说汉代的皇帝（其实也包括后来的皇帝）始终处在法律之上，恐怕也确是一个事实。

第三，司法机构相互纠错。通过法律手段调整社会关系、行政关系，是汉代一个非常突出的现象。汉代司法机构多，法吏数量大，这恐怕是重要根源。不过，因考虑各机构间的牵制与制约，无形中增加了机构数量的

---

① 参阅第九章第四节“录囚”部分。

原因，也不能忽视。

在汉代司法组织中，存在着明显的牵制与制约关系。例如，在丞相与御史大夫之间，御史大夫与御史中丞之间，丞相司直、司隶校尉、御史中丞三者之间，内朝与外朝之间，部刺史与郡守、县令之间，各种各义的"使者"与刺史、守令之间，都体现出这种关系。作为一种政治机制，它不是偶然出现的，也不是短时期形成的，而是汉代长期政治实践的产物，是不断总结教训，改进完善的结果。从本质上讲，这种机制也完全是为了适应专制主义集权政治的需要，为了维护皇权的神圣地位。但是，由于它的存在，确实在一定程度上制约了一些机构，特别是那些位隆权重的部门滥用职权的弊病，避免了因权力过重而导致的许多不良后果。在绝对的君主专制的政体之下，各权力机构，尤其是司法机构之间，能够保持这种制约关系，自然会给这种体制注入一些新的活力。汉代官员讲究吏治，维护法禁，追求高速的行政效率，与组织制度上这一有力的保障机制有着密切的联系。

第四，司法官员多以明习法律者充任。自从商鞅变法在秦国确立了以法治国的政治策略以后，法治成为秦汉时期为政者追求的政治目标。成文法的制定、颁布成为政府经常性的工作，同时，向老百姓宣传法令诏旨也变为统治者关注的急务。在国家的用人上，"明习法律"是重要的条件。许多人因此而被吸收录用，成为各级政府机构的官吏。政府的这种用人倾向，极大地促进和激发了全社会学习和掌握法律的热情。正因如此，汉代社会始终存在着一批明法懂法的人供各级机构，首先是司法机构选用。

从中央来说，专门负责刑狱事务的廷尉，一般皆由法律专家充任。两汉著名的法律家如张释之、于定国、陈宠、郭躬等，都曾担任过此职。廷尉向上迁转，多任御史大夫，加之御史大夫的一项重要职责是掌管国家文书，所以御史大夫通常也深通法律。御史中丞、丞相司直是两个非常重要的官职，一般情况下，也多委明习法律者担任。司隶校尉、部刺史职在举刺，明习法律是他们必要的任官条件。至于尚书等人，几乎每天都与法律簿书打交道，对于法律的精熟自不待言。从地方来说，郡县守、令负责一方司法，一般明习法律，而掾史属吏，也首先从明习法律的人当中选择。汉代的不少郡县掾史，靠着精通法律，逐步高升，最后成为显宦。

汉代及以后的一些文士，对于汉代所谓“刀笔吏”舞文弄法陷人于罪深恶痛绝。确实，在汉代的司法官员中，并不乏此属。不过，也应该看到，汉廷大量任用明法之吏产生的正面影响和明法之吏在当时政治生活中所发挥的积极作用是十分明显的。明法者大量进入各级司法机构，增强了贯彻执行国家法律的自觉性和责任感，提高了办事效率，同时也扩大了据法办案的可能性，在一定程度上缓和了阶级矛盾。两汉时期之所以能够成为中国历史上少有的强盛王朝和政治上的清明时代，与大量明法官吏参政是分不开的。

第五，一部分司法官员秩卑权重。汉代的不少司法官员拥有很重的权力。作为御史大夫属官的御史中丞，可以纠举御史大夫；尚书奉诏则可呵责丞相，有时即使未奉诏旨，也敢训斥丞相；部刺史则专门监察地方的守、相和诸侯王。这些官职所拥有的权力如此之重，但论其秩俸却并不是很高。御史中丞秩千石；尚书令秩千石；尚书仆射六百石；部刺史六百石。但是被他们纠举监察的对象，其秩俸则要高得多。

汉代政府通过对“权”与“秩”的巧妙运用和对“轻”与“重”的合理把握，有效地调动了这些司法官员忠君报国的积极性，激发了他们不畏强权、敢于碰硬的豪情，并在一定程度上保证了官员的廉洁自律。顾炎武对汉代刺史以卑临尊的政治效果，曾有极高的评价，他说：“盖方伯权重则易专，大夫位卑则不敢肆。此大小相维、内外相统之微意也，何病其轻重不相准乎？”①赵翼也认为汉代刺史制度成功的关键，“盖取其官轻而权重”“官轻则爱惜身家之念轻，权重则整饬吏治之威重”②。顾、赵二人此处专论刺史，但以此论通观其他秩卑权重的司法机构，也是非常合适的。

---

① 顾炎武:《日知录》卷九“部刺史”条。

② 赵翼:《陔余丛考》卷二六“监司官非刺史”条。

第十七章　两汉时期的管辖制度

管辖，是近代法律术语，意指不同司法机构受理案件时的分工。换句话说，就是根据案件的不同情况及诸司法机构的职权，确定第一审案件由何种、何级司法机构进行审判的权限范围。我国古代尽管没有使用“管辖”这一术语，但至少在秦汉时期这样的制度已经日益详备，成为秦汉法律制度重要的内容，并对秦汉以后的司法实践产生了深远的影响。

汉代的管辖制度由秦代演变而来，大体可以分为地区管辖、专门管辖和特殊管辖三种形式。这些形式适应汉代社会的实际情况，有利于具体的诉讼活动，是当时司法制度高度发展的重要标志。

第一节　地区管辖

地区管辖，指由当事人犯罪地或发案地的司法机构管辖。汉代实行郡县与诸侯王国并行的区划制度。诸侯王国是国家的一个缩影，组织机构、管理制度与郡县明显不同。郡县地区，因地理位置、经济条件的差异，可以分为普通郡县与三辅、河南及边郡三种类型。从组织机构来说，三种类型大同小异。从司法管辖来说，则存在一些差异。普通郡县包含西汉的内郡、边郡，东汉的内郡和建武六年（30 年）以前的边郡，完全按郡、县、乡、亭四级机构进行管辖，属于典型的地区管辖。西汉的三辅（京兆尹、左冯翊、右扶风）与东汉的河南，地近京师，实行一种不完全的地区管辖，即大部分地区实行分级别的地区管辖，少部分地区（如诸陵县及京师）实行特别管辖和地区管辖、专门管辖相结合的混合管辖。边郡在西汉时与内郡的管辖方式不异。从东汉建武六年开始，“边郡都尉及属国都尉稍有分县治民比郡”[①]，管辖方式遂出现了一些新的变化。尽管如此，三种地区类型占主导地位的管辖方式仍可以说是地区管辖。因史书缺少东汉时期边郡都尉与属国都尉治民的具体材料，这方面的内容只好俟来日补充，本节只论述普通郡县与三辅、河南的管辖情况。

一、普通郡县

汉代普通郡县的司法案件，通常按照地域范围分级管辖。亭长是行政、司法组织中最低的一级，捕捉盗贼、维护治安，是亭长最重要的工作。《后汉书·虞延传》：

（虞延）少为户牖亭长。时王莽贵人魏氏宾客放纵，延率吏卒突入其家捕之，以此见怨，故位不升。

《三国志·魏书·武帝纪》：

（董）卓表太祖为骁骑校尉，欲与计事。太祖乃变易姓名，间行东归。出关，过中牟，为亭长所疑，执诣县，邑中或窃识之，为请得解。

此皆为亭长有权捕人之例。不过，亭长虽有权捕捉人犯，但无权对人犯进行论决。换言之，亭并不是一级审判机构，亭长对于所捕人犯，只能送交上级司法机构处理。

① 《续汉书·百官志五》。

亭之上的司法机构是乡，乡啬夫“职听讼”，是一乡最高的司法官员。乡啬夫具有审判权，说明汉代第一审级应从乡开始算起。居延新简中的《粟君所责寇恩事》简册[①]，为我们提供了这方面珍贵的资料。简册所载是一份有关财产纠纷案件的审判记录。从记录来看，此案第一审由双方当事人所居地的都乡啬夫负责完成，一审不服，才移送县廷进行二审。可知，汉代普通的案件都是首先下达当事人所在乡这级机构进行一审，对一审结果没有异辞，便可付诸执行；如不服一审，则可由上一级机构进行二审。汉简上的案例，印证了《汉书 · 百官公卿表》关于乡啬夫的职掌，使我们对乡啬夫在司法活动中的重要地位有了更为明晰的认识。

乡之上的司法机构是县。如上引《粟君所责寇恩事》一案所示，县廷一般负责由乡所移送的各种案件，对之进行二审。此外，对一些严重案件，也可以直接进行一审。《汉书 · 王尊传》：

初元中，举直言，(王尊)迁虢令，转守槐里，兼行美阳令事。春正月，美阳女子告假子不孝，曰：“儿常以我为妻，妒笞我。”尊闻之，遣吏收捕验问，辞服。

“不孝”是汉代性质颇为严重的罪名，处罚极重。对于此案，县令王尊并未将案件移送乡啬夫审断，而是直接由县廷“收捕验问”。因罪犯对犯罪事实供认不讳，所以县廷立即将该犯付诸执行。至此，该案即告结束。

郡是地方最高的司法机构，也是地方最高的审理判决机构。对于所辖各县上报的案件，有最后定案的权利。《汉书 · 于定国传》：

东海有孝妇，少寡，亡子，养姑甚谨，姑欲嫁之，终不肯。姑谓邻人曰：“孝妇事我勤苦，哀其亡子守寡。我老，久累丁壮，奈何？”其后姑自经死，

① 见《文物》1978年第1期。

姑女告吏："妇杀我母。"吏捕孝妇，孝妇辞不杀姑。吏验治，孝妇自诬服。具狱上府，于公以为此妇养姑十余年，以孝闻，必不杀也。太守不听，……竟论杀孝妇。

此案"姑女"所告之"吏"，究竟是乡啬夫还是县廷，单从书面上看不出来。不过，按汉代的司法程序来推断，这种人命案由县廷审理的可能性更大一点。县廷论治，每由县丞及决曹具体负责，这恰好符合书中所说"吏"的身份。如果这种推断不差，那么可知此案由县廷定谳后，直接报请郡廷批准。可惜太守刚愎自用，过于听信上报的"具狱"，而不能平心详察狱情，接受决曹掾于公的意见，结果制造了一起冤狱。郡廷不仅有权改判县乡所审案件，同时对于所辖区域内的重大案件，有权直接案治审理。《汉书·酷吏传》：

（严延年）从军败西羌，还为涿郡太守。时郡比得不能太守，涿人毕野白等由是废乱。大姓西高氏、东高氏，自郡吏以下皆畏避之，莫敢与牾，咸曰："宁负二千石，无负豪大家。"宾客放为盗贼，发，辄入高氏，吏不敢追。浸浸日多，道路张弓拔刃，然后敢行，其乱如此。延年至，遣掾蠡吾赵绣案高氏得其死罪。……即收送狱。夜入，晨将至市论杀之，先所案者死，吏皆股弁。更遣吏分考两高，穷竟其奸，诛杀各数十人。

通过上面的叙述可以看出，汉代普通郡县的案件，特别是发生于编户齐民群中的案件，皆以地域为限分级管辖审理。

对于遍布于郡县的诸侯，守令有了解其行动，并向中央反映汇报的责任，但缺乏司法管辖权。这个特殊的阶层，行政上隶属大鸿胪管理，司法上则常由廷尉行使专门的管辖权。《汉书·周勃传》记绛侯周勃被文帝免相，回到他的封国后，云：

岁余，每河东守尉行县至绛，绛侯勃自畏恐诛，常被甲，令家人持兵以见。其后人有上书告勃欲反，下廷尉，逮捕勃治之。

“下廷尉”，意指案子交由廷尉审理，说明地方司法机构对此类案件无权过问，它们属于专门管辖的范围。如果诸侯被废掉爵号而谪迁郡县，那么他们就要接受郡县的管辖。《汉书 · 陈汤传》：

于是（陈）汤与（解）万年俱徙敦煌。久之，敦煌太守奏“汤前亲诛郅支单于，威行外国，不宜近边塞”。诏徙安定。

《后汉书 · 邓禹传》附《邓骘传》叙汉安帝因罪处置邓骘宗族时云：

宗族皆免官归故郡，没入骘等赀财田宅，徙邓访及家属于远郡。郡县逼迫，广宗及忠皆自杀。

汉代的爵制规定，五大夫（第九级）以上至关内侯（第十九级）为高爵，可以获得轻重不等的司法特权。发生于“高爵”中的案件，通常皆由地方司法机关行使管辖权，但在量刑时要体现国家的优容。新近出土的江陵张家山汉简《奏谳书》所载的第十六个案例[①]，正好反映了这方面的情况。

汉代分布于各郡县的军队，皆由守、尉统领。所以地方军队中无论是纯粹军人相涉的案件，还是军民相涉的案件，一律皆由郡县管辖审理。驻屯地方的中央军队，如发生违犯军法的罪行，属于专门管辖范围，由军队的有关机构处置，如系军民相涉的案件，则亦由地方政府管辖。

① 载《文物》1993 年第 8 期。

二、三辅、河南

西汉的三辅，是京兆尹、左冯翊和右扶风的总称，由秦代掌治京师的内史和掌治列侯的主爵中尉演变而来。景帝二年（前 155 年）分置左右内史。武帝太初元年（前 104 年）右内史更名京兆尹，左内史更名左冯翊，都尉更名右扶风。三辅的官寺皆设于长安城，负责京师及周围广大地区的行政事务。三辅之地可以划成诸陵县与普通县两个部分。诸陵县在汉元帝永光三年（前 41 年）以前，一直属于特殊管辖的范围，永光三年以后才划归三辅管辖。三辅之地五方杂错，风俗不纯，部界中又多是宗室贵人和富室豪强，素称难治。为确保辇毂重地的安全，加强打击力度，西汉政府在此地推行了一种以地区管辖为主，以中央专门管辖为辅的混合管辖制度，实行以三辅为主，以中央有关机构为辅的联合管辖方式。下面的案例及记载，有助于说明这一点。《史记·张释之列传》：

上行出中渭桥，有一人从桥下走出，乘舆马惊。于是使骑捕，属之廷尉。（廷尉张）释之治问。曰："县人来，闻跸，匿桥下。久之，以为行已过，即出，见乘舆车骑，即走耳。"廷尉奏当，一人犯跸，当罚金。

《张释之传》所记案件发生地中渭桥，唐人司马贞《索引》有考，云："案今渭桥有三所：一所在城西北咸阳路，曰西渭桥；一所在东北高陵道，曰东渭桥；其中渭桥在古城之北也。"据此，中渭桥距京师不远，属三辅地界无疑。就传文看，罪犯由皇帝随行骑郎直接收捕，由廷尉进行案验审判，根本未经三辅官员之手。此案的罪名是"犯跸"，与皇帝有关，性质也就比通常的案件严重。可见，发生于三辅地区的性质严重的案件，中央的司法机构可以直接对之进行案治审判。

当然，赋予中央司法机构这样的权力，并不意味着三辅官员无所作为，可以袖手旁观。事实上，一些重大案件，特别是发生在京师的案件，三辅官员每每参预其事，发挥重要作用。《汉书 · 隽不疑传》：

始元五年，有一男子乘黄犊车，建黄旐，衣黄襜褕，著黄冒，诣北阙，自谓卫太子。公车以闻，诏使公卿将军中二千石杂识视。长安中吏民聚观者数万人。右将军勒兵阙下，以备非常。丞相御史中二千石至者并莫敢发言。京兆尹不疑后到，叱从吏收缚。……遂送诏狱。……廷尉验治何人，竟得奸诈。

此案发生于京师，属于京兆尹管辖地，所以京兆尹隽不疑敢于“叱从吏收缚”。但是，冒充卫太子，毕竟属于大逆不道的罪行，所以直接将犯人“送诏狱”，由“廷尉验治何人”。此案典型地说明三辅官员与中央机构共同处理一些大案时管辖权限的分配关系。

至于三辅发生的一般案件，例由三辅及属县分级管辖，其情形与前述普通郡县的管辖状况差异不大。同书《赵广汉尹翁归韩延寿传》：

富人苏回为郎，二人劫之。有顷，广汉将吏到家，自立庭下，使长安丞龚奢叩堂户晓贼，曰：“京兆尹赵君谢两卿，无得杀质，此宿卫臣也。释质，束手，得善相遇，幸逢赦令，或时解脱。”二人惊愕，又素闻广汉名，即开户出，下堂叩头，广汉跪谢曰：“幸全活郎，甚厚！”送狱，敕吏谨遇，给酒肉。至冬当出死，豫为调棺，给敛葬具，告语之，皆曰：“死无所恨。”

（尹翁归）以高第入守右扶风，满岁为真。选用廉平疾奸吏以为右职，接待以礼，好恶与同之；其负翁归，罚亦必行。治如在东海故迹，奸邪罪名亦县县有名籍。盗贼发其比伍中，翁归辄召其县长吏，晓告以奸黠主名，教使用类推迹盗贼所过抵，类常如翁归言，无有遗脱。缓于小弱，急于豪强。豪强有论罪，输掌畜官，使斫莝，责以员程，不得取代。不中程，辄笞督，极者至以𫓧自刭而死。京师畏其威严，扶风大治，盗贼课常为三辅最。

（韩延寿）行县至高陵，民有昆弟相与讼田自言，延寿大伤之，曰：“幸得备位，为郡表率，不能宣明教化，至令民有骨肉争讼，既伤风化，重使贤长史、啬夫、三老、孝弟受其耻，咎在冯翊，当先退。”是日移病不听事，因入卧传舍，闭阁思过。

由上可见，三辅发生的普通刑事案件和民事案件，皆由三辅官员独立处置。这时的案件管辖，完全呈现出地区管辖的形态。

东汉的河南包括首都洛阳及周围县份，其长官称为河南尹。此地与西汉的三辅情况相似，车马辐凑，官宦云集，难以为治，管辖制度也略同于三辅。一般的案件由河南尹所辖各县管辖。《后汉书·鲁恭传》：

（鲁恭）拜中牟令。恭专以德化为理，不任刑罚。讼人许伯等争田，累守令不能决，恭为平理曲直，皆退而自责，辍耕相让。

中牟辖于河南，中牟令对县中的一般案件，具有独立的管辖权。此属于河南各县令独立处断案件之例。

凡重大案件，特别是京师发生的一些案件，则多由河南尹与兼督察河南等郡事务的司隶校尉共同管辖。《后汉书·酷吏传》：

皇后弟黄门郎窦笃从宫中归，夜至止奸亭，亭长霍延遮止笃，笃苍头与争，延遂拔剑拟笃，而肆詈恣口。笃以表闻。诏召司隶校尉、河南尹诣尚书谴问，遣剑戟士收（洛阳令周）纡送廷尉诏狱。

此案与外戚有关，结果本该被治罪（犯夜罪）的窦笃，不仅未受刑惩，反而获得皇帝的奥援，使主管该地行政司法事务的司隶校尉、河南尹及洛阳令受到责罚。它从侧面说明，此类案件实际是由司隶校尉、河南尹共同管辖。汉桓帝时的寇荣，在批评当时京师的司法状况时也说道：

司隶校尉应奉、河南尹何豹、洛阳令袁腾并驱争先，若赴仇敌，罚及死没，髡剔坟墓，但未掘圹出尸，剖棺露胔耳。[①]

这段议论也印证了上面的推断。东汉河南地区的案件，究竟如何确定单独管辖与混合管辖的界限，史无明文。按史书所载的案例分析，最关键的还在于衡量案件的性质。这一点，应与西汉没有根本的区别。

第二节　专门管辖

专门管辖是汉代司法管辖的另一种重要形式，渊源久远。早在先秦时期，像军队这种特殊的组织，就已成为国家专门管理的对象。因为军队外出作战，军情瞬息万变，不容每事必奏，客观上需要统军将领临机决断。军事活动的这一特点，使国王不得不授予外出将帅更大的权力，以便其能够独立机动地调动部队，指挥作战，确保战争的胜利。“将在外君命有所不受”“阃以内者，寡人制之；阃以外者，将军制之；军功爵赏，皆决于外”[②]的古训，正是对这种状况所作的原则性的概括。根据这一原则，作为一个独立单位的军队，既制定了颇具专门适用性的军法，也建立了管理和执行军法的专门机构。凡军队发生的纯粹军事案件，便由军队的军法执行部门来管辖。秦统一全国后，继续行用这种制度。西汉一方面因袭其制，另一方面在新的时代条件下，进一步丰富其内容，使它成为一种稳定的制度，终东汉之末未出现大的变化。

汉代接受专门管辖的对象是军队、诸侯王国和诸陵县。西汉的诸侯王国封域广阔，地位特殊，在政治上、经济上享有较大的独立性和自主权。

① 《后汉书·寇恂传》附《寇荣传》。
② 《史记·冯唐列传》。

虽然随着中央集权进程不断加速，王国范围、政治地位及特权，呈现出逐步缩小、衰落的态势。尤其到了东汉，诸侯凌迟日甚，远非西汉初年的景象所能比。但是，与国家郡县相区别的诸侯王国，在政治上的特殊性始终存在，并未因中央集权加强而有根本性的改变。汉代中央政府始终将诸侯王国作为一个独立的政治单位，按照专门的法律与制度进行管理。

诸陵县分布于三辅地区，是西汉特有的建制。从汉高祖首先迁徙关东富室豪强于关中建立供奉帝后陵园的陵县开始，西汉共建立了九个陵县：高帝长陵、惠帝安陵、文帝霸陵、薄太后南陵、景帝阳陵、武帝茂陵、赵婕妤云陵、昭帝平陵、宣帝杜陵。从汉元帝起停行陵县制度，该制遂退出历史舞台。诸陵县之设，虽深藏着打击豪强，强干弱枝的政治意蕴，但就其名义来说，是为了供奉帝后陵园，所以，职在掌管宗庙礼仪的太常，就成为诸陵县的管理机构，从而形成诸陵县地在三辅而直辖于太常的特有制度。在辖县治民这个意义上，太常颇类似于一个郡，而史籍也有将太常当作一郡看待的记载。《汉书·食货志》：

武帝末年，……（赵）过使教田太常、三辅……是后边城，河东、弘农、三辅、太常民皆便代田，用力少而得谷多。

但是，太常毕竟是中央九卿之一，由它辖县治民，行使对诸陵县的行政管理权和司法管辖权，显然具有专门管理与专门管辖的性质。

一、军队

汉代的军队由京师军队和地方军队两大部分构成。西汉时期京师的军队包括由中尉统领的北军，由卫尉统领的南军，由光禄勋统领的郎官及期门军、羽林军；地方的军队主要是驻扎在各郡由太守统领的郡兵。东汉改革兵制，逐渐废除内郡的郡兵，军队主要由中央的各种军事力量和边郡保留下来的部队构成。平时，所有的部队各以部类相从，由各级军事长官统领。他们通常既负责军队军事、行政方面的事务，也管辖军队发生的案件。《汉书 · 张汤传》附《张安世传》：

（张安世）为光禄勋，郎有醉小便殿上，主事白行法，安世曰："何以知其不反水浆邪？如何以小过成罪！"郎淫官婢，婢兄自言，安世曰："奴以恚怒，诬污衣冠。"告署适（谪）奴。其隐人过失，皆此类也。

遗溺于殿上，古代属于大不敬的行为，春秋时期要断死罪。[①]东方朔"小遗殿上，劾不敬"，知汉代对此种行为以"不敬"论罪。[②]"不敬"罪虽不致杀头，但以对东方朔的处理情况（有诏免为庶人）来衡量，正常情况下不会处理得太轻。"主事白行法"，可知郎官即使犯有此种罪行，通常也首先是由统领郎官的光禄勋来负责处理。至于郎官中发生的一般案件，光禄勋之下的诸中郎将就直接可以处理。同书《杨敞传》附《杨恽传》：

恽为中郎将，罢山郎，移长度大司农，以给财用。其疾病休谒洗沐，皆以法令从事。郎、谒者有罪过，辄奏免，荐举其高第有行能者，至郡守九卿。

与京师屯兵案件各归首长专门负责一样，地方郡兵中发生的案件，皆由作为最高地方军事长官的太守来处理。同书《赵广汉传》：

---

① 《韩非子 · 内储说下》："齐中大夫有夷射者，御饮于王，醉甚而出，倚于郎（廊）门。门者刖跪请曰：'足下无意赐之余沥乎？'夷射叱曰：'去！刑余之人，何事乃敢乞饮长者！'刖跪走退。及夷射去，刖跪因捐水郎门霤下，类溺者之状。明日，王出而诃之，曰：'谁溺于是？'刖跪对曰：'臣不见也。虽然，昨日中大夫夷射立于此。'王因诛夷射而杀之。"

② 《汉书 · 东方朔传》。

宣帝恶之，下广汉廷尉狱，又坐贼杀不辜、鞠狱故不以实、擅斥除骑士乏军兴数罪。

"擅斥除骑士乏军兴"，是京兆尹赵广汉所犯"数罪"中的一种。此罪关键在一个"擅"字。如果赵广汉能够依法"斥除骑士"，那么这是他的权力，自然为法律所允许。反之，滥用权力，擅自斥除，则成为不能饶恕的罪过。此事对于间接了解太守管辖郡兵的一般情况，颇有帮助。在平常的环境中，地方郡兵大约基本接受这种制度的管理。宋人钱文子所说"非有事，不统于太尉诸将军"[①]，指的应是这种状况。

一旦遇到战争或其他特殊的形势，需要部队集结、出征，那么就要改变部队平时的组织形态，调整通常的管理秩序。这时，不管是郡兵，还是京师的北军或期门军、羽林军，都需要归属诸将军统领。多数场合，诸将军又要接受大将军统一的指挥调遣。大将军开置幕府，由护军都尉或监军使者"监其军，察举非法"[②]，由军正、军正丞执掌军法。凡普通士兵违犯军法的案件，都由诸将军通过军正等官具体负责执行。《史记·冯唐列传》：

夫士卒尽家人子，起田中从军，安知尺籍伍符。终日力战，斩首捕虏，上功莫府，一言不相应，文吏以法绳之。

严重违犯军法的案件，甚至包括死刑案件，专军别将皆有立即加以处斩的权力。《后汉书·郭躬传》：

永平中，奉车都尉窦固出击匈奴，骑都尉秦彭为副。彭在别屯而辄以法斩人，固奏彭专擅，请诛之。显宗乃引公卿朝臣平其罪科。躬以明法律，

① 钱文子:《补汉兵志》。
② 钱文子:《补汉兵志》。

召入议。议者皆然固奏，躬独曰："于法，彭得斩之。"帝曰："军征，校尉一统于督。彭既无斧钺，可得专杀人乎？"躬对曰："一统于督者，谓在部曲也。今彭专军别将，有异于此。兵事呼吸，不容先关督帅。且汉制棨戟即为斧钺，于法不合罪。"帝从躬议。

对于诸裨将违犯军法的案件，原则上由大将军管辖，而且法律赋予大将军专杀的权力。《史记 · 卫将军列传》：

大将军青出定襄，合骑侯（公孙）敖为中将军，太仆（公孙）贺为左将军，翕侯赵信为前将军，卫尉苏建为右将军，郎中令李广为后将军，左内史李沮为强弩将军，咸属大将军，斩首数千级而还。月余，悉复出定襄击匈奴，斩首虏万余人。右将军建、前将军信并军三千余骑，独逢单于兵，与战一日余，汉兵且尽。前将军故胡人，降为翕侯，见急，匈奴诱之，遂将其余骑可八百，奔降单于。右将军苏建尽亡其军，独以身得亡去，自归大将军。大将军问其罪正闳、长史安、议郎周霸等："建当云何？"霸曰："自大将军出，未尝斩裨将。今建弃军，可斩以明将军之威。"闳、安曰："不然。兵法'小敌之坚，大敌之禽也。'今建以数千当单于数万，力战一日余，士尽，不敢有二心，自归。自归而斩之，是示后无反意也。不当斩。"大将军曰："青幸得以肺腑待罪行间，不患无威，而霸说我以明威，甚失臣意。且使臣职虽当斩将，以臣之尊宠而不敢自擅专诛于境外，而具归天子，天子自裁之，于是以见为人臣不敢专权，不亦可乎？"军吏皆曰"善"。遂囚建诣行在所。

由此可知，法律虽然确实赋予大将军专杀裨将的权力，但是，在实际执行时可能附有一定的限制条件。即使不加限制，大将军对此种权力也不敢轻易使用，因为它极容易招致专诛之责。通行的办法是将犯法的高级军官送归天子，请"天子自裁之"。由皇帝直接决定处斩军将，既树立了皇帝的威望，又避免了专诛的咎责，两全其美。由天子直接决定处斩前方统军的将军，汉代不乏其例。《史记 · 樊哙传》：

其后卢绾反，高帝使哙以相国击燕。是时高帝病甚，人有恶哙党于吕氏，即上一日宫车晏驾，则哙欲以兵尽诛灭戚氏、赵王如意之属。高帝闻之大怒，乃使陈平载绛侯代将，而即军中斩哙。

由于陈平老谋深算，樊哙只是虚惊一场，并没有成为刀下之鬼。事实上，皇帝虽有权直接派人处斩将军，但非到紧要关头，轻易不行此权。通常的方式是将犯人押至廷尉狱，由廷尉审问判罪。可以说，这是两汉时期处置犯罪的高级军官最通行的方式。前引《冯唐列传》：

今臣窃闻魏尚为云中守，其军市租尽以享士卒，出私养钱，五日一椎牛，享宾客军吏舍人，是以匈奴远避，不近云中之塞。……且云中守魏尚坐上功首虏差六级，陛下下之吏，削其爵，罚作之。

《史记 · 韩长孺列传》：

天子怒王恢不出击单于辎重，擅引兵罢也。……于是下恢廷尉，廷尉当恢逗桡，当斩。

《后汉书 · 邓禹传》附《邓骘传》：

又中郎将任尚尝遗（邓）凤马，后尚坐断盗军粮，槛车征诣廷尉。

“下吏”，意指“下廷尉狱”，即将案件移送廷尉审理。汉代对于有关太守的案件，一律实行特殊管辖，有罪的太守一般都要征诣廷尉审治。因此，皇帝将云中太守魏尚“下吏”，只能是下廷尉狱，而不会下于别的机构。

另外，从《史》《汉》中出现的别的“下吏”事件看，也应指下廷尉狱。《史记·绛侯周勃世家》：

庸知其盗买县官器，怒而上变告子，事连污条侯。书既闻上，上下吏。

前引《卫将军列传》：

大将军之与单于会也，而前将军（李）广、右将军（赵）食其军别从东道，或失道，后击单于。……大将军欲使使归报，令长史簿责前将军广，广自杀。右将军至，下吏，赎为庶人。

（公孙敖）复以因杅将军再出击匈奴，至余吾，亡士卒多，下吏，当斩，诈死，亡居民间五六岁。

《汉书·赵充国传》：

（辛）印坐禁止而入至充国莫府司马中乱屯兵，下吏，自杀。

此例甚多，不复枚举。从当事人的身份来衡量，他们都有长爵高官，属于特殊管辖，即由廷尉处置的部分。这也证明“下吏”就是“下廷尉狱”的别称。廷尉是汉代最高的军事审判机关，凡高级军官纯粹违犯军法的案件，一般都要通过廷尉定案论罪。

当然，军队发生的案件，除纯粹违犯军法者之外，大量的是军民相涉的案件。对于此类案件，就现有的资料来看，汉代实行由地方司法机关管辖的制度。早在西汉时，这一制度就已经开始执行。《汉书·酷吏传》：

宣帝初立，（田广明）代蔡义为御史大夫，以前为冯翊与议定策，封昌水侯。岁余，以祁连将军将兵击匈奴，出塞至受降城。受降都尉前死，丧柩在堂，广明召其寡妻与奸。既出不至质，引军空还。下太守杜延年簿责，广明自杀阙下，国除。

以祁连将军衔统兵出征的田广明，其本任为三公之一的御史大夫，政治地位极高。无论按照汉代管辖公卿的制度，还是管辖军队高官的制度，都应由廷尉负责审理此案。但是，最后却委托定襄太守“簿责”，其原因何在？仔细分析，可以发现此案与前述的一些案件都不相同。前述的案件系纯粹的军事案件，此案当事人一个属于军队，一个属于地方，是一个典型的军民相涉的刑事案件。从司法管辖的角度来说，它涉及军民相涉的案件到底由哪一机关管辖审理的问题。从最后“下太守杜延年簿责”的事实看，说明凡军民相涉的案件，原则上都应由当地地方机关加以管辖。当然像田广明这种身份的人，完全可以接受特殊管辖，但是，皇帝最终选择“下太守簿责”的方式，说明当时确实存在着这样的制度。

东汉时期，继续实行这种制度。《后汉书·寇恂传》：

执金吾贾复在汝南，部将杀人于颍川，（太守寇）恂捕得系狱。时尚草创，军营犯法，率多相容，恂乃戮之于市。复以为耻，叹。

执金吾部将所杀之“人”，究竟是军人或地方百姓，文中不详。以已知的汉代军队的管辖制度及此案从逮捕、系狱直到论杀，全部由地方司法机关独立进行，而执金吾贾复徒叹耻辱无能为力的事实来判断，可以肯定被杀之“人”属于地方系统。

除史书所记的案例外，简牍文献中也有涉及该制的珍贵记录。前引居延简《粟君所责寇恩事》简册，所反映的就是典型的军民相涉纠纷。原告粟君，为居延甲渠鄣候，属于军队系统；被告寇恩，为客居居延的老百姓，属于地方系统。案件由居延县廷受理后，下移都乡啬夫审理。这一狱案记录，清楚地说明了军民相涉案件到底由何种司法机关管辖审理的问题。

二、王国

汉代的诸侯王国，除西汉时期几个生命短暂的异姓王国之外，全部是同姓王国。王国系因“惩戒亡秦孤立之败”[①]而设，是借以屏藩汉室，实现长治久安的重要保障。但是，王国坐大，又会破坏中央的集权统治，把国家推向分裂割据的危险边缘。西汉初年，在经历了吴楚七国叛乱的政治变故之后，中央政府在保持王国许多特权的同时，也增加了不少限制。中央政府希望藉此加强对王国的控制，实现政治的稳定，维护国家的统一。

在王国制度的运行过程中，司法权显示着重要的作用。司法权力的分配，既关系着王国的统治秩序，也关系着中央政府与王国的政治联系，因而建构王国的司法制度，在首先考虑绝对保证中央对王国控制的原则精神下，也要充分体现王国的利益。

这一点，可以从王国各官的司法职掌上反映出来。王国的统治机构也分为中央和地方两个部分，兼掌行政、司法。中央机构，在经过汉景帝、汉武帝改革以后，一段时期内大体维持“诸侯王断狱治政，内史典狱事，相总纲纪辅王，中尉备盗贼”[②]的职掌格局。汉成帝时继续改革王国官制，“省内史，更令相治民，如郡太守，中尉如郡都尉”[③]。东汉有意削减王国权力，所以只保留了傅、相和中尉。地方机构，随着地方行政区域的变化而增减。西汉初期王国曾经辖郡[④]，郡下再领若干县。景、武以后，王国疆域

① 《汉书·诸侯王表序》。

② 《汉书·何武传》。

③ 《汉书·百官公卿表》。《续汉书·百官志》注引《汉旧仪》云：“大司空何武奏罢内史，相如太守，中尉如都尉，参职。是后中尉争权，与王相奏，常不和也。”

④ 钱大昕：《廿二史考异》卷四：“汉初，诸侯王国大率兼数郡之地，郡之属王国者，郡名似未尝废。齐悼惠王献城阳以为鲁公主汤沐邑，吕后割齐之济南郡封吕台，琅郡封刘泽，吴王濞封有四郡五十余城。景帝时割吴之豫章郡、会稽郡，削楚之东海郡，赵之河间郡，皆郡之属于国者也。赵相周昌奏常山二十五城，亡其二十城，请诛守尉，则诸侯王国之郡亦有守也。”

逐渐化小，便取消郡的建制而只保留县了。东汉因袭不变。

王国地方的司法案例，因没有留下多少案例可供分析，推测在王国地方大约也同汉廷的郡县一样，实行地域管辖。目前可见的发生于王国的案件，主要与王国官员、诸侯王宗亲有关。分析这些案例，对于了解王国官员的司法权力，弄清楚王国的管辖制度，也颇有帮助。

据载，汉景帝惩于七国之乱，"遂令诸侯王不得治民"①。可知在汉景帝改制之前一个相当长的时期，诸侯王是可以治理民事的。也就是说，诸侯王在掌握一国行政大权的同时，也直接插手司法事务。《汉书·邹阳传》便有这样的例证：

（邹）阳为人有智略，慷慨不苟合，介于羊胜、公孙诡之间。胜等疾阳，恶之孝王。孝王怒，下阳吏，将杀之。阳客游以谗见禽，恐死而负累，乃从狱中上书……书奏孝王，孝王立出之，卒为上客。

汉景帝之后，虽然制定了禁止诸侯王治民的规定，但就史实来说，还能见到诸侯王治民的事例。《汉书·衡山王传》：

元光六年（衡山王）入朝，谒者卫庆有方术，欲上书事天子，王怒，故劾庆死罪，强榜服之。内史以为非是，却其狱。

此事发生于汉武帝时期。衡山王可以插手王国的司法事务，可见当时关于诸侯王不得治民的法令，并未得到切实的贯彻。所以汉成帝时，何武说"往者诸侯王断狱治政"，看来这还是一种正常的现象。可见，西汉时期诸侯王对于王国的成员享有很大的司法权力，既可以劾人以死罪，并通过严刑拷打使人屈招定谳，也可以将人犯释放出狱，成为"上客"。

---

①《续汉书·百官志》。

诸侯相由中央政府委任，一来帮助诸侯王树德立行，处理政务；二来监视诸侯王的行为与活动。诸侯相有权治民，所以也拥有很大的司法权力。凡普通老百姓的诉讼，以及老百姓对王国官吏甚至对诸侯王的诉讼，诸侯相皆有权管辖。《后汉书 · 吴祐传》：

（吴）祐以光禄四行迁胶东侯相。……民有争诉者，辄闭阁自责，然后断其讼，以道譬之。或身到闾里，重相和解。

《汉书 · 田叔传》：

于是上大贤之（指田叔），以为鲁相。相初至官，民以王取其财物自言者百余人。叔取其渠率二十人笞，怒之曰："王非汝主邪？何敢自言主！"鲁王闻之，大惭，发中府钱，使相偿之。

诸侯相也可以直接对王国官吏的不法行为进行劾奏。《汉书 · 淮南王传》叙淮南王太子犯法后，淮南国寿春县丞拒不执行中央逮捕太子的命令，于是"淮南相怒寿春丞留太子逮不遣，劾不敬"。此外，及时向中央奏报诸侯王及王后、太子等人的不法行为，请示中央处理，也是诸侯相的基本职权。当然，诸侯王及王室成员的案件在国家特别管辖之列，对此，诸侯相只有奏报权和建议处理权，不享有处罚权。

王国中另一掌握司法重权的官员是内史。《汉书 · 百官公卿表》云"内史治国民"，何武云"内史典狱事"。其实二说一就职掌的全体言，一就职掌的重点言，并不矛盾。内史权任甚重，以统理民事为主。《汉书 · 淮南王传》云"诸从蛮夷来归谊及以亡名数自占者，内史县令主"，这是内史负责王国民事的显证。狱事与民事可以说是局部与全体的关系。狱事多与民相涉，本身就是民事的一部分。所以"内史典狱事"之说也无可怀疑。前引衡山王劾卫庆事，"内史以为非是，却其狱"，说明内史确是王国司法案件的受理机关。内史有权受理合法的诉讼，也有权拒绝受理它认为不合法的诉讼。梁孝王“下阳吏”，很可能就是将邹阳交内史处置，这与前面曾提到过的将中央官员“下吏”“下廷尉狱”颇有类似之处。内史掌司法，也使我们恍然明白了《史记·韩长孺列传》的一段记载：

梁内史之缺也，孝王新得齐人公孙诡，说之，欲请以为内史。窦太后闻，乃诏王以（韩）安国为内史。公孙诡、羊胜说孝王求为帝太子及益地事，恐汉大臣不听，乃阴使人刺汉用事谋臣。及杀故吴相爰盎，景帝遂闻诡、胜等计画，乃遣使捕诡、胜，必得。汉使十辈至梁，相以下举国大索，月余不得。内史安国闻诡、胜匿孝王所，安国入见王而泣曰：“主辱臣死。大王无良臣，故事纷纷至此。今诡、胜不得，请辞赐死。”

内史韩安国为何要苦谏梁孝王交出凶手公孙诡、羊胜呢？这除了韩安国深明大义以外，更主要的还是因为内史职在典狱事，帮助汉廷抓获凶手是其应尽的职责。否则，不仅梁王难逃罪责，就是内史韩安国也难辞其咎。这从一个侧面证明在王国的司法活动中，内史的确承担着重要的职责。

总之，王国普通百姓和低级官吏所发生的司法案件，王国的司法组织行使着相对独立的管辖权，诸侯王及王室成员和王国高官发生的司法案件，则由中央行使特别管辖权。这种管辖权限的划分，一方面突出了王国的地位和权任，有效地维护了王国的统治，另一方面加强了中央对王国的政治监控，密切了中央与王国的联系。

三、诸陵县

西汉的陵县始设于汉高祖刘邦，与戍卒刘敬的建议具有密切的关系。《汉书·娄敬传》载刘敬建言云：

今陛下虽都关中，实少人。北近胡寇，东有六国强族，一日有变，陛下亦未得安枕而卧也。臣愿陛下徙齐诸田，楚昭、屈、景，燕、赵、韩、魏后，及豪杰名家，且实关中。无事，可以备胡；诸侯有变，亦足率以东伐。此强本弱末之术也。

刘邦采纳了刘敬的意见，将关东六国旧族及大姓豪强十多万人口迁入关中，陵县因此而兴。陵县附陵而建，就名义上说乃是为了供奉陵墓园邑，所以，诸陵县便划归太常管辖。太常为秦官，原名奉常。《汉书 · 百官公卿表》云：

奉常，秦官，掌宗庙礼仪，有丞。景帝中六年更名太常。属官有太乐、太祝、太宰、太史、太卜、太医六令丞，又均官、都水两长丞，又诸庙寝园食官令长丞，有雍太宰、太祝令丞，五畤各一尉。又博士及诸陵县皆属焉。

太常对诸陵县的管辖始于何时，不详。今人或根据《汉书 · 食货志》"武帝末年……（赵）过使教田太常、三辅……是后边城、河东、弘农、三辅、太常民皆便代田"的记载，推测"至迟武帝后期太常已辖有陵县"[①]。诸陵县的数量是逐步增加的，太常的管辖范围也是逐步扩大的。太常为九卿之一，是中央重要的机构，由它来辖县治民，形式上似与郡守无异，但实际上远非一般的郡守所能比拟。太常负责国家的礼仪文教，也负责陵寝重地的保卫治安，在当时来说，这些事情在国家的政治生活中占有非常突出的位置，所以太常一职事繁责重也就不言而喻了。

陵县的组织与普通县一样，每县皆设县令、都尉。县令统全局，都尉司武职。陵县是帝、后陵寝之所在，又是五方杂处之地，陵县县令的选派常引起皇帝的关注，能担任此职的也多是为人强悍、精于吏职的人。魏相、

① 周振鹤：《西汉政区地理》，第 133 页。

严延年、朱博、薛宣等都曾有当陵县县令的履历。借助此途，不少人最后致位公卿。

在诸陵县范围之内，司法案件按地域管辖，这一点与普通县份并无异处。县令执掌司法大权，管辖处理部界中的司法案件。《汉书·魏相传》：

（魏相）少学《易》，为郡卒史，举贤良，以对策高第，为茂陵令。顷之，御史大夫桑弘羊客诈称御史止传，丞不以时谒，客怒缚丞。相疑其有奸，收捕，案致其罪，论弃客市，茂陵大治。

这是陵县属太常管辖时发生的事情。可见陵县令确同别的令长一样，具有发令收捕、案致罪行、定谳执行等司法权力。汉元帝以后，陵县划归三辅，县令的这种管辖权力仍然保持不变。同书《何并传》：

何并字子廉，祖父以吏二千石自平舆徙平陵。并为郡吏，至大司空掾，事何武。武高其志节，举能治剧，为长陵令，道不拾遗。初，邛成太后外家王氏贵，而侍中王林卿通轻侠，倾京师。后坐法免，宾客愈盛，归长陵上冢，因留饮连日。并恐其犯法，自造门上谒，谓林卿曰："冢间单外，君宜以时归。"林卿曰："诺。"先是林卿杀婢婿埋冢舍，并具知之，以非己时，又见其新免，故不发举，欲无令留界中而已，即且遣吏奉谒传送。林卿素骄，惭于宾客，并度其为变，储兵马以待之。林卿既去，北渡泾桥，令骑奴还至寺门，拔刀剥其建鼓。并自从吏兵追林卿。行数十里，林卿迫窘，乃令奴冠其冠被其襜褕自代，乘车从童骑，身变服从间径驰去。会日暮追及，收缚冠奴，奴曰："我非侍中，奴耳。"并心自知已失林卿，乃曰："王君困，自称奴，得脱死邪？"叱吏断头持还，悬所剥鼓置都亭下，署曰："故侍中王林卿坐杀人埋冢舍，使奴剥寺门鼓。"吏民惊骇。

这是发生在汉哀帝时期的事情。此时诸陵县虽已不再由太常统辖，但原来的管辖制度未曾变化。这说明不管陵县是否属太常管理，汉代郡县按地区管辖案件的制度，前后都是一样的。当然，由于陵县所具有的政治与地理的特殊性，使它在某些案件的管辖方式上具有不同于其他郡县的地方：凡事关陵庙的案件，都直接由中央的廷尉负责管辖，不论如何审断论当，陵县县令无权插手。不仅如此，凡此类案件皆从重治罪。《史记 · 张释之列传》：

其后有人盗高庙座前玉环，捕得，文帝怒，下廷尉治。释之案律盗宗庙服御物者为奏，奏当弃市。上大怒曰："人之亡道，乃盗先帝庙器！吾属廷尉者，欲致之族，而君以法奏之，非吾所以共承宗庙意也。"

盗玉环者是否由高陵县法司所"得"，不得而知，也无关紧要。重要的是此种案件要"下廷尉治"。它反映出案件性质的严重性。这一点，从量刑上看得更清楚。罪犯仅仅盗得一个玉环，而文帝欲"致之族"，罪与刑脱节在此案表现得如此明显。

此类案件性质严重，不仅当事人要受重诛，同时作为"隐形郡"郡守的太常也要承担很大的责任，严重的将被免职。《汉书 · 百官公卿表》云：

元狩四年，戚侯李信成为太常，二年坐纵丞相李蔡侵道免。

关于李蔡"侵道"，此处语焉不详。同书《功臣表》云：

安乐侯李蔡，（武帝）元狩五年坐以丞相侵卖园陵道壖地，自杀。

《汉书 · 李广传》附《李蔡传》言之颇详：

李蔡以丞相坐诏赐冢地阳陵当得二十亩，蔡盗取三顷，颇卖得四十余万，又盗取神道外壖地一亩葬其中，当下狱，自杀。

原来丞相李蔡有两种罪行：一是盗取阳陵官地三顷，二是盗取阳陵神道外壖地一亩。沈家本分析此案云："以侵占官地论，其罪轻。至神道外壖地，方为园陵地，盗虽止一亩，其罪重。"[①]结果丞相李蔡"自杀"，太常李信成也因此被免职。

此类案件，除太常须要承担较大责任外，有时还要连累丞相。《汉书·张汤传》：

会人有盗发孝文园瘗钱，丞相青翟朝，与（张）汤约俱谢。至前，汤念独丞相以四时行园，当谢，汤无与也，不谢。丞相谢，上使御史案其事。汤欲致其文丞相见知，丞相患之。

因此案牵连，造成丞相与御史大夫二府之间的攻讦与排陷。最后愈演愈烈，赔进许多性命。[②]

当然，由中央直接处理的事关宗庙园邑的案件与陵县一般的刑事、民事案件相比毕竟是少数，诸陵县发生的多数普通案件，仍要由太常及属官管辖。对此，如能做到胜任愉快，也颇不容易。《汉书·韦贤传》云："初，玄成兄弘为太常丞，职奉宗庙，典诸陵邑，烦剧多罪过。"韦贤担心其子韦弘因罪见黜，妨碍继嗣，故敕令其免官。太常官员典领诸陵县事务的烦难，于此可见一斑。同别的郡守一样，太常每年也要向中央奏报辖区的刑案，尤其是报批死刑案件。《汉书·杜周传》附《杜缓传》：

（杜缓）父延年薨，征视丧事，拜为太常，治诸陵县，每冬月封具狱日，常去酒省食，官属称其有恩。

---

① （清）沈家本撰，邓经元、骈宇骞点校：《历代刑法考·汉律摭遗卷二·盗律》，第1396页。

② 双方攻讦的结果是两败俱伤：御史大夫张汤自杀，丞相青翟自杀，丞相三长史被诛。详见《汉书·张汤传》。

太常辖县治民的制度，由于陵县的停建，于汉元帝永光三年寿终正寝，原来的九个陵县划归三辅治下，陵县接受特别管辖的历史也随之结束。

第三节　特别管辖

特别管辖，是指既不受地区管辖的限制，也不受某一部门专门管辖的限制，直接由中央机构管辖。早在秦代，就已经出现了这种形式。当时，凡属大逆谋反之类的恶性案件，全部都由中央实行特别管辖。汉代适应中央集权政治的需要，在继承前代管辖谋叛大逆类案件的基础上，进一步扩大了该限制的适用范围。凡诸侯王、公卿、郡守、部刺史以及其他享有特殊待遇的人士，均在特别管辖范围之内。实行特别管辖，具有两个方面的意义：一是体现了国家对管辖对象的优容，是享有国家特权的表现；二是突出了皇权的神圣地位，保证了皇帝对公卿显僚的控制，将皇帝所掌握的生死予夺之权落到了实处。

一、诸侯王

汉代诸侯王发生的罪案，往往由许多中央部门参预其中，共同审决。诸侯王罪案的揭露，主要通过三个途径：

1. 依靠诸侯傅、相奏报。傅、相皆由中央委派，负有辅助诸侯王的重任。及时向中央汇报诸侯王的活动情况，特别是关于他们不法活动的情况，是傅、相的基本职责。《汉书 · 文三王传》：

鸿嘉中，太傅辅奏：“（梁王）立一日至十一犯法，臣下愁苦，莫敢亲近，不可谏止。愿令王，非耕、祠，法驾毋得出宫，尽出马置外苑，收兵杖藏私府，毋得以金钱财物假赐人。”事下丞相、御史，请许。奏可。后数复殴伤郎，夜私出宫。傅相连奏，坐削或千户或五百户。……积数岁，永始中，相禹奏立对外家怨望，有恶言。有司案验，因发淫乱事，奏立禽兽行，请诛。

《后汉书·孝明八王列传》：

熹平二年，国相师迁追奏前相魏愔与（陈王）宠共祭天神，希幸非冀，罪至不道。有司奏遣使者案验。

2. 依靠部刺史奏报。诸侯王是部刺史主要的监视对象之一，每年秋天，刺史行部要详细了解部界中诸侯王的活动情况，并向中央反映汇报。《汉书·高五王传》：

五凤中，青州刺史奏（济北王）终古使所爱奴与八子及诸御婢奸，终古或参与被席，或白昼使裸伏，犬马交接，终古亲临观。产子，辄曰："乱不可知，使去其子。"事下丞相御史，……

同书《景十三王传》：

（河间王）元娶故广陵厉王、厉王太子及中山怀王故姬廉等以为姬。甘露中，冀州刺史敞奏元，事下廷尉，逮召廉等。

《后汉书·孝明八王列传》：

（梁节王）畅性聪惠，然少贵骄，颇不遵法度。……永元五年，豫州刺史梁相举奏畅不道，考讯，辞不服。

3. 依靠普通人士上书言事。为了维护国家的安全，加强对诸侯王的控制，汉廷赋予普通人士上书言事的权利。利用这个机会，人们可将王国诸侯的不法活动直接报告中央。《汉书 · 楚元王传》：

宣帝即位，（楚王）延寿以为广陵王胥武帝子，天下有变必得位，阴欲附倚辅助之，故为其后母弟赵何齐娶广陵王女为妻。与何齐谋曰："我与广陵王相结，天下不安，发兵助之，使广陵王立，何齐尚公主，列侯可得也。"因使何齐奉书遗广陵王曰："愿长耳目，毋后人有天下。"何齐父长年上书告之。事下有司，考验辞服，延寿自杀。

《后汉书 · 光武十王列传》：

（济南安王）康在国不循法度，交通宾客。其后，人上书告康招来州郡奸猾渔阳颜忠、刘子产等，又多遗其缯帛，案图书，谋议不轨。事下考，……

通过这些途径，将诸侯王及王室的罪行揭露以后，就进入立案侦破阶段。西汉通常派廷尉、宗正、大鸿胪、丞相长史、侍御史、少府、中尉等官，东汉通常派中常侍、尚书令等官，前往诸侯王国调查情况，核对事实。由诸官共同案治，当时称为"杂治"。《汉书 · 楚元王传》：

昭帝时，（刘德）为宗正丞，杂治刘泽诏狱。

同书《景十三王传》：

本始三年，（广川）相内史奏状，具言赦前所犯。天子遣大鸿胪、丞相长史、御史丞、廷尉正杂治钜鹿诏狱，奏请逮捕（广川王）去及后昭信。

同书《衡山王传》：

廷尉治，事验，请逮捕衡山王治。上曰："勿捕。"遣中尉安、大行息即问王，王具以情实对。

《后汉书·孝明八王列传》：

熹平二年，国相师迁追奏前相魏愔与（陈王）宠共祭天神，希幸非冀，罪至不道。有司奏遣使者案验，……使中常侍王酺与尚书令、侍御史杂考。

当调查取证工作全部完成，证明罪案确凿不移时，就进入了议罪定刑的阶段。议罪定刑究竟由何种机构进行，主要视案件的性质而定。对于刑事案件，一般不需要召集大规模的议罪会议，丞相、御史或廷尉等官即可定谳，然后上奏皇帝批准执行。《汉书·高五王传》：

五凤中，青州刺史奏（济北王）终古使所爱奴与八子及诸御婢奸，……事下丞相御史，奏终古位诸侯王，以令置八子，秩比六百石，所以广嗣重祖也。而终古禽兽行，乱君臣夫妇之别，悖逆人伦，请逮捕。有诏削四县。

同书《文三王传》：

初，孝王有雷尊，直千金，戒后世善宝之，毋得以与人。（梁平王）任后闻而欲得之。（梁平王祖母）李太后曰："先王有命，毋得以尊与人。他物虽百钜万，犹自恣。"任后绝欲得之。王襄直使人开府取尊赐任后，又王及母陈太后事李太后多不顺。有汉使来者，李太后欲自言，王使谒者中郎胡等遮止，闭门。李太后与争门，措指，太后啼呼，不得见汉使者。……（犴）反知国阴事，乃上变告梁王与大母争尊状。时相以下具知之，欲以伤梁长吏，书闻。天子下吏验问，有之。公卿治，奏以为不孝，请诛王及太后。天子曰："首恶失道，任后也。朕置相吏不逮，无以辅王，故陷不谊，不忍致法。"削梁王五县，夺王太后汤沐成阳邑。枭任后首于市，中郎胡等皆伏诛。

这种案件都可以由皇帝所授权的机关直接论罪。

但是，对于谋叛大逆之类的案件，因为事关诸侯王的性命，所以往往通过大型的会议来形成判决意见，整个论罪过程显得非常复杂。一般的程序是：先由公卿议决奏劾，然后报请皇帝批准。可是，当皇帝对议决方案不能满意时，便提议举行由更大范围人员参加的议罪大会，以期形成新的方案。这就是所谓"廷议"①。它是秦汉时期讨论决定军国大事的非常重要的方式。廷议多由丞相主持，邀请公卿、列侯、二千石以及博士、议郎参加。中外朝制度形成以后，中朝官也经常参加廷议。东汉时期，尚书、宦官权势提高，便日益成为廷议的主角。廷议的意见，要反映在由全体与会者署名的上呈皇帝的奏文上。此种奏文极类似现代的起诉书。奏文要详列犯罪当事人的罪行，还要提出明确的处置意见及法律根据。司马迁在撰写《史记 · 淮南衡山列传》时，引用了一些这样的文书。这极大地方便了后人对汉代廷议制度基本内容的认识。此处不避文繁，将汉文帝时记录处置淮南厉王廷议结果的材料抄录如下：

丞相臣张苍、典客臣冯敬、行御史大夫事宗正臣逸、廷尉臣贺、备盗贼中尉臣福昧死言："淮南王长废先帝法，不听天子诏，居处无度，为黄屋盖乘舆，出入拟于天子，擅为法令，不用汉法。……长当弃市，臣请论如法。"制曰："朕不忍致法于王，其与列侯二千石议。"臣苍、臣敬、臣逸、臣福、臣贺昧死言："臣谨与列侯吏二千石臣婴等四十三人议，皆曰'长不

① 参见王健:《秦汉廷议制度的历史考察》，载《徐州师院学报》1985年第1期。

奉法度，不听天子诏，乃阴聚徒党及谋反者，厚养亡命，欲以有为’。臣等议论如法。”制曰：“朕不忍致法于王，其赦长死罪，废勿王。”臣苍等昧死言：“长有大死罪，陛下不忍致法，幸赦，废勿王。臣请处蜀郡严道邛邮，遣其子母从居，县为筑盖家室，皆廪食给薪菜盐豉炊食器席蓐。臣等昧死请，请布告天下。”制曰：“计食长给肉日五斤，酒二斗。令故美人才人得幸者十人从居。他可。”

由上可知，关于淮南厉王心有异志，图谋不轨的狱案，经历了非常复杂的议罪过程。经过调查取证以后，先由丞相、典客（大鸿胪）、宗正（当时代任御史大夫）、廷尉、中尉（执金吾）等组织法庭，判决其罪行，最后将结果奏报皇帝。奏文明确表达了“（淮南厉王刘）长当弃市”的意见。但是，皇帝“不忍致法于王”，提出由原议罪审判官员会同列侯、二千石一起，重新议定其罪行。皇帝这样做，目的是想通过廷议的合法形式，挽救淮南王的性命。这显示出根深蒂固的原始民主制传统，在汉代的专制政治中仍具有重要的作用，即使皇帝也要经常利用它来达到自己的目的。由众多人参预进行的第二次议罪会议，其结果仍然对淮南厉王不利，致使皇帝再次重申“不忍致法于王”的意见，并且明确提出“其赦长死罪，勿废王”的处理方案。对于皇帝的意见，议罪大臣不能违拂，但仍然提出对其处以迁刑，从而伸张法律。皇帝终于批准了这一处置方案。至此，淮南王案才算最后定谳。

廷议活动是原始民主制度的遗存。它的存在，对于改善皇帝一手专断的局面，扩大公卿对国家重大事务的发言权具有一定的积极意义。两汉时期政治上的重大失误较少，与这一制度所发挥的效力有很大的关系。当然，由于皇帝与诸侯王之间特殊的关系，皇帝为了避免屠杀血属的恶名，通常只是利用廷议的形式，以获得有利于自己的结果。就汉代对犯罪的诸侯王总的处置情况来看，那些草菅人命、残害百姓、恶贯满盈的诸侯，并没有受到应有的惩罚。只有那些图谋篡位，对皇帝的统治真正构成威胁的，才会触怒皇帝，将其绳之以法。汉代对诸侯王的优容，充分反映了专制社会法律的不平等，对社会成员进行等级统治的实质。

二、公卿

三公九卿是汉代中央最重要的官职。三公一般指丞相（司徒）、御史大夫（司空）和太尉；九卿指太常、光禄勋、卫尉、太仆、廷尉、大鸿胪、宗正、大司农、少府。跻身于此列，可握有显赫的威权，能享受极度的荣华，但并不能保证免受法律的绳治，逃避刑罚的惩处。刑不上大夫，是国家对高官显宦的劝勉和鞭策，而不是可以高枕无忧的承诺。一旦违反了国家的法律，或是冒犯了皇帝的威严，不管名列三公还是备位列卿，都将受到法律的惩办。这一点，是汉代实行法治最鲜明的特色之一。

1. 三公

汉代三公的罪案主要通过四个途径被奏劾揭露：

（1）由司隶校尉奏劾揭露。《汉书 · 王尊传》：

大将军王凤奏请（王）尊补军中司马，擢为司隶校尉。初，中书谒者令石显贵幸，专权为奸邪。丞相匡衡、御史大夫张谭皆阿附畏事显，不敢言。久之，元帝崩，成帝初即位，显徙为中太仆，不复典权。衡、谭乃奏显旧恶，请免显等。尊于是劾奏："丞相衡、御史大夫谭位三公，典五常九德，以总方略，壹统类，广教化，美风俗为职。知中书谒者令显等专权擅势，大作威福，纵恣不制，无所畏忌，为海内患害，不以时白奏行罚，而阿谀曲从，附下罔上，怀邪迷国，无大臣辅政之义，皆不道，……"

同书《王吉传》附《王骏传》：

（王骏）迁司隶校尉，奏免丞相匡衡，迁少府。

（2）由京师近地的官员奏劾揭露。《汉书·韩延寿传》：

延寿代萧望之为左冯翊，而望之迁御史大夫。侍谒者福为望之道延寿在东郡时放散官钱千余万。望之与丞相丙吉议，吉以为更大赦，不须考。会御史当问东郡，望之因令并问之。延寿闻知，即部吏案校望之在冯翊时廪牺官钱放散百余万。廪牺吏掠治急，自引与望之为奸。延寿劾奏，移殿门禁止望之。

（3）由尚书奏劾揭露。《汉书·王嘉传》：

丞相王嘉上书荐故廷尉梁相等，尚书劾奏嘉："言事恣意，迷国罔上，不道。"

（4）由各种人士的上书揭露。《史记·萧相国世家》：

上罢布军归，民道遮行上书，言相国贱强买民田宅数千万。

《汉书·赵广汉传》：

地节三年七月中，丞相傅婢有过，自绞死。广汉闻之，疑丞相夫人妒杀之府舍。……广汉即上书告丞相罪。

同书《朱云传》：

（朱云）为槐里令。……云数上疏，言丞相韦玄成容身保位，亡能往来，……

三公的罪案被奏劾揭露以后，如果得不到皇帝的批准，不能案治。也就是说，要对三公治罪必须“先请”，因为三公属于享受“八议”优待的范围之内。从这个意义上说，皇帝实际上是三公罪案的直接管辖者。皇帝根据奏劾的情节，分别通过下列方式进行处理：

（1）由御史大夫处理。《汉书 · 张汤传》：

会人有盗发孝文园瘗钱，丞相青翟朝，与（御史大夫）汤约俱谢。至前，汤念独丞相以四时行园，当谢，汤无与也，不谢。丞相谢，上使御史案其事。汤欲致其文丞相见知，丞相患之。

（2）由廷尉处理。前引《赵广汉传》：

广汉即上书告丞相罪。……丞相魏相上书自陈……事下廷尉治，实丞相自以过谴笞傅婢，出至外弟（第）乃死，不如广汉言。

（3）由司隶校尉处理。《汉书 · 王商传》：

初，大将军凤连婚杨肜为琅邪太守，其郡有灾害十四，已上。（丞相王）商部属按问，凤以晓商曰：“灾异天事，非人力所为。肜素善吏，宜以为后。”商不听，竟奏免肜，奏果寝不下，凤重以是怨商，阴求其短，使人上书言商闺门内事。天子以为暗昧之过不足以伤大臣，凤固争，下其事司隶。

（4）由将军及内朝官处理。《汉书 · 朱博传》：

傅太后怨傅喜不已，使孔乡侯晏风丞相，令奏免喜侯。（丞相朱）博受诏，与御史大夫赵玄议，……玄即许可。……上知傅太后素常怨喜，疑博、玄承指，即召玄诣尚书问状。玄辞服，有诏左将军彭宣与中朝者杂问。

《后汉书·李固传》：

后岁余，甘陵刘文、魏郡刘鲔各谋立蒜为天子，（大将军）梁冀因此诬（李）固与文、鲔共为妖言，下狱。……及出狱，京师市里皆称万岁。冀闻之大惊，畏固名德终为己害，乃更据奏前事，遂诛之，时年五十四。

（5）由京兆尹、左冯翊处理。前引《赵广汉传》：

（京兆尹赵）广汉即上书告丞相罪。制曰："下京兆尹治。"

前引《韩延寿传》：

延寿代萧望之为左冯翊，而望之迁御史大夫。侍谒者福为望之道延寿在东郡时放散官钱千余万。……会御史当问东郡，望之因令并问之。延寿闻知，即部吏案校望之在冯翊时廪牺官钱放散百余万。……延寿劾奏，移殿门禁止望之。望之自奏……，上由是不直延寿，各令穷竟所考。

按由京兆尹、左冯翊案治宰相，是皇帝授权的结果，另外也与案件发生地有关。魏相傅婢自绞发生于京师地面，属京兆尹管辖范围，所以赵广汉有责任调查该事件。所谓萧望之"放散官钱百余万"，也是他在左冯翊任上的事情，所以现任左冯翊也有权对此展开调查。

（6）免予奏劾案验。《汉书·匡衡传》：

于是司隶校尉王尊劾奏："（丞相匡）衡、（御史大夫张）谭居大臣位，知（石）显等专权势，作威福，为海内患害，不以时白奏行罚，而阿谀曲从，附下罔上，无大臣辅政之义。……"有诏勿劾。

由上面的案例来看，事关三公的案件究竟采取何种方式处理，完全要看皇帝和权臣的态度，并没有固定不变的法则和专门的机构。正是通过上述诸种方式的巧妙运用，皇帝将尊贵的三公牢牢控制起来，从而把皇帝的权威推向极限。

2. 九卿

汉代九卿的罪案主要由下列几种途径奏劾揭露：

（1）由丞相司直奏劾揭露。《汉书 · 鲍宣传》：

始隃麋郭钦，哀帝时为丞相司直，奏免豫州牧鲍宣、京兆尹薛修等，……

（2）由司隶校尉奏劾揭露。《汉书 · 杜周传》附《杜业传》：

（杜业）复为太常。岁余，左迁上党都尉。会司隶奏业为太常选举不实，业坐免官，复就国。

（3）由丞相奏劾揭露。《汉书 · 申屠嘉传》：

（鼂）错为内史，门东出，不便，更穿一门，南出。南出者，太上皇庙堧垣也。（丞相申屠）嘉闻错穿宗庙垣，为奏请诛错。

（4）由各种人士的上书揭露。《汉书 · 公孙贺传》：

（公孙）贺子敬声，代贺为太仆，父子并居公卿位。敬声以皇后姊子，骄奢不奉法，……（朱）安世遂从狱中上书，告敬声与阳石公主私通，及使人巫祭祠诅上，且上甘泉当驰道埋偶人，祝诅有恶言。

同书《杨敞传》附《杨恽传》：

人有上书告（太仆戴）长乐非所宜言，事下廷尉。长乐疑（光禄勋杨）恽教人告之，亦上书告恽罪……

九卿秩次低于三公，也同样享受着司法方面的某些优待，其中有罪先请是最基本的一条。得到皇帝或皇帝授权机构的同意以后，案件可交由下列机构案验审断。

（1）由丞相府案验。《汉书·酷吏传》：

初，大司农取民牛车三万两（辆）为僦，载沙便桥下，送致方上，车直千钱，（大司农田）延年上簿诈增僦直车二千，凡六千万，盗取其半。焦、贾两家告其事，下丞相府。丞相议奏延年“主守盗三千万，不道”。

（2）由廷尉案验。《汉书·赵广汉传》：

司直萧望之劾奏：“（京兆尹赵）广汉摧辱大臣，欲以劫持奉公，逆节伤化，不道。”宣帝恶之，下广汉廷尉狱，……

按“下廷尉狱”与交廷尉审理是同一意思，所以有时迳称为“下廷尉”。在诸种处理方式中，这是最严酷的一种。它意味着当事人要接受狱吏难堪的责问和严刑拷打。

（3）由司隶校尉案验。《太平御览》卷二三七：

梁冀执金吾，岁朝，托疾不朝。司隶杨雄治之，诏以二月俸赎之。

上述诸机构接受皇帝的特别委托，最根本的目的是要调查罪行，核实事实，确定罪案是否成立，指出量刑的依据，出具对该案的量刑意见，为皇帝进一步裁决提供必要的参考材料。至于案件最终如何处理，并不完全由这些机构来决定。最高的裁断权握在皇帝手上，皇帝是九卿命运的决定者。

总之，对三公也好，对列卿也好，特别管辖的意义就在于由皇帝直接具体地掌握他们的生死之权。

三、郡守、诸侯相、刺史

地方的守、相、刺史由中央直接任命，掌握着一方行政、军事、司法大权。对于他们的罪案，同中央的列卿一样，皆由中央行使特别管辖权，从案件的揭发、调查直到判决执行，都由皇帝所授权的机关负责处理。

1. 守相

奏劾揭露郡守、诸侯相的过举或罪行，主要通过下列几个途径：

（1）由宰相奏案揭露。《汉书 · 王商传》：

初，大将军凤连婚杨彤为琅邪太守，其郡有灾害十四，已上。商部属案问，凤以晓商……商不听，竟奏免彤，……

（2）由御史中丞奏劾揭露。《汉书 · 薛宣传》：

（御史中丞薛）宣数言政事便宜，举奏部刺史郡国二千石，所贬退称进，白黑分明，由是知名。

（3）由丞相司直奏劾揭露。《汉书 · 孙宝传》：

上复拜（孙）宝为冀州刺史，迁丞相司直。时帝舅红阳侯立使客因南郡太守李尚占垦草田数百顷，……宝闻之，遣丞相史案验，发其奸，劾奏立、尚怀奸罔上，狡猾不道。尚下狱死。

《汉书·游侠传》：

初，（陈）遵爵河南太守，而弟级为荆州牧，当之官，俱过长安富人故淮阳王外家左氏饮食作乐。后司直陈崇闻之，劾奏“遵兄弟幸得蒙恩超等历位，遵为列侯，备郡守，级州牧奉使，皆以举直察枉宣扬圣化为职，不正身自慎。……臣请皆免”。

（4）由特派的使者奏劾揭露。《后汉书·周举传》：

时诏遣八使巡行风俗，皆选素有威名者，……分行天下。其刺史、二千石有臧罪显明者，驿马上之，……

（5）由部刺史奏劾揭露。《汉书·魏相传》：

复有诏守茂陵令，迁杨州刺史。考察郡国守相，多所贬退。

谢承《后汉书》：

周乘为交趾刺史，举奏二郡秽浊太守，属县解印绶弃官者四十余城。[1]

（6）由诸侯王奏劾揭露。汉法赋予诸侯王上告诸侯相的权利，遇相有过，诸侯王可以自己上书奏举，也可以指使别人奏举。《汉书·景十三王传》：

---

① 见周天游《八家后汉书辑注》第247页。

（赵王）彭祖为人巧佞，卑谄足共，而心刻深，好法律，持诡辩以中人。多内宠姬及子孙。……得二千石失言，中忌讳，辄书之。二千石欲治者，则以此迫劫；不听，乃上书告之，及污以奸利事。

《后汉书 · 孝明八王列传》：

（陈王）钧立，……性隐贼，喜文法，相国二千石不与相得者，辄阴中之。

《汉书 · 主父偃传》：

赵王恐其（指主父偃）为国患，欲上书言其阴事，为居中，不敢发。及其为齐相，出关，即使人上书，告偃受诸侯金，以故诸侯子多以得封者。

（7）由各种人士上告而揭露。前引《魏相传》：

后人有告（河南太守魏）相贼杀不辜，事下有司。

上述种种奏劾或揭露，经皇帝或有关部门过目批准以后，立即展开调查。守、相与公卿相比，秩次有所降低，案治方式也稍有变化。两汉主要由廷尉执行守、相罪案的验治。《汉书 · 杜周传》：

至（杜）周为廷尉，诏狱亦益多矣。二千石系者新故相因，不减百余人。郡吏大府举之廷尉，一岁至千余章。

颜注：

举，皆也。言郡吏大府狱事皆归廷尉也。

按颜注诚是。汉代守、相的罪案，例入廷尉诏狱案治。如《汉书·赵广汉传》：

司直萧望之劾奏："（京兆尹赵）广汉摧辱大臣，欲以劫持奉公，逆节伤化，不道。"宣帝恶之，下广汉廷尉狱，……

《后汉书·陈球传》：

（陈球）迁南阳太守，以纠举豪右，为势家所谤，征诣廷尉抵罪。

同书《乐巴传》：

（陈）蕃、（窦）武被诛，（乐）巴以其党，复谪为永昌太守。以功自劾，辞病不行，上书极谏，理陈、窦之冤。帝怒，下诏切责，收付廷尉。巴自杀。

东汉时期除了由廷尉案治郡守外，由于刺史实际上变成一级地方政府，所以有时也由刺史来案治郡守的罪案。对于守、相而言，"有诏勿劾""有诏勿考"，即皇帝明令免予奏劾案验的现象明显减少。这说明守、相在司法方面所享有的优容比起公卿来，又有所降低，司法部门按照有关规定进行处置成为更常见的现象。

2. 刺史

汉代对刺史进行日常管理的机关是御史中丞。刺史每年行部之后，要到京师向御史中丞详细汇报自己的工作，而中丞也要通过别的渠道了解刺史的工作情况。发现不法行为，中丞可以向上举奏。西汉薛宣任御史中丞，"举奏部刺史二千石，所贬退称进，白黑分明"，这是中丞举奏刺史的实例。

此外，丞相司直对于刺史也有相当的管理权。《汉旧仪》云：

武帝时御史中丞督司隶，司隶督司直，司直督刺史二千石以下至黑绶。

《通典》卷二四《职官六》：

武帝时以中丞督司隶，司隶督丞相，丞相督司直，司直督刺史，刺史督二千石下至黑绶。

上引二说于司隶究督何官，文有不同，但都提到“司直督刺史”。根据史籍记载的实例来看，此说不诬。《汉书 · 鲍宣传》：

（鲍宣）迁豫州牧。岁余，丞相司直郭钦奏“宣举错烦苛，代二千石署吏听讼，所察过诏条。行部乘传去法驾，驾一马，舍宿乡亭，为众所非”。宣坐免。

汉代的宰相总摄百官，直接负责官员的迁除任免，对于刺史的过行也可以加以奏劾。《汉书 · 毋将隆传》：

王莽少时，慕与（毋将）隆交，隆不甚附。哀帝崩，莽秉政，使大司徒孔光奏隆前为冀州牧治中山冯太后狱冤陷无辜，不宜处位在中土。

《后汉书 · 杨震传》附《杨秉传》：

时中常侍侯览弟参为益州刺史，累有臧（赃）罪，暴虐一州。明年，（杨）秉劾奏参，槛车征诣廷尉。参惶恐，道自杀。

如前引《后汉书·周举传》所示，由皇帝特派的使者也可以奏劾刺史。

同举奏公卿守相一样，对于刺史的不法行为，也允许普通人士上书揭发。《后汉书·陈禅传》：

(陈禅)察孝廉，州辟治中从事。时刺史为人所上受纳赃赂，禅当传考，无它所赍，但持丧敛之具而已。

刺史秩六百石，与二千石的郡守不能相比，与公卿更不能相比，国家给予刺史的优容是有限的。因此，对于刺史的案验常由廷尉来执行。廷尉案验，自然难免刑讯逼供。此可由上引《陈禅传》见之：

及至，笞掠无算，五毒毕加，禅神意自若，辞对无变，事遂散释。

此案陈禅只是一个接受“传考”的证人，并不是案件当事人。作为证人尚要遭受如此残酷的刑罚，当事人将会受到怎样的待遇可以想见。

总而言之，汉代接受特别管辖的对象，因其官职高低、秩俸大小而享受的司法优容是有差别的。因诸侯王与皇帝之间的特殊关系，他们犯罪后遭受极刑的为数甚少，最重的惩罚不过迁刑、削地。所以，在汉代特殊管辖的范围内，他们是司法特权最大的享有者。对于公卿，国家也有优容的规定，但并不是“刑不上大夫”，因为汉代公卿中遭受极刑的人为数并不少。当然，允许选择自杀的方式，仍然体现了国家的优待。至于郡守，被处以极刑的人数明显高于公卿。这说明，汉代皇帝出于政治的需要，坚持刑上大夫的原则是绝对的，而对司法等级制原则的捍卫则是相对的。

第十八章　两汉时期的诉讼程序

司法程序是指以强制手段保障法律得到实施的形式。其内容从规定提起诉讼、立案受理开始，直到判决执行为止。这些内容与规则，构成了与实体法相对应的程序法。从表面看，司法程序只是法律运作的一种形式；从实质看，它则是“法律内部生命的表现”[①]。因此，由于社会发展阶段、社会制度和历史传统、风俗习惯的差异，各个时代和各个地区的司法程序都会有所不同。中国古代早在战国时期，在由李悝所撰的第一部成文法典——《法经》中，就已经形成了详备的程序规定。这些规定散见于《法经》六篇，其中《具法》的表达最为集中系统。此后，各代法典篇目名称虽异，但都对程序有所规定则同。汉律亡佚已久，具体内容已难尽知。不过，借助汉代文献中所保留的一些汉律的残文断语及司法案例，可以将当时司法程序的大致轮廓勾勒出来。

第一节　诉讼提出

汉代提起诉讼，主要有告、劾、自告三种方式。沈家本云：“告、劾是二事，告属下，劾属上。”[②] 凡下告上之辞，统称为告。所谓下告上，泛

① ［德］马克思：《第六届莱茵省议会的辩论（第三篇论文）》，载《马克思恩格斯全集》（第1卷），第178页。

② （清）沈家本撰，邓经元、骈宇骞点校：《历代刑法考·汉律摭遗卷一·总述》，第1372页。

指社会上一切主动告请官府处理的诉讼行为。从形式看，颇近似于现代诉讼中的自诉。与告相对，凡上告下之辞，统称为劾。所谓上告下，泛指一切由官吏请示法司处理的诉讼行为。从形式看，颇近似于现代诉讼中的公诉。告、劾是汉代诉讼活动中必具的程序，没有告劾而系人，则被视为违法。西汉治淮南王狱，列举他的罪行时，便有“擅罪人，无告劾系治城旦以上十四人”①。告、劾作为提起诉讼最基本的类型，包含着复杂的内容。汉代对于如何进行告、劾，皆有详细的规定。据沈家本考证，这些规定主要列于汉律的《囚律》篇中。②自告，即魏晋以后所说的自首③，始于何时不详，但迟至秦代已经出现了具体的规定④；汉代有关的规定，基本上来自秦代。

一、告

告，是“下告上”这类诉讼行为的总称。因告诉所采取的方式不同，它又可分为：

1. 口诉

口诉，是指告诉者以口头表达的方式向司法机关提出诉讼，汉代称为“自言”。《史记·田叔列传》：

鲁相（即田叔）初到，民自言相，讼王取其财物百余人。

《汉书·韩延寿传》：

---

① 《汉书·淮南王传》。

② 见《汉律摭遗》卷六《囚律》。

③ 参阅程树德《九朝律考·魏律考》“自首”条。

④ 参见刘海年：《秦的诉讼制度》（上），载《中国法学》1985 年第 1 期。

（韩延寿）行县至高陵，民有昆弟相与讼田自言，延寿大伤之，……

同书《王尊传》：

（王）尊出行县，男子郭赐自言尊："许仲家十余人共杀赐兄赏，公归舍。"

这种"自言"的方式，简单方便，最适合乡村缺少文化的老百姓就家庭伦理、邻里不和、财产关系等方面的纠纷进行控诉。据秦简来看，在秦代的诉讼活动中，口诉占有很高的比例。汉代的口诉与秦代完全一样，说明它是直接继承秦制的结果。

2. 书告

书告，是指控告者以书面形式向地方或中央的司法机关提出诉讼。因上书对象和上书方式不同，可分为：

（1）普通上书。有两种情况：

其一，指案件受害方以书面材料提出诉讼，此类诉讼主要由当地司法机关受理。但是，由于吏治弛懈或官吏腐败，有时地方官设置种种障碍，阻拦老百姓提出诉讼。东汉王符就曾对此加以揭露。《潜夫论 · 爱日》：

万官挠民，令长自衒，百姓废农桑而趋府庭者，非朝晡不得通，非意气不得见，讼不讼辄连月日，举室释作，以相瞻视，辞人之家，辄请邻里应对送饷，比事讫，竟亡一岁功。①

为了改善这一不良状况，国家建立了越诉制度。《周礼 · 秋官 · 大司

① 《后汉书 · 王符传》，载《爱日篇》作："今冤民仰希申诉，而令长以神自畜，百姓废农桑而趋府庭者，相续道路，非朝晡不得通，非意气不得见。或连日累月，更相瞻视；或转请邻里，馈粮应对。岁功既亏，天下岂无受其饥者乎？"

寇》"凡远近惸独老幼之欲有复于上而其长弗达者，立于肺石，三日，士听其辞，以告于上，而罪其长"，郑玄注云："复犹报也，……报之者，若上书诣公府言事矣。""上书诣公府言事"，就是汉代越诉的一种形式，沈家本认为颇类似于清代的京控。[①]汉代文献载有不少越诉的实例。例如《汉书·景十三王传》：

（江都王刘）建为太子时，邯郸人梁蚡持女欲献之易王，建闻其美，私呼之，因留不出。蚡宣言曰："子乃与其公争妻！"建使人杀蚡。蚡家上书，下廷尉考，会赦，不治。

其二，指案件知情者以书面材料向中央机关告反。《汉书·陈平传》：

汉六年，人有上书告楚王韩信反。

同书《爰盎传》：

及绛侯就国，人上书告以为反，征系请室，诸公莫敢为言，唯（爰）盎明绛侯无罪。

同书《楚元王传》：

宣帝即位，延寿以为广陵王胥武帝子，天下有变必得立，阴欲附倚辅助之，故为其后母弟赵何齐取广陵王女为妻。与何齐谋……因使何齐奉书遗广陵王曰："愿长耳目，毋后人有天下。"何齐父长年上书告之。

---

① （清）沈家本撰，邓经元、骈宇骞点校：《历代刑法考·汉律摭遗卷六·囚律》，第1478页。

（2）诣阙上书。这是指案件受害人或其他当事人到京师向中央的司法机关提出诉讼。阙，门观。《周礼》称为象魏。《天官 · 大宰》：

正月之吉，始和布治于邦国都鄙，乃悬治象之法于象魏，使万民观治象，挟日而敛之。郑司农云："象魏，阙也。"

在成文法大量颁布的战国时期，如同《周礼》所述，阙是国家颁布法律，供万民观瞻的地方。观瞻法律，人们自然免不了说三道四，议论短长，因此，阙同时还是老百姓议论政事表达意见的地方。《水经注 · 谷水注》便云："阙者，上有所失，下得书之于阙，所以求论誉于人，故谓之阙矣。"阙与政治法律活动这种密切的联系，恐是汉代诣阙上书制度的渊源。

西汉人所诣之"阙"，指未央宫北阙。《汉书 · 萧何传》"萧何治未央宫，立东阙、北阙、前殿、武库、大仓"，颜师古注云："未央殿虽南向，而上书奏事诣见之徒皆诣北阙，公车司马亦在北焉。是则以北阙为正门，而又有东门、东阙。至于西南两面，无门阙矣。"按颜注云未央宫"以北阙为正门"不误。作为正门，汉宫北阙是西汉重要的政治活动场所。除"上书奏事诣见之徒"需诣北阙外，被汉廷处斩的周边少数异族首领的脑袋，通常也要在北阙悬挂。北阙的特殊地位与其他门观难以相比。

东汉也保留了诣阙上书制度。当时人所诣之"阙"，盖为洛阳鸿都门之阙。《后汉书 · 来歙传》附《来历传》叙汉安帝废太子为济阴王，一批大臣不服，"俱诣鸿都门证太子无过"。最后，惧于皇帝的压力，前往"通谏"的其他人"乃各稍自引起"，而只有来历"独守阙，连日不肯去"。可证东汉人所诣之阙，确在鸿都门。

诣阙上书，可以是一个人，如《汉书 · 江充传》：

（江充）诣阙告太子丹与同产姊及王后宫奸乱，交通郡国豪猾，攻剽为奸，吏不能禁。

也可以是数人、数十人。如同书《酷吏传》：

（田广明）兄云中为淮阳守，亦敢诛杀，吏民守阙告之，竟坐弃市。

汉代对于诣阙上书的人，例由宫车司马负责接待。《汉书·百官公卿表》卫尉“属官有公车司马”，颜师古注云：“《汉官仪》云公车司马掌殿司马门，夜徼宫中，天下上事及阙下凡所征召皆总领之，令秩六百石。”西汉的刘向也有过“章交公车”[1]的说法。东汉相沿不变。《续汉书·百官志》：“公车司马令一人，六百石。本注曰：掌宫南阙门，凡事吏民上章，四方贡献，及征诣公车者。”依制，上书中提出的每一起诉讼，有关部门一当处理完毕，就应该将处理结果告知上书者。

诣阙上书，是一种典型的越诉行为。它的发生主要有三个原因：第一，因地方司法机关不能秉公执法，公正判案，造成冤陷，致令受害方诣阙上书，所谓“刑罚不中，众冤失职，趋阙告诉者不绝”[2]。这是出现诣阙上书的主要原因。第二，因案情重大或被告当事人官职显赫，使受害方或知情人不得不诣阙上书。第三，因地方官相互推诿，受害人冤苦无诉，最后不得不诣阙上书。《潜夫论·考绩》“今……令长守相不思立功，贪残专恣，不奉法令，侵冤小民。州司不治，令远诣阙上书诉讼”，指的就是这种情形。

诣阙上书作为一种制度，它的本意一方面是想弥补地方司法的罅漏与不足，减少冤失现象的发生，另一方面是想突破诉讼程序的束缚，及时地发现重大的犯罪行为。从实施情况来看，前一种意愿其实并未能够真正实现。因为，对于上告者来说，“诣阙”的前提是要具备雄厚的财力，并能承受因延时误工而造成的经济损失。如果没有强大的物质基础，诣阙上告

① 《汉书·楚元王传》附《刘向传》。
② 《汉书·成帝纪》。

就很难实现。所以，汉代真正敢于也能够享受这种权利的，只是少部分人。《潜夫论 · 三式》："细民冤结无所控告，下土边远能诣阙者，万无数人。"另一方面，对中央的一些司法官员来说，他们于诣阙者的仇苦本来就缺乏切肤之痛，再加上衙门习气，官僚作风，那么受而不"理"，久历时日，就成了习见的现象。东汉顺帝时，"宁阳主簿诣阙，诉其县令之枉，积六七岁不省"。这位主簿十分气愤，便上书皇帝发泄他的怨忿。他说："臣为陛下子，陛下为臣父。臣章百上，终不见省，臣岂可北诣单于以告怨乎？"[①] 宁阳主簿的这种遭遇，在汉代，尤其在东汉颇具有代表性。

汉代虽允许老百姓上书言事、上书告状，但法律上具体的限制极为烦苛。首先，要求文字工整规范。《汉书 · 艺文志》："汉兴，萧何草律，亦著其法，曰：'……吏民上书，字或不正，辄举劾。'"其次，要求内容不犯忌讳。然而，下土之民，如何知晓朝廷忌讳？因此，不少上书者由于上书罹罪入狱。西汉刘向所说的"章交公车，人满北军"，就是对这种状况的真实写照。汉宣帝元康二年（前 64 年）的诏书曾特别提及此事，并对不幸者表示同情："今百姓多上书触讳以犯罪者，朕甚怜之。"[②] 然而，此后的情况并没有多少改善，汉成帝时梅福仍对这种现象加以揭露。《汉书 · 梅福传》云："间者愚民上疏，多触不急之法，或下廷尉，而死者众。"可见，汉代的老百姓向中央上书，皆须冒坐牢杀头的危险。但是，尽管存在这样一些不足，诣阙上告仍具有很大的积极意义。它毕竟为普通老百姓申诉冤情提供了一个场合和机会。因此，这种制度一直被后世继承下来。

（3）上变。这是指官吏或老百姓采取紧急行动向中央机关呈递文书告反。全称或许是"上书变告"[③]。不过，见诸史籍的多是"上变事"[④]"上变

---

① 《后汉书 · 虞诩传》。

② 《汉书 · 宣帝纪》。

③ 《汉书 · 韩信传》叙韩信与陈豨谋内外接应，策动反叛，云："部署已定，等报，其舍人得罪信，信囚，欲杀之。舍人弟上书变告信欲反状于吕后。"

④ 见《汉书》的《黥布传》、《刘向传》和《息夫躬传》。

告”[1]或“变告”[2]“急变”[3]“飞变”[4]等简称。此处“变”字的含义，《史》《汉》旧注基本没有涉及。《汉书》颜注始予注意，云：“非常之事，故云变也。”“变谓非常之事。”于“变告”云：“凡言变告者，谓告非常之事。”于“急变”云：“非常之事，故云急变。”于“飞变”云：“飞变犹言急变也。”然宋人刘奉世于“飞变”之解持有异议，云：“飞变谓如飞语，无姓名上变者，故上问从（踪）迹安起，而（张）汤云殆（李）文故人也。”细绎文意，“飞变”的解释应从刘说。不过，颜注其他的解释大体不差，基本把握了“上变告”的核心所在。

“上变”分两种方式：一种是告诉人亲赴京师，直接向公车司马呈递告反文书。《史记·黥布列传》：

（黥）布所幸姬疾，请就医，医家与中大夫贲赫对门，姬数如医家，贲赫自以为侍中，乃厚馈遗，从姬饮医家。姬侍王，从容语次，誉赫长者也。王怒曰：“汝安从知之？”具说状。王疑其与乱。赫恐，称病。王愈怒，欲捕赫。赫言变事，乘传诣长安。

为及时将“非常之事”报知中央，汉廷允许此类告诉人“乘传”前往。传即传车，秦汉时期递送官文书的交通工具。《汉书·高帝纪》“（田）横惧，乘传诣洛阳”，颜注引如淳云：“律，四马高足为置传，四马中足为驰传，四马下足为乘传，一马二马为轺传。急者乘一乘传。”速度不同的各种传车，皆置于各郡县的传舍。究竟何人可搭乘传车，汉律当有明文规定。不过，今可知者，主要是刺史及其他官员。一般平民只有在“上变”告反或受到

---

① 见《汉书》的《周勃传》《文三王传》。

② 见《汉书·韩信传》。

③ 见《汉书·平帝纪》。

④ 见《汉书·张汤传》。

国家特征时，才可搭乘。上引《黥布传》"赫言变事，乘传诣长安"，即为此例。允许"乘传"，意味着告反者可以入住各地的传舍，由传舍提供人的食粮与马的秣料。

另一种方式是告诉者将上变文书交由地方官代达。《汉书·梅福传》：

梅福字子真，九江寿春人也。少学长安，明《尚书》《谷梁春秋》，为郡文学，补南昌尉。后去官归寿春，数因县道上言变事，求假轺传，诣行在所条对急政，辄报罢。

与诣阙者一样，"上变"者到达京师后，也由公车司马负责接待。公车司马令所在的阙门之前，立有鼓，供上变者敲击。《周礼·夏官·太仆》"建路鼓于大寝之门外，而掌其政，以待穷达者与遽令，闻鼓声，则速逆御仆与御庶子"，郑司农云："穷谓穷冤失职，则来击此鼓，以达于王，若今时上变事击鼓矣。遽，传也。若今时驿马军书当急闻者，亦击此鼓，令闻此鼓声，则速逆御仆与御庶子也。太仆主令此二官，使速逆穷遽者。"郑注以汉制释古制，可知汉时"上变事"有击鼓之制。然郑注并未明言此鼓设于何处。不过，依"诸上书诣阙下者"[①]皆由公车司马所主的记载看，此鼓似应设于阙门之前。公车官员一听到鼓声，就可及时将告反文书送达有司。可知中国古代"登闻道辞"[②]的制度，具有极为悠久的历史。

二、劾

劾，是"上告下"这种诉讼行为的总称。关于劾字的名义，旧解尽管

① 《后汉书·和帝纪》永元六年注引应劭《汉官仪》。

② 见（清）沈家本撰，邓经元、骈宇骞点校：《历代刑法考·汉律摭遗卷十三·厩律》，第1618页。

皆能围绕治罪立义，但具体解释却颇有不同。《说文·力部》云："劾，法有罪也。"段注云："法者，谓以法施之。《广韵》曰：'推穷罪人也。'"《急就篇》"诸罚诈伪劾罪人"，颜注："劾，举案之也，有罪则举案。"《尚书正义·吕刑》云："汉世问罪谓之鞫，断狱谓之劾。"比较而言，四种解释以颜注较为允当，其他三解则尚隔一间。其实颜注也是前有所承，而非独自发明。《文选·通幽赋》"姚聆呱而劾石兮"，注引项岱云："举罪曰劾。""举罪曰劾"，就汉代的司法实例看，大体如此。

劾适用于"上告下"，显然是一种政府行为。因此，凡由各级官司立案处理的人犯，皆需由具体办案官员向有关机构进行举劾。如在审理案件的过程中，缺乏劾奏这项程序，则将视为违法，有关人士须承担法律责任。劾在汉代诉讼活动中关系重大，于此可见。不过，劾虽不可或缺，但因各个案件的性质不同，人犯的身份不一，劾的形式也非一成不变。沈家本曾对此有所论列，归纳出"先劾而后案治""先案而后劾""因事而劾""风有司劾""犯其所司之事而劾"诸例。[①] 不过这种分别略嫌烦琐，也有缺略，我们这里分为"劾而不案"、"先劾后案"与"先案后劾"三种方式：

1. 劾而不案

劾而不案，是指对某人的过行进行举劾，然而并未展开进一步的案验便直接加以处理，或者诛杀，或者赦免。《汉书·晁错传》：

后十余日，丞相青翟、中尉嘉、廷尉欧劾奏错曰："吴王反逆亡道，欲危宗庙，天下所当共诛。今御史大夫错议曰：'兵数百万，独属群臣，不可信，陛下不如自出临兵，使错居守。徐、僮之旁吴所未下者可以予吴。'错不称陛下德信，欲疏群臣百姓，又欲以城邑予吴，亡臣子礼，大逆无道。错当要斩，父母妻子同产无少长皆弃市。臣请论如法。"制曰："可。"错殊不知。

---

① 见（清）沈家本撰，邓经元、骈宇骞点校：《历代刑法考·汉律摭遗卷六·囚律》，第1479页。

诛杀晁错，计出爰盎。此虽系爰盎与汉景帝密谋所定，但无故诛杀御史大夫，自然不合事理，容易招至物议，所以不得不按照法律程序行事。丞相等人的劾奏，就是为了制造一个正当的理由。当此劾奏已被批准，晁错命在旦夕时，他尚对此全然不知。又如，《汉书 · 张释之传》：

上拜释之为公车令。顷之，太子与梁王共车入朝，不下司马门，于是释之追止太子、梁王毋入殿门。遂劾不下公门不敬，奏之。薄太后闻之，文帝免冠谢曰："教儿子不谨。"薄太后使使承诏赦太子、梁王，然后得入。

颜注引如淳云："宫卫令'诸出入殿门公车司马门者皆下，不如令，罚金四两'。"据张释之所奏，知"出入司马门不下"，可按"不敬"罪论处。然而，因犯令者为太子、梁王，所以结果并未加以案治，而是一赦了之。

由此可见，劾虽不可或缺，但劾奏以后，究竟怎样处理，余地很大。它主要视被劾者的身份和当时实际的政治需要而定，不存在固定不变的做法。

2. 劾而后案

劾而后案，是指正式案验被劾者之前，由具体办案人员向有关司法长官（或机构）提出劾奏，从而对该被劾者进行更正式的调查、刑讯，以澄清事实，最后定谳。具体分别，可分为下列两种情况：

（1）在人犯被拘捕以前劾奏。《汉书 · 江充传》：

上以充为谒者，使匈奴还，拜为直指绣衣使者，督三辅盗贼，禁察逾侈。贵戚近臣多奢僭，充皆举劾，奏请没入车马，令身待北军击匈奴。奏可，充即移书光禄勋中黄门，逮名近臣侍中诸当诣北军者，移劾门卫，禁止无令得出入宫殿。

江充举劾"近臣贵戚"，令"身待北军"，显属拘押性质。然"逮名近臣侍中诸当诣北军者”，发生在汉武帝“奏可”以后。同书《杜周传》附《杜延年传》：

治燕王狱时，御史大夫桑弘羊子迁亡，过父故吏侯史吴。后迁捕得，伏法。会赦，侯史吴自出系狱，廷尉王平与少府徐仁杂治反事，皆以为桑迁坐父谋反而侯史吴藏之，非匿反者，乃匿为随者也。即以赦令除吴罪。后侍御史治实，以桑迁通经术，知父谋反而不谏争，与反者身无异，侯史吴故三百石吏，首匿迁，不与庶人匿随从者等，吴不得赦。奏请覆治，劾廷尉、少府纵反者。……遂下廷尉平、少府仁狱。

侍御史在覆核桑迁逃亡案时，认为同案犯侯史吴“不得赦”，奏请重新判决，并“劾廷尉、少府纵反者”；不久，霍光批准将二人收捕入狱。尽管杜延年曾奏记霍光，进行劝谏，但霍光“以廷尉、少府弄法轻重，皆论弃市”①。

（2）在人犯被拘捕以后劾奏。《汉书·田蚡传》：

（田）蚡乃戏骑缚（灌）夫，置传舍，召长史曰：“今日召宗室，有诏。”劾灌夫骂坐不敬，系居室。遂其前事，遣吏分曹逐捕诸灌氏支属，皆得弃市罪。

灌夫与田蚡在酒席上发生冲突，田蚡气忿不过，遂将灌夫拘押于传舍，而后借诏命之名，召集宗室会议议决罪法。“劾灌夫骂坐不敬”，就是该次会议的议决结果。在经过劾奏这一正当的程序之后，又将灌夫转移到另一所监狱——居室，穷治其罪。

① 《汉书·杜周传》附《杜延年传》。又，《汉书·昭帝纪》：“少府徐仁、廷尉王平、左冯翊贾胜胡皆坐纵反者，仁自杀，平、胜胡皆要斩。”

3. 先案后劾

先案后劾，是指由有关人士对某人的过行进行调查了解，等掌握了确凿的事实以后，再对其提起劾奏。《汉书 · 酷吏传》：

时（涿）郡比得不能太守，涿人毕野白等由是废乱。大姓西高氏、东高氏，自郡吏以下皆畏避之，莫敢与牾，咸曰："宁负二千石，无负豪大家。"宾客放为盗贼，发，辄入高氏，吏不敢追。浸浸日多，道路张弓拔刃，然后敢行，其乱如此。（严）延年至，遣掾蠡吾赵绣案高氏得其死罪。绣见延年新将，心内惧，即为两劾，欲先白其轻者，观延年意怒，乃出其重劾。延年已知其如此矣。赵掾至，果白其轻者，延年索怀中，得重劾，即收送狱。

严延年对于高氏为害地方的活动，一定早有所闻。所以，他到任后立即派遣属吏赵绣对高氏的不法活动进行案验，并"得其死罪"。之后，赵绣以案件具体承办人的身份，对高氏进行劾奏。一当具备了这一合法程序，太守严延年便将高氏收送入狱，"夜入，晨将至市论杀之"。劾，在这种情形中，完全变成了最后进行论决的法律依据。

当然，在"先案后劾"的案件类型中，像上引案件只经一次劾奏便径行论决，并不常见。由于有的案件情况十分复杂，往往案中有案，几种罪行搅在一起，光凭一次劾奏不能最终定谳。因此，经常可以见到对同一人犯反复进行劾奏的现象。《汉书 · 窦婴传》：

劾灌夫骂坐不敬，系居室。……婴愧，为资使宾客请，莫能解。……婴锐为救夫，……乃匿其家，窃出上书。立召入，具告言灌夫醉饱事，不足诛。……于是上使御史簿责婴所言灌夫颇不雠，劾系都司空。孝景时，婴尝受遗诏，曰："事有不便，以便宜论上。"及系，灌夫罪至族，事日急，诸公莫敢复明言于上。婴乃使昆弟子上书言之，幸得召见。书奏，案尚书，大行无遗诏。诏书独藏婴家，婴家丞封。乃劾婴矫先帝诏害，罪当弃市。

按“所言灌夫颇不雠”，即言窦婴所讲，与灌夫实际的犯罪事实不符。窦婴因此被劾，并被逮系于都司空。就在调查此罪的过程中，窦婴又犯了“罪当弃市”的“矫先帝诏书害”罪，从而再一次被劾。可见，同一案犯的数种罪行，都要逐一劾奏，最后择其重者定谳处置。

由上可知，汉代劾的方式多种多样，功能也各有不同。有的劾是作为行政处理的依据；有的劾是作为逮捕的依据；有的劾是作为进一步调查罪案的依据；有的劾是作为判决执行的依据。不过，不论劾的形式功能如何不同，劾作为一种政府行为，作为司法活动中不可缺少的程序，则是一致的。

当然，除司法活动外，劾也常在政府部门的行政活动中使用，是检举不法、揭露过行的重要手段。《汉书·翟方进传》：

（翟方进）迁为丞相司直。从上甘泉，行驰道中，司隶校尉陈庆劾奏方进，没入车马。既至甘泉宫，会殿中，庆与廷尉范延寿语，时庆有章劾，自道：“行事以赎论，今尚书持我事来，当于此决。前我为尚书时，尝有所奏事，忽忘之，留月余。”方进于是举劾庆曰：“案庆奉使刺举大臣，故为尚书，知机事周密一统，明主躬亲不解。庆有罪未伏诛，无恐惧心，豫自设不坐之比。又暴扬尚书事，言迟疾无所在，亏损圣德之聪明，奉诏不谨，皆不敬，臣谨以劾。”庆坐免官。

官员一旦被劾，举劾者就要立即通知宫殿门卫，禁止被劾者出入殿门。《汉书·江充传》：

充即移书光禄勋中黄门，逮名近臣侍中诸当诣北军者，移劾门卫，禁止无令得出入宫殿。

同书《韩延寿传》：

延寿劾奏，移殿门禁止（萧）望之。

同书《佞幸传》：

太后遣使者召（王）莽。既至，以太后指使尚书劾贤帝病不亲医药，禁止贤不得入出宫殿司马中。

如果举劾者在劾奏以后，不及时移书殿门禁止被劾者出入，则要承担法律责任。同书《酷吏传》：

（严）延年后复劾大司农田延年持兵干属车，大司农自讼不干属车。事下御史中丞，谴责延年何以不移书宫殿门禁止大司农，而令得出入宫。于是复劾延年阑内罪人，法至死。延年亡命。

如果一个官吏有了被告、被劾的经历，就被称为有告、有劾（总称为有告劾），就成为一种不光彩的身份而被记录在案。对告劾在身而亡命的人还要重惩。《汉书·昭帝纪》："发三辅及郡国恶少年吏有告劾亡者，屯辽东。"颜注云："告劾亡者，谓被告劾而逃亡。"

司隶校尉与御史中丞是专司监察的官员，举劾是他们手中的一把利剑，可以无所回避，直指国家的任何官员。《汉书·盖宽饶传》：

（盖宽饶）擢为司隶校尉，刺举无所回避，小大辄举，所劾奏众多，廷尉处其法，半用半不用，公卿贵戚及郡国吏徭使至长安，皆恐惧莫敢犯禁，京师为清。

当然，国家尽管允许司隶等官“大小辄举”，但同时也通过一些严厉的规定，引导他们慎用权力。举奏属实，是对拥有举奏权的官员最基本的要求。假如举奏不实，那么举奏者至少要承担行政责任。同书《盖宽饶传》：

迁谏大夫，行郎中户将事，劾奏卫将军张安世子侍中阳都侯彭祖不下殿门，并连及安世居位无补。彭祖时实下门，宽饶坐举奏大臣非是，左迁为卫司马。

至于凭空捏造事实，故意进行举劾，情节较为严重的，则将处以死刑。《汉书·功臣表》：

商利侯王山寿，坐为代郡太守故劾十人罪不直，死。

三、自告

“自告”之名，始见于云梦睡虎地秦简。《法律答问》云：“司寇盗百一十钱，先自告，何论？当耐为隶臣，或曰赀二甲。”也称为“自出”。又云：“把其叚（假）以亡，得及自出，当为盗不当？自出，以亡论，其得，坐赃为盗；盗罪轻于亡，以亡论。”就此来看，秦代有关自告的规定尚称完备，所以汉代能够袭而用之。遗憾的是，汉代留下的有关自告的具体规定和相关案例十分有限，妨碍了我们对汉代自告制度的深入了解。此处只能凭借零星的材料，对汉代的自告制度勾画一个大致的轮廓。

汉代关于自告的法律规定，今天可以见到的只有一条：“先自告除其罪。”《汉书·衡山王传》：

> 有司求捕与淮南王谋反者，得陈喜于（衡山王庶子）孝家。吏劾孝首匿喜。孝以为陈喜雅数与王计反，恐其发之，闻律先自告除其罪，又疑太子使白嬴上书发其事，即先自告所与谋反者枚赫、陈喜等。

当然，汉律对于自告应还有其他规定，而绝非仅“先自告除其罪”这一条。因为就汉律的渊源——秦律来说，对于不同情况的自告已制定了不同的规定。今据秦简所记，自告就可以分出四种情况：1. 本已被判刑而又盗钱，后去官府自首[①]；2. 携带所借官物逃亡，后去官府自首[②]；3. 与人合伙盗窃，后去官府自首，并告发同案犯[③]；4. 以前无犯罪记录，犯罪后去官府自首[④]。对这四种情况，处理规定各不相同。就以汉律为蓝本而形成的唐律来说，对于自首的规定更为细密完整，俱列于《唐律 · 名例律》。可证汉律关于自告的规定，一定也是比较系统完备的，只是绝大多数条文我们都看不到了。

汉代受理自告的机关，应与受理告诉的机关一样。通常情况下，都向当地司法机关投案。秦简《封诊式》中载有乡受理自告的案例，那么郡县自不待说。汉代亦当如此。在诸侯王国，应由专管刑狱的内史或中尉受理。西汉参与淮南王谋反的伍被“诣吏自告与淮南王谋反”[⑤]，所诣之“吏”，也许就是内史、中尉等官。

唐律关于自首（自告）的认定强调一个“彰”字。“若有文牒言告，

---

① 睡虎地秦墓竹简整理小组编:《睡虎地秦墓竹简 · 封诊式》，第 154 页：“司寇盗百一十钱。先自告，可（何）论？当耐为隶臣，或曰赀二甲。”

② 睡虎地秦墓竹简整理小组编:《睡虎地秦墓竹简 · 法律答问》，第 207 页：“把其叚（假）以亡，得及自出，当为盗不当？自出，以亡论。其得，坐臧（赃）为盗；盗罪轻于亡，以亡论。”

③ 睡虎地秦墓竹简整理小组编:《睡虎地秦墓竹简 · 封诊式》，第 252 页：“盗自告□□□爰书：某里公士甲自告曰：‘以五月晦与同里士五（伍）丙盗某里士五（伍）丁千钱，毋它坐。来自告，告丙。’”

④ 睡虎地秦墓竹简整理小组编:《睡虎地秦墓竹简 · 封诊式》，第 278 页：“亡自出□□□乡某爰书：男子甲自诣，辞曰：‘士五（伍），居某里，以乃二月不识日去亡，毋它坐，今来自出。’”

⑤ 《汉书 · 伍被传》。

官司判令三审，牒虽未入曹局，即是其事已彰，虽欲自新，不得成首。”[1]即是说，只有在别人未告发自己的罪行之前，由本人前往投案，才算自首，才可适用有关的规定。汉律恐亦如此。汉代文献记述自告案件，颇重视“自诣吏”三字。《汉书·淮南王传》：“伍被自诣吏，具告与淮南王谋反。”自，自身、本人；诣，往、到。符合这些要素，自告才可成立。

《唐律疏议·名列律》第一条第一句云：“诸犯罪未发而自首者，原其罪。”此与汉律“自告除其罪”一脉相承，可知唐律的规定来自汉律无疑。然而，根据汉代几个自告案例来看，在实际运用此律时颇有出入。今可用于分析的案例共有三个：

1. 伍被案。《汉书·伍被传》：

后事（指与淮南王谋反事）发觉，被诣吏自告与淮南王谋反，从（踪）迹如此。天子以伍被雅辞多引汉美，欲勿诛。张汤进曰：“被首为王画反计，罪无赦。”

2. 刘孝案。《汉书·衡山王传》：

孝以为陈喜雅数与王计反，恐其发之，闻律先自告除其罪，……即先自告所与谋反者枚赫、陈喜等。廷尉治，事验，请逮捕衡山王治。……王闻，即自杀。孝先自告反，告除其罪。孝坐与王御婢奸，及后……皆弃市。

3. 侯史吴案。《汉书·杜周传》附《杜延年传》：

治燕王狱时，御史大夫桑弘羊子迁亡，过父故吏侯史吴。后迁捕得，伏法。会赦，侯史吴自出系狱，廷尉王平与少府徐仁杂治反事，皆以为桑

① 《唐律疏议·名例》。

迁坐父谋反而侯史吴藏之，非匿反者，乃匿为随者也。即以赦令除吴罪。后侍御史治实，以桑迁通经术，知父谋反而不谏争，与反者身无异，侯史吴故三百石吏，首匿迁，不与庶人匿随从者等，吴不得赦。

在案1中，伍被"诣吏自告与淮南王谋反"，按说其行为已经符合了汉律关于自告的条件，应当按照"自告除其罪"的规定处理。但是，当最后处置时，汉武帝和廷尉张汤好像都没有注意到伍被自告这一非常重要的情节。汉武帝虽"欲勿诛"，但也只是从伍被"雅辞多引汉美"着眼，而不是考虑了自告的因素。张汤只强调伍被"为王画反计，罪无赦"，似乎根本就没有理会自告应该如何处理。很明显，张汤对于此案并没有据律处断。张汤"舞文巧诋""文深意忌不专平"[①]，此可为注脚。

在案2中，"孝先自告反，告除其罪"。颜注释此云："先告有反谋，又告人与己反，而自得除其罪。"可见刘孝一方面告反，另一方面自首己罪。汉代对于此种情况具体的处理规定，今不详，但就本案看，是"除其罪"不论。这说明汉代关于自告的规定，并非具文，在审判实践中，尽可以据以处断。当然，刘孝最后并未能逍遥法外。他的谋反之罪虽除而不论，但却"坐与王御婢奸"而弃市。这种结果是否仍是对其从事谋反活动的报复，不敢悬揣。然就形式而言，"自告除其罪"，在此得到了执行。

在案3中，廷尉王平与少府徐仁对于"自出系狱"的侯史吴，按"赦令除其罪"。既然诏令赦免桑迁案所牵连的所有人犯，那么像侯史吴这种人，似可以不必再强调"自告除其罪"这一点。但是，侍御史在复查此案时，也像张汤一样舞文巧诋，全然没有考虑其"自出"的行为。据杜延年呈霍光的奏记所知，侯史吴最后被"诋为不道"。一旦罪至"不道"，那么必死无疑。

① 《汉书·张汤传》。

从以上三案来看，汉代关于自告，一方面虽然有一些法律规定，在诉讼实践中也可以依照相应的规定判案，但是另一方面也存在着极大的随意性，法官完全可以无视其存在而不予理会。法律规定与实际执行存在着一定的距离，这是一个典型的例证。

第二节　逮　捕

逮捕，是由司法机关实施的收押人犯，从而剥夺其人身自由的强制性措施。汉律中专列《捕律》一章，对有关逮捕的具体事宜，应有细致的规定。可惜汉律已佚，今可资了解汉代逮捕情况的，主要是汉代文献中所记的一些案例。通过这些案例，也大体可以了解汉代逮捕制度的一般情况。

一、机构

汉代能够承担逮捕任务的机构很多，有的属于中央的司法机构，有的属于地方的司法机构。中央司法机构中，主要有下列几个。

1. 执金吾

执金吾，原名中尉，掌徼巡京师。其所属兵卒称为北军。属官有中垒、寺互、都船、武库四令丞。其中，中垒、都船之下都设有监狱。因执金吾主要负责京城及周围地区的治安，所以京师发生的一些案件，常由执金吾（中尉）承担逮捕任务。《汉书·卫绾传》：

上废太子，诛栗卿之属。上以（中尉卫）绾为长者，不忍，乃赐绾告归，而使郅都治捕栗氏。

同书《杜周传》：

（杜）周中废，后为执金吾，逐捕桑弘羊、卫皇后昆弟子深刻，上以为尽力无私，迁为御史大夫。

同书《霍光传》：

长安男子张章告之（指谋杀丞相与平恩侯事），事下廷尉。执金吾捕张赦、石夏等，后有诏止勿捕。

2. 司隶校尉

司隶校尉，汉武帝征和四年（前89年）初置。当时，主要用于“捕巫蛊，督大奸猾”。可见此官设置，与执行逮捕有密切的关系。此后司隶校尉的职掌尽管出现很大的变化，但执行逮捕的职能一直没有放弃。《汉书·诸葛丰传》：

时侍中许章以外属贵幸，奢淫不奉法度，宾客犯事，与章相连。（诸葛）丰案劾章，欲奏其事，适逢许侍中私出，丰驻车举节诏章曰：“下！”欲收之。……丰以春夏系治人，在位多言其短。

同书《陈汤传》：

司隶校尉移书道上，系吏士案验之。

系，收系，该传下文云“今司隶反逆，收系按验”可证。《后汉书·虞诩传》：

永建元年，代陈禅为司隶校尉。……三公劾奏诩盛夏多拘系无辜，为吏人患。

3. 廷尉监、侍御史

廷尉监与侍御史分别是廷尉和御史大夫的属官，经常参与国家大案的审理工作。一些重要人犯的逮捕任务，也常由此二官担任。《汉书·淮南王传》：

廷尉以（淮南王孙）建辞连太子迁闻，上遣廷尉监与淮南中尉逮捕太子。

同书《息夫躬传》：

上遣侍御史、廷尉监逮躬，系洛阳诏狱。

这些官员执行任务，名义上都是由皇帝所派，所以也可以称为使者。同书《鲍宣传》：

丞相孔光四时行园陵，官属以令行驰道中，宣出逢之，使吏勾止丞相掾史，没入其车马，摧辱宰相。事下御史中丞，侍御史至司隶官，欲捕从事，闭门不肯内。宣坐距闭使者，亡人臣礼，大不敬，不道，下廷尉狱。

由此推断，史书所记执行逮捕任务的“使者”，可能主要就是这一类官员。如同书《彭越传》：

梁太仆有罪，亡走汉，告梁王与扈辄谋反。于是上使使掩捕梁王，囚之洛阳。

在地方司法机构中，主要有下列几个：

1. 刺史

刺史在西汉时为监察专官，按规定并不参预地方事务。但是，在个别特殊的情况下，刺史也直接插手地方事务。如逮捕权的行使就是一个例证。《汉书·隽不疑传》：

（隽不疑）拜为青州刺史。久之，武帝崩，昭帝即位，而齐孝王孙刘泽交结郡国豪杰谋反，欲先杀青州刺史。不疑发觉，收捕，皆伏其辜。

东汉，刺史逐渐成为一级地方行政机构，遂拥有一州的司法大权，逮捕权的行使便成了刺史的日常工作。如《后汉书·种暠传》：

时永昌太守冶铸黄金为文蛇，以献梁冀，（益州刺史种）暠纠发逮捕，驰传上言，……

2. 郡守、贼捕掾

郡守集一郡行政、军事、司法大权于一身，于郡中事务无所不统；逮捕之事既可以布置下属执行，也可以亲临指挥。《汉书·赵广汉传》：

长安少年数人会穷里空舍谋共劫人，坐语未讫，广汉使吏捕治具服。富人苏回为郎，二人劫之。有顷，广汉将吏到家，自立庭下，使长安丞龚奢叩堂户晓贼，曰："京兆尹赵君谢两卿，无得杀质，此宿卫臣也。释质，束手，得善相遇，幸逢赦令，或时解脱。"二人惊愕，又素闻广汉名，即开户出，下堂叩头，广汉跪谢曰："幸全活郎，甚厚！"送狱……

不过，通常情况下，郡中的逮捕事务都由专掌捕事的贼捕掾负责承担。

3. 县令、县都尉

县令是一县的最高司法长官，对于县中所有司法事务皆有权过问。遇有一般捕事，县令、长通常安排专司捕事的官员处理。如《汉书·王尊传》：

（王尊）迁虢令，转守槐里，兼行美阳令事。春正月，美阳女子告假子不孝，……尊闻之，遣吏收捕验问，辞服。

但是，遇有重要人犯，县令、长则往往亲自出马，直至将案犯收捕归案而后罢。同书《胡建传》：

（胡建）后为渭城令，治甚有声。值昭帝幼，皇后父上官将军安与帝姊盖主私夫丁外人相善。外人骄恣，怨故京兆尹樊福，使客射杀之。客藏公主庐，吏不敢捕。渭城令建将吏卒围捕。

《三国志·魏书·满宠传》：

（满宠）守高平令。县人张苞为郡督邮，贪秽受取，干乱吏政。宠因其来在传舍，率吏卒出收之，……

除县令、长以外，专掌一县军事的县尉，因直接掌握军队，也经常承担逮捕任务。如同书《淮南王传》云“事（指淮南王谋反事）觉，长安尉奇等往捕开章，（淮南王）长匿不予”，即为显证。

4. 游徼、亭长

游徼职在“徼巡禁盗贼”，是一乡负责治安的官员。对于形迹可疑或行凶不法之人，此二官皆有权收捕。《汉书·赵广汉传》：

（赵）广汉奏请，令长安游徼狱吏秩百石，其后百石吏皆差自重，不敢枉法妄系留人。

《后汉书 · 刘玄传》注引《续汉书》:

时圣公(刘玄)聚客，家有酒，请游徼饮，宾客醉歌，言“朝亨两都尉，游徼后来，用调羹味”。游徼大怒，缚捶数百。

亭长负责一亭事务，但职“主求捕盗贼”。亭长平时随身携带戈、盾、版、绳等物，[1] 随时准备捕捉不法之徒。《后汉书 · 虞延传》:

(虞延)少为户牖亭长。时王莽贵人魏氏宾客放纵，延率吏卒突入其家捕之，以此见怨，故位不升。

《三国志 · 魏书 · 武帝纪》:

(曹操)出关，过中牟，为亭长所疑，执诣县，……

二、程序

汉代逮捕程序的具体规定，已不得而知。今分析两汉涉及逮捕的案例，可条列如下几条。

1. 正常情况下若要实施逮捕，须具备两个条件：一是对犯罪当事人提出告诉，二是有关法司决定受理该案。只要满足这些条件，就可以对被告者实施逮捕。《汉书 · 张耳传》附《张敖传》:

① 《后汉书 · 逄萌传》:“逄萌字子康，北海安昌人也。家贫，给事县为亭长。时尉过亭，萌候迎拜谒，既而掷盾叹曰……”《续汉书 · 百官志》注引《汉官仪》:“亭长持二尺版以劾贼，索绳以收缚贼。”

贯高怨家知其谋（指谋害刘邦），告之。于是上逮捕赵王诸反者。

同书《周勃传》：

其后人有上书告（周）勃欲反，下廷尉，逮捕勃治之。

至于同案所牵连的其他人，自在逮捕之列。

2. 执行机关实施逮捕，应当持有有关部门出具的逮捕凭证。此种凭证主要有三种：

（1）诏书。诏书由皇帝发布，派专使下达郡国执行。汉代的所谓“诏捕”和“名捕”，都必须以诏书为逮捕的凭证。《汉书·江充传》：

（江充）诣阙告（赵）太子丹与同产姊及王后宫奸乱，交通郡国豪猾，攻剽为奸，吏不能禁。书奏，天子怒，遣使者诏郡发吏卒围赵王宫，收捕太子丹，移系魏郡诏狱……

如诏书下达，郡国官员不能按诏即时收捕，则将被治罪。西汉成帝时，司隶校尉派假佐放奉诏书告知京兆尹王尊“发吏捕人”，而王尊以“诏书无京兆文，不当发吏”为由，拒不执行。结果“坐遇使者无礼”，而被免除京兆尹职。

（2）系牒。“系牒”之名史书未见，仅见于张家山汉简。《奏谳书》案例十六：

求盗甲告曰：从狱史武备盗贼，武以六月壬午出行公梁亭，至今不来，不智（知）在所，求弗得，公梁亭校长丙坐以颂毄（系），毋毄（系）牒，弗穷讯。

从简文看，“系牒”成为“弗穷讯”的一个理由，实际意味着逮捕的不合法性。“系牒”在最基层的组织——亭尚得到如此重视，那么推测在高于亭的机构中，也应该有这种作为逮捕凭证的“系牒”存在。

（3）诏狱书。“诏狱书”可能由中央的司法部门颁发管理，主要在逮捕接受国家特别管辖的人犯时使用。据伍被交代，淮南王就曾“伪为左右都司空上林中都官诏狱书，逮诸侯太子及幸臣”①。

3. 对于潜逃外地或被控而身在外地的人犯，通常有两种逮捕办法：一种是移书委托当地司法机关代为逮捕②。如《三国志 · 魏书 · 王朗传》注引《魏略》：

薛夏字宣声，天水人也。博学有才。天水旧有姜、阎、任、赵四姓，常推于郡中，而夏为单家，不为降屈。四姓欲共治之，夏乃游逸，东诣京师。……后四姓又使囚遥引夏，关移颍川，收捕系狱。

另一种办法是委派官吏亲赴潜逃地区会同当地司法官员执行逮捕。如《汉书 · 吴王濞传》：

它郡国吏欲来捕亡人者，颂共禁不与。

同书《何并传》：

---

① 《汉书 · 伍被传》。

② 此种制度可能来自秦代。《史记 · 项羽本纪》叙项梁事云：“项梁尝有栎阳逮，乃请蕲狱掾曹咎书抵栎阳狱掾司马欣，以故事得已。”项梁的籍贯应与项羽一样，皆为临淮下相人。然史书未记项梁曾于数千里之外的栎阳有何不法活动，那么项氏何以被逮入栎阳狱呢？观诸家解释，再联系秦汉的有关制度，知应劭的“项梁曾坐事传系栎阳狱”的说法最为合理。（颜注无新解，只列应注一说，可见他也赞同应说。）“坐事传系”，即由项梁当时所在地将其逮送于受理此案的栎阳监狱。这一过程，可能与“蕲狱掾曹咎书抵栎阳狱掾司马欣”的方式一样，也是通过行政文书运行的结果。汉代与秦的社会条件相同，所以这一制度得以继承下来。

阳翟轻侠赵季、李款多畜宾客，以气力渔食闾里，至奸人妇女，持吏长短，纵横郡中，闻（何）并且至，皆亡去。并……使武吏往捕之，……得赵、李它郡，持头还，……

《后汉书·吴祐传》：

（吴祐）迁胶东侯相。……安丘男子毋丘长，与母俱行市，道遇醉客辱其母，长杀之而亡安丘，追踪于胶东得之。[①]

4. 若犯罪当事人逃走，可将其近亲属拘捕羁押。《汉书·文三王传》：

元朔中，睢阳人犴反，人辱其父，而与睢阳太守客俱出同车。犴反杀其仇车上，亡去。睢阳太守怒，以让梁二千石，二千石以下求反急，执反亲戚。

同书《江充传》：

江充字次倩，赵国邯郸人也。充本名齐，有女弟善鼓琴歌舞，嫁之赵太子丹。齐得幸于敬肃王，为上客。久之，太子疑齐以己阴私告王，与齐忤，使吏逐捕齐，不得，收系其父兄，按验，皆弃市。

《后汉书·刘玄传》：

刘玄字圣公，光武族兄也。弟为人所杀，圣公结客欲报之。客犯法，圣公避吏于平林。吏系圣公父子张。

---

① 中华书局点校本“安丘”二字下属，误。此从业师吴荣曾先生之说改。

此制大抵也是秦的旧制。《汉书 · 任敖传》：

高祖尝避吏，吏系吕后，遇之不谨。

“避吏”，犯罪逃跑，以躲避官吏的惩罚。此为秦时事[①]。可见秦代已经实行了这样的制度。汉代不仅继承此制[②]，而且还在此基础上创造了一种代刑的制度。所谓代刑，就是指某人犯罪，其子孙兄弟或父母可以代为服刑，而法司对此种情况，量刑时可以考虑减免。东汉明帝时明确规定：诸徙边者，父母、同产欲相代者，恣听之[③]。永初中尚书陈忠进一步上言：母子兄弟相代死者，听赦所代者。朝廷接受了这个意见。[④]

5. 不许官吏夜间进入民舍捕人。《居延汉简释文合校》395 · 11：

《捕律》：禁吏无夜入人庐舍捕人，犯者，其室殴伤之，以毋故入人室律从事。

此为汉律《捕律》的原文，保存在居延汉简当中。此律明确规定，不许官吏在夜里进入居民家中捕人，如若违反，捕吏被所入家人殴伤，官府将按“毋故入人室律”处理此家人。“毋故入人室律”的内容，东汉郑众曾有记述。《周礼 · 秋官 · 朝士》“凡盗贼军乡邑及家人，杀之无罪”，郑玄引郑司农云：“若今时无故入人室宅庐舍，上人车船，牵引人欲犯法者，其时格杀之，无罪。”据此，“以毋故入人室律从事”，意即不追究殴伤者

① 此事亦见《汉书》的《卢绾传》与《楚元王传》。

② 按：此实为汉代秕政。汉平帝时曾下诏纠正：“惟苛暴吏多拘系犯法者亲属，妇女老弱，构怨伤化，百姓苦之。其明敕百僚，妇女非身犯法，及男子年八十以上七岁以下，家非坐不道，诏所名捕，它皆无得系。”见《汉书 · 平帝纪》。

③《后汉书 · 明帝纪》。

④《后汉书 · 陈宠传》。又，瞿同祖《中国法律与中国社会》之《家族》章有论，可参看。

的法律责任。关于此律所说的“吏”究指哪些人，不明。综合汉代逮捕的情况推测，应当主要指地方具有逮捕权的官吏，特别像游徼、亭长等人。至于持节承诏逮捕诏狱人犯的特使，恐另有规定，不一定受此律的限制。

6. 男子八十以上，十岁以下，及妇人从坐者，自非不道、诏所名捕，皆不得系，当验问者即就验。此规定始定于汉平帝元始四年，见《汉书·平帝纪》；东汉光武帝又加以重申，见《后汉书·光武帝纪》。此律深怜老幼及妇女，是儒家思想影响司法的具体表现。

三、方式

沈家本曾归纳前后《汉书》关于逮捕的表达，共有逮捕、收捕、诏捕、逐捕、疏捕、名捕、追捕、急捕八法。他指出：“纪传之言捕者，其法不同，疑汉律中必有分别，今不可考。”[①] 按沈氏此处的归纳并未完备，不过，这种种捕法，能够从制度着眼的，恐只有诏捕、逐捕、名捕三法。

1. 诏捕

诏捕，即皇帝下诏逮捕，多适用于那些谋叛大逆或其他大案的人犯。此诏一般特派专使下达人犯所在郡国，视具体情况，或由郡国守相带人直接执行逮捕，或再将诏书下达县廷，由县廷组织力量完成逮捕。《汉书·江充传》：

天子怒，遣使者诏郡发吏卒围赵王宫，收捕太子丹，移系魏郡诏狱，……

《后汉书·党锢列传》：

---

① （清）沈家本撰，邓经元、骈宇骞点校：《历代刑法考·汉律摭遗卷七·捕律》，第1503页。

建宁二年，遂大诛党人，诏下急捕（范）滂等。督邮吴导至县，抱诏书，闭传舍，伏床而泣。

此二例中，前一例因所捕对象为赵太子，诏书未下达赵国，而是下达魏郡（将赵太子移系魏郡诏狱可证），直接由魏郡政府组织力量执行逮捕。后一例因所捕对象为文弱的范滂，故诏书下达郡廷，郡廷再派督邮将诏书下达县廷，由县廷执行逮捕。

诏捕是汉代一种十分重要的逮捕形式，它区别于其他逮捕形式的一个重要特征是它的保密性。也就是说，在执行逮捕行动以前，逮捕对象对于持节承诏的使者以外的人是保密的，直到行动开始时，才能将逮捕对象告知执行官吏。个别蛮横的使者，甚至于在行动开始时，仍对地方执行官吏保密，如《汉书 · 王尊传》：

司隶遣假佐放奉诏书白（王）尊发吏捕人，放谓尊："诏书所捕宜密。"尊曰："治所公正，京兆善漏泄人事。"放曰："所捕宜今发吏。"尊又曰："诏书无京兆文，不当发吏。"

这是一个典型的诏捕案件。这位承奉诏书的假佐以"诏书所捕宜密"为由，只要求京兆尹王尊发兵，协助其完成逮捕任务，而并不将逮捕对象告诉王尊。地位尊贵的王尊当然不能接受，他以"治所公正，京兆善漏泄人事"一语，反唇相讥。然而假佐不予理会，只坚持让王尊立即发兵。王尊不甘示弱，以"诏书无京兆文"为由，拒不发兵。王尊此行，被目为"遇使者无礼"，结果被罢黜京兆尹职。"诏书所捕宜密"，可能是对诏捕行动最基本的要求。从对王尊的处理也可以看出，这样的规定不仅存在，而且以严格的措施保证其有效执行。

2. 逐捕

逐捕，是汉代习见的一种逮捕方式，适用对象与前面所述大体相同。

《汉书·武帝纪》：

遣直指使者暴胜之等衣绣衣杖斧分部逐捕，刺史郡守以下皆伏诛。

同书《成帝纪》：

山阳铁官徒苏令等二百二十八人攻杀长吏，盗库兵，自称将军，经历郡国十九，杀东郡太守，汝南都尉。遣丞相长史、御史中丞持节督趣逐捕。汝南太守严䜣捕斩令等。

同书《窦田灌韩传》：

（田蚡）遂其前事，遣吏分曹逐捕诸灌氏支属，皆得弃市罪。

综合这些记载来看，逐捕一般也是经过皇帝批准，前往执行逮捕任务的“使者”也是持节承诏。这些地方与诏捕极相类似。但是，如上所示，逐捕对象远较诏捕对象为多，而且还有一定的武装和战斗力，所以逐捕行动常以军兴从事，即能捕则捕，不能捕则杀。同书《成帝纪》：

颍川铁官徒申屠圣等百八十人杀长吏，盗库兵，自称将军，经历九郡。遣丞相长史、御史中丞逐捕，以军兴从事，皆伏辜。

在执行逮捕的过程中可以“捕斩”，这是逐捕区别于诏捕最明显的地方。

“逐捕”的“逐”字，可能意指“逐名”，也就是“按名”，而不是世俗所理解的“追逐”。同书《张汤传》附《张放传》：

前侍御史修等四人奉使至放家逐名捕贼，时放见在，奴从者闭门设兵弩射吏，距使者不肯内。

据此可证“逐捕”是“逐名捕某”的简称。

3. 名捕

名捕，就是通缉。张晏释云：“名捕，谓下诏特所捕也。”此解未得要领，故清人周寿昌进一步申其义曰：“名捕令谓诏书所指名令捕者，张于‘名’字义未绎。”[①] 周氏所释极确。名捕适用的对象主要是逃亡在外的罪人。汉代文献中屡见“名捕”字样，如《汉书 · 鲍宣传》：

时名捕陇西辛贤，……

同书《游侠传》：

元始中，王莽为安汉公，专政，莽长子宇与妻兄吕宽谋以血涂莽第门，欲惧莽令归政。发觉，莽大怒，杀宇，而吕宽亡。宽父素与（楼）护相知，宽至广汉过护，不以事实语也。到数日，名捕宽诏书至，护执宽。

陈直先生认为“名捕”一词是“诏所名捕”的简称[②]，极是。“诏所名捕”为汉代法律专名，文献中屡见不鲜。《汉书 · 平帝纪》元始四年诏曰：

家非坐不道，诏所名捕，它皆无得系。

《后汉书 · 光武纪》：

---

① 见王先谦《汉书补注 · 平帝纪》引。

② 见《居延汉简研究》第 132 页。

自非不道、诏所名捕，皆不得系。

《居延汉简释文合校》20·12A：

元康元年十二月辛丑朔壬寅，东部候长长生敢言之，候官官移大守府所移河南

都尉书曰：诏所名捕及铸伪钱盗贼亡未得者牛延寿、高建等廿四，牒书到，度

候史齐∨遂昌

名捕主要通过下达于各地的诏令来实现。在这样具有通缉意义的诏令中，一般要详列逃犯的名称、年龄、身高、物色（皮肤颜色）、爵位、官职、籍贯等，以便于确认捕捉。它与诏捕最明显的区别在于，诏捕讲究保密，可以说下达的是一种密诏；而名捕相对来说颇为公开，尽量让各地，特别是关隘边界的官员周知。

名捕诏书的实样，传世的汉代文献中未见记载，而在居延汉简中却有所发现。尽管一些文字已有损缺，但毕竟可使我们看到当时通缉令的大致式样。《居延汉简释文合校》114·21：

名捕平陵德明里，李蓬字游君，年卅二、三，坐贼杀平陵游徼周敕，攻□□市贼杀游徼业谭等，亡为人奴……

《居延汉简释文合校》183·13：

诏所名捕平陵长灌里男子杜光字长孙故南阳杜衍☐多□黑色，肥大，头少发，年可卌十七八，□□□□五寸□□□杨伯初亡时，驾骢牡马，乘阑轝车，黄车茵，张白车蓬，骑骢牡马。因坐役使流亡□户百廿三，擅置

田监史，不法不道，丞相御史□执金吾家属所二千石奉捕

此二件文书后半部分缺损，中间也有残文，但开头部分格式基本相同。前一件起头文字是“名捕”，后一件是“诏所名捕”。“名捕”系“诏所名捕”的省称，二者意思一样。可知这两件文书都是通缉人犯的诏令。就此二件通缉残文来看，一个通缉令主要有下列内容：人犯的籍里、名字、性别、年龄、相貌特征、罪名、逃亡情况、责成捕捉的机构及要求。这完全印证了周寿昌“名捕令谓诏书所指名令捕者”的看法。通缉令的发布，目的是布下天罗地网，使人犯尽早归案。所以，它的内容是不惮烦细，尽量作具体的描述。

从汉简材料还知道，各郡廷在发布通缉令时，同时要向下属各令下达布置具体执行事宜的文书。《居延汉简释文合校》179 · 9：

匿界中，书到，遣都吏与县令以下逐捕搜索部界中，听亡人所隐匿处，以必得为故。诏所名捕重事，事当奏闻，毋留，如诏书律令。

县以下各官在接得通缉令后，经过勘察，如的确未发现所捕人犯，则须向上级官司报告。《居延汉简释文合校》116 · 23“部界中毋诏所名捕不道亡者”之类的残文，恐即出于这样的文书。

通缉，义在全国范围内捉拿，因此通缉令的悬挂面非常之广。据汉简所记，遍布各地的亭传，是悬挂各种公文告示的地方。《居延汉简释文合校》16 · 4A：

十一月丙戌，宣德将军张掖太守苞长史丞旗告督邮掾□□□□□□都尉官□写移书到，扁书乡亭市里显见处，令民尽知之。商□起察有毋，四时言，如治所书律令。

“移书到，扁（遍）书乡亭市里显见处，令民尽知之”，据此，通缉文

告恐亦在此悬挂，以便“尽知之”。

第三节　鞫狱方式

“鞫狱”一词，汉代习见。《汉书·刑法志》“今遣廷史与郡鞫狱”，颜注引李奇云：“鞫，穷也，狱事竟穷也。”对此解释，颜师古以为“李说是也”。按穷竟狱事，以今天的观念来理解，主要指从审讯开始，一直到定罪判刑结束的全部过程。汉代的鞫狱制度系统完整，充分反映了中国古代法律制度的发展水平。

一、杂治

杂治，即会审。《说文通训定声》“杂”字云：“凡狱讼多言‘杂治’之，犹今言会审也。”此释甚谛。汉代的刑侦与审判往往由同一机关负责，因而“会审”不单纯是指现代意义上的审判，它也包括刑侦、拷讯、取证等内容。所以，汉代的杂治，也每常称为“杂考”[①]“杂案”[②]“杂问”[③]等。杂治的采用，主要视罪犯的身份和案件的性质而定，它的适用范围具有严格的限定。从人来说，主要适用于宗室、诸侯戚属和朝廷高官；从案件来说，主要适用于谋反之类的恶性案件。国家根据具体情况，确定不同的“杂治”机关和人选。

---

① 《汉书·楚元王传》附《刘向传》：“辞果服，遂逮更生系狱，下太傅韦玄成、谏大夫贡禹，与廷尉杂考。”《后汉书·窦融传》附《窦宪传》：“宪惧见幸，分官省之权，遣客刺杀（刘）畅于屯卫之中，而归罪于畅弟利侯刚，乃使侍御史与青州刺史杂考刚等。”

② 《汉书·景十三王传》：“积数岁，事发觉，汉遣丞相长史与江都相杂案，索得兵器玺绶反具，有司请捕诛（刘）建。”

③ 《汉书·朱博传》：“（赵）玄辞服，有诏左将军彭宣与中朝者杂问。”

1. 关于宗室及诸侯戚属的案件

汉代发生于宗室及诸侯戚属中的案件，基本都是采取“杂治”的方式加以处理。参预杂治的机关较为复杂，并没有固定的搭配与组合。从一些案例来看，西汉时期经常参预其事的机关主要有：宗正、大鸿胪、大行、廷尉、丞相长史、御史丞、诸侯相及该诸侯国的旁近郡，偶尔参预的有太傅、谏大夫、中谒者及秩二千石官；东汉时期主要是尚书令、中常侍、侍御史、刺史等。遇有大案，皇帝从这些机关钦派使者，执行杂治任务。《汉书 · 衡山王传》：

公卿请遣宗正、大行与沛郡杂治（衡山）王。

此为宗正、大行与衡山国近郡——沛郡参预杂治之例。《汉书 · 景十三王传》：

天子遣大鸿胪、丞相长史、御史丞、廷尉正杂治钜鹿诏狱，奏请逮捕（广川王）去及后昭信。

此大鸿胪、丞相长史、御史丞、廷尉正参预杂治之例。同书《楚元王传》附《刘向传》：

辞果服，遂逮更生（刘向）系狱，下太傅韦玄成、谏大夫贡禹，与廷尉杂考。

此太傅、谏大夫与廷尉杂治之例。同书《外戚传》：

太后即傅昭仪也，素常怨冯太后，因是遣御史丁玄案验，……数十日无所得，更使中谒者令史立与丞相长史大鸿胪丞杂治。

此中谒者与丞相长史、大鸿胪丞杂治之例。同书《王嘉传》：

初廷尉梁相与丞相长史、御史中丞及五二千石杂治东平王云狱，……

此秩二千石官与廷尉、丞相长史、御史中丞杂治之例。《后汉书·窦宪传》：

（窦）宪惧（齐殇王子刘畅）见幸，分宫省之权，遣客刺杀畅……而归罪于畅弟利侯刚，乃使侍御史与青州刺史杂考刚等。

此侍御史与刺史杂治之例。同书《孝明八王列传》：

国相师迁追奏前相魏愔与（陈王）宠共祭天神，希幸非冀，罪至不道。……使中常侍王酺与尚书令、侍御史杂考。

此中常侍、侍御史、尚书令杂治之例。

2. 关于高官及性质恶劣的案件

汉代发生在高官中的案件，只有那些疑义颇大，难于由廷尉直接定谳的案件，才付诸杂治。恶性案件，也只有那些牵扯面大，难以直接用常刑处理的，才实行杂治。参预此类案件杂治的机关主要有：廷尉、御史中丞、丞相长史、少府、中书令、二千石及外朝官员。《汉书·杜周传》附《杜延年传》：

治燕王狱时，御史大夫桑弘羊子迁亡，过父故吏侯史吴。后迁捕得，伏法，会赦，侯史吴自出系狱，廷尉王平与少府徐仁杂治反事，……

此廷尉与少府杂治之例。同书《李寻传》：

上以其言亡验，遂下贺良等吏……光禄勋平当、光禄大夫毛莫如与御史中丞、廷尉杂治，当贺良等执左道，乱朝政，倾覆国家，诬罔主上，不道。贺良等皆伏诛。

此光禄勋、光禄大夫与御史中丞、廷尉杂治之例。同书《翟方进传》：

会丞相（彭）宣有事与方进相连，上使五二千石杂问丞相、御史，……

此秩二千石官杂治之例。同书《贾捐之传》：

乃下（长安令杨）兴、（待诏）贾捐之狱，令皇后父阳平侯禁与（中书令石）显共杂治，……

同书《薛宣传》：

（御史大夫赵）玄辞服，有诏左将军彭宣与中朝者杂问。

此皆中朝官员参预杂治之例。

如上所见，每一案件的杂治机构，一般都由皇帝钦派，自然具有极大的权威性。他们对于案件的论当，不少时候皇帝、三公并无异议，完全就是最后的审判结果，付诸执行便是。但是，也有不少案件，由于杂治的结果与皇帝、权臣的意愿相佐，推倒重来不算，严重的还要追究杂治者的法律责任。汉昭帝时的侯史吴案可以说是一个典型。参预杂治的廷尉王平、少府徐仁据律论断，赦除侯史吴之罪。不料这严重违背了权臣霍光的意旨，所以侍御史覆治此案时，“劾廷尉、少府纵反者”。结果，徐仁自杀，王平腰斩。[①]

① 见《汉书·杜周传》附《杜延年传》。

实行杂治，是汉代统治者标榜“慎刑”的表现。不过，就其内容来看，完全是为优容皇亲国戚和达官显宦，与普通老百姓的关系不大。参预杂治的人，往往揣测皇帝或权臣的心意而有所出入，因此杂治制度实质上是皇帝控御臣下的一种手段。

二、即讯

即讯，《汉书·淮南王传》“会有诏即讯太子”，颜师古云：“即，就也；讯，问也。就淮南问之，不逮诣河南（时淮南王太子已被逮）。”颜注是。所谓即讯，就是指案验案件的官吏不是在监狱，而是亲赴犯罪当事人居住地了解审问案情。也作“即问”。《汉书·衡山王传》：

遣中尉安、大行息即问（衡山）王。

同书《景十三王传》：

有诏宗正、廷尉即问（江都王）建。

即讯是汉代一种重要的审问方式，主要适用于诸侯王及戚属，个别时候也适用于一些显贵的官僚。据一些案例来看，以即讯的方式审治诸侯王，为汉代常制。至于官僚，究竟哪些官阶的人适用此制，似无明确规定。

一个案件是否采取即讯的方式，权力在皇帝，三公九卿无权决定。[①] 每案参预即讯的机构通常是两个，一般也由皇帝选定。如《汉书·文三王传》：

哀帝建平中，（梁王）立复杀人，天子遣廷尉赏、大鸿胪由持节即讯。

---

① 《汉书·淮南王传》：“是时上不许公卿，而遣汉中尉宏即讯验（淮南）王。”

同书《武五子传》:

公卿请诛（广陵王）胥，天子遣廷尉、大鸿胪即讯。

综观上引材料，知西汉时期参预即讯诸侯王及戚属的机构主要是廷尉、中尉、宗正、大鸿胪、大行、少府等。皇帝采用即讯的方式审讯官僚，对受审者来说，简直就是旷典殊恩，因此西汉能够享受这种待遇的不过寥寥数人[①]。正因为如此，对官僚的即讯，可能主要由三公来执行[②]。东汉，仍然保留了此制。

从即讯方式的采用来看，一般都是在皇帝与司法官员对某一案件的处理出现分歧的时候才运用的。在这种时候，皇帝运用即讯方式，不过是期望既满足司法程序的要求，又实现自己减轻被告当事人刑罚的目的。这一点，从西汉时期对梁王刘立案件的处理上，可以清楚地反映出来。刘立嗣位后，屡屡犯法。其“禽兽行”及唆使奴仆杀人又杀奴灭口、谋篡死罪囚等罪行，早当处以死刑。然而皇帝姑息，“寝而不治”。哀帝建平中，刘立再次杀人。此次本当处以极刑，但皇帝为救其一死，遣官即讯。如此一来，恶贯满盈的刘立迁延下来，等“冬月尽”，遇“春大赦”,[③]又一次避免了重诛。

即讯与“下吏”正好相反，从而形成鲜明的对照。下吏，即将案件交由廷尉全权审理。犯罪当事人一旦“下吏”处理，即使原来官职再高，权势再大，诚如司马迁所说，“所谓不辱，乃强颜耳”。即讯，则不须进入监狱，因而不仅可以免受残酷的刑讯和狱吏的侮辱，同时往往能够大大地减轻刑责，甚至逍遥于法外。正因为即讯有如此重要的作用，所以皇帝除为了显示“亲亲”之谊而常向宗室施此殊恩外，一般并不轻施。

① 今只知赵广汉、陈汤、孙宝三人，各见《汉书》本传。

②《汉书·孙宝传》:“司直陈崇以奏（大司农孙）宝，事下三公即讯。”

③ 见《汉书·文三王传》。

三、拷问

在汉代的诉讼过程中，“辞服”[①]是定谳的前提，是结案的要据。辞，包括被告当事人的供辞，也包括证人的证辞。狱吏为了取得可供立案、定案和结案的狱辞，往往采用形形色色的严刑酷法拷问囚犯。即使是高官大吏，一旦罹罪入狱，也难以幸免。例如，《汉书·张耳传》附《张敖传》叙赵相贯高等人因谋杀刘邦而被系长安，云：

（贯）高对狱曰：“独吾属为之，（赵王张敖）王不知也。”吏傍笞数千，刺爇，身无完者，终不复言。

“榜”，颜注云：“榜谓捶击之也，音彭。”“刺爇”[②]，颜注引应劭云：“以铁刺之，又烧灼之。”刑酷如此，“身无完者”自是情理中的事情。狱吏之所以要动用这样的刑罚，就是想通过贯高的嘴证明赵王张敖是谋害刘邦的主谋。又如，《汉书·江充传》：

于是上以充为使者治巫蛊，……捕蛊及夜祠，视鬼，染污令有处，辄收捕验治，烧铁钳灼，强服之。

“烧铁钳灼”，颜注云：“以烧铁或钳之，或灼之。钳，镊也；灼，炙也。”江充暴虐拷囚，目的是要证成卫太子之罪。此二例皆是中央司法机关发生的事情，至于地方的情况，则更是惨不忍闻。《后汉书·独行列传》：

---

① 见《汉书·楚元王传》：“事下有司，考验辞服。”同书《赵广汉传》：“有诏即讯，辞服，会赦，贬秩一等。”此例甚多，不复枚举。

② 《史记》作“刺”，刺也。

戴就字景成，会稽上虞人也。仕郡仓曹掾，扬州刺史欧阳参奏太守成公浮臧（赃）罪，遣部从事薛安案仓库簿领，收就于钱唐县狱。幽囚考掠，五毒参至。就慷慨直辞，色不变容。又烧鋘斧，使就挟于肘腋。就语狱卒："可熟烧斧，勿令冷。"每上彭考，因止饭食不肯下，肉焦毁堕地者，掇而食之。主者穷竭酷惨，无复余方，乃卧就覆船下，以马通薰之。一夜二日，皆谓已死，发船视之，就方张眼大骂曰："何不益火，而使灭绝！"又复烧地，以大针刺指爪中，使以把土，爪悉堕落。……安深奇其壮节，即解械，更与美谈，表其言辞，解释郡事。

这为汉代"长吏有罪先验吏卒"制度[①]的实例。狱吏为了证成"太守成公浮"的赃罪，对戴就进行了非人的折磨。然而，汉代象戴就这样虽被拷成残废，但尚能拣得一条性命的，仍属幸运。当时，不知有多少人活活惨死于公堂之上，汉代的"拷竟"二字，包含着无数血淋淋的事实。

《释名 · 释丧制》云："狱死曰考竟，得其情竟其命于狱也。"清人杜贵墀则认为"考竟"（按考即拷，古字通）的含义，"非竟命于狱中，乃考实以竟其事耳"[②]。从法意来讲，拷囚完全是为了探得实情，"以竟其事耳"，原不想置人于死地。但就实际结果看，"考竟"之日，便是狱囚绝命之时。这一点，前后《汉书》所载的案例，都能够证成刘熙之说。所以沈家本谈到此词的意思时，一方面承认了杜氏解释中正确的部分，另一方面也充分肯定了刘熙解释中值得从信的地方，提出了非常通达的见解：

考竟之义，杜说固是。然就班、范二书诸传观之，如《元后传》王章下廷尉，致其大逆罪，死狱中。《郑崇传》穷治死狱中。胡母班，《袁绍传》云杀之，而谢承书云死狱中。《向相传》收受狱杀之，而《御览》所引《后

---

① 见杜预《春秋左传》僖公二十八年传注。

② 《汉律辑证》。

汉书》云考竟之。《蔡邕传》收付廷尉治罪，遂死狱中，《御览》所引《后汉书》云考竟其罪，邕遂死狱中。是凡死于狱中，即谓之考竟。《释名》为刘熙作，熙汉末人，其所言必有据。然则考竟有二义，杜说未可拘矣。《魏志·贾逵传》道逢囚人四十车，逵以军事急，辄竟其重者一人，皆放其余。是以竟为杀，此足以证刘说者。[①]

汉代刑讯制度之残暴，可于“考竟”二字见之。

对这样的秕政，当时的人并非熟视无睹。汉宣帝时的路温舒在给宣帝的上疏中，对当时普遍存在的滥施刑讯冤陷无辜的丑恶现象曾大胆地加以揭露。他指出：

棰楚之下，何求而不得？故囚人不胜痛，则饰辞以视之；吏治者利其然，则指道以明之；上奏畏却，则锻炼而周内之。盖奏当之成，虽咎繇听之，犹以为死有余辜。[②]

温舒深通律令，又长期参预司法活动，对社会黑暗面的了解绝非朝中一般的言官所能比。他甚至认为，“天下之患，莫深于狱；败法乱正，离亲塞道，莫甚乎治狱之吏。”[③]

应当说，汉代的一些皇帝对这种现象也并不是无动于衷，他们曾频频下诏，希望扭转这种现状。《汉书·景帝纪》：

诏曰：“法令度量，所以禁暴止邪也。狱，人之大命，死者不可复生。

① （清）沈家本撰，邓经元、骈宇骞点校：《历代刑法考·汉律摭遗卷十一·具律三》，第1581页。

② 见《汉书·路温舒传》。

③ 见《汉书·路温舒传》。

吏或不奉法令，以货赂为市，朋党比周，以苛为察，以刻为明，令亡罪者失职，朕甚怜之。有罪者不伏罪，奸法为暴，甚亡谓也。诸狱疑，若虽文致于法而于人心不厌者，辄谳之。"

这是想通过奏谳疑狱的办法，来消除冤滥。同书《刑法志》记宣帝读过路温舒的上疏，"深愍焉，乃下诏"，云：

间者吏用法，巧文浸深，是朕之不德也。夫决狱不当，使有罪兴邪，不辜蒙戮，父子悲恨，朕甚伤之。今遣廷史与郡鞠狱，任轻禄薄，其为置廷平，秩六百石，员四人。其务平之，以称朕意。

这是想通过增加狱吏秩禄的手段，使他们自尊自爱，强化司法监察，促使各地的狱官能够平心折狱。同书《哀帝纪》：

诏曰："至今有司执法，未得其中，或上暴虐，假势获名，温良宽柔，陷于亡灭。是故残贼弥长，和睦日衰，百姓愁怨，靡所错躬。……公卿大夫其各悉心勉帅百僚，敦任仁人，黜退残贼，期于安民。"

这是想通过改变狱吏队伍，选任仁恕之人，黜退残狠之吏，实现平恕待人、公允执法的目的。《后汉书 · 光武帝纪》：

诏曰："顷狱多冤人，用刑深刻，朕甚愍之。孔子云：'刑罚不中，则民无所措手足。'其与中二千石、诸大夫、博士、议郎议省刑法。"

这是想通过省约刑律的办法，求得刑罚之"中"。同书《章帝纪》：

诏曰："孔子曰：'刑罚不中，则人无所措手足。'今吏多不良，擅行喜怒，或案不以罪，迫胁无辜，致令自杀者，一岁且多于断狱，甚非为人父母之意也。有司其议纠举之。”

这是想通过纠举奸慝之吏，来实现刑罚之“中”。以上种种努力，对于改善司法状况，自然不是没有帮助的。

除借助诏令改善残酷拷囚的不良状况外，汉代也通过刑律对拷讯之事作出专门规定。例如，载于《后汉书·章帝纪》的“掠者唯得笞、榜、立”，就是十分重要的一条。李贤注云：

《苍颉篇》：“掠，问也。”《广雅》曰：“榜，击也，音彭。”《说文》曰：“笞，击也。”立谓立而考讯之。

据此条规定，拷掠囚人时，只许用木棍、竹板之类的刑具棰击，棰击时囚人站立，不准躺卧。可以看出，国家立法之意，在于尽量保护囚人，而对狱吏肆意行刑有所限制。不过，诚如路温舒所说：“捶楚之下，何求不得？”[①] 即便仅仅是笞榜，下手重者同样可以致人于死命。当然，有一点限制毕竟聊胜于无。纵观汉代总的执法情况，法外用刑是非常普遍的现象。这是汉代社会的痼疾，也是中国整个旧时代的痼疾。

四、证据

证据是指具有法律规定的表现形式，能够证明案件真实性的一切事实。证据制度在我国历史悠久，至迟在秦代已经形成系统完整的内容。汉代的证据制度，基本是继承秦代而来。就现有资料来看，汉代证据主要有书证、物证、证人证言、被告的供词、受害者的陈述等。

---

① 《汉书·路温舒传》。

1. 书证

书证，指以文字、图画、符号等形式记载反映的内容，证明案件情况的证据。在汉代的诉讼活动中，极其重视书证的收集工作，尽量发挥书证的法律效力。《汉书 · 杨敞传》附《杨恽传》：

（杨）恽宰相子，少显朝廷，一朝以晻昧语言见废，内怀不服，报（孙）会宗书曰……。会有日食变，驺马猥佐成上书告恽“骄奢不悔过，日食之咎，此人所致”。章下廷尉案验，得所予会宗书，宣帝见而恶之。廷尉当恽大逆无道，要斩。

在此案中，杨恽与孙会宗的私人通信，实际上变成了廷尉最后定案的最重要的犯罪证据。据传文看，驺马猥佐成主要是根据杨恽与侄儿杨谭的谈话内容上书告发的，恐怕未必知道杨恽写给孙会宗书信的内容；书信是在案验成所言“不悔过”之事时顺便发现的。“宣帝见而恶之”，意味着此信的性质已被确定下来，所以廷尉有充足的理由“当恽大逆无道”。由此可见，书证在案件定谳的时候，确实具有关键的作用。

2. 物证

物证指对案件事实有证明作用的物品、痕迹。汉代的刑审活动，也非常注意物证的收集。《汉书 · 淮南王传》：

于是王锐欲发，乃令官奴入宫中，作皇帝玺，丞相、御史大夫、将军、吏中二千石、都官令、丞印，及旁近郡太守、都尉印，汉使节法冠。……吏因捕太子、王后，围王宫，尽捕王宾客在国中者，索得反具以闻。

同书《衡山王传》：

王乃使孝客江都人枚赫、陈喜作輣车锻矢，刻天子玺，将、相、军吏印。

同书《景十三王传》：

（江都王刘）建亦颇闻淮南、衡山阴谋，恐一日发，为所并，遂作兵器。……作治黄屋盖，刻皇帝玺，铸将军、都尉金银印；作汉使节二十，绶千余；具置军官品员，及拜爵封侯之赏；具天下之舆地及军阵图。……建时佩其父所赐将军印，载天子旗出。积数岁，事发觉，汉遣丞相长史与江都相杂案，索得兵器玺绶节反具，有司请捕诛建。

天子玺、黄屋盖、丞相等官印绶及汉使节、法冠、天下舆地图与军阵图等物品，应为汉朝皇帝所掌握；有的只能由皇帝专用，有的则由皇帝颁发，诸侯王皆无权拥有，更不得制造。淮南、衡山、江都王在国内制造这些东西，是其心怀异志，图谋不轨的具体表现。可见，在确定他们的罪行系篡逆谋反的性质时，这些物证具有雄辩的说服力。

3. 证人证言

证人证言，指证人就自己所知道的情况向司法机关进行陈述。汉代沿用秦代之制，案件的确立与定谳皆须证人出具有效的证明。为此，汉代法司在逮捕人犯时，往往同时要逮捕许多证人出堂作证。所有证辞都要以“爰书”的形式记录在案，并与人犯供辞一起录入“具狱”之中。江陵汉简《奏谳书》案例一：

十一年八月甲申朔己丑，夷道汸、丞嘉敢言之：六月戊子发弩九诣男子毋忧，告为都尉屯，已受致书，行未到，去亡。●毋忧曰：变（蛮）夷大男子，岁出五十六钱以当繇（徭）赋，不当为屯，尉窯遣毋忧为屯，行未到，去亡。它如九。●窯曰：南郡尉发屯有令，变（蛮）夷律不曰勿令为屯，即遣之，不智（知）亡故。（下略）

此案案犯是名叫“毋忧”的男子，证人是名叫“窯”的夷道尉。文中“窯曰”云云，系“窑”的证辞。此案关系简单，牵涉的证人也只有一个。不过，许多案件因案情复杂，牵连的证人往往不止一个。特别是所谓“诏狱”，涉及的证人往往成百上千。《汉书 · 杜周传》：

> 至（杜）周为廷尉，诏狱亦益多矣。二千石系者新故相因，不减百余人。郡吏大府举之廷尉，一岁至千余章。章大者连逮证案数百，小者数十人；远者数千里，近者数百里。会狱，吏因责如章告劾，不服，以掠笞定之。于是闻有逮证，皆亡匿。

证辞，是关系一个案件能否成立和定谳的关键因素。如果一份证辞疑点颇多，那么遭到“却狱”[1]的可能性就大，而这种结果对于狱吏的升迁是极为不利的。因此，对于狱吏来说，向证人“取辞”与向案犯“取供”，具有同样的价值。为达此目的，以酷刑拷讯证人是汉代的一个普遍现象。《太平御览》卷三六八引《项诵传》：

> 豫章项诵字叔和，为郡主簿。太守为属县所诬，（项）诵诣狱证，……血出滂流，齿皆堕地，太守狱免。

“血出滂流，齿皆堕地”，可以想象项诵遭受了怎样非人的折磨。不过像他这样最终证明太守无罪，自己也留得一条性命的尚属幸运。汉代像何武所说的“证案验治，或死狱中”[2]的人，大概不在少数。

广罗案证，将大量劳动力无限期拘押起来，严重地干扰了全社会各阶层人士的正常生活，特别是极大地破坏了国家的农业生产秩序，给人们造成了巨大的物质损失和精神痛苦。汉代个别皇帝看到了它的危害性，所以

---

① 《汉书 · 兒宽传》：“会廷尉时有疑奏，已再见却矣，掾史莫知所为。”颜注：“却，退也。”
② 《汉书 · 何武传》。

也曾下诏批评。《汉书·元帝纪》：

诏曰："今不良之吏，兴不急之事，以妨百姓，使失一时之作，亡终岁之功，公卿其明察申敕之。"

然而，这样的声音略显微弱。终有汉一代，此种痼疾并未能够有效克服。

4. 被告供辞

被告供辞，即所谓口供，指被告人在诉讼中就其被指控的犯罪事实及其他案件事实，向法司所作的陈述。口供在汉代诉讼过程中，为法定的证据材料之一。如，江陵汉简《奏谳书》案例四：

●胡丞喜敢谳之：十二月壬申大夫菥诣女子符，告亡。●符曰：诚亡，诈自以为未有名数，以令自占书名数，为大夫明隶，明嫁符隐官解妻，弗告亡。它如菥。解曰……

此案的被告是名叫"符"的女子，"符曰"云云就是符对原告"菥"所指控事实而作的陈述。如陈述与其他材料所说事实没有出入，就可作为有效的证据。

汉代取供的手段，前文已经论及，主要是通过严刑峻罚。从程序来讲，为避免"串供"，一般先单独进行审讯，在初步取得被告供词及各案证辞后，再将被告和证人汇聚一堂对质。汉代文献中经常出现的"对簿""对狱""会狱"等辞，指的就是这种情况。

5. 受害者陈述

受害者陈述，指受犯罪行为直接侵害的人，就其所了解的案件的有关情况向法司所作的陈述。因受害人对于案件的起因和发展过程，往往了解得较细，故受害者陈述对于案件的侦破和案犯罪行的确定，都具有至关重要的作用。早在秦汉时代，已将此目为法定证据的一种，并受到高度的重视。江陵汉简《奏谳书》案例二二：

六月癸卯，典赢告曰：不智（知）何男人刺女子婢最里中，夺钱，不智（知）之所，即令狱史顺、去疢、忠、大□固追求贼。婢曰：但钱千二百，操簦，道市归，到巷中，或道后类堑軵（拊），婢偾，有顷乃起，钱已亡，不智（知）何人之所。其軵（拊）婢疾，类男子。呼盗，女子龀出，谓婢北（背）有笄刀，乃自智（知）伤。讯婢：人从后，何故弗顾？曰：操簦，簦鸣匈匈然，不闻声，弗顾。讯婢：起市中，谁逢见？曰：虽有逢见，弗能□。（下略）

这是一个典型的抢劫案。受害者是无名氏“女子婢”。“婢曰”云云即是她的陈述，因为受害者与案件关系密切，有时出于报复的心理，在他们的陈述中可能故意夸大事实，添枝加叶；有时因当时猝然遭受袭击，精神受到强烈刺激，记忆出现失误，所以对于此类陈述，法司往往要就某些关键方面不断提问，反复审查。文中几处出现的“讯婢”，就是对受害婢女的提问，“曰”即是婢女对各个问题所作的答复。可见远在秦汉时代，我国在具体的司法实践中，不仅已对证据作出了科学的分类，而且对每类证据的不同特点获得了深刻的认识。

五、上具狱与读鞫、乞鞫

（一）上具狱

具狱，是汉代地方司法机关鞫审案件过程中所形成的所有文字材料的总汇。汉制，乡、县、郡所审案件中，如系大案（杀人案）或疑案，则须将“具狱”向上级司法机关呈报，称为“上具狱”。这是法定的司法程序之一，不可或缺。《汉书 · 于定国传》叙东海郡一孝妇因人告其杀死婆母，被捕受拷，云：

吏验治，孝妇自诬服。具狱上府。于公（定国父）以为此妇养姑十余年，以孝闻，必不杀也。太守不听，于公争之，弗能得，乃抱其具狱，哭于府上，因辞疾去。

此系人命案，县廷以孝妇“诬服”之辞为根据，对她作出判决，并将该案“具狱”报呈府廷。担任郡决曹掾的于公，在审查其“具狱”后，认为此妇杀人理由不足，劝太守复审此案。太守不以为然，坚持一审判决，结果，这位孝妇被处以极刑。这个案例说明县廷所审案件，其“具狱”都要上报郡廷，人命案件尤其如此。

对于下级机关所上的“具狱”，上级机关有退回重审的权利。《汉书·张欧传》：

至武帝元朔中，代韩安国为御史大夫。为吏，未尝言按人，专以诚长者处官，官属以为长者，亦不敢大欺，上具狱事，有可却，却之；不可者，不得已，为涕泣，面而封之。其爱人如此。

“却”，退也。[①]“上具狱事，有可却，却之”（依“具狱”二字本义，“事”字当属下），意思是说张欧处官仁厚，“上具狱”之时，如发现案情有可以退回重审的地方，就一定退回重审。可见，接受“具狱”的机关，有将其退回重审的权利。这一点，颇类似清代的“驳案”。

汉代处决囚徒例于每年的“冬月”，所以地方法司向上呈报死囚“具狱”的时间，一般也是冬月。《汉书·杜周传》附《杜缓传》：

（杜缓）父延年薨，征视丧事，拜为太常，治诸陵县，每冬月封具狱日，常去酒省食，官属称其有恩。

① 见《汉书·路温舒传》“上奏畏却”颜注。

颜注云："狱案已具，当论决之，故封上。"就此意义而言，"上具狱"同于《汉书 · 酷吏传》所说的"报囚"。

案件的"具狱"除需上报外，在处决犯人时还要公布。《汉书 · 何并传》叙捕杀钟威、赵季、李款之事云：

（何）并皆县头及具狱于市。

"县（悬）头"，盖枭首之刑。悬其头时，同时将"具狱"悬挂于一旁，其作用相当于现在的"布告"。《汉书 · 张汤传》叙张汤儿时做审决偷肉老鼠的游戏时，云"取鼠与肉，具狱磔堂下"。此虽游戏，但其父以为"文辞如老狱吏"，说明各项程序尚具有真实性。可证处决犯人时，"具狱"是不可缺少的，这恰好印证了《何并传》的记载。

"上具狱"制度，直到三国时仍在坚持。《三国志 · 魏书 · 明帝纪》载明帝诏云"诸有死罪具狱以定"，可证。

（二）读鞫

读鞫，即宣判，是汉代鞫狱程序中的最后一项。《周礼 · 秋官 · 小司寇》"至旬日，乃弊之，读书则用法"，郑玄引郑司农云："读书则用法，如今时读鞫已乃论之。"孙诒让释此云：

《文王世子》孔疏云："读书，读囚人之所犯罪状之书。用法，谓明其法律平断其罪。"案：孔说是也。此"读书""用法"，与"弊之"同日，谓其狱讼既定，则录先后讯辞及其所当之罪为书，使刑史对人宣读，囚不反覆，听者亦无辩论，则是情罪允当，乃用法署其牍，明刑定也。

孙氏此释甚确，汉代读鞫当与此无大差异。沈家本推测唐代"宣告"

之法，“实即汉之读鞫也”。[①]宣判，是现今世界各国司法程序中最基本的内容。中国早在汉代已实行了这样文明的制度，实在令人惊叹。

（三）乞鞫

乞鞫，意即上诉。《史记·夏侯婴传》：

高祖戏而伤（夏侯）婴，人有告高祖。高祖……告故不伤婴，婴证之。后狱覆，婴坐高祖系岁余，掠笞数百，终以是脱高祖。

《集解》云：邓展曰：“律有故乞鞫，高祖自告不伤人。”《索隐》云：“案：《晋令》云：‘狱结竟，呼囚鞫语罪状，囚若称枉欲乞鞫者，许之也。’”邓展所云之“律”，自是汉律。不过，邓氏所言太简，汉代“乞鞫”的内容究竟如何，还是不能明白。司马贞引《晋令》之文为况，则颇为详明。据《晋令》规定，一件罪案论当之后，应当传呼囚人前来，把所认定的罪状当面告诉他；如果人犯称冤，不服其罪，那么允许上诉，法司更为审详。晋代律令与汉律具有深厚的渊源关系，所以沈家本推测汉代“乞鞫”之法“当亦如此”。[②]

现代的上诉制度对于上诉时限都有严格的规定。据东汉的郑众说，汉代的乞鞫之法已是如此。《周礼·秋官·朝士》“凡士之治有期日，国中一旬，郊二旬，野三旬，都三月，邦国期”，郑注引郑司农云：“谓在期内者听，期外者不听，若今时徒论决，满三月，不得乞鞫。”“若今时”云云，是以汉法进行比况。可知汉代“乞鞫”期限定为三个月，超过此限，法司便不

---

① （清）沈家本撰，邓经元、骈宇骞点校：《历代刑法考·汉律摭遗卷六·囚律》，第1493页。又，《唐六典·尚书刑部》注云：“决大辟罪皆防援到刑所，囚一人防援至二十人，每一人加五人。五品以上非恶逆者，听乘车并官给酒食，听亲故辞决，宣告犯状，仍日未后乃行刑。”

② （清）沈家本撰，邓经元、骈宇骞点校：《历代刑法考·汉律摭遗卷六·囚律》，第1493页。

允许上诉。

唐代也有“乞鞫”之法。《唐律疏议·断狱》“狱结竟取服辩”云：“诸狱结竟，徒以上，各呼囚及其家属，具告罪名，仍取囚服辩。若不服者，听其自理，更为审详。”唐律的这种规定可能来自晋律。文云“徒以上”，是指徒以上刑名（徒、流、死）。那么，唐代“乞鞫”之法包含着刑名方面的规定内容。唐律承汉晋而来，或许汉律已有了这样的规定。不过，因材料缺乏，已经无从知道了。

从法理意义讲，“乞鞫”之制能够充分保障人犯的合法权利，最大限度地减少和避免冤假错案的发生。汉代国祚长久，老百姓安居乐业，与此类善政不无关系。直到东汉末期，“乞鞫”制度仍在实行。《潜夫论·述赦》：

奸猾之党，……令主上妄行刑辟，高至死徙，下乃论免，而被冤之家，乃甫当乞鞫告故以信直，亦无益于死亡矣。

王符此文旨在批评当时滥行赦政，致令“恶人昌而善人伤”：往往被冤之家刚刚“乞鞫”，而害人者就被赦免，对于蒙冤死去的人而言，这就没有多少意义了。他认为这是“数赦”造成的结果。从中可以看出，当时“乞鞫”之制仍在坚持。当然，在东汉末期黑暗混乱的政治环境中，这种坚持不过是维持一种形式而已，很难发挥积极的作用。因此，曹魏时陈群等儒臣修订新律，便将此制省除了。①

① 《晋书·刑法志》：“陈群等新律序云：‘二岁刑以上，除以家人乞鞫之制，省所烦狱也。’二岁刑谓耐以上，此魏世所改。”

第十九章　两汉时期的监狱制度

汉代的监狱及相应的行政管理制度，是汉代司法制度的基本内容之一。从秦律来看，当时已经对监狱及囚徒的一些活动，作出了具体的规定。那么，汉代的律令中这方面的内容应该更加详细。但是，今天可见的则是极少的几条零碎的规定。要知其详，须主要借助正史传记及简牍中的有关材料。通过这些材料，大体可以了解汉代狱政的基本情况。

第一节　监　狱

两汉实行专制的中央集权统治，对于监狱的作用非常重视。从中央到地方，设置了大量规模不等、体系分殊、关押对象各异的监狱，以维护其统治秩序。

汉代的许多案件属于专门管辖和特别管辖，所以，中央机关往往皆设置监狱。据《汉仪注》称，西汉的中都官狱有二十六所[①]。另外，还有一些其他的监狱。这些监狱基本上都分布在首都地区，分属各机关负责管理，收押对象以本署所辖犯人为主，以其他犯人为辅。今二十六所监狱之名，

① 《汉书·张汤传》注引。而《汉书·宣帝纪》神爵元年注云："《汉仪注》：长安诸官狱三十六所。"然据《续汉书·百官志》"廷尉卿"本注曰"孝武帝以置中都官狱二十六所，各令长名。"似作"二十六"是。

已难尽考。现谨在沈家本稽考[①]的基础上，结合新的研究成果，对汉代中央的监狱作一简要的考述：

未央厩狱　《初学记》卷二十引《汉旧仪》：

未央厩狱主理大厩、三署郎，属太仆、光禄勋。[②]

疑此引文字有误。孙星衍辑本作："未央厩主理大厩三署。"孙本前一"厩"后夺一"狱"字，然"署"后无"郎"字，其义为长。"大厩三署"，指太仆名下的三个属官。《汉书 · 百官公卿表》："太仆，属官有大厩、未央、家马三令，各五丞一尉。"后人不明此义，将"三署"理解为车、户、骑"三署郎"，故在"署"后误添一"郎"字，以致文义混乱。其实未央厩狱主理大厩、未央、家马三官人犯，属太仆管理，与统领郎官的光禄勋无涉。这里明确体现出汉代案件分部门管理，监狱分部门设置的特点。

廷尉狱　《汉书 · 魏相传》：

大将军用武库令事，下相廷尉狱。

同书《王章传》：

书遂上，果收廷尉狱，妻子皆收系。

廷尉狱，又称廷尉诏狱。同书《霍光传》：

车骑将军安世将羽林骑收缚二百余人，皆送廷尉诏狱。

① 沈家本在《狱考》和《汉律摭遗》中，对汉代监狱皆有考订，参阅《历代刑法考》。
② 中华书局标点本《历代刑法考》作："未央厩狱主理。大厩、三署郎属太仆、光禄勋。"误。

廷尉是汉代中央的专职司法官，直接负责谋叛大逆案件及接受特殊管辖人士的案件，而对此类案件的处理，皆须得到皇帝诏旨的批准，因此这样的案件往往也被称为“诏狱”。可以说廷尉狱所关押的，基本上都是“诏狱”人犯。当然，“诏狱”人犯不尽押于廷尉狱，中都官的其他监狱也常为重要的关押之所。廷尉狱具体由何官主领，《公卿表》不具。《汉官》叙廷尉员吏云“十三人狱史”[①]，可见其规模亦颇可观。

别火狱　《汉书·百官公卿表》“典客”条：

武帝太初元年更名大鸿胪。属官有行人、译官、别火三令丞及郡邸长丞。

颜注引如淳云：

《汉仪注》别火，狱官令，主改火之事。

别火为大鸿胪属官，长官称别火令，负责改火之事。别火设有监狱，故别火令又可称为别火狱令。别火狱具体关押哪些犯人，史文不具。依中都官其他监狱的情况推断，当主要是大鸿胪系统的人犯。

郡邸狱　《汉旧仪》：

郡邸狱，治天下郡国上计者，属大鸿胪。

郡邸是汉代各郡设于京师的旅舍，主要供各郡官员赴京办公时住宿，

① 《汉律摭遗》卷六《囚律》云：“《汉官》云：‘廷尉狱吏二十七人。’”此因“狱吏”二字下属而误。原文今依中华书局标点本《汉官六种》作：“廷尉：员吏百四十人，其十一人四科，十六人二百石廷吏，文学十六人百石，十三人狱史，二十七人佐，二十六人骑吏，三十人假佐，一人官医。”

其中一年一度入京上计的吏员又是郡邸的常客。郡邸有狱，主要收押犯罪的上计吏。有时，也收押其他人犯。武帝时兴巫蛊之狱，年幼的汉宣帝即被关入郡邸狱。

都司空狱、内官狱　《汉旧仪》：

司空诏狱治列侯、二千石，属宗正。

《汉书 · 窦婴传》：

劾系都司空。

同书《东方朔传》：

昭平君狱系内官。

都司空与内官都是宗正属官。都司空主督造砖瓦，内有监狱，除关押列侯、二千石之外，还收押着大量的徒隶，从事烧制砖瓦的苦役[①]，说明这是当时一个重要的劳改场所。据《公卿表》“又诸公主家令、门尉皆属焉”的记载，知内官主掌诸公主方面的事务。内官有狱，也主要收系公主方面犯法的人。这从隆虑公主子昭平君被逮系内官狱一事可以证明。

导官狱　《汉书 · 张汤传》：

谒居病死，事连其弟，弟系导官。（张）汤亦治他囚导官，见谒居弟，欲阴为之，而阳不省。

① 参阅陈直《汉书新证》第96页。

颜注云：

苏林曰：“《汉仪注》狱二十六所，导官无狱也。”师古曰：“苏说非也。导，择也。以主择米，故曰导官。事见《百官表》。时或以诸狱皆满，故权寄此署系之，非本狱所也。”

陈直先生以为“导”当作“䆃”，[①] 极是。颜注解释导官“以主择米”不误，然推测导官“非本狱所也”，恐非。导官狱是否为中都官二十六所狱之一，无关紧要，但导官确有监狱，已见《张汤传》，无可怀疑。此署设狱情状，盖与都司空类似。导官主择米，择米事务大概主要由收押在此署的囚徒与官奴负担。颇疑判为白粲的刑徒，即在此狱劳动。[②]

若卢狱　《汉书·王商传》：

臣请诏谒者召诣若卢诏狱。

同书《百官公卿表》“少府”条注云：

服虔曰：“若卢，诏狱也。”邓展曰：“旧洛阳两狱，一名若卢，主受亲戚妇女。”如淳曰：“若卢，官名也，藏兵器。《品令》曰若卢郎中二十人，主弩射。《汉仪注》有若卢狱令，主治库兵将相大臣。”

若卢为少府属官。陈直先生云：“若卢二字，注家未有解释，其职掌为主治库兵及诏狱，疑所铸之兵器快利，若楚国之湛卢剑，因以名官。”[③]

① 《汉书新证》第 102 页。

② 《汉旧仪》卷下：“女为白粲者，以为祠祀择米也，皆作三岁。”

③ 《汉书新证》第 102—103 页。

若卢为铸造兵器之地，有许多狱囚刑徒在此劳动，故设有监狱。《汉旧仪》云若卢狱“主鞠将相大臣”[①]，证之王商事，恰相符合。

考工狱　《汉书 · 刘辅传》“上乃徒辅共工狱”，颜注引苏林云：

考工也。

同书《百官公卿表》“少府”条云：

武帝太初元年更名考工室为孝工。

考工为少府属官。主作器械，盖于成帝时改名共工。考工狱主要收系在该署劳作的徒隶，间或也收系犯法的官吏，如刘辅之类。

居室狱　《汉书 · 灌夫传》：

有诏，劾灌夫骂坐不敬，系居室。

《汉书 · 百官公卿表》“少府”条云：

武帝太初元年……更名居室为保宫。

同书《苏武传》：

（李）陵始降时，忽忽如狂，自痛负汉，加以老母系保宫，……

居室为少府属官，长官称令，武帝太初元年（前 104 年）更名保宫。

① 《后汉书 · 和帝纪》注引。

不论称居室时，还是称保宫时，此地都曾关押过犯人，可见该署确有监狱。至于主要关押对象的身份如何，今已不可尽知。

左右司空狱　《汉书·伍被传》：

又伪为左右都司空上林诏狱书。

颜注引晋灼云：

《百官表》宗正有左右都司空，上林有水司空，皆主囚徒官也。

左右司空为少府属官，与宗正属官都司空无涉。陈直先生云：

左右司空。直按：右司空令，当时简称为右空，现存有‘右空’瓦当（见金石萃编汉十八）及‘右空’瓦片（见关中秦汉陶录卷二下），与宗正属官之都司空令，皆主要在造陶瓦，益为两官署中徒隶作品。又一九五八年茂陵霍去病墓，清理出石刻画像，有一石边刻‘左司空’三大字篆书，盖左司空兼造石刻工艺（昔年在秦始皇陵采集有左司空瓦片，左司空主造陶瓦，知秦代已然）。①

左右司空既为督造之府，则定当拥有大量刑徒罪隶，监狱之设，也是势所必然。晋灼指《伍被传》之左右都司空，为宗正属官都司空，疑误。宗正名下的都司空不分左右，又将左右司空与上林并举，显然系指少府名下的官署。然少府属官左右司空，无“都”字。沈家本疑《伍被传》文字有误，近是。②

① 《汉书新证》第103—104页。

② （清）沈家本撰，邓经元、骈宇骞点校：《历代刑法考·汉律摭遗卷六·囚律》，第1468页。

永巷狱　《汉书.外戚传》：

高祖崩，惠帝立，吕后为皇太后，乃令永巷囚戚夫人，髡钳衣赭衣，令舂。

惠帝崩，太子立为帝，太后……恐其作乱，乃幽之永巷，言帝病甚，左右莫得见。

同书《百官公卿表》：

武帝太初元年更名……永巷为掖庭。

同书《刘辅传》：

上使侍御史收缚辅，系掖庭秘狱。

颜注云：

《汉书旧仪》：掖庭诏狱令丞宦者为之，主理妇人官也。

永巷为少府属官，长官称令，汉武帝太初元年更名掖庭令。此署置狱，主要关押的对象是后宫中犯罪的妇人，偶尔也收系其他男性犯罪官员。汉代处以幽闭之刑的妇女，可能就关在这里。

暴室狱　《汉书 · 外戚传》：

中黄门田客持诏记，……曰："取牛官令舍妇人新产儿，婢六人，尽置暴室狱，毋问儿男女，谁儿也！"

同书《宣帝纪》“为取暴室啬夫许广汉女”，颜注云：

应劭曰：“暴室，宫人狱也，今曰薄室。许广汉坐法腐为宦者，作啬夫也。”师古曰：“暴室者，掖庭主织作染练之署，故谓之暴室，取暴晒为名耳。或云薄室者，薄亦暴也。今俗语亦云薄晒。盖暴室职务既多，因为置狱主治其罪人，故往往云暴室狱耳。然本非狱名，应说失之矣。”

《续汉书·百官志》：

掖庭令一人，六百石。……左右丞、暴室丞各一人。本注曰：宦者。暴室丞主中妇人疾病者，就此室治；其皇后、贵人有罪，亦就此室。

暴室为掖庭令属官，长官称丞。颜注详说暴室职掌及命义之由，当近其实。然颜注不从应劭“暴室，宫人狱也”之说，颇拘。汉代作务诸署，主要是为了让犯人劳动，所以各署多置有监狱，而该署长官的称谓中通常加一“狱”字。说明这些官署就其实质而言，不异于监狱。应劭对暴室的解释，可以说正是接触了它的本质。暴室狱与掖庭狱一样，是专门用于关押女犯人的特种监狱。

都船狱　《汉书·百官公卿表》“中垒、寺互、武库、都船四令丞”，颜注引如淳云：

《汉仪注》有寺互。[①] 都船狱令，治水官也。

① 沈家本《汉律摭遗》卷六《囚律》考汉代监狱有“寺互狱”，非。此盖缘误读如淳注所致。依沈读，寺互与都船狱令为并列关系，则“治水官也”，系兼承二官而言，此误。“治水官也”承“都船狱令”而言，与“寺互”无涉。标点本《汉书》与《汉官六种》句读皆不误，可从。明乎此，即知仅凭如淳之注，尚难证明寺互有狱。

同书《薛宣传》：

少为都船狱史。

同书《王嘉传》：

缚（王）嘉载致都船诏狱。

都船为中尉（武帝太初元年更名执金吾）属官。都船可能是主理造船之官，《地理志》京兆尹有“船司空县”（颜注“本主船之官”）可证。都船狱之设，主要在于收系在此署劳作的徒隶，偶尔也用于拘押其他人犯，如王嘉之类。

上林狱　《汉书 · 成帝纪》：

建始元年，罢上林诏狱。

颜注云：

《汉旧仪》云：上林诏狱主治苑中禽兽宫馆事，属水衡。

此上林指属于水衡都尉名下的上林苑，长官称上林苑令，通常简称为上林令[①]。此地为皇帝游猎的重要场所，豢养着众多的禽兽。在这里设置监狱，主要是为了收押在其中劳作的徒隶罪人。可能有时也关押诏狱犯人，所以有诏狱之称。《汉书 · 伍被传》云：“又伪为左右都司空上林中都官诏

① 陈直先生云：“古文苑载扬雄百官箴有上林苑令箴，知本表及张释之传上林令，皆为简称，续汉书百官志则迳称上林苑令矣。”见《汉书新证》第 114 页。

狱书。”前人基本上认为伍被所说的“上林诏狱”即指此上林苑诏狱，甚是。不过，其中也存在着隐微的变化，不可不察。据伍被“左右都司空”与“上林”并列的关系判断，此时的上林，确切地说，是指少府名下的上林。武帝元鼎二年（前 115 年）初置专掌上林苑事务的水衡都尉，原属少府管理的上林，才过渡到水衡名下。若无此过渡，则可能出现两种理解：1. 汉代有两个上林苑；2. 上林苑由少府和水衡共同管理。显然，这都不符合情理与事实。

北军狱　《汉书·楚元王传》附《刘向传》“章交公车，人满北军”，颜注引如淳云：

《汉仪注》中垒校尉主北军垒门内，尉一人，主上书者狱。上章于公车，有不如法者，以付北军尉，北军尉以法治之。

中垒校尉置于汉武帝时，系著名的八校尉之一，除内“掌北军垒门内，外掌西域”外，亦兼掌“上书者狱”。凡向公车上书而被指称违法的人，皆由中垒校尉负责在北军狱收系。

上述监狱，是西汉中央监狱中可以考知的部分。东汉制度趋简，并且崇尚仁柔之政，监狱数量大减，① 监狱建设开始进入一个新的时代。

汉代地方的监狱，基本上随地方行政单位而建，凡郡、县、乡、亭都置有监狱。

郡狱：由郡廷直接管理，每郡至少皆有一座。除关押一般犯人外，有时也关押诏狱犯人，故郡狱间或也被称为诏狱。如《汉书·景十三王传》：

武帝遣使者发吏卒捕（赵太子）丹，下魏郡诏狱，治罪至死。

① 《续汉书·百官志》“廷尉卿”条云：“孝武帝以下置中都官狱二十六所，各令长名。世祖中兴，皆省，唯廷尉及洛阳有诏狱。”

同书《息夫躬传》：

上遣侍御史、廷尉监逮躬，系洛阳诏狱。

县狱：由县廷直接管理，每县皆有。《续汉书 · 百官志》叙县丞职掌云："本注曰：丞署文书，典知仓、狱。"可知县狱主要由县丞主管。当然，县丞并不具体管理狱中事务，据应劭讲，汉代县道狱的长官称为司空。本志"为大司空"，李注云：

应劭《汉官仪》曰：绥和元年，罢御史大夫官，法周制，初置司空。议者又以县道官狱司空，故复加大为大司空，亦所以别大小之文。

应劭此说，《公卿表》《续志》皆不载，当别有所据。

乡亭狱：由乡亭直接管理。《诗 · 小宛》"宜岸宜狱"，《经典释文》云：

岸如字。韦昭注《汉书》同。《韩诗》作"犴"，音同，云乡亭之系曰犴，朝廷曰狱。

《汉书 · 刑法志》"豻狱不平"，颜注引服虔云：

乡亭之狱曰豻。

按《荀子 · 宥坐》注引《诗》作"宜犴宜狱"，可证"豻"同"犴"。据《韩诗》与服虔的解释，可知汉代乡亭不仅有狱，而且还有专门的名称。汉代乡啬夫与亭长皆有捕人的权力，乡亭设有监狱大约不成问题。

第二节　狱　囚

汉代的狱囚主要由三部分人组成：第一部分是罪犯本人，这是狱囚的主体；第二部分是连坐的戚属及其他人，这也占有相当的数量；第三部分是各种证人。三部分人在狱中关押时间的长短，主要视案件调查判决速度的快慢。一般来说，案件一经调查清楚，而证明证人提供的证词不误，就可以释放证人。罪犯本人及连坐的戚属和其他人，一当论定其刑罪，则他们就由狱囚变成了刑徒，就要移赴各个指定的“作部”服刑。然而，实际上许多案件往往并不能及时了结。因此，狱囚在监狱关押几年十几年的并不鲜见[①]。不少人最后惨死于监狱。

狱囚被关在狱中，主要的事情是接受刑讯拷问，以便法司据供定谳。汉代拷囚之惨，前文谈过，此处不赘。除拷讯之外，饥寒是狱囚受到的另一种折磨。秦律本有以饥饿惩罚狱囚的手段[②]。汉代是否仍保留了这样的律文，不详。不过，就文献来看，汉代狱囚死于饥寒的确实不少。这一点，只要看看汉宣帝的诏书就可以知道。《汉书·宣帝纪》地节五年诏云：

令甲，死者不可生，刑者不可息。此先帝之所重，而吏未称。今系者或以掠辜若饥寒瘐死狱中，何用心逆人道也！朕甚痛之。其令郡国岁上系囚以掠笞若瘐死者所坐名、县、爵、里，丞相御史课殿最以闻。

① 《后汉书·郑弘传》：“楚王英谋反发觉，以疏引（焦）贶，贶被收捕，疾病于道没亡，妻子闭系诏狱，考掠连年。”同书《鲍昱传》注引《东观记》：“时司徒词讼久者至十数年，比例轻重，非其事类，错杂难知。”

② 睡虎地秦墓竹简整理小组编：《睡虎地秦墓竹简·仓律》，第53页：“食饱囚，日少半斗。”

“瘐”，颜注云：

苏林曰：“瘐，病也。囚徒病，律名为瘐。”如淳曰：“律，囚以饥寒而死曰瘐。”师古曰：“瘐，病，是也。此言囚或以掠笞及饥寒及疾病而死。如说非矣。”

苏林、如淳皆提到“律”，可知对于“瘐”字的涵义汉律实有明确的界定。比较而言，苏、如二说只有详略之差，而无本质之别。苏林括言“囚徒病，律名为瘐”，侧重描述现象，而如淳所引似更为具体，深探到致病之由。颜注只注意了饥寒与疾病并列，而未看到二者之间的因果关系，即武断地认为“如说非”，似未达一间。从诏文看，当时狱囚致死的主要原因一是掠笞，二是饥寒，而因饥寒以死称为瘐。汉宣帝下诏解决这个问题，并不能理解为只有宣帝时这问题才突出起来。其实，这是两汉狱政的痼疾，多数时期都比较严重，只是汉宣帝起于民间，对此害体会颇深，所以希望能以切实的手段改善这种恶劣的狱政。此诏的实际效果怎样，因缺乏材料不敢悬揣。不过，就两汉总的情况加以比较，东汉略胜于西汉。这与汉宣帝的这道具有划时代意义的诏书，恐不无关系。

汉代太守、县令权任极重，他们恃权专杀是当时一个十分突出的现象。而这种行径对于狱囚来说，就是最不幸的灾祸。汉代在由非司法程序死亡的狱囚中，因守、令或其他司法官员之喜怒而致死的，大概也占有相当的比例。对此，政府也采取过措施加以制止。不少官员的确因此而被处以极刑。如《汉书 · 百官表》：

钜鹿太守淮阳朱寿少乐为廷尉，坐侍中邢元下狱，风吏杀元，弃市。

就此例看，处罚不可谓不重，然而，很难从根本上得到控制。

当然，尽管上述问题是两汉狱政中存在的共同问题，但前后汉的狱政还是有一些区别。就对待狱囚的态度而言，东汉与西汉相比确有明显的改善。具体表现是：

1. 重视感化教育

东汉的不少守令，对于狱囚不像过去仅仅加以刑责，而是注意通过一些方式加强感化，使狱囚良心发现，从而达到教育狱囚改过自新的目的。《后汉书·虞延传》：

建武初，仕执金吾府，除细阳令。每至岁时伏腊，辄休遣徒系，各使归家，并感其恩德，应期而还。有囚于家被病，自载诣狱，既至而死，延率掾史殡于门外，百姓感悦之。

同书《独行列传》：

（戴封）迁中山相。时诸县囚四百余人，辞状已定，当行刑。封哀之，皆遣归家，与克期日，皆无违者。

后汉史料中，此类记载不少，说明这种做法并不是个别现象。虞延等人能够这样做，是基于对狱囚的信任和对他们人格的尊重。这一点在西汉“酷吏”“能吏”身上看不到，就是在“循吏”身上也难以看到。

2. 注重“人道”

在前引汉宣帝要求改善狱囚状况的诏书中，对因掠笞或饥寒而致死狱囚，称为“逆人道”。这样的一种提法，前此未见，实在具有重要的意义。不过，宣帝诏旨的精神得到真正落实，不是在西汉，而是在东汉时期。例如，《后汉书·鲍昱传》注引《东观汉记》：

沘阳人赵坚杀人系狱，其父母诣昱，自言年七十余唯有一子，适新娶，今系狱当死，长无种类，涕泣求哀。昱怜其言，令将妻入狱，解械止宿，遂任身有子。

《后汉书·钟离意传》：

迁堂邑令。县人防广为父报仇，系狱，其母病死，广哭泣不食。意怜伤之，乃听广归家，使得殡敛。丞掾皆争，意曰：“罪自我归，义不累下。”遂遣之。广敛母讫，果还入狱。

此二例中的狱囚，都是死刑犯人。面对这样的犯人，二位县令没有刻板地据守法令，而是从人情与人道出发，采取大胆灵活的办法，使死囚犯人暂时以“丈夫”和“儿子”的身份，替家族尽责，替母亲尽孝，从而实现他们作为“人”最后的价值。这样做，目的同样在于以德化人，使罪犯本人及其周围的人受到感化，得到教育，从而减少和消除犯罪。

3. 抵制滥杀

滥杀狱囚的现象，东汉仍然存在。但是，也有人开始对此提出批评，并采取行动加以抵制。《后汉书·曹褒传》：

初举孝廉，再迁圉令，以礼理人，以德化俗。时它郡盗徒五人来入圉界，吏捕得之，陈留太守马严闻而疾恶，风县杀之。褒敕吏曰：“夫绝人命者，天亦绝之。皋陶不为盗制死刑，管仲遇盗而升诸公。今承旨而杀之，是逆天心，顺府意也，其罚重矣。如得全此人命而身坐之，吾所愿也。”遂不为杀。

这虽是个别现象，但它显示了一种新的认识，新的概念，与当时重感化、重人道的总体精神是一致的。

东汉时期出现这些新的现象，并不是偶然的。它是自西汉以来经学对知识分子思想和心灵濡染的结果，是经学向律学不断渗透的结果，是文吏与武吏在政治领域力量对比中发生明显变化的结果。由于司法活动中率先出现的这些带有明显儒家色彩的做法，极大地影响了注律的经师，最终以经师为中介，彻底实现了法律的儒家化。如果没有东汉时期在司法实践中的大胆尝试和丰富经验，汉律儒家化的完成是难以想象的。

第三节　刑　徒

刑徒，是指被判处徒刑的罪犯。汉代的徒刑制度由秦代演变而来，按照犯人罪行的轻重，分为髡钳城旦舂、完城旦舂、鬼薪白粲、司寇、复作五等。不同的等级，具有不同的刑期和不同的待遇。过去有关汉代刑徒的情况，因文献记载缺略，对其知之甚少。值得高兴的是，在居延汉简与居简新简中，发现了不少有关刑徒的材料。近年来吴荣曾先生据此进行深入研究[①]，取得了重要收获，极大地推进了人们对汉代“五徒”的认识（详见本书第十五章第三节）。五徒，是汉代刑徒中最主要的部分。此外，在废除肉刑之前，西汉沿袭秦制，曾有过隶臣妾。男为隶臣，女为隶妾。据《汉书·刑法志》，隶臣妾刑满二岁，可减为司寇，司寇一岁，即免为庶人。秦律规定隶臣妾可以赎免，汉代可能也具有同样的规定。

汉代凡被论决为刑徒的囚犯，都要到指定的地点服刑。地点可分为本郡和本郡以外的外地。能留在本郡的人数有限，大多数要前往遥远的外地。到外地，例由专人押送。秦末，刘邦即曾“以亭长为县送徒骊山”[②]。因害怕刑徒在路上逃亡，所以“送徒”时，他们都是桎梏加身。赶上冬天，他们中间那些衣不蔽体，食不果腹的人，往往没等到达终点，就会死在路上。

---

① 见《汉简中所见的刑徒制》，载《北京大学学报》1992 年第 2 期。

② 《史记·高祖本纪》。

《后汉书 · 钟离意传》：

辟大司徒侯霸府。诏部送徒诣河内，时冬寒，徒病不能行。路过弘农，意辄移属县使作徒衣，县不得已与之，而上书言状，意亦具以闻。光武得奏，以视霸，曰："君所使掾何乃仁于用心？诚良吏也！"意遂于道解徒桎梏，恣所欲过，与克期俱至，无或违者。

这段记载意在表彰钟离意以仁爱之心对待刑徒，然而它却真实揭露了当时寒冬远涉的刑徒悲惨的遭遇。

与秦代完全一样，汉代的刑徒也是国家的公共工程及官府手工业中最主要和最基本的劳动者，他们被广泛地使用于筑城、筑陵、修路、建桥、矿冶、铸造等部门，从事着最繁重、最粗笨、最危险的工作。他们工作的一个个场所，其实就是一所所可怕的监狱。他们一成为刑徒，就要穿上囚服（赭衣），带上刑具。干活时，也同样如此。如果"私解脱钳"，或者"衣服不如法"，就要遭受毒打。

依制，刑徒只能为公家干活，私人不得役使。但实际上汉代达官贵人，特别是直接管理刑徒的官吏，役使刑徒的现象非常严重。江陵汉简《奏谳书》案例九：

佐启、主徒令史冰私使城旦环，为家作。

案例十：

采铁长山私使城旦田、舂女为薑，令内作。

这是汉高祖时期的案例。虽然此二案中私使刑徒"家作"或"内作"的官吏受到了制裁，但说明私使刑徒现象的确是存在的。东汉时期，由于政治日趋腐败，公私界限不像西汉那样泾渭分明。以皇帝为首常常利用各衙署的刑徒，为保姆、宦官等建房筑舍。①

秦代曾制定《司空律》，对刑徒的劳动、待遇等问题专门进行规定。据报道，江陵汉简中也发现了汉代的《司空律》。② 因这批汉律材料至今没有公布，律文的具体内容不详。不过，估计其内容的性质不会与秦《司空律》有太大的差异。刑徒是被剥夺了自由和权利的人，虽然为了保证其劳动力的保持与发挥，法律对其劳动员程及口粮待遇有所规定，但实际情形远比法律规定恶劣得多。《汉书》的记载反映了这方面的情况。《陈万年传》附《陈咸传》:

（陈咸）起家复为南阳太守，所居以杀伐立威，豪猾吏及大姓犯法，辄论输府，以律程作司空，为地臼木杵，舂不中程，或私解脱钳钛，衣服不如法，辄加罪笞。督作剧，不胜痛，自绞死，岁数百千人，久者虫出腐烂，家不得收。

同书《尹翁归传》:

（尹翁归）以高第入守右扶风，满岁为真。……豪强有论罪，输掌畜官，使斫莝，责以员程，不得取代。不中程，辄笞督，极者至以铁自刭而死。

不及刑满，刑徒们便以自尽的方式结束了自己的生命，而且仅南阳一郡就是“岁数百千人”，当时刑徒遭受了怎样非人的折磨，于此可见。

此外，大量的考古材料更是以确凿的事实，诉说了两汉刑徒的巨大不幸。1972 年，在陕西咸阳市汉景帝阳陵西北约一公里半处，发现了一片刑徒墓地，埋葬人数估计在万人以上。发掘出来的尸骨，有的颈上带着铁钳，有的脚上套着脚钛，还有不少骨骼已被折断。他们显然是参加修筑阳陵的

① 《后汉书·杨震传》。
② 《江陵张家山汉简概述》，载《文物》1985 年第 2 期。

刑徒，然而他们的结局却是这样悲惨。①1964年，在河南偃师县西大郊村，即距东汉首都洛阳城遗址约二公里半处，发现了五百余座刑徒墓。遗骸经鉴定，男性占96%，女性占4%，绝大多数为青壮年，尸骨上往往有明显的劳损痕迹。除少数墓内有一二枚铜钱外，绝大多数的墓没有任何随葬品。每座墓都有一、二块用残砖刻成的墓志，简单记述刑徒姓名、来自何地、所属监管机构、编制组织、死亡日期等。刑徒的刑名主要有钳、完城旦、鬼薪、司寇等，而尤以髡钳、完城旦为多。②它再一次说明，汉代豪华的帝陵，无不建立在刑徒的累累白骨之上。刑徒的最高刑期虽仅仅五年，但实际上能承受住苦役与酷刑磨难而活到刑满那一天的，在当时实在是少数。

残酷的压迫必然会激起强烈的反抗。为了抗议官府的非人折磨，改善自己的不幸命运，汉代的刑徒曾多次举行武装暴动。特别是西汉的铁官徒暴动，使统治者惊恐万状，不惜人马加以镇压。暴动虽然被残酷地镇压下去了，但他们不屈的反抗精神却长留于人间。可以说，在汉代两次大规模农民战争的参加者中，刑徒都是其中重要的力量。他们对于推翻前后汉王朝的统治，发挥了巨大的作用。③

第四节　录　囚

"录囚"，意指平反冤狱。此词始见于《汉书·隽不疑传》："拜为青州刺史，每行县录囚徒还，其母辄问不疑：'有所平反，活几何人？'"颜注云："省录之，知其情状有冤滞与不也。今云虑囚，本录声之去者耳，音力具反。而近俗不晓其意，讹其文遂为思虑之虑，失其源矣。"这种制度始于何时，

① 《汉阳陵附近钳徒墓的发现》，载《文物》1972年第2期。

② 《东汉洛阳城南郊的刑徒墓地》，载《考古》1972年第4期。

③ 参阅张政烺：《秦汉刑徒的考古材料》，载《北京大学学报》1958年第3期。

不详。沈家本认为“录囚之事，汉时郡守之常职也”[①]，近于事实。

汉代录囚主要由三部分人进行：

1. 皇帝

汉代皇帝亲自录囚，严格说来应从东汉开始算起，不过，西汉宣帝在“宣室决事”是其滥觞。《汉书·刑法志》：“时上常幸宣室，斋居而决事，狱刑号为平矣。”宣帝亲赴宣室决狱，虽未被称作录囚，但就事情的性质而言，实与录囚不异。

东汉皇帝的录囚活动，见于记载的始于汉明帝。《晋书·刑法志》：“及明帝即位，常临听讼，观录洛阳诸狱。”此事《后汉书·明帝纪》不载，然具体事例见于同书《第五伦传》。永平五年（62年），会稽太守第五伦坐法被逮入廷尉狱，“会帝幸廷尉录囚徒，得免归田里”。又见于同书《寒郎传》。永平年间，楚王英案发，明帝兴动大狱，数千人被系。[②]当时参与审理工作的侍御史寒郎，向明帝陈辞，以为其中必多冤陷。汉明帝接受了他的意见，“车驾自幸洛阳狱录囚徒，理出千余人”。明帝之后，东汉诸帝及皇后录囚事屡见记载。如，《后汉书·方术列传》注引谢承书，叙章帝与荆州刺史谢夷吾比赛录囚云：

夷吾雅性明远，能决断罪疑。行部始到南阳县，遇孝章帝巡狩，驾幸鲁阳，有诏敕荆州刺史入传录见囚徒，诫长吏“勿废旧仪，朕将览焉”。上临西厢南面，夷吾处东厢，分帷隔中央。夷吾所决正一县三百余事，事与上合。而朝廷叹息曰：“诸州刺史尽如此者，朕不忧天下。”常以励群臣。

《和帝纪》永元六年：

① （清）沈家本撰，邓经元、骈宇骞点校：《历代刑法考·赦考·赦十二》，第791页。

② 《后汉书·袁安传》：“是时英辞所连及系者数千人，显宗甚怒，吏案之急，迫痛自诬，死者甚众。”

秋七月，京师旱。丁巳，幸洛阳寺，录囚徒，举冤狱。

此事又见《张纯传》附《张奋传》：

时岁灾旱，祈雨不应，（张奋）乃上表……即时引见，复口陈时政之宜。明日，和帝召太尉、司徒幸洛阳狱，录囚徒，收洛阳令陈歆，即大雨三日。

《安帝纪》永初二年：

五月，旱。丙寅，皇太后幸洛阳寺及若卢狱，录囚徒。

皇太后即和熹邓后。此事亦见《邓后传》，文字略详：

永初二年夏，京师旱，亲幸洛阳寺录冤狱。有囚实不杀人而被考自诬，羸困舆见，畏吏不敢言，将去，举头若欲自诉。太后察视觉之，即呼还问状，具得枉实，即时收洛阳令下狱抵罪。

可见东汉诸帝多有从事录囚活动的经历，似乎已经成为一种习惯。东汉皇帝不仅亲自赴狱录囚，而且也派使者下去录囚。如《顺帝纪》就有“旱，遣使者录囚徒”“旱，遣使者录囚徒，理轻系”的记载。

就上述材料看，皇帝录囚主要出现于这样三种场合：一是面临像旱灾这种重大灾异。按照今文经学所倡论的机祥灾异学说，刑罚之事其性属阴，所以遇到亢阳久旱的现象，说明国家的刑狱必有失误。只有立即平反无辜，才能使阴阳协调，天人俱乐。受这种理论的影响，皇帝每遇天旱，便赴洛阳诏狱录囚。二是接受大臣的劝谏。汉明帝接受寒郎的劝谏，第二天就去录囚。就是一个显著的例证。三是体察地方政治。皇帝到各地巡视，包含着了解地方民情和地方官吏贤否的深意，而要做到这一点，最好的方式莫过于从司法入手。所以，一些皇帝常常借巡狩的机会录囚。

皇帝在上述三种场合录囚，反映出一个问题，即这种录囚所具有的主动性不够，基本上还是一种被动的活动。这说明尽管东汉的皇帝在录囚方面，比之西汉的皇帝是有了很大的进步，但是他们毕竟还是把录囚当作一种被动的活动，没有从制度的角度加以保证。这样说，并不是要抹杀东汉皇帝录囚的意义。事实上，这样的录囚活动，在当时就被传为美谈，对后世也有一定的积极影响。

2. 郡守

汉代太守例于每年春天前往属县视察，通常称为“行县”，有时也称为“行春”[①] 或“班春”[②]。行县之制因于秦代，还是由汉家新创，限于材料不能尽知。考“行县”一词始见于《墨子·号令》，文云：“出而还若行县，必使信人先戒舍室。”今人多认为《号令》篇为战国末期作品，作者可能是秦人。据此，行县之制亦为秦制，很可能是推行郡县制的产物。据《史记·绛侯周勃传》“为河东太守，行县至平阳”，知汉代行县之制实行甚早，可能确实也是承秦而来。

太守行县，是每年例行的活动，这从汉代的大量记载及郡廷掾史对此事的严肃态度可以证明。行县最核心的工作是“班布春令”，即于一年之始，将表达皇帝对老百姓的关怀和希望的诏令，通过郡守亲自传达到他们中间，使他们能够心平气和地勤身于垄亩，致力于农桑。作为皇帝关怀的一种具体体现，太守“班春”之时，往往要进行录囚活动。汉代郡守录囚通常有两种方式：

（1）太守亲自录囚。前引《崔骃传》叙崔篆“班春”云：

---

① 《后汉书·方术列传》：“（谢夷吾）迁钜鹿太守，……后以行春乘柴车，从两吏，冀州刺史上其仪序失中，有损国典，左转下邳令。”

② 《后汉书·崔骃传》：“后以篆为建新大尹，篆不得已，……乃遂单车到官，称疾不视事，三年不行县。门下掾倪敞谏，篆乃强起班春。”

所至之县，狱犴填满，……遂平理，所出二千余人。

这是太守录囚的例证。

（2）由太守属员录囚。太守行县，可能并不是每县必行，而是选择几个地方作为代表。对于那些不能由太守亲自前往的县份，则派属员前往。《后汉书 · 应奉传》：

（应奉）为郡决曹史，行部四十二县，录囚徒数百千人。及还，太守备问之，奉口说罪系姓名，坐状轻重，无所遗脱，时人奇之。

这是太守属员录囚的例证。

伴随行春而录囚，是汉代常制。不过，如果遇上久旱不雨的时节，太守也往往安排临时性的录囚活动，以协和阴阳。《后汉书 · 宗室四王传》注引《续汉书》："时年旱，（弘农太守刘兴）分遣文学循行属县，理冤狱，宥小过，应时甘雨降澍。"

3. 刺史录囚

刺史之制，始于汉武帝元封五年（前 106 年）。依制，刺史于每年秋冬要到所属郡国巡察，称为"行部"。行部时，刺史的主要职责是"省察治状，黜陟能否"，而这一点，又主要通过"断治冤狱"来实现。"断治冤狱"，即是录囚。例如，《汉书 · 何武传》：

九江太守戴圣，礼经号小戴者也，行治多不法，前刺史以其大儒，优容之。及武为刺史，行部录囚徒，有所举以属郡。

东汉刺史行部之制继续实行，即使后来刺史逐渐变成地方最高的行政机构，也没有改变。《续汉书 · 百官志》：

诸州常以八月巡行所部郡国，录囚徒。

刘注引胡广曰：

县邑囚徒，皆阅录视，参考辞状，实其真伪，有侵冤，即时平理也。

据一些实例看，确是如此。《后汉书·法雄传》：

（青州刺史法）雄每行部，录囚徒，察颜色，多得情伪，长吏不奉法者皆解印绶去。

同书《张禹传》：

建初中，拜杨州刺史。……历行郡邑，深幽之处莫不毕到，亲录囚徒，多所明举。

同书《刘平传》：

（刘平）拜全椒长。……刺史、太守行部，狱无系囚，人自以得所，不知所问，唯班诏书而已。

刺史行部通常是在八月，但遇到旱灾，也可以不拘此制。《太平御览》卷二五六《职官部》：

陈留百里嵩，字景山，为徐州刺史。境遭旱，嵩行部[①]。传车所经，甘

① 《北堂书钞》卷三五引文有“出巡”二字。

雨辄澍。

刺史是否也同太守一样，可派属官代表自己行部录囚，因缺乏明文不好论定。不过，东汉刺史的属官——从事，权力甚重，常代表刺史独立案事。如《后汉书 · 桥玄传》：

（桥）玄少为县功曹。时豫州刺史周景行部到梁国，玄谒景，因伏地言陈相羊昌罪恶，乞为部陈从事，穷案其奸。景壮玄意，署而遣之。玄到，悉收昌宾客，具考臧罪。

《北堂书钞》卷一三九《车部上》引谢承《后汉书》：

朱震字伯厚，陈留人也。性刚烈。初为州从事，到府，此间三部督邮来谒，皆收送考，所得词上尚书。

既然从事可以独立行部案治诸侯相及郡督邮，那么由从事主持录囚，也不是不可以。

汉代的录囚制度，是一项美制善政，具有积极的影响。通过皇帝、郡守、刺史多层次的定期或不定期的录囚，可以使一些冤狱得到平反，特别是把一些普通百姓从囹圄中释放出来，恢复他们劳动和生活的权利，让他们重新过上正常的生活，这对于稳定社会秩序，促进经济发展，都有很大的好处。多种形式的录囚活动的开展，有利于冤案、错案的及早发现，可以促使基层的司法官员增强明法慎刑的自觉性，从而改善地方的司法状况。正因为这项制度有很大的社会价值，所以它一直为此后的各个时代所继承。①

① 参见（清）沈家本撰，邓经元、骈宇骞点校:《历代刑法考 · 赦考 · 赦十二》，第 781 页。

第五节　赦　宥

赦宥，是指赦免或宽解一个人的过举与罪行。[①]早在《尚书·舜典》中就有了“流宥五刑”和“眚灾肆赦”的说法，说明殷商时期已经出现了这样的措施。到了《周礼》，提到赦宥的地方更多，关于它的适用范围也说得更加具体。[②]表明商周以来，赦宥措施一直被延续不断地推行下来，并在战国时期有所发展。再综合先秦其他文献[③]的有关记载来看，先秦的赦宥主要有这样一些特点：

第一，实行赦宥是一种个别行为，而不是经常的行为。

第二，赦宥的对象相对来说较为固定，即主要适用于那些失去控制自己行为能力的人。

第三，适用赦宥的罪行有一定的限制，主要限于过失性犯罪。

第四，整个先秦时期，尚未形成一套完整的赦宥制度。

秦始皇统一全国以后，推行极端的专制主义中央集权政治，用严刑峻法镇压人民的反抗，赦宥措施从秦代的法律体系之中被排除出去。西汉建立后，彻底推翻秦代严苛的统治，全面贯彻与民休息的各项措施。在法律方面，不仅采用赦宥来作为对老百姓网开一面的仁政，而且适应新的社会环境，进一步充实和完善赦宥的规定，终于形成一套详备的赦宥制度。

据现有的记载来看，两汉赦宥制度的内容极其复杂，沈家本曾下大力加以考辨。此处仅以沈氏的研究为基础，进行简要的论述。总的来说，汉

① 《易·解卦》：“象曰：‘雷雨作，解。君子以赦过宥罪。’”疏曰：“赦谓放免，过谓误失，宥谓宽宥，罪谓故犯。过轻则赦。罪重则宥，皆解缓之义也。”

② 《周礼·秋官·司刺》：“掌三刺、三宥、三赦之法，以赞司寇听狱讼。壹刺曰讯群臣，再刺曰讯群吏，三刺曰讯群民。壹宥曰不识，再宥曰过失，三宥曰遗忘。壹赦曰幼弱，再赦曰老旄，三赦曰蠢愚。”

③ 详见（清）沈家本撰，邓经元、骈宇骞点校：《历代刑法考·赦考》，第521页。

代的赦宥，可分为有事赦宥与无事赦宥两大类。

一、有事赦宥

所谓有事赦宥，指国家因皇帝登极、建立皇储之类重大活动而进行的赦宥。汉代的此类赦事名目极多，《汉旧仪》曾归纳出践祚、改元、立后、建储四项，颇多疏漏。沈家本扩大了翻检文献的范围，极大地补充了《汉旧仪》之未备，归纳出临朝、大丧、帝冠、定都、从军、克捷、年丰、祥瑞、灾异、劭农、饮酎、遇乱等十九项。国家凡遇这些场合，都可以颁降赦典。这些赦典中，有一部分是相对固定的，有一部分是相对灵活的。也就是说，并非这十九种场合都要一无例外地举行赦宥之典。当时，除在皇帝践祚、改元、建储等少数几种场合较为固定地进行赦宥外，其他场合的赦宥都具有很大的随意性。

汉代有事赦宥的特征标志，就是“大赦天下”。例如，《汉书 · 昭帝纪》：

> 后元二年二月，武帝崩。戊辰，太子即皇帝位，谒高庙。夏六月，赦天下。

《后汉书 · 光武帝纪》：

> 建武二年六月戊戌，立贵人郭氏为皇后，子强为皇太子，大赦天下。

昭帝登极与光武立后、建储，都实行大赦。那么，不论“赦天下”也好，还是“大赦天下”也好，它都意味着此种赦宥的适用范围和对象，不仅仅限于某一个地方或某种特定的人犯，而是全国范围内所有的罪犯。

有事赦宥次数多，受惠范围大，许多久系狱犴的人可以借此机会获得自由或减轻刑罚，对缓解社会矛盾，稳定社会秩序具有一定的作用，因而深受汉代统治者的重视。

二、无事赦宥

所谓无事赦宥，是相对于有事赦宥而言，凡是不在皇帝践祚、改元、立后、建储等场合实行的赦宥，都属于无事赦宥。主要分为下列几种情况：

1. 特赦

特赦，是指国家因为某种原因，皇帝特别下诏实行的赦宥。《汉书·宣帝纪》载元康二年春正月诏曰：

《书》云："文王作罚，刑兹无赦。"今吏修身奉法，未有能称朕意，朕甚愍焉。其赦天下，与士大夫厉精更始。

同书《元帝纪》载建昭五年春三月诏曰：

盖闻明王之治国也，明好恶而定去就，崇敬让而民兴行，故法设而民不犯，令施而民从。今朕获保宗庙，兢兢业业，匪敢解怠，德薄明晻，教化浅微。传不云乎？"百姓有过，在予一人。"其赦天下，……

这都属于典型的特赦。从上引诏书来看，特赦的适用范围包括全国各地，赦宥对象包括各种罪犯。显然，"大赦天下"，也是这种赦宥的一个重要标志。

2. 曲赦

曲赦，是指皇帝专门针对某一地区的某一类罪犯而实行的赦宥。例如，《汉书·高帝纪》所载"赦栎阳囚死罪以下"，同书《武帝纪》所载"赦汾阴、夏阳、中都死罪以下"，都属于曲赦。曲赦只适用于特定地区的特定罪犯，与具有大赦性质的特赦相比，存在着明显的区别。

3. 别赦

别赦，是指皇帝对个别案件中的罪犯所实行的赦宥。《汉书·景帝纪》载三年冬十月诏曰：

襄平侯嘉子恢说不孝，谋反，欲以杀嘉，大逆无道，其赦嘉为襄平侯，及妻子当坐者复故爵。

同书《武帝纪》建元元年五月：

赦吴楚七国帑（孥）输在官者。

这都属于别赦。别赦与曲赦的区别在于，前者是就某个具体案件着眼的，而后者则是就某个地区着眼的，二者的适用范围明显不同。

以上所论，是汉代赦宥之事最基本的内容。值得注意的是，汉代无论是有事赦宥，还是无事赦宥，当时多是通过减等降刑来体现的。遗憾的是，限于材料，这方面的具体规定及操作方法，现在难以弄清楚了。

赦宥活动之所以能够在汉代成为典制，并构成当时国家司法制度中的一个部分，应与汉代崇尚儒学，强调祥刑慎罚具有密切的关系。两汉时期的统治者对赦宥之事都非常重视，认为它是令民改过自新的重要途径。当然，适当地实行赦宥的确有益于缓和社会矛盾及统治阶级内部的斗争、冲突，维护政局的稳定。但是，赦宥活动太繁太滥，又会干扰国家正常的法制秩序，使大批特权人士逃避法律的惩罚，进一步加剧社会的司法不平等。这在东汉表现得尤为明显。所以，东汉末期的一些有识之士，清楚地看到了这一点，他们从维护国家的长远利益考虑，对东汉时期滥颁赦典的为害性进行了尖锐的抨击[①]。而三国的曹操、诸葛亮执政时慎言赦政[②]，恐怕也主要是吸取了东汉过度推行赦宥的沉痛教训。

① 王符的《潜夫论》、崔寔的《政论》、仲长统的《昌言》都有所论述。

② 沈家本云："迨许都既迁，政归曹氏，自是遂无赦矣。"又云："武侯之治蜀十年不赦，……"见（清）沈家本撰，邓经元、骈宇骞点校：《历代刑法考 · 赦考 · 赦三》，第569页。

附：主要参考文献

一、传世文献

朱谦之:《老子校释》,《新编诸子集成》本，中华书局 1984 年版。

郭沫若等:《管子集校》，科学出版社 1954 年版。

孙诒让:《周礼正义》，中华书局 1987 年版。

郑玄注、孔颖达疏:《礼记正义》,《十三经注疏》本，中华书局 1980 年版。

焦　循:《孟子正义》,《新编诸子集成》本，中华书局 1988 年版。

郭庆藩:《庄子集释》,《新编诸子集成》本，中华书局 1988 年版。

陈奇猷:《韩非子集释》，上海人民出版社 1974 年版。

王先谦:《荀子集解》,《新编诸子集成》本，中华书局 1988 年版。

高　亨:《商君书注译》，中华书局 1974 年版。

杨伯峻:《春秋左传注》，中华书局 1981 年版。

刘向集录:《战国策》，上海古籍出版社 1985 年版。

刘　向:《说苑》，上海古籍出版社点校本 1990 年版。

缪文远:《七国考订补》，上海古籍出版社 1987 年版。

史　游:《急就篇》,《玉海》本，光绪九年浙江书局刻本。

段玉裁:《说文解字注》，上海古籍出版社 1981 年影印本。

王先谦:《释名疏证补》，上海古籍出版社 1984 年影印本。

司马迁:《史记》，中华书局点校本。

［日］泷川资言:《史记会注考证》(附水泽利忠校补)，上海古籍出版社 1986 年影印本。

班　固:《汉书》，中华书局点校本。

王先谦:《汉书补注》，中华书局 1983 年影印本。

陈　直:《汉书新证》，天津人民出版社 1979 年版。

范　晔:《后汉书》，中华书局点校本。

王先谦:《后汉书集解》，中华书局 1984 年影印本。

吴树平:《东观汉记校注》，中州古籍出版社 1987 年版。

周天游:《八家后汉书辑注》，上海古籍出版社 1986 年版。

陈　寿:《三国志》，中华书局点校本。

房玄龄等:《晋书》，中华书局点校本。

孙星衍等辑、周天游点校:《汉官六种》，中华书局 1990 年版。

长孙无忌:《唐律疏议》，中华书局 1983 年版。

徐天麟:《西汉会要》《东汉会要》，中华书局 1955 年版。

徐　复:《秦会要订补》，中华书局 1959 年版。

杜贵墀:《汉律辑证》，光绪二十五年湘水校经堂刻本。

张鹏一:《汉律类纂》，光绪三十三年奉天格致学堂印本。

沈家本:《历代刑法考》，中华书局 1985 年版。

程树德:《九朝律考》，中华书局 1988 年版。

刘文典:《淮南鸿烈集解》,《新编诸子集成》本，中华书局 1989 年版。

苏　舆:《春秋繁露义证》，中华书局 1992 年版。

陈　立:《白虎通疏证》,《新编诸子集成》本，中华书局 1994 年版。

王　充:《论衡》，上海人民出版社排印本 1974 年版。

汪继培笺、彭铎校正:《潜夫论笺》，中华书局 1979 年版。

严可均辑:《全上古秦汉三国六朝文》，中华书局 1992 年影印本。

二、出土文献

湖北省荆沙铁路考古队:《包山楚简》，文物出版社 1991 年版。

睡虎地秦墓竹简整理小组:《睡虎地秦墓竹简》，文物出版社 1978 年版。

林梅村、李均明:《疏勒流河域出土汉简》，文物出版社 1984 年版。

吴礽骧等:《敦煌汉简释文》，甘肃人民出版社 1991 年版。

李均明、何双全:《散见简牍合辑》，文物出版社 1990 年版。

谢桂华等:《居延汉简释文合校》，文物出版社 1987 年版。

甘肃省文物考古研究所等:《居延新简》，中华书局 1995 年版。

李均明、刘军:《汉代屯戍遗简法律志》，载《中国珍稀法律典籍集成》甲编第二册，科学出版社 1994 年版。

连云港市博物馆等:《尹湾汉墓简牍》，中华书局 1997 年版。

黄士斌:《汉魏洛阳城刑徒坟场调查记》，载《考古通讯》1958 年第 6 期。

中科院洛阳考古工作队:《东汉洛阳城南郊的刑徒墓地》，载《考古》1972 年第 4 期。

扬州博物馆:《江苏仪征胥浦 101 号西汉墓》，载《文物》1987 年第 1 期。

江陵张家山汉简整理小组:《江陵张家山汉简〈奏谳书〉释文》，载《文物》1993 年第 8 期、1995 年第 3 期。

李学勤:《论江陵张家山 247 号墓汉律竹简》，载《汉简研究的现状与展望》，日本关西大学出版部 1992 年版。

武威地区博物馆:《甘肃武威旱滩坡东汉墓》，载《文物》1993 年第 10 期。

三、专著

陶希圣、沈巨尘:《秦汉政治制度》，商务印书馆 1936 年版。

杨鸿烈:《中国法律发达史》，商务印书馆 1930 年版。

瞿同祖:《中国法律与中国社会》，中华书局 1981 年版。

陈光中、沈国峰:《中国古代司法制度》，群众出版社 1984 年版。

栗　劲:《秦律通论》，山东人民出版社 1985 年版。

孔庆明:《秦汉法律史》，陕西人民出版社 1992 年版。

高　恒:《秦汉法制论考》，厦门大学出版社 1994 年版。

安作璋:《秦汉官吏法研究》，齐鲁书社 1993 年版。

吴荣曾:《先秦秦汉史研究》，中华书局 1995 年版。

[日] 大庭脩:《秦汉法制史研究》，上海人民出版社 1991 年版。

[日] 堀毅:《秦汉法制史论考》，法律出版社 1988 年版。

[日] 梅原郁编:《前近代中国的刑罚》，日本京都大学人文科学研究所 1997 年版。

后　记

九六岁暮，京城难得瑞雪飘飞。我们三人聚集一处，共商本书纲目体例。经集思广益，决定划块按部门法撰写，希冀以此显示部门法的存在实态与发展脉络。大纲拟出，神安心怡，遂把盏浅酌，谈古论今，不觉窗外银装素裹，万籁俱寂。此后半年，三人各自忙于教学及另一国家重点项目《中华大典·法律典》的编纂，无暇捉笔。

九七苦夏，京城溽暑难捱，交稿期限亦日日迫近，三人遂摈去一切事务，专心此书撰写。徜徉于史料之间，贴近于古人心态，陶然间竟觉远离暑热，生发出来自历史的宁静与清凉。

九八春节甫去，书稿亦告完成。如今书稿已成书籍，三人览之，既有付出后的欣慰，也有再审视后的忐忑。治战国秦汉法制史颇需穷源竟委，而穷源竟委非积累功力而不能。我们自知学识有限，功力尚浅，更惶恐于书中的不妥所在。值此之际，若能承蒙大方赐教，幸甚，幸甚。

著　者

1998 年 6 月 30 日